现代汉语

上 册

兰宾汉 邢向东 主编

中华书局

XIANDAI HANYU

图书在版编目（CIP）数据

现代汉语/兰宾汉,邢向东主编. —北京:中华书局,2006.7
(2023.8 重印)
ISBN 978-7-101-10229-1

Ⅰ.现… Ⅱ.①兰…②邢… Ⅲ.汉语-现代-高等学校-教材 Ⅳ.H109.4

中国版本图书馆 CIP 数据核字(2006)第 083190 号

书　　名	现代汉语(全二册)
主　　编	兰宾汉　邢向东
责任编辑	郑仁甲
责任印制	陈丽娜
出版发行	中华书局
	(北京市丰台区太平桥西里 38 号　100073)
	http://www.zhbc.com.cn
	E-mail:zhbc@zhbc.com.cn
印　　刷	北京盛通印刷股份有限公司
版　　次	2006 年 7 月第 1 版
	2007 年 7 月第 2 版
	2014 年 6 月第 3 版
	2023 年 8 月第 14 次印刷
规　　格	开本/850×1168 毫米　1/32
	印张 22⅞　字数 510 千字
印　　数	55001-58000 册
国际书号	ISBN 978-7-101-10229-1
定　　价	49.00 元

汉语系列教材编写委员会

《现代汉语》参编单位及编写人员

（按音序排列）

安 康 学 院：赵 桃

宝鸡文理学院：郭沈青

兰州城市学院：莫 超

宁夏师范学院：杨苏平

青海民族学院：谷晓恒

陕西教育学院：韩承红

陕西理工学院：丁 力

　　　　　　黄党生

陕西师范大学：杜 敏

　　　　　　韩宝育

　　　　　　兰宾汉

　　　　　　刘继超

　　　　　　邢向东

天水师范学院：张维伟

渭南师范学院：田晓荣

西安文理学院：高月丽

　　　　　　袁 梅

西北师范大学：李敬国

咸阳师范学院：张文元

新 疆 大 学：陈 英

新疆师范大学：董印其

　　　　　　李志忠

延 安 大 学：孟万春

伊犁师范学院：李四成

《现代汉语》编写分工

主　　编　兰宾汉　邢向东

编写人员（按音序排列，有星号者为该章统稿人）

绪　　论	郭沈青	＊邢向东	第四章	陈　英	丁　力
第一章	郭沈青	李志忠		谷晓恒	＊兰宾汉
	孟万春	＊邢向东		李敬国	莫　超
	赵　桃			张文元	
第二章	＊杜　敏		第五章	高月丽	李四成
第三章	董印其	＊韩宝育		＊刘继超	田晓荣
	韩承红	黄党生		杨苏平	袁　梅
	张维伟				

　　教材编写提纲的拟订及书稿的修改审订工作由兰宾汉、邢向东承担。韩臻、黄珊、鲁彬楠承担了部分书稿的校对工作。

第三版修订说明

本教材 2006 年由中华书局出版以来，已经连续印刷 6 次，并于 2007 年出了第二版。为了不断完善教材内容，更好地适应教学的要求，我们在第二版的基础上，陆续对教材进行了多次修改调整，主要体现在增、删、改几个方面，修改内容涉及教材的各大部分。

绪论部分调整了汉语不同方言之间的语音差异示例表。语音章修改了舌面元音舌位图，增添了相关元音。文字章调换了个别字体示例图。词汇章增加了短语缩略的有关内容；在多义词的意义类型部分增添了"直接派生义"的相关论述；增补了外来词和歇后语的语例，增加了惯用语结构特点的说明；充实了义素分析的论述，精减了语例；更换了联绵词的部分语例。语法章的"复杂短语与层次分析"部分更换了个别语例；"单句句法分析例释"部分删去了竖线表示法的语例，增添了符号标记法的分析示例；"语义关系"部分删去了一些语义类型的分析，使内容更为简洁明了，更便于教学。修辞章做了一些文字表述上的修改。除此之外，各章节涉及个别文字或标点的改动还有多处，此处不便一一列举。

在此谨对所有为本教材修订反馈信息或提出宝贵意见的师生和专家、读者表示衷心的感谢。

兰宾汉　邢向东

2014 年 4 月 15 日

前　言

　　21世纪，高等师范教育面临着多方面的挑战，以往的课程体系和教学内容已不能完全适应社会对人才的需要。为了及时解决这一问题，原国家教委以"面向现代化、面向世界、面向未来"的思想为指导，自1996年组织实施了"高等师范教育面向21世纪教学内容和课程体系改革计划"这一重大改革研究项目。自1998年起，胡安顺和郭芹纳主持了其中的重点项目"面向21世纪的语言学和'古代汉语'课程改革研究"。

　　2000年5月，在陕西师范大学召开了高师面向21世纪教改语言学项目经验交流会暨西北地区高校语言学教改研讨会，会议由教改指导委员会中文专业组召集人王宁、梁道礼先生主持，北京师范大学、陕西师范大学、西北大学、南京师范大学、湖南师范大学、宁夏大学、延边大学、西北第二民族学院、青海师范大学、新疆师范大学、河南大学、延安大学等单位的代表参加了会议，胡安顺在会上对项目的完成情况和《传统语言文字学》初稿及《古代汉语》编写大纲作了介绍，听取了专家组的指导意见和与会代表的建议。此后邀请数所高校参与了《古代汉语》的编写，其中包括一些综合性大学。

　　2004年，商定将《古代汉语》交由中华书局出版，并拟适当扩大《古代汉语》的编写单位以增强代表性。同时，中华书局提议组织编写一部《现代汉语》以与上述教材配套出版。2005年5月，编委会和中华书局共同邀请部分参编院校在陕西师范大学举行了协商会议，就教材的内容、体例、观点以及风格上的统一问题取得了一致意见。

与同类教材相比，这套教材各补充了一些新的内容，包括在各单元增设了参考文献和旨在培养学生研究能力和论文撰写能力的练习题型等，部分单元且对学科研究概况作了简要的介绍，突出了实用性、知识性、系统性和学术性。《古代汉语》的文选篇目有较大更新，提高了先秦两汉的比例，扩大了内容的范围，文选注释新设了古注加今注型、纯古注型两种类型。《现代汉语》绪论、语音部分增加了方言特点介绍，语法部分增加了语义分析，采用了复句的"三分系统"，修辞部分增加了口语修辞、体态语修辞及辞格数量。《传统语言文字学》是为深入学习古代汉语所编写的教材，内容包括文字、音韵、训诂、语法、古典文献5个部分，理论与文献阅读相结合，尤重基本理论和研究方法的介绍。

这套教材的改革力度相对较大，但为水平所限，出版后能否达到编者预期的目的，能否得到广大读者和专家学者的认可，尚需时间和教学实践的检验。我们恳望读者和专家是其是而非其非，促其完善，以期更好地服务于汉语教学。

在教材的编写过程中，所有参编者都表现出了高度的负责精神和协作精神，中华书局郑仁甲编审在教材组稿及审稿过程中做了大量认真细致的工作，对教材的顺利出版贡献良多，编委会谨向他们一并表示谢意！

汉语系列教材编委会
2006 年 5 月 13 日

目　录

绪　　论

第一节　语言和现代汉语

学习要点　认识语言的性质和作用：语言是人类最重要的交际和思维工具，是音义结合的符号系统。认识语言与文字、口语与书面语的区别。理解现代汉语的含义、现代汉语的形成、现代汉语规范化的含义及意义。

一、语言是什么

我们天天都在使用语言，但要给语言下一个准确的定义，却并不是一件简单的事。因为语言是个极其复杂的综合现象，它跨生理、物理、心理、个体、社会多个领域，包含语音、词汇、语法、语义、语用多个层面。因而，从不同的角度出发，会对语言有不同的看法。通常，人们主要从两个方面来认识语言：一是社会功能，一是内部结构。

（1）从社会功能角度看，语言是人类最重要的交际工具，是人类的思维工具。

语言是人类最重要的交际工具。正如人们吃饭必须用碗筷等工具一样，人们要组成社会群体，进行社会交际、信息传递、情感交流也必须借助交际工具。人类使用的交际工具有很多种，如文字、旗语、红绿灯、电报代码、数学公式、化学符号甚至身势表情等。但是，这些交际工具，有的是在语言基础上产生的，有的只能起辅助的交际作用，无论使用的范围还是表意的精确性，都无法与语言相提并论。

语言不仅是人类最重要的交际工具，也是人类的思维工具。人的思维分形象思维和抽象思维两种。形象思维是通过具体形象直观地反映客观世界的过程。抽象思维是运用概念、判断和推理间接地、概括地反映客观世界的过程，这种思维是人类独有的。而抽象思维过程中的概念、判断和推理必须借助于一定的语言形式——词、短语和句子。在人的思维过程中，形象思维和抽象思维往往结合在一起，不能截然分开。因此，思维是不能脱离语言进行的。

语言是人从动物界分化出来的标志。语言与人类社会相伴随，随着社会的产生而产生，随着社会的发展而发展。语言是人类社会不可或缺的，离开语言，人类社会将无法维持。

（2）从内部结构看，语言是音义结合的符号系统。

符号指人们约定的代表某种事物的标记。其中的要点有两个：标记和约定性。代表事物的标记很多，但不一定都是符号。如：冒烟是有火的标记，但烟却不是火的符号。只有当人们经过约定，把烽火作为有敌情的标记时，"烽烟"才成为一种符号。可见，人为约定性是符号的基本特征。

符号是通过可感的物质形式来传达内容的。语言符号以声音为物质载体来传达意义。声音是它的形式，意义是它的内容。语言符号的声音与意义之间并不存在必然的联系，而是由社会约定俗成的。这就是语言符号的任意性。

语言符号的数量十分巨大，但它们不是杂乱无章的，而是按照一定的规律，层层组成的一个复杂系统。在这个系统的底层是几十个音位，组合成几百、几千个音节，这些音节单独或经过组合后与意义相结合，就组成数千个语素，语素又构成数以几十万计的词。语素和词都是符号。词和词按照一定的句法规则组合起来，可以造出无数的句子和篇章。这就是语言符号的生成性。

在语言符号的组合过程中，符号之间表面上是按照线性排列的，其实是按照符号之间关系远近的不同，一层一层地组合起来的。因此，语言符号具有层次性。

语言符号的声音和意义之间的联系一旦确定以后，就具有稳定性和强制性，个人不能随意改变。但是，不同年龄、性别、文化程度、社会阶层的人群，在语言的具体运用中，却会有一定程度的变异，这就是语言符号的变异性。这种变异并不会影响人们的交际。

（3）文字是记录语言符号的符号系统。

文字也是一种符号系统。但它是记录语言符号的符号，是第二性的。语言已经有几十万年的历史，而文字只有几千年的历史。语言是听觉符号，一发即逝，受到时空因素的极大限制。而文字是一种视觉符号，打破了语言在时间、空间上的局限，使语言可以传于异地，留于异时，从而扩大了语言的交际功能。

用文字记录下来的语言叫书面语。书面语和口语构成了语言的不同存在形式。由于写作时可以充分地思考、斟酌，所以书面语便于修饰、加工，成为语言规范的主要对象。口语语体和书面语语体也成为语言的两种功能变体。

经过加工、提炼的书面语叫做文学语言。政府文件、科学论文、文学作品等使用的都是文学语言。具有文学语言是一种语言成熟发达的标志。

二、现代汉语及其形成

（1）汉语属于汉藏语系。

汉语是世界上最古老、发达的语言之一。汉语是汉民族通用的语言，是汉民族悠久文化的承载者。历史上，汉语和汉字曾经对周边国家的语言、文字发生过重要的影响，尤其是对朝鲜语、日本语、越南语发生过强烈的影响。韩国、日本等至今还在使用汉字，在这些国家的民族语言中，至今有许多来自汉语的借词。

（2）现代汉语有广狭二义。

广义的现代汉语指现代汉民族使用的语言。它不仅包括现代汉民族的共同语，而且包括现代汉语各方言。狭义的现代汉语只指现代汉民族共同语——普通话。由于现代汉语方言纷繁复杂，并非一门基础课程所能容纳，因此本课程主要以狭义的现代汉语为教学内容。

（3）现代汉语是在近代汉语的基础上逐步形成的。

现代汉语书面语的源头可以上溯至唐宋时期。唐代以后，由于文言文与当时的口语严重脱节，产生了一种接近北方口语的新的书面语"白话"。由唐宋至明清，"白话"逐步发展成相当成熟的书面语，唐代变文、宋代语录、宋元话本、金元诸宫调和元曲、明清小说等，都是用这种白话创作的。这些白话文学作品的流传，也加速了北方话的统一和传播。

在白话文学流行的同时，一种以北方话为基础的共同语的口语形式也逐渐形成。这种口语形式在元代称为"天下通语"，明清两代叫做"官话"。关于官话的标准音，学术界还有不同意见，一种意见认为，从元代以后，共同语就是以今北京话为标准音；另一种意见认为，清代中叶以后，北京语音才上升为共同语的标准音，此前，近代汉语的标准音是洛阳一带的中州音。从史实看，自1153年金朝迁都燕京（今北京）起，北京便成为金、元、明、清各朝的都城（明代有短期在南京建都），前后历时800多年，一直保持着全国政治中心的地位。北京话作为官府的通用语言传播到全国各地，逐渐取得了共同语语音标准的地位。

五四运动前后的语文运动促进了现代汉语共同语的形成。"白话文运动"彻底动摇了文言文的统治地位，以白话文取代了文言文。"国语运动"加强了北京话在口语方面的代表地位。这两个运动促使书面语和口语日趋接近，形成了现代汉民族的共同语。

新中国成立以后，对民族共同语的统一和规范有了更高的要求。1955年正式确立普通话为现代汉民族共同语，并对其内涵作了准确的界定：**以北京语音为标准音，以北方话为基础方言，以典范的现代白话文著作为语法规范。**

（4）现代汉语是中华人民共和国的通用语言。

不仅汉族人民之间要用现代汉语来交际，随着各民族之间交往日益频繁，国内其他民族同胞中自愿学习汉语的人也越来越多①。

汉语是世界上使用人口最多的语言，世界上各大洲都有使用汉语的人群。

现代汉语是联合国的6种工作语言之一。随着我国的国际地位不断提高，世界各地学习、研究汉语的人越来越多，研究汉语的机构也越来越多。

_____

① 《中华人民共和国宪法》规定："各民族都有使用和发展自己语言文字的自由。"

三、现代汉语的规范化

现代汉语作为国家的通用语言，作为联合国的工作语言之一，担负着极其重要的交际任务。这就要求它必须有明确的标准，必须规范化。现代汉语的规范化就是根据现代汉语的语言实际，确立普通话在语音、词汇、语法上的标准，并用这一标准来消除现代汉语及其使用中存在的分歧、混乱现象，保证其交际职能的高效发挥。

应当消除人们对语言规范化的误解。现代汉语规范化并不是要禁绝方言，并不是 1 个意思只能有 1 种说法。规范化是要消除那些影响表达的不必要的分歧现象，消除那些容易造成理解困难、学习负担的混乱现象，使人们在使用普通话的时候，有一个共同遵循的准则，方便广大人民群众的使用，也便于少数民族同胞和外国朋友学习和使用。在语言交际中，人们完全可以选择自己喜欢的表达方式，自由地、创造性地进行口语交流、文学写作。

现代汉语规范化的标准分为语音、词汇、语法 3 项，在 1955 年现代汉语规范问题学术会议上已经明确提出，但这 3 项标准的具体内涵仍需进一步明确。

（1）语音方面以北京语音为标准音。

汉语方言的语音分歧十分显著。因而，综合各地语音来制订标准音系统是行不通的，只能选取一个地点的语音为标准。金元明清以来，北京一直是中国的政治中心，北京话逐渐成为官话在口语方面的代表，因而选取北京语音作为普通话的标准音具有坚实的历史文化基础。需要强调的是，以北京语音为标准音，主要是指采用北京话的语音系统，并不包括北京话中的土语成分和一些方言色彩很浓的儿化、轻声词语，也要消除北京话中存在的异读词等分歧现象。

（2）词汇方面以北方方言为基础方言。

黄河流域一直是汉民族活动的中心区域，北方方言也一直是汉民族共同语的基础方言。北方方言通行区域广，使用人口多，内部一致性强，以它作为普通话词汇的基础具有客观性和合理性。不过，北方方言内部也存在着相当大的词汇差异。普通话词汇以北方方言为基础，并不意味着北方方言的所有词汇都是普通话词汇，那些地方性很强、只通行于局部地区的土语词应当舍弃。同时，普通话还要从其他方言、古汉语、外语中吸收一些词语，以丰富人民群众的语言，满足表述需要。

（3）语法方面以典范的现代白话文著作为语法规范。

普通话以典范的现代白话文著作为语法规范，是因为书面语比口语更加规范，而典范的现代白话文是一种文学语言，是在书面语基础上经过加工、提炼的语言形式，比一般的书面语规范程度更高。因此，选取最具代表性的文学语言作为语法规范的标准，对民族共同语的健康发展十分必要。当然，现代汉语规范化在确定语法规范时，只选择典范的现代白话文著作中具有普遍性的一般用例，而不包括特殊用例。

思考与练习

一、谈谈你对语言的功能、性质的理解。

二、什么是现代汉语，现代汉民族共同语是怎样形成的？

三、什么是现代汉语规范化，谈谈你对规范标准的理解。

第二节　现代汉语的方言

学习要点　理解共同语与方言的关系，认识现代汉语方言的分布概况和各大方言的主要特点。

一、共同语与方言

民族语言既包括共同语，也包括方言。**民族共同语是一个民族全体成员通用的语言。方言是民族语言的地域变体，是局部地区人们使用的语言。**共同语与方言是一对相互依存的概念，一种语言有方言的分歧，才需要共同语的存在，没有方言，也就谈不上共同语。

共同语是在一种方言的基础上形成的，这种方言叫做基础方言。哪一种方言能成为共同语的基础方言，取决于该方言区的政治、经济、文化、人口等因素。

《中华人民共和国宪法》规定："国家推广全国通用的普通话。"《中华人民共和国国家通用语言文字法》规定："国家推广普通话，推行规范汉字。"这是我们理解共同语与方言之关系的根本出发点。推广、普及普通话是新时期语言文字工作的主要任务之一，代表了汉语发展的主流。

需要强调的是，推广和普及共同语并不是要禁绝、消灭方言，而是消除方言隔阂，实现顺畅交流，适应时代发展，促进社会和谐。在工作、学习、服务、公共场合等语言环境中要使用普通话，在非公开场合使用普通话还是方言，则是个人的自由。而一些地方戏剧和戏曲、曲艺等则一般要用方言来演唱。因此，共同语与方言将长期共存，实现语言主体性和多样性的统一是和谐的社会语言生活的重要指标。一方面，共同语将不断地从方言中吸取新鲜成分以丰富自己；另一方面，方言的发展演变也会受到共同语更多的影响。

二、汉语方言的分布及其特点

现代汉语方言差异显著。关于方言的分区，学术界的观点还不统一，有 7 区说、10 区说等。7 区说包括官话、吴语、湘语、赣语、客家话、粤语、闽语等七大方言。20 世纪 80 年代，中国社会科学院和澳大利亚人文科学院联合编制的《中国语言地图集》将汉语方言分为官话、吴语、湘语、赣语、客家话、粤语、闽语、晋语、徽语、平话 10 个区。下面简要介绍这 10 个方言区的分布和特点。

（一）官话方言

官话方言通行范围很广，从东北三省到云贵高原，从江苏的连云港到新疆内陆的汉族居住区，都有官话分布。具体包括以下 3 部分地域的汉族居住区和某些少数民族自治区：（1）长江以北地区；（2）长江以南包括西南的四川、贵州、云南三省，湖北西南角、镇江至九江的部分沿长江地区；（3）河西走廊及新疆全区。使用人口 6.6 亿，占全国人口的 64.51％，占说汉语人口的 67.76％。官话方言地域辽阔，又可分为 7 个次方言：北京和东北官话，冀鲁官话，胶辽官话，中原官话，兰银官话，西南官话，江淮官话。官话方言有下列特点：

（1）古全浊声母（浊塞音、塞擦音、擦音）今读清音，由古全浊声母变来的塞音和塞擦音平声送气，仄声不送气。但晋南、关中、陇东不少方言白读音不论平仄一律送气。

（2）大多数地区没有入声韵和入声调（江淮官话例外）。

（3）古全浊声母上声字今归去声，声调一般为 4 个，部分方言是 3 个或 5 个。

（4）鼻辅韵尾只有-n、-ŋ 两个。

（5）单数第三人称代词用"他"。

（6）家畜、家禽表性别的语素在前，如"公牛""母鸡"。

（7）修饰语在前，中心语在后，如"客人"。

（8）"给予"义的双宾句，指人宾语在指物宾语前，如"给他 1 本书"。

（二）吴语

吴语分布在江苏南部、上海和浙江全境，以及江西、福建和安徽的小部分地区。以上海话为代表，使用人口 7 千余万。吴语的主要特点是：

（1）保留古全浊声母，塞音分清送气、清不送气、浊音 3 套。

（2）保留古入声，收喉塞音韵尾 [-ʔ]。

（3）多数地区单韵母丰富。

（4）多数点只有 [ts、tsʻ、s] 声母，没有 [tʂ、tʂʻ、ʂ] 声母。

（5）一般有 7 个单字调，连读变调复杂。

（6）"东西"说"物事"，"铜钱"说"铜钿"，"洗"说"汰"，"稀"说"薄"，"二十"叫"念"。

（7）带后缀"头"的派生词发达。

（8）宾语前置的主谓谓语句占优势。如"我看过了京戏"常说成"我京戏看过了"。

（三）湘语

湘语分布于湖南的湘江、资江流域和沅江中游少数地区以及广西北部的兴安、灌阳、全州、资源四县。按照一般的说法，湘语以长沙话为代表。其主要特点有：

（1）古浊塞音和塞擦音，无论今读浊音或是清音，不论平仄，都念不送气音。

（2）北京话［n、l］两声母，在开口呼、合口呼韵母前一般相混，在齐齿呼、撮口呼韵母前不混。

（3）北京话［ən/əŋ、in/iŋ、un/uŋ、yn/yŋ］4 对韵母，多数方言前两对相混，读前鼻韵母，后两对有别。

（4）调类 5 个或 6 个，去声分阴、阳，半数方言有入声调类，但无塞音韵尾。

（5）"儿子"说"崽"，"男孩儿"说"伢子"，"青蛙"说"麻怪"，"圆"说"圞"。

（6）以"子"为后缀的派生词发达。

（四）赣语

赣语分布于江西省的赣江中下游和抚河流域以及鄱阳湖地区，湘东、湘西南、鄂东南、皖西南等地也有分布。使用人口 4 千万。赣语以南昌话为代表。主要特点是：

（1）古全浊声母今读塞音、塞擦音时，不论平仄一律为送气清音。

（2）古咸山摄一二等字韵母（北京话［an、uan］韵）主要元音有区别。如南昌话"搬"［pon⁴²］≠"班"［pan⁴²］。

（3）声调有 6 至 7 类。

（4）"他"说"渠"［kʻɛ］，"吃"说［tɕʻiak］，"我的"说"我个"。

（五）客家话

客家话主要分布在广东中部、东部，福建西部，江西南部，此外，广西、台湾、海南、湖南、四川也有小片分布，共 200 多个县市，大约 3 500 万人口。海外华侨也有许多人讲客家话。客家话分布很广，但内部一致性很强，以广东梅州话为代表。主要特点是：

（1）古全浊声母逢塞音、塞擦音一律读送气清音。

（2）一般没有撮口韵母。如"吕"读［li］，"居"读［ki］。

（3）古上声次浊声母字（北京话上声字）部分读阴平调，如"尾、暖、软、冷"等字。

（4）"我"说"𠊎"［ŋai¹¹］，"什么"说"麻介"［mak¹ ke⁵³］。

（5）常用后缀"子""里""儿"表小称。

（六）粤语

粤语分布于广东珠江三角洲、粤中、粤西南及粤北的部分地区，广西的桂东南，香港、澳门两个特别行政区，也是海外华人社区的主要交际用语之一。使用人口约 8 千万。粤语又叫"广东话""白话"，以广州话为代表。粤语语音系统复杂，韵母和声调调类较多。

（1）古双唇鼻音和唇齿鼻音声母未分化，念［m-］，如微［mei²¹］、文［mɐn²¹］。

（2）古代的舌根音声母字不论洪细（洪音指开口呼与合口呼，细音指齐齿呼与撮口呼）一律读［k、kʻ、h］，如"叫"［kiu³³］、"舅"［kʻiu²³］、"晓"［hiu³⁵］。溪母合口部分字读［f］声母。如"科"［fɔ⁵³］。

（3）大部分地区有［-m、-n、-ŋ］3 个鼻音韵尾和［-p、-t、-k］3 个塞音韵尾。

（4）大部分地区复合韵母、鼻音韵尾和塞音韵尾中元音有长元音［a］和短元音［ɐ］的对立。例如，"街/鸡"［kai⁵³］/［kɐi⁵³］、"三/心"［ʃam⁵³］/［ʃɐm⁵³］。

（5）一般为 9 个声调。

（6）有前缀"阿"和后缀"仔""佬""女""婆"。

（七）闽语

闽语分布于福建沿海大部分地区，广东潮汕地区和雷州半岛，海南东部、南部和西南部沿海，浙江东南部，台湾大部分地区。海外华侨也有许多使用闽语，尤其是东南亚华侨更为集中。使用人口约 6 千万。闽语内部分歧严重，一般分为闽南、闽东、闽北、闽中、莆仙 5 个次方言，闽南话以厦门为代表，闽东话以福州为代表。主要特点是：

（1）声母数量是汉语方言中最少的，一般有 15 个左右，称为"十五音"。

（2）古全浊声母今读清音，多数读不送气，少数读送气。

（3）古"轻唇字"（唇齿音）今口语中不少仍读重唇音（双唇音）。如厦门"分"[pun^{55}]、"飞"[pui^{55}]。

（4）古"舌上音"（舌尖塞擦音）今口语不少仍读为舌头音（舌尖塞音）。如厦门"竹"[tik^{32}]、"中"[tiəŋ^{55}]。

（5）声调多为 7 个。

（6）有复杂的文白异读。

（7）"锅"说"鼎"，"房"说"厝"，"小儿"说"囝"（厦门音 [kia^{51}]）。

（八）晋语

晋语指山西省及其毗连地区有入声的方言。分布在山西大部、陕西北部、内蒙古西部、河南北部、河北北部南部。以太原话为代表，使用人口 4 570 万。晋语是在官话包围中的方言，它跟周围的官话方言的区分标准就是保留古入声，收喉塞尾 [-ʔ]。此外，晋语还有下列特点：

（1）古全浊声母今读清音，但清化后读音有分歧。多数地区塞音、塞擦音平声送气，仄声不送气，但秦晋两省黄河沿岸白读音不论平仄（或入声字）一律送气，晋中地区白读一律不送气。

（2）北京话 [ən/əŋ、in/iŋ、un/uŋ、yn/yŋ] 4 对韵母，晋语多数方言相混。

（3）有系统而复杂的文白异读，表现在声母、韵母等方面。

（4）有大量的分音词。如（分音词用同音字代替）：棒→不浪，摆→不来，搅→圪老，腔→克朗。

（5）有大量的带表音词头的派生词，这些词头均为入声音节，没有表意和标类功能。其中最典型的是"圪头词"。如：圪蛋（圆形物体）、圪都（拳头）、圪台（台阶）、圪搅（搅动）、圪挤（多人挤在一起）、圪嚓嚓等。

（九）徽语

徽语分布于黄山以南，新安江流域的安徽旧徽州府全境，浙江旧严州府大部及江西旧饶州府小部分地区，共约 2.5 万平方公里，使用人口 320 万。徽语以下列特点区别于周围的吴语、赣语和江淮官话：

（1）古全浊声母清化，塞音、塞擦音声母不分平仄，以读送气清音为主。

（2）古鼻韵尾及 [-i]、[-u] 韵尾大量脱落或弱化。

（3）大多数方言有 6 个单字调，去声字按古声母清、浊分化。

（4）古全浊声母上声字以保留读上声为主。

（5）有鼻音式儿化小称音变。

（6）"你"说"尔"，"自己"说"自家"，"膝盖"说"脚膝头"，"窗子"说"槛"，"堂屋"说"堂前"。

（十）平话

平话分布于广西壮族自治区交通要道附近的城市郊区、乡镇和农村。从桂林以北的灵川向南，沿铁路到南宁形成主轴线，鹿寨以上为北段，是桂北平话分布地区；柳州以下为南段，是桂南平话分布地区。使用人口 200 多万。平话的主要特点是：

（1）古全浊声母清化后塞音、塞擦音大多不送气。

（2）桂北平话少数古知澄母（普通话 zh、ch 声母）保留舌头音，如临桂五通镇"猪"[tiou³⁵]。部分普通话读 k 母的字在一些方言中读成擦音，如"开"[hei³⁵]。没有鼻音韵尾 [-m] 和塞音韵尾 [-p、-t、-k]。

（3）桂南平话古心母音值为 [ɬ]，如南宁亭子乡"锁"[ɬu³³]。保留鼻韵尾 [-m] 和塞韵尾 [-p、-t、-k]。清浊入字各分化为两个调，共 8 个声调。

三、汉语方言之间的差异

汉语方言之间存在很大的差异，但差异之中又体现出比较严整的对应关系。其中语音差异最为明显，词汇差异也很大，语法上也有一定的差异。

（一）语音差异

汉语方言之间存在明显的语音差异。比如，以声调而论，南方方言、晋语都保留入声，而官话方言除了江淮官话以外，大都不保留入声。从南往北，声调的数目逐渐减少，粤语的广西博白话有 10 个单字调，吴语苏州话有 7 个，湘语长沙话有 6 个，晋语太原话有 5 个，兰银官话的银川话有 3 个。再如古浊塞音、塞擦音声母，吴语全部保留，湘语则部分保留浊音，部分清化，清化后一律不送气。其余方言一律清化，其中闽语、平话大部分不送气，少部分送气；徽语大部分送气，少部分不送气；赣语、客家话一律送气；官话平声送气，仄声不送气；粤语除浊上字送气外，和官话的规律相同。再如：

	北京	西安	合肥	苏州	长沙	南昌	广州	厦门	福州
收	˛ʂou	˛ʂou	˛ʂɯ	˛sʏ	˛sɐu	˛sǝu	˛ʃɐu	˛siu	˛sieu
鞋	˛ɕiɛ	˛xæ	˛ɕiE	˛ɦɑ	˛xai	˛hai	˛hai	˛ue	˛ɛ
盘	˛pʻan	˛pʻæ	˛pʻõ	˛bø	˛pō	˛pʻnɛ	˛pʻun	˛pʰũ白	˛puaŋ
鸽	˹kɤ	˹kɤ	kɐʔ˹	kʏʔ˹	ko˹	kɔtˌ	kap˹ 白	kap˹	kaʔˌ

（二）词汇差异

方言之间的词汇差异可以分为两类，一类是实同名异，即相同的对象叫法不同，这是最明显的差异。如"妻子"有"老婆、媳妇、堂客、女人、娘子、女客、家婆、老安、婆娘、妇娘、婆姨"等十几种说法，"厨房"有"伙房、饭屋、锅屋、锅上、锅间、灶屋、灶房、灶火、灶前、厨屋、厨下、饭厦、灶下、灶披、灶披间、灶头间、灶跟、镬灶间、镬头、茶廊坊、灶边、下间、鼎间、灶敆"等二十几种说法。

另一类是名同实异，即相同的说法所指不同或不完全相同，其中的关系非常复杂，是方言区的人学习普通话的主要障碍。如关中方言的"馍"包括其他不少方言的"馍"（馒头）和"烧饼"。晋语、关中方言的"甜"既指食物中"糖多"，也指"盐少"，包括普通话的"甜"和"淡"。普通话的饺子指"水饺"，不少方言的"饺子"只指蒸饺，水饺则用"扁食"。再如"婆婆"普通话指丈夫之母，有的方言则指祖母或外祖母。"娘娘"有的方言指祖母，有的方言指姑姑，有的方言指母亲。

（三）语法差异

方言之间的语法差异不像词汇那样明显，表现在构词法、代词、重叠、时态、语气词、句法结构等方面。以双宾句为例：

例句	方言区属	方言点
给我一本书	官话	北京
伊送我一本书 伊送一本书我	吴语	上海
把本书我	湘语	长沙
书蜀本与我	闽语	厦门
我畀三本书佢	粤语	广州
你分一本书偓	客家话	梅州
拿一本书到我	赣语	南昌
给我一本书	晋语	太原
□xǎ° 我一本书	徽语	绩溪
许本书我	平话	南宁

思考与练习

一、谈谈共同语与方言的关系。

二、谈谈现代汉语方言的分布情况。

三、谈谈现代汉语十大方言的主要特点。

第三节　现代汉语的教学与研究

学习要点　了解现代汉语学科的性质、现代汉语课的定位及现代汉语课程的主要内容，掌握学习现代汉语的方法，认识学习现代汉语的意义和目的。

一、现代汉语学科的性质

现代汉语是语言学的一门分支学科。

语言学以语言为研究对象，依据研究对象的不同可分为普通语言学、个别语言学和应用语言学。普通语言学研究人类语言的普遍规律；个别语言学研究某一种语言的具体规律，如汉语语言学、英语语言学；应用语言学研究语言的应用问题，如自然语言的计算机处理、语言教学、语言规划等。

个别语言学按照研究方法的不同又可分为"描写语言学"和"历史语言学"。描写语言学是对个别语言某一时期的状态加以描写和分析，归纳出客观规律。它只对语言事实进行平面的描写，不作历史的比较和溯源。历史语言学则对个别语言的历史演变过程进行纵向的研究，以探求这种语言的内部发展规律，如汉语史、英语史。

"现代汉语"以汉语为研究对象，属于个别语言学；它只研究现代汉民族的语言，属于描写语言学。

二、现代汉语课程的定位

现代汉语是大学中文系的专业必修课之一。

语言学的主干课程有 3 门：现代汉语、古代汉语、语言学概论。现代汉语不同于古代汉语，不是一门典型的工具课；也不同于语言学概论，不是一门纯粹的理论课；更不同于写作，不是一门专门的实践课。但它同时兼有工具课、理论课和实践课的要素。它的教学对象是以汉语为母语的大学生，要求学生不但要了解现代汉语各个组成部分的结构系统，对语音、词汇、语法及汉字系统有一个全面而科学的认识，能进行准确合理的分析，而且要求学生掌握现代汉语的修辞、语用功能。教学目的是把学生对现代汉语的感性认识上升为理性认识，培养基本的语言学素质，提高分析语言和运用语言的能力，为今后从事语文教学和语言文字工作打好基础。

三、现代汉语课程的主要内容

语音部分系统讲授普通话的语音知识，使学生对共同语语音知识有系统的了解，具备推行《汉语拼音方案》、使用普通话以及推广普通话的能力。

文字部分讲述汉字的性质、作用与特点，汉字的结构方式及形体演变，汉字标准化、规范化的内容。提高学生理解执行国家语言文字政策的水平，正确地使用汉字。

词汇部分讲述现代汉语语素、构词法、词义分析、词汇的构成及特点、词语解释的原则与方法、词汇规范化的内容等。提高学生正确地使用词语的能力。

语法部分讲述现代汉语的词、短语、句子等重要语法单位的基本性质及特点，句子的结构类型、语气类型，通过大量实例分析及训练，使学生具有辨认词性，分析短语、句子等语言单位的能力及修改病句的能力。

修辞部分讲述词语的锤炼、句式的选择、辞格的运用，以及口语修辞、体态语修辞、书面语修辞的规律与特点，帮助学生理解、掌握修辞的基本知识，提高学生综合运用语言的能力。

四、学习现代汉语的意义和方法

（一）学习现代汉语的意义

（1）把对母语的感性认识上升为理性认识。一个合格的中文系学生不能只停留于熟练地使用汉语，还应该对自己母语的内部规律有系统的理性认识，不仅要知其然，还要知其所以然。如汉语中有一类拟声词"滴里答啦、叮零当啷"听起来十分悦耳动听，用语音学原理分析，就会发现这两个词的读音"dī-li-dā-lā""dīng-līng-dāng-lāng"，4 个音节形成了一种交叉的双声叠韵关系，从而形成特殊的语音表达效果。

（2）可以提高语言分析、鉴赏能力。学好现代汉语不仅能够提高语言分析能力，正确熟练地分析语音、词汇、语法现象，而且对文学作品的欣赏和鉴别也有一定的作用。比如，掌握了一定的语音学知识，就会对诗歌，特别是古典诗词中的平仄、押韵现象理解得更透彻。掌握了一定的修辞知识，就会提高我们的欣赏水平，从而能更深切地体会到文学作品的妙处。

（3）可以提高语言运用能力。一个人说话得体、文章写得漂亮是由各种因素综合而成的，其中语言能力是必不可少的。比如掌握了系统的语法知识，说话、写文章时便能有意识地避免和修正病句，掌握了语用和修辞知识，便能在语言使用中尽量得体、恰当地表达自己的思想感情。

（二）学习现代汉语的方法

1. 通过比较发现特点

通过比较发现现代汉语的特点，从中归纳出有价值的规律。

这种比较可从 3 个方面进行。

（1）汉语跟外语的比较。例如现代汉语与英语的疑问句词序不同，汉语问"你在干什么?"英语是"What are you doing?"

（2）共同语跟方言的比较。例如普通话正反问句"你吃饭不吃?"西安话则说"你吃饭啊不?"

（3）现代汉语跟古代汉语的比较。古代汉语特指疑问句和否定句中代词宾语前置，如"吾谁欺?""不吾欺"；现代汉语里这类词一般放在动词后，如"我欺骗谁?""不欺骗我。"

2. 理论联系实际

现代汉语的理论知识是从活生生的口语和书面语中总结归纳出来的。因而，要学好现代汉语，就应当避免理论与实践相脱节。一方面，要重视对语言现象的整理分析，语言实例的分析可以帮助我们更好地理解理论知识。另一方面，语言实例分析还可以检验、修正语言学理论。总之，现代汉语的学习必须以提高对语言事实的分析能力为出发点，但这种分析又是在一定的理论指导下进行的。最好的方法是把二者有机结合起来。

思考与练习

一、现代汉语学科的性质如何？谈谈你的看法。

二、联系实际，谈谈学习现代汉语的意义。

三、谈谈你打算怎样学好现代汉语。

参 考 文 献

《为促进汉字改革、推广普通话、实现汉语规范化而努力》，《人民日报》社论，1955 年 10 月 26 日。

侯精一主编《现代汉语方言概论》，上海教育出版社 2002 年。

罗常培、吕叔湘《现代汉语规范问题》，《现代汉语规范问题学术会议文件汇编》，科学出版社 1956 年。

《中华人民共和国国家通用语言文字法》，第九届全国人民代表大会常务委员会第十八次会议通过，2000 年 10 月 31 日。

中国社会科学院、澳大利亚人文科学院合编《中国语言地图集》，（香港）朗文出版（远东）有限公司 1987 年。

第一章 语　　音

第一节　语音概说

学习要点　掌握语音的物理、生理、社会属性和元音、辅音，音高、音强、音长、音色，音素、音节、音位，声母、韵母、声调等概念；了解汉语记音方式的变迁；掌握《汉语拼音方案》的具体内容。

一、什么是语音

语音是人的发音器官发出的具有一定意义的声音。这里有两个要点：一是由人的发音器官发出，自然界的声音，如刮风下雨声、砍柴泼水声以及鸟儿的叫声都不是语音；二是具有一定的意义，比如咳嗽声、喷嚏声、鼾声等虽然是由人的发音器官发出来的，但那只是人的生理现象，并不具有一定的意义，不起交际作用，所以也不是语音。

语音是语言的物质外壳，语言要通过语音来传递信息，进行交际。世界上所有民族都不约而同地利用有声语言来交流，这说明借助语音实现交际，是人类在进化中最自然、最合理的选择。没有语音这个物质外壳，意义无法传递，语言也就不能成为交际工具。不同的语言有自己特有的语音系统和语音结构，学习一种语言首要的任务就是要掌握它的语音系统和语音结构。

二、语音的性质

一切语音都具有 3 方面的性质：物理属性、生理属性、社会属性。

（一）语音的物理属性

语音跟自然界的一切声音一样，首先是一种物理现象，具有物理属性。一切声音都是由物体振动产生的。发音体振动时，震荡它周围的媒介物（主要是空气），形成音波；音波刺激人的听觉神经，就成为人们听到的声音。下面是音波示意图：

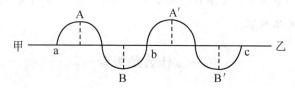

图中 a 到 b 是一个波，b 到 c 是另一个波。A 和 A′叫波峰，B 和 B′叫波谷。a 到 b、b 到 c 的距离叫波长。A、A′、B、B′到甲乙线上的距离叫振幅。

一切声音都可以从音高、音强、音长、音色 4 个要素去认识，分析语音也一样要从这几个要素入手。

1. 音高

音高指声音的高低，它决定于发音体振动的快慢。声波在一定时间内振动的周期次数就是声波的频率，单位为赫兹（1 赫兹=1 次/秒），人能听到的声音的频率在 16—2 万赫兹之间。低于 16 赫兹的是"次声"，高于 2 万赫兹的是"超声"，次声、超声我们都不能感知到。声波的频率高，声音就高；频率低，声音就低。人类的嗓门发出的声音的高低同发音体——声带的长短、厚薄、松紧都有关系。

一般说来，儿童和女性的声带相对较短、较薄，发音时单位时间内颤动次数多，所以声音高；成年男子声带相对较长、较厚，发音时单位时间内颤动次数少，所以声音就低。人发音时能通过肌肉控制声带的松紧，形成不同的音高。音高在汉语中占有特殊重要的位置，汉语的不同声调，主要是由音高变化决定的。

2. 音强

音强指声音的强弱，决定于音波振幅的大小。发音体振动过程中振动的物理量偏离平衡位置的最大值叫振幅。振幅大，声音就强；振幅小，声音就弱。语音的强弱是由发音时气流冲击声带力量的强弱决定的，用力大，音波振幅大，语音就强；反之，语音就弱。音强有时可以用来区别意义，汉语中的轻声就是以音强作为主要特征来区别意义的。例如，"地道"读作重轻式，意思是"纯正的，未搀杂的"；而读作中重式，则指"在地面下掘成的交通坑道（多用于军事）"。需要强调的是，人们平时所说的"声音高"往往是指声音响亮，这是音强问题，而不是音高问题，要和音高区分开来。

3. 音长

音长指声音的长短，决定于发音体振动时间的长短。发音时间长，音长就长；发音时间短，音长就短。粤语中"三"[ʃam⁵³]和"心"[ʃɐm⁵³]的区别就在于"三"的元音比"心"的长。普通话一般不用音长作为区别意义的手段，但音长作为发音中的一个自然属性，经常以伴随性的特征出现，比如重读音节以音强作为主要特征，音强较强，音长也相对较长，而轻声音节音强较弱，音长也相对较短。另外，普通话上声跟其他声调相比也要长一些，而去声则相对短些。

4. 音色

音色指声音的特色，决定于音波颤动的形式。音色是一个音与其他音相区别的最根本的特征，是声音的本质特征，所以也叫音质。元音［a、o、i］的区别就在于它们的音色不同。下面是［a、o、i］波纹的示意图：

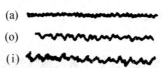

(a)
(o)
(i)

音色的区别，取决于以下 3 个方面：

（1）发音体不同。形成振动的物体叫发音体。不同的物体振动时形成的音波形式不同，音色就不同。二胡与口琴的声音不同，是由于它们的发音体一个是琴弦，一个是簧片。每个人的声音听起来不同，主要就是因为他们各自的发音体——声带不同。

（2）发音方法不同。发音方法是指外力作用于发音体使之振动的方式。而方式的不同就产生出不同的音。比如二胡曲《赛马》的演奏中，使用拉的方式和弹拨的方式，音色不同。语音中的塞音［k］和擦音［x］，一个用爆破的方式发音，而另一个用摩擦的方式发音，其音色就不同。

（3）共鸣器不同。共鸣器指能够与发音体的振动产生共振的空间，如二胡的琴筒、吉他的音箱、笛子的管身。共鸣器可以放大发音体发出的声音。人类发音的共鸣器就是口腔、鼻腔等。共鸣器形状不同，发出的音就不同。人们可以通过调整舌位、口形等改变共鸣器形状，以改变声音的振动形式，从而发出不同的音。如［e］和［u］，发音体都是声带，但是由于发音时舌位的高低、前后以及嘴唇的圆展不同，就形成了不同的音。

（二）语音的生理属性

语音是由人的发音器官发出来的，因而具有生理属性。发音时发音器官状况不同，所用的方法不同，发出的声音也不同，所以在学习语音时就要研究发音器官的构造及其在发音中所起的作用。人类的发音器官可以分成 3 个部分：

1. 肺和气管

肺是重要的呼吸器官，同时也是发音器官，它通过呼出和吸入气流为发音提供原动力。气管是气流出入的通道，吸气时气流经过气管进入肺部，呼气时气流由肺部经过气管呼出。人类发出的声音一般是通过呼出气流完成的，也有极少的语言中有吸气音，通过吸入气流发音。

2. 喉头和声带

喉头由甲状软骨、环状软骨和两块杓状软骨组成，呈圆筒形，下接气管，上通咽腔。声带是两片富有弹性的薄膜，长约 $13-17$ 毫米，前后两端粘附在软骨上，中间的通路叫声门。由于肌肉和软骨的活动，声带可以放松或拉紧，声门可以打开或闭拢。当人们呼吸或发清音时，声门大开，气流自由流出，声带不颤动；而发浊音时，声门先闭拢，气流呼出时冲击声门，使声门打开一条缝隙，气流从中流出，同时声带发生颤动。

3. 口腔、鼻腔和咽腔

喉头上面是咽腔。咽腔是个三岔口，下连喉头，前通口腔，上连鼻腔，是重要的发音器官。发音的气流从肺部呼出，由喉头经过咽腔到达口腔和鼻腔，形成共鸣，然后经由口腔或鼻腔流出。所以，口腔、鼻腔和咽腔不仅是气流通道，还是共鸣器。

对发音来说，口腔是最重要的。口腔的组织，下面的叫下腭，上面的叫上腭。下腭包括下唇和下齿，舌头也附着在下腭上。舌头又分为舌尖、舌面和舌根。上腭包括上唇、上齿、齿龈、硬腭、软腭和小舌。

　　上腭上面的空腔是鼻腔，软腭和小舌处在鼻腔和口腔的通道上。软腭是硬腭后较软的部分，软腭后连接小舌，小舌是像舌头一样能自由活动的肌肉坠儿，它可以翘起或垂下，作用是调节气流通道。软腭和小舌上升时，鼻腔关闭，气流从口腔通过，这时发出的声音主要在口腔共鸣，叫口音；软腭和小舌下垂时，气流通往口腔的通道关闭，气流从鼻腔通过，这时发出的声音主要在鼻腔共鸣，叫鼻音。如果软腭和小舌呈半悬状态，气流同时从口腔和鼻腔中流出，则发出鼻化音。汉语西北方言比如西安话、兰州话就有鼻化元音。鼻腔的作用是使声音发生共鸣，要发出不同的鼻音，还要唇、舌、齿、腭等器官同时参与活动。

　　发音器官示意图

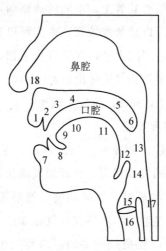

　　1上唇　2上齿　3齿龈　4硬腭　5软腭　6小舌　7下唇　8下齿　9舌尖　10舌面　11舌根　12咽腔　13咽壁　14喉盖　15声带　16气管　17食道　18鼻孔

（三）语音的社会属性

语言是人类最重要的交际工具，具有社会性。社会性也是语音的本质属性。语音同其他声音最本质的区别在于，它与自己所代表的意义相联系，不过这种联系并不是必然的。一个语音表达什么样的意义，是由使用这种语言的人群在使用中约定俗成的。

所以，同样的意义可以用不同的语音形式表示，比如"玉米"，汉语方言中有"苞谷""苞米""玉蜀黍""棒子"等多种叫法；英语中"玉米"也有［meiz］（maize）、［kɔːn］（corn）、［miːli］（mealie）等不同的形式。反过来，同一个音也可以表示不同的意义，如"mài"，汉语中表示"卖""迈""麦""脉"等多种意义。

语音与意义的结合固定下来之后，个人不能随意改动，否则就无法和别人交流。这也是语音社会性的表现。

语音的系统性也是由社会决定的，任何语言或方言都有其独特的语音系统，比如，有哪些音，没有哪些音；哪些音能和哪些音相拼，不能和哪些音相拼；哪些音能区别意义，哪些音不区别意义等等，这些主要不是由语音的物理性质和生理性质决定的，而是由语音的社会性质决定的。

汉语中有 zh、ch、sh 等卷舌音，而英语中没有；英语中有［b］［d］［g］等浊塞音，而汉语普通话没有。这并不是汉、英两个民族的发音器官有什么不同，也不是由于地理的原因，而是由于汉、英两个民族各自选择了本民族的语音系统，各自的语音系统经历了独特的演变过程。

由于自幼受特定语音系统的熏陶，一个人往往对母语中具有的语音特征比较敏感，发音也容易，而对母语中所没有的语音特征，则不易辨别，也不容易发出。如西方人对汉语的四声和汉族人对西方语言的颤音、浊塞音，都是不易分辨和难以准确发音的。但是，经过训练，一个人可以掌握多种语音系统，这说明语音系统与生理和地理等非社会因素无关，而只是社会习惯的产物。

三、语音的基本概念

（一）音素和元音、辅音

音素是从音色角度划分出来的最小语音单位。把音节切分到不能再切分的程度，就得到一个个的音素。例如，汉语里 jian 中的 4 个单位各自有不同的音质，并且不能再划分成更小的单位，这就是 4 个音素。

音素分为元音和辅音两大类。**发音时气流振动声带，在口腔咽腔不受阻碍而形成的音叫元音，**又叫"**母音**"，如 a、o、i、u 等。**发音时气流受到阻碍形成的音叫辅音，又叫"子音"，**如 b、t、g、f、s、r 等。

元音和辅音的区别主要表现在以下 4 个方面：

1. 气流是否受阻

元音发音时，气流不受阻碍（但受节制）；辅音发音时，气流通过口腔等通道时要受到阻碍。这是两种音素最重要的区别。

2. 紧张均衡与否

元音发音时，发音器官各部位保持均衡的紧张状态；辅音发音时，构成阻碍的部位比较紧张，其他部位则比较松弛。

3. 气流强弱

元音发音时，气流较弱；辅音发音时，气流较强。

4. 声带是否颤动

元音发音时，声带一定要颤动，发出的声音响亮。辅音发音时，有的声带颤动，声音较响亮，如 m、n、l、r；有的声带不颤动，声音不响亮，如 k、t、z、c。

（二）音节

音节是语音结构的基本单位，是听觉上最容易分辨的语音单位，也是最自然的语音单位。如"新"是 1 个音节，"甘肃"是两个音节，"格尔木"是 3 个音节，"西岳华山"是 4 个音节。汉语音节和汉字基本上是一对一的关系，1 个汉字也就是 1 个音节。只有少数例外，如"花儿、信儿"都写成两个汉字，可是却读成 1 个音节 huār、xìnr。

音节是由音素构成的。汉语 1 个音节可以只有 1 个音素，例如"阿"ā[a^{55}]"姨"yí[i^{35}]；也可以有两个或 3 个音素，例如"低"dī[ti^{55}]"昂"áng[aŋ^{35}]"下"xià[ɕia^{51}]"游"yóu[iou^{35}]；最多可以有 4 个音素，例如"焦"jiāo[tɕiau^{55}]"黄"huáng[xuaŋ^{35}]。

（三）声母、韵母、声调

汉语音韵学的传统分析方法是把 1 个音节分为声母、韵母和声调 3 部分。

声母指音节开头的辅音，如果音节开头没有辅音，则称为零声母。如"村庄"cūnzhuāng，其声母分别是"c"和"zh"；而"昂"áng 则没有音节开头的辅音，即为零声母。

韵母是指音节中声母后边的部分，它可以是 1 个元音，或者是元音的组合，也可以是元音和辅音的组合。如"乐"lè 的韵母 e 是单元音；"叫"jiào 的韵母 iao 是元音的组合；"行"xíng 的韵母 ing 是元音和辅音的组合。

声调指整个音节的高低升降的变化。普通话里 mā（妈）、má（麻）、mǎ（马）、mà（骂）4 个音节的声母和韵母都相同，只是声调不同，表示的意思就不同。

（四）音位

音位是一种语言（或方言）里能区别意义的最小语音单位。举例说，普通话 bà（爸）、pà（怕）、mà（骂）、fà（发）4 个音节有共同的韵母 [a] 和去声调，它们的不同意义是通过声母 [p、p'、m、f] 来体现的。又如：pà（怕）、pò（破）、pù（铺）、pì（屁）有共同的声母 [p'] 和去声调，它们的不同意义是通过韵母 [a、o、u、i] 来体现的，所以辅音 [p、p'、m、f]、元音 [a、o、u、i] 都分别是一个个不同的音位。

音位一般用"//"来表示。1 个音位可以包含几个非常近似的音，如 dà（大）、dài（带）、dàng（荡）、jiàn（见）这 4 个音节里的"a"，实际读音并不完全相同，它在 dà 中是 [A]，舌位在中央；在 dài 中是 [a]，舌位略前；在 dàng 中是 [ɑ]，舌位略靠后；在 jiàn 中则舌位偏前偏高，是 [æ]。这几个 a 发音有细微区别，从音色的角度看，是几个不同的音素，但它们的不同是由于各自出现的语音条件不同，并没有区别意义的作用，所以归纳为一个音位，汉语拼音用"a"作为代表，[A、a、ɑ、æ] 都是/a/音位的变体。

四、注音方法和注音符号

中国早期的注音方法是直音法和反切法，1918－1958 年用注音符号，现在最常用的记音符号系统是汉语拼音方案和国际音标。

（一）中国早期的注音方法

为了给汉字注音，人们采用过多种注音方法。过去的汉字注音方式主要有直音、反切、注音字母 3 种。

直音法是最古老的注音法，即根据同音原则用一个汉字给另一个汉字注音，如"毳，音脆"。直音要受很多限制，比如，对

一个不认识"脆"字的人来说,"毳,音脆"没有意义。像"丢、
嫩、耍"等字,就没有同音字可注;"宣,音瑄"虽然是同音字,
可是"瑄"比"宣"还生僻,注了音等于没注。

反切法使用两个汉字给1个汉字注音。其规则是:反切上字
与被切字同声母,反切下字与被切字同韵母和同声调。比如
"娑,桑多切",反切上字"桑"与被切字"娑"声母相同,反切
下字"多"与被切字"娑"韵母、声调相同。

直音法、反切法都是用汉字给汉字注音,必须认识一定量的汉
字才能使用。它们在一定的历史时期发挥过重要的作用,尤其是反
切法,使用了1 700多年,直到注音字母出现后才退出历史舞台。

注音字母是1918年公布的一套记音符号,1930年改称注音符
号。它把普通话(当时叫"国语")语音归纳为若干类声母和韵
母,分别用笔画式符号表示,比如声母"ㄅb、ㄆp、ㄇm、ㄈf、
ㄓzh、ㄔch、ㄕsh、ㄖr",韵母"ㄚa、ㄛo、ㄜe、ㄢan、ㄤang、
ㄥeng"。同反切相比,注音符号拼注字音要准确、方便得多,建
国初期曾经广泛用于扫盲。在《汉语拼音方案》制订以前,很多
语文工具书都用注音符号注音。但是,注音符号还不够细致,笔
画式字母笔顺方向错乱,不便连写,又不利于对外文化交流。

(二)汉语拼音方案

《汉语拼音方案》是20世纪50年代制订的。新中国成立以
后,中国文字改革委员会普遍征求和广泛收集各方面对拼音方案
的意见,进行分析和研究,于1956年2月拟订出《汉语拼音方
案(草案)》。这个方案(草案)经过全国政协和各界人士广泛
讨论,又经汉语拼音方案审订委员会反复审议和多次修订,再由
中国文字改革委员会提交政协全国委员会常委扩大会议讨论,报
请国务院全体会议通过,于1958年2月由第一届全国人民代表

大会第五次会议批准作为正式方案推行。

《汉语拼音方案》是在过去各种注音方法的基础上发展起来的，可以说是中国人创制各种汉字注音法的经验总结。它比过去设计的各种注音法更为完善、优越，受到社会各界的欢迎。1977年9月，联合国第三届地名标准化会议通过决议，建议"采用汉语拼音作为中国地名罗马字母拼法的国际标准"。1982年8月1日，国际标准化组织经过投票决定汉语拼音是拼写汉语的国际标准。从此汉语拼音走上了国际舞台。

汉语拼音有下列用途：

1. 给汉字注音

《汉语拼音方案》基本上克服了以前各种注音方法的缺点，能够准确地给汉字注音。它采用当今世界上使用最广泛的拉丁字母，既容易为广大群众掌握，又便于国际间的文化交流。

2. 作为推广普通话的工具

学习普通话仅靠口耳相传难以收到良好的效果，必须有一套科学的记音符号，以帮助教学，矫正读音。实践证明，《汉语拼音方案》正是推广普通话的有效工具。

3. 作为输入汉字的手段，或在互联网上传输汉语

在计算机信息处理中，汉语拼音输入已经成为输入汉字的重要手段。

由于内码问题，在互联网上传输汉字，有时会遇到困难。如果使用汉语拼音传输，则畅通无阻，因为汉语拼音使用的是拉丁字母，多数国家都有使用拉丁字母的传输设备。

4. 设计特殊语文

特殊语文有两种：一种是聋哑人用的手指字母，另一种是盲人用的摸读文字（盲文）。这两种特殊语文都可以在汉语拼音的基

础上进行设计。中国政府在 1963 年和 1974 年先后公布了两套供聋哑人使用的手指字母。前一套有 30 个字母指式，只用 1 只手就可以进行对话。后一套右手表示声母，左手表示韵母，两手同时使用就能把汉语音节表示出来。盲文是在纸面上压出来的凹凸符号，供盲人摸读。利用汉语拼音设计盲文，容易学习，便于应用。

5. 作为制订少数民族文字的基础

中国是多民族、多语言的国家，根据本民族意愿为少数民族创制文字或改革旧有文字，有益于少数民族的进步与发展。用拉丁字母作为少数民族文字的字母，符合国际拉丁化的趋势，便于和汉语拼音沟通，也便于和世界各国文字沟通。新中国成立后新创造的拉丁化新文字，如壮文、侗文、布依文等，在这些民族文化的继承和发展方面都起到了积极的作用。

此外，《汉语拼音方案》还可以用来帮助外国人学习汉语，音译人名、地名和科学术语，以及编制索引和代码等等。

（三）国际音标

国际音标是国际语音学会 1888 年制订的一套记音符号，是用来记录各民族语言的语音的。它共有 100 多个符号，以拉丁字母为主，适当采用希腊字母等，用字母的印刷体、手写体、小写、大写、正写、倒写、连写等各种方法来表示不同的音素。国际音标遵循"1 个音素 1 个符号，1 个符号 1 个音素"的原则，记音有严式、宽式之分。

国际音标制订出来之后，曾经多次修订。由于它对语音的区分比较科学，记音符号简明，使用灵活，语言学者大都用来记录和研究语音。中国开展少数民族语言和汉语方言的调查，也都采用国际音标记音。掌握国际音标对语言教学和研究都很有帮助，中文专业毕业生应当掌握国际音标。国际音标用〔　〕表示。

思考与练习

一、什么是语音？为什么说语音是语言的物质外壳？

二、说出发音器官示意图中各部位的名称。

三、为什么说社会性是语音的本质属性？

四、举例说明什么是音素。

五、元音和辅音的主要区别是什么？

六、概念解释：音节　声母　韵母　声调

七、说明《汉语拼音方案》的主要用途。

附录一　　　　　　　　　**汉语拼音方案**

（一）字母表

字母	Aa	Bb	Cc	Dd	Ee	Ff	Gg
名称	ㄚ	ㄅㄝ	ㄘㄝ	ㄉㄝ	ㄜ	ㄝㄈ	ㄍㄝ
	Hh	Ii	Jj	Kk	Ll	Mm	Nn
	ㄏㄚ	ㄧ	ㄐㄧㄝ	ㄎㄝ	ㄝㄌ	ㄝㄇ	ㄋㄝ
	Oo	Pp	Qq	Rr	Ss	Tt	
	ㄛ	ㄆㄝ	ㄑㄧㄡ	ㄚㄦ	ㄝㄙ	ㄊㄝ	
	Uu	Vv	Ww	Xx	Yy	Zz	
	ㄨ	ㄪㄝ	ㄨㄚ	ㄒㄧ	ㄧㄚ	ㄗㄝ	

V 只用来拼写外来语、少数民族语言和方言。

字母的手写体依照拉丁字母的一般书写习惯。

（二）声母表

b	p	m	f	d	t	n	l
ㄅ玻	ㄆ坡	ㄇ摸	ㄈ佛	ㄉ得	ㄊ特	ㄋ讷	ㄌ勒
g	k	h		j	q	x	
ㄍ哥	ㄎ科	ㄏ喝		ㄐ基	ㄑ欺	ㄒ希	
zh	ch	sh	r	z	c	s	
ㄓ知	ㄔ蚩	ㄕ诗	ㄖ日	ㄗ资	ㄘ雌	ㄙ思	

在给汉字注音的时候，为了使拼式简短，zh ch sh 可以省作 ẑ ĉ ŝ。

（三）韵母表

	i ㄧ衣	u ㄨ乌	ü ㄩ迂
a ㄚ啊	ia ㄧㄚ呀	ua ㄨㄚ蛙	
o ㄛ喔		uo ㄨㄛ窝	
e ㄜ鹅	ie ㄧㄝ耶		üe ㄩㄝ约
ai ㄞ哀		uai ㄨㄞ歪	
ei ㄟ欸		uei ㄨㄟ威	

ao ㄠ熬	iao 丨ㄠ腰		
ou ㄡ欧	iou 丨ㄡ忧		
an ㄢ安	ian 丨ㄢ烟	uan ㄨㄢ弯	üan ㄩㄢ冤
en ㄣ恩	in 丨ㄣ因	uen ㄨㄣ温	ün ㄩㄣ晕
ang ㄤ昂	iang 丨ㄤ央	uang ㄨㄤ汪	
eng ㄥ亨的韵母	ing 丨ㄥ英	ueng ㄨㄥ翁	
ong （ㄨㄥ）轰的 韵母	iong ㄩㄥ雍		

（1）"知、蚩、诗、日、资、雌、思"等7个音节的韵母用 i，即：知、蚩、诗、日、资、雌、思等字拼作 zhi、chi、shi、ri、zi、ci、si。

（2）韵母儿写成 er，用作韵尾的时候写成 r。例如："儿童"拼作 értóng，"花儿"拼作 huār。

（3）韵母ㄝ单用的时候写成 ê。

（4）i 行的韵母，前面没有声母的时候，写成 yi（衣），ya（呀），ye（耶），yao（腰），you（忧），yan（烟），yin（因），yang（央），ying（英），yong（雍）。

u 行的韵母，前面没有声母的时候，写成 wu（乌），wa（蛙），wo（窝），wai（歪），wei（威），wan（弯），wen（温），wang（汪），weng（翁）。

ü 行的韵母，前面没有声母的时候，写成 yu（迂），yue（约），yuan（冤），yun（晕），ü 上两点省略。

ü 行的韵母跟声母 j，q，x 拼的时候，写成 ju（居），qu（区），xu（虚），ü 上两点也省略；但是跟声母 n，l 拼的时候，仍然写成 nü（女），lü（吕）。

（5）iou，uei，uen 前面加声母的时候，写成 iu，ui，un。

例如 niu（牛），gui（归），lun（论）。

（6）在给汉字注音的时候，为了使拼式简短，ng 可以省作 ŋ。

（四）声调符号

阴平　阳平　上声　去声

　　ˉ　　　ˊ　　　ˇ　　　ˋ

声调符号标在音节的主要元音上。轻声不标。例如：

妈 mā　　麻 má　　马 mǎ　　骂 mà　　吗 ma

（阴平）（阳平）（上声）（去声）（轻声）

（五）隔音符号

a，o，e 开头的音节连接在其他音节后面的时候，如果音节的界限发生混淆，用隔音符号（'）隔开，例如 pi'ao（皮袄）。

附录二　　　　　国际音标简表

发音方法＼发音部位		双唇（上唇下唇）	唇齿（上齿下唇）	舌尖前（舌尖齿背）	舌尖中（舌尖上齿龈）	舌尖后（舌尖硬腭前）	舌叶	舌面前（舌面前硬腭前）	舌面中（舌面中硬腭）	舌面后（舌根软腭）	喉
塞音（清）	不送气	p			t				c	k	ʔ
	送气	p'			t'				c'	k'	
	浊	b			d					g	
塞擦音（清）	不送气		pf	ts		tʂ	tʃ	tɕ			
	送气		pf'	ts'		tʂ'	tʃ'	tɕ'			
	浊			dz		dʐ	dʒ	dʑ			
鼻音	浊	m	ɱ		n			ɲ		ŋ	
颤音	浊			r							
闪音	浊					ɽ					
边音	浊				l						
擦音	清	ɸ	f	s		ʂ	ʃ	ɕ	ç	x	h
	浊	β	v	z		ʐ	ʒ	ʑ	j	ɣ	ɦ
半元音	浊	w（ɥ）	ʋ						j（ɥ）	w	

		舌尖元音		舌面元音		
		前　　后		前　　央　　后		
元音	高	ɿ ʮ　ʅ ʮ		i y	ɨ ʉ	ɯ u
	半高			e ø		ɤ o
	中				ə	
	半低			ɛ œ		ʌ ɔ
				æ	ɐ	
	低			a	ɐ	ɑ ɒ

第二节　辅音与声母

学习要点　理解掌握辅音、声母的发音要领，能够从发音部位和发音方法上对每一个声母进行描述，通过练习达到准确发音的目标。了解方言和普通话声母的差异及辨正方法。

一、辅音的类型

普通话共有 22 个辅音，即：b[p]、p[pʻ]、m[m]、f[f]、z[ts]、c[tsʻ]、s[s]、d[t]、t[tʻ]、n[n]、l[l]、zh[tʂ]、ch[tʂʻ]、sh[ʂ]、r[ʐ]、j[tɕ]、q[tɕʻ]、x[ɕ]、g[k]、k[kʻ]、ng[ŋ]、h[x]。辅音发音时，气流通过口腔或咽腔时要受到阻碍，通过克服阻碍而发出声音。因此，我们可以从两个方面来研究辅音的发音：（1）发音部位。就是气流受到阻碍的部位。（2）发音方法。就是气流克服阻碍发出声音的方法。

（一）辅音的发音部位

普通话的辅音按照发音部位分为 7 组，依口腔内从前到后的顺序列举如下：

（1）双唇音。由上下唇构成阻碍而形成的音，有 3 个：b[p]、p[pʻ]、m[m]。

（2）唇齿音。由下唇和上齿构成阻碍而形成的音，有 1 个：f[f]。

（3）舌尖前音。由舌尖和上齿背构成阻碍而形成的音，有 3 个：z[ts]、c[tsʻ]、s[s]。

（4）舌尖中音。由舌尖和上齿龈构成阻碍而形成的音，有 4 个：d[t]、t[tʻ]、n[n]、l[l]。

（5）舌尖后音。由舌尖和硬腭构成阻碍而形成的音，有 4 个：zh[tʂ]、ch[tʂʻ]、sh[ʂ]、r[ʐ]。

（6）舌面音。由舌面前部和硬腭前部构成阻碍而形成的音，有 3 个：j[tɕ]、q[tɕʻ]、x[ɕ]。

（7）舌根音。由舌根和软腭构成阻碍而形成的音，有 4 个：g[k]、k[kʻ]、ng[ŋ]、h[x]。

（二）辅音的发音方法

辅音的发音方法要从 3 个方面来说明：

1. 构成和克服阻碍的方式

辅音的发音可分为 3 个阶段：成阻、持阻、除阻，按照发音时构成和克服阻碍的方式，普通话的辅音分为 5 类：

（1）塞音。软腭上升，堵塞通向鼻腔的通路。构成阻碍的两个部位完全闭塞，气流经过口腔时冲破阻碍迸裂而出，爆破成声。有 6 个：b、p、d、t、g、k。

（2）擦音。软腭上升，堵塞通向鼻腔的通路。构成阻碍的两个部位非常接近，留下窄缝，气流经过口腔时从窄缝挤出，摩擦成声。有 6 个：f、s、sh、r、x、h。

（3）塞擦音。软腭上升，堵塞通向鼻腔的通路。构成阻碍的两个部位完全闭塞，气流经过口腔时先把阻塞部位冲开一条窄缝，再从窄缝中挤出，摩擦成声，即先破裂，后摩擦，结合成 1 个音。有 6 个：z、c、zh、ch、j、q。

（4）鼻音。口腔内构成阻碍的两个部位完全闭塞。软腭下降，打开通向鼻腔的通路。气流振动声带，从鼻腔通过。有 3 个：m、n、ng。

（5）边音。软腭上升，堵塞通向鼻腔的通路，舌尖与齿龈相抵构成阻碍，舌头两边留有空隙。气流振动声带，经过口腔，从舌头的两边通过。有 1 个：l。

2. 气流的强弱

按照除阻后是否有较长的气流量，把普通话辅音中的塞音和塞擦音分为两类：不送气音和送气音。

（1）不送气音。没有较长的气流量呼出。有 6 个：b、d、g、z、zh、j。

（2）送气音。除阻时呼出较长的气流量。有 6 个：p、t、k、c、ch、q。

3. 声带是否颤动

按照发音时声带是否颤动，普通话的辅音可分为两类：清音和浊音。

（1）浊音。气流呼出时，颤动声带，发出的音比较响亮。有 5 个：m、n、l、r、ng。

（2）清音。气流呼出时，声门打开，声带不颤动，发出的音不响亮。5 个浊音以外的 17 个辅音都是清音。

普通话 22 个辅音的发音情况如下表所示：

普通话辅音总表

发音方法＼发音部位			唇音		舌尖前音	舌尖中音	舌尖后音	舌面音	舌根音
			双唇音	唇齿音					
塞音	清音	不送气	b[p]			d[t]			g[k]
		送气	p[pʻ]			t[tʻ]			k[kʻ]
塞擦音	清音	不送气			z[ts]		zh[tʂ]	j[tɕ]	
		送气			c[tsʻ]		ch[tʂʻ]	q[tɕʻ]	
擦音	清音			f[f]	s[s]		sh[ʂ]	x[ɕ]	h[x]
	浊音						r[ʐ]		
鼻音	浊音		m[m]			n[n]			ng[ŋ]
边音	浊音					l[l]			

二、声母的发音

（一）声母和辅音

声母和辅音是从不同的角度分析出来的两个概念。声母与韵母、声调相对应，辅音与元音相对应。声母通常由辅音充当，但辅音不只能作声母，还能作韵尾。普通话中有一个辅音不作声母，只作韵尾，即"宁"（níng）中的辅音 ng[ŋ]；另一个辅音 n 既可作声母又可作韵尾，如"男"（nán），n 在前充当声母，在后充当韵尾。其他 20 个辅音只能作声母，不能作韵尾。也就是说，普通话共有 21 个辅音声母。

（二）声母的发音特点

把上面讲的辅音的发音部位和发音方法结合起来，就可以说明普通话 21 个声母是如何发音的。

b[p]　双唇、不送气、清、塞音。发音时双唇闭拢形成阻碍，软腭和小舌上抬，堵住鼻腔通道，声带不颤动，气流到达口腔后，双唇突然打开，爆破成音。例如：卑鄙、宝贝。

p[pʻ]　双唇、送气、清、塞音。发音情况和 b 基本相同，只是阻碍解除后有较长的气流量。例如：偏僻、澎湃。

m[m]　双唇、浊、鼻音。发音时双唇闭拢形成阻碍，软腭和小舌下降，打开鼻腔通道，气流通过喉头，振动声带，从鼻腔通过形成鼻音。例如：面貌、美妙。

f[f]　唇齿、清、擦音。发音时，下唇接近上齿，形成一条窄缝，软腭和小舌上抬，堵塞鼻腔通道，声带不颤动，气流从唇齿的缝隙间挤出，摩擦成音。例如：仿佛、吩咐。

z[ts]　舌尖前、不送气、清、塞擦音。发音时，舌尖轻轻抵住上齿背，形成阻碍，软腭和小舌上抬，堵塞鼻腔通路，声带不颤动，气流将阻碍冲开一道窄缝，从中挤出，形成先塞后擦的发音。例如：祖宗、自在。

c[tsʻ]：舌尖前、送气、清、塞擦音。发音的情况和 z 基本相同，只是阻碍解除后有较长的气流量。例如：层次、从此。

s[s]：舌尖前、清、擦音。发音时，舌尖接近上齿背，形成一条窄缝，软腭和小舌上抬，堵塞鼻腔通道，声带不颤动，气流从窄缝中挤出，摩擦成音。例如：诉讼、思索。

d[t]：舌尖中、不送气、清、塞音。发音时舌尖抵住上齿龈，形成阻碍，软腭和小舌上抬，堵住鼻腔通道，声带不颤动，气流到达口腔后，舌尖的阻碍突然打开，爆破成音。例如：地点、达到。

t[tʻ]：舌尖中、送气、清塞音。发音的情况和 d 基本相同，只是阻碍解除后有较长的气流量。例如：团体、疼痛。

n[n]：舌尖中、浊、鼻音。发音时舌尖抵住上齿龈，形成阻碍，软腭和小舌下降，打开鼻腔通道，气流通过喉头，振动声带，从鼻腔流出。例如：恼怒、能耐。

l[l]：舌尖中、浊、边音。发音时舌尖顶住上齿龈，软腭和小舌上抬，堵住鼻腔通道，气流通过喉头，振动声带，从舌头两边流出。例如：力量、理论。

zh[tʂ]：舌尖后、不送气、清、塞擦音。发音时舌体后缩，舌尖抵住硬腭前部，形成阻碍，软腭和小舌上抬，堵住鼻腔通道，声带不颤动，气流将阻碍冲开一条缝隙，摩擦而出，形成先塞后擦的发音。例如：真正、挣扎。

ch[tʂʻ]：舌尖后、送气、清、塞擦音。发音的情况和 zh 基本相同，只是阻碍解除后有较长的气流量。例如：出差、惆怅。

sh[ʂ]：舌尖后、清、擦音。发音时舌体后缩，舌尖接近硬腭前部，形成一条窄缝，软腭和小舌上抬，堵住鼻腔通道，声带不颤动，气流从窄缝中挤出，摩擦成音。例如：闪烁、神圣。

r[ʐ]：舌尖后、浊、擦音。发音的情况和 sh 相近，只是声带颤动，摩擦比 sh 弱。例如：软弱、柔韧。

j[tɕ]：舌面、不送气、清、塞擦音。发音时舌面前部抬起，抵住上齿龈和硬腭前部，软腭和小舌上抬，堵住鼻腔通道，声带不颤动，气流将阻碍冲开一条缝隙，摩擦而出，形成先塞后擦的发音。例如：解决、季节。

q[tɕʻ]：舌面、送气、清、塞擦音。发音的情况和 j 基本相同，只是阻碍解除后有较长的气流量。例如：亲切、恰巧。

x[ɕ]：舌面、清、擦音。发音时舌面前部抬起，靠近上齿龈和硬腭前部，中间形成一条窄缝，软腭和小舌上抬，堵住鼻腔通道，声带不颤动，气流从窄缝中挤出，摩擦成音。例如：学习、虚心。

g[k]：舌根、不送气、清、塞音。发音时舌面后部抬起，顶住软腭，形成阻塞；软腭和小舌上升，堵住鼻腔通道，声带不颤动，气流到达口腔后，舌根与软腭突然离开，爆破成音。例如：改革、规格。

k[kʻ]：舌根、送气、清、塞音。发音的情况和 g 基本相同，只是阻碍解除后有较长的气流量。例如：可靠、慷慨。

h[x]：舌根、清、擦音。发音时，舌面后部抬起接近软腭，形成一条缝隙，软腭和小舌上升，堵住鼻腔通道，声带不颤动，气流从窄缝中挤出，摩擦成音。例如：呼喊、黄河。

（三）零声母音节

除了上面讨论的 21 个辅音声母外，普通话里还有零声母音节。零声母音节指以元音开头的音节，它没有辅音声母，例如

"袄"〔au〕、"衣"〔i〕、"鸦"〔ia〕、"乌"〔u〕、"外"〔uai〕、
"迂"〔y〕等。可是语言学家从语音的系统性考虑，认为它们有
声母，不过是特殊的声母，叫做零声母。有了零声母这个概念，
我们就可以说普通话里所有的音节都有声母，都可以分为声母和
韵母两部分。汉语拼音的 y 和 w 只出现在零声母音节的开头，
它们的作用主要是使音节界限清楚。例如，yī（衣）、yū（迂）、
yān（烟）、yuān（冤）、yāng（央）、wāng（汪）、wēng（翁）、
yōng（雍）等。

　　如果仔细考察普通话以 i、u、ü 起头的零声母音节，就会发现
其中的 i、u、ü 都有轻微的摩擦，实际音值分别是半元音〔j〕〔w〕
〔ɥ〕。不以 i、u、ü 起头的零声母音节如"袄"ao、"爱"ai 等，有
些人说的时候会在音节前面加上舌根浊擦音〔ɣ〕或喉塞音〔ʔ〕。
零声母音节的开头虽然常带某些辅音成分，但这些成分有时明显，
有时不明显，并且不能区别意义，因此不能构成独立的音位。

三、方言与普通话声母的差异及声母辨正

　　（一）区分 z、c、s 和 zh、ch、sh

　　z、c、s 是舌尖前音，发音时舌尖对着上齿背；zh、ch、sh
是舌尖后音，发音时舌体后缩，舌尖对着硬腭。前者不卷舌，后
者卷舌。普通话里 z、c、s 和 zh、ch、sh 能区别意义，而吴语、
闽语、粤语、徽语等，还有官话、晋语的部分地区，都没有 zh、
ch、sh 声母。有些官话方言虽然有这两套声母，但是分合情况
和普通话不完全相同，比如天津话、西安话、银川话、乌鲁木齐
话，把普通话的一部分 zh、ch、sh 母字读成 z、c、s 母，东北
方言则大多混读这两套声母。

　　因此，这些方言区的人学习普通话时，既要学会 zh、ch、

sh 的发音，还要知道普通话里哪些字读 z、c、s，哪些字读 zh、ch、sh。练习时可先发 z、c、s，然后把舌体往后缩，让舌尖对着硬腭，发出的音就是 zh、ch、sh 了。区分读 z、c、s 与 zh、ch、sh 的字，首先可以用"声旁类推法"来类推，即形声字中音符相同的字，声母读舌尖前音还是舌尖后音大都相同，但要注意有不少例外。还可采取"记少不记多"的办法：发 z、c、s 的字比发 zh、ch、sh 的字少得多，先记读 z、c、s 母的字，剩下的就是读 zh、ch、sh 的了。还要经常翻阅《zh、ch、sh 和 z、c、s 对照辨音字表》（见本节"附录"，下同），注意广播电视主持人的发音，逐渐形成习惯。

（二）区分 f 和 h

f 是唇齿清擦音，发音时下唇和上齿构成阻碍。h 是舌根清擦音，发音时舌根和软腭构成阻碍，二者的不同在于发音部位。南方方言有的没有 f 声母，有的没有 h 声母。如普通话的 f 在闽语多数读成 b、p，湘语、赣语、客家话、粤语等，往往把普通话里一些读 h 的字（大都是合口呼字）读作 f，部分湘语、晋语也有相反的情况，把普通话的 f 读作 h。

f、h 混读的原因是，发 hu 时由于圆唇作用，唇部也可能有摩擦；而发 f 时，喉部也可能产生摩擦，这就造成"双摩擦"的现象，这时，如果那一个部位的摩擦加重，就会变成气流主要在这个部位受阻的辅音。所以，f、h 不分的人首先要学会在不同的部位形成摩擦，然后根据《f 和 h 对照辨音字表》进行偏旁类推，分清哪些字声母是 f，哪些字声母是 h。

（三）区分 n 和 l

n 是鼻音，发音时软腭、小舌下降，气流通过鼻腔，由鼻孔呼出。l 是边音，发音时软腭小舌上抬，气流从舌头的两边呼出。区分这两个音的关键是控制软腭和小舌。普通话里 n 和 l 能区别意义。n、l 不分的情形主要分布在湘语、赣语、闽语的部分方言以及西南官话、江淮官话、西北地区方言等。具体情况也不同，有的 n、l 随便读，两者可以互换，如兰州话；有的有 n 没有 l，如重庆话；有的有 l 没有 n，如南京话；还有的方言在开口呼、合口呼前相混，在齐齿呼、撮口呼前不混，如宝鸡话。

各方言区的人最好先把自己方言中 n、l 的具体情况了解清楚，再纠正发音。方言区的人可以通过练习控制软腭和小舌，逐渐掌握 n 和 l 的发音，还要多注意广播电视中的发音，记住哪些字的声母是 n，哪些字的声母是 l。学习时，可以用《n 声母偏旁类推字表》《l 声母偏旁类推字表》多记代表字，并借助汉字声旁类推，提高识记效率。

（四）发准 zhu-、chu-、shu-、ru-，区分 f 与 shu-

晋南、鲁西南、西北不少方言把普通话 zh、ch、sh、r 的合口呼字发成 [pf pf· f v]，如"猪、除、书、如"四字，普通话读 zhū、chú、shū、rú，西安话读 [pfu²¹] [pfu²⁴] [fu²¹] [vu²⁴]，兰州、运城等类似。其中 shu-、f 不分和 ru-、w 不分的地区要广一些。[pf pf·] 是唇齿塞擦音，zh、ch 是舌尖后塞擦音，[f v] 是唇齿擦音，sh、r 是舌尖后擦音，相对的声母发音部位不同，但发音方法相同。练习发 zhu-、chu-、shu-、ru- 时，可以用开口呼字来带合口呼字。在掌握发音差别的基础上，区分和记住读 shu- 与 f 的字，读 ru- 与 w 的字；至于 zhu-、chu-，只要学会发音，一律改读就可以，不须专门记忆。另外，关中的宝鸡一带方言，还将 zhu-、chu-、shu-、ru- 发成相应的开口呼字，猪＝知，出＝吃，书＝湿，入＝日。这些地方的人，要注意把这部分字改为合口呼。请作下面的练习，读准字音。

书—夫　睡—费　爽—访　顺—份　拴—翻　如—无　锐—味

专著　水珠　树桩　纯种　水准　拴住　著书　住处

入味　顺服　书法　微弱　书房　税法　防暑　飞船

追肥　水费　中锋　舒服　束缚　双方　顺风　中风

正中　辗转　创伤　成虫　长疮　床上　重镇　真准

思考与练习

一、什么叫发音部位？什么叫发音方法？

二、普通话语音系统中辅音有哪几个发音部位？

三、解释概念：塞音　擦音　塞擦音　鼻音　边音

四、举例说明送气和不送气声母的区别。

五、举例说明什么是清音，什么是浊音。

六、根据发音部位和发音方法填出相应的辅音声母。

　　1. 双唇送气清塞音。（　　）

　　2. 舌面不送气清塞擦音。（　　）

　　3. 舌尖后清擦音。（　　）

　　4. 舌尖中浊边音。（　　）

　　5. 舌尖后浊擦音。（　　）

　　6. 舌尖中不送气清塞音。（　　）

　　7. 双唇浊鼻音。（　　）

　　8. 舌根不送气清塞音。（　　）

　　9. 舌尖后送气清塞擦音。（　　）

七、根据所提供的辅音声母，写出它的发音部位和发音方法。

　　k：

　　ch：

　　f：

　　x：

　　m：

　　p：

　　l：

　　q：

　　zh：

　　r：

　　s：

八、举例说明什么是零声母。

九、分辨 z、c、s 与 zh、ch、sh。标出每一个音节的声母。读准每个词。

　　呲嘴　砸碎　早操　参赞　残存　仓促　苍翠　彩色

　　塑造　酸枣　素材　随从　辗转　真正　展出　展示

　　准时　查证　茶炊　插手　超市　除数　山寨　闪失

　　栽种　在场　责成　增长　赞赏　早晨　榨菜　指责

　　政策　主次　珍藏　章草　才智　参照　裁处　餐车

　　苍生　测试　插嘴　炒菜　场次　差错　拆散　场所

　　诉状　素质　酸楚　诉说　算术　随时　损伤　沙子

　　涉足　始祖　数词　水族

十、分辨 f、h。标出每一个音节的声母。读准每个词组。

　　大雪纷飞　　风吹蜂房　　花卉绘画　　黄花芬芳

　　分发肥皂　　分封诸侯　　毁坏花圃　　不会悔婚

　　佛法无边　　上下翻飞　　左右回环　　华语会话

十一、分辨 n、l。标出每一个音节的声母。读准每个词组。

　　　哪能不来　　南方来信　　楼兰龙城　　留恋绿色

　　　吃苦耐劳　　拿泥捏鸟　　劳累过度　　红黄蓝绿

　　　饮食男女　　虐待奴隶　　乱拉乱推　　冷暖自知

十二、分辨 f、sh。标出每一个音节的声母。读准每个词。

　　　书案—伏案　　输液—副业　　梳头—斧头　　书画—孵化

　　　鼠疫—服役　　择交—发酵　　吮吸—分析　　水池—飞驰

附录一　　　zh、ch、sh 与 z、c、s 对照辨音字表

说明：数字表示声调，①是阴平，②是阳平，③是上声，④是去声。黑体字是代表字，记住代表字可以类推许多同偏旁的字。

（一）zh 与 z 的辨别

	zh	z
a	①**驻**扎渣②**闸**铡挣扎信扎③眨④**乍**诈炸榨蚱栅	①**包**扎匝②**杂**砸
e	①**遮**②**折**哲辙③者④**蔗**浙这	②**泽**择责则
u	①**朱**珠株蛛诸猪②**竹**烛逐③**主煮**嘱④**住驻**注柱蛀贮祝铸筑著箸	①租②**族**足卒③**组**阻祖
-i	①**之**芝支枝肢知蜘汁只织脂②**直值植殖**侄执职③**止址**趾旨指纸只④**至**致窒志治质帜挚掷秩置滞制智稚痔	①**兹**滋孳姿咨资孜龇缁辎③**子仔**籽梓滓紫④**字自**恣渍
ai	①**摘斋**②**宅**③**窄**④**寨**债	①**灾**哉栽③**宰**载④**再**在载重
ei		②**贼**
ao	①**昭招朝**②**着**③**找**爪沼④**召**照赵兆罩	①**遭**糟②**凿**③**早**枣澡④**造**皂灶躁燥
ou	①**州**洲舟周粥②**轴**③**帚**肘④**宙**昼咒骤皱	①**邹**③**走**④**奏**揍
ua	①**抓**	
uo	①**桌**捉拙②**卓**着酌灼浊镯啄琢	①**作**坊②**昨**③**左**④**坐**座作柞祚做
ui	①**追**锥④**缀**赘坠	③**嘴**④**最**罪醉
an	①**沾**毡粘③**盏展斩**④**占战站**栈绽蘸	①**簪**②咱③**攒**④**赞**暂
en	①**贞侦**帧祯桢真③**诊**疹枕缜④**振**震阵镇	③**怎**
ang	①**张章**彰樟③**长**涨掌④**丈仗**杖帐涨障瘴	①**赃**舫脏④**葬**藏脏
eng	①**正**月征争挣筝③**整拯**④**正证政**症郑	①**曾憎增**缯④**赠**
ong	①**中钟**盅忠衷终③**肿种**子打**中仲种**植重众	①**宗综**棕踪鬃③**总**④**纵**粽
uan	①**专砖**③**转**④**传**转动撰篆赚	①**钻**②**纂**④钻石
un	③**准**	①**尊遵**
uang	①**庄桩装妆**④**壮状**撞	

（二）ch 与 c 的辨别

	ch	c
a	①叉杈插差别②茶搽查察③衩④岔诧差幼	①擦嚓
e	①车③扯④彻撤掣	④册策厕侧测恻
u	①出初②除厨橱锄蹰刍雏③楚础杵储处分④畜触矗处	①粗④卒仓猝促醋簇
-i	①吃痴嗤②池弛迟持匙③尺齿耻侈豉④斥炽翅赤叱	①疵参差②雌辞词祠瓷慈磁③此④次伺刺赐
ai	①差拆钗②柴豺	①猜②才财材裁③采彩踩④菜蔡
ao	①抄钞超②朝潮嘲巢③吵炒	①操糙②曹漕嘈槽③草
ou	①抽②仇畴筹踌绸稠酬愁③瞅丑④臭	④凑
uo	①踔戳④绰号惙啜辍	①搓蹉撮④措错挫锉
uai	③揣④踹	
ui	①吹炊②垂捶锤槌	①崔催摧④萃悴淬瘁翠粹脆
an	①搀掺②禅蝉谗馋潺缠蟾③产铲阐④忏颤	①餐参②蚕残惭③惨④灿
en	①琛嗔②辰宸晨沉忱陈臣④趁衬相称	①参差②岑
ang	①昌猖娼伥②常嫦尝偿场肠长③厂场敞氅④倡唱畅怅	①仓苍沧舱②藏
eng	①称撑②成诚城盛水呈程承乘澄橙惩③逞骋④秤	②曾层④蹭
ong	①充冲舂②重虫崇③宠	①匆葱囱聪②从丛淙
uan	①川穿②船传椽③喘④串钏	①蹿④窜篡
un	①春椿②唇纯淳醇③蠢	①村②存③忖④寸
uang	①窗疮创伤②床③闯④创造	

（三）sh 与 s 的辨别

	sh	s
a	①沙纱砂痧杀③傻④煞_大厦	① 撒 ③ 洒撒_种 ④ 卅萨飒
e	①奢赊②舌蛇③舍④社舍射麝设摄涉赦	④色瑟嗇涩塞
u	①书梳疏蔬殊叔淑输抒纾舒枢②孰塾赎③暑署薯曙鼠数属黍④树竖术述束漱恕数	①苏酥②俗④素塑诉肃粟宿速
-i	①尸师狮失施诗湿虱②十什拾石时识实食蚀③史使驶始屎矢④世势誓逝市示事是视室适饰士仕氏恃式试拭轼弑	①司私思斯丝鸶③死④四肆似寺
ai	①筛④晒	①腮鳃塞④_要塞赛
ao	①捎稍艄烧②勺芍杓韶③少_量④少_年哨绍邵	① 臊骚搔 ③ 扫嫂 ④_害臊
ou	①收②熟③手首守④受授寿售兽瘦	①溲馊嗖搜飕艘③叟擞④嗽
ua	①刷③耍	
uo	①说④硕烁朔	①缩娑蓑梭唆③所锁琐索
uai	①衰③甩④帅率蟀	
ui	①谁③水④税睡	①虽尿②绥隋随③髓④岁碎穗遂隧燧
an	①山舢衫删姍珊栅跚③闪陕④扇善缮膳擅赡	①三叁③伞散_文④散
en	①申伸呻身深_人参②神③沈审婶④慎肾甚渗	①森
ang	①商墒伤③晌响赏上_声④上尚	①桑丧_事③嗓④丧
eng	①生牲笙甥升声②绳③省④圣胜盛剩	①僧
ong		①松③悚④送宋颂诵
uan	①拴栓④涮	①酸④算蒜
un	④顺	①孙③笋损
uang	①双霜③爽	

附录二　　　　　　　　　　**f 和 h 对照辨音字表**

f	h
fā 发 fá 伐阀乏罚 fǎ 法砝 fà_头 发	huā 花哗 huá 华铧滑划 huà 化画话划桦
fó 佛	huō 豁 huó 活 huǒ 火伙 huò 祸或货霍获
fū 夫 fú 福扶服俘幅芙 fǔ 府俯斧釜腐 fù 父付父富妇赋腹	hū 呼忽乎惚 hú 胡湖葫瑚狐糊弧 hǔ 虎唬琥浒 hù 户沪护互
	huái 怀怀槐徊 huài 坏
fēi 飞非菲啡霏 féi 肥淝 fěi 匪菲悱斐蜚 fèi 废费沸吠	huī 灰挥晖恢辉徽 huí 回茴蛔 huǐ 悔毁 huì 会卉贿汇讳秽彗
fān 帆翻番 fán 繁凡烦蕃 fǎn 反返 fàn 饭贩犯泛范	huān 欢獾 huán 还环寰 huǎn 缓 huàn 患换焕宦幻
fēn 分吩芬纷 fén 焚坟 fěn 粉 fèn 愤份粪奋	hūn 昏婚荤 hún 浑魂 hùn 混
fāng 方芳坊 fáng 防妨房肪 fǎng 访仿纺 fàng 放	huāng 慌荒 huáng 皇黄蝗惶潢簧凰 huǎng 恍晃恍谎 huàng 晃
fēng 封风疯丰锋蜂 féng 冯逢 fěng 讽 fèng 俸奉凤	hōng 轰哄 hóng 洪红弘虹宏 hǒng 哄 hòng_起 哄

附录三　　　　　n、l 声母偏旁类推字表

（一）n 声母偏旁类推字表

偏　旁	类　推　字	偏　旁	类　推　字
那	nǎ 哪；nà 那；nuó 挪娜	捏	niē 捏；niè 涅
乃	nǎi 乃奶	聂	niè 聂蹑
奈	nài 奈；nà 捺	宁	níng 宁拧咛狞柠；nìng 宁㽷泞
南	nán 南喃楠；nǎn 蝻	纽	niū 妞；niǔ 扭纽钮
脑	nǎo 恼瑙脑	农	nóng 农浓脓
内	nèi 内；nè 讷；nà 呐衲钠	奴	nú 奴孥驽；nǔ 努；nù 怒
尼	ní 尼泥呢	诺	nuò 诺；nì 匿
倪	ní 倪霓	懦	nuò 懦糯
念	niǎn 捻；niàn 念	虐	nüè 虐疟

（二）l 声母偏旁类推字表

偏　旁	类　推　字	偏　旁	类　推　字
剌	lǎ 喇；là 剌辣瘌	劳	lāo 捞；láo 劳痨；lào 涝
腊	là 腊蜡；liè 猎	乐	lè 乐；lì 砾
赖	lài 赖癞籁；lǎn 懒	雷	léi 雷擂镭；lěi 蕾
兰	lán 兰拦栏；làn 烂	垒	lěi 垒
蓝	lán 蓝篮；làn 滥	累	lèi 累；luó 骡螺
览	lǎn 览揽缆榄	里	lí 厘狸；lǐ 里理鲤；liàng 量

续表

偏　旁	类 推 字	偏　旁	类 推 字
利	lí 梨犁；lì 利俐痢	令	líng 伶玲铃羚聆龄； lǐng 岭领；lìng 令； lěng 冷；lín 邻； lián 怜
离	lí 离篱；li 璃	菱	líng 凌陵菱；léng 棱
立	lì 立粒笠；lā 拉垃啦	留	liū 溜；liú 留馏榴瘤
厉	lì 厉励	流	liú 流琉硫
力	lì 力荔；liè 劣； lèi 肋；lè 勒	柳	liǔ 柳；liáo 聊
历	lì 历沥	龙	lóng 龙咙聋笼； lǒng 陇垄拢
连	lián 连莲；liàn 链	隆	lóng 隆窿癃
廉	lián 廉濂镰	娄	lóu 娄喽楼； lǒu 搂篓；lǚ 缕屡
脸	liǎn 敛脸；liàn 殓	鲁	lǔ 鲁橹
炼	liàn 练炼	录	lù 录禄碌；lǜ 绿氯
恋	liàn 恋； luán 孪鸾滦	鹿	lù 鹿辘
良	liáng 良粮； láng 郎廊狼榔螂； lǎng 朗；làng 浪	路	lù 路鹭露
梁	liáng 梁粱	戮	lù 戮；liáo 寥； liǎo 蓼；liào 廖
凉	liáng 凉；liàng 谅晾； lüè 掠	仑	lūn 抡； lún 仑伦沦囵轮； lùn 论
两	liǎng 两俩俩； liàng 辆；liǎ 俩	罗	luó 罗逻萝锣箩啰
列	liě 咧；liè 列裂烈； lì 例	洛	luò 洛落络骆； lào 烙酪；lüè 略
林	lín 林淋琳霖；lán 婪	吕	lǚ 吕侣铝
鳞	lín 嶙璘磷鳞麟	虑	lù 虑滤

第三节　元音与韵母

学习要点　掌握元音的发音原理和舌位图，认识汉语韵母的结构。理解汉语韵母按照韵尾和四呼所做的分类，掌握无尾韵、元音尾韵、鼻尾韵的发音特点。注意方言韵母与普通话韵母的差异和辨正。

一、元音的发音

元音是发音时声带颤动、气流在口腔和咽头不受阻碍的音素。元音的不同音色是由发音时口腔的不同形状决定的。首先，按照舌面起作用还是舌尖起作用，分为舌面元音和舌尖元音两类。其次，舌面元音、舌尖元音内部又根据舌位前后、舌位高低和唇形圆展分为不同的元音。

（1）舌位前后：依舌位的前后，元音可分为前元音、央元音、后元音。

（2）舌位高低：依舌位的高低，元音可分为高元音、半高元音、半低元音、低元音等。

（3）唇形圆展：依嘴唇的圆展，元音可分为圆唇元音和不圆唇元音。

上述3个发音特征可以通过"元音舌位图"显示出来。图上标出的8个标准元音 i、e、ɛ、a、ɑ、ɔ、o、u 是给舌面元音定位的基准。

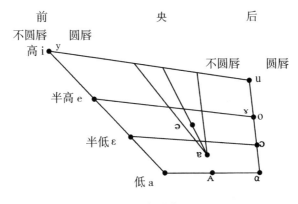

舌面元音舌位图

二、韵母的结构

韵母指音节中声母后头的部分。

普通话韵母可分为韵头、韵腹、韵尾 3 个部分，各部分的发音并不相同。

（1）韵头：韵母的起点，发音轻而短。由于它处于声母和韵腹之间，也叫介音。普通话有 i、u、ü 3 个韵头。如 "guā"（瓜）中的 "u"。

（2）韵腹：韵母的主干，即主要元音，发音响亮而清晰。由 a、o、e、ê、-i[ɿ]、-i[ʅ]、er 充当，没有这些音时，i、u、ü 也可充当韵腹。如 "duān"（端）中的 "a"。

（3）韵尾：韵腹后头的部分，表示韵母滑动的方向，发音比较含混。通常由 i、o[u]、n、ng 充当。如 "dāi"（呆）中的 "i"，"gāo"（高）中的 "o"，"bān"（班）中的 "n"，"zhōng"（中）中的 "ng"。

三、韵母的分类

普通话的韵母可以根据韵尾、四呼、整体结构来分类。

（一）按韵尾分类

根据韵尾的不同，普通话韵母可分为无尾韵、元音尾韵和鼻音尾韵 3 类。

（1）无尾韵母：又叫"开尾韵"，指不带韵尾的韵母，共 15 个。包括单元音韵母 a、o、e、ê、-i[ɿ]、-i[ʅ]、i、u、ü、er 和后响复元音韵母 ia、ua、uo、ie、üe。

（2）元音尾韵母：以元音作韵尾的韵母，共 8 个。包括前响复元音韵母 ai、ei、ao、ou 和中响复元音韵母 uai、uei、iao、iou。

（3）鼻音尾韵母：以鼻音作韵尾的韵母，共 16 个。包括前鼻音韵母 an、ian、uan、üan、en、in、uen、ün 和后鼻音韵母 ang、iang、uang、eng、ing、ueng、ong、iong。

（二）按四呼分类

普通话韵母按韵母开头的元音发音时唇形的不同，可分为开口呼、齐齿呼、合口呼、撮口呼四类。

（1）开口呼：不以 i、u、ü 开头的韵母，如 o、-i[ɿ、ʅ]、ei、an 等。

（2）齐齿呼：i 和以 i 开头的韵母，如 i、ie、ing 等。

（3）合口呼：u 和以 u 开头的韵母，如 u、uen、ong[uŋ] 等。

（4）撮口呼：ü 和以 ü 开头的韵母，如 ü、üe、iong[yŋ] 等。

四呼是汉语语音中极其重要的概念，大多数方言的韵母表，都是以四呼为经、韵尾为纬来排列的，它们集中体现了韵母的系统性。四呼可以用"a、i、u、ü，开、齐、合、撮"8 个字来帮助记忆。

（三）按整体结构分类

普通话韵母可根据韵母内部结构成分的不同分为单韵母、复韵母和鼻韵母 3 类，过去的现代汉语教材多数采用这种分类。

（1）单韵母：由一个元音构成的韵母。包括 a、o、e、ê、-i [ɿ]、-i[ʅ]、er、i、u、ü 10 个。

（2）复韵母：由两个或 3 个元音复合而成的韵母，根据其中韵腹位置的不同分为前响复韵母、中响复韵母和后响复韵母。

1）前响复韵母：韵腹在前，韵母的前部发音清晰响亮，后面的韵尾发音比较含混，包括 ai、ei、ao、ou。

2）后响复韵母：韵腹在后，韵母的后部发音清晰响亮，前面的韵头发音轻短，包括 ia、ie、ua、uo、üe。

3）中响复韵母：韵母中间的元音发音清晰响亮，前面的韵头发音轻短，后面的韵尾发音含混，包括 iao、iou、uai、uei。

（3）鼻韵母：由一个或两个元音带上鼻韵尾构成。依韵尾的发音部位不同分为前鼻音韵母和后鼻音韵母。

1）前鼻音韵母：以舌尖鼻音〔n〕为韵尾。先发元音，接着发不除阻的〔n〕，共有 an、en 等 8 个。

2）后鼻音韵母：以舌根鼻音 ng[ŋ] 为韵尾。先发元音，接着发不除阻的 ng[ŋ]，共有 ang、eng 等 8 个。

综合韵尾和四呼两个因素，可将普通话韵母列表如下。这个韵母表反映了语音的系统性，应当熟记。

表一 　　　　　　　　　普通话韵母总表

	开口呼	齐齿呼	合口呼	撮口呼
无尾韵	-i[ɿ]	i[i]	u[u]	ü[y]
	-i[ʅ]			
	a[A]	ia[iA]	ua[uA]	
	o[o]		uo[uo]	
	e[ɤ]			
	ê[ɛ]	ie[iɛ]		üe[yɛ]
	er[ər]			

续表

	开口呼	齐齿呼	合口呼	撮口呼
元音尾韵	ai[ai] ei[ei] ao[au] ou[ou]	iao[iau] iou[iou]	uai[uai] uei[uei]	
鼻音尾韵	an[an] en[ən] ang[aŋ] eng[əŋ]	ian[iæn] in[in] iang[iaŋ] ing[iŋ]	uan[uan] uen[uən] uang[uaŋ] ong[uŋ] ueng[uəŋ]	üan[yæn] ün[yn] iong[yŋ]

四、韵母的发音

（一）无尾韵母

包括 10 个单元音韵母和 5 个后响复元音韵母。

（1）单韵母的发音：单韵母发音的要领是，发音过程中口形始终不变，没有动程，音色稳定。

a[A]　舌面、央、低、不圆唇元音。发音时，舌体自然地放在中央，舌位低，口腔大开，双唇自然展开，如"八、搭"的韵母。

o[o]　舌面、后、半高、圆唇元音。发音时，舌体后缩，口腔半闭，舌面后部隆起到半高状态，唇形拢圆。如"波、坡"的韵母。

e[ɤ]　舌面、后、半高、不圆唇元音。发音时，舌体后缩，口腔半闭，舌面后部隆起到半高状态，唇形展开，如"哥、喝"的韵母。

ê[ɛ]　舌面、前、半低、不圆唇元音。发音时，舌体前伸，舌尖接近下齿背，口腔半开，舌面半低，唇形展开，该韵母只有

1个零声母的感叹词"欸"，并与 i、ü 构成复韵母。

i[i]　舌面、前、高、不圆唇元音。发音时，舌体前伸，舌尖接近下齿背，口腔开度极小，舌面前部隆起，唇形展开呈扁平状，如"奇、迹"的韵母。

u[u]　舌面、后、高、圆唇元音。发音时，舌体后缩，口腔开度极小，舌面后部隆起接近软腭，唇形拢圆，如"姑、不"的韵母。

ü[y]　舌面、前、高、圆唇元音。发音时，舌体前伸，舌尖接近下齿背，口腔开度极小，舌面前部隆起，唇形拢圆，如"吕、去"的韵母。

除舌面元音外，普通话还有3个特殊的元音。其中两个是舌尖起作用的，1个是卷舌韵母。因而在舌面元音舌位图上无法表示。

-i[ɿ]　舌尖、前、高、不圆唇元音。发音时，舌尖前伸，接近上齿背，唇形展开，如"资、丝"的韵母。

-i[ʅ]　舌尖、后、高、不圆唇元音。发音时，舌尖上翘接近硬腭前部，唇形展开，如"知、吃"的韵母。

er[ər]　卷舌、央、中、不圆唇元音。发音时，舌面升至中央，嘴唇展开，发央元音 [ə] 的同时，舌尖上卷。

（2）后响复韵母的发音：后响复韵母由单韵母加韵头 i、u、ü 构成。由发音轻短的韵头很快滑向发音响亮完整的韵腹，发音中有明显的动程。共5个韵母：ia[iA]、ua[uA]、uo[uo]、ie[iɛ]、üe[yɛ]。

（二）元音尾韵母

以元音作韵尾的韵母都是复韵母。包括4个前响复韵母和4个中响复韵母，构成整齐的对应关系。元音尾韵母发音时有明显的动程。韵尾 i、o[u] 只表示舌位运动的方向，实际音值达不到 [i、u] 的高度。其中前响复韵母由发音响亮清晰的韵腹向发音含混的韵尾滑动，中响复韵母则先由发音轻短的韵头 i、u 向发音清晰响亮的韵腹滑动，再向发音含混的韵尾滑动，共 8 个：ai [ai]、uai[uai]、ei[ei]、uei[uei]、ao[au]、iao[iau]、ou[ou]、iou[iou]。

（三）鼻音尾韵母

可分为前鼻尾韵和后鼻尾韵两小类。

（1）前鼻尾韵：发音时，由元音的发音动作和部位向舌尖中鼻音 n 的部位和动作滑动，韵尾 n 不除阻。共 8 个：an[an]、ian[iæn]、uan[uan]、üan[yæn]、en[ən]、in[in]、uen[uən]、ün[yn]。

（2）后鼻尾韵：发音时，由元音的发音动作和部位向舌根鼻音 ng[ŋ] 滑动，韵尾 ng 不除阻。共 8 个：ang[aŋ]、iang[iaŋ]、uang[uaŋ]、eng[əŋ]、ing[iŋ]、ong[uŋ]、iong[yŋ]、ueng[uəŋ]。

五、方言与普通话韵母的差异及韵母辨正

（一）无尾韵母与元音尾韵母的辨正

汉语方言中，吴语、晋语、徽语和西北地区的不少方言，单韵母比较发达，往往把与普通话元音尾韵母对应的韵母发成无尾韵。其中最明显的是 ai、uai、ao、iao 4 个韵母。无尾韵和元音尾韵发音的区别很大。无尾韵或者没有动程（单韵母），或者发完韵腹后动程就停止了，口腔、舌位、唇形不再滑动，而元音尾韵发音时，在韵腹后还有动程，舌位、唇形等要由韵腹的状态向韵尾的方向滑动。

如 ai[ai] 韵由低元音的状态向高元音滑动，iou[iou] 韵要经过舌面前、高、不圆唇→舌面后、半高、圆唇→舌面后、高、圆唇的滑动过程，才能完成发音。这些方言区的人在学习普通话元音尾韵时，最容易出现的毛病就是发音不到位。可以选择一些常用词进行练习。如：

爱戴　白菜　衰败　采摘　彩排　海带　怪胎　海外　外卖

秕子—被子　　　分派—分配　　　麦子—妹子　　　怀抱—回报

外来—未来　　　怪人—贵人　　　怀乡—茴香　　　卖力—魅力

骄傲　奥妙　报销　掉包　操劳　讨好　吊桥　牢靠　妖娆

高楼　造就　保佑　料酒　教授　照旧

手表　求教　幼小　油条　凑巧　抽调

西北地区不少方言，把普通话跟 d t n l z c s 7 个声母相拼的 u 韵字，读成 ou 韵，如"督读堵肚、突图土、奴努怒、炉鲁路、族组、粗醋、苏素"等字。因为西北方言中都有 u ou 两韵，所以不存在学习发音的问题，但要辨析哪些字读 u 韵，哪些字读 ou 韵。第一，n 母字的常用字都读 nu，基本可以放心地读；l 母读 ou 韵的主要是"娄"旁字（加上"露漏"），其余大都读 u 韵。第二，可以通过声旁类推法来帮助记忆。如在易混字中，以"者土奴鲁卢（户）且素"等作声旁的字，绝大多数都读 u 韵，"斗豆头娄奏叟"为声旁的字绝大多数读 ou 韵，记住了这些字，容易混淆的字就所剩无几了。

（二）鼻尾韵母与鼻化韵母的辨正

西北地区不少方言，把普通话的鼻尾韵母读作鼻化韵，最普遍、严重的是前鼻尾韵。如西安话将"胆点短卷"读成 [tã⁵³] [tiã⁵³] [tuã⁵³] [tɕyã⁵³]，将"根今棍军"读成 [kẽ²¹] [tɕiẽ²¹] [kuẽ⁵⁵] [tɕyẽ²¹]，甘肃、陕北一些方言后鼻尾韵 ang、iang、 uang 也读不到位。发鼻化韵时，软腭、小舌呈悬空状态，气流自始至终从鼻腔和口腔同时流出；而发前鼻尾韵时，开始发纯粹的口音，然后软腭、小舌下降，向发纯鼻音的动作过渡，舌尖同时向上抵住齿龈，最后完全成为发鼻音的动作。

　　练习时，可采取先分解后连接的办法，先发纯粹的口音［a］［ə］和纯粹的鼻音［n］，速度逐渐加快，最后连成一体。练习的另一种方法是，在前鼻尾韵母后连接语气词"哪"或 d、t、n、l 作声母的音节，以帮助发准鼻尾韵。

干哪	看哪	管哪	乱哪	演哪	天哪	悬哪	冤哪
担待	探讨	按捺	寒冷	扁担	变态	前年	牵连
款待	砖头	患难	暖流	园地	拳头	悬念	权力
闷哪	狠哪	阴哪	拼哪	问哪	困哪	训哪	俊哪
奋斗	跟头	忍耐	本领	筋斗	今天	新娘	频率
滚动	春天	困难	伦理	军队	熏陶	酝酿	训练

（三）前鼻尾韵母与后鼻尾韵母的分辨

　　汉语方言中不少方言有 en、in、uen、ün 与 eng、ing、ong、iong 混同现象。湘方言、江淮官话、西南官话中许多方言 en、eng 不分，in、ing 不分，统读前鼻尾韵；晋语和西北地区不少方言则四对韵母都混读为后鼻尾韵。分辨这两组韵母的发音，首先要发准前鼻韵尾［n］和后鼻韵尾［ŋ］，［n］的部位是舌尖抵住齿龈，发前鼻尾韵时，由元音［ə］［i］等向［n］的动作过渡；［ŋ］的部位是舌根抵住软腭，发后鼻尾韵时，由前面的元音［ə］［i］等向［ŋ］的动作过渡。可以通过交替练习，掌握发音要领。

奔—崩	盆—朋	门—蒙	分—风	根—耕	痕—横	针—争	
神—绳	森—僧	宾—兵	贫—平	民—明	您—宁	林—灵	
斤—经	亲—轻	心—星	银—迎	顿—动	吞—通	轮—龙	

棍—共　婚—轰　准—肿　春—冲　孙—松　村—葱　存—从
群—穷　裙—琼　熏—兄　巡—雄　晕—拥　允—永　运—用

　　其次注意哪些字读前鼻尾韵，哪些字读后鼻尾韵。可以运用"声旁类推法"，用形声字的声旁来帮助分辨。参看本节附表一：《en、in、uen、ün 与 eng、ing、ong、iong 辨音字表》。

　　（四）四呼的辨正

　　普通话开、齐、合、撮四呼俱全。汉语多数方言有四呼，只是部分字读音与普通话四呼不一致，如"短""足"普通话读合口呼，江淮官话读开口呼 [tan][tsou]。但闽南话、客家话和一些西南官话没有撮口呼，普通话中的撮口呼在闽南话、客家话中读合口呼或齐齿呼。例见表二。

表二

	全	橘	驴	育
北京话	tçʻyan^{35}	tçy^{35}	ly^{35}	y^{51}
厦门话	tsuan^{24}	kiɛt^{32}	lu^{24}	iɔk^{5}
梅州话	kʻian^{11}	kit^{1}	lu^{11}	iuk^{5}

四呼俱全的方言，只要记住哪些字与普通话的四呼不同，注意改读就行了。没有撮口呼的方言，除了要学习撮口呼韵母的发音外，还要找出方言与普通话的语音对应规律，便于将方音改为普通话读音。

六、押　韵

　　诗歌、戏曲唱词、曲艺唱词等一般都要押韵。押韵指某些句子的末一字用上韵母相同或相近的字。押韵利用声音的回环往复，造成语句的韵律美，也使意境、感情的表达更凝练集中。

能够押韵的韵母合为一个韵部。各句中押韵的字叫韵脚或韵字。如诗人徐志摩的《再别康桥》：

轻轻的我走了，

正如我轻轻的来；

我轻轻的招手，

作别西天的云彩。

那河畔的金柳，

是夕阳中的新娘；

波光里的艳影，

在我的心头荡漾。

该诗的每节分别在第二、四句押韵，第一节韵脚字是"来、彩"，押 ai 韵，第二节韵脚字是"娘、漾"，押 ang 韵。

那么押韵有什么标准、依据呢？新诗押韵，一般以"十八韵"为依据；北方说唱文学则一般以"十三辙"为依据。它们都是根据北京话的韵母系统归纳出来的。不过，十三辙比十八韵的押韵标准宽。十八韵各用一个字代表一个韵部，十三辙用两个字代表一个韵部。十三辙、十八韵和普通话韵母的对照表见表三。

表三

十三辙	十八韵	韵母
（1）发花	（1）麻	a、ua、ia
（2）梭波	（2）波	o、uo
	（3）歌	e
（3）乜斜	（4）皆	ê、ie、üe

续表

十三辙	十八韵	韵母
（4）姑苏	（10）姑	u
（5）一七	（5）支	-i（zhi）、-i（zi）
	（6）儿	er
	（7）齐	i
	（11）鱼	ü
（6）怀来	（9）开	ai、uai
（7）灰堆	（8）微	ei、uei
（8）遥条	（13）豪	ao、iao
（9）油求	（12）侯	ou、iou
（10）言前	（14）寒	an、ian、uan、üan
（11）人辰	（15）痕	en、in、uen、ün
（12）江阳	（16）唐	ang、iang、uang
（13）中东	（17）庚	eng、ing、ueng
	（18）东	ong、iong

十八韵可以用一个顺口溜来记忆：麻波歌皆开，支儿齐微半，姑（模）鱼侯豪寒，痕唐庚东完。其中除了"半、完"以外的十八个字，就是十八韵的代表字了。

思考与练习

一、在元音舌位图上标出普通话的 7 个舌面元音，并逐一描写其发音特征。

二、分析下列单元音韵母的发音异同：

i—ü　　e[ɤ]—o　　a[A]—ê[ɛ]　　u—o

三、列表分析下列字的韵母结构及四呼：

　　　东方　　英雄　　群众　　流水　　知觉

四、分类列举普通话的单韵母、复韵母、鼻韵母。

五、举例说明按四呼划分出的普通话韵母及其类别。

六、举例说明按韵尾划分出的普通话韵母及其类别。

七、根据所给的发音条件写出单元音韵母。

　　1.舌面前高不圆唇元音（　　　）

　　2.舌面后半高圆唇元音（　　　）

　　3.舌尖后高不圆唇元音（　　　）

　　4.舌面前半低不圆唇元音（　　　）

　　5.舌面后半高不圆唇元音（　　　）

八、写出下列单元音韵母的发音条件。

　　1.ü[y]

　　2.i[i]

　　3.e[ɤ]

　　4.a[A]

　　5.-i[ʅ]

九、举例说明下列各类韵母发音上的区别。

　　单韵母——复韵母

　　前响复韵母——后响复韵母

　　前鼻尾韵——后鼻尾韵

　　舌尖元音韵母——舌面元音韵母

十、举例说明元音尾韵母和鼻音尾韵母的发音有什么区别？

十一、韵母的四呼分类有什么意义？按四呼给下列音节的韵母分类。

　　　yin　　wai　　yan　　yuan　ying　yao　e

　　　(zh)i　yong　(g)ong　you　　yu　　er

　　　weng　ai　　si

十二、写出下列汉字的普通话韵母，并按韵尾分别归类。

八　哥　野　和　雨　快　高　油　转　今　方　风

空　家　多　月　志　西　飞　哭　班　圆　顺　亮

英　用　瓜　车　书　耳　来　回　头　先　根　军

十三、分辨 en、in、uen、ün 和 eng、ing、ong、iong，给下列各字注音，读准每个词。

1. 分数—枫树　　轮子—聋子　　阵势—正式

陈旧—成就　　人参—人生　　亲近—清静

吩咐—丰富　　亲身—轻生　　孙子—松子

应允—英勇　　选准—选种　　弹琴—谈情

遁词—动词　　炖肉—冻肉　　蹲下—冬夏

2. 盆景　粉饼　镇静　肯定　分封　真诚　神圣

沉重　申请　拼命　贫穷　品评　金星　进攻

新颖　阴平　心病　心情　信用　民兵　混同

蠢动　纯种　尊重　均衡　群众　运动　运用

3. 盟军　风尘　缝纫　争论　征文　整顿　城镇

增进　病根　评论　名分　命运　顶针　定亲

宁肯　灵敏　精心　精品　清晨　清新　青春

迎新　同人　痛恨　筒裙　农民　中心　充分

从军　丛林　穷困　凶狠　胸襟　雄浑　雄心

十四、根据形声字的声符辨别下列汉字的韵尾，韵尾相同的归为一类。

分　风　申　生　斤　茎　林　凌　纷　枫　伸　牲

近　经　淋　陵　芬　疯　神　胜　呻　笙　盆　审

十五、辨别字音可采用代表字类推的办法，试从分辨前鼻尾韵母和后鼻尾韵母的角度写出下列各代表字的类推字来。

1. 今 jīn

2. 斤 jīn

3. 丁 dīng

4. 令 líng

5. 分 fēn

6. 艮 gèn

7. 争 zhēng

8. 正 zhèng

十六、怎样给韵母分类，按整体结构分类有何缺点，按韵尾分类有何好处？

十七、从前到后、从上到下朗读几遍韵母表。休会普通话韵母的系统性。

附录　　　　　　　　　　**韵母辨音字表**

表中①②③④代表阴平、阳平、上声、去声 4 种声调。

（一）en、eng 辨音字表

韵母 声母	en	eng
b	①奔③本④笨	①崩绷_带②甭③绷_脸④泵迸蚌蹦
p	①喷②盆④喷_香	①抨怦烹砰澎②朋棚硼鹏蓬篷彭澎膨③捧④碰
m	①闷_热②门们扪④_愁闷焖懑	①蒙_骗②虻萌蒙盟朦檬瞢③猛蒙_{古族}锰蜢懵④孟
f	①分芬吩纷氛②坟焚③粉④_水分份奋粪愤	①丰峰蜂锋烽风枫疯封②冯逢缝③讽④凤奉俸缝_隙
d	④扽	①灯登噔蹬③等戥④邓凳澄瞪
t		②疼腾藤滕誊
n	④嫩	②能
l		②棱楞③冷④愣
g	①根跟②哏④亘	①更庚赓耕羹②埂哽梗耿④更
k	③肯啃垦恳④裉	①坑吭铿
h	②痕③很狠④恨	①亨哼②_道行恒横衡④_蛮横
z	③怎	①曾憎增④赠锃
c	①参_差②岑涔	①噌②层曾_经
s	①森	①僧
zh	①贞侦针珍真砧斟箴臻榛③诊枕疹缜④阵振赈震朕镇	①正_月争征怔挣狰症_结睁铮筝蒸③拯整④正政郑净症_状
ch	①嗔抻②臣辰晨沉陈忱③碜④衬_对称趁	①称撑瞠②成城盛丞呈程承乘澄橙惩

续表

声母＼韵母	en	eng
sh	①申伸呻绅身深_人参莘②什神③沈审哂婶④肾甚渗葚慎	①升生牲甥笙声②绳③省④圣胜剩盛
r	②人壬仁③忍荏稔④刃韧纫认任妊	①扔②仍
O	①恩蒽④摁	①鞥

（二）in、ing辨音字表

声母＼韵母	in	ing
b	①宾傧滨缤彬斌濒④摈殡髌鬓	①冰兵③丙柄秉饼禀_{~性}④并病
p	①拼姘②贫频嫔③品④聘	①乒娉②平评坪苹萍凭屏瓶
m	②民③皿抿悯敏	②名明鸣冥铭③酩④命
d		①丁叮盯钉③顶鼎④订钉_{~扣子}定腚锭
t		①厅听②廷庭霆亭停婷蜓
n	②恁您	①宁拧凝狞④佞宁_可
l	①拎②邻林临淋琳粼嶙霖磷鳞麟③凛廪檩④吝赁淋_病	②灵玲铃凌陵聆菱棂绫零龄③岭领④另令
j	①巾斤今金津筋襟③仅尽_管紧锦谨馑槿④尽_力进近妗劲晋烬浸禁靳噤缙	①茎京惊经荆菁旌晶睛粳兢鲸③井颈_联景警
q	①亲钦侵②芹勤琴秦禽擒③寝④沁	①青清蜻轻氢倾卿②情晴擎③请倾④庆亲_家
x	①心芯辛锌欣昕新薪歆馨鑫②镡③伈④囟信衅	①兴_起星猩惺腥②刑邢形型行③省_亲醒擤④兴杏幸性姓悻
O	①因茵姻殷阴荫音喑②吟垠银淫龈寅③尹引饮蚓隐瘾④印荫_庇	①应_当英莺婴樱鹦膺鹰②迎茔荧莹营萦楹蝇赢③颖影④应_变映硬

（三） uen（un）、ong（ueng）辨音字表

声母＼韵母	uen(un)	ong(ueng)
d	①吨敦墩礅蹾③盹趸④囤沌炖钝顿盾遁	①东冬咚③董懂④动冻栋侗洞恫
t	①吞②屯囤豚臀③余④褪	①通嗵②仝同彤桐铜童瞳③统捅桶筒④痛
l	①抡②仑伦轮③论	②龙咙聋笼隆窿③拢笼④弄[堂]
g	③衮滚磙辊④棍	①工功攻弓蚣供[求]宫恭觥③巩汞拱④共供
k	①昆坤③捆④困	①[天]空③孔恐④空[白]控
h	①昏婚荤②魂浑④混	①轰哄烘[红]虹宏洪鸿
z	①尊遵樽鳟③撙	①宗踪棕鬃③总④纵粽
c	①村②存③忖④寸	①匆葱囱聪②从丛淙
s	①孙③笋损	①松③悚④宋颂诵
zh	①谆③准	①中[间]盅忠钟衷终③肿种[子]④[打]中[裁]种仲重众
ch	①春椿②唇纯淳醇③蠢	①充冲舂②重虫崇③宠
sh	③吮④顺瞬	
r	④闰润	②容溶熔蓉绒荣嵘茸融
O	①温瘟②文纹蚊闻③稳吻紊④问	①翁嗡④瓮

（四） ün、iong 辨音字表

声母＼韵母	ün	iong
j	①军均钧君③俊竣峻骏郡	③窘炯迥扃
q	②裙群	②穷琼
x	①勋熏②旬询洵寻循巡④讯汛迅驯殉逊训	①凶汹兄匈胸②雄熊
O	①晕②云匀芸耘③允陨殒④运孕韵熨酝蕴	①庸拥雍臃②喁③永甬涌踊咏泳④用

第四节　普通话的声调

学习要点　了解声调及其作用，掌握调值、调类的概念，普通话的声调系统，古今声调的对应关系，并能够辨析不同方言和普通话声调的差异。

一、声调的性质和作用

声调是指音节所具有的能够区别意义的音高变化，是汉语音节结构中必不可少的组成部分。汉语的每个音节都有固定的声调，一个汉字通常代表一个音节，所以声调也叫字调。声调同声母、韵母一样有区别意义的作用。例如：zhǔzhāng（主张）≠zhùzhǎng（助长），jiānjù（艰巨）≠jiǎnjǔ（检举），mǎi（买）≠mài（卖），这3对词，每个音节的声母、韵母都相同，只是声调不同，意思就完全不同了。利用声调区别意义是汉语的特点之一。

声调是利用音高变化来区别意义的，所以，它可以和音乐中音阶的移动相比较，并且可以用音阶的变化表示出来。不过，在键盘上，音阶的每个音都是固定的，音与音之间是跳跃的，而声调的变化则是相对的，音与音之间是滑动的。两者的性质并不相同。

声调的音高是相对的。女子和儿童的音高比成年男子高一些；同一个人，情绪激动时的发音比态度平和时的发音高一些，这是绝对音高的不同。但是音高的变化形式和升降幅度大体一样，即相对音高相同。也就是说，绝对音高的变化并不构成声调的不同。

二、调值和调类

汉语的声调可以从调值和调类两个方面进行分析。

（一）调值

调值指声调的高低、曲直、升降，也就是声调的实际读法。

为了把调值细致而准确地描写出来，一般采用"五度标调法"来记录调值。即建立 1 个竖标，分成 4 格 5 点，分别用 1、2、3、4、5 表示低、半低、中、半高、高。再在竖标的左边用横线、斜线、曲线表示声调的实际读法，比如普通话 4 个声调的调值可以用右图表示。

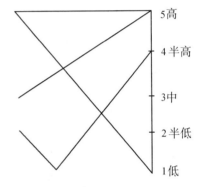

在标写音节时，把表示五度的竖标省去，只留下左边的线条，就成为汉语拼音方案的调号："ˉ、ˊ、ˇ、ˋ"。因此，普通话的调号实际上是五度标调法的简化形式。

关于调号的位置，汉语拼音方案规定，声调符号标在韵腹（即主要元音）上面，韵腹省略时标在最后一个元音上面：妈 mā、骑 qí、学 xué、球 qiú、堆 duī。

与调值相关的概念还有调型。

调型即声调的模型，指声调的高低升降的变化模式。在普通话中，55 为高平调型，35 为中升调型，214 为曲折调型，51 为全降调型。

普通话的 4 个调值，用数字和调型表示就是：55，高平调；35，中升调；214，降升调；51，全降调。

需要强调的是，普通话里有时会出现一种又轻又短的调子，叫做轻声，轻声是音节的弱化现象，并不是四声之外的第五种声调，而是一种特殊的音变（见本章第七节）。

（二）调类

调类指声调的种类，就是把调值相同的音节归纳在一起所建立的类别。一种语言或方言中有几种调值，就有几个调类。普通话有4种调值，就归纳为4个调类。广州话有9种调值，就归纳为9个调类。调值相同的字，调类自然也相同。因为它们是单字的声调种类，所以也叫做"单字调"。通常所说的调类，一般都是指单字调。

普通话的4种调值归纳为4个调类，如何给它们命名呢？方式有两种：一种是依次叫做"第一声、第二声、第三声、第四声"，另一种是根据古四声的名称，将这四个声调命名为阴平、阳平、上声、去声。沿用古四声的名称，便于我们了解古今声调的演变规律及其在汉语方言中的分布情况，所以采用第二种命名方式的比较普遍。

普通话的调类和调值的关系可以用表一来表示：

表一

调　类	调　值	调　号	调　型	例　字
阴平	55	ˉ	高平调	高开三黑接
阳平	35	ˊ	中升调	陈寒人竹杂
上声	214	ˇ	降升调	古口五笔百
去声	51	ˋ	全降调	近盖树各月

需要强调的是，调类的名称是根据中古时期"平、上、去、入"四声的名称沿用下来的。换句话说，我们之所以把普通话的四声命名为"阴平、阳平、上声、去声"，其根据是古人给这些字调的分类命名。因此，调值和调类尽管相互联系，但它和调类

的名称之间并不存在必然的规定性，不是说某个调类必然读某个
调值，某个调值必然命名为某个调类。在不同方言之间，调类名
称相同的，调值却往往不同，调值相同的，调类也不一定相同。
以都有四声的北京、西安、济南、武汉方言为例，其调类、调值
的对应关系见表二：

表二

地点＼调类	阴 平	阳 平	上 声	去 声
北京	55	35	214	51
西安	21	24	53	55
济南	213	42	55	21
武汉	55	213	42	35

　　同样是阴平调，北京、西安、济南、武汉的调值分别是：
55、21、213、55，同样的 55 调值，在这 4 个方言中的调类分别
属于阴平、去声、上声、阴平。可见，对不同的方言来说，调值
和调类名称之间不存在必然的联系。

　　调类和调值的标记法。在汉语方言研究中，人们采用多种方
式对调值和调类进行标记。除了汉语拼音方案的标调法之外，当
我们用国际音标标音时，调值一般用 1－3 个数字表示，调类可
以用"发圈法"表示，也可以用序数表示，如普通话的四声可用
表三的方法来标注：

表三

例　字	光	明	磊	落
调类	阴平（第一声）	阳平（第二声）	上声（第三声）	去声（第四声）
调号标法	guāng	míng	lěi	luò
调值标法	［kuaŋ^{55}］	［miŋ^{35}］	［lei^{214}］	［luo^{51}］
竖标法	［kuaŋ˥］	［miŋ˧˥］	［lei˨˩˦］	［luo˥˩］
发圈法标调类	［˗kuaŋ］	［˳miŋ］	［ᵒlei］	［luoᵒ］
数字标调类	［kuaŋ^1］	［miŋ^2］	［lei^3］	［luo^4］

三、古今调类对比

普通话的调类系统是由古代汉语发展而来的。古代汉语的 4 个声调，分别是"平声、上声、去声、入声"。后来又以声母的清浊为条件发生了分化。根据声母的清浊，清辅音声母音节的声调为"阴平、阴上、阴去、阴入"，浊辅音声母音节的声调为"阳平、阳上、阳去、阳入"，即所谓"四声八调"。南方方言的声调系统中，大多保留着 6、7、8 个甚至 9 个调类。北方地区中，晋语和江淮官话保留了入声调，其他方言一般不保留入声调，大多有 4 个单字调，少数有 3 个或 5 个单字调。各个方言的声调与古四声的关系不尽相同。普通话四声与古四声的对应关系，可用表四"古今调类比较表"来表示。

表四　　　　　　　　　　古今调类比较表

古调类＼今调类		阴 平	阳 平	上 声	去 声
平	清	高开天飞			
	浊　次浊		鹅牛迷娘		
	全浊		陈床神扶		
上	清			古草好粉	
	浊　次浊			五米老努	
	全浊				妇坐弟抱
去	清				盖正唱菜
	浊　次浊				让路帽饿
	全浊				大病阵树
入	清	踢出织鸭	竹节识福	铁笔百尺	不必括色
	浊　次浊				绿业纳木
	全浊		敌贼独白		

上面的演变规律可以概括为 3 句话：平分阴阳、浊上归去、入派四声。具体如下：

（一）平分阴阳

古汉语的平声到普通话中分化为阴平和阳平两个调类，分化的条件是声母的清浊，即古清声母字今读阴平，如：高天开飞。古浊声母字今读阳平，如：鹅牛迷娘，陈床神扶。

（二）浊上归去

古全浊声母（古浊塞音、塞擦音、擦音声母）的上声字，普通话读去声，如：妇坐弟抱。清声母和次浊声母（古鼻音、边音、半元音声母）的上声字，普通话仍然读上声，如：古草好粉，五米老努。

（三）入派四声

中古入声字分化为普通话的四声，不再成为一个独立的调类。其中古浊入字的分化有规律，次浊声母入声字分派到去声，如：绿业纳木；全浊声母入声字分派到阳平，如：敌贼独白。清声母入声字在北京话中分派到四声，无规律可寻，阴平如：踢出织鸭；阳平如：竹节识福；上声如：铁笔百尺；去声如：不必括色。因此，严格地说，是"清入派四声"。

四、方言与普通话声调的差异及声调辨正

（一）方言与普通话的声调差异

普通话和各方言之间声调的差别很大，情况十分复杂。总体来看，北方方言单字调类的数目比较少，最少只有 3 个，如银川、烟台、陕西宜川话；最多有 5 个，如扬州、合肥、山西洪洞话；一般是 4 个，如西安、济南、武汉话；大多数方言没有入声，但同一调类的调值相差很大。南方方言的声调数目比较多，最少是 5 个，如上海；最多有 10 个，如广西博白、玉林；一般是 6 到 8 个；南方方言大都有入声。

普通话和各方言的声调同出一源，都是从古汉语声调演变来的，因而具有比较严整的对应规律。教学普通话的时候，各方言区的人需要先将本方言中调值相同的字归为一类，求出每个字所属的调类，然后找到本方言的调类与普通话调类的对应关系，再按普通话调值去读各调类的字就可以了。表五是有入声的方言与普通话声调的对应关系表。

表五　　　　　　　**有入声的方言与普通话声调对应关系表**

调类 方言点	声调 数目	平		上		去		入	
		阴平	阳平	阴上	阳上	阴去	阳去	阴入	阳入
合　肥	5	212 高	55 唐	24 胆		53 快		4 急	
太　原	5	11 高		53 古		45 对		2 八	54 拔
长　沙	6	33 高	13 穷	41 板		45 报	21 话	24 塔	
苏　州	7	44 高	24 穷	52 古		412 对	31 共	4 急	23 白
南　昌	7	42 低	24 婆	213 醋		45 房	21 弟	5 湿	21 合
梅　州	6	44 多	11 常	31 比		52 豆		1 八	5 拔
福　州	7	44 机	52 皮	31 彩		213 记	242 柿	23 杀	4 合
厦　门	7	55 高	24 同	51 古		11 贵	33 动	32 铁	5 别
广　州	9	55 知	21 穷	35 走	23 抱	33 菜	22 住	5 竹 / 33 铁	22 白

（二）北方方言区声调的改读

北方方言分布的地域极其辽阔，但非入声字的分化规律基本一致，差别在于古入声字的分化情况不一样。所以，在学习普通话时，官话区的人首先应根据非入声调类与普通话的对应关系，将方言的调值改读成普通话的调值。试以西安话为例：

西安话的阴平字念 21，改读成普通话的 55 调，如"高猪开婚"，

西安话的阳平字念 24，改读成普通话的 35 调，如"穷陈寒娘"，

西安话的上声字念 53，改读成普通话的 214 调，如"古女好丑"，

西安话的去声字念55，改读成普通话的51调，如"父爱大唱"。

但是，问题并没有这么简单。由于官话区各次方言古入声字的归向并不一致，所以古入声字就成为最容易出错的部分。古入声字归向的差异，正是官话区的人学习普通话时最需要注意的部分。

表六　　　　　　　　　北方话古入声字的今调类

古声母	例字	胶辽官话	北京官话	冀鲁官话	中原官话	兰银官话	西南官话	江淮官话
古清音	湿识尺式	上声	阴阳上去	阴平	阴平	去声	阳平	入声
古次浊	辣	去　　声						
古全浊	石	阳　　　　　平						

在学习普通话时，如果笼统地按照方言调类改读，就会把一部分入声字的调类读错。如关中人说普通话时往往将"节竹觉笔福铁百尺式麦脉纳辣"等字误读成阴平，就是用方言和普通话调类简单对应的结果。所以，官话区的人在教学普通话时，应当十分注意古入声字在方言和普通话之间的对应关系，在相应的调类中把古入声字分离出来。

（三）古入声字的改读

古入声演变到现代汉语方言中，有的已经消失，有的还保留着。有的方言如南京话只有1个入声，有的方言有两个入声，分阴入、阳入，如梅州话；有的方言有3个入声，分上阴入、下阴入和阳入，如广州话。多数方言的入声字有塞音韵尾，因此读得比较短促，音节不能拉长。充当韵尾的塞音，有的是 b［p］、d［t］、g［k］，如梅州话、广州话；有的是喉塞音［ʔ］，如太原话；也有韵尾已经脱落，读音不短促，只保留独立的入声调的，如长沙话。北方方言入声字的归向见表六。

古入声字在普通话中分派的情况比较复杂，不便与各方言一一对应。我们可以利用古今声调的演变规律来掌握大部分入声字的普通话声调：

（1）如果方言中入声字的普通话声母是 m、n、l、r，那么普通话声调都是去声，如：麦 mài、目 mù、灭 miè、纳 nà、逆 nì、力 lì、落 luò、热 rè、肉 ròu，例外只有"摸 mō、膜 mó"等少数几个字。

（2）如果方言中入声字的普通话声母是不送气的塞音、塞擦音，那么普通话声调多数是阳平。如：白 bái、独 dú、国 guó、直 zhí、贼 zéi、集 jí 等。

（3）如果方言中入声字的普通话声母是送气的塞音、塞擦音，那么普通话声调多数是去声。如：迫 pò、拓 tuò、错 cuò、绰 chuò、踏 tà、诧 chà、策 cè、妾 qiè 等。

如能掌握以上 3 条规律，就掌握了近三分之二入声字的普通话声调。其余的可以按照记少不记多的原则，通过记忆来解决。据粗略的统计，600 个左右常用的古入声字在普通话中读去声的约占 40%，读阳平的约占 31%，读阴平的约占 21%，读上声的占 7%—8%。方言区的人在掌握上面规律的基础上，可先记住普通话归入阴平和上声的入声字，然后再记归到阳平的，最后，把本方言中读作入声的字一律归到去声就行了。

思考与练习

一、什么是调值？什么是调类？简述普通话的调类和调值。

二、举例说明古四声和普通话四声的分合情况。

三、试把你的方言声调跟普通话的声调作一个比较，看看有什么区别？怎样利用"声调对应规律"进行声调辨正？

四、读准下列各字的声调，并指出它们的调类和调值。

飞跃梦想　天高云淡　妙手回春　风调雨顺　山穷水尽

千锤百炼　冰天雪地　大好河山　集思广益　万马奔腾

与时俱进　和谐社会　字里行间　实事求是　趁热打铁

五、拼读下列词语并写出汉字。

cǎihuā——càihuā　　　shíyè——shìyè

dádào——dàdào　　　chǎngfáng——chángfāng

xīnfēng——xìnfèng　　tóngzhì——tōngzhī

fǎnxǐng——fánxing　　chūzhōng——chūzhòng

dǐzhì——dìzhǐ　　　gēxīng——géxīn

六、有的西安人说："西安话'试市事盖'的调值是55，所以它们是阴平"，这样的说法对不对？为什么？

七、两个方言的调值相同，调类是否一定相同？调类相同，调值是否一定相同？为什么？

八、下列两组字都是古阳入字，请用普通话读准确，并说说它们在普通话里的分化规律。

　　1. 月　六　纳　麦　袜　肉　岳　木　弱　落

　　2. 局　食　宅　杂　读　白　别　服　习　夺

九、普通话的古入声字已经消失，请指出普通话中读阳平的字来自古声调的哪几类？读去声的字来自古声调的哪几类？

十、普通话阳平字中，不送气的塞音、塞擦音声母字大都来自古入声。想一想这是为什么？

十一、用汉语拼音和国际音标给下面的唐诗注音。

江　雪

柳宗元

千山鸟飞绝，万径人踪灭。

孤舟蓑笠翁，独钓寒江雪。

第五节　音　　节

学习要点　了解现代汉语音节结构的特点以及声、韵、调的拼合规律，能够分析现代汉语的音节结构，掌握普通话音节的拼读与拼写规则。

一、普通话的音节结构及其特点

（一）音节

音节是语音的基本结构单位，是自然感到的最小语音片断。从发音器官的状况看，发音时发音器官的肌肉紧张 1 次就形成 1 个音节。从语音的响度看，1 个音节一般具有 1 个响度中心。音节是音素按照一定的方式组合起来的。一般情况下，汉语 1 个音节写下来就是 1 个汉字。例外是用作后缀的"儿"字，它不是一个独立的音节，只表示卷舌的动作，所以，儿化词是两个汉字读 1 个音节，例如："花儿" huār，"盖儿" gàir。此外，在语速比较快时，也可能出现两个字合成 1 个音节的情形，但不区别意义，如"豆腐""什么"有时念成 dòuf、shém。

（二）普通话音节结构的特点

按照汉语音韵的传统分析法，汉语的音节结构分为声母、韵母、声调 3 个部分，韵母又可分为韵头（介音）、韵腹、韵尾 3 个部分。因此，1 个音节可以细分为声母、韵头、韵腹、韵尾、声调 5 个部分，但并不是所有的音节必须同时具备这 5 个部分。普通话音节的结构方式见表一。

表一　　　　　　　　　　**普通话音节结构模式表**

结构＼例字	声母	韵母				声调
		韵头	韵腹	韵尾元音	韵尾辅音	
衣 yī			i			阴平
叶 yè		i	ê			去声
爱 ài			a	i		去声
油 yóu		i	o	u		阳平
安 ān			a		n	阴平
远 yuǎn		ü	a		n	上声
资 zī	z		-i〔ʅ〕			阴平
雪 xuě	x	ü	ê			上声
飞 fēi	f		e	i		阴平
球 qiú	q	i	o	u		阳平
刚 gāng	g		a		ng	阴平
香 xiāng	x	i	a		ng	阴平

从上表可以看出汉语的音节结构有以下特点：

（1）汉语的音节最多可以有4个音素，最少只有1个音素。

（2）构成汉语音节的声母、韵母、声调3部分中，可以没有声母，但不能没有韵母和声调。韵母中可以没有韵头和韵尾，但不能没有韵腹。

（3）元音占优势。音节可以没有辅音，但不能没有元音。元音可以出现在音节的开头、中间和末尾，而且必须连续出现。辅音只出现在音节的开头和末尾，没有复辅音音节。

（4）声调能够区别意义。

由于每个音节都有声调，而且元音占优势，音节结构非常整齐，音节界限分明。所以汉语的音乐性很强，听起来抑扬顿挫，悦耳动听。

二、普通话音节的拼读与拼写

（一）普通话音节的拼读

拼读就是拼音，是把声母、韵母拼合成字音。有个拼音口诀叫"前音轻短后音重，两音相连猛一碰"。这个口诀讲的是拼音时应该注意的要点。

1. 声母要用本音

"前音轻短"是说拼音时，声母要读得轻些、短些，也就是要读声母的本音，即发出声母时不要带声母表上的韵母（也就是所谓的呼读音）。由于普通话的声母多数是声带不振动的清音，发音时声音很小，不便于单独称说，于是汉语拼音方案就给它们配上一个响亮的元音来呼读它们，叫呼读音。比如 b、p、m、f 配上 o 韵母，d、t、n、l 配上 e 韵母，呼读音就是 bo、po、mo、fo、de、te、ne、le。但是在拼音时，一定要用声母的本音，不能用呼读音。"后音重"是说拼音时，韵母要比声母读得重些。

2. 声母、韵母之间不要停顿

"两音相连猛一碰"是说拼音时，声母和韵母之间不能留空隙，即一个音节中间是不能停顿的，否则就成了两个音节了。例如拼 bài（败）时，b 和 ai 之间如果有了停顿，就会拼成 b（o）— ai（博爱）。

3. 读准韵头

对于有韵头的音节，在拼音时要注意把韵头念准，在读声母时就应为念韵头作好准备，把韵头自然地引出来。如果念不准韵头，就可能出现丢失韵头或者改变韵头的情况。例如鄂东、鄂北、陕南人容易丢失一部分合口呼音节的韵头，把"队 duì"念成 dèi，把"短 duǎn"念成 dǎn，有的地方甚至读成齐齿呼。闽语区、客家话区的人在练习拼读普通话音节时，尤其应当注意读准撮口呼的韵头。

（二）拼音的方法

1. 两拼法

用声母和韵母两个部分进行拼音。例如：j-iāng——jiāng（江）。

2. 声介合拼法

先把声母和韵头合成一个部分，然后跟韵身（韵母中除掉韵头的部分叫韵身）进行拼读，这只适用于有韵头的音节。例如：hu-áng—— huáng（黄）。

3. 三拼法

用声母、韵头、韵身 3 部分进行连读。这种方法，只适用于有韵头的音节。例如 x-i-áng——xiáng（祥）。

4. 整体认读法

整体认读法，又叫音节直呼法，就是直接读出音节，不需要用声母去拼韵母。具体作法是先做好发声母的准备，然后读带声调的韵母，例如"党"字，先摆好发 d 的架势，让舌尖和齿龈构成阻碍，然后用 ǎng 冲开阻碍的部位，就发出了 dǎng。

（三）普通话音节的拼写

用汉语拼音拼写音节，有一些问题需要注意。下面把《汉语拼音方案》的主要规定说明如下：

1. y、w 的用法

y、w 在汉语拼音方案中用来表示齐齿呼、合口呼、撮口呼零声母音节的开头。它们有时代替 i、u、ü，有时加在 i、u、ü 的前头，如何使用跟充当韵腹还是韵头有关。

（1）i、u 独立构成音节时（作韵腹），i、u 前加上 y、w。

ī（衣）—yī　　　　　ū（乌）—wū

（2）i 出现在音节开头，该音节中除 i 外没有别的元音时（作韵腹），i 前加 y。

ín（因）—yīn　　　　　íng（英）—yīng

（3）i、u 出现在音节开头，该音节除 i、u 外还有别的元音时（作韵头），将 i、u 换成 y、w。

iáng（羊）—yáng　　　　uán（玩）—wán

（4）ü 单独构成音节或出现在音节开头时，都写成 yu。

ǜ（遇）—yù　　　　üè（月）—yuè

y、w 是起隔音作用的字母，例如把"阿姨"二字连写成 āí，就会以为是一个音节"哀"，用了 y，写成"āyí"，音节的界线就很分明。同时，这些零声母音节的开头，其实是带有轻微摩擦的半元音。用 y、w 表示，正好可以反映出这一语音特点。

2. ü 上两点的省略

ü 在和 j、q、x 拼合时，上面的两点需省去，因为 j、q、x 不和合口呼韵母相拼，所以，这样拼写不会与合口呼混淆。但是，和 n、l 拼合时，ü 上的两点不能省略。

jūn（军）　　　quán（全）　　　xū（虚）
nǚ（女）　　　lǚ（吕）　　　　lüè（掠）

3. iou、uei、uen 的省写

韵母 iou、uei、uen 跟声母拼合时，省去韵腹，调号标在最后一个元音上，如牛 niú，回 huí，纯 chún。

4. 隔音符号的用法

当开口呼零声母音节跟在其他音节后与前面音节界限发生混淆时，在开口呼音节前用上"'"号，隔开两个音节。

西安 xī'ān　　　皮袄 pí'ǎo

三、普通话音节结构分析

要深入理解普通话的语音构造规律，就必须对普通话的音节结构进行分析。具体分析语例见表一。

分析音节结构时，需要注意以下几点：

（1）分清 i、-i。字母"i"代表 3 个音素，一个是单元音韵母 i [i]，一个是 zi（资）的韵母 [ɿ]，一个是 zhi（知）的韵母 [ʅ]。这 3 个音素，第一个单独出现时写作 i；后两个写作-i [ɿ][ʅ]。i、-i 在字音中都写作 i，但只有在 z、c、s、zh、ch、sh、r 后面直接拼合的 i，才是-i。

zī（资）—-i[ɿ]　　cí（瓷）—-i[ɿ]　　sī（丝）—-i[ɿ]

zhī（知）—-i[ʅ]　chī（吃）—-i[ʅ]　shī（师）—-i[ʅ]　rì（日）—-i[ʅ]

jī（鸡）—i[i]　　bǐ（笔）—i[i]　　mǐ（米）—i[i]

分析 zi、ci、si 和 zhi、chi、shi、ri 等音节时，舌尖元音-i [ɿ][ʅ] 应当加注国际音标，与舌面元音 i 区别开来。

（2）分清 e、ê。字母 e 代表 4 个音素：一个是 ei 韵中的韵腹 [e]，一个是单独充当韵母的 e[ɤ]（俄），一个是 en、eng 中的韵腹 [ə]，一个是 ie、üe 两个复韵母中的韵腹 [ɛ]。这 4 个音素单独出现时，前 3 个写作 e，后一个写作 ê。

hēi（黑）—[e]　　　　gěi（给）—[e]

gē（哥）—[ɤ]　　　　dé（得）—[ɤ]

zhé（哲）—[ɤ]　　　　gēn（根）—[ə]

zhǔn（准）—[ə]　　　kēng（坑）—[ə]

jiě（姐）—[ɛ]　　　　nüè（虐）—[ɛ]

分析由韵母 ie、üe 组成的音节时，应把 ê 上面的符号补出来。

（3）韵母 iou、uei、uen 与声母相拼时中间的韵腹省略，分析时应把省略的韵腹补出来，如上表所示。

（4）分析 ü 上两点省略的音节结构时，应把上面两点还原回去。

（5）分析齐、合、撮三呼的零声母音节时，注意前面的 y、w 并不是辅音声母，这类音节是零声母。

四、普通话声韵调配合规律

普通话声母和韵母之间的组合具有严整的规律性。声韵能否配合取决于声母的发音部位和韵母的四呼。一般说来，声母的发音部位相同，跟它们拼合的韵母四呼也相同；同样，韵母的四呼相同，与它们拼合的声母发音部位也相同。普通话声母和韵母的配合关系见表二。

表二　　　　　　　　　普通话声韵配合简表

声母 ＼ 韵母		开口呼	齐齿呼	合口呼	撮口呼
双唇音	b. p. m	＋	＋	只限单元音 u	
唇齿音	f	＋		只限单元音 u	
舌尖前音	z. c. s	＋		＋	
舌尖中音	d. t	＋	＋	＋	
	n. l	＋	＋	＋	＋
舌尖后音	zh. ch. sh. r	＋		＋	
舌面音	j. q. x		＋		＋
舌根音	g. k. h	＋		＋	
零声母	O	＋	＋	＋	＋

（一）从声母和四呼的关系看规律

（1）双唇音和舌尖中音 d、t 能跟开口呼、齐齿呼、合口呼韵母相拼，不能跟撮口呼韵母相拼，不过双唇音拼合口呼限于单元音 u。

（2）唇齿音 f 能跟开口呼和合口呼的韵母 u 相拼。

（3）舌尖前音、舌尖后音、舌根音声母能跟开口呼、合口呼韵母相拼，不能跟齐齿呼、撮口呼韵母相拼。

（4）舌面音只能跟齐齿呼、撮口呼韵母相拼，不能跟开口呼、合口呼韵母相拼。

（5）舌尖中音 n、l 的组合能力最强，能跟四呼韵母相拼。零声母音节在四呼中都有。

（二）从韵母看规律

（1）o 韵母只拼双唇音和唇齿音声母，而 uo 和 e[ɤ] 韵母只拼非唇音声母，与 o 韵互补。

（2）ê、er、ueng 只用于零声母音节，不与辅音声母相拼。-i[ɿ]、-i[ʅ]、ong 只能拼辅音声母，不用于零声母音节。

（3）-i[ɿ] 只跟 z 组声母相拼，-i[ʅ] 只跟 zh 组声母相拼。

（4）ua、uai、uang 只拼舌尖后音声母，不拼舌尖前音声母。

（三）从声调看规律

（1）m、n、l、r 4 个浊声母构成的音节很少有念阴平调的，念阴平调的只限于口语中的一些常用字，如：妈 mā、抹 mā、猫 māo、妞 niū、捏 niē、拉 lā、扔 rēng 等。

（2）鼻尾韵母字在古代都不是入声字，而读阳平调并以 b、d、g、z、zh、j 为声母的音节绝大多数来自古入声字，所以这六个声母拼鼻尾韵时没有阳平调（甭 béng、哏 gén 是方言字，属例外）。

普通话 21 个辅音声母（加上零声母）与 39 个韵母可以组成 400 多个基本音节，再配以四声，组成 1 200 多个音节。掌握普通话的声、韵、调配合规律，不但对理论上认识汉语音节的特点有重要价值，而且对纠正方音，学好普通话也是很有帮助的。

思考与练习

一、列表分析下列汉字的音节结构。

结构 例字	声　母	韵　　母					声　调
		韵　头	韵　腹	韵　　尾			
				元　音	辅　音		
底							
庄							
九							
写							
队							
军							
村							
俄							
要							
圆							

二、根据普通话声、韵、调配合规律，指出下列音节的错误，并加以改正。

风 fōng　玻 buō　　磨 muó　　先 xān　　家 giā

娇 jāo　冬 duēng　对 dèi　　嫩 nùn　　藤 tén

冷 lěn　翁 ōng　　精 zīng　　交 giāo　　手 shiǔ

三、普通话声母 z、c、s、g、k、h 能与开、合两呼相拼，但不能与齐、撮两呼相拼，j、q、x 正好相反，分析形成互补格局的原因。

四、在分析音节结构时如何识别元音韵母 e 和 ê，以及韵母 i、-i[ ]、-i[ ]?

五、举例说明普通话音节的结构特点。

六、下列各词的拼写不合规则，请把它们改正过来。

　　阿姨 āi　　　　　延安 yánān　　　　女人 nǔrén

　　巨大 jùdà　　　　威严 wuēiyián　　　原油 üányióu

　　树叶 shùiè　　　　优秀 iōuxiòu　　　球场 qióuchǎng

　　尊贵 zuēnguèi

七、举例说明齐齿呼、合口呼、撮口呼的零声母音节使用 y 和 w 有些什么作用？如果是开口呼零声母音节，如何解决音节易混的问题？

八、韵母 iou、uei、uen 在什么条件下应该省写？

九、为什么 n、l 后边的 ü 上两点不能省略，j、q、x 后边的 ü 上两点就能省略？

第六节　音　　位

学习要点　认识音位的原理及音位与音位变体的区别，掌握归纳音位的基本原则：对立、互补与音感相似，理解普通话音位系统由 22 个辅音音位、8 个元音音位、4 个声调音位构成。

一、音位及音位变体

（一）音位

音位是一种语言或方言中能够区别意义的最小的语音单位。它是从语音的社会属性角度划分出来的单位。如普通话"爸 [pa^{51}]、怕 [p'a^{51}]、骂 [ma^{51}]、发 [fa^{51}]、大 [ta^{51}]、踏 [t'a^{51}]、纳 [na^{51}]、辣 [la^{51}]" 8 个音节意义不同，其中韵母都是 [a]，声调都是去声，这些音节之间是用不同的辅音来区别意义的，说明这些辅音在普通话中具有区别意义的作用，就可以归纳成 8 个音位。用 "//" 号表示出来是：/p//p'//m//f//t//t'//n//l/。有些音素如"三嫂吗" [san sɑu mʌ] 中作韵腹的 3 个不同的音素 [a ɑ ʌ]，说普通话的人对它们音色的不同一点也感觉不到，不能区别意义，因而，可以归纳为一个音位 /a/。音位是音系学的基本单位之一。

在音位中，由音素构成的音位叫**音质音位**或**音段音位**，由音的高低、轻重等因素构成的音位叫**非音质音位**或**超音段音位**。音质音位中，由辅音构成的音位叫**辅音音位**，由元音构成的音位叫**元音音位**；非音质音位中，由声调构成的音位叫**调位**。

（二）音位变体

一个音位包含了若干个发音相似的音素，它们是音位的具体

体现形式，即**音位变体**。音位与音位变体的关系是类别与成员的关系，是抽象的类和它的具体体现形式之间的关系。在归纳音位的过程中，人们选择几个音位变体中最普通、最典型的那个音素作为音位的代表。理论上，它只是该音位的变体之一，和其他变体没有两样。比如，普通话/a/音位在实际语音中的体现形式主要有 [a]、[a]、[A]、[æ] 4 个，这是它的 4 个变体。

音位变体可分为**条件变体**和**自由变体**两类。条件变体是**因语音条件的不同而出现的变体**。条件变体在组合中的分布一定互补。如普通话/a/的 4 个变体的语音条件：[A] 后面不带韵尾，[a] 出现在韵尾 [-i、-n] 前，[ɑ] 出现在韵尾 [-u、-ŋ] 前，[æ] 出现在韵头 [i-]、[y-] 和韵尾 [-n] 之间。自由变体是**出现在相同的语音条件下，能够自由替换而不影响意义的变体**。如北京话合口呼零声母音节开头的音既可是舌面后、高、圆唇元音 [u]，也可是双唇半元音 [w]，或唇齿半元音 [ʋ]，这 3 个音素构成了/u/在零声母音节前的 3 个自由变体。

二、归纳音位的基本原则

(一) 对立

在同一个语言或方言中，两个音素在相同的语音环境里出现，互相替换后产生了意义的差别，它们就是对立的。凡是对立的能区别意义的音就是两个不同的音位。如普通话 [p] 和 [pʻ]，在后接相同的元音时会造成意义的差别，处于对立关系，那么这两个音便构成两个各自独立的音位。

(二) 互补

在同一种语言或方言中，如果两个音素从不出现在相同的语音环境里，那么它们就处于互补关系。分布互补的音素不起区别意义的作用，因而有可能归纳在一起，作为一个音位的不同条件变体。如北京话 g 声母实际上包含了 3 个音素：舌面中不送气清塞音 [c] 只出现在 [-ei] 前（给），带圆唇色彩的 [kʷ] 只出现在 [-u] 前（合口呼韵母），[k] 出现在其他语音环境中，3个辅音之间条件互补，音感相似，属于同一个音位/k/，[k][kʷ][c] 则是/k/的音位变体。

（三）音感相似

分布互补是把若干音素归并为 1 个音位的必要条件，但不是充足条件。处于互补分布的音素是否归为同一音位，还要考虑这些音素在当地人的听感上是否相似。只有分布互补、听感相似的音素才能归并为同一个音位，否则即使是互补关系也不能归并。如普通话中 [m-] 只出现在元音前，[-ŋ] 只出现在元音后，分布互补，但北京人决不会把它们当作同一个音，只能把它们作为两个音位处理。

对立、互补、音感相似是分析音位的基本原则。能在相同语音环境里出现并形成对立的音是不同的音位；不能在相同的语音环境里出现而音感相似的音，可以归并成 1 个音位。对立和互补实际上说的是 1 个问题的两个方面：对立说的是什么样的语音不能归并为 1个音位，互补说的是什么样的语音可以归并为 1 个音位。

三、普通话的音位系统

描写一种语言的音位系统，需要列举这种语言的所有音位，各个音位的主要变体及其出现条件，说明音位之间的组合关系。下面我们来看看普通话的音位及其主要变体。

（一）普通话的辅音音位

普通话有 22 个辅音音位，按照发音部位可分为 7 组：

/p p' m/

/f/

/ts tsʻ s/

/t tʻ n l/

/tʂ tʂʻ ʂ ʐ/

/tɕ tɕʻ ɕ/

/k kʻ ŋ x/

普通话辅音音位的主要变体简述如下。

(1) 在轻声音节中，由于气流减弱，不送气塞音、塞擦音/p t k ts tʂ tɕ/各有 1 个同部位的浊音变体 [b d g dz dʐ dʑ]。

胳膊 [kɤ⁵⁵ bə⁰]　　燕子 [ian⁵¹ dzɿ⁰]　　吃的 [tʂʅ⁵⁵ də⁰]

走着 [tsou²¹⁴⁻²¹ dʐə⁰]姐姐 [tɕiɛ²¹⁴⁻²¹ dʑiə⁰] 西瓜 [ɕi⁵⁵ guə⁰]

(2) 大多数辅音音位有圆唇的变体，出现在合口呼 [-u]、撮口呼 [-y] 前。可以用右上角的 w 来表示。

做 [tsʷuo⁵¹]　　　　读 [tʷu³⁵]　　　　鲁 [lʷu²¹⁴]

略 [lʷyɛ⁵¹]　　　　棍 [kʷuən⁵¹]　　　捐 [tɕʷyæn⁵⁵]①

(3) 舌根音/k//kʻ//x/在韵母 ei 前发音部位前移，实际音值是舌面中音 [c cʻ ç]。

给 [cei²¹⁴]　　剀 [cʻei⁵⁵]　　黑 [çei⁵⁵]

(4) 在齐齿呼韵母前，由于舌面前元音 [i] 的作用，舌尖中音/t//tʻ//n//l/各有一个带有腭化色彩的变体，可以用右下角加 [j] 来表示。

低 [tⱼi⁵⁵]　　提 [tʻⱼi³⁵]　　泥 [nⱼi³⁵]　　里 [lⱼi²¹⁴]

(5) 鼻音/n/有 4 个变体，除了前面介绍过的圆唇色彩的 [nʷ] 和腭化色彩的 [nⱼ]，还有 1 个是 [n-]，持阻、除阻都发

---

① 为拼式简明起见，圆唇作用、腭化作用等在元音音位部分不再标出。

音；1 个是韵尾 [-n]，持阻期发音，除阻期不发音，有人也称之为"唯闭音"。/ŋ/有两个变体，一个是韵尾 [-ŋ]，也是唯闭音，另一个出现在 [ŋ] 尾字和开口呼零声母音节组合的环境。

成啊 [tʂʻəŋ³⁵ ŋA⁰]　　爽啊 [ʂuɑŋ²¹⁴⁻²¹¹ ŋA⁰]

普通话辅音音位系统有一个显著的特点：塞音、塞擦音送气和不送气相对，形成 6 对音位：/p：pʻ//t：tʻ//k：kʻ//ts：tsʻ//tʂ：tʂʻ//tɕ：tɕʻ/。不论是和西洋语言相比，还是和汉语的不少南方方言相比，这一特点都是十分突出的。送气音后都带有较长的气流量。

（二）普通话的元音音位

普通话有 10 个单元音韵母，但是从音位的角度看，只有 8 个元音音位：/ɿ/ /i/ /u/ /y/ /e/ /ɤ/ /a/ /ər/。普通话 8 个元音音位的主要变体和出现条件如下：

1. /ɿ/

[ɿ] 在舌尖前音/ts tsʻ s/之后作韵母。

资 [tsɿ⁵⁵]

[ʅ] 在舌尖后音/tʂ tʂʻ ʂ ʐ /之后作韵母。

知 [tʂʅ⁵⁵]

2. /i/

[j] 在零声母音节中作韵头。

牙 [jA³⁵]

[ɪ] 充当韵尾。

白 [paɪ³⁵]

[iⱼ] 在零声母音节中作韵腹，音值为带摩擦的 [i]。

移 [iⱼ³⁵]

[i] 在非零声母音节中作韵腹或韵头。

地理 [ti⁵¹li²¹⁴]　　钉子 [tiŋ⁵⁵tsɿ⁰]　　见 [tɕiæn⁵¹]

3. /y/

[ɥ] 在零声母音节中作韵头。

月 [ɥε⁵¹]

[yɥ] 在零声母音节中作韵腹，音值为带摩擦的 [y]。

鱼 [yɥ³⁵]

[y] 在非零声母音节中作韵腹或韵头。

举 [tɕy²¹⁴]　　群 [tɕʻyn³⁵]　　捐 [tɕyæn⁵⁵]

4. /u/

[w] 在零声母音节中作韵头。

为 [weɪ³⁵]

[ʋ] ①在零声母中作韵头，与 [w] 为自由变体。

晚 [ʋan²¹⁴]

　　②在唇齿擦音声母后作韵腹。

服 [fʋ³⁵]

[ɷ] 充当韵尾，音值介于 [u] 和 [o] 之间。

好 [xaɷ²¹⁴]

[u] 在唇齿音以外的非零声母音节中作韵腹或韵头。

瀑布 [pʻu⁵¹pu⁵¹]　　龙 [luŋ³⁵]　　端 [tuan⁵⁵]

5. /e/

[e] 出现在韵尾/-i/之前。

对 [tuɐ⁵¹]

[ε] 出现在韵头/i-/或/y-/之后。

叶 [jε⁵¹]　　月 [ɥε⁵¹]

6. /ɤ/

[o] 在唇音声母或韵头/u-/之后作韵腹，唇形略展。

菠萝 [po⁵⁵luo³⁵]

〔ɤ〕在非唇音声母之后作韵腹。

哥　〔kɤ⁵⁵〕

〔ə〕出现在韵尾/-n/、/-ŋ/之前及充当轻声音节的韵腹。

根　〔kən⁵⁵〕　　耕　〔kəŋ⁵⁵〕　　　（吃）的　〔də⁰〕

7. /a/

〔ʌ〕在无尾韵中作韵腹。

瓜　〔kuʌ⁵⁵〕

〔æ〕出现在韵头/i-/、/y-/和韵尾/-n/之间。

边　〔piæn⁵⁵〕

〔ɑ〕出现在韵尾/-u/、/-ŋ/之前。

羔羊　〔kɑu⁵⁵jɑŋ³⁵〕

〔a〕出现在其他语音环境。

海关　〔xaɪ²¹⁴kuan⁵⁵〕

8. /ər/

〔ər〕构成零声母音节，出现在阳平、上声字中。

儿　〔ər³⁵〕

〔ɐr〕构成零声母音节，出现在去声字中。

二　〔ɐr⁵¹〕

〔r〕卷舌动作，构成儿化韵。

盖儿　〔kɐr⁵¹〕　　根儿　〔kər⁵⁵〕

（三）普通话的声调音位

普通话有 4 个调位：

1. /1/阴平

只有一个调位变体：高平〔55〕。

东方　〔tuŋ⁵⁵faŋ⁵⁵〕

2. /2/阳平

只有一个调位变体：中升［35］。

来回［laɪ³⁵ xueɪ³⁵］

3. /3/ 上声

有 3 个调位变体：

［214］降升，出现于停顿之前。

国土［kuo³⁵ tʻu²¹⁴］

［35］中升，出现于上声之前。

土改［tʻu²¹⁴⁻³⁵ kaɪ²¹⁴］

［211］低降，出现于非上声之前。

土地［tʻu²¹⁴⁻²¹¹ ti⁵¹］

4. /4/ 去声

有两个调位变体：

［51］全降，出现在停顿和非去声之前。

电影［tiæn⁵¹ iŋ²¹⁴］

［53］高降，出现在去声之前。

快乐［kʻuaɪ⁵¹⁻⁵³ lɤ⁵¹］

（四）普通话的轻声音位

普通话有一个轻声音位：

/0/ 轻声

［·｜₂］半低，出现在阴平之后。

珠子［tʂu⁵⁵ tsɿ²］

［·｜₃］中调，出现在阳平之后。

竹子［tʂu³⁵ tsɿ³］

［·｜₄］半高，出现在上声之后。

主子［tʂu²¹⁴⁻²¹¹ tsɿ⁴］

［. │ɿ］低，出现在去声之后。

柱子［tʂu⁵¹tsɿ¹］

在普通话中，轻声不是独立的第五声调，但这并不妨碍我们把它处理成一个主要由轻重音起作用的音位（也许叫做"重位"更加合适），因为轻声有时有区别意义的作用。汉语方言学论著中，常用"0"来表示轻声，就是这种认识的反映。通常说"轻声是失去本调、变得又轻又短的调子"，这种描写是恰当的，也和语音实验的结果相吻合。轻声音位是在语流音变中出现的一个音位，而不是基本的调位。

四、音位分析的作用

音系学是从语言的社会性角度对语音系统进行分析的学科。音位分析对进行语言调查、设计标音符号、创制拼音文字都有重要的作用。汉语拼音方案就是在普通话音位分析的基础上设计出来的。比如，普通话中［i］［ɿ］［ʅ］3个音处于互补分布中，不在相同的语音条件下出现，汉语拼音方案中就用"i"一个字母来拼写它们，拼读时，ji、qi、xi、zi、ci、si、zhi、chi、shi、ri是不会混淆的。

国际音标的标音方法有宽式和严式两种。严式标音法又叫音素标音法，主要用于语言调查、研究。宽式标音法又叫音位标音法，主要用于语言教学。如标注普通话读音，"高"严式标音为［kɑɷ⁵⁵］，宽式标音为/kau¹/；"牙"严式标音为［jA³⁵］，宽式标音为/ia²/；"水"严式标音为［ʂueɪ²¹⁴］，宽式标音为/ʂui³/；"富"严式标音为［fʊ⁵¹］，宽式标音为/fu⁴/。

思考与练习

一、举例说明什么是音位和音位变体。

二、举例说明归纳音位的基本原则有哪些。

三、什么是对立? 什么是互补?

四、〔ɹ〕和〔ʅ〕为什么要归纳为一个音位? /i/和/ʅ/为什么要归纳为两个音位? 谈谈你的看法。

五、〔e〕和〔ɛ〕为什么要归纳为一个音位,谈谈你的看法。

六、以汉语拼音方案为例,说明音位分析有什么作用。

七、用严式标音法给下列汉字标音。

国　约　学　家　面　丝　给　快　交　全

第七节　语流音变

学习要点　掌握普通话的连读变调，轻声、儿化和"啊"的变读规律，并了解轻声和儿化的作用。

我们平时说话或朗读时，并不是一个字一个字孤立地说或读出来，而是将一串音节连续说出，形成一连串自然的语流。在连续的语流中，音节之间、音素之间、声调之间相互影响，会导致各种语音变化。这种变化就叫做语流音变，又叫共时音变。在语流音变中，甲音受乙音的影响而变得与它相同或相似，叫做"同化"。例如，"面包"miànbāo→miàmbāo，n 受后面双唇音 b 的影响变为唇音 m。

两个相同或相近的音，因避免连读时拗口而导致其中之一发生变化，叫做"异化"。如"网址"wǎngzhǐ→wángzhǐ，连读后上声字"网"被第二个上声字异化为阳平调。还有的音可能失去了原有的声调，变得又轻又短，叫做"弱化"。如"地方"dìfang、"东西"dōngxi 的后字。有的在两个或更多的音节连读时，为自然省力，避免拗口，常出现增音或减音现象。如"谁啊"shéi'a，连读中变为 shéiya，豆腐 dòufu，连读中第二个音节减去 u，变成 dòuf。

普通话常见的语流音变有连读变调、轻声、儿化、语气词"啊"的变读。

一、连 读 变 调

连读变调是指在连续的语流（词或短语、句子）中，因相邻音节互相影响而改变单字调调值的现象。

（一）上声的变调

上声是普通话中变调最复杂的声调，也是北方方言中最容易发生变调的调类。

（1）两个上声字连读时，前一个上声变得近似阳平，调值由214变为35。

演讲　　海选　　主打　　古典　　粉笔　　早晚

（2）上声在非上声（阴平、阳平、去声、轻声）前变读半上，调值由214变为211。

上声＋阴平：网吧　手机　展销　打拼　陕西　指标

上声＋阳平：解读　导航　彩屏　考量　陕南　品牌

上声＋去声：打造　网站　软件　走势　网络　搞定

上声＋轻声：走着　好的　椅子　好处　我们　码头

需要注意的是，"上声＋轻声"时，如果轻声音节的原调是上声，则前字有两种不同的变调，一种变得近似阳平，一种变为半上（调值211）。不同的变调反映了前字变调与后字轻化的时间先后不同。

1）打手　手脚　水里　小姐　哪里（前字先按照连调规律变为35调，后字才轻读）

2）姐姐　嫂子　马虎　姥姥　耳朵（后字先变读轻声，前字才变读半上）

（3）3个上声字连读时，主要根据词语的节律和结构变调，如果是"2＋1"组合，一般是前两个字变得近似阳平，第三个字不变。

总统府　选举法　手写体　老虎口　展览馆

如果是"1＋2"组合，一般是第二个音节变成近乎阳平，第一个音节受第二个音节变化的影响，变为半上，调值 211。第三字不变。

　　纸老虎　　老保守　　小拇指　　好小伙　　老古董　　很勇敢

　　冷处理　　要笔杆　　买礼品

　　当 4 个以上的上声字连读时，要根据词语的意义和组合关系适当分组，按照上面的规律来读。说得很快时，只有最后一个字读上声，前面的字均变读近似阳平，说明上声的变调又与说话速度有密切关系。

　　岂有/此理　　请你/买把伞　　买/小纸雨伞　　展览馆里/挤

　　喊小许/打桶水　　老李买酒/很好

　　（二）去声的变调

　　两个去声字相连，前一个变为半去，调值由 51 变为 53，这是一种异化变调。

　　创意　　制作　　数字　　硬件　　电信　　构建

　　（三）"一、不"的变调

　　（1）"一"的单字调是阴平，"不"的单字调是去声。两者单念或在词语末尾时都读原调不变，表序数的"一"也读原调。

　　一　万一　唯一　三十一　第一　一楼

　　不　决不　我不

　　（2）"一"和"不"在去声前变读阳平。

　　一个　一架　一概　一致　一定　一切

　　不去　不动　不要　不用　不论　不错

　　（3）"一"和"不"在非去声前读去声。

　　一天　一斤　一年　一群　一口　一秒

　　不安　不多　不行　不如　不管　不朽

　　（4）"一"和"不"在词语中间或肯定否定连用时，读轻声。

说一说	闻一闻	数一数	送一送
穿不穿	长不长	走不走	去不去
说不好	拿不动	打不开	去不成

二、轻 声

(一) 轻声的性质与作用

汉语每个音节都有固定的声调。但是在语流中，有的音节会因弱化而失去原有的声调，变成一种又轻又短、调值模糊的调子，这就叫"轻声"。如"头"的单字调是阳平，但在"木头、石头、手指头"等词中变成了轻声。每个轻声音节都有本调，所以，它是语流中的弱化现象，是四声之外的一种特殊的变调，并不是独立的调类，用拼音字母拼写时一般不标调。

普通话轻声的音高不固定，而决定于前面那个音节的声调。以后缀"子"zi 为例：在阴平字后读 2 度，如"桌子、刷子"；在阳平字后读 3 度，如"桃子、池子"；在上声字后读 4 度，如"果子、椅子"；在去声字后读 1 度，如"胖子、瘦子"。

由于轻声是一种音节弱化现象，对声母和韵母都有一定的影响。对声母的影响表现在，一些不送气的清塞音、塞擦音声母，在轻声音节中变读为同部位的浊声母。

喇叭 $[la^{214}\ ba^{0}]$　红的 $[xu\eta^{35}\ d\vartheta^{0}]$　八个 $[pa^{55}\ g\vartheta^{0}]$

桌子 $[t\underline{s}uo^{55}\ dz\underline{\iota}^{0}]$　说着 $[\underline{s}uo^{55}\ dz\underline{,}\vartheta^{0}]$　看见 $[k'an^{51}\ d\underline{z}ian^{0}]$

轻声对韵母的影响更大，主要表现在，韵母的主要元音发音含混，ai、ao 等韵尾较高的韵母单元音化并向央元音靠拢，无尾韵则向央元音靠拢。

痛快 $[t'u\eta^{51}\ k'u\varepsilon^{0}]$　回来 $[xuei^{35}\ l\varepsilon^{0}]$　唠叨 $[lau^{55}\ t\vartheta^{0}]$

孩子 $[xai^{35}\ ts\vartheta^{0}]$　西瓜 $[\varepsilon i^{55}\ ku\vartheta^{0}]$　地下 $[ti^{51}\ \varepsilon i\vartheta^{0}]$

有的轻声音节甚至丢失了韵母，只保留声母。

意思　$[i^{51}s^1]$　　　　力气　$[li^{51}t\varphi^1]$

轻声在普通话中有特殊的表达作用。有些词字面相同，但读不读轻声，词性和词义都有所不同。具体表现在以下两个方面：

（1）区别词义。

冷战 lěngzhàn　　指国际间进行的战争形式之外的敌对行动

冷战 lěngzhan　　身体突然发抖

大人 dàrén　　　成人

大人 dàren　　　长辈，敬辞

（2）区分词性。

对头 duìtóu　　　正确，形容词

对头 duìtou　　　冤家，仇敌，名词

自然 zìrán　　　自然界，名词

自然 zìran　　　不勉强，不局促，不呆板，形容词

需要强调的是，普通话轻声只是汉语轻声的一种类型，汉语方言中还有其他的轻声类型。如西安话的轻声，就是统一读一种又低又短的调子，并不因为前面的字调不同而发生变化。

（二）变读轻声的规律

轻声与词汇、语法有一定联系，大多数语法成分变读轻声是有规律的。以下一些成分多读轻声：

（1）语气词"啊、吗、呢、吧、的、了、嘛"等。

听啊　来吗　谁呢　吃饭吧　要去的　下课了　很好嘛

（2）助词"的、地、得、着、了、过"等。

红的　真切地　唱得好　连接着　送了　吃过

（3）名词后缀"子、头、巴"和表示多数的"们"等。

箱子　棍子　木头　石头　尾巴　我们　孩子们

（4）放在名词、代词后头的方位词"上、下、里、边"等。

桌上　底下　沙发上　客厅里　后边

（5）部分充当补语的趋向动词"来、去、进来、起来、下去"等。

拿来　　拿去　　走进来　跑进去

站起来　坐下去　开过来　飞过去　　交出来

（6）叠音名词、重叠式名词的后一个音节。

妈妈　爸爸　伯伯　奶奶　姥姥　弟弟　姐姐

（7）重叠动词的后一个音节。

说说　尝尝　聊聊　想想　试试　问问

（8）量词"个、些、封"等。

五个　买一些　写封信

（9）一些常用的双音节词，第二个音节习惯上读轻声。

舒服	聪明	凉快	商量	玻璃	清楚
新鲜	学生	人家	麻烦	糊涂	打算
怎么	口袋	父亲	力气	客人	认识
溜达	唠叨	先生	扎实	打听	棉花

三、儿　　化

（一）儿化的性质与作用

普通话卷舌韵母 er 可以构成零声母音节，读 er 的字有"儿而尔耳二"等。语素"儿"的主要作用之一是充当名词的后缀，如"哪儿、鸟儿、花儿"等。后缀"儿"不是独立的音节，而是同前一音节融合在一起，使前字的韵母带上卷舌动作。这种现象叫做"儿化"，儿化以后的韵母叫"儿化韵"。普通话儿化的基本性质就是卷舌作用。普通话的韵母，除 er、ê 外，大都可以儿化。1 个儿化音节用两个汉字表示，汉语拼音则在原韵母后加上"r"表示。

事儿 shìr　　　　活儿 huór　　　　　肝儿 gānr

普通话的儿化词较多。儿化现象与词汇、语法具有密切关系，其主要作用是区别词义，区别词性，表示特殊的感情色彩。

（1）区别词义。

白面（小麦磨的粉）≠白面儿（海洛因）

门（进出的通道）≠门儿（器物可以开关的部分；门径）

头（脑袋）≠头儿（物体的顶端或末梢；事情的起点或终点；头目等）

（2）区别词性。

拨（动词）≠拨儿（量词）

活（动词、形容词）≠活儿（名词）

调 diào（动词）≠调儿（名词）

错（形容词）≠错儿（名词）

（3）表示细小、喜爱、亲切等感情色彩。

沫儿　　味儿　　丝儿　　小曲儿　小绳儿　小狗儿

小孩儿　胖墩儿　大婶儿　瘦猴儿　老头儿

（二）儿化的变读规律

由基本韵母变成儿化韵母，要发生增音、减音、同化等语音变化，其规律可以用"原、失、换、加"4 个字来概括。具体如下：

（1）韵腹是 a、o、e、ê、u 或韵尾是 u 的韵母不变，直接加卷舌动作。

刀把儿 $[pa^{51}] \rightarrow [par^{51}]$　　　脚丫儿 $[ia] \rightarrow [iar^{55}]$

短褂儿 $[kua^{51}] \rightarrow [kuar^{51}]$　　肉末儿 $[mo^{51}] \rightarrow [mor^{51}]$

大伙儿 $[xuo^{214}] \rightarrow [xuor^{214}]$　　山歌儿 $[k\gamma^{55}] \rightarrow [k\gamma r^{55}]$

台阶儿 [tɕie⁵⁵]→[tɕier⁵⁵]　　　月儿 [ye⁵¹]→[yer⁵¹]

眼珠儿 [tʂu⁵⁵]→[tʂur⁵⁵]　　　杏核儿 [xu³⁵]→[xur³⁵]

青草儿 [tsʻau²¹⁴]→[tsʻaur²¹⁴]　柳条儿 [tʻiau³⁵]→[tʻiaur³⁵]

火候儿 [xou⁵¹]→[xour⁵¹]　　　短袖儿 [ɕiou⁵¹]→[ɕiour⁵¹]

（2）韵尾是 i、n 的（in、ün 除外），丢掉韵尾，加卷舌动作。其中 ei、uei 韵须将韵腹变为央元音。

男孩儿 [xai³⁵]→[xar³⁵]　　　一块儿 [kʻuai⁵¹]→[kʻuar⁵¹]

名单儿 [tan⁵⁵]→[tar⁵⁵]　　　一边儿 [pian⁵⁵]→[piar⁵⁵]

烟卷儿 [tɕyan²¹⁴]→[tɕyar²¹⁴]　羊倌儿 [kuan⁵⁵]→[kuar⁵⁵]

刀背儿 [pei⁵¹]→[pər⁵¹]　　　麦穗儿 [suei⁵¹]→[suər⁵¹]

书本儿 [pən²¹⁴]→[pər²¹⁴]　　　三轮儿 [luən³⁵]→[luər³⁵]

（3）韵母是 in、ün 的，丢掉韵尾，加 ər。

手劲儿 [tɕin⁵¹]→[tɕiər⁵¹]　　花裙儿 [tɕʻyn³⁵]→[tɕʻyər³⁵]

（4）韵母是 i、ü 的，在 i、ü 后加 ər。

鸭梨儿 [li³⁵]→[liər³⁵]　　　蛐蛐儿 [tɕʻy⁰]→[tɕʻyər⁰]

（5）韵母是 -i[ɿ]、-i[ʅ] 的，丢掉韵母，加 ər。

大字儿 [tsɿ⁵¹]→[tsər⁵¹]　　　小事儿 [ʂʅ⁵¹]→[ʂər⁵¹]

（6）韵尾是 ng[ŋ] 的，丢掉韵尾，韵腹鼻化，同时加卷舌动作。

偏方儿 [faŋ⁵⁵]→[fãr⁵⁵]　　　瓜秧儿 [iaŋ⁵⁵]→[iãr⁵⁵]

镜框儿 [kʻuaŋ⁵¹]→[kʻuãr⁵¹]　板凳儿 [təŋ⁵¹]→[tə̃r⁵¹]

胡同儿 [tʻuŋ⁰]→[tʻũr⁰]　　　小熊儿 [ɕyŋ³⁵]→[ɕỹr³⁵]

四、语气词"啊"的变读

语气词"啊"放在句尾，在连读时受前一音节末尾音素的影响，经常发生异化、增音的现象。"啊"根据前面音节的不同变读为 ya、wa、na、ra、nga 等，字形随之写成"呀、哇、哪、啊"。其变读规律如下：

（1）前一音节的末尾音素是 a、o（ao、iao 除外）、e、ê、i、ü 时，"啊"读 ya，写作"呀"。

广场真大呀！（dà ya）　　　　你赶紧说呀！（shuō ya）

天气好热呀！（rè ya）　　　　你得好好儿学呀！（xué ya）

这儿的景色真美呀！（měi ya）　好大的一场雨呀！（yǔ ya）

（2）前一音节末尾音素是 u（含 ao、iao）时，"啊"读 wa，写成"哇"。

好酷哇！（kù wa）　　　　别急着跑哇！（pǎo wa）

她的手真巧哇！（qiǎo wa）　　真愁哇！（chóu wa）

（3）前一音节末尾音素是 n 时，"啊"读 na，写成"哪"。

我好羡慕他们哪！（men na）　你可真会算哪！（suàn na）

就该这么办哪！（bàn na）

（4）前一音节末尾音素是 ng 时，"啊"读 nga，写成"啊"。

大伙儿快来帮忙啊！（máng nga）

真是洪水无情人有情啊！（qíng nga）

瞧他做得多棒啊！（bàng nga）

（5）前一音节末尾音素是-i[ɿ] 时，"啊"读[za]，写作"啊"。

你得练练字啊！（zì za）

人生能有多少个第一次啊！（cì za）

写得一手好字啊！（zì za）

（6）前一音节末尾音素是-i[ʅ] 时，"啊"读 ra，写作"啊"。

你倒是快吃啊！（chī ra）

怎么撒了一地纸啊？（zhǐ ra）

哪儿来那么多事啊！（shì ra）

掌握语气词"啊"的变读规律，有助于提高口语表达和朗读的质量，做到顺畅协调，语气自然，也有助于写作中正确运用"啊、呀、哇、哪"等字。

思考与练习

一、什么是语流音变？普通话音变现象主要有哪几种？

二、什么是连读变调？举例说明连读变调主要有几种？

三、什么是轻声？哪些词经常读轻声？举例说明。

四、举例说明轻声在普通话中的作用。

五、什么是儿化？儿化有何作用？

六、朗读下列词语，并指出上声字的声调变化情况。

氧吧　法规　走私　指标　展开　语音　乳品厂
导游　法人　感觉　肿瘤　产值　舞台　小雨点
网络　董事　广告　理念　挑战　品味　蒙古语
女友　老板　敏感　品种　给予　舞蹈　孔乙已
暖和　嗓子　嘴巴　奶奶　法子　走走　虎骨酒

七、下列哪些去声字声调有变化？请说明。

塑造　电视　互动　境界　见面　信念　造诣

八、按"一、不"的变读规律，用国际音标给下面的词注音。

一半　一瞬　一刻　一晃　一时　一心　一些
不停　不单　不轨　不妙　不幸　不料　不错
一年一度　不声不响　不上不下　一字一句

九、朗读下列词语，找出其中读轻声的字。

学问　明白　情形　天上　他们　神气　脑袋
结实　关系　多么　馒头　接着　除了　能耐
里边　快活　外头　对付　核桃　主人　琢磨
照应　告诉　萝卜　地方　下场　事情　委屈
态度　分量　客气　俏皮　玫瑰　糊涂　马虎

十、朗读下列儿化词，并注出实际读音，总结儿化音变的规律。

找茬儿	纸匣儿	走道儿	病号儿	口哨儿
豆角儿	个头儿	顶牛儿	土坡儿	被窝儿
模特儿	半截儿	旦角儿	纹路儿	鞋带儿
椅背儿	跑腿儿	包干儿	拔尖儿	边沿儿
好玩儿	人缘儿	压根儿	走神儿	没准儿
帮忙儿	鼻梁儿	蛋黄儿	麻绳儿	金鱼儿
人影儿	铜子儿	顶事儿		

十一、朗读下列各句，写出"啊"音变后的读音及汉字。

小伙子，你好潇洒啊！

让我跟你上街啊！

你怎么那么粗心啊！

他怎么老生病啊？

那个人的口气可真不小啊！

老师普通话说得真棒啊！

你们都在哪儿住啊？

先生的判断真准啊！

多么阳光的孩子啊！

他最喜欢看电视啊！

这真是一本好杂志啊！

第八节　语音节律与朗读

学习要点　掌握句子的轻重、升降、停顿、快慢，并将其运用于朗读、说话中。掌握朗读的技巧和要求。

语音节律是语句的节奏和韵律，是音节在语流中排列组合所体现出的一种均衡与和谐之美。说话或朗读文章，语句中轻重、升降、停顿的交替出现，可以使整个句子、整篇文章听起来抑扬顿挫、富有变化，增强语言的节奏感。

一、轻　　重

说话或朗读需要轻重协和，配合成调，才能避免言语呆板、单调，而富于情感和变化。轻重主要是由发音的强弱造成的。重音是指语句中读得比较重的字音，是增加力度而发出来的音，轻音是指语句中读得比较轻的字音。在语音四要素中，除音强对轻重起作用外，音长和音高也有一定的作用。重音一般包括词重音和语句重音两种。

（一）词重音

词重音是指多音节词中字音轻重的模式。普通话有以下几种常见的轻重格式：

（1）重轻式：指含有轻声音节的双音词，总是前字读重音，后字读轻声。

孩子　　回来　　葡萄　　甜头　　忌讳　　嘴巴

（2）中重式：不包含轻声的双音节词。

祖国　　年轻　　改善　　有限　　华侨　　青山

（3）中轻重式：后一音节不读轻声的三音节词或短语。

打字机　动物园　走不动　扛得起　豆腐皮　买卖人

（4）中重轻式：后一音节读轻声的三音节词或短语。

糖葫芦　毛玻璃　小伙子　大舌头　老豆腐　大兄弟

（二）语句重音

语句重音指说话或朗读中把一句话里的某些词语读得比较重。其中由语法结构决定的语句重音叫"语法重音"；根据表达的需要，为表示某种特殊思想和感情而把句子某些词语重读的，叫做"逻辑重音"。逻辑重音往往是句子表达的重心所在。

1. 语法重音

又叫结构重音，在句子中，某些成分一般情况下总是重读的。

（1）短句中的谓语读重音。

　　　雨停了，太阳出来了。

　　　我有我的一套……

　　　今天晴天。

（2）宾语读重音。

　　　赛场就是战场。

　　　关注未来，救助孩子。

　　　好消息传遍了三秦大地。

（3）句子的定语、状语、补语常读重音。

　　　人类的希望就在于不断地创新。（定语、状语）

　　　我马上就到。（状语）

　　　群众把他抬举得很高，很高。（补语）

（4）某些指示代词和疑问代词读重音。

　　　谁来了？

　　　我们什么困难都不怕！

　　　这么痛快！

2. 逻辑重音

也叫强调重音，是为了表达某种特殊意义或感情，将句子中某个词语突出强调的重音。逻辑重音读得比语法重音要强。

逻辑重音没有固定的位置，而是根据说话的特定环境、意图、思想感情来确定的。同样一句话，由于逻辑重音位置不同，所强调的重点不同，实际表达的意思也就不同。

① 他母亲是干什么的？——他母亲是医生。

② 他家里什么人是医生？——他母亲是医生。

③ 谁的母亲是医生？——他母亲是医生。

再如鲁迅《药》中描写刽子手康大叔手部动作的几个单音动词应该读逻辑重音。

④ ……老栓还踌躇着，黑的人便抢过灯笼，一把扯下纸罩，裹了馒头，塞与老栓，一手抓过洋钱，捏一捏，转身去了。

语法重音和逻辑重音并不是对立的。语法重音是在一般情况下重读某些语法成分；逻辑重音是在特定的语言环境中重读某些强调的词语。语法重音是常态，逻辑重音是非常态。二者都是为了使语意鲜明，使听话人迅速准确地把握语句所传递的信息。

二、升　　降

升降是指整个语句的音高变化，也叫句调。句子的升降是贯串全句的，但在句末的词（句尾最后一个非轻声音节）上表现得最为明显。句子的升降大致可分为升调、降调、平调、曲调4种。

（一）升调

前低后高，句子语势逐渐上升，句末明显上扬。其中表达喜悦、兴奋、惊异、号召、鼓动等感情时，升调比较夸张，句尾上升明显，表达疑问时句调上扬但不夸张，在句中暂停的地方只是略微上升。

① 努力建设和谐社会！（号召）

② 全村的收入五年翻了两番！（喜悦、兴奋）

③ 在混沌的灯光里，渗入一派清辉，却真是奇迹！（惊异）

④ 但是，聪明的，你告诉我，我们的日子为什么一去不复返呢？（疑问）

⑤ 等我睁开眼和太阳再见，这算又溜走了一日。（句中停顿）

（二）降调

先平后降，句子语势逐渐下降，句末明显下抑。用来表达感叹、命令、请求时，由较高的调子下降，表达自信、沉重、劝阻、允许等时，由中度的调子下降，常用于祈使句中。

①焦裕禄是真正的人民公仆！（感叹）

②别光站着，聊聊家常吧！（命令）

③我们一定能成功！（自信）

（三）平调

句子语势平稳舒缓，全句没有明显的高低升降变化，句末音节和句子基调基本持平。常用来表示严肃、庄重、冷淡、思考、迟疑或说明、叙述等。

① 他活着为了多数人更好地活着的人，群众把他抬举得很高，很高。（严肃、庄重）

② 这种事情我想——还是……（思考、迟疑）

③ 外婆家的院子里有两棵枣树。（叙述）

（四）曲调

由高到低，或由低到高，使全句有上升和下降的曲折变化。

常用来表达含蓄、幽默、讽刺、怀疑、恼怒等特殊情感。

①　他，他能行？（怀疑）

②　谁不知道你又聪明，又能干！（讽刺）

③　你的忠实的朋友——从前是个正派人，可是现在成了伪证犯、小偷、盗尸狂、酒疯子、舞弊分子和讹诈专家的马克•吐温。（讽刺）

④　行了行了，你想怎么着就怎么着吧！（恼怒）

三、停　　顿

停顿是词语之间或语句之间出现的间歇。说话时，为了适应不同的表达需要，说出来的句子有长有短，短句子可以一口气说完，长句子中间则需要停顿，分成几段说完。停顿的作用，一是让说话人换气，掌握语句的节奏；二是让听话人思索听到的内容，更好地理解领会。说话或朗读时，停顿恰当与否，直接影响着思想内容和情感的表达。语句中的停顿，有的是体现语法结构的，在书面上往往以标点符号的形式来表示；有的则是显示语意的，起提示、强调的作用。根据作用的不同，停顿可分为两种。

（一）语法停顿

语法停顿是反映语法结构关系的停顿。在书面语里一般以标点为主要标志，停顿时间的长短与标点大致相应。一般为：句号（问号、叹号）＞分号、冒号＞逗号＞顿号。段落之间的停顿又比句子之间的停顿长。例如：（"｜"表示较短的停顿，"‖"表示稍长的停顿，"‖"表示较长的停顿）

①　正是因为说话跟吃饭、｜走路一样的平常，‖人们才不去想它究竟是怎么回事儿。‖

②　燕子去了，｜有再来的时候；‖杨柳枯了，｜有再

青的时候；‖桃花谢了，有再开的时候。‖

　　语法停顿除以标点符号为依据外，句中的主语、谓语之间、述语、宾语之间，较长的联合短语之间，以及附加成分和中心语之间，独立语前后，也都可以有语法停顿。

　　　　③ 那晚/月儿/已瘦削了两三分。‖她/晚妆才罢，｜盈盈的/上了柳梢头。‖天/是蓝得可爱，｜仿佛/一汪水似的；‖月儿/便更出落得/精神了。‖

　　　　④ 立足/脚下的/土地，｜展现/自我的/风采！

　　（二）逻辑停顿

　　逻辑停顿，也叫强调停顿，是指在没有标点的地方，为了强调语意、观点或表达某种感情所做的停顿，或者在有标点的地方做比常态下更长的停顿，以引起听者对前面词语的思考、体味，或引发听者对后面词语的期望和关注。

　　　　① 有的人活着，他/已经死了；有的人死了，他/还活着。

　　　　② 更妙的是，这只鹅从盘子上跳下来，背上插着刀和叉，蹒跚地在地板上走着，一直向这个穷苦的小女孩走来。//这时候，火柴灭了，//她面前只有一堵又厚又冷的墙。

例①在划斜线的地方作略长的停顿，同时重读加点的词，通过声音的对比，鲜明有力地表达作者的浓烈感情。例②在双斜线的地方，应当有比语法停顿更长的停顿，表现小女孩幻觉中看到烧鹅向她走来的情景和幻觉消失后的情景，表达对小女孩的无限同情。

四、快　　慢

　　快慢就是语速，是指说话和朗读时每个音节的长短和音节之间连接的紧密程度。说话的快慢是由说话人的感情决定的，朗读的快慢与文章的思想内容相适应，同时也以听众的鉴赏需要为前提和标准，应给予听众足够、适当的时间来理解、品味。一般是情绪起伏较大时，如快乐、焦急、慌乱、愤怒时语速快些；平静或沉重时，如沉着、镇定、从容、悲哀、失望时语速慢一些。

快慢大致可分为快速、中速、慢速 3 种。表现紧张的场面，表达激动、兴奋、欢快、惊恐的心情，刻画活泼开朗、聪明机警或狡诈、鲁莽急躁的人物，表现欢呼、畅谈、争辩、质问、斥责、叫喊时，宜用快速；一般的叙述、说明、议论或交代某件事时，宜用中速。表现悲伤、痛苦的场面，表达低沉、忧伤、庄重、肃穆的感情，塑造老实憨厚、愚钝迟缓的人物，表现日常生活中的闲谈絮语，或给某人以暗示、嘲讽时，宜用慢速。

语速快慢并无一定之规，需根据当时的情景灵活处理，但切忌过快、过慢或速度均等。语速过快，听者的神经处于过度紧张的状态，来不及思考领会，且容易疲劳；语速过慢，听众的情绪过于松弛，容易产生厌倦情绪；速度均等，语调呆板，容易抑制、麻痹听众，导致听觉疲劳，甚至败坏听众的鉴赏兴致。

五、朗　　读

（一）朗读及其作用

朗读是把书面语言转化为发音规范的有声语言的再创作活动。通过朗读，可以提高阅读和欣赏水平，陶冶情操；可以学习经过文章作者精心加工的规范语言，吸收养料，培养良好的语感，提高听、说、读、写能力，提高语文教学质量；有助于克服语病、纯净音质，进一步推广普及普通话，达到语音规范化和标准化的目标。朗读在各科教学中都有不同程度的应用。

（二）朗读的要求

（1）深入、准确地分析理解体会文章，并忠实于文本。朗读者需对文本进行充分有效的解析，形成强烈的共鸣，将文本的思想变成自己的思想，将文本的情感转化为自己的情感，通过富有感染力的声音，准确生动地再现作品，加深听者对作品的理解，引起共鸣，激起感情，从而达到朗读的目的。

（2）严格用普通话朗读文本，读准字音，避免方音。

（3）语流清晰、流畅。做到念词完整，不读破句，不加字、减字、改字，不出现音值模糊、嘶哑等情况，不结巴，不重复。呼吸得当，换气自然，吐字清楚，连贯畅通。

（4）行腔自然、富于美感。在文本语言的基础上，尽可能口语化，又要有适度的夸张。它不同于未经加工提炼的生活语言，也不同于话剧舞台的表演语言。要克服"念字式、念经式、八股式、演戏式、固定式"等矫揉造作的腔调。

（5）正确运用朗读技巧，进行表情朗读。朗读者应综合运用停顿、重音、升降、快慢等手段，以真挚充沛的感情，将作者寄寓字里行间的情态形之于声。

（三）朗读的技巧

在朗读说话中，轻重、升降、停顿、快慢是必不可少的语音手段，这些手段互相联系，互相影响，因此需要熟练掌握并灵活运用。下面从呼吸、发音、吐字、基调四方面简要谈谈朗读的技巧。

（1）呼吸。朗读者要想使发出的声音坚实有力，音质优美，且传送较远，就应该学会自如地控制自己的呼吸。科学的方法是，以较充足的气流，采用胸腹式呼吸，即胸腔、腹腔配合着呼吸进行收缩或扩张，特别是注意横膈膜的运动，可进行缓慢均匀的呼吸训练，从中体会用腹肌控制呼吸的方法。避免使用单一的胸式呼吸，造成上气不接下气的现象。

（2）发音。朗读者要学会用柔和、动听、富于表现力的嗓音表情达意。要注意提高对嗓子的调控能力，切忌始终高声大叫。另外，还要注意调节共鸣，有意识地改变口腔或鼻腔的条件，使音色产生变化。比如要想使声音清脆，就将舌位略微靠前；想使声音刚强洪亮，就将舌位略微靠后。

（3）吐字。吐字好坏直接关系到音节是否清晰，声音是否圆润、饱满。朗读时要熟悉每个音节声母、韵母、声调的标准读音，克服发音含糊、吐字不清的毛病。发音时要有一定的力度和足够的时值，保证每一个音素的口形都到位。

（4）基调。朗读的基调要平易、自然，让人听得清、听得懂。调子不可过高或过低。调子过高，易使听众过于紧张，影响对内容的正确理解；调子低沉，音量太弱，不能保证每个听众都听清楚。所以，一般叙述语言、交待背景及时空环境的地方、插说解释部分，均应采用中庸、平易的调子，语速不急不慢，语调起伏较小，停顿、轻重都依照正常话语应有的样子，使听众在轻松自然的环境中接收信息。

思考与练习

一、什么是轻重、升降、停顿、快慢？它们在朗读中有什么重要作用？

二、下面是《南方周末》刊载的一篇文章的标题，请指出适当的停顿位置。

　　发廊女生前日记怆平生

　　欢颜后沧桑身世发人思

三、朗读的作用是什么？结合你的经验谈谈怎样才能朗读好一篇文章。

四、朗读下面这几段文字，并体会其轻重、升降、停顿、快慢。

1. 青年朋友们，我们肩负着历史的重托，是千里马，就应嘶风长鸣；是龙种，就应冲腾起舞。当今的世界有着千变万化的流行色，而只有自尊、自信、自强、自立，才是我们精神世界的流行色。我们要争当出头鸟，竞作弄潮儿，把我们的青春、热血、大智、大勇，自觉投入到新时代的大熔炉里去，为中华的第三次腾飞发光发热。

2. 昨天已成过往，明天尚属未知，只有今天是我们真切拥有着的日子。享受每一天，深情地呼吸清新的晨息，在如纱的薄雾里漫步或小跑，随着冉冉初升的朝阳，吹一曲动听的口哨或是唱一支激越的歌子。从容地面对各种事务，温情地对待友朋亲人，以微笑点燃真善美的焰火。当黄昏徐降，让我们怀一颗平常心，欣赏满天的彩霞，细数隐约的星子，而后枕着蛙鸣虫语和夜的安谧，进入甜美的梦乡。

经营好每一天，你就构筑了精彩的人生。

享受好每一天，你就尽拥了生命的美妙与欢乐。

第九节　语　音　研　究

学习要点　了解现代汉语语音研究概况，并针对提供的论文题目进行深入思考，理论联系实际，能就某个问题写出小论文，培养初步的科学研究能力。学会查检和使用语音研究参考文献，为学习和研究提供帮助。

一、现代汉语语音研究概述

（一）建国以前的现代汉语语音研究

现代汉语语音研究肇始于 20 世纪一二十年代，并在 30 年代趋于成熟。其背景有两个方面：一是 19 世纪后期西方近代语音学的发展、东渐，二是中国国内蓬勃开展的国语运动的需要。这一时期进行国语研究的杰出语言学家有：刘复、赵元任、罗常培、李方桂、林语堂、黎锦熙、王力、张洵如、张世禄、岑麒祥等。他们把西方语音学理论和研究方法用于国语标准音的制订、汉语方言的调查及音韵学的研究，在国音、方音、古音等研究上取得了令人瞩目的成就。

刘复的《四声实验录》用实验的手段揭示了汉语声调的音高属性。赵元任的《一套标调字母》（1930）设计了沿用至今的五度制标调法，《北平语调的研究》（1929）对汉语语调进行了开创性研究。《音位标音法的多能性》（1934）指出："把一种语言的音化成音位系统，通常不止一种可能的方法，得出的不同的音位系统或答案，不是简单的对错问题，而可以只看成适合于各种目的的好坏问题。"以独到的见解对现代音位理论作出了杰出的贡献。《中国方言当中爆发音的种类》（1935）加深了国际语音学家对爆发音的认识。40 年代，语音研究相对沉寂，国音研究开始侧重于北京音系和轻声儿化的专门探讨。

（二）建国以后的现代汉语语音研究

新中国建国以后，普通话语音研究首先是围绕汉字改革、推广普通话、制订和推行汉语拼音方案的任务进行的。1955 年召开的现代汉语规范化学术会议，确定了现代汉民族共同语的名称和标准："普通话以北京语音为标准音，以北方话为基础方言，以典范的现代白话文著作为语法规范。"从此普通话代替了国语，并有了明确的标准。其后，关于普通话语音的研究蓬勃开展起来，不断深入。

60 年代中期到 70 年代中期，语音研究处于停滞阶段。70 年代中期到现在，现代汉语语音学进入了全面发展的新时期，传统方法、语音实验方法、现代音系学理论等都得到了运用，取得了丰硕的成果。从 50 年代到现在，影响较大的语音研究专著有，罗常培、王均《普通语音学纲要》，董少文（李荣）《语音常识》，吴宗济、林茂灿《实验语音学概要》，林焘、王理嘉《语音学教程》，王理嘉《音系学基础》等。语音研究的主要成果可以从以下几个方面来说明。

1. 普通话音位和音位系统的研究

关于普通话音位及音位系统，主要有下列重要问题：

（1）声调是否构成独立的音位？经过 50 年代后期的讨论，已经达成共识：声调和元音、辅音一样，属于普通话音位系统的组成部分。并且普遍使用了"调位"的概念。

（2）普通话辅音中，舌面前音与舌尖前音、舌尖后音、舌根音多重互补，应当同哪一组声母归并为同一组音位？不同的学者有不同的处理方法，汉语拼音方案将〔tɕ tɕʻ ɕ〕独立为 1 组音位，可以说是最佳方案。

（3）关于零声母的音位问题，有两种对立的意见，一种意见认为，零声母可以独立为 1 个音位，另一种意见认为，应当把零声母音节开头的语音成分归入相应的元音音位，作为这个音位的条件变体。目前大多采用后一种处理方法。

（4）元音音位的归纳。关于高元音音位，国内学者意见一致，认为/i//u//y/应当独立为 3 个音位，但舌尖元音 [ɿ][ʅ] 与 [i] 的音位分合则存在分歧，有 1 个、两个、3 个等不同的观点。王辅世《北京话韵母的几个问题》认为，从普通话语音系统的内在联系以及元音的四呼归类来说，这 3 个元音以归纳为两个音位合适。本教材赞同这种处理。关于中元音音位，国外汉学家多归纳为 1 个元音，但国内语言学家大都不赞成，有归纳为两个、3个、4 个的，本教材认为，除了/ər/应当独立外，其他中元音以归纳为/e//ɤ/两个音位为宜。至于低元音音位，学界一致认为是一个/a/，分歧主要在条件变体的数量和音值上。

2. 有关辅音和声母、元音和韵母的语音学研究

关于普通话声母、韵母的音值等问题，也取得了不小的进展：

（1）关于日母的音值，语音学家有浊擦音 [ʐ]、闪音 [ɾ]、半元音 [ɹ]、后元音 [ɻ] 等几种观点，目前比较通行的观点有两种，一种传统观点认为它就是浊擦音 [ʐ]，另一种把它定为半元音 [ɹ]，并采用 [r] 来标记，本教材采用的是传统的观点。

（2）关于普通话送气音的音值。过去一般认为送气音声母气流较强，不送气声母气流较弱。但吴宗济先生的实验研究表明，送气成分主要是由喉擦音 [h] 担当的，送气不送气的差别在于，塞音、塞擦音除阻时是不是有较长的气流量，即除阻时元音是不是立即跟着出现。

（3）关于普通话的韵母分类，通行的做法是分为单韵母、复韵母、鼻韵母 3 类。王洪君在《普通话韵母的分类》中指出，这种分类标准不统一，无助于说明轻声、儿化等音变现象和押韵的特点。在第一级，应当按照韵尾将汉语韵母分为开尾韵母、元音尾韵母、鼻音尾韵母和卷舌韵母 4 大类，并让它和四呼分类相配。这正是董少文《语音常识》和汉语方言学界采用的分类。实践证明，这种分类法比传统分类法的系统性更强。

3. 轻声和词重音模式的研究

（1）轻声这一现象，语音学家早在 20 年代就提出来了。对它的性质，学者们存在不同看法，有时长说、音高说、音强说 3 种。王理嘉认为，轻声音节的时长短这一特征更具有解释力。对轻声的音位归属，目前有两种观点，一是作为各个单字调的调位变体，一是作为独立的弱重音音位，和重音一起组成音位系统。

（2）关于词重音及其模式，大多数研究是通过语音实验来进行的，目前比较一致的看法是，普通话正常重音的声学特性主要是有较长的长度和较完整的音高模式，双音节词只有重轻、中重两种重音模式。

4. 儿化韵的研究

（1）关于北京话儿化韵的读音分歧。在不同区域、不同年龄的北京人中，儿化韵的读音存在分歧。80 年代初，北京大学中文系汉语专业师生分别进行了听辨测试和社会语言学调查，研究结果表明，北京话的儿化韵之间，［ar］与［air/anr］基本上已经合并，［ier］和［iər］在仄声字里已经归并，［or］和［ər］、［ɤr］和［ər］、［ār］和［ar］、［ɔ̃r］和［ər］则基本上没有混同。

（2）关于儿化韵的发展趋势，一种意见认为是由简趋繁，一种认为是由繁趋简，从北京周围的方言和北方方言、晋语等的儿化韵来分析，后一种看法更符合实际。

（3）对儿化韵的音位分析，人们提出了多种处理方法，但目前还没有一种令人满意的方法。

5. 变调和语调的研究

（1）关于上声变调。普通话两字组中上上相连前字变阳平的变调，历来受人注意。一般认为它是由异化作用造成的。但方言调查表明，许多方言都存在上上相连前字变阳平的现象。因此，吴宗济先生提出，这种变调不是语音学现象，而属于音系学范畴。关于"姐姐""老虎"的不同变调，学者们认为跟发生变调和轻声的时间层次有关。关于上声三字组变调的研究也取得了进展：其变调模式跟字组内部语义和语法结构的不同层次有关，跟轻重音、语速等不同条件也有关；语法结构层次服从于句子节律层次。

（2）语调研究。对普通话的语调，赵元任曾经有过精辟的论述。80 年代以后，语调研究主要集中在语调和语气的关系、语调的实验研究、节律等方面。

6. 汉语方言语音研究

汉语方言学是建国后取得巨大成就的语言学分支学科。50 年代后期，随着推广普通话的需要，全国开展了方言普查工作，调查了约两千个县的方言状况，出版了《昌黎方言志》《汉语方音字汇》等著作。改革开放以来，汉语方言学界组织了不少大的工程，如《中国语言地图集》的编纂等，实地调查了大量的方言。其中语音的调查研究最为系统、深入。

在田野调查的基础上，方言学者将传统音韵学和现代语音学、音系学结合起来，对方言音系进行描写，并将方言和普通话、现代方言与古代汉语——特别是中古音系进行比较，解释了不少疑难问题，如：连读变调、儿化、轻声，汉语共同语的基础方言及其嬗变、形成过程，北方话的演变规律，普通话文白异读的形成及其反映的历史层次等。这些研究对丰富和深化人们对汉语语音和语音规范化的认识，对推广普通话工作，都起了巨大的推动作用。

除以上所述，在语音规范化、对外汉语教学中的语音问题、利用现代音系学理论研究汉语语音方面，也都取得了很有价值的成果。

总之，建国以后，特别是 80 年代以来的现代汉语语音研究，呈现出了几个明显的特点：（1）研究领域不断拓展，研究内容不断深化。（2）将传统音韵学和现代语音学、音系学理论加以结合，联系汉语实际，对语音学理论有所创新，做出了中国语言学家自己的贡献。（3）将方言和普通话加以比较的意识很强，视野越来越宽。（4）语音研究为推广普通话、对外汉语教学服务的意识很强。（5）实验语音学的发展速度加快。

二、撰写语音学小论文参考题目

1. 谈谈中古浊塞音、浊塞擦音在今音中送气不送气与古声调的关系

2. 关于普通话的元音音位系统有一些不同意见，谈谈你的看法

3. 普通话声、韵、调之间的配合关系如何？就其中一些关系谈谈形成的原因

4. 谈谈古今声调的演变关系

5. 联系留学生的母语，谈谈对外汉语语音教学中如何避免学生母语的干扰

6. 比较汉语和英语或日语、朝鲜语等的语音系统，谈谈在

学习对方语言过程中应当注意的几个问题

7. 比较汉语和藏语、蒙古语、维吾尔语或哈萨克语的语音系统，谈谈在学习对方语言过程中应当注意的几个问题

8. 调查你的方言中的语流音变现象，写成一篇论文。

9. 用下面的调查表调查自己的方言，整理方言声母表、韵母表和声调表，然后用整理出的初步音系调查《方言调查字表》中所有字的读音，作出方言声韵调配合表或同音字表，写一篇《××方言与普通话语音对应规律》的论文。

声调调查表：

诗　时　使（矢）　是（士）　试（世）　事（侍）
识　石（食）

梯　题　体　弟　替　第　滴　笛

衣　移　椅　以　意　异　一　逸

灯　等　凳　得　棉　免　面　灭

方—房　天—田　初—锄　昏—魂　胸—雄

碗—晚　委—尾　隐—引　比—米　九—有

卷（动词）—远

付—妇—附　到—稻—盗　四—似—寺　试—市—示

注—柱—住　见—件—健　救—舅—旧　汉—旱—汗

八—拔　发—罚　督—毒　桌—浊　失—实　湿—十

古清平：高猪专尊低边安开抽初粗天偏婚伤三飞

古全浊平：穷陈床才唐平寒神徐扶

古次浊平：鹅娘人龙难麻文云

古清上：古展纸走短比碗口丑楚草体普好手死粉

古次浊上：五女染老暖买网有

古全浊上：近柱是坐淡抱厚社似父

古清去：盖帐正醉对变爱抗唱菜怕汉世送放

古全浊去：共阵助贱大病害树谢饭

古次浊去：岸让漏怒帽望用

古清入：急竹织积得笔一曲出七秃匹黑湿锡福割桌窄接搭百约缺尺切铁拍歇说削发

古次浊入：月入六纳麦袜药

古全浊入：局宅食杂读白合舌俗服

声母调查表：

布—步　别　怕　盘　门—闻　飞—灰　冯—红　符—胡

到—道　夺　太　同　难—兰　怒—路　女—吕　连—年—严

贵—跪　杰　开　葵　岸—案　化—话　围—危—微　午—武

精—经　节—结　秋—丘　奇—旗　修—休　税—费

全—权　趣—去　旋—玄

糟—招—焦　仓—昌—枪　曹—巢—潮—桥　散—扇—线

祖—主—举　醋—处—去　从—虫—穷　苏—书—虚

增—争—蒸　僧—生—声　粗—初　锄—除　丝—师—诗

认—硬　绕—脑　袄　若—约　闰—运　而　日

延—言—然—缘—元　软—远

韵母调查表：

资—支—知　耳　爬　河　蛇

第—地　架　姐　故　花　过

野—以—雨　色　虚　靴

直　日　辣　舌　合　割　北　百

急　接　夹　铁—踢　落—鹿—绿

木　出　刮　各—郭—国　活

确—缺　月—欲—药

盖—介　倍　妹　饱—保　桃　斗—赌　丑　母

怪—桂—贵　帅　条　流　烧　收

短—胆—党　酸—三—桑　竿—间　含—衔　根—庚

减—检—紧—讲　连—林—邻—灵　心—新—星

光—官—关　良—廉　魂—横—红　温—翁　东

权—船—床　圆—云　群—琼—穷　勋—胸

三、参 考 文 献

（一）专著与教材

北京大学中文系《现代汉语》，商务印书馆 1997 年。

北京大学中文系语言教研室《汉语方音字汇》（第二版重排本），
语文出版社 2003 年。

董少文《语音常识》（改订版），文化教育出版社 1958 年。

侯精一主编《现代汉语方言概论》，上海教育出版社 2002 年。

李思敬《汉语"儿"[ɚ]音史研究》，商务印书馆 1986 年。

林焘、王理嘉《语音学教程》，北京大学出版社 1992 年。

罗常培、王均《普通语音学纲要》（修订本），商务印书馆 2002 年。

王理嘉《音系学基础》，北京大学出版社 1991 年。

王理嘉《二十世纪的中国语音学和语音研究》，载刘坚主编《二
十世纪的中国语言学》，北京大学出版社 1998 年。

邢向东主编《教师口语辅助课本》，内蒙古大学出版社 1996 年。

叶蜚声、徐通锵《语言学纲要》，北京大学出版社 1997 年（第
3 版）。

詹伯慧主编《汉语方言及方言调查》，湖北教育出版社 2001 年。

赵元任《语言问题》，商务印书馆 1980 年。

赵元任《汉语口语语法》，吕叔湘译，商务印书馆 1979 年。

（二）论文

李荣《官话方言的分区》，《方言》1985 年第 2 期。

李荣《语文论衡》，商务印书馆 1985 年。

林茂灿《普通话轻声与轻重音》，《语言教学与研究》1990 年第
　　3 期。

林焘《现代汉语轻音和句法结构的关系》，《中国语文》1962 年
　　第 7 期。

瞿霭堂、劲松《北京话的字调和语调》，《中国人民大学学报》
　　1992 年第 5 期。

石汝杰《说轻声》，《语言研究》1988 年第 1 期。

宋元嘉《评哈武门和霍凯特对北京语音的分析》，《中国语文》
　　1965 年第 3 期。

王辅世《北京话韵母的几个问题》，《中国语文》1963 年第 2 期。

王洪君《什么是音系的基本单位》，《现代语言学》，语文出版社
　　1994 年。

王洪君《普通话韵母的分类》，《语文建设》1995 年第 1 期。

王力《现代汉语语音分析中的几个问题》，《中国语文》1979 年
　　第 4 期。

吴宗济《普通话中不送气/送气音的区别研究》，《中国语言学报》
　　第 3 期，商务印书馆 1987 年。

赵元任《北平语调的研究》，《赵元任语言学论文集》，商务印书
　　馆 2002 年。

赵元任《汉语的字调和语调》，《赵元任语言学论文集》，商务印
　　书馆 2002 年。

赵元任《音位标音法的多能性》，《赵元任语言学论文集》，商务
　　印书馆 2002 年。

第二章　现代汉字

第一节　文字与现代汉字

学习要点　本节重点掌握文字符号的特点及作用、文字的主要类别、现代汉字的主要特点、现代汉字的造字方法、现代汉字的字体等内容。

一、文字的特点和作用

文字是记录语言的书写符号系统，是扩大语言交际职能的最主要的辅助性工具。

语言是人类传递信息的主要方式，人类的有声语言发展到现在，存在两种表现形式：一种是口头语言，一种是书面语言。口头语言是以口讲的、耳听的语音为物质材料的；书面语言是以手写的、眼看的书写符号作为物质材料的；这些手写的、眼看的书写符号一起构成了文字符号体系。

文字是有声语言的重要补充形式，所以它的历史比有声语言要晚得多。通常认为，语言开始于300万年前的早期"直立人"，成熟于30万年前的早期"智人"。人类的文字萌芽于1万年前人类开始畜牧和耕种的农业化之后，成熟于5 500多年前农业和手工业初步上升的时期。可见，文字的历史并不长。如果说有声语言是人类社会存在的必要条件，那么文字则是社会不断向前快速发展的必要条件。

（一）文字的特点

文字符号与其他符号形式相比，具有视觉性、体系性、社会性的显著特点。

1. 文字符号的视觉性

在文字产生之前，人们主要通过口头语言进行交际。口头交际最大的特点是转瞬即逝，正如清代学者陈澧《东塾读书记》所说，"声不能传于异地，留于异时"，所以信息传播的范围受到了限制。为此，人们使用了多种视觉性的方式来弥补，如结绳、刻契符号、图画、手势语等等。但这些视觉性的符号仍有一定的局限性。

手势语，受到了时间的限制；结绳和刻契符号，只能表达简单的、固定的意思；图画虽能表达较为复杂的意思，但结构单位却不够明晰。在长期的摸索中，人们创制出了文字符号。文字符号的出现，不仅使听觉符号变成了视觉符号，还使口头语言得到了延伸和扩展，使听觉性的语言打破了时间和空间的限制，传于异地，留于异时。

文字和其他符号一样，包括形式和内容两方面。它以各种书写形式如刻契、铸造、手写、机器打印等留下的字形为形式，以语音所代表的意义为内容，因而它是形、音、义的统一体。世界上的文字，不管其性质如何，都是通过音和形来表达意义的。例如，表示"成本的著作"这个意义，汉语通过［ʂu］的语音和"书"这个形来表示，英语通过［buk］的语音和"book"这种形来表示。

视觉符号如果不是直接标记音义结合于一体的语言，它就失去了文字的基本性质，不成其为文字。中国古人对此认识颇深。《尚书序·疏》就说："言者意之声，书者言之记，是故存言以声意，立书以记言。"可见，任何与语言无关的视觉符号都不能算文字，如中国八卦符号就不是文字。

2. 文字符号的体系性

由于文字是记录语言的，必然要表达一种语言的构成要素——词、语素或音素，所以个别的、单个的符号不能算文字。如科学符号"＝""÷"，是国际性的数学符号，它们不与固定的语言相联系，所以不是语言符号。又如"♀""△""→"，虽然常见，因其没有固定读音，不成体系，也不是文字。文字的体系性通过它的构造方式和结构系统表现出来。汉字包括笔画、部件、组合方式等结构系统；英文、俄文等拼音文字包括字母、字母顺序、拼写规则等系统。

3. 文字符号的社会性

文字符号的社会性，一方面体现在它对于社会的发展起着十分重要的作用。文字使人类从"史前"的荒蛮时期进入到有历史记载的文明时代，使人类长期积累的知识、技术和经验得以系统地流传下来，传播开去，对社会快速发展起着十分重要的作用。另一方面，文字不是个人的私有财产，必须为社会成员所认可。一种文字只有为广大群众所接受和使用，才具有旺盛的生命力。

但是，由于文字是一套符号系统，其学习需要通过师授，并经过相当长的一段时间才能掌握，这使文字在长时期内只为祭祀及国家官吏、知识分子、社会有产阶级等特权阶级服务，没有成为社会全体成员的交际工具。只是在较晚时期，文字才逐步大众化，成为普遍性的交际工具。

（二）文字的作用

文字的出现，是人类继语言之后的又一重大发明。用它记录语言，克服了语言时空的限制，使不同地域的人们能在不同的时间之内进行交流，扩大了语言的交际范围和交际作用。这样，文字在历史长河中．就可以世代传承生产、生活的经验，使后人在学习和总结前人经验的基础上，去进一步揭示和探索自然界、人类社会以及人类自身的奥秘，推动人类文明和社会的发展。正因为文字具有不可估量的作用，所以恩格斯对文字作了高度的评价：人类"从铁矿的熔炼开始，并因文字的发明与它应用于文献记录而转入文明时代"。现代人类发明了录音机、扩音机、收音机、电话等现代化的记录和传播语言的设备，但文字仍然是人类最主要的辅助性交际工具，具有不可替代的作用。

文字的出现，对语言的发展也起着重要作用。有了文字，就有了书面语。书面语的出现，不仅系统地记录了语言的词汇、语法面貌，也使语言的加工、整理、规范化更容易进行，使语言变得更加严谨、精炼、准确和丰富。另外，由于人们常模仿书面语说话、作文，这样有助于语言的统一。一般而言，文字出现前，语言趋向于分化；文字出现后，语言趋向于统一。再者，文字的发明，还影响到语言的内部。一些词就是在文字的影响下产生的，如汉语的"丁字尺""八字胡"；英语的缩略词"U·S·A"(United States of America)、"BBC"(British Broadcasting Coroparation)。

二、文字的分类

世界上的文字，林林总总，依照不同标准可以分为不同的类型。

（1）以文字的历史来源为标准，可分为自源文字和借源文字两大类。**从文字产生起就独立发展起来的文字，称为自源文字。**它的历史悠久，文字形体是独创的。如古埃及圣书文字、苏美尔楔形文字和汉字，它们都是自源文字。汉字产生的确切年代不能确定，但近年的考古资料将其历史远溯到 5 千年以前。在陕西临潼姜寨、长安灵台、合阳莘野村、西安半坡等地的原始社会晚期的仰韶文化遗址里，都曾发现刻在陶器上的重复出现的符号，这是具有文字性质的符号。目前，我们可见的最古的成批汉字资料是距今 3 千多年的商代后期的甲骨卜辞。这是非常成熟的文字，是汉族人自创的一种文字。

借源文字是借用或参照其他文字体系而建立的文字系统。如我国邻邦越南、朝鲜、日本都曾借汉字记录其语言。日本约于 7 世纪利用汉字偏旁制定了自己的字母，有"平假名""片假名"两种。平假名采用汉字草书写法，用以书写本族语；片假名采用汉字楷书写法，用以转写外来语。越南也在汉字基础上创制了"字喃"。世界上借源文字占大多数，汉字是目前惟一留存的自源文字。

（2）以文字记录语言的方式为标准，文字可分为表意文字、表音文字两大类。**表音文字是以语音为基础确立起来的文字。**它用数目不多的符号，作为拼写词语声音的字母来记录一种语言里有限的音位或音节。一般说来，一定的音用一定的字母来表示；一定的字母表示一定的音。人们掌握了字母的读音和拼写规则，听到一个词的声音，大体上就能写下来；看到一个词一般也能读出它的音。英文、俄文、法文等都是这样的表音文字。

表意文字是以意义为基础确立起来的文字，它以大量的表意符号记录语言里的语素和词。汉字中的象形字、指事字、会意字都是以各种形体记录汉语的意义，与语音不发生直接关系。占汉字绝大多数的形声字，虽然有表音成分，但是它主要依靠表意成分确定所表示的意义类别，而且表音成分本身也是一个表意字，因此，汉字是表意体系的文字。

三、现代汉字的特点

汉字发展到今天，经历了种种变化。依据其变化，可把汉字分为古代汉字、近代汉字和现代汉字 3 个不同的发展阶段。古代汉字指秦代小篆和小篆以前的文字，包括甲骨文、金文和小篆。近代汉字指秦汉隶楷直到"五四"以前的汉字。现代汉字主要指"五四"以后的汉字，包括由古汉字演变而来的传统字、简化字以及新造的汉字。

现代汉字是形声字占绝对优势的表意体系的文字，它的特点表现在以下几个方面。

（1）从形体结构看，现代汉字是以直线构形的方块文字。汉字成形要素包括笔画、部件和组合方式。直线是笔画的基本线条，这为构成方块形的文字提供了条件。其次，汉字以平面作为信息分布的主要方式。各种笔画、部件从纵横两个方向安排于方形之中。这与西方拼音文字自左而右横向展开的方式不同。因而汉字字形多姿，组合繁杂，给认读、书写带来了困难。但此种结构书写节约篇幅，字形传递的信息量大。

（2）从所记录的语言单位看，汉字是记录语素的。在古文字中，汉字更多地记录一个词，在现代汉字中，它更多地记录一个语素。这是因为现代汉语中的大多数词都是双音节或多音节的缘故。

（3）从记音方式看，现代汉字是记录声、韵、调三位一体的音节的。汉语的音节是由声、韵、调构成的立体音节。一般情况下，1 个方块字总是代表 1 个音节，无法通过字形对其语音进行分析。如"人"字，不能说这一撇代表"r"，那一捺代表"én"。虽然形声字的声符具有一定的表音功能，但大量的声符本身也是表意字，形声字的声符能表音的将近 1/3。

（4）从书写上看，现代汉字不分词连写。汉字自古到今都是以字为最基本的书写单位，词与词之间没有空格之类的词界标志。这与拼音文字词与词之间通过空格标界显著不同。

四、现代汉字的造字法

现代汉字按其来源分 3 部分。占大多数的是从古汉字演变而来的传统字，另外还有部分新造字及简化字。它们分别有自己的构造方式。

（一）传统字的造字法

古代汉字造字法，一般有"六书"之说，即象形、指事、会意、形声、转注、假借。后来人们普遍认为前四者是造字之法，后二者是用字之法。

现代汉字中的传统字，其造字法仍可用象形、指事、会意、形声四种方法来解释。但汉字"隶变"后，大部分象形字、指事字、会意字与原来的形体有了很大差异，用原来的造字法解释，就需追溯到这些字的古代形体。

1. 象形

象形是描画事物形状以示字义的造字法。它带有一定的图画特征。有的描摹事物的轮廓，如"Ⅴ、Ⅴ（止）"，像脚趾的形状。"衒、卝（行）"，像四通八达的大路。"ⵏ、ⵎ（舟）"，画出船的外形。有的表现事物的局部特征，如"━、▢（钉）"，画出钉的局部。"ⵠ、ⵡ（羊）"，突出羊的角。象形造字有很大的局限性。很多事物难以用图画画出，有的虽可画出，却极为繁杂，难以起到文字应有的作用，因而用此法造出的汉字很少。

2. 指事

指事是用抽象符号表示字义的造字法。它一般分两类。一类是纯符号性的，如一、二、三、四，古文作▬、▬、▬、▬；另一类是在具体事物的象形符号上添加抽象的符号。如："ᐟ、ᐜ（刃）"，"ᐟ（本）"，"ᐟ、ᐟ（亦）"，它们分别在刀、木、大（人形）等形体上加点构成。

指事字的兴起，打破了象形字的局限，使人们认识到不必描画事物的具体形状，用一些简单符号记事就能成字。但它也有不足。一是记事符号少，难以大量造字。二是虽可在象形字基础上造字，但因象形字数目有限，所以用它所造的字数目也很有限。

3. 会意

会意是把几个事物的图形组合起来表示一种新的抽象意义的造字法。会意有两种情况，一是由两个或几个相同形体组合而成的字，称同体会意字。如ᐟ、ᐟ（炎），是火上有火，表火光大；ᐟ（磊）是石上有石，表石多成堆。另一种是由两个或几个不同形体组合而成的，称异体会意字。如甲骨文"ᐟ、ᐟ（见）"，下面是侧面的人形，上边是只睁大的眼睛，表示"看见"；"ᐟ、ᐟ（年）"，上边是禾，下边是人，人在禾下劳动，表示它的本义"谷熟"。"ᐟ（弄）"从廾从玉，表示玩玉。"ᐟ、ᐟ（戒）"，从廾从戈，表示双手持戈，警戒不测。

会意字是在象形字基础上造出来的，能表示复杂、抽象的概念，在造字法上进了一步，所以数目也较多。

4. 形声

形声是用义符和声符组合起来表示字义和字音的造字方法。形声造字法的出现，弥补了汉字单纯依靠字形表达字义的缺陷，丰富了汉字记录汉语的手段，成为最主要的造字方法。东汉许慎的《说文解字》中，形声字已占80％之多，后代形声造字更加盛行。现代汉字形声字大多从前代传承而来。

（1）形声字义符、声符及其组合的功能。义符是形声字的表义成分，提示所记词的大致意义范围，并区分声符相同或相近的字。如"清、晴、情、请"。具体而言，其义符具有两大主要功能。

其一，义符的示意功能。汉字造字遵循的原则就是形义统一，其具体方式，就是根据形声字记录的词的意义，选择与该词词义有某种联系的字作为形声字的义符。这样，在形声字的内部结构中，义符字独立运用时的意义与形声字据以构形的本义就构成了某种意义关系，使义符具有了从某一侧面提示形声字本义的功能，具有了示意功能。义符与义符所示字义之间的关系有这样几种：

义符与形声字字义可以是同义关系，如"眼""頭""趨"等。这类形声义符与字义关系最为密切，但缺乏概括性，数量较少。

义符还可以是形声字的上位概念，表示字义所属的范围，如"桃""秧""花""河"等。义符提示的是形声字所记词的类义素，这种示意方法所造字最多。

义符还可以是形声字所表示的词的特征标记。"细"用"丝"的特征表示"细"的意思，"输"以用具"车"作标记，"桌"用物品材料作标记，"獲"用行为对象作标记。这是带有强烈民族特性的一种造字方式，如"群"以"羊"作义符，"精"以"米"作义符，都不是必然的，带有文化心理、文化生活的特征。

其二，义符的类化功能。由于义符具有示意的功能，这使意义相同或相关的形声字在选择义符时就有了共同的意义指向，并在共同意义指向的制约下，产生了选择相同义符的可能性，因此使义符具有了类化功能。如"祭祀"，早期甲骨文分别作"𰏵""𰏷"，后受类化功能的影响，分别加"示"符，成为"𥙿""𥘆"。这种类化作用发生在形声字大量产生的时期。

形声字声符是形声字表音的成分，提示词的大致读音，并用以区分义符相同、读音相近的字。如伊、仪、倚、亿等。形声字声符的功能主要表现在两个方面：

其一，声符的示音功能。声符通过它的读音与它所构成的形声字音同或音近来提示形声字的读音。声符能否准确提示形声字的读音，一方面取决于造字之初声符是否与形声字同音。另一方面还取决于声符字与形声字语音演变的轨迹是否平行。到今天，可能出现 3 种情况：

造字之初声符字与形声字同音，在语音演变过程中又保持平行变化，则声符准确提示形声字的读音，如"溶""蓉""榕""熔"。

造字之初的声符的读音与形声字读音相同，但语音演变的轨迹不平行，声符字读音与形声字读音不相同，不能准确提示形声字的读音。如"文"的读音与"玟"的读音在最初一致，但由于语音的历史变化，形声字声符"文"目前已不能准确提示读音。

造字之初作声符的字与形声字是同音字，后来由于声符字变成死字或丧失了与形声字相应的读音，声符的示音功能消失了。如"蜀"甲骨文作"𤉡"，后加义符"虫"，构成形声字"蜀"，"𤉡"成为声符。西周以后，"蜀"字取代了"𤉡"，"𤉡"不再运用，声符"𤉡"失去了示音功能。

其二，声符的示源功能。声符的示源功能，显示形声字所记录的词与它的同源词之间的音近义通的关系。当一个派生词从旧词那里继承了一种内在的、传承性的"同源意义"时，主要是通过声音相近来显现的。如"卤"具有"中空"的内在意义，这种意义传承给由它分化而来的"葱","葱"也具有"中空"的内在意义。"葱"与"囱"的读音显示他们具有同源的关系。

形声字依靠声符与义符组合在一起，相互依存，互为环境。同声者以义别，同义者以声别，同类者以源别，义符与声符显示出多种作用。

（2）形声字声符与义符的平面组合。形声字义符和声符在平面上的配合方式主要有以下几种：

左形右声：昭、袒、村、亿

右形左声：期、顶、战、功

上形下声：花、景、零、崇

下形上声：盲、婆、堡、忘

内形外声：问、闷、辫、舆

外形内声：园、阁、府、裹

这6种组合方式，可以概括为左右、上下、内外3种。其中最常见的是左形右声，上形下声，外形内声。此外还有一些特殊结构的形声字，如"颖"，形旁是"禾"，声旁是"顷"，形旁居于一角。"徒"，形旁是"辵"（chuò），声旁是"土"，声旁居于一角。"旗"从"㫃"，"其"声。"命"从"口"，"令"声。

（3）形声字的局限。形声字是能产性很强的造字法，使汉字记录语言的功能大大强化，与其他造字法相比，具有显著的优势，但也存有不足。

第一，形符、声符没有固定的方位，也没有一定标志，有时难以辨认。如"览"，《说文解字》认为"从见、监，监亦声"。其义符"监""见"与声符"监"较难辨认。又如"船"，《说文解字》"从舟，铅省声"，其声符为"铅"，较难辨认。

有些形声字的造字方式，在隶变以后更难辨认。如"贼"，小篆形体为"𢧵"，《说文解字》认为"从戈则声"，其声符"则"、义符"戈"，隶变之后较难辨认。又如"截"，小篆为"𢧜"，《说文解字》认为"从戈，雀声"，其声符为"雀"，隶变后声符较难辨认。又如"存"，小篆形体"𢿱"，《说文解字》"从子，才声"，但隶变后，其声符与形符难以辨认。

第二，形符虽可表示笼统的类别意义，但有的表义不准。如"玫瑰"是植物，但从"玉"旁。义符为"鱼"的形声字，有大量非鱼类动物，如"鳖""鲨""鳅""鳌""鰝（大虾）""鲊（蚌）"等。

第三，声符标音不准，易使人见形而误读。形声字声符的读音在经历了历史变化后，声符的读音与现代汉字实际读音已不一致，如"淙"，从水宗声，但实际读音"cóng"。"测"，从水，则声，但实际读音"cè"。"海"从水，每声，但实际的读音是"hǎi"。

总之，来源于传统字的汉字，其造字方式主要是象形、指事、会意、形声 4 种。它们在汉字史上所起的作用是十分巨大的。

（二）新造字的造字法

新造字是指《现代汉语通用字表》（1988 年）收录，而《康熙字典》（1717 年）未收录的那些字。新造字是随着新事物的不断出现，以及人们对客观事物认识的不断深化而逐步创造出来的字。新造字涉及到许多领域，包括日常用字，如炸、烤、砸、垃、搞、愣、仨、甩；科技用字，如气、氕、氖、氢、氟、氧、碘、酯、钙、钪、锏、啶；区分疾病用字，如痧、瘩、瘢、癌；译音、象声字，如咖、啡、啤、哔、咔、嗨、哎、噻、嗪、喹、嘧、曦、咚；还有计量单位用字，如"吨"等等。新造字在汉字中数量并不多，但应用频率不低。

新造字的造字法，基本不用象形、指事的方法。主要是会意与形声两种造字法。

使用会意的方法造的新字数量很少。如“氽”，以物“入”“水”，表示放在水里煮；“夼”，表示大川的洼地；“孨”，像长着3只手的小偷。“尕”，由“乃”与“小”两部件组合在一起，表示小。“尜”，由“小”“大”“小”3部件层叠，表示一种两头尖、中间大的儿童玩具。“凼”，由“水”在“凵”中构成，表示田地里沤肥的小坑。

新造字所采用的主要方法是形声造字法，占到新造字的95.2%。部分新造字如：叼、叻、呔、呋、哚、咕、嚓、嗪、啥、嘟、唆、唔、嗵、嗯、嗲、啷；埕、埔、塄、堭；芃、苄、萘、萜、蒎、菀、蘑；矽、砘、硒、砼、砹、碳、礁、礤；烀、炸、炻、焓、焐、煲、煸；铐、铺、钼、锂、锎、铥、铯、钇、铱、铵、铷、铼、镓、铽、镁、镥、锝、镥、错、镱、铞；塄、塃、埦、塆、塬；腙、腚、腓、腃、膃、臌、脒、胬、腼、腩；酞、酰、酯、醌；惦、愣、您；鲉、鲃、鲬；蟑、蝽、螨；搽、掭、摁、撂；裢、裥；蹓；猹；嵖；潲、溆。

新造字还有一种合音合义字。如方言字“甭”（béng），是“不”和“用”的切音合义。“孬”（nāo）是“不”和“好”的切音合义。科技用字中有“巯”（qíu），音是“氢”和“硫”的切音，字义是“由氢和硫两种原子组成的1价原子团”；“羰”，音tāng，是“碳”和“氧”的切音，字义是“由碳、氧构成的基”。这可以看作是省形的切音合义字。

新造字的造字法很重视造字的理据性，其中形声字的声符记音功能强，记音比传统形声字更准确一些，便于人们理解与记忆。

（三）简化字的造字法

现代汉字中的简化字，占现代汉字的 20％左右，它所使用的构造法，有以下几种：

（1）借用传统的简化字。即使用甲骨文、金文、碑刻、典籍、字书中的通用字、俗字等。如：虫、从、万、听、与。

（2）延用了会意的方法。如：灭（滅）、丛（叢）、体（體）、笔（筆）。

（3）使用形声的方法。如：惊（驚）、护（護）、惧（懼）、认（認）。

（4）局部保留。如：厂（廠）、夺（奪）、声（聲）、启（啓）、号（號）、妇（婦）、类（類）。

（5）同音替代。在读音相同的一组字中，选取笔划较少的字作简化字，把其余笔画繁杂的字去掉，其字义由简化字替代。如：后（後、后）、干（幹、乾、干）、只（隻、衹、只）、台（臺、颱、台）。

（6）草书楷化。把繁体字草体的笔画楷化，作为简化字。如长（長）、车（車）、专（專）、儿（兒）、乐（樂）。

（7）符号替代。用简单的抽象符号代替繁杂部件，如用“又”代替“堇”（汉、叹、难），代替“雚”（权、劝、观、欢），代替“登”（邓），代替“䇂”（对）等。

五、现代汉字的字体

现代汉字的字体是汉字形体历史演变的结果。从历史上看，字体经历了甲骨文、金文、小篆、隶书、楷书、草书等不同历史演变时期。

（一）古今字体的历史演变

汉字经历了古文字、近代文字和现代文字 3 个不同的发展阶段，其间出现过甲骨文、金文、小篆、隶书、楷书、草书、行书等形体。它们的笔画态势、整体轮廓、内部结构都有明显的差异和各自的特点。

1. 甲骨文

甲骨文是指殷商时代刻写在龟甲和兽骨上的文字。殷商统治者十分迷信，凡事必卜，每卜必至数次，甲骨文字大都是占卜的记录，故也称"卜辞"。古代把刻叫"契"，甲骨文字为殷人所刻，所以又称"殷契""殷墟书契"或"殷墟文字"。它 1899 年发现于殷商都城遗址（今河南安阳市小屯村）。

第一期卜骨　商　武丁时期

甲骨文的主要特点是：

（1）象形性、图画性很强。甲骨文在很大程度上沿用了写实手法，象形字占多数。如"🐟（鱼）"象鱼之形。"（女）象女性双手交叉跪地之状。"（鼎）象鼎之形。就是指事字、会意字和形声字也没有离开象形性。"（本）"，木下加点指事根本；"（并）"，两人并排表示并列；"（盥）"，人在盥手之状等。"（男）"表示能在田里劳动的男人。

（2）笔画纤细，方笔居多。因为主要是用刀刻在龟甲和兽骨上的，所以笔画细长，体势瘦挺；直笔方笔多，曲笔很少。

（3）结构不固定，异体字较多。同一个字，有的形体正反不拘，如"丨、卜（卜）"；有的偏旁位置不固定，如"牧、牪（牧）"；有的偏旁可有可无，如"、（遘）"；有的笔画繁简悬殊，如"、（虎）"，"、（中）"，"、（鸟）"。由于任意性大，异体字不少。

2. 金文

金文是铸在青铜器上的文字，青铜器又以钟和鼎为代表，所以金文又叫"钟鼎文"。金文盛行于周代，当时统治者常在钟鼎上面铸上政令及记录祀典、征伐、赏赐等事件；诸侯贵族常铸上他们的光荣事迹，作为永久的纪念，如毛公鼎、盂鼎、大克盘、散氏盘、虢季子白盘等（图为贤簋 guǐ）。

春秋　卫　贤簋

金文的特点与甲骨文有显著的区别:

（1）金文大多铸在青铜器上，所以笔画比甲骨文丰满粗壮，笔势圆转，不露锋芒。

（2）字形略显长圆，大小比较整齐一致，布局也较匀称。

（3）形声字大量出现，并出现很多简化字。

3. 小篆

小篆是在大篆基础上整理、简化而成的，是秦始皇统一六国后在全国推行的标准字体。大篆又称籀文，相传是周宣王时太史籀所作。与金文相比，大篆的重复部分很多，形体与金文相仿，只是转折全为圆转，笔划更加线条化，字形更匀称整齐。现存大篆有《说文解字》所收的 223 个及陕西凤翔出土的石鼓文。小篆是汉字发展史上第一次经过规范的文字，对后来汉字的发展统一具有十分重要的意义，以李斯《泰山刻石》《琅琊台刻石》为典型代表。

小篆的特点:

（1）书写线条化。小篆使用粗细匀称、圆转流畅的线条，书写整齐有规律，符号性强，使汉字从表形阶段进入到表意阶段。

（2）结构定型化。每个字的笔数基本固定，一个偏旁只保留一种写法，偏旁的位置也固定不变，为汉字定型打下了很好的基础。

（3）形体简单化。删去了原来很多字的重复部分，如将"轟"写成"車"、"蠱"

小篆　峄山刻石

写成"龟"等，减少了不少字的笔画，废除了大部分的异体字。

（4）字体瘦长。与其他字体比较而言，小篆字体细瘦、偏长。

4. 隶书

秦隶　云梦睡虎地竹简　　　　　　汉隶　礼器碑
效律　墨书

隶书分秦隶、汉隶两种。秦代篆隶并用，小篆是规范的正体，是官方字体；隶书是由草篆减省而形成的一种手写俗体，是大众化的字体，也是辅助性的字体。因多为一些下级"徒隶"用于日常书写，所以称为"隶书"或"佐书"，也称"秦隶""古隶"。1957 年在湖北云梦睡虎地出土的《云梦秦简》是秦隶的代表。

秦隶逐渐发展，到了汉代便取代了小篆的地位而成为正式通用的字体，这就是"汉隶"，也叫"今隶"或"八分"。秦隶笔画平直方折，没有飞扬之势，汉隶笔画有波磔，讲求笔势的飞扬之美；秦隶残存着篆书的某些痕迹，汉隶就很少有这种痕迹了。

由小篆变为隶书，前人称"隶变"。隶变是汉字演变史上的转折点。隶书的出现，打破了古汉字象形的传统，奠定了现代汉字的基础，是文字史上的分水岭，在汉字发展史上具有划时代的意义。

和小篆相比，隶书有以下特点：

（1）打破了小篆的结构，改变了小篆所具的笔势，使圆体变方体，曲笔变直笔，形成了汉字点、横、竖、撇、捺等基本笔画，使汉字完全符号化了。

（2）改造了部分字的偏旁，减少了笔画，也便于书写。如"水"旁写作"水""氺""氵""ハ"，"手"旁写作"扌""龵"，"心"旁写作"心""忄""小"，"阜"旁、"邑"旁都写作"阝"等。

（3）省略、合并了部分偏旁，使汉字更加趋于简化。如小篆的"雪""屈"等，隶书省去了中间部分，变成了"雪""屈"；"志""壶"等字的上边，小篆有不同的写法，隶书合并并简化为"士"，成了"志""壶"了。

5. 楷书

楷书是由隶书演变而来的，因为它点画分明，规矩整齐，可为楷模，故名"楷书"。楷书兴于汉末，盛行于魏晋，一直沿用到今天，是通用时间最长的标准字体。唐代的《开成石经》、宋代的雕版刻书，对楷书的定型起了很大作用。

和汉隶比较，楷书有以下特点：

楷书　欧阳询九成宫

（1）从笔画看，汉隶有波磔挑法，楷书则改为平直的笔画，汉字的点、横、竖、撇、捺、钩等进一步完善定型。

（2）从结构看，汉隶向外延伸，比较舒展、放纵，楷书则向里集中，比较紧凑、严谨。

（3）从形体看，汉隶大多呈扁方形，楷书则多为长方形或方形。

汉字发展到了楷书，纯符号化的方块字正式定型。

6. 草书

章草　汉章帝千字文　　　　　　　　　　今草　顿州帖

广义的草书是指汉字各种字体的草率写法，真正将草书作为字体的名称始于东汉的章草。一般说的草书字体包括章草、今草和狂草。

章草是汉隶的草写体，东汉章帝时盛行。它保留了汉隶的波磔，虽有连笔，但字字独立，不相连绵，形体和布局也比较匀称。

今草产生于东汉末，是从章草演变来的，但没有章草的波磔挑法，完全摆脱了隶书的影响。书写时笔笔相连，甚至字字相连，一气呵成，十分连贯流畅。今草艺术价值较高，但由于难写难认，实用价值有限。

狂草产生于唐代，是在今草的基础上发展起来的。由于书写疾速，恣意增损勾连，笔走龙蛇，字迹诡奇，千姿百态，所以极难辨认。狂草可作为艺术作品欣赏，没有什么实用价值。

7. 行书

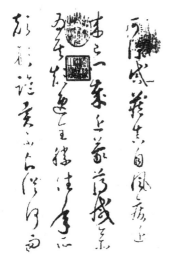

狂草　怀素论书帖　　　　　行书　王羲之丧乱帖

行书是介于楷书与草书之间的一种字体，产生于东汉末年，魏晋时已很流行。它同时兼有楷、草两体的优点，不像草书那样任意挥洒放纵，难以辨认，也不像楷书那样拘谨而费时费力。所以，行书具有较高的实用价值，成为全民广泛通用的一种字体。

（二）汉字字体演变的规律

从上述汉字演变历史看，汉字发展的总趋势是由繁到简，由不规范到规范化，由图画性、象形性到完全符号化。这是汉字形体演变的客观规律，始终占主导地位，是文字发展的主流和总趋势。在这个总趋势中，又有局部的繁化、同化、异化和随体等。其中的繁化和简化，同化和异化有时交织在一起，有时呈曲线型进行。两种变化互为补充，相反相成，是辩证的统一。

1. 简化

汉字的简化趋势主要表现在如下几个方面：从文字系统看，由象形系统变成了纯粹的符号系统；从书写系统看，由曲折圆转的线条描画变成了点画的有机组合；部件的省略、合并，笔画和异体字的减少，繁体字被简体字逐渐代替，也是一种简化。

2. 规范化

甲骨文和金文的字体都没有完全定型化，同一个字有好几种写法，部件不统一，位置也不固定，异体字多。到了小篆后，每个字逐渐趋向以一种形体为标准写法，笔数基本固定，部件的写法统一了，位置也固定不变，基本上做到了规范化。汉字发展到了今天，不论部件、结构和形体，都更加统一、定型和规范化了。

3. 符号化

小篆以前的文字象形性很强，到了小篆，使用圆转匀称的线条，象形性明显减弱，符号性逐渐增强。隶书彻底打破了小篆以前古文字象形性的传统，使汉字完全符号化了，于是出现了四脚的"鸟"、独角的"牛"、不流的"水"等。到了楷书，纯粹符号化的方块汉字正式定型。

4. 同化

在汉字演变过程中，使不同的形体变成相同的形体，这种现象叫同化。如“春”“泰”“秦”“奉”“奏”，小篆分别写作“[illegible]”“[illegible]”“[illegible]”“[illegible]”“[illegible]”。这五个字的上半部构造各不相同，隶变后都写成了“夫”。又如“鳥”“魚”“馬”“然”等下面的四点，小篆以前都有不同的写法，隶书以后统一了。这样同化的结果，使汉字的笔画结构更加趋于简单化。

5. 异化

在汉字演变过程中，使相同的形体变成不同的形体，这种现象叫异化，或分化。如“仲（[illegible]）”“卧（[illegible]）”“北（[illegible]）”“危（[illegible]）”“监（[illegible]）”，这几个字中最初都含有“人”字，但在演变过程中，“人”字分化为“亻、卜、丬、匕、⺈、𠂉”等形体。这样分化的结果，使汉字的偏旁、结构又走向了繁化。

6. 随体

在汉字演变过程中，有些字从最初的甲骨文到后来的楷书，字形结构未变，但在不同的字体中有不同的写法，这种现象被称为随体。如“日”字，甲骨文写作“☉”，小篆写作“[illegible]”，隶书写成“**日**”，楷书写成“日”。

7. 繁化

汉字演变总的趋势是简化，但就一个个具体的汉字来说，却有不少是由简到繁的，即繁化。如“北”，两个人反向为北（“北”是“背”的本字），形体本来很简单。但后来“北”被借去表示方向，要表示“背”的意思，就给“北”增加了形符“月”以示区别。

汉字的繁化和简化并存。简化为的是便于书写，学用方便；

而部分形体的繁化，为的是表意精确，结构平衡。汉字字形演化
可从下表显现出来。

汉字字形演变表

甲骨文	金 文	篆 书	隶书	楷书	草 书	行 书	简化字
			鳥	鳥	鳥	鳥	鸟
			馬	馬	馬	馬	马
			魚	魚	魚	魚	鱼
			壺	壺	壺	壺	壶
			從	從	從	從	从
			衆	衆	衆	衆	众
			車	車	車	車	车
			采	採	采	採	采
			長	長	长	長	长
			興	興	興	興	兴

（三）现代汉字的字体

现代汉字通用的字体有楷书和行书两种，在文物古迹、印
章、对联、匾额及文章标题等特殊场合，有时也运用隶书、草
书、篆书、金文、甲骨文。从形成手段来看，现行汉字有印刷体

和手写体之分。

思考与练习

一、文字与一般符号有什么不同?

二、文字在历史与现实中有什么作用?

三、汉字以形声字为主体,为何仍称它为表意文字?

四、汉字演变过程中出现过哪些主要形体?各种形体主要通行于什么朝代?

五、汉字的各种形体有哪些主要特点?

六、小篆和隶书在汉字发展史上有何重要地位?

七、汉字形体的发展演变有哪些明显的规律?其总趋势是什么?

八、印刷体各种字体的主要特点是什么?

九、阅读报纸、杂志,或利用电脑,学习辨认不同形体、不同字号的印刷体字。

十、分析下列汉字的造字法:

莫　然　旌　走　前　豕　函　册　母　奇　舀　杳

毳　支　东　圉　兼　安　页　底　序　春　奕　锌

珞　语

十一、下列各字是用什么方法简化而成的?

灯(燈)　　医(醫)　　孙(孫)　　胜(勝)

赵(趙)　　阳(陽)

第二节　现代汉字的字形结构

学习要点　了解现代汉字的字形结构。熟悉汉字的笔画、笔顺、部件、偏旁、部首等概念。掌握汉字的笔顺规则及常见结构模式。

汉字的字形结构与构造方式不同。构造方式主要是分析汉字形音义的结合方式。本节所讲的汉字的字形结构，主要从书写及成形的角度分析汉字是如何构成的，涉及笔画、笔顺、部件及部件的组合方式等内容。

一、笔画与笔顺

现代汉字是如何成形的？从书写角度而言，是由笔画按一定顺序一笔一笔写成的。从内部结构而言，现代汉字是成体系的，分层次的。任何一个层次单位，都是由笔画按照一定的顺序书写或由笔画组合而成的。

（一）笔画

笔画是构成字形的各种点和线，也是构形的最小单位。一般从落笔到抬笔为 1 笔或 1 画。笔画和字的音、义没有任何联系。笔画是在长期书写实践中约定俗成的，在不同的字体中它有不同的表现形式。分析现代汉字笔画数、笔形、笔顺以《现代汉字常用字表》《印刷通用汉字字形表》《现代汉语通用字笔顺规范》为准。

1. 笔画类别

笔画的具体形状有多种，现代汉字笔画的具体形状，称为笔形。笔形分类因其目的不同而有所不同。就基本笔形而言，分为

"永"字八法及目前广泛应用的"札"字五法。

分为八类的基本笔形是：点、横、竖、撇、捺、提、折、钩。因为"永"字正好含有这八种笔形，书法界遂有"永"字八法之说。

分为五类的基本笔形是：横、竖、撇、点、折。因为"札"字正好含有这五种笔形，于是称"札"字五法。其中前 4 种是单笔笔画，最后一种"折"是复合笔画。"札"字五法对"永"字八法的笔形作了进一步的归纳，在笔画查字、计算机输入汉字等方面有广泛的应用。

"札"字五法的基本笔形，因所处部位及受整体结构的影响有不同的变体。详见《现代汉字笔形表》。

2. 笔画的组合

汉字是由笔画组合而成的。现代汉字笔画的组合方式有 4 种：

零组合：由一笔组成的字。如：一 乙。

相离组合：笔画分写，互不接触。如：二 三 川 儿 心。

相接组合：笔画连接，不能分离，也不能交叉。如：人 已 乃 工 上 与 弓。

相交组合：两画或几画相交叉，不能分离。如：十 力 丰 也 韦 井 又。

多数汉字是综合运用两种或 3 种方式构成的。如"干、天"运用了相接相交两种方式。"办、斗"运用了相交相离的方式。有时，笔画相同，但笔画组合的方式不同，就形成不同的汉字。如"九"与"几"均为两画，笔形也相同，但"九"运用相交组合方式，"几"运用相接的组合方式。了解汉字笔画组合方式，便于电脑依形输入汉字时对字体的拆分。

现代汉字笔形表

基本笔画		变化笔画		例 字
笔 画	名 称	笔 画	名 称	
一	横	一 /	平横 提横	二 地
丨	竖	丨 丨 丨	短竖 长竖 竖钩	竖 干 小
丿	撇	一 丿	平撇 竖撇	千 月
丶	点	丶 丶 丶 丶 乀	短点 长点 左点 平捺 斜捺	主 双 刃 之 人
㇕	折	㇕ ㇗ ㇜ ㇅ ㇈ ㇋ ㇆ ㇆ ㇌ ㇊ ㇉ ㇇ ㇟	横折 横折提 横折折 横折折折 横折折折钩 横折折折撇 横撇 横折钩 横折撇弯钩 横折弯 横钩 横折斜钩 横折弯钩	口 计 凹 凸 乃 廷 水 刀 阵 朵 买 飞 几
		㇄ ㇄ ㇗ ㇛ ㇞ ㇙ ㇚	竖折 竖弯 竖提 竖折折 竖折折撇 竖弯钩 竖折折钩	山 四 民 鼎 专 儿 与
		㇜ ㇛	撇折 撇点	么 女
		乚 乀	弯钩 斜弯钩	家 戈

（二）笔顺

书写汉字时笔画的先后顺序称为笔顺。现代汉字的笔顺是人们在长期的书写实践中总结出来的。

1. 笔顺的规则

先横后竖。如：丰（一三丰）　　井（二丰井）

先撇后捺。如：人（丿人）　　久（丿⺇久）

从上到下。如：三（一三）　　早（丨冂曰旦早）

从左到右。如：他（丿亻忙忡他）　　外（丿⺈外外）

从外到内。如：冈（丶冂冈冈）　　句（丿勹勹句）

先中间后两边。如：小（丨小小）　　承（乛了手承承）

先外后里再封口。如：国（丨冂冂国国）　　围（丨冂同围围）

除以上几条外，还有具体细则和例外情况：

第一，点的笔顺规则。如果出现在字的上面或左上角，先写点，如“广”（丶一广）；如果出现在右上角或字的里面，就后写点，如“瓦”（一丆瓦瓦），“犬”（一大大犬）。

第二，三面包围结构的笔顺规则。如果缺口朝下，先外后里，如“同”（丨冂冂同）；如果缺口朝上，先里后外，如“凶”（丿乂区凶）；如果缺口朝右，先上后里，再写最后一笔，如“区”（一丆乂区）。

在实际书写过程中，多数汉字是几种笔顺规则的综合运用。

2. 笔顺的规范

由于汉字笔顺长期存在分歧，给汉字的教学及应用带来极大不便。为此，1997 年 4 月 7 日国家语言文字工作委员会和中华人民共和国新闻出版署联合发布了《现代汉语通用字笔顺规范》，指出：笔顺规范是在《现代汉语通用字表》的基础上形成的，它将隐性的笔顺规范变成显性的。这对提高书写速度，进行汉字研究及汉字教学，进行汉字信息处理、出版印刷、辞书编纂都有不可低估的作用。但《现代汉语通用字笔顺规范》只规定了 7 千个汉字的笔顺，为了解决繁体字、罕用字、港台字的笔顺问题，国家语言文字工作委员会于 1999 年 10 月 1 日发布了《GB13000.1 字符集汉字笔顺规范》，规定了 20 902 个汉字的笔顺。这对于多年来不统一、不规范的笔顺问题，提供了很好的标准。

二、部件与偏旁

如果说笔画是汉字形体的书写单位，那么部件则是汉字形体构成的最基本单位。

（一）部件

部件是比笔画高一个层级的组配汉字的单位，一般由几个笔画构成。如"和"由部件"禾"与"口"组成，"笔"由部件"竹"和"毛"组成。合体汉字通常是由两个或两个以上的部件按照一定的方式组合而成的。

现代汉字的部件按照不同的标准可以分为不同的类型。

第一，按照能否独立成字可将部件分为成字部件与非成字部件。成字部件本身可以独立成字。如"欺""相""胡""斜"之中的"其""欠""木""目""古""月""余""斗"等都是成字部件。非成字部件有些在古代是成字的，但现在不能独立成为汉字了，如"密""幂""衫""惊""铜""因"等字中的"宀"（miǎn，房屋）、"冖"（mì，覆盖）、"彡"（shān，毛饰画纹）、"忄"（心）、"钅"（金）、"囗"（wéi，回匝的样子）。在今天不能独立成字的部件，均为非成字部件。

第二，按照部件能否再次切分成更小的部件，可以将部件分为单一部件、复合部件两类。单一部件，又称单纯部件、基础部件，它不能再切分成更小的部件。如"时"中的部件"日""寸"都是单一部件，"洗"中的"氵""先"都是单一部件；复合部件又称合成部件，可以再分为不同的部件。比如"蹿"中的部件"窜"，可以再次切分为部件"穴""串"，所以"窜"是复合部件。

　　第三，按照汉字切分成部件的先后顺序，可以将现代汉字的部件分为一级部件、二级部件、三级部件等。其中第一次切分出的部件为一级部件，第二次切分出的部件为二级部件。依次类推。例如：

　　　　蜘　一级部件：虫　知
　　　　　　二级部件：矢　口
　　　　蟹　一级部件：解　虫
　　　　　　二级部件：角　刀　牛

　　切分汉字部件，应当注意一定的原则，这就是从形出发来切分，注意形似部件的区别。如：

$$\begin{cases} 衤—衬、衫、袖 \\ 礻—社、福、祈 \end{cases} \qquad \begin{cases} 东—栋、冻、胨 \\ 东—炼、拣、练 \end{cases}$$

$$\begin{cases} 段—缎、煅、锻 \\ 叚—假、暇、遐 \end{cases}$$

　　另外，从形切分不同于造字法分析，切分部件最好从现代汉字的字形出发，按照一般人对字形结构的认知来分析。当造字结构和字形结构不一致时，分析应以字形结构为准。例如：

　　　　籁　一级部件：竹　赖
　　　　　　二级部件：束　负
　　　　　　三级部件：ㄕ　贝

如果从造字法的角度看，"籁"的二级部件是"刺"和"贝"，但从现代汉字的字形考虑，切分为"束"和"负"两个部件对一般人来说更容易理解一些。现代汉字的数量很多，但部件数量是有限的，它们是汉字构形的基础。

（二）部件与偏旁、部首

与部件有关的两个概念是偏旁和部首。偏旁是分析合体字得出的大于笔画的结构单位，是汉字的基本结构单位。

部件与偏旁有同有异。其相同点表现在，都是由笔画组合成的构字单位，都具有组成汉字的功能，但其区别也是显著的。

第一，性质不同。偏旁是传统汉字结构学说里的一个概念，指"六书"中会意字、形声字的组成部分，或表义或表音。如"构"中的"木"是表义的形旁，"勾"为表音的声旁。部件是现代汉字字形分析系统中的概念，它着眼于所有现代汉字的字形结构，不仅仅在会意字、形声字中使用，也不仅仅指具有表音、表义作用的构字成分。如"临""监"中的"刂"，是部件，但不是偏旁。

第二，部件是构字的基本单位，有大有小，介于笔画和整字之间，可以分级，有一级部件、二级部件等区分。凡是可以参与构字的成分，不论是否成为偏旁，都是部件。例如"云"中的"二""厶"，"坚"中的"刂""又""土"，不一定都是偏旁，但它们都是部件。

与偏旁有密切联系的是部首。在偏旁中，那些能表示字义类别的，称之为形旁。形旁在字书中常作为某部的首字出现，因而称为部首。如"炒、炉、炮、炬、烽"等，都带有"火"旁，其表义都与"火"有关，所以"火"是这些字的部首。独体字由于只能分析出笔画，所以常以它的起笔笔形做为部首。

部首与偏旁关系密切，但不等同。部首大都是偏旁，但只有部分偏旁充当部首，如"筒、铜、桐"的声旁是"同"，声旁一般都不作部首。

依照部首给汉字分类，始于东汉许慎的《说文解字》，他把小篆分为 540 部，明代梅膺祚《字汇》合为 214 部，《康熙字典》《中华大字典》《辞源》均为 214 部。建国后出版的《新华字典》《现代汉语词典》归为 189 部。

我们应当注意区别部件、偏旁、部首这几个不同的概念。

汉字部件的拆分具有十分重要的作用。一方面，汉字是成系统的符号，汉字系统内部具有很强的规律性，这是汉字得以拆分的内在原因。汉字部件的拆分，可以清晰地认识汉字构形系统的规律性，也更便于汉字的整体识读与称说。另一方面，拆分和研究汉字部件，对计算机的汉字识别与信息处理也具有重要作用。国家语言文字工作委员会 1997 年 12 月 1 日发布的《信息处理用 GB13000.1 字符集汉字部件规范》收字 20 902 个，共有单一部件 560 个，分成 393 组，每组一个主形部件，其余是附形部件。如"水"是主形部件，"氵"是附形部件。对部件拆分工作进行规范，为计算机的汉字识别研究，汉字的计算机处理提供了规范性的依据。

（三）合体字的常见结构模式

汉字是由部件组合而成的。由一个部件组成的字，称为独体字；由两个或两个以上部件组构而成的字，称为合体字。

部件与部件组成合体字的主要方式有：

（1）左右组合：汉、形、话、附、柳、臌、谢

（2）上下组合：古、皋、华、昬、霉、粪、禀

（3）包围组合：围、国、因、厕、区、匍

（4）品字组合：品、晶、森

（5）穿插组合：爽、噩

形体复杂的汉字往往是以上几种方式的综合运用。如"孺"首先是部件"子""需"的左右组合，部件"需"又是部件"雨""而"的上下组合。部件组合的次数越多，拆分中的层级就越多。

思考与练习

一、什么是笔画？确定笔画数的依据是什么？

二、笔画组合的方式有多少种？

三、什么是笔顺？确定笔顺的依据是什么？

四、按笔顺书写下列汉字。

凹　敝　叟　鼎　肃　廷　函　臣　母　臼　妆　兼

减　鼠　卯　兜　磕　燎　欧　牌　徘　比　匹　丸

五、什么是部件？部件可以分为哪些不同的类别？

六、什么是合体字？什么是独体字？

七、部件与偏旁有什么关系？

八、偏旁与部首有什么关系？

九、举例说明部件组合的常见方式有哪些。

十、切分下列汉字的部件

徒　北　降　恭　旗　距　齿　须　鹏　摸　横　霹

第三节　现代汉字的标准化和规范化

学习要点　了解汉字标准化的内容：定量、定形、定音、定序。掌握汉字规范化的内容和原则。

在数千年的历史时期中，中华民族所创造的光辉灿烂的古代文化，由汉字记载并传承下来，汉字对我国社会、经济及汉语的发展，都做出了巨大的贡献，成为中华民族和世界人民的共同财富，在今天仍然发挥着无法估量的作用。汉字能够长期有效地服务于社会，有其难以替代的优点。例如汉字非常适应汉语缺少形态变化的特点。汉语方言复杂且差异很大，汉字在不同的方言区读音不同，但见字知意，这种表意体系的文字能够很好地适应不同时期、不同地域的人们交际的需要。

方块形的汉字识别率高，阅读速度快。常用字的使用率很高，例如3 500个常用字，其使用覆盖率可达日常用字的99％以上，从这一点看，汉字又是十分经济和高效率的文字。但另一方面，我国社会的发展要实现以高速度、高效率、高质量为核心的现代化，就要对负载信息的语言文字进行规范。只有这样，才便于纠正用字混乱的现象，有助于人们语文水平、文字修养的提高，便于信息处理。就汉语而言，主要任务是规范化；就汉字而言，则是实现汉字标准化，做到定量、定形、定音、定序。

一、现代汉字的标准化

汉字规范化的意义重大，不同历史时代都曾以各自的标准进行过这方面的工作。现代汉字规范化工作，从1955年《第一批异体字整理表》公布开始，先精简了汉字的数量，之后，1964

年颁布的《简化字总表》又减少了汉字的笔画。这样，规范化程度有了很大提高。但为了适应新时期汉字信息处理的要求，现代汉字应进一步标准化。为此，要完成以下 4 项任务。

（一）定量

定量就是划分现代汉语用字和古代汉语用字，确定现代汉语常用字和非常用字、通用字和各种专业用字，以便定出现代汉语用字的各种数量标准，做到字有定量。

首先要划分现代汉语用字和古汉语用字。凡是书写规范的现代汉语所用到的字，都属于现代汉语用字范围；文言词或文言用语，现代人们已经习惯而又没有适当的口语来代替它，那么书写它们的汉字也属于现代汉语用字；凡是在文言文中使用，而现代汉语不用的字则属古汉语用字。有大量古汉语用字，现在已不再使用，而只保留在字书之中。这使得字书所收集的汉字数量在不断增加。

如汉代许慎《说文解字》收字 9 353 个；南朝顾野王《玉篇》收字 22 726 个；宋代陈彭年《广韵》收字 26 194 个；清代张玉书《康熙字典》收字 47 035 个；而现代人冷玉龙《中华字海》则收字 85 568 个。面对如此众多的汉字，我们必须区分出古汉语用字和现代汉语用字。

其次，确定现代汉语用字中的常用字和非常用字、通用字及专用字的范围。现代汉字常用字、通用字字数的多寡，涉及到人们汉字学习的范围与使用频率。汉字总字数虽然很多，但经常用到的字数并不多。现代汉语常用字与非常用字的区分，依据使用频率和构词能力的大小来确定。凡是构词能力强，使用频率高，分布均匀的汉字都是常用字。

国家标准局 1981 年制定了《信息交换用汉字编码字符集基

本集（GB2313—80）》，此集共收汉字 6 763 个，包括常用字
3 755 个，次常用字 3 008 个。1988 年 1 月，国家语委、国家教
委在广泛调研基础上联合发布了《现代汉语常用字表》，确定了
2 500 个常用字和 1 千个次常用字。这 3 500 个字使用覆盖率可
达日常用字的 99％以上，可作为学习和使用汉字的标准。

通用字是和专用字相对的。凡是某些行业、人名、地名、民
族名专用的字，都属专用字，如氪、伬、阪等。专用字以外的字
则为通用字。文化部 1965 年发布的《印刷通用汉字字形表》共
收 6 196 个通用字。1988 年，国家语委和新闻出版署联合发布了
《现代汉语通用字表》，共收 7 千字，这反映了现代汉语通用字的
大致情况。总之，现代汉字可分几个层次来定量，先区分出通用
字和专用字，再区分通用字中的常用字、非常用字，专用字中的
常用字和非常用字。

定量研究已对地名用字进行了规范。1987 年国家语言文字
工作委员会、中国地名委员会等发布《关于地名用字的若干规
定》，要求各类地名“均按照国家规定的规范汉字书写，不用自
造字、已简化的繁体字和淘汰的异体字”。此外，还应对姓名用
字、方言用字制定规范。

（二）定形

定形就是确定每个汉字的标准形体，主要是定出现代汉语印
刷用字的字形标准。

定形工作，一是整理异体字。由于历史原因，建国前及建国
初的出版物上，繁体、简体、正体、异体并存，有些字轮廓相似
而笔画数目不同。总之，形体十分混乱。为了消除这一现象，便
于汉字的学习和使用，国家文字改革委员会和文化部 1955 年发
布了《第一批异体字整理表》，该表共整理汉字异体字 810 组

1 865 字，每组选定一字作为选用字，其余 1 055 字（实际字形
为 1 053 个）除"翻印古书须用原文原字""用作姓氏"及"商
店原有牌号"等特殊情况外，一律作为异体字停止使用，也就是
说淘汰了 1 055 个异体字。这些异体字和正体字的区别主要有以
下几方面：

　　　形旁不同：扣—釦　阱—穽　唇—脣　歌—謌　堤—隄

　　　　　　　　猫—貓　氛—雰

　　　声旁不同：梅—楳　泛—汎　娘—孃　栖—棲　吃—喫

　　　　　　　　混—溷

　　　部位不同：和—咊　棋—棊　峰—峯　略—畧　够—夠

　　　　　　　　幕—幙

　　　偏旁、部位均不同：杯—盃　碗—盌　韭—韮　果—菓

　　这批异体字的整理对统一汉字形体取得了一定的效果。继
《第一批异体字整理表》后，文字改革委员会 1956 年又编了《第
二批异体字整理表》，收异体字 595 组，精简 766 个字。之后，
又在 1965 年、1977 年分别编了《异体字整理表》。对异体字的
整理，主要采取"从俗"的原则，选用手写习惯或印刷通用的
字，使字形的统一取得了良好的效果。国家于 1965 年颁布了
《印刷通用汉字字形表》，主要解决印刷用宋体字字形不一和印刷
宋体与手写楷体结构不同等问题，以求汉字字形更便于教学和横
行书写的要求。

　　总之，以往异体字的规范工作给汉字教学、印刷、书写带来
了很多便利，但今后还要继续进行。因为《第一批异体字整理
表》制定的时间仓促，还存在一些问题。

　　第一是淘汰不当。如"阪、挫"在 1956 年《第二批异体字
整理表》发布时，就从异体字恢复为正体。根据 1986 年 10 月

10 日重新发表《简化字总表》的说明，《简化字总表》收入的"䜣、譧、晔、奢、诃、鳍、绅、划、鲙、诓、雒" 11 个类推简化字为规范字，也不再作为淘汰的异体字。根据 1988 年 3 月 25 日国家语言文字工作委员会与中华人民共和国新闻出版署"关于发布《现代汉语通用字表》的联合通知"中的规定，可以确认《印刷通用汉字字形表》收入的"蔮、邱、於、澹、骼、彷、菰、溷、徼、薰、黏、桉、愣、晖、凋"等 15 个字为规范字，收入《现代汉语通用字表》，不再作为淘汰的异体字。这样一来，被淘汰的异体字实际上只有 1 027 个。

　　第二是确定正体字形缺乏理据。如确定汉字正体"候"时，将字右上角原为"工"的部件改为"ユ"，虽然减少了笔画，却增加了新的构字偏旁，给记忆带来了负担。又如将"冫"旁的"决"确定为正体，将"氵"旁的"决"确定为异体字，使"决"丧失了传统理据。

　　进一步整理异形词是汉字定形的另一工作。汉字中大量存在同音（声、韵、调完全相同）、同义（理性意义、色彩意义、语法意义完全相同）而书写形式不同的词。如"人才—人材""笔画—笔划"等。教育部和国家语委已经于 2001 年 12 月 18 日发布了《第一批异形词整理表》，整理了异形词 338 组，今后还应对其他的异形词进行整理。

　　定形的另一工作就是减少汉字的笔画数。减省汉字笔画的工作在 1964 年即已进行，当时公布了第一批《汉字简化方案》。1986 年 10 月 10 日，国家语言文字工作委员会《关于重新发表〈简化字总表〉的说明》对 1964 年的方案作了一些调整："叠、覆、像"不作"迭、复、象"的繁体字，从第一表中删除；"囉"不简化作"罗"，依简化偏旁"罗"类推简化作"啰"。"瞭"读

"liǎo"（了解）时，简化作"了"；读"liào"（瞭望）时不简化。"只"繁体字原为"隻、衹"，将其中的"衹"改为"祇"，原因是"祇"除读"zhǐ"同"只"外，还读"qí"，意思是地神，不能废除。今后一个时期内汉字的简化应当谨慎。将来简化汉字时，要注意采用恰当的方式进行。

总之，汉字的定形，应注意减少罕用偏旁部件，使汉字部件规格化、通用化，以适应现实应用的需要。其次要防止盲目使用繁体字或无休止地简化汉字，要使现代汉字字形保持稳定状态。

（三）定音

定音就是确定现代汉字的标准读音，消除异读现象。异读不起分辨字义的作用，是学习和使用上的一个难点，也使广播、电视进行的语音传播没有统一标准，给语文教学、辞书注音带来不便。对异读词进行整理是必要的。1985 年 12 月 27 日，国家语委、国家教委、国家广播电视局在前人定音基础上联合发布了《普通话异读词审音表》，要求"自公布之日起，文教、出版、广播等部门及全国其他部门、行业所涉及的普通话异读词的读音、标音均以本表为准"。这样，现代汉语异读词的读音有了规范化的标准。

现代汉语的定音工作还要继续进行。人名、地名的异读要进一步审订。尽管异读字和多音多义字有所不同，但可将定音、定形与多音多义字结合起来，采取最佳方案进行读音的审订。

（四）定序

定序就是按照一定标准，确立现代汉字的编排顺序，并规定出几种查字法的标准。

编写字典、词典、目录、索引、存放资料卡片都要用到字序。我们目前正处于信息时代，信息的保存、检索、传递直接关系到社会的发展，因此，确立标准汉字字序已成为汉字标准化的当务之急。

　　汉字有多种编排法，如音序法、笔形法、部首法、四角号码法等。它们的编排依据各不相同，不能强求一律。但一种编排方法之中，不应有不同的序列，应当统一标准。如音序法中有韵部序列、注音字母序列、拉丁字母序列。这种方法目前要解决同声、同韵、同调字的排列顺序问题。这就要靠其他的排序手段来辅助。比如读音相同的字，按笔画排列先后顺序，同笔画的字，再按起笔笔形排列。

　　笔画、笔形排序法，目前要解决每个汉字笔画定数、笔形定序的问题。其次要确定基本笔形的种类，是五种，还是八种或其他。再次，要确定基本笔形的排列顺序。例如《现代汉语词典》的部首次序按部首笔画多少排列，同画数的按起笔横、竖、撇、点、折的顺序排列。同一部的字按除去部首笔画以外的画数排列，同画数的，依然按起笔横、竖、撇、点、折的顺序排列。但有一些字分不清部首，只好按起笔的笔形归入相关的部首内，还有一些同一个字分收在几个不同部首的现象。所以，笔形变体同基本笔形的对应关系也需进一步研究。只有这样，才能使笔画、笔形法有统一标准。

　　对于部首法，首先要确定各类工具书都适用的部首表，包括数目、形态等。其次是确立科学的归部原则。

　　四角号码法是将汉字四角的笔形归类编码，然后按照每个字的数码来编排和查检汉字的方法。该方法把汉字四角的笔形归为10类，分别用0—9这10个数码表示，数码按汉字的左上角、右上角、左下角、右下角的顺序排列，如"税"的号码是2891，此法见形知码，查检迅速。但缺点是重码多，取码规定较复杂，有些字往往取码不准，影响了查检的准确性。

总之，只有做好这几方面的工作，规范汉字的工作才能更好地进行。

二、现代汉字的规范化

（一）现代汉字的规范字体

1. 印刷体

各种形体的汉字预制成字模印刷出来，都可以成为印刷体。但习惯上所说的汉字印刷体，只指印刷上常见的、笔画清晰、端正匀称、便于辨认的楷书及其各种变体。

（1）印刷体常见的字体有如下几种。

宋体　又叫老宋体、古宋体、灯笼体。笔画横细竖粗，字体方正严谨，是最通用的印刷体。

仿宋体　又叫仿体、真宋体。笔画不分粗细，字体方正秀丽。

黑体　又叫方头体、方体。笔画粗而均匀，字迹浓黑醒目，形体凝重稳健。

楷书　又叫正体。笔画丰满端正，同手写体楷书接近。

（2）印刷体常见的字号有如下几种。

印刷体字号大小有两种标示方法。传统活字印刷体按字的大小不同，分成不同的字号。如特号、头号、一号、二号、三号、四号、小四号、五号、小五号、六号等（见《楷书印刷字体和字号表》）。这种标示方法，称号数制。现代电脑排版除使用号数来标示字的大小以外，还通过计量单位"点"来标示字的大小。由于"点"的英文为"point"，所以音译为"磅"。这种标示字号大小的方法称为点数制。点数与英制和公制的换算关系是 1 磅 ＝1/72 英寸＝0.35 毫米。

2. 手写体

手写体是指用手执笔直接写成的汉字。根据运用工具的不同，手写体可以分成软笔和硬笔两类。软笔字指传统的毛笔字，硬笔字指钢笔字、铅笔字、圆珠笔字等。现代汉字的手写体可以是楷书、行书、草书等，以行书最多，楷书次之。

楷书印刷体字体和字号表

字号\字体	一号	二号	三号	四号	小四号	五号	小五号	六号
黑体	学	学	学	学	学	学	学	学
宋体	学	学	学	学	学	学	学	学
楷体	学	学	学	学	学	学	学	学
仿宋体	学	学	学	学	学	学	学	学

现代汉字的标准化为汉字的规范化制定了标准，现代汉字的规范化就是要按照定量、定形、定音、定序的标准来实施。包括对汉字形、音、义的规范，对汉字的整理。

（二）现代汉字规范的内容

现代汉字的规范，包括以下几方面。

1. 对汉字字形、字音及字义的规范

任何文字都是形、音、义的统一体，都是以视觉性的字形通过语音去反映语义的。就汉字而言，虽然 1 个字形代表 1 个音节，但 1 个字形常常不止 1 种读音，代表不止 1 种意义；1 种读音也不止 1 种形体，代表不止 1 种意义；1 种意义也不止用 1 种字形、字音去反映。它的形、音、义之间的结合非常复杂，出现以下情况。

（1）单音单义字。即1个形体，只有1种读音，代表1种意义。如"币"，读 bì，指货币。笞，读 chī，表示用鞭子、木杖或竹板打。

（2）多音多义字。包括同形一音多义字和同形多音多义字。

同形一音多义字。如"闹"，读"nào"1个音，但有多个义项：① 喧哗，不安静。② 扰乱，如又哭又闹。③ 发泄，如闹情绪。④ 害病或发生不好的事情，如闹水灾。⑤ 干、弄，如闹革命。

同形多音多义字。如"划"，读"huá"和"huà"两个音。读"huá"有3个义项：① 拨水前进，如划船。② 合算，如划得着。③ 用尖锐的东西把别的东西分开或在表面上刻过去，如划火柴。读"huà"有多个义项：① 划分，如划界。② 划拨，如划账。③ 计划，如策划。另外同"画"。

像这样的多音字在现代汉语中是很多的，需要认真研究，加以规范。

（3）异读字。同一形体，同种意义，因语音分化造成了不同的读音。如文白异读，就是在书面语词和口语词中读音分歧，这是由于不同来源的语音在本系统中的叠置造成的。如"壳"文读"qiào"，白读"ké"；"血"文读"xuè"，白读"xiě"；"色"文读"sè"，白读"shǎi"。文白读分别用于不同的语言环境。另一种异读是在一切场合都存在两种读音，如"室"音 shǐ、shì，"绩"音 jī、jì，这种异读字是应规范的。

（4）同音字。可分为两类：同形同音字和异形同音字。它们仅是声音相同，而意义完全不同。

同形同音字。如"方向"的"向"与"向来"的"向","大米"的"米"与长度单位"米",就是同形同音字。

异形同音字。如:

fù:副、负、付、复、附、腹、覆、驸

xī:西、希、吸、息、稀、熄、锡、惜

xiàng:向、相、巷、象、项、像

同音字的产生是文字的正常现象。它在书面语中依靠字形区别意义,在口语里,依赖语境帮助区别意义。同音字虽能保证文字广泛地记录语言,但人们应用时,易写别字。

(5) 异体字。一音一义多形的 1 组字,称异体字,如迹、蹟、跡。异体字的存在,使汉字的表意功能没有增强,却使字数增多,易造成文字上的混乱,也属于规范化的范围。

(6) 其他情况。汉字形、音、义的复杂性还表现在有的汉字只表音节,不单独表示意义,如连绵词中的单字、音译外来词中的单字。而有的汉字,1 个字却代表两个音节。如旧的计量单位"瓩",1 形代表两个音节 qiānwǎ;"呎"代表"yīngchǐ"。"唡"代表"yīngliǎng"。这种表示计量单位的字,也属规范化的范围。国家标准计量局和中国文字改革委员会于 1977 年 7 月制订了《部分计量单位名称统一用字表》,淘汰了 1 个字表两个音节的复音字,改用"千瓦、英尺、英两"来表示。

另外,就是两个字形代表 1 个音节。如:"花儿"读作 huār、"鸟儿"读作 niǎor。这类字仅限于儿化音节,虽然数量很少,却反映了形、音、义结合的复杂性。

汉字形音义的结合是十分复杂的,对汉字的规范必然要对其形、其音、其义进行规范。

2. 使用规范的简化字和规范字形

汉字是一笔一画写出来的，汉字自古就难认、难写、难记。为了克服这一困难，人们一直在研究什么样的汉字才能既发挥文字记录语言的功能，又便于人们学习与书写。所以简化汉字笔画的工作就成为一种选择。对于现代汉字而言，就是要按照《简化字总表》的标准，使用简化字。

汉字在长期的使用过程中，出现了同音、同义但不同形体的异体字，这些异体字有一部分已得到整理，见于国家发布的《第一批异体字整理表》及以后的整理表。另外，由于印刷字体的不同，不同字体出现形体上的差异。对此，国家制定了《印刷通用汉字字形表》《现代汉语通用字表》，规定了汉字字形结构、笔画数和笔顺，这是确定新字形的依据。

（三）现代汉字规范的原则

遵循一定的原则进行现代汉字的规范，就能使规范取得更好的效果。对汉字的规范，主要应采取刚柔相济、约定俗成的原则。

刚柔相济的原则。在一般情况下，要坚决执行国家发布的语言文字法规。写简化字根据《简化字总表》，写新字形根据《通用字表》，写异读词根据《审音表》。但在执行国家规定的过程中，要注重法规的时间限制、地域限制、场合限制。现代汉字的规范是在限定时间以内的汉字规范，对该时间以外的规范，就应区别对待，比如，古代汉语教材、古代文献就可以用繁体字编排。现代汉字的规范受到地域限制。如中国大陆将简化后的汉字作为规范字，在中国大陆和联合国正式文件中都采用此规定。但在香港、澳门则采用"繁简由之"的政策。

同样，在大多数情况下要遵循规范，但特殊场合则要区别对待。《国家通用语言文字法》第二章有关条文对此有明确而具体的规定。如第九条规定："国家机关以普通话和规范汉字为公务用语用字。法律另有规定的除外。"第十七条规定："本章有关规定中，有下列情形的，可以保留或使用繁体字：（一）文物古籍；（二）姓氏中的异体字；（三）书法、篆刻等艺术品；（四）题词和招牌的手书字；（五）出版、教学、研究中需要使用的；（六）经国务院有关部门批准的特殊情况。"

对于国家没有制定标准及相关规定的汉字，可以根据实际情况，采取约定俗成的原则进行。对于有标准的已规范字和不规范字，应坚决执行规范。对于未规范的汉字，则要考虑汉字的传承历史，遵循约定俗成的原则。如同形词"岔流—汊流"中的"岔、汊"；"莫名其妙—莫明其妙"中的"名、明"。另外方言用字也应注重这一原则。

思考与练习

一、现代汉字标准化有何意义？

二、现代汉字标准化包括哪些内容？

三、汉字形、音、义结合的复杂性表现在哪些方面？

四、区别下列几组词。

$$\begin{cases}必需\\必须\end{cases}\qquad\begin{cases}贡献\\供献\end{cases}\qquad\begin{cases}修养\\休养\end{cases}$$

$$\begin{cases}截止\\截至\end{cases}\qquad\begin{cases}包含\\包涵\end{cases}\qquad\begin{cases}功夫\\工夫\end{cases}$$

五、解释下列各组词语中加点字的意义。

1. 有的放矢　的确如此

2. 大象　象形　包罗万象

3. 元旦　旦角　通宵达旦

4. 沼气　秋高气爽　娇气　元气

　　5. 赛跑　跑江湖　跑电

六、确定现代汉语常用字的标准是什么？

七、现代汉字的定音工作有什么标准？

八、什么是异体字？异体字有何特点？

九、利用不同检字法查阅下列各字。

　　　罔　帧　曳　脊　雀　熏　毋　滔

　　　濯　琴　奥　黠　羲　熙　俶　寐

十、现代汉字规范化的原则是什么？

第四节　现代汉字的应用

学习要点　*掌握现代汉字应用的两个方面，包括现代汉字的读写应用及现代汉字信息处理中的编码、输入、存储、编辑、输出等，增强汉字应用能力。*

汉字规范化的任何标准最终都必须落实到使用者的实践中。汉字的应用包括汉字的读写应用以及汉字的技术应用两个不同的方面。前者与个人认读书写文字相关，后者与计算机的汉字信息处理相关。

一、现代汉字的读写应用

推行规范汉字，总的要求是严格按照国家正式公布的《普通话异读词审音表》《第一批异体字整理表》《简化汉字总表》和《印刷通用汉字字形表》等规范标准使用汉字。

（一）学习规范读音，防止读错字

汉字是表意文字，但大多数是形声字。由于形声字的声旁表音能力非常有限，加上有些字的形体相近，极易读错。因此，学习时，应注意以下几点。

1. 注意多音字的读法

多音多义字、多音同义字、异读字都是一个字形有多种读音，这类字出错率极高。例如把"供给"的读音"gōngjǐ"读作"gōnggěi"；把同胞"tóngbāo"读作"tóngpāo"等。遇到这种情况就要勤查字典。

2. 注意形似字的读法

汉字的基本笔画仅有几种，但基本笔画及其变体却可书写出成千上万的汉字，因而出现了许多形似字，这就极可能读错、写错。如以下几组字：

侮—悔　粟—栗　风—夙　失—矢　侥—饶—挠　鸠—鸩

炙—灸　谬—缪　侩—桧—会　戮—戳　脱—蜕　纤—歼

我们学习时要格外注意区别它们。

3. 注意形声字的读法

大多数现代形声字的声旁随着语音演变，已不能准确标音了，因而极易误读。如"屹（yì）"，照其声旁常误读作"qǐ"；"绽（zhàn）"照其声旁常误读成"dìng"。有时，依据声旁类推字的读音也容易出错。如"泡、炮"读"pào"，因而将"胞"也类推误读作"pāo"；"啼、蹄"读"tí"，因而将"缔"误读成"tì"。这种形声字在学习中应当特别注意。

（二）使用规范汉字，消灭错别字

使用规范汉字应以《第一批异体字整理表》《印刷通用字形表》《简化字总表》为准，不随意使用废除了的异体字、繁体字或第二批简化字。

消灭错别字就是不写别字或不成字的字。错别字的出现，一方面是汉字的客观原因，有些字难写、难认、难记，如戍—戊—戌—戎；己—已—巳，这两组字笔画结构非常接近，极易写错。另一方面是主观上不注意，错误地认为汉字就是记录词义、词音的，字形差不多就行，写字时多一笔、少一笔不要紧。有的字形接近导致错误，如：练—炼、假—暇、微—徽。也可能是写字时偏旁位置出现了错误。如：范—泛、唇—脣；还有写字时使用了不合理的简化字：比赛—比寨、电器—电噐。

别字的出现也可能是形似引起的，如：驰骋—驰聘、眨眼—贬眼、迁徙—迁徒；也有可能是谐音引起的，如：肤浅—浮浅，固执—故执，委屈—委曲，浅陋—浅漏；而那些形似又谐音的字更容易出错，如：厉害—历害，恳切—垦切、脉搏—脉博、玷污—沾污、伎俩—技俩、残酷—惨酷。

虽然导致错别字出现的原因是多方面的，但防止写错别字却必须从主观上努力，不但要充分认识错别字的危害，还要学会运用汉字知识，从形、音、义3方面入手分析汉字。如：

瞠 chēng：从目，表示瞪眼看。

膛 táng：从月（肉），指体腔。

冶 yě：从冫（冰），本义为冰融，引申为熔炼金属。

治 zhì：从氵（水），本义为治水，引申为管理。

（三）按规范字形书写，提高汉字书写水平

要方便交际，要使文字规范化，不但要把字形写正确，而且要尽可能让字形美观、舒展。这就要求提高汉字书写水平。对此前人积累了丰富的经验。

1. 笔画安排要合理

汉字的笔画长短疏密要和谐自然；伸缩俯仰应互相呼应。笔画多的字要缜密，笔画少的字宜疏放；有中画的，以中画为轴心，其他笔画向此紧凑。如：

中画为竖，横画应略短，字形应稍长。如：甲 午 干 木

中画为横，竖画应略短，字形应略宽。如：贵 要 字 步

横短竖长，撇捺宜伸。如：木 来 灭 天

横长竖短，撇捺宜缩。如：不 乐 禾 京

2. 部件要布局有方

齐中有起伏，方中有敛放。左右排列者，要匀齐迎让；上下结构者，两段宜均分，3段宜首尾放而中部敛；包围结构者，贵抱持依托。四围的字外敛内放；下开的字，其中略高；右开的

字，不宜深入。

3. 体势方面，要做到结构紧凑

汉字既要有龙腾虎跃之势，又要有向心之力。字形要匀称、平稳，字的首尾风格要保持一致，这样才有整体美。

二、现代汉字的信息处理

现代汉字的技术应用，主要指汉字的信息处理，它是借助于各种机器设备对汉字符号进行处理的一项科学技术，包括汉字信息的编码、输入、存储、编辑、输出等。其中，汉字信息的输入是首要的一步。随着科技发展和计算机的普及，进一步提高汉字输入的速度和准确性已成为当务之急。

（一）汉字输入

现代汉字的信息输入方式按其特征可分3类。

1. 汉字键盘输入

汉字键盘输入也就是用打字键盘实现符号代码的输入。这种方法是目前最主要的输入法，又可分3小类：

（1）整字输入法。这种方法是把三四千个汉字排列在一个装有四五百个健位的特制键盘上，然后用电笔去点触某一个字，机器将这个字的代码输入。此法也称大字表输入法。因其成本昂贵，设备笨重，一般不便广泛应用。

（2）汉字编码输入。这是把汉字编成代码，然后利用国际通用键盘把代码再输入计算机。目前我国已有几百种编码输入方案。

（3）拼音-汉字转换法。就是利用汉语拼音输入汉字，然后用计算机内的软件把它转换成汉字输出系统。此种输入法，省去编码的步骤，很实用。

2. 汉字字形输入

汉字字形输入也称汉字光电输入，是用扫描仪对汉字文本进行扫描，将汉字信息转换成离散的电信号，然后再输入计算机，与计算机内储存的标准样本进行比较，从而识别汉字。这种输入对于硬件要求比较高，主要是适用于资料的整理。

3. 汉字语音识别输入

此法是通过计算机识别人们所说汉字的语音来输入汉字。语音输入尤其是汉字语音输入经历了很长时间的研究和应用，已经达到了相当高的技术水平，可以让更多的、不太熟悉电脑的人使用电脑进行输入。

人们正在不断加紧汉字研究，以使汉字输入更为方便、快捷、准确。

（二）汉字编码

计算机处理语言文字信息要相关的代码，这就要为汉字编码。汉字编码是为汉字设计的一种便于输入计算机的代码。各代码经过键盘输入计算机后，在计算机内转换成二进位码，找到对应的数字化的字模输出整个汉字。

汉字编码依据其作用的不同，分为输入码、交换码、机内码、输出码。

1. 输入码

输入码也叫外部码，主要是从键盘输入计算机时代表汉字的编码。汉字输入方案有数百种，基本上是直接利用西文标准键盘进行汉字输入。每一种汉字输入法都提供相应的键盘码与机内码转换表。汉字输入编码方案大致可分为以下四类：

（1）区位码。也称流水码，是用一串数字来替代汉字的编码，特点是无重码，码长适中，输入速度快，但难记忆，主要有区位码和电报码等。

（2）音码。音码是以汉字读音为基础的输入方法，其特点是简单易学，但重码多，编码较长，输入速度慢，主要有全拼和双拼等。

（3）形码。形码是以汉字的笔画、结构、形状为依据的汉字编码，特点是重码少、码长短、速度快、规律性强，但需一定的记忆，主要有五笔字型和太极码、王码五笔、郑码、大众码等。

（4）音形码。音形码是把汉字拼音和汉字字形相结合的编码方式，特点是简单易学，重码较少，码长适中，输入速度较快，主要有智能 ABC 和自然码等。

2. 交换码

交换码是适应不同计算机而规定的标准代码。汉字输入后要变为相应的机内码才能被存储、处理和交换。1981 年中国公布了《GB2312—80 信息交换用汉字编码字符集·基本集》，选用一级常用汉字 3 755 个，二级汉字 3 008 个和 682 个非汉字字符，并为每个字符规定了标准代码，以便在不同的计算机系统之间进行汉字文本的交换。

为了处理与存储的方便，每个汉字的区号和位号在计算机内部分别用一个字节来表示。例如“学”字的区号为 49，位号为07，它的区位码即为 4907。由于区位码可能与通信使用的控制码（00H—1FH）（即 0—31）发生冲突，ISO2022 规定每个汉字的区号和位号必须分别加上 32（即二进制数 00100000），经过这样的处理而得的代码称为国标交换码，简称交换码。

3. 汉字机内码

机内码简称内码，是计算机系统中用来存储和处理中、西方语言文字信息的代码。不同计算机系统使用的内码未必相同，但同一系统不管采用什么编码方式输入，对应的内码是惟一的。由于文本中通常混合使用汉字和西文字符，汉字信息如果不予以特别标识，就会与单字节的 ASCII 码混淆。解决这一问题的方法之一是将 1 个汉字看成是两个扩展 ASCII 码，使表示 GB2312 汉字的两个字节的最高位都为 1。这种高位为 1 的双字节汉字编码即为 GB2312 汉字的机内码，简称为内码。

4. 汉字输出码

汉字输出码又称汉字字形码或汉字字模点阵码，它是将汉字字形经过点阵数字化后形成的一串二进制数，用于汉字的显示和打印。汉字字形虽有多种变化，但都是方块字，可把一个方块看作 m 行 n 列的矩阵（点阵），即有 m×n 个点，方块字就由点阵中的点组成，每个点必为黑点或白点，所有黑点组成汉字的笔画。这种用点阵描绘出的汉字字形，称为汉字点阵字形。点阵数越高，存储量越大，汉字字形质量越好。点阵字形需要根据不同的字号对应不同的点阵，字库存储量很大。

所有国标一、二级汉字的字模按一定规则排列成汉字字模库，也称汉字库。当需要打印出不同字体的汉字时，必须备有多种字体、不同规格的汉字库。汉字地址码是指汉字字库（这里主要指整字形的点阵式字模库）中存储汉字字形信息的逻辑地址。在汉字库中，字形信息都是按一定顺序（大多数按标准汉字交换码中汉字的排列顺序）连续存放在存储介质上的，所以汉字地址码也大多是连续有序的，而且与汉字内码间有着简单的对应关系，以简化汉字内码到汉字地址码的转换。

目前，汉字编码的技术难点是寻找简便易行、全面高效的方案，提高输入、输出的效率。而要做好这些，就要尽量做到编码工作的标准化和尽可能定型化，以便在全国范围内选出最优方案，推广应用。

（三）汉字输出

汉字的计算机输入及编码，就是要完成一定的输出。汉字计算机输出包括显示输出、打印输出等不同的方式。

1. 汉字显示输出

汉字显示输出实际上是把系统内要显示输出的汉字机内码转换成屏幕上的汉字字形的过程，这个转换过程必须经过几个步骤才能实现。其中汉字显示处理程序是一个核心程序，它的任务是实现汉字的显示输出，它是汉字信息处理软件的必要组成部分。汉字显示处理程序接收了要显示汉字的机内码之后，首先将机内码作为入口参数调用转换程序。转换程序的功能是将机内码转化成为地址码，这里的地址码是指该机内码的字模信息在字模库中的首地址。

汉字显示处理程序在收到地址码后，按地址码从汉字字模库或字符字模库中取出相应的字形码（字模信息）。汉字显示处理程序取得字形码后，就将字形码通过自己的缓冲区送到显示驱动入口，再调用转换程序，转换程序将坐标位置转换成该位置在显示缓冲区的地址，这个地址值也要被送到显示驱动程序。显示驱动程序在收到字形和显示缓冲区地址之后，就可将字形信息填入到显示缓冲区中指定的位置，最后送显示器输出。

2. 汉字打印输出

汉字的打印输出就是把汉字机内码转换成字形码，并将字形信息分解成打印数据，驱动打印机打印。汉字打印处理程序把打印输出汉字的机内码转换成该汉字字模库的地址（调用地址转换程序），再根据库地址从汉字字模库取得点阵信息。如果所取得的是横向点阵，则还要通过字形变换程序，转换成为纵向点阵，然后将点阵信息分解成为打印数据送入打印缓冲区，最后把打印缓冲区的内容送到打印机，实现汉字的打印输出。

3. 字库

为了在显示器上显示或在打印机上打印汉字，必须将内码转换成字模信息。汉字库存放一批汉字点阵码或点阵压缩码，它们采用直接或间接的方式来表示字模。

汉字库有不同的类别。

（1）按作用可以分为两大类。一类用于一般的汉字显示，一类用于各种档次的打印输出（包括模拟打印显示）。第一类简称显示字库，国家标准是 16×16 点阵；第二类简称打印字库，这是汉字系统体现闪光点的地方之一，通常是八仙过海、各显神通。

（2）按照运行时汉字库所在的物质介质，可分成如下几种类型的汉字库：

1）全内存型汉字库。字库所有内容全部存储在内存，它们在汉字系统自举时转入内存。全内存汉字库是最简单的一种字库。一些简单的汉字信息处理系统常采用这种结构的字库。它属于静态汉字库类。

2）全外存型汉字库。字库的所有内容均存储在外存（一般是硬盘），这种字库的结构简单，但字库管理程序较为复杂。它属于静态汉字库类。

3）汉卡型汉字库。字库的所有内容固化在扩展卡的 ROM 中。这种字库要增加成本，也属于静态汉字库类。

4）内外存结合型汉字库。此字库较为复杂，根据组成它的内外字库的具体结构，才能确定是属于静态汉字库，还是动态汉字库。内外存结合型汉字库的一种就是多级型字库，它一般由常用字库、活动字库（这两部分构成内存字库）和外存字库组成，其中活动字库的内容在运行时能动态改变。

以上汉字输入、编码、输出之间的关系，可以图示如下：

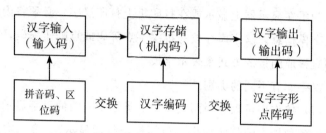

汉字计算机处理，是一项长期的、重要的工作。为了做好汉字的信息处理，语文工作者迫切需要加强以下几项研究。

（1）加强汉字属性研究。这包括汉字部件的分类、统计，汉字结构的分析，汉字部首排检法的规范，现代汉语用字、用词频度的统计等。

（2）要做好汉字规范化、标准化研究。首先要把汉字字形稳定下来。其次对现代汉字各级单位进行定量的统计分析，以便制订出全国通用的关于笔形、笔顺、部件、结构方式等内容的国家标准。

（3）大力推广普通话，制订出适合汉语实际，又便于机器输入的新型标调法。因为计算机只能按线性输入信号，而四声却是标在主要元音的上部。目前，机器标调差异很大，有必要制订统一的标准。

思考与练习

一、什么是错别字？纠正下列词语中的错别字：

歪风斜气　　　变本加厉　　　自抱自弃　　　沾花惹草

　　痴心忘想　　百拆不挠　　相形见拙　　代款

　　义愤填鹰　　不共带天　　顾步自封　　谆厚

　　湍气　　茂胜　　堪探　　急燥　　园周　　闲瑕

　　怄吐　　纽怩　　漫骂　　连棉　　揽车　　赡望

二、读出下列各词的正确读音。

　　确凿　　骤然　　混淆　　杳渺　　粗糙　　嗔怪

　　炽热　　踱步　　恪守　　卓越　　悭吝　　妊娠

　　怙恶不悛　　向隅而泣　　不屑一提　　言简意赅

　　惴惴不安　　暴殄天物　　贻笑大方　　耳濡目染

　　濒于破产　　提纲挈领　　依山傍水　　否极泰来

三、如何避免读错字和写错别字？

四、常用汉字输入法有哪几种？

五、汉字编码可以分为哪些类型？

六、汉字输出方式有哪些？

七、常用字库可以分为哪些不同的类型？

八、语文工作者在汉字信息化中应做哪些工作？

第五节　汉字研究

学习要点　了解汉字研究的基本状况，研究的领域及相关问题。能够针对提供的论文题目进行深入思考，或就某个问题写出小论文。学会检索和使用相关的参考文献，为从事相关工作和专业研究提供帮助。

一、汉字研究概述

从宏观上看，汉字研究涉及到汉字的基本理论、汉字的历史、汉字的应用、汉字的跨学科研究等几个大的方面。

（一）汉字的理论研究

汉字理论主要涉及汉字的性质、汉字研究的基本方法等问题。

关于汉字的性质，目前形成了汉字是表意文字、汉字是意音文字、汉字是语素-音节文字等不同的看法。又有学者主张将汉字系统分为系统、汉字、字符，汉字系统最底层单位是意符和音符，因而从字符层面上可以认为汉字是表意文字和表音文字的集合。

关于汉字研究的原则，人们逐渐认识到，汉字研究首先应本着科学的态度来进行，坚持以形为中心，探讨汉字发展的内部规律，将汉语研究与汉字研究区别开来。其次，汉字研究要坚持系统论的观点，通过对汉字总体系统的共时描写与历时比较，创建科学的汉字学。再次，坚持矛盾统一的原则，考察汉字量变到质变的过程，寻找整理与优化汉字的原则与方法。

关于汉字研究的方法，主要是从构形上对汉字进行分析。大部分学者坚持象形、指事、会意、形声四书说；裘锡圭先生提出表意字、假借字和形声字的新三书说；王宁先生提出构形的基本单位是形位，提出汉字构形的 11 种模式。这对丰富汉字研究具有重要影响。

（二）汉字的历史研究

汉字的历史研究包括汉字的发展史和汉字的研究史两个不同的方面。

汉字的发展史，主要研究不同时期的不同字体。甲骨文新旧资料得到整理、甲骨文的考释和断代取得丰富成果。铭文铜器不断出土，使新出金文的研究、金文索引的编纂和古文字信息化得到发展。战国文字和秦文字研究进展很大。如郭店楚简的研究、上海历史博物馆馆藏战国竹简的研究，形成了战国文字热。小篆研究已进入新的阶段，人们从构形角度细致描写了小篆中的会意字及形声字，形成了更为准确的结论。

隶书、楷书字体研究近年获得长足发展，不仅进行了系统的构形描写，还进行笔画、笔形的研究，拓展了新的研究空间。对于简化汉字，人们从多角度进行了研究，分类整理笔形，规范书写笔顺，切分汉字部件，整理了印刷用新旧字形。总之，在定量、定形、定序、定音各方面都取得了显著进展。

汉字学史的研究主要围绕着六书史、历代汉字的规范史、传世文献俗字的考证及整理而展开，成果斐然。

（三）汉字的应用研究

汉字的应用研究包括几个不同的方面，其中之一就是现代汉字的规范。从理论到实践，人们对汉字规范问题进行了全面的探讨，重新探讨异体字，分析疑难字，比较海峡两岸汉字使用的问题。

现代汉字应用研究的另一领域是汉字的教学研究。在小学汉字教学方面，人们探究了它的性质、方式，形成了较为系统的理论和操作方案。在对外汉字教学方面，人们对对外汉字教学的定义、内容、方法等进行探讨，运用认知心理学理论、传播理论、偏误分析与中介语理论，使许多问题的研究不断深入。

在汉字的信息处理方面，规范了汉字编码，大力建设汉字字库，使汉字输入和输出均取得了新的进展。

（四）汉字的跨学科研究

主要是从符号学、文化学、心理学、信息处理等不同领域来研究汉字，形成了汉字的符号研究、汉字的文化研究、汉字的认知研究等分支学科，取得了新的成果。

汉字研究在以上各方面取得进展的同时，还有许多理论及实践问题需要深入研究，不断探索。如汉字的起源问题、出土文字的识读、汉字构形的理论研究、简化汉字的政策问题、规范汉字的理论研究、异体字的整理问题、不同字体的计算机处理问题等。

现代的汉字研究在方法上、系统性上还需要不断加强与完善。

二、撰写汉字研究小论文参考题目

1. 汉字属性问题再研究

2. 现代汉字笔画系统研究

3. 汉字教学中的笔顺问题及对策

4. 汉字笔画组合规律研究

5. 现代汉字部件分析研究

6. 汉字结构特点与书写审美谈

7. "六书"中 4 种造字法特点浅谈

8.《说文解字》编排体例研究

9. 隶书楷化方式及特点

10. 汉字形体演变规律研究

11. 浅谈隶变在汉字形体发展中的意义

12. 古代字书编排方式研究

13. 汉字笔画检字法研究

14. 汉字部首检字法研究

15. 特殊结构的汉字部首归类研究

16. 《干禄字书》与古代汉字的规范化

17. 雕版印刷文献中的异体字

18. 《康熙字典》的历史作用

19. 俗字的形成与使用

20. 现代汉字简化基本规律谈

21. 汉字书写中的错别字现象及纠正方法研究

22. 现代汉字中的异体字问题研究

23. 现代汉字标准化中的"定序"问题谈

24. 现代汉字规范化的理论与实践问题浅谈

25. 现代汉字编码方案研究

26. 对外汉字教学法比较研究

27. 对外汉字基本部件教学研究

28. 古代儿童千字文识读研究

29. 小学现代汉字教学字量研究

30. 汉字与古代文化

三、参 考 文 献

（一）专著

陈原《现代汉语定量分析》，上海教育出版社 1989 年。

陈原《现代汉语用字信息分析》，上海教育出版社 1993 年。

党怀兴《宋元明六书学研究》，中国社会科学出版社 2003 年。

董琨《中国文字源流》，商务印书馆 1998 年。

冯寿忠《现行正字法》，中国书籍出版社 1997 年。

冯志伟《自然语言的计算机处理》，上海外语教育出版社 1996 年。

高更生《现行汉字规范问题》，商务印书馆 2002 年。

高家莺、范可育、费锦昌《现代汉字学》，高等教育出版社 1993
　　年。

国家语言文字工作委员会汉字处《现代汉字常用字表》，语文出
　　版社 1988 年。

国家语言文字工作委员会、国家标准局《现代汉语字频统计表》，
　　语文出版社 1992 年。

国家语言文字工作委员会、新闻出版署《现代汉语通用字笔顺规
　　范》，语文出版社 1997 年。

国家语言文字工作委员会《信息处理用 GB13000.1 字符集汉字
　　部件规范》，语文出版社 1998 年。

国家语言文字工作委员会《GB13000.1 字符集汉字笔顺规范》，
　　上海教育出版社 1999。

李宇明、费锦昌《汉字规范百家谈》，商务印书馆 2004 年。

厉兵《汉字字型研究》，商务印书馆 2004 年。

梁东汉《汉字的结构及其流变》，上海教育出版社 1964 年。

罗振玉《三代吉金文存》，中华书局 1983 年。

潘均《现代汉字问题研究》，云南大学出版社 2004 年。

裘锡圭《文字学概要》，商务印书馆 1988 年。

史定国《简化字研究》，商务印书馆 2004 年。

苏培成《现代汉字学纲要》，北京大学出版社 2001 年。

苏培成《二十世纪的现代汉字学研究》，书海出版社 2001 年。

王立军、宋继华、陈淑梅《汉字应用通则》，春风文艺出版社

1998 年。

王宁《汉字学概要》，北京师范大学出版社 2001 年。

许慎《说文解字》，中华书局 1985 年。

杨润陆《现代汉字学通论》，长城出版社 2000 年。

［俄］Ｂ·Ａ·伊斯特林《文字的产生和发展》，北京大学出版社
　　2002 年。

张静贤《现代汉字教程》，现代出版社 1992 年。

张普《汉语信息处理》，北京语言学院出版社 1992 年。

张书岩《异体字研究》，商务印书馆 2004 年。

郑林曦《精简汉字字数的理论和实践》，中国社会科学出版社
　　1982 年。

孙海波《甲骨文编》，中华书局 1965 年。

周有光《世界文字发展史》，上海教育出版社 1997 年。

　（二）论文

杜敏《建构科学的对外汉字教学传播体系》，《陕西师范大学学
　　报》，2002 年第 6 期。

费锦昌《汉字研究中的两个术语》，《语文建设》，1989 年第 5 期。

韩宝育《汉字的表音特点》，《汉语学习》，1988 年第 6 期。

韩宝育《表音：并非汉字演进的终极目标》，《陕西师范大学学
　　报》，1994 年第 2 期。

黄德宽《从转型到建构：世纪之交的汉字研究与汉语文字学》，
　　《语言文字应用》，2005 年第 3 期。

厉兵《汉字异读问题纵横谈》，《语言文字应用》，1993 年第 3 期。

陆锡兴《近年来关于汉字性质的讨论》，《语文导报》，1985 年第
　　10 期。

苏培成《现代汉字和现代汉字学》，收入《纪念王力先生九十诞

辰文集》，山东教育出版社 1992 年。

苏培成《简化字与繁体字的转换》，《语文研究》，1993 年第 1 期。

苏培成《现代汉字的构字法》，《语言文字应用》，1994 年第 3 期。

苏培成《现代汉字的部件切分》，《语言文字应用》，1995 年第
　　3 期。

涂建国《汉字排检法现状研究及其反思》，《辞书研究》，1997 年
　　第 2 期。

王伯熙《文字的分类和汉字的性质》，《中国语文》，1984 年第
　　2 期。

王宁《汉字的优化和简化》，《中国社会科学》，1991 年第 1 期。

王宁《论简化汉字的必然趋势及其优化的原则》，《语文建设》，
　　1991 年第 2 期。

王宁《二十世纪汉字问题的争论与跨世纪的汉字研究》，《中国社
　　会科学》，1997 年第 1 期。

王宁《汉字构形理据与现代汉字部件拆分》，《语文建设》，1997
　　年第 3 期。

晓东《现代汉字独体字与合体字的再认识》，《语文建设》，1994
　　年第 8 期。

叶恭绰《关于汉字简化工作的报告》，《现代汉语资料选编》，甘
　　肃人民出版社 1981 年。

周有光《汉字简化问题的再认识》，《光明日报》，1978 年 6 月
　　16 日。

周有光《文字类型学初探》，《民族语文》，1987 年第 6 期。

附录一

简 化 字 总 表

（1986 年新版）

（一）　第一表　不作简化偏旁用的简化字

本表共收简化字 350 个，按读音的拼音字母顺序排列。本表的简化字都不得作简化偏旁使用。

A	蚕 蠶¹	处 處	吨 噸	干 乾³ 幹	胡 鬍	继 繼
碍 礙	灿 燦	触 觸	夺 奪	赶 趕	壶 壺	家 傢
肮 骯	层 層	辞 辭	堕 墮	个 個	沪 滬	价 價
袄 襖	搀 攙	聪 聰	**E**	巩 鞏	护 護	艰 艱
B	谗 讒	丛 叢	儿 兒	沟 溝	划 劃	歼 殲
坝 壩	馋 饞	**D**	**F**	构 構	怀 懷	茧 繭
板 闆	缠 纏²	担 擔	矾 礬	购 購	坏 壞	拣 揀
办 辦	忏 懺	胆 膽	范 範	谷 穀	欢 歡	硷 鹼
帮 幫	偿 償	导 導	飞 飛	顾 顧	环 環	舰 艦
宝 寶	厂 廠	灯 燈	坟 墳	刮 颳	还 還	姜 薑
报 報	彻 徹	邓 鄧	奋 奮	关 關	回 迴	浆 漿⁵
币 幣	尘 塵	敌 敵	粪 糞	观 觀	伙 夥⁴	桨 槳
毙 斃	衬 襯	籴 糴	凤 鳳	柜 櫃	获 獲 穫	奖 奬
标 標	称 稱	递 遞	肤 膚	**H**	**J**	讲 講
表 錶	惩 懲	点 點	妇 婦	汉 漢	击 擊	酱 醬
别 彆	迟 遲	淀 澱	复 復 複	号 號	鸡 鷄	胶 膠
卜 蔔	冲 衝	电 電	**G**	合 閤	积 積	阶 階
补 補	丑 醜	冬 鼕	盖 蓋	轰 轟	极 極	疖 癤
C	出 齣	斗 鬥		后 後	际 際	洁 潔
才 纔	础 礎	独 獨				借 藉⁶

仅　僅
惊　驚
竞　競
旧　舊
剧　劇
据　據
惧　懼
卷　捲

K

开　開
克　剋
垦　墾
恳　懇
夸　誇
块　塊
亏　虧
困　睏

L

腊　臘
蜡　蠟
兰　蘭
拦　攔
栏　欄
烂　爛
累　纍
垒　壘
类　類[7]
里　裏

礼　禮
隶　隸
帘　簾
联　聯
怜　憐
炼　煉
练　練
粮　糧
疗　療
辽　遼
了　瞭[8]
猎　獵
临　臨[9]
邻　鄰
岭　嶺
庐　廬
炉　爐
驴　驢
乱　亂

M

么　麼[10]
霉　黴
蒙　朦　濛　懞
梦　夢

面　麵
庙　廟
灭　滅
亩　畝

N

恼　惱
脑　腦
拟　擬
酿　釀
疟　瘧

P

盘　盤
苹　蘋
凭　憑
扑　撲
仆　僕[11]
朴　樸

Q

启　啟
签　籤
千　韆
牵　牽
纤　纖[12]
窍　竅

窃　竊
寝　寢
庆　慶[13]
琼　瓊
秋　鞦
曲　麯
权　權
劝　勸
确　確

R

让　讓
扰　擾
认　認

S

洒　灑
伞　傘
丧　喪
扫　掃
涩　澀
晒　曬
伤　傷
舍　捨
沈　瀋
声　聲
胜　勝
湿　濕
实　實

适　適[14]
势　勢
兽　獸
书　書
术　術[15]
树　樹
帅　帥
松　鬆
苏　蘇
虽　雖
随　隨

T

台　臺　檯　颱
态　態
坛　壇　罎
叹　嘆
胆　膽
体　體
粜　糶
铁　鐵
听　聽
厅　廳[16]
头　頭
图　圖

涂　塗
团　團　糰
椭　橢

W

洼　窪
袜　襪[17]
网　網
卫　衛
稳　穩
务　務
雾　霧

X

牺　犧
习　習
系　係[18]
戏　戲
虾　蝦
吓　嚇[19]
咸　鹹
显　顯
宪　憲
县　縣[20]
响　響
向　嚮
协　協
胁　脅

亵　褻
衅　釁
兴　興
须　鬚
悬　懸
选　選
旋　鏇

Y

压　壓[21]
盐　鹽
阳　陽
养　養
痒　癢
样　樣
钥　鑰
药　藥
爷　爺
叶　葉[22]
医　醫
亿　億
忆　憶
应　應
瘾　癮
拥　擁
佣　傭
踊　踴
忧　憂
优　優

邮 郵	远 遠	赃 贓	战 戰	祇	昼 晝	装 裝
余 餘[23]	愿 願	脏 臟	赵 趙	致 緻	朱 硃	壮 壯
御 禦	跃 躍	髒	折 摺[25]	制 製	烛 燭	状 狀
吁 籲[24]	运 運	凿 鑿	这 這	钟 鐘	筑 築	准 準
郁 鬱	酝 醞	枣 棗	征 徵[26]	鍾	庄 莊[27]	浊 濁
誉 譽	**Z**	灶 竈	症 癥	肿 腫	桩 樁	总 總
渊 淵	杂 雜	斋 齋	证 證	种 種	妆 妝	钻 鑽
园 園		毡 氈	只 隻	众 衆		

脚注：1 蚕：上从天，不从夭。2 缠：右从庚，不从厘。3 乾坤、乾隆读 qián，不简化。4 作多解的夥不简化。5 浆、桨、奖、酱：右上角从夕，不从夕或⺈。6 藉口、凭藉简化作借，慰藉、狼藉仍用藉。7 类：下从大，不从犬。8 瞭：了（liǎo）解作了；瞭（liào）望作瞭，不简化。9 临：左从一短竖一长竖。10 读 me，轻声。读 mó 时不简化，如幺麽小丑。11 前仆后继的仆读 pū。12 纤维的纤读 xiān。13 庆：从大，不从犬。14 古人南宫适、洪适读 kuò。15 中药苍术、白术读 zhú。16 厅：从厂，不从广。17 袜：从末，不从未。18 系带子读 jì。19 恐吓读 hè。20 县：7 笔，上从且。21 压：6 笔。22 叶韵读 xié。23 余和餘意义可能混淆时仍用餘。24 喘吁吁、长吁短叹读 xū。25 折和摺意义可能混淆时仍用摺。26 宫商角徵羽的徵读 zhǐ，不简化。27 庄：6 笔。

（二）第二表　可作简化偏旁用的简化字和简化偏旁

本表共收简化字 132 个和简化偏旁 14 个。简化字按读音的拼音字母顺序排列，简化偏旁按笔画数排列。

A	贝 貝	**C**	尝 嘗[2]	审 審		啮 齧	队 隊
爱 愛	笔 筆	参 參	车 車	窜 竄	**D**	党 黨	**E**
B	毕 畢	仓 倉	齿 齒		达 達	东 東	
罢 罷	边 邊	产 產	虫 蟲	带 帶	动 動	尔 爾	
备 備	宾 賓	长 長[1]	刍 芻	单 單	断 斷		**F**
			丛 從	当 當	对 對		发 發

简化	繁体	简化	繁体
发	髮	监	監
丰	豐³	见	見
风	風	荐	薦
G		将	將⁴
冈	岡	节	節
广	廣	尽	盡
归	歸	进	進
龟	龜	举	舉
国	國	**K**	
过	過	壳	殼⁵
H		**L**	
华	華	来	來
画	畫	乐	樂
汇	匯	离	離
会	會	历	歷
J		丽	麗⁶
几	幾	两	兩
夹	夾	灵	靈
戋	戔		

简化	繁体	简化	繁体
刘	劉	鸟	鳥⁹
龙	龍	聂	聶
娄	婁	宁	寧¹⁰
卢	盧	农	農
虏	虜	**Q**	
卤	鹵	齐	齊
录	錄	岂	豈
虑	慮	气	氣
仑	侖	迁	遷
罗	羅	佥	僉
M		乔	喬
马	馬⁷	亲	親
买	買	穷	窮
卖	賣	区	區
麦	麥	**S**	
门	門	啬	嗇
黾	黽⁸	杀	殺
N		审	審
难	難	圣	聖

简化	繁体	简化	繁体
师	師	写	寫¹⁴
时	時	寻	尋
寿	壽	**Y**	
属	屬	亚	亞
双	雙	严	嚴
肃	肅¹¹	厌	厭
岁	歲	尧	堯¹⁵
孙	孫	业	業
T		页	頁
条	條	义	義
W		艺	藝
万	萬	阴	陰
为	為	隐	隱
韦	韋	犹	猶
乌	烏¹²	鱼	魚
无	無¹³	与	與
X		云	雲
献	獻	**Z**	
乡	鄉	郑	鄭

简化	繁体
执	執
质	質
专	專
简化偏旁	
讠	言¹⁶
饣	食¹⁷
纟	糸
𠃓	昜(易)¹⁸
临	臨
只	戠¹⁹
钅	金
圣	睪²⁰
𢀖	巠
亦	䜌
呙	咼

脚注：1 长：4笔。笔顺是：ノ一乚长。2 尝：不是赏的简化字。赏的简化字是赏（见第三表）。3 四川省酆都县已改丰都县。姓酆不简化作邦。4 将：右上角从夕，不从⺈或⺨。5 壳：几上没有一小横。6 丽：7笔。上边一横，不作两小横。7 马：3笔。笔顺是ㄱ马马。左上角开口，末笔作左偏旁时改作平挑。8 黾：从口从电。9 鸟：5笔。10 作门屏之间解的宁（古字，罕用）读 zhù。为避免此宁字与宁的简化字混淆，原读 zhù 的宁作㝉。11 肃：中间一竖下面的两边从八，下半中间不从米。12 乌：4

笔。13 无：4 笔。上从二，不可误作旡。14 写：上从冖，不从宀。15 尧：
6 笔。右上角无点，不可误作尧。16 讠：两笔。不作 ㄧ。17 忄：3 笔。中
一横折冖，不作 一 或点。18 ⻖：3 笔。19 ⻊：第二笔是一短横，竖折不
出头。20 睾丸读 gāo，不简化。

（三）第三表

应用第二表所列简化字和简化偏旁得出来的简化字。本表共收简化字 1753
个（不包含重见的字。例如"缆"分见"纟、⺍、见"3 部，只算 1 个字），以
第二表中的简化字和简化偏旁作部首，按第二表的顺序排列。同一部首中的简
化字，按笔数排列。（此表暂略）

（四）补录

以下 39 个字是从《第一批异体字整理表》摘录出来的。这些字习惯被
看作简化字，附此以便检查。

呆	獃	雇	僱	杰	傑	麻	蔴	笋	筍	异	異	扎	紥
		挂	掛	巨	鉅	脉	脈	它	牠	涌	湧		紮
布	佈	哄	閧	昆	崑	猫	貓	席	蓆	岳	嶽	占	佔
痴	癡		鬨		崐	栖	棲	凶	兇	韵	韻	周	週
床	牀	迹	跡	捆	綑	弃	棄	绣	繡	灾	災	注	註
唇	脣		蹟	泪	淚	升	陞	锈	鏽	札	剳		
		秸	稭	厘	釐		昇	岩	巖		劄		

下列地名用字，因为生僻难认，已经国务院批准更改，录后以备检查。

黑龙江　铁骊县改铁力县　　　　　　江　西　雩都县改于都县
　　　　　瑷珲县改爱辉县　　　　　　　　　　　大庾县改大余县
青海县　亹源回族自治县改门源回　　　　　　　虔南县改全南县
　　　　　族自治县　　　　　　　　　　　　　　新淦县改新干县
新　疆　和阗专区改和田专区　　　　　　　　　新喻县改新余县
　　　　　和阗县改和田县　　　　　　　　　　　鄱阳县改波阳县
　　　　　于阗县改于田县　　　　　　　　　　　寻邬县改寻乌县
　　　　　婼羌县改若羌县　　　　　　广　西　鬱林县改玉林县

四　川　酆都县改丰都县　　　　　　郃阳县改合阳县

　　　　石砫县改石柱县　　　　　　鄠县改户县

　　　　越嶲县改越西县　　　　　　雒南县改洛南县

　　　　呷洛县改甘洛县　　　　　　邠县改彬县

贵　州　婺川县改务川县　　　　　　郎县改富县

　　　　鳛水县改习水县　　　　　　葭县改佳县

陕　西　商雒专区改商洛专区　　　　沔县改勉县

　　　　盩厔县改周至县　　　　　　栒邑县改旬邑县

　　　　郿县改眉县　　　　　　　　洵阳县改旬阳县

　　　　醴泉县改礼泉县　　　　　　汧阳县改千阳县

　　此外，还有以下两种更改地名用字的情况：（1）由于汉字简化，例如辽宁省瀋阳市改为沈阳市；（2）由于异体字整理，例如河南省濬县改为浚县。

附录二

常 见 的 别 字

本表按正字的音序排列；括号里的是别字。

A

和蔼（霭）可亲

唉（哀）声叹气

安（按）装机器

黯（暗）然销魂

意义深奥（粤）

B

飞扬跋（拔）扈

纵横捭（俾）阖

裨（裨）官野史

坂（板）上走丸

以见一斑（般）

班（搬）门弄斧

洋泾浜（滨）

英雄辈（倍）出

并行不悖（背）

民生凋敝（蔽）

遮天蔽（避）日

大有裨（稗）益

原物璧（壁）还

刚愎（腹）自用

明辨（辩）是非

辩（辨）证法

脉搏（膊）微弱

赤膊（博）上阵

按部（步）就班

部（布）署已定

令人恐怖（布）

C

惨（残）无人道

残（惨）酷无情

酒中掺（渗）水

为虎作伥（帐）

天崩地坼（折）

嗔（填）目叱之

计日程（成）功

驰骋（聘）疆场

故作矜持（恃）

鞭笞（苔）三百

一张一弛（驰）

一筹（愁）莫展

相形见绌（拙）

川（穿）流不息

戳（戮）穿阴谋

义不容辞（词）

刺刺（剌）不休

出类拔萃（粹）

鞠躬尽瘁（粹）

D

披星戴（带）月

以逸待（代）劳

殚（惮）精竭虑

肆无忌惮（弹）

虎视眈眈（耽）

稍事耽（担）搁

管理档（挡）案

循规蹈（导）矩

中流砥（抵）柱

玷（沾）污清白

掉（调）以轻心

横渡（度）长江

欢度（渡）春节

堕（坠）落腐化

咄咄（拙）逼人

F

三番（翻）两次

反（翻）复无常

翻（反）云覆雨

妨（防）碍交通

冷不防（妨）

浪费（废）金钱

发愤（奋）图强

治丝益棼（纷）

破釜（斧）沉舟

原子辐（幅）射

入不敷（付）出

认识肤（浮）浅

感人肺腑（府）

G

言简意赅（该）

英雄气概（慨）

亘（互）古未有

卑躬（恭）屈膝

贡（供）献巨大

辜（姑）负好意

一鼓（股）作气

明知故（固）犯

灌（贯）输知识

羽扇纶（伦）巾
发扬光（广）大
性格粗犷（旷）
步入正轨（规）
行踪诡（鬼）秘
阴谋诡（鬼）计

H

短小精悍（干）
随声附和（合）
和（合）盘托出
万事亨（享）通
宽宏（洪）大量
声音洪（宏）亮
哄（轰）堂大笑
侯（候）门如海
青瓷茶壶（壺）
精神焕（焕）散
惨绝人寰（环）
荒（谎）谬绝伦
病入膏肓（盲）
富丽堂皇（黄）
心灰（恢）意懒
言谈诙（恢）谐
风雨如晦（海）
鱼鲜荤（晕）腥

J

迫不及（急）待

既（即）往不咎
召之即（既）来
土地贫瘠（脊）
丰功伟绩（迹）
模范事迹（绩）
不计（记）其数
绝代佳（佳）人
缄（箴）口不言
艰（坚）难困苦
草菅（管）人命
截（接）长补短
情不自禁（尽）
事过境（景）迁
兢兢（竞）业业
不胫（颈）而走
针灸（炙）疗法
赳赳（纠）武夫
前倨（踞）后恭
龙盘虎踞（据）
相距（矩）不远
规规矩矩（距）
面面俱（具）到
性格偏崛（崛）强
绝（决）对服从
千钧（钓）一发
工程竣（峻）工

K

热炕（坑）头

不卑不亢（坑）
刻（克）苦耐劳
颗（棵）粒归仓
坑（吭）害好人
空（恐）前绝后
脍（烩）炙人口
功亏一篑（匮）

L

味同嚼蜡（腊）
心狠手辣（棘）
陈词滥（烂）调
无耻谰（滥）言
可做蓝（篮）本
篮（兰）球健将
身体羸（赢）弱
大多雷（类）同
利（厉）害得失
变本加厉（利）
厉（励）行节约
风声鹤唳（泪）
史无前例（列）
火中取栗（粟）
劳动锻炼（练）
军事训练（炼）
一枕黄粱（梁）
寥寥（廖）无几
书写潦（了）草
一一列（例）举

浏（流）览一遍
流（浏）连忘返
惨遭屠戮（戳）
戮（戳）力同心
优待俘虏（掳）
高官厚禄（录）
庸庸碌碌（录）
语无伦（仑）次
脉络（胳）分明

M

漫（满）山遍野
无礼谩（漫）骂
风靡（糜）一时
望风披靡（糜）
甜言蜜（密）语
勉（免）强答应
模（糢）糊不清
墨（默）守成规
观摩（磨）教学
碑帖临摹（摩）

N

自寻烦恼（脑）
罪不及孥（奴）
强弩（努）之末

O

呕（沤）心沥血

打架斗殴（欧）
金瓯（殴）无缺
无独有偶（隅）

P

翘首盼（昐）望
坚如磐（盘）石
如法炮（泡）制
披（批）沙拣金
嗜酒成癖（僻）
纰（批）漏百出
心怀叵（巨）测
□（杯）土未干
艰苦朴（扑）素
前仆（扑）后继
风尘仆仆（扑）

Q

星罗棋（旗）布
修葺（茸）一新
感情融洽（恰）
恰（洽）如其分
乔（巧）装打扮
一窍（窃）不通
提纲挈（携）领
顷（倾）刻之间
罄（馨）竹难书
卑躬屈（曲）膝
怙恶不悛（俊）

入场券（卷）
尚待商榷（确）
却（缺）之不恭

R

熙熙攘攘（让）
当仁（人）不让
任（忍）劳任怨
矫揉（柔）造作
孺（儒）子可教
耳濡（儒）目染
含辛茹（如）苦
方枘（柄）圆凿

S

煞（杀）费苦心
歃（插）血为盟
潸（潜）然泪下
赡（瞻）养父母
礼尚（上）往来
喜上眉梢（捎）
稍（少）纵即逝
海市蜃（唇）楼
有恃（持）无恐
挑拨是（事）非
手不释（失）卷
首（手）屈一指
授（受）予奖章
军事部署（暑）

不辨菽（黍）麦
肆（肄）无忌惮
到处传诵（颂）
毛骨悚（耸）然
鬼鬼祟祟（崇）

T

□（淌）水过河
恬（括）不知耻
义愤填（添）膺
铤（挺）而走险
如火如荼（茶）

W

深为惋（婉）惜
枉（妄）费心机
委（痿）靡不振
甘冒不韪（讳）
惟（为）命是听
从中斡（干）旋
运筹帷幄（握）
戊（戌）戌政变
定期会晤（悟）

X

希（惜）世之珍
雨声淅（浙）沥
条分缕析（拆）
瑕（暇）瑜互见

自顾不暇（遐）
声闻遐（暇）迩
举止安详（祥）
向（想）往光明
骁（饶）勇善战
通宵（霄）不眠
直上重霄（宵）
报销（消）车费
胁（协）从不问
歪风邪（斜）气
不屑（宵）一顾
睡眼惺（醒）忪
学识修（休）养
休（修）养生息
申酉戌（戍）亥
一切就绪（序）
栩栩（诩）如生
寒暄（喧）客套
喧（宣）宾夺主
徇（殉）私舞弊
循（寻）序渐进

Y

揠（偃）苗助长
雅（鸦）俗共赏
偃（揠）旗息鼓
举行宴（晏）会
湮（淹）没不闻
此系赝（膺）品

敷衍（演）塞责

杳（沓）无音信

专程谒（竭）见

异（一）口同声

演绎（译）归纳

不可思议（义）

苦心孤诣（旨）

巍然屹（圪）立

一劳永逸（易）

贻（遗）笑大方

大学肄（肆）业

绿树成阴（荫）

绿草如茵（荫）

一望无垠（银）

化学反应（映）

反映（应）意见

式样新颖（颍）

优（忧）柔寡断

良莠（秀）不齐

记忆犹（尤）新

怨天尤（由）人

手头宽裕（余）

向隅（偶）而泣

始终不渝（逾）

逾（渝）期作废

阿谀（庚）奉承

元（原）气大伤

世外桃源（园）

断壁颓垣（桓）

缘（沿）木求鱼

Z

销赃（脏）灭迹

口干舌燥（躁）

鼓噪（躁）而进

人言啧啧（责）

读书札（扎）记

不眨（贬）眼

敲诈（榨）勒索

压榨（诈）平民

改弦更张（章）

通货膨胀（涨）

动辄（辙）得咎

计划缜（慎）密

举世震（振）惊

仗义执（直）言

抵（抵）掌而谈

出奇制（致）胜

掷（抛）地有声

幼稚（雅）可笑

莫衷（中）一是

接踵（踪）而来

捉襟见肘（胄）

满脸皱（绉）纹

高瞻远瞩（属）

孤注（柱）一掷

土著（着）居民

招摇撞（装）骗

梳妆（装）打扮

惴惴（揣）不安

缀（掇）句成文

呱呱坠（堕）地

心劳日拙（绌）

真知灼（卓）见

擢（捉）发难数

恣（姿）意胡为

故作姿（恣）态

恶意诅（咀）咒

编纂（篡）字典

有所遵（尊）循

第三章 词　　汇

第一节　语素、词、词汇

学习要点　了解语素、词、词汇的基本概念，掌握语素的类型及特点。搞清楚词、语素和字的区别。

一、语　　素

（一）语素及语素的确定

语素是最小的音义结合体。 如在"学习弹钢琴"这个语言片断中，"学""习""弹""钢""琴"都是最小的音义结合体，共有5个语素。"学习弹琵琶"中只有4个语素，"琵琶"读作 pípa，有两个音节，但表义单位却只有1个，因此是1个语素。语素的主要作用是构词。

确定语素可以用替换法。这种方法是将某个语言片断（一般是双音节）中被检测部分以外的部分用其他有意义的单位替换，如果替换以后被检测部分可以与有意义的单位结合成新的意义单位，就说明该部分是语素。替换的结果有3种情况：

第一，如果这个语言片段的每个组成部分都能被替换，那么，被检测部分都是语素。

广告——检测"广"：～播　～泛　～场　推～

检测"告"：布～　通～　～知　～示

"广告"的两个构成成分在保持原意的前提下都能分别与其他有

意义的单位结合成新的意义单位，是两个语素。

第二，如果这个语言片段只有一个组成部分能被其他有意义的单位替换，而另一个不能被替换，那么，这个语言片段只是1个语素。

　　苹果——检测"果"：水～　硕～　～实　～树

　　　　　　检测"苹"：～?

　　蝴蝶——检测"蝶"：飞～　粉～　彩～

　　　　　　检测"蝴"：～?

替换以后，被检测的"果"可以构成新的意义单位，所以是语素，"苹"不能构成新的意义单位，所以不是语素。"苹果"包含1个语素。同样，"蝶"是1个语素，"蝴"不是语素，"蝴蝶"包含一个语素。

第三，如果这个语言片段中任何一个组成部分都不能被其他有意义的单位替换，那么，这个语言片段只是1个语素。

　　蜻蜓——检测"蜻"：～?

　　　　　　检测"蜓"：～?

"蜻蜓"的两个组成部分都不能被替换，所以"蜻蜓"是1个语素。"蜻"和"蜓"只代表了无意义的音节。

采用替换法时要注意的一个问题是，在替换中，被检测的部分应该与未替换前的意思基本保持一致。例如"马虎""沙发"替换以后，虽然可以构成新的意义单位"马车""老虎""沙滩""发现"等，但替换前后的意义毫不相干，或意义发生了很大变化，那么，这种替换就是不能成立的。外来词、联绵词中的每1个字只表示该词的读音，不表示意义，所以，替换法一般不适用于这两类词。

语言是在不断发展的，有些外来词的构成成分最初并不是语素，如"的士、巴士、酒吧"中的"的、巴、吧"，是音译词的一部分，开始只表示 1 个音节，没有独立的意义，但是在语言运用的过程中逐渐具有了构词能力，如"打的、的哥、的姐、面的、摩的、拐的；大巴、中巴；网吧、话吧、氧吧、吧台、吧女"等等，应该承认它们已经演变为独立的语素。

（二）语素的分类

语素可以从不同的角度进行分类。

1. 按照构成语素的音节数目分类

（1）单音节语素。单音节语素是汉语语素的基本形式。

手　口　谈　想　宽　丰　和　从　呀

（2）多音节语素。多音节语素主要有 4 种：包括联绵语素、叠音语素、音译语素、拟声语素。

联绵语素由两个音节连缀成义，不可拆开理解，大多是古代汉语遗留下来的。根据读音又可分 3 小类：

双声：秋千　惆怅　踌躇　仓促　吩咐

叠韵：烂漫　螳螂　徘徊　混沌　叮咛

其他：杜鹃　妯娌　囫囵　葡萄　垃圾

叠音语素由两个重叠音节构成。其中的单个音节没有意义，不能单独使用。

蛐蛐　猩猩　姥姥　孜孜　潺潺　皑皑

音译语素借自外国语言和国内少数民族语言。

雷达　拷贝　色拉　哈达　戈壁　喇嘛　尼古丁　蒙太奇　冬不拉　奥林匹克

拟声语素模拟自然界的声音和人声。

扑通　咕咚　乒乓　滴答　哎哟　叽叽喳喳

2. 按照语素的构词能力分类

（1）成词语素。成词语素是能够独立成词的语素。

美　好　远　晴　谈　来　山　灿烂　沙发　麦克风

成词语素的多数既能够独立成词，也能同其他语素自由构词，少数只能独立成词，不能同别的语素构词，如"谁、的、吗、麦克风"等。

（2）不成词语素。不成词语素不能独立成词，只能同其他语素组合成词。

器　祖　丰　材　察　液　斯　哈　楚

3. 按照与别的语言单位组合时的位置分类

定位和不定位，既指和其他语素构成复合词时的位置，也包括在句法结构中和其他词组合时的位置。

（1）不定位语素。与别的语言单位组合时位置不固定的语素，称为不定位语素。

美——美丽　美好　美貌　秀美　壮美　审美

海——海洋　海面　海水　出海　航海　大海

机——机械　机能　机组　飞机　敌机　计算机

（2）定位语素。与别的语言单位组合时位置固定的语素，称为定位语素。有前定位语素和后定位语素。

前定位语素。

阿（阿姨、阿妹、阿爸）

非（非正义、非主体、非公有制）

老（老师、老外、老板、老鹰、老百姓）

第（第一、第五）

初（初五、初十）

后定位语素。

子（桌子、骗子、空子、矮子）

儿（信儿、头儿、摊儿、破烂儿）

手（扒手、刽子手、枪手、能手）

乎乎（胖乎乎、热乎乎、傻乎乎、黑乎乎）

着（吃着、看着、说着、拿着）

4. 按照语素意义的实虚分类

（1）实语素。含义比较实在而具体的语素。在构词中充当词汇意义的主要体现者，如"老虎"中的"虎"是词汇意义的主要体现者，所以是实语素。再如"桌子"中的"桌"是实语素。实语素再列举如下：

根　星　大　走　口　美　人　鸡　羊　海　天　地　变

（2）虚语素。含义比较虚泛而抽象的语素。如"老虎"中的"老"，意义已经虚化，没有了实在的意义，只是一个构词成分，所以是虚语素。"桌子"中的"子"也是虚语素。虚语素再列举如下：

了　着　过（见过）　的　地（慢慢地）　呢　吗

实语素大都是不定位语素，虚语素大都是定位语素。如"阿哥、老鼠、信儿、枪手"中的"哥、鼠、信、枪"都是实语素，也是不定位语素，"阿、老、儿、手"都是虚语素，也是定位语素。

（三）语素与音节、汉字的关系

语素、音节、汉字之间既有区别又有联系。语素是最小的音义结合的语言单位，音节是人们自然感觉到的最小语音片断，汉字是记录汉语的书写符号，因此，不能将它们混为一谈。但是，由于汉语中单音节语素占绝对优势，而1个汉字大多记录1个音节，因而它们之间又存在着一定的联系。

1. 语素与音节的关系

语素与音节之间的关系有以下几种情况。

（1）从语素的角度看：

第一，1个语素由1个音节①表达，这是一种常见的现象。如：rén（人）、mǎ（马）、chē（车）、shuǐ（水）等等。

第二，1个语素由多个音节表达，这种情况较少，例如前面的多音节语素"踌躇、尼古丁、奥林匹克"等。

第三，1个语素由1个音节的某些部分来表达。如："花儿""意思"等词中，语素"儿"和"思"就分别是由 $[xuar^{55}]$ 和 $[is^{51}]$ 这两个音节中的卷舌动作（用 r 表示）和辅音 s 来表示的。

（2）从音节的角度看：

第一，1个音节只表达1个语素，这种情况比较少。如：shài（晒）、shóu（熟）、髓（suǐ）、niē（捏）。

第二，1个音节分别表达多个语素，这是汉语中比较普遍的现象，少则几个，多则几十个。如音节 pī 所表达的语素有"批、纰、披、霹、劈"等，音节 jiǎn 所表达的语素有"简、塞、謇、锏、剪、茧、柬、拣、减、碱、趼、检、捡、俭"等。

第三，1个音节同时表达多个语素，主要是儿化词。如：mǎr（马儿）、lǐr（理儿）等。

2. 语素与汉字的关系

语素和汉字的关系有以下几种情况。

（1）从语素的角度看：

第一，1个语素只用1个汉字来表示，如"山、河、我、气"等。

第二，1个语素同时用多个汉字表示，如"参差、丁冬、东

---

① 这里所说的音节指带有特定声调的音节。由于汉语声调具有别义作用，不同声调属于不同的调位，因而，我们将带有不同声调的音节视为不同的音节。

不拉"等。

第三，同一个语素分别用不同的汉字表示（异形语素），如"叽咕—唧咕""叮当—丁当""叮咛—丁宁"等。

（2）从汉字的角度看：

第一，1 个汉字只代表 1 个语素。如"手、跑、丰、目"等。

第二，1 个汉字代表几个语素（多音多义字）。如："和"有 5 个读音，代表 6 个不同的语素：①hé，和睦；②hè，和诗；③huó，和面；④huò，和药；⑤huò，衣裳洗了 3 和了；⑥hú，打麻将和了。

第三，几个汉字表示 1 个语素（多音节语素）。如"琵琶、枇杷、玫瑰、葡萄、迪斯科"等。多音节语素中的汉字没有意义，不能代表语素，只能算一个书写单位。再如："蹒跚""褴褛"两个词中的汉字"蹒、跚、褴、褛"都没有独立意义，只有组合起来成为双音节词，才能代表一个语素。

二、词

（一）什么是词

词是最小的能够独立运用的语言单位。语言单位有大有小，只有同时符合"最小"和"能够独立运用"这两个条件的语言单位才是词。理解词的概念应注意以下问题：

第一，所谓"能够独立运用"，通常指的是词可以独立充当各种句法成分。比如"请你来"中的"请""你""来"都是词。

第二，所谓"最小"，是说独立充当句法成分的语言单位必须是最小的，否则不能认为是词。因为短语也能独立充当句法成分，如："这样做不行。"其中"这样做"就是一个句法成分，但不符合"最小"的特点，因而不是 1 个词，只能是 1 个短语。

第三，有些语言单位不能单独充当句法成分，但可以独立地表示某种句法关系，具有句法功能，在句法结构中，它们的前后都是词，它们并不是别的词的一部分，所以也是词，如"和""从""呢"等。这些词往往是虚词。

词既是基本的词汇单位，又是重要的语法单位。它的意义一般比较凝固，读音比较固定。如儿化、轻声等音变现象，大多是在词的层面上发生的。

（二）语素和词

语素和词都是音义结合的语言单位，二者既有联系，又有着显著的区别。

（1）从功能上看，语素只能作为构词成分，而词是造句的基本单位。这是词和语素最根本的区别。

（2）从语音上看，现代汉语的语素以单音节为主，词则以双音节为主。

（3）从意义上看，语素义不够明确、稳定，往往随着所构成的词的不同而有所变化；相对来说，词的意义比较明确、稳定。比如"丰收""丰碑"这些词的意义是明确的，而"丰"这个语素在不成词时，意义是游离的，有"丰富"和"大"等意义，只有和别的语素组合成词时，它的意义才更为明确固定。

三、词　　汇

词汇又称语汇，是一种语言里所有词和熟语的总汇。词汇也可以指语言的一定时期、一定范围内的词语总汇，如"古代汉语""现代汉语"等在汉语的不同发展阶段所使用的全部词语，也可指该语言的某一方言如"吴方言""湘方言"等不同方言中所使用的全部词语，还可指不同作家的作品中所使用的全部词语，如《红楼梦》《白鹿原》中所使用的全部词语。

词汇既然是"总汇"，它就是一个集合概念，词汇同词的关系是集体与个体的关系，单个的词语不能称为词汇。

熟语作为固定短语，包括成语、惯用语、歇后语等。尽管熟语的结构比词复杂，意义也比词丰富，但人们在使用时，总是把它作为1个固定单位看待的，其作用相当于1个词，是词的等价物。

词汇是语言的建筑材料。就一种语言而言，词汇丰富是语言发达的一个极为重要的标志。就个人来说，掌握的词汇量越大，其语言表达能力会越好。汉语是世界上最发达的语言之一。现代汉语是从古代汉语、近代汉语发展演变来的，在漫长的历史进程中，积累了大量的词汇，为人们的使用提供了可供选择的丰富材料。

以语言的词汇为研究对象的学科是词汇学，属于语言学的一个分支。研究各种语言词汇的共同规律的，叫"普通词汇学"；研究词汇的起源和历史发展的，叫"历时词汇学"；研究某种语言的某个时期的词汇系统的，叫"描写词汇学"。现代汉语词汇学属于描写词汇学，以普通话词汇为主要研究对象。

现代汉语词汇具有以下几个方面的特点。

（1）单音节语素占优势地位。随便拿出一些语言单位进行分析，就可以看出这个特点。如"你来了。""这样下去是不行的。"这两句话中都是每一个音节代表一个语素。现代汉语语素与音节有着很强的对应性。

（2）现代汉语词汇具有双音化的趋势。所谓双音化，是指现代汉语词汇中双音节词增多的现象。汉语词汇双音化的趋势，有以下几种表现。

1）古代以来的单音节词有向双音节词发展的倾向。

目→眼睛　春→春天　国→国家　思→思想

2）三、四个音节以上的词语有向双音节词语缩减的倾向。

电视机→电视　土老帽→老土

北京大学→北大　师范大学→师大

3）多音节音译词汉化时有用双音节表达的倾向。

麦克风→话筒　因特网→网络　德谟克拉西→民主

（3）采用"词根＋词根"方式构成的复合式合成词比较多，如太阳、月亮、电脑、汽车、飞机、航天城、动车组等等。采用"词根＋词缀"的方式构成的合成词较少。

思考与练习

一、确定汉语语素的基本方法是什么？如何具体操作？

二、可以从几个角度对汉语语素进行分类？怎样分类？

三、将下列句子中的词划分开来。

生活对于任何人都非易事，我们必须有坚忍不拔的精神。最要紧的，还是我们自己要有信心。我们必须相信，我们对每一件事都具有天赋的才能，并且无论付出任何代价，都要把这件事完成。当事情结束的时候，你要能问心无愧地说："我已经尽我所能了。"

四、指出下列语素的类型。

示例：研——单音节语素，不成词语素，不定位语素，实语素。

热　文　激　目　解　喉　吉他　（乐）悠悠

五、下列词语各由几个语素构成？请从不同的角度对语素加以分类。

精粹　伶俐　常常　囊括　嘀嗒　活生生　办公室

朦胧诗　教导员　比基尼　酒吧　扎啤

第二节 词 的 构 成

学习要点 认识单音节词和多音节词，了解单纯词和合成词。辨识合成词中语素之间的意义关系，学会分析合成词的内部结构和层次。

一、单音节词与多音节词

（一）单音节词

由1个音节构成的词。

花 草 真 深 甜 明 我 这 在 呢 呀

（二）多音节词

由两个或两个以上音节构成的词。

1. 双音节词

现代汉语里双音词占85％以上，是现代汉语词的主要形式。

草莓 住宅 考场 暂停 重视 体会 微妙 蔚蓝 心虚 可爱 猛然 仅仅

2. 三音节以上的词

纪律性 男子汉 工作队 全自动 闹哄哄 马列主义 知识分子 奥林匹克 加利福尼亚 英特纳雄耐尔

二、单纯词与合成词

词是由语素构成的。从构成词的语素数目着眼，词可以分为单纯词和合成词。

（一）单纯词

单纯词是由 1 个语素构成的词。又有单音节和多音节两种。

1. 单音节单纯词

由 1 个单音节语素构成。

看　走　你　我　跑　想　雨　草

2. 多音节单纯词

由双音节语素或多音节语素构成，主要有联绵词、音译词、叠音词、象声词、感叹词。

（1）联绵词：由两个音节连缀成义的词。包括两个音节声母相同的双声词、韵腹韵尾相同的叠韵词以及非双声叠韵词。

双声词：琵琶　吩咐　坎坷　琉璃　惆怅　拮据　璀璨

叠韵词：徘徊　逍遥　朦胧　从容　汹涌　窈窕　妖娆

非双声叠韵词：杜鹃　妯娌　蜈蚣　鹧鸪　疙瘩　嗫嚅

（2）音译词：吉普　克隆　迪斯科　欧佩克　厄尔尼诺

（3）叠音词：蛐蛐　猩猩　皑皑　冉冉　姗姗

（4）象声词：哗哗　吱吱　叮当　扑通　劈里啪啦

（5）感叹词：哎呀　哎哟　哟嗬　哈哈

（二）合成词

由两个或两个以上的语素构成的词叫合成词。在合成词中，实语素充当的成分叫做词根，虚语素充当的成分叫做词缀。合成词的构造方式有 4 大类：复合型、附加型、重叠型、综合型。

1. 复合型

由实语素组合而成。复合型是汉语词的基本结构形式。主要有 5 种类型：

（1）联合式：组成词的各个语素之间是平等并列的关系。

人民　语言　书写　居住　广阔　勇猛（同义联合）

买卖 出纳 呼吸 起伏 好歹 始终 动静 开关 睡觉 忘记（反义联合）

质量 江山 骨肉 窗户 眉目 岁月 桃李 血汗 心肠 细软（类义联合）

（2）偏正式：词中前面的语素对后面的语素加以修饰、限制。可分为定中式和状中式两种类型。定中式的中心成分是体词性语素，状中式的中心成分是谓词性语素。

绿茶 信箱 雪花 瀑布 名人 双杠 湘绣（定中式）

清算 优待 血战 闷热 肤浅 雪白 笔直

函授（状中式）

（3）补充式：包括两个小类。一种是前面的语素表示某种动作、行为、变化，后一语素补充说明其结果；一种是前面的语素表示一种事物，后一语素表示该事物的量。

展开 刷新 提高 证明 冻僵 看见（动补式）

枪支 土方 钟点 船只 车辆 纸张（名量式）

（4）动宾式：前后语素之间是支配和被支配的关系。

管家 知己 立春 护膝 抬头 凌晨 雪耻 避讳 得罪
失礼 失踪 司机 理事 围脖 领队 起草 列席 出版
开心 得意 悦耳 照常 到底 造谣 剪彩

（5）主谓式：前后语素之间是陈述和被陈述的关系。

地震 海啸 兵变 霜降 人为 目击 胆怯 眼红 年轻
性急 肩负 自觉

除了以上五种基本的复合型以外，还有两种其他类型：

（6）连动式：两个语素所表示的动作有先后承接关系。

查封 集训 投靠 报考 谋求 考取 认领 扮演 剪贴
接管 贩卖

（7）兼语式：两个语素所表示的动作分别与隐含的对象有施受的关系。

召见　召开　逼供　促进　请示　请教　引见　劝降　逗笑

2. 附加型

由词根加上词缀构成的合成词。分前附式和后附式两类。

（1）前附式：

第：第一　第二　第三　第几

可：可笑　可恶　可爱　可亲

打：打听　打扮　打量　打趣

非：非常　非分　非法　非凡

（2）后附式：

子：孩子　帽子　帘子　拍子

儿：弯儿　盖儿　花儿　草儿

气：骄气　土气　洋气　憨气

者：读者　学者　长者　作者

性：慢性　惯性　耐性　弹性

附加型中，词根是词汇意义的主要承担者，词缀的意义比较抽象，往往有标示词性的作用。如带前缀"第"的多为序数词，带"可"的多为形容词，带后缀"者"的多为名词，带"气"的是形容词或名词。

3. 重叠型

由两个相同语素重叠而成的合成词。

星星　　姐姐　　爷爷　　妈妈　　偏偏

刚刚　　仅仅　　悄悄　　暗暗　　久久

合成词中的重叠型是两个相同语素的重叠；单纯词中的叠音词是两个无意义的音节重叠，两个音节合起来才有意义，所以是由 1 个语素构成的词。

4. 综合型

由 3 个或 3 个以上的语素构成的合成词，综合运用了 1 种或几种构词方式，其内部大多有层次性。如"有线电视"由 4 个语素构成，"有线"和"电视"构成第一层次，是偏正关系，"有线"是动宾关系，"电视"是偏正关系，分别为第二层次。再如：

三、词与短语的关系

词与词组合的语言单位叫短语，又称词组。短语内部词与词的组合方式同合成词中语素与语素的组合方式是基本一致的，这是现代汉语的一个特点。

短语是比词高一级的语言单位，一般情况下，词与短语的界限是清晰的，但一些双音节合成词和双音节短语却存在着不易辨别的问题。

区分合成词和短语，一般采用插入法（或称扩展法、隔开法）。例如"大雨"可以扩展成"大的雨"，是短语。"大衣"不能扩展成"大的衣"，是合成词。

有些合成词如"洗澡、理发、注意、上当、打倒、看见"等，偶尔也可以插入其他词语，如"洗一次澡""理了发""注点儿意""上他的当""打不倒""看得见"。这类词通常称为"离合词"，无插入成分时是词，有插入成分时是短语。

词和短语之间存在互相转化的现象，表现为词的分离和短语的缩略。词的分离表现为上述离合词向短语的转化，短语的缩略指一些常用短语在使用的过程中逐步简缩为一个合成词。这种缩略形式主要有以下几种类型：

1. 选取每个词的第一个语素

家用电器——家电　　　　科学研究——科研

2. 从原词语中抽取某些有代表性的成分

考研究生——考研　　　　高等院校——高校

3. 省略并列成分中的相同语素

青年少年——青少年　　　教工职工——教职工

4. 运用数字概括相同成分

高血压、高血脂、高血糖——三高

开口呼、齐齿呼、合口呼、撮口呼——四呼

运用缩略构成新词，可以使语言简洁明了，但是应遵循表义明确、约定俗成的原则，避免随意缩略而出现歧义或指代不明。

思考与练习

一、分析下列单纯词的类型。

伶仃　唐突　铮铮　牡丹　鹧鸪　逻辑　哈哈　混沌
太太　咖喱　布谷　卡通　蟋蟀　参差　拿破仑

二、指出下列合成词的构成方式。

天蓝　月亮　火红　眼红　学者　右手　目击　伤心
马车　爱心　老鹰　围墙　跑道　诗篇　认清　头脑
飞快　干净　司法　能手　沐浴　作家　冰冷　雪亮
雪崩　马匹　留神　绿化　棋子

三、"子""头""老""家"可以构成附加型合成词，也可以构成复合型合成词，请分别举例说明。

四、举例说明词和短语的区别。

五、为什么说汉语合成词的结构类型与短语的结构类型具有一致性？

六、叠音词和重叠词的区别在什么地方？

第三节　词义的特性与分析

学习要点　了解词义的性质、词的理性义、色彩义和语法义，掌握义素分析的基本方法和语义场的基本知识。

一、词义的特性

词义就是一个词所代表的意义。它是人们对某一事物、现象的本质特征的概括反映和主观评价。任何词都是音义的结合体，语音是词的形式，意义是词的内容。词义具有以下特性。

（一）概括性与具体性的统一

词义是对客观事物、现象的本质属性的概括反映，是人类抽象思维的成果，因而具有概括性的特点。例如"眼镜"的词义是"戴在眼睛上矫正视力或保护眼睛的透镜"，概括了不同功能、外形、产地的眼镜的共同特征，舍弃了它们的差异。"汽车"包括许多种类：卡车、轿车、面包车、吉普车、大客车等等，从各种各样的汽车中概括出来的共同的本质特征，就是"用电或某种燃料做动力，主要在公路上或马路上行驶的交通工具"。

但另一方面，词义又具有具体性，也就是说在特定的语境中，词义所指的对象是十分清楚和明确的。比如有人说"汽车马上就要到站了"，这里的"汽车"是指用于公共交通运输的客车。再比如，老师在现代汉语课堂上说"请同学们把书翻到 25 页"，这时同学们毫无例外地打开了现代汉语教材，而不会把书包里小说之类的书打开。因为大家明白，老师所说的"书"比词典中"书"的词义更加具体。词典对"书"的解释是"装订成册的著作"，而老师所说的"书"是指正在用于教学的现代汉语教材。

（二）民族性与共通性的统一

在不同的语言之间，词义所指的范围、词义的聚合、词义的组合及词义的发展和理据等方面都可能存在差异，这些差异体现了词义的民族性。比如汉语的"哥哥、弟弟、姐姐、妹妹"在英语中只用"brother"和"sister"表示，英语中的"he、she、it"在汉语中却只有一个读音——tā（他、她、它）。再如汉语"头"的词义中有"头发"和"发式"两个义项，可以说"把头剪短一点"和"剪个什么样的头"，英语 head 有两个义项："人，个人"和"泡沫。"欧洲人认为猫头鹰是智慧的象征，也是智慧女神雅典娜的象征，因而英语 owl 一词便具有了相应的联想意义，而汉语社会中人们把猫头鹰和死亡、凶险、不吉利等联系在一起，因此英语中对人表示称赞说"他像猫头鹰一样聪明"，汉语中却不能这样说。

另一方面，不同语言之间又是可以互通的，不同语言的差异是存在于语言的共性之上的。语言差异并没有阻碍各民族之间的交流，通过翻译可以使不同的语言顺畅地沟通。

（三）模糊性与确切性的统一

所谓模糊性，就是词义所表达的客观对象的边界、状态的不确定性。词义是表达概念的，而人类认识活动中形成的一部分概念，其外延往往是不确定的，反映在词义上，就是词义的模糊性。比如"早晨""中午""下午""晚上"，这些词义的界限到底是几点几分，没有标准，在各个季节也不一样。再比如"快"和"慢"，"高"和"矮"，"大"和"小"都没有一个明确的标准，其界限是模糊的。还如"冰—凉—温—热"之间，究竟到多少度算是"温""热"，并没有一个严格的界限。词义的模糊性是客观事物、现象连续性的反映。

从另一方面看，词义又是相对确切的。因为人们在交际时关注的是词义的核心，是词义所概括的主要对象，而词与词之间，核心意义的差别一般是十分明显的，否则就不能正常交际了。比如洗脸时说"水有点儿凉"，语义是清楚而明确的。如果说成"水温是 5 度"，看起来更加确切，其实这样的表达反而很别扭，因为常人洗脸时不会测水温。说"他一年忙到头"，意思是"他很忙，始终都没有停歇"，语义是清楚而明确的。要是说成"他一年要忙 365 天 5 小时 48 分 46 秒"（地球自转一周的时间），那就太啰嗦、太麻烦了。因此，模糊与确切是相对的，在语言表达中各有作用。

（四）发展性与稳固性的统一

词义是不断变化的。社会发生变化，人的认识发生变化，词义也会发生相应的变化。比如"车"，在古代只指人力车、畜力车，而今天可以包括火车、汽车、摩托车等各种机动车。又如"形势"，本来只有"地势"的意思，"形势险要"就是此义，后来又增加了"事物发展的状况"的意义。"问"古代有"询问""赠送""音信"3 个意义，现在只用第一个意义。"快"在古代指"高兴"，这个意思保存在"大快人心""亲痛仇快""愉快"等词语里，现在"速度高""锋利"也叫"快"。

词义也可能在较短的时期内发生变化，如"登陆"原指"渡过海洋或江河登上陆地，特指作战的军队登上敌方的陆地"。近年来，产生了一个新的意义："比喻商品打入某地市场"。又如"下海"，原有"到海中去""渔民到海上捕鱼"等意义，现在又有了"放弃原来的工作而做生意"的意思。

另一方面，汉语有悠久的历史，古代形成的大量词语传至后代，以使前人的生产、生活经验得以流传。现代汉语中来自古汉语的基本词，其基本义与古汉语是一脉相承的。如甲骨文中的"一、二、山、水、上、下、左、右"等词今天还在继续使用。这说明词义具有历史继承性。词义的稳固性是相对的，发展变化是绝对的。

二、词义的类型

任何一种语言的词义都是由多种因素构成的复杂系统。广义的词义包括词汇意义和语法意义。词的词汇意义概括反映事物对象的本质特征，语法意义是词在组合中所显示的关系意义和功能意义。如："合适"一词的词汇意义是"符合实际情况或客观要求"，语法意义是"能受程度副词修饰，常作句子的谓语、定语等成分，不能带宾语"等意义。词汇学上讲的词义一般指词汇意义，即狭义的词义。

词的词汇意义分理性义和色彩义两种。

（一）理性义

词义中与概念相关的部分是理性义。它是人们对词所指称的客观事物的区别性特征的概括反映。

家庭：社会经济生活的基本单位，一般以婚姻和血缘关系为基础。

面积：平面或物体表面的大小。

减免：减轻或免除（捐税、刑罚等）。

腼腆：因怕生或害羞而神情不自然。

微型：体积比同类的东西小的。

理性义是词义的核心，也是词典对词条解释的主要内容。

（二）色彩义

色彩义通常表现为词的附加意义，附加在词的理性意义之上，表示人们的主观态度、评价或词的使用范围、场合以及形象特点等意义。色彩义主要有感情色彩意义、语体色彩意义和形象色彩意义。

1. 感情色彩

感情色彩是人对词所指称的客观事物的主观评价和态度。大部分词只表示客观的事物或现象，不带明显的感情色彩，比如"土地""房屋""城市""计算"等。这一类词称为中性词。另一部分词体现出鲜明的感情色彩，带有赞扬、喜爱、亲切、敬仰等感情色彩的，叫褒义词；带有贬斥、憎恨、厌恶、轻蔑等感情色彩的，叫贬义词。

褒义：光荣　优雅　适宜　兴旺　关爱　可贵　功勋　诚信
　　　豪杰　业绩　栋梁

贬义：阴险　死板　轻狂　冗长　庞杂　狡辩　嫉妒　密谋
　　　习气　赌徒

许多成语也带有感情色彩。例如：

褒义：忍辱负重　崭露头角　鹤发童颜　难能可贵
　　　继往开来　龙腾虎跃　兼收并蓄　开诚布公

贬义：认贼作父　恃才傲物　偷梁换柱　拾人牙慧
　　　忘恩负义　矫揉造作　怙恶不悛　专横跋扈

前面说到的感情色彩，大多与词的理性意义直接关联，体现了人们的主观评价。还有一些词的感情色彩，并不与理性意义相联系，是纯粹的附加在词上的色彩。如"老太太""老大爷"含尊重、亲切的色彩，"老太婆""老头子"则带有不喜欢或戏谑的色彩。"毛驴儿""兔儿""猫儿"带有喜爱的特点，"毛驴""兔子""猫"则不带特定的感情色彩，是中性的。

2. 语体色彩

语体色彩指词经常出现在特定的场合所形成的风格特点。主要分口语色彩和书面语色彩两种。

　　带有书面语色彩的词适用于书面写作，显得庄重文雅；带有口语色彩的词用于日常谈话，显得随意自然。但大多数的词是通用于书面语和口语的。

书面语	通用	口语
嘲讽	讽刺	挖苦
迁怒	出气	撒气
颤抖	发抖	哆嗦
头颅	头	脑袋
殴打	打	揍
出色	好	棒、酷

　　3. 形象色彩

　　许多词除了具有理性义之外，还同时具有形象感，以生动、具体的形象诉诸人们的感官，这就是词语的形象色彩。形象色彩是通过语素义和词所代表的对象的特定联系产生的。大致可分为形感、色感、动感、声感等。

　　形感：有些词的意义能给人以十分具体的形象。如"狮子头"是一种形状像狮子脑袋的肉丸子，"木耳"是一种长在腐朽树干上，形如人耳，可供食用的菌类。再如，"龙须面、驼背、仙人掌、佛手、喇叭花、鹅卵石、鸭舌帽"等，其词义都具有鲜明的形象性。

　　色感：有些词的意义能让人有某种鲜明的色彩感。如"金黄"使人联想到金子一般的色彩，"白茫茫"使人感受到一望无边的白色，并有视线模糊不清的感觉。再如"橘红、墨鱼、雪豹、绿油油"等，其词义都给人以强烈的色感。

　　动感：有些词的意义能让人产生特殊的动感。如"摇曳"使人有一种摆动不定、临风飘摇的感觉，"炒鱿鱼"使人联想到被炒的鱿鱼片卷起来，从而也联想到因被解雇而卷行李的具体动作。再如"晃荡、撞车、碰钉子、开夜车"等，词义都与某种动作相联系，表达十分生动形象。

声感：有些词的意义能给人以如闻其声的感觉，如"嘻嘻哈哈、稀里哗啦、轰隆隆、笑哈哈、啧啧、喔喔"等都是拟音词，看到这些词自然会联系到相应的声音。

有的词具有不止一种形象色彩。如"银河"是因看起来像是一条银白色的空中河流而得名，它是既根据形感又根据色感构造的词。"扑啦啦"既有鸟类忽然振翅起飞的声感，又有拍翼而起的动感。

三、义　素　分　析

(一) 义素

义素是词义的构成要素，是词义分析的最小单位，也是词义的区别性特征。

人们认识事物是从多方面进行的，如形态、特点、构成、功用、性质等，在这些方面进行提炼、概括，用这些方面的内容来反映这一事物的本质属性，这些内容就成了词义的基本要素，这样的要素就是义素。在义素的基础上就能概括出指称该事物的词义。简言之，义素就是对词义所概括的事物根本特征的分项表达。

胜利：在斗争或竞赛中打败对方。[＋斗争/竞赛][＋打败对方]

失败：在斗争或竞赛中被对方打败。[＋斗争/竞赛][＋被对方打败]

（二）义素分析的方法

义素分析就是把一组意义相关的词语的义项分析为若干义素的组合，并放在一起进行对比分析，从中寻找出共同义素和区别义素。这样既可以看到词义之间的联系，也可以看到它们之间的区别。

哥哥：［＋直系亲属］［＋同胞关系］［＋年长］［＋男性］

姐姐：［＋直系亲属］［＋同胞关系］［＋年长］［－男性］

弟弟：［＋直系亲属］［＋同胞关系］［－年长］［＋男性］

妹妹：［＋直系亲属］［＋同胞关系］［－年长］［－男性］

"直系亲属""同胞关系"对于这 4 个词来说是共同义素，而"年长""男性"则是这一组词的区别义素。共同义素和区别义素都有区别意义的作用。

义素分析的步骤：

1. 确定范围

义素分析的第一步，就是确定比较范围，找出一组相关词语。比较范围不能太窄，也不要太宽。一般可采用从小到大逐步扩大范围的办法，先找关系最密切的词语来比较，不够时再扩大比较的范围，直到能准确揭示各个词语相互区别的语义特征时为止。

	交通工具	机动	载人	三轮	载量大
自行车	＋	－	＋	－	－
三轮车	＋	－	－	＋	－
小轿车	＋	＋	＋	－	＋

2. 比较异同

义素分析最关键的一步，就是比较词语的异同，抽象出彼此相同和相互区别的特征。

	学校成员	在校工作	从事教学
教师	＋	＋	＋
职工	＋	＋	±
学生	＋	－	－

3. 列出义素

就是系统而简明地揭示词语之间的异同，列出各个词义的义素结构式。义素结构式有两种：

一种是把概括出来的特征用二分法列成非此即彼的对立成分，用"＋""－"来表示，义素用方括号"〔　〕"标示，列在词的后面。如义素〔男性〕用〔＋男性〕表示，义素〔女性〕用〔－男性〕表示，这种方式便于描写语义关系。

父亲：〔＋直系亲属〕〔＋男性〕〔＋长辈〕

母亲：〔＋直系亲属〕〔－男性〕〔＋长辈〕

儿子：〔＋直系亲属〕〔＋男性〕〔－长辈〕

女儿：〔＋直系亲属〕〔－男性〕〔－长辈〕

另一种是先将词语和义素分别列在表的左端和上端，在词和某义素的相交处划"＋""－"号，表示某种特征的有无。这种方式便于比较几个词义的异同。如前面1、2两步的例子。

（三）义素分析的作用

（1）通过义素分析，可以更全面、更深入地了解词义。义素是构成词义的最小单位，是构成词义的基本要素。词的意义是一束义素的结合体，而词义之间的差异就表现在它们含有不完全相同的义素。因此，运用义素分析法分辨邻近词义的差别，就能做出比较精确的说明。

如：分析"长方形""正方形"这两个词的意义，只需要找出它们的共同义素、区别义素，就能十分明确地显示其差别。

长方形：[＋四角为直角][＋四边形][－四边相等]

正方形：[＋四角为直角][＋四边形][＋四边相等]

	坐具	一人坐	靠背	有腿
椅子	＋	＋	＋	＋
长凳	＋	－		＋
凳子	＋	＋	－	＋
草垫	＋	±	－	－

（2）通过义素分析可以比较简便地说明词义的一些关系。词的义素既反映了词义的共性特征，又反映了词义的区别性特征，因此，它为分析同义词、反义词提供了新的方法。

窥视：[＋看][±往一定方向][＋在暗中]

眺望：[＋看][＋往一定方向][＋向远方]

瞻仰：[＋看][＋往一定方向][＋崇敬的]

高：[＋距离][＋离地远]

低：[＋距离][－离地远]

（3）义素分析对不同语言对比研究有重要意义。不同语言的词语难以一一对应，但可以通过义素分析来加以辨别。

uncle：[＋男性][－直系亲属][＋长辈][±父系]

叔叔：[＋男性][－直系亲属][＋长辈][＋父系]

舅舅：[＋男性][－直系亲属][＋长辈][－父系]

义素分析作为一种新的语义分析方法，有很多优点，但至今仍有不够完善之处。有不少词语难以进行义素分析。义素分析尚未形成客观的标准，有较大的随意性，对同一组词，义素提取的数量和种类也往往因人而异。这些问题都需要进一步探索。

四、语　义　场

（一）语义场及其性质

语义场是具有共同义素的一组词的聚合。如：车、船、飞机，具有共同义素［＋交通工具］，在语义上形成一个系统，构成一个语义场。客车、吉普车、轿车、面包车、卡车这些词都包含"汽车"这一类属意义，都有［＋用电或其他燃料作动力］［＋在公路上、马路上行驶］［＋交通工具］的义素，它们靠这些共同义素彼此联系在一起，形成一个语义场。

属于同一个语义场的各词之间，词义的联系非常密切，既有共同的特点，又有不同的特点，可以通过义素分析，清楚地看到语义场内各词之间同中有异、互相补充、互相制约、互相依存的联系。

	书写工具	硬笔	吸墨水	刀削	竹管
毛笔	＋	－	－	－	＋
钢笔	＋	＋	＋	－	－
铅笔	＋	＋	－	＋	－
圆珠笔	＋	＋	－	－	－

同一语义场内各词义相互依存又相互制约的联系，还表现在一个词的词义受制于语义场内其他词的词义。例如：

金　木　水　火　土（"金"泛指一切金属）

金　银　铜　铁　锌（"金"专指黄金）

（二）语义场的层次

语义场存在着大小不同的结构层次。在一个比较大的语义场里，往往可以分出若干个更小的子场，整个语义场形成一个有层次的聚合。

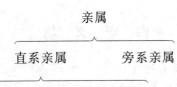

亲属

　　直系亲属　　　　旁系亲属

直系男性亲属　　　直系女性亲属

　　在语义场的不同层次中，上一层次某个词的义素必然为下一层次的各词所共有，而下一层次又必然有自己的区别义素。上例中〔＋亲属〕是它们的共同义素，而〔±直系〕和〔±男性〕又是第二、第三层次的区别义素。

　　语义场中上位层次的词称为上位词，下位层次的词称为下位词。上下位词的关系是种属关系。上下位词的上下是相对的，"直系亲属"是"亲属"的下位词，又是"直系男性亲属、直系女性亲属"的上位词。

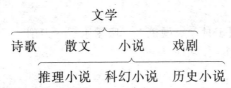

文学

诗歌　　散文　　小说　　戏剧

推理小说　科幻小说　历史小说

　　（三）语义场的类型

　　1. 类属义场

　　客观事物或现象普遍存在着一定的类属或种属关系，反映客观事物或现象的词义也必然存在相应的类属关系。

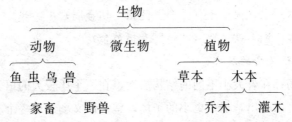

生物

动物　　　微生物　　　植物

鱼虫鸟兽　　　　草本　　木本

家畜　　野兽　　　　乔木　　灌木

"动物、微生物、植物"同属生物类，"鱼、虫、鸟、兽"同属动物类，"草本、木本"同属植物类等等。

2. 顺序义场

顺序义场的各成员按照某种固定顺序排列，凡数目、时间、顺序、学位、军衔等词都属于这类语义场。

1，2，3，4，5……　　　　　　平行

上午，中午，下午　　　　　　平行

学士，硕士，博士　　　　　　层次

尉官，校官，将官，元帅　　　层次

有些顺序义场是周而复始的，叫"循环义场"。

四季：春——夏——秋——冬　　日期：1——30（31）

月份：1——12　　干支纪年：甲子——癸亥（共60年）

3. 关系义场

关系义场一般由两个词组成，二者互相依存，互相对立。如"师傅"和"徒弟"就是因教学而形成的关系义场。"师傅"有〔＋教〕的义素，"徒弟"有〔＋学〕/〔＋被教〕的义素。〔＋教〕和〔＋学〕使他们既相对立又相依存。关系义场的推导公式：

甲是乙的 A ——关系义素——→乙是甲的 B

父母—子女　丈夫—妻子　哥哥—弟弟

领导—群众　上级—下级　老板—雇员

方位关系也可组成关系义场，其推导公式是：

甲在乙的 A ——关系义素——→乙在甲的 B

左—右　上—下　东—西

关系义场的成员只有两项，没有中间项。

思考与练习

一、举例说明词义的性质。

二、举例说明词义的模糊性在语言表达中有什么积极作用。

三、有些中性词在具体的语言环境下会产生感情色彩，试举例说明。

四、指出下列各词的色彩义。

　　腾飞　大兵　花架子　溶解　轻飘飘　轻蔑　蔫儿坏

　　撂挑子　豆蔻（年华）　冠冕堂皇　建树

五、义素分析有什么作用？如何进行义素分析？

六、试对下列两组词进行义素分析。

　　1. 自行车　电动车　摩托车

　　2. 鞋子　靴子　袜子

七、给下列各词找到适当的上位词和下位词。

　　鱼　　工人　　笔　　商场

八、什么是语义场，语义场概念的建立有什么意义？谈谈你对语义场的理解。

第四节　词义、词音、词形间的联系

学习要点　掌握单义词、多义词、同义词、同音词、反义词等概念及词义派生的方式。掌握同义词的辨析方法，了解异读词、同形词、异形词的特点。

一、单义词与多义词

（一）单义词

只有一个意义的词叫单义词。例如：煤、锡、老鼠、马虎、哆嗦、潺潺、面粉、塑料、杂志、汽车、电视机、马尾松、鹅卵石、乒乓球、巧克力、迪斯科、奥林匹克。

专有名词、常见事物的名称及专业术语一般都具有单义的性质。例如：北京、西安、鲁迅、爱因斯坦、桌子、茶杯、粉笔、蒲公英、光年、负数、音位。

（二）多义词

多义词是指具有两个或两个以上互有关联的意义的词。

　　绕：① 缠绕：绕线圈。

　　　　② 围着转动：运动员绕场一周。

　　　　③ 不从正面通过，从侧面或后面迂回过去：把握船舵，绕过暗礁。

　　　　④（问题、事情）纠缠：一些问题，绕在他的脑子里。

多义词是语音的有限性和词义的无限性相矛盾的必然产物。一种语言的语音形式是有限的，词的数目也是有限的，但意义却是无限的。随着社会的不断发展和人的认识的不断深化，词义的区分越来越细，人们不可能给每个意义都造一个新词，而是利用联想的手段，用已有的词表示相似、相近、相关的现象，于是多义词就越来越多了。多义词丰富了词的内容，扩大了词的使用范围，是语言经济性的表现之一。一般而言，一个词在产生之初，意义是比较单纯的，在随后的使用中，词的意义逐渐多了起来，就由单义词变成了多义词。

（三）多义词的意义类型

多义词包含的几个意义之间不是完全平列的关系。一般将多义词最初具有的意义称为本义，词的本义只有 1 个。在交际中最常用、最基本的意义称为基本义，一般说来，基本义也只有 1 个。在本义、基本义或其他意义基础上衍生出来的意义称为派生义（或称引申义），派生义可以有多个。

基本义可以是在本义基础之上形成的派生义，也可以是本义。如"兵"的本义是"兵器"，基本义是"兵士"，两种意义不一致；二者也可能相一致，如"冷"的本义"温度低，寒冷"，同时也是基本义。从本义到派生义，或由派生义再产生新的派生义，体现了词义的历时发展。基本义则是根据词义在交际环境中的作用和地位所做的词义分类。

词义派生的方式是多种多样的，下面重点考察派生义的一些常见类型。

直接派生义：指通过扩大原词的使用范围，将它用于其他相关事物而形成的新义。如"冰"的本义是水在摄氏零度或零度以下凝结成的固体，将这一词用于表示人感到寒冷，如"潭水真冰啊！"从而产生出因接触凉的东西而感到寒冷的派生义。再如，"跑"的基本义是"两只脚或四条腿迅速前进"，用于逃避、走掉，如"跑了和尚跑不了庙"，产生出"逃走"的派生义；用于"跑生意"，产生出"为某种事务而奔忙"的派生义；用于"车胎跑气了"，产生出"物体离开了应该在的位置"的派生义；用于

"汽油跑光了"，产生出"液体因挥发而损耗"的派生义。通过直接派生而产生新义的多义词数量不少，如"看、钻、走、打、编、论、说、笑、树、气"等都属于此类多义词。

比喻义：指在本义或基本义的基础上通过比喻形成的新义。例如"幌子"的本义是"商店门外表明所卖商品的标志"，派生出新义"比喻进行某种活动时所假借的名义"。比喻义是派生义中很常见的一种，如"虎口、包袱、掉队、低潮"等词，还有大量的成语，都有比喻义。

象征义：借用事物之间的某种联系，用具体的事物表现或暗示特定含义时所产生的新义。如"红色"象征革命或政治觉悟高，如"红色根据地"。"黄色"象征腐化堕落，特指色情、淫秽，如"黄色书刊"。"龙"象征封建帝王，如"龙颜大悦"。

借代义：用人或物代替有某种联系的其他人或物时产生的新义。如用人名"红娘"借代媒人。用"红领巾"借代少先队员。"导演"的本义是"排演戏剧或拍摄影视片的时候，组织和指导演出工作"，以动作借代人，表示"担任导演工作的人"，如"他是一位导演"。影视作品中演职员的职务名称，大都是这样构成的。

比拟义：将本义的使用范围扩展用于具有相似特点的其他事物时所产生的新义。如"暗"的本义是"光线不足；黑暗"，派生出新义"隐藏不露的；秘密的"。"臭"的本义是"（气味）难闻"，派生出"拙劣，不高明"的新义，如"臭棋"。这是词义由具体向抽象派生的重要途径之一。

致使义：表示使人或物具有本义所表示的性状时所产生的新义。如"激动"的基本义是"感情因受刺激而冲动"，派生出"使感情冲动"的词义，如"激动人心"。"健全"的基本义是"强健而没有缺陷"，派生出致使义"使完善"，如"健全规章制度"。许多兼有形容词、动词两种词性的词，其意义之间往往存在这种关系。

讳饰义：有的词义不能或不便直说时故意用其他词义委婉地加以表达。如"老"的本义是"年岁大"，委婉地表示"老年人死"。"老实"的本义指人"诚实"，委婉地表示人"不聪明"。

常用的修辞方式是词义派生的重要途径。但派生义并不等同于某种修辞方式。例如"长征是宣言书，长征是宣传队，长征是播种机"。这只是比喻辞格的运用，脱离了比喻，"长征"并没有"宣言书、宣传队、播种机"等含义。再如"花白胡子一面说，一面走到康大叔面前"（鲁迅《药》），用"花白胡子"临时借代长着花白胡子的人，脱离了具体的上下文，"花白胡子"并没有"人"的含义。派生义是词的固定义项，是静态的词所能显示的意义。

（四）多义词的词义派生方式

1. 辐射式

多个派生义由一个意义直接派生出来，这个意义多为本义或基本义。派生义之间没有直接意义联系，但每个派生义与本义或基本义联系密切。

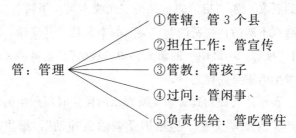

管：管理　①管辖：管3个县
　　　　　②担任工作：管宣传
　　　　　③管教：管孩子
　　　　　④过问：管闲事、
　　　　　⑤负责供给：管吃管住

2. 连锁式

以一种意义为基础，连续派生出新的意义：甲义派生出乙义，乙义又派生出丙义，一环一环地派生出来。

拱：①两手相合，臂的前部上举：拱手（基本义）→②环绕：众星拱月（派生义）→③肢体弯曲成弧形：拱着腰（派生义）→④建筑物成弧形的：拱桥（派生义）。

3. 核变式

多义词的多个意义不是以其中的某个意义为基础派生的，而是由该词内各语素的多义性或其关系的多样性引发的，从而形成一词多义现象。

如"解疑"包含两个意思：一是消除疑虑；二是解释疑难。这两个义项分别来自于多义语素"解"和"疑"，"解"既可表"解除"又可表"解释"，"疑"既可表"疑虑"又可表"疑难"。又如"包机"有两个意思，一是包租飞机；二是包租的飞机。这两个义项之间不存在源流关系，因为它们的差异是来自于"包机"的语素间不同的组合关系：前者为动宾关系，后者为偏正关系。这种现象，是由词语内核发生的变化引起的。

以上是一些基本模式，有些词义派生的方式可能不止 1 种。

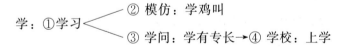

学：①学习 — ② 模仿：学鸡叫
　　　　　 ③ 学问：学有专长→④ 学校：上学

其中，②③与①表现为辐射关系，③与④为连锁关系。

有趣的是，一些具有同义关系、反义关系的词，它们的词义系列往往存在同步派生的现象。

机密：①重要而秘密；②重要而秘密的事物。

秘密：①隐蔽起来不让人知道的；②秘密的事情。

轻：①重量小；②不重要，不贵重；③认为不重要，不重视。

重：①分量大；②重要；③认为重要，看重。

二、同义词与反义词

（一）同义词

同义词指意义相同或相近的一组词。如表示人品的"厚道"，就有"忠厚、敦厚、温厚、仁厚、宽厚、憨厚、笃厚、淳厚、浑厚、人道、浑朴、纯朴、诚朴、朴实"等一大批同义词。

1. 同义词的类型

（1）等义词。理性意义几乎完全相同，其差别主要是语体色彩不同。此类等义词在言语交际中各有自己的使用环境，一般不能互换。

自行车－脚踏车　生日－诞辰　玉米－包谷－包米

土豆－马铃薯　吉他—六弦琴

还有一些等义词，语素相同而排列次序不同。在一定的语言环境中可以互换而不影响基本表义。例如：

演讲—讲演　夜宵—宵夜　兵士—士兵　气力—力气

补贴—贴补　和缓—缓和　代替—替代　感情—情感

寻找—找寻

等义词可能造成语言学习和使用中不必要的负担，绝大部分经过一定时期的并用以后，或者意义发生分化，或者其中之一被淘汰，不会长期共存下去。

（2）近义词。理性意义基本相同，但附加意义或用法有细微差异的一组词。

江—河　饮—喝　干—做　撞—击　叫—喊　尊重—尊敬

表扬—表彰　广大—宽广　改进—改正　出色—卓越

独裁—专制　课堂—教室　毛病—缺点　优良—优秀—优异

出现—涌现—呈现　包括—包含—包罗

近义词之间在意义和用法上存在各种各样的差异，这些差异对于人们准确贴切地表情达意是有积极意义的。不过，如果不仔细辨析，也容易出现误用的情况。

2. 同义词的辨析

应当强调的是，同义关系发生在同义词的某些义项之间，而不是几个词的每个义项都相同相近。同义词之间的细微差别，可以从以下几方面辨析。

（1）意义方面。

1）语义的轻重，即"［±程度重］"。如"失望"与"绝望"，"失望"指感到没有希望，"绝望"指彻底地失去了希望，毫无希望，语义比"失望"重。"作怪"和"作祟"都可指坏人坏思想起破坏作用，但后者语义较重，只能用于敌我之间。

阻止—制止 优良—优秀 准确—精确 侮辱—凌辱

悲伤—悲痛 批评—批判 损坏—毁坏 努力—竭力

有些同义词的语义轻重往往呈阶梯状关系。

请求—要求—乞求—哀求 轻视—藐视—蔑视—鄙视

2）范围大小，即"［±范围大］"。如"灾荒"仅指天灾，"灾难"既可指天灾，又可指人祸。前者所指范围小，后者所指范围大。"爱戴"指敬爱并且拥护，用于人，并且只用于上级、长辈及受人尊敬的人。"爱护"可用于人，一般只用于小孩，也可用于物，如"爱护公物"。前者所用范围小，后者所用范围大。

时期—时代 机密—秘密 差错—错误 标记—标志

边境—边疆 天气—气候 战术—战略 品质—性质

战斗—战役—战争 事故—事件—事情

3）集体和个体，即"［±集合］"。如"人员"是集合名词，只能用于集体，不能用个体量词修饰，"人"是个体名词，集体和个人都可用，能用个体量词修饰。集体名词在结构上多为

"名—量"式结构，也有的是联合结构。

　　布匹—布　花卉—花　信件—信　书籍—书　河流—河

　　纸张—纸　车辆—车　船舶—船　树木—树

　　（2）色彩方面。

　　1）感情色彩，即"［±褒义］"。感情色彩是词义的一个重要方面，在很大程度上决定着人们对词义的理解与运用，如果感情色彩差异很大，词义就具有对立的特点。所以，严格说来，感情褒贬完全对立的褒义词和贬义词不构成同义关系；但中性词分别与褒义词、贬义词色彩意义的对立性较弱，可以构成同义关系，需要加以辨析。如"顽强"指坚强、强硬，是中性词，"坚强"带褒义色彩，二者构成同义词。"顽固"的一个义项是"在政治上坚持错误，不肯改变"，带贬义色彩，与"顽强"也可以构成同义词。但"坚强"与"顽固"的感情色彩对立性很强，不构成同义关系。

　　中性—褒义：保护—爱护　结果—成果　教训—教诲

　　　　　　　　计策—良策

　　中性—贬义：保护—庇护　结果—后果　鼓动—煽动

　　　　　　　　计策—诡计

　　有些词的感情色彩，不能用褒、贬来概括，只是尊重、轻慢、喜爱、厌恶等的不同，如"老人家""老大爷"有尊重的色彩，"老头儿"有喜爱色彩，"老头子"有轻微的厌恶色彩。

　　2）语体色彩，可分为以下几个方面：

　　A. 书面语和口语，即"［±书面语］"。书面语词比较典雅庄重，口语词比较活泼生动，具有明显语体色彩的词，是不能任意改变其使用环境的。如"批准"是口语词，用于一般的场合，"批复"是书面语词，只能用于上级对下级的报告之类，二者一般情况下不能互换。

抵达—到达　摈弃—丢掉　擅自—私下　倘若—要是

瑕疵—缺点　谄媚—奉承

B. 普通话和方言，即"〔±普通话〕"。有些词带有一定的方言色彩，应注意使用时语言环境的差异。

理发—剃头　什么—啥　红薯—红苕　知道—晓得

斧头—斧子　自行车—脚踏车

C. 音译词和意译词，即"〔±音译〕"。音译词比较"洋气""新潮"，青年、知识阶层、专业工作者喜欢使用，有些音译词同时带有一定的地域色彩。

镭射—激光　马达—发动机　布拉吉—连衣裙　休克—虚脱

巴士—公共汽车　因特网—互连网　卡通—动画

（3）功能方面。

1）搭配对象不同。有些词对搭配组合的词语有一定的选择性，搭配对象不同的词，在使用范围上必定有差异。

	思想	思维	目光	动作	反应		
敏捷	＋	＋	－	＋	＋		
敏锐	＋	－	＋	－			
	工具	矛盾	方法	理论	气氛	环境	纪录
制造	＋	＋	－	－	＋	－	－
创造	＋	－	＋	＋	＋	＋	＋

2）词性和句法功能不同。

战争（名词，作主语、宾语、定语）—打仗（动词，作定语、谓语）

公然（副词，作状语）—公开（动词、形容词，作谓语、状语、定语）

3. 同义词的作用

现代汉语有大量的同义词。表示同一事物、同一概念，往往有几个甚至十几个同义词。精心选用同义词，对于增强语言的表达效果有积极作用。

（1）可以使语言的表达精确严密。

> 她紧咬着下唇，狠狠地盯着已经去远了的飞机，呼吸急促起来了。正在这时，山顶上有人喊道："玉敏快来，敌人快到了，你看，目标向东倒了。"她向西山望了一眼，果然山顶上那棵报告信号的杆子已经倒下了。
>
> （峻青《女英雄孙玉敏》）

上例中连用了3个同义词"盯、看、望"，"盯"表示注意力很集中，目不转睛地看，突出了对敌人的刻骨痛恨。"看"更口语化一些，用在人物对话中，表示让对方注意新情况，语义表达得很精确。"望"表示向远处看，因为目标远在山顶，用"望"恰如其分。

（2）可以使语体风格鲜明。

> 鲁迅先生逝世，噩耗传来，全国震悼。
>
> （中国共产党中央委员会、苏维埃
> 中央政府《致许广平女士的唁电》）

上例中"逝世、噩耗、震悼"是具有浓厚书面语色彩的词，既庄重又简洁，含有敬仰之意，充分体现了唁电的语体风格。

> "没错！"祥子立起来，"睡觉去，送给你老人家一包洋火！"他放在桌子上一包火柴，又愣了愣，"不用对别人说，骆驼的事！"　　　（老舍《骆驼祥子》）

上例中的"洋火"与"火柴"指同一种东西，祥子称其为"洋火"，是因为祥子是一位普通的人力车夫，"洋火"的说法自然符合人物的身份、经历及教养。作者的叙述语则称其为"火柴"，这是普通话用语，更容易为广大读者所理解，也与小说的行文风格相一致。

（3）可以使文句生动活泼，富于变化。

> 读书人家的子弟熟悉笔墨，木匠的孩子会玩斧凿，兵家儿早识刀枪。　　　　　　　　　　（鲁迅《不应该那么写》）

指同一代人，文中用了"子弟、孩子、儿"这一组同义词，避免了单调重复，使语言充满变化，显得生动活泼。

（4）可以使语气委婉。

为了适应交际的需要，表达一种委婉的语气，可以选用不同色彩的同义词。例如针对不同的对象和环境，把"死"说成"老了、走了、逝世、去世、仙逝、永别"等等，把"受伤"说成"挂彩"，把"胖"说成"富态、丰满"，把"生病"说成"欠安"等。委婉的表达方式使对方容易接受，使言语交际能在和谐的气氛中顺畅地进行。

（5）同义词连用，可以加强语势，使语意丰足。

> 凡是搞特权、特殊化，经过批评教育而又不改的，人民就有权依法进行检举、控告、弹劾、撤换、罢免，要求他们在经济上退赔，并使他们受到法律、纪律处分。

> 　　　　　　　　　　　　　（《邓小平文选》292页）

上例连用了"检举、控告、弹劾"一组同义词，强调了人民群众对以权谋私者斗争的合法性，增强了语势。

用同义语素构成的合成词及同义词构成的成语，语义突出，表现力强。

寒冷　离别　喜悦　书写　美好　伟大　泥土　炎热

称心如意　铺张浪费　繁荣昌盛　光明磊落　粗枝大叶

零敲碎打　奔走呼号

（二）反义词

反义词是意义相反或相对的一组词。构成反义词的一组词必须属于一个意义范畴，如长度、重量、时间、处所、速度、颜色、面积、体积等等。反义词表现出来的意义上的矛盾对立，往往是客观事物本身矛盾对立的反映。但有的反义词反映的事物本身，孤立地看来并不相互对立，如"手、脚""红、白""冬、夏"等。只是人们在社会交际中常常把它们当作同一范畴中相互对立的事物看待，久而久之，表示这种事物的词就成了习惯上的反义词。反义关系是词与词在语义上的一种横向联系。从逻辑上讲它们都必须属于同一个上位概念，所以"消瘦"和"胖子"，"机灵"和"笨蛋"虽然具有反义性，但是并不能构成一组反义词。另外，反义词是就词与词的关系说的，所以词与短语及其否定形式不能构成反义词关系，如"坏"与"出类拔萃"，"干净"与"不干净"虽有反义关系，但不能构成一组反义词。

1. 反义词的类型

（1）绝对反义词。反义关系的甲—乙两个词之外，不存在第三种状态"丙"。例如："死—活"是一组反义词，肯定了"死"，就否定了"活"；如果否定了"活"，就等于肯定了"死"。没有既"死"又"活"的中间状态。人们常说"半死不活"，实际上还是指的"活"，只是非正常的"活"。

有—无　动—静　现象—本质　正确—错误　曲—直

反—正　买—卖　出席—缺席　主观—客观

（2）相对反义词。反义关系的甲—乙两个词之外，可能存在第三种状态"丙"。例如："苦"和"甜"，肯定了"苦"，就否定了"甜"，但否定了"甜"，就未必一定是"苦"，还可以是"酸、咸、辣、腥、涩"。同样，"春"与"秋"之间有"冬"或"夏"等等。

东—西　善—恶　高—低　冷—热　粗—细　福—祸

高尚—卑鄙　快乐—忧愁　宽阔—狭窄　朋友—敌人

有些多义词的每个义项都可能有反义词，这样就会构成若干组反义关系。

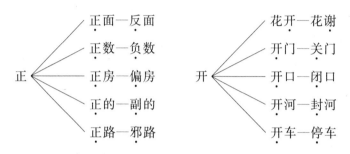

有些词，孤立地看彼此意义没有明显的相反或相对的关系，可是当它们在一定的语境中对举时就具有了反义关系。

　　① 不做风前的杨柳，要做岩上的青松。

　　　　　　　　　　　　　　　　　（程光锐《雷声万里》）

　　② 你走你的阳关道，我过我的独木桥。　　　　（谚语）

"杨柳"和"青松"，"阳关道"和"独木桥"本来不是反义词，但是在特定的上下文中，构成了反义关系。这种以一定的上下文为基础，离开了上下文反义关系就会瓦解的词，称做临时反义词。这是一种修辞现象。

　2. 反义词的作用

　反义词所表达的是成对的矛盾、对立的概念，能够鲜明地揭示出矛盾事物的对立面，清楚地揭露矛盾事物的对立性，因此，在语言表达上，常有其特殊的修辞功能。

　（1）通过反义词的对举，揭示事物现象的对立关系，造成强烈的对比效果，使人获得鲜明深刻的印象。

①卑贱者最聪明，高贵者最愚蠢。

②为了进攻而防御，为了前进而后退，为了向正面而向侧面，为了走直路而走弯路，是许多事物在发展过程中所不可避免的现象，何况军事运动。

以上两例中运用了多组反义词，揭示事物矛盾对立的关系，构成强烈的对比，从而使论述更加深入清楚，更具有说服力。

(2) 多组反义词连用，可以多角度地反映人或事物的不同特点，也可以起到加强语气，强调语义的作用。

①但我们倔强的母亲，十分悭吝却又十分慷慨，十分严峻而又十分温顺。

②荷塘的四面，远远近近，高高低低都是树，而杨柳最多。

例①的"悭吝"与"慷慨"，"严峻"与"温顺"表面看来是相互矛盾的，但却从不同的方面深刻地反映了母亲最可贵的品质。例②"远远近近"与"高高低低"这几组反义词的运用，既有加强语气、增强语势的作用，又使描写的形象更加丰满，景色错落有致。

(3) 反义词可以用来构成对偶、映衬、对比、反语、仿词等修辞格，增强表达效果。

①青山有幸埋忠骨，白铁无辜铸佞臣。（对偶、映衬）

②人生有限，知识无穷。（对偶、映衬）

③世界上最快而又最慢，最长而又最短，最平凡而又最珍贵，最易被人忽视而又最令人后悔的就是时间。（对比）

④有几个"慈祥"的老板到菜场去收集一些菜叶，用盐一浸，这就是她们难得的佳肴。（反语）

⑤读者会觉得这是一条"新闻"吧，其实是一条"旧

闻"。（仿词）

（4）反义语素和反义词可以构成大量的合成词和成语，语义
丰富，表现力强。

得失　沉浮　甘苦　冷暖　轻重　出入　深浅　动静　旦夕
好歹　说东道西　左顾右盼　喜新厌旧　出生入死　深入浅
出　苦尽甘来　生离死别

三、同音词与异读词

（一）同音词

同音词是语音形式相同而意义没有联系的一组词。可以分同
形同音词和异形同音词两类。

1. 同形同音词

语音形式、书写形式都相同的同音词。例如表示"用强力压
制使驯服"的"制服"（终于制服了歹徒），表示"军人、机关工
作者、学生等穿戴的有规定式样的服装"的"制服"（小刚穿了
一身新制服）就是同形同音词。同形同音词在意义上毫无联系，
一般是由偶然的巧合或意义的分化造成的。

副（量词：一副担架）—副（居第二位的：副主席）

花（可供观赏的植物：种花）—花（耗费：花钱）

把（守：把门）—把（量词：一把椅子）—把（介词：把饭吃
了）—把（助词：个把月）

净（清洁：纯净水）—净（全，都：净是谎言）

有些同形同音词是由于多义词的词义分化形成的。多义词的
不同义项随着时间的推移，离开原来的意义越来越远，其间的联
系越来越淡薄，现在的人们已经很难感觉到它们之间的联系，于
是就变成了同音词。例如"复"有不同的含义：可以表示"重

复"（复写），可以表示"走来或走去"（往复），可以表示"恢复"（复婚），可以表示"再、又"（复发）等。这些词义之间的引申关系已经很难感觉到，所以《现代汉语词典》将以上几个"复"看作同形同音词。

2. 异形同音词

语音形式相同，书写形式不同的同音词。

消瘦—销售　市场—试场　联结—廉洁　智力—智利

机智—机制　但—淡—蛋　正式—正事—正视

公式—工事—公事—攻势—宫室

异形同音词一部分是人们造词或音译外来词时形成的，如"机智"与"机制"，"智力"与"智利"。另一部分则是由于语音演变，使得过去不同音的词变成了同音关系，如："鞋（匣母佳韵）—邪（邪母麻韵）""诗（书母之韵）—湿（书母缉韵）"。

3. 同音词和多义词的辨析

表面上看，同形同音词和多义词有很大的相似性，都属于语音形式、书写形式相同而意义不同的现象。但是，它们有着本质上的区别。多义词是一词多义，表现为同一个语音形式和书写形式承担了多个互有关联的意义；同音词则是多个词同音同形，表现为多个互无关联的意义由同一个语音形式、书写形式来表示。同形同音词表达的多个意义是人们在造词时的偶合，或是词语意义在演化中失去了联系。例如"刻"，一个意义是"用刀子在竹、木、玉、石、金属等物品上雕成花纹、文字"，另外一个意义是"用钟表记时，以15分钟为1刻"。这是多义词还是同音词？古代利用漏壶计时，上有刻度，用刻度之间的距离表示时间，一昼夜为一百刻。从这一点说，动词"刻"跟时间量词"刻"应该有联系。但随着社会的发展，古代的计时方法早已成了历史的遗迹，现在，从共时层面来看，人们已很难看到这种联系，所以成了同音词。

4. 同音词的作用

同音词在语言表达上有一定的积极作用。在修辞中可以利用同音词构成谐音双关。如壮族民间传说中的歌手刘三姐，聪明美丽、勤劳勇敢，《刘三姐》中老百姓赞美道：

> 高山打鼓远闻声，三姐唱歌久闻名。
>
> 二十七钱摆三注，九文九文又九文。

"九文"与"久闻"同音，利用"九文"的反复来突出刘三姐的闻名，语言活泼有趣，增强了民歌的表现力。谐音双关可以形成言在此而意在彼的含蓄幽默的表达效果。

应该看到，同音词有时也会引起意义上的混淆，影响思想表达，甚至造成误解。异形同音词在书面语中通过字形可以加以区别，但在口语中就不易分辨，如在学校里谈到"期中考试"和"期终考试"时，往往要多费一番口舌。"我喜欢看 yuè 剧"，要解释是广东的粤剧，还是江南的越剧。不过这种情况毕竟不多。在具体语境中，绝大部分同音词的意义都可以确定下来。尽管就一个一个字的读音来看，现代汉语的同音现象似乎很多，但在现代汉语的发展过程中，许多单音节语素不再独立成词，而同另一个语素组成双音节词，再加上语境的作用，这就大大减少了同音混淆的可能性。

（二）异读词

异读词是一个词有两个或两个以上读音。异读词的存在不利于人们的语言运用，是需要加以规范的。

波浪 bō pō　谬论 miù niù　步骤 zhòu zòu　缔结 dì tì（声母不同）

拎 līn līng　嗟叹 jiē juē　娇嫩 nèn nùn　琴弦 xián xuán（韵

母不同）

　　汲 jí jī　往 wǎng wàng　指甲 zhǐ zhī　比较 jiào jiǎo（声调不同）

　　炆帚 zhou zhu　沸腾 fèi fú　傍晚 bàng páng　摄影 shè niè（声、韵、调中有两三项不同）

　　以上 4 类中的前一个读音已被确定为规范的读音。

　　异读词的来源很复杂，主要有以下几个方面。

　　（1）北京语音的特殊演变，如"危险"的"危"，"期望"的"期"，"帆船"的"帆"旧读阳平，今读阴平。

　　（2）方言读音的影响，如"揩油"来自吴方言，"揩"读成 kā 和 kāi 两个读音，前一个音是受吴方言的影响。

　　（3）读书音（文读）和口语音（白读）的分歧，如"暴露"的"暴"，读书音是 pù，口语是 bào；"确凿"的"凿"读书音读 zuò，而口语音却是 záo；"摘"的读书音是 zhé，口语音读 zhāi。

　　（4）误读，如"酵母"的"酵"按汉字声旁误读成 xiào，正确的读音应当是 jiào。

　　关于异读词问题，国家普通话审音委员会于 1957 年至 1962 年先后 3 次发布了《普通话异读词审音表初稿》，并于 1963 年辑录成《普通话异读词审音总表初稿》。1982 年对审音表初稿又进行了修订，于 1985 年 12 月以《普通话异读词审音表》名称予以公布。这个文件是我们在语言运用中取舍异读词的标准。

四、同形词与异形词

（一）同形词

同形词是书写形式相同而读音与意义不同的一组词。

　　哄：hōng，象声词，形容许多人的大笑声或喧哗声，如

"哄堂大笑"。

哄：hǒng，哄骗，如"你别哄我。"

得：dé，得失、许可，如"得到""得体""得空""说不得"。

得：de，助词，连接中补短语，如"打得好""热得很"。

得：děi，需要、必要，如"你得来""得努力"。

同形词由于几个词采用了同一个书写形式，表面看起来像1个词，其实是有着不同读音的若干个词。它不是一词多义，所以不同于多义词；其读音不同，所以不同于同音词。此外，同形词与多音字也是有区别的，词是可以独立运用的造句单位，字则是书写单位，不一定有词的功能。同形词的存在增加了个别汉字的负担，也增加了识字与阅读的难度。对这样一个约定俗成的事实，人们只能承认它，同时在运用过程中仔细辨别，以免出错。

（二）异形词

异形词是指意义相同、读音相同或相近而书写形式不同的词。异形词的形成原因很复杂，如同一个词，在不同的时期出现了不同的写法，如"念叨—念道"；有的是同一个联绵词写法不同，如"仓黄—仓皇"；有的是同一个音译外来词采用不同的汉字书写，如"奔驰—本茨"；同一个拟音词往往用不同的汉字表示，如"吧嗒—叭哒—巴答"，等等。再如：

题词—题辞　热辣辣—热喇喇　徜徉—倘佯　婷婷—亭亭

纽扣—钮扣　包票—保票　白鳍豚—白鱀豚　调换—掉换

飘泊—漂泊　消魂—销魂

彷徨—旁徨　缥缈—飘渺　逶迤—委蛇

法兰绒—佛兰绒　尼古丁—尼枯丁　德律风—德利风

喀秋莎—卡秋霞　巧克力—朱古力　尼龙—呢隆

扑哧—噗嗤　扑通—噗嗵　嗒嗒—哒哒　当当—铛铛

滴答—嘀嗒　丁当—玎珰　丁冬—叮咚

应当注意异形词使用的规范性。对此，国家语言文字工作委员会已于 2002 年 3 月 31 日颁布了《第一批异形词整理表》，选取了 338 组异形词，给出了每组异形词的推荐词形。尽管处于试行阶段，但学校和语言文字工作者应当以此为规范。

思考与练习

一、请指出下列各词哪些是单义词？哪些是多义词？

　　冰　运动　情操　渗透　水渠　蹲　苗条　风　领导
　　杜绝　行李　岔路　雨　风景

二、词的本义和基本义有什么不同？它们之间的关系怎样？利用工具书查出下列词的不同意义，分别指出它们的本义、基本义、派生义。

　　解　书　穷　尖锐　牺牲　陷阱

三、辨析下列各组同义词。

　　咆哮—呼啸　气度—气派　调集—纠集　广泛—普遍
　　本质—实质　海涵—原谅　腐败—腐化　挂彩—负伤
　　饭桶—废物　浅薄—肤浅—浮浅　忽然—突然—猛然

四、指出下列各词的反义词，并说明它们属于什么类型的反义词？

　　权利　冷落　浑浊　昂贵　强制　忠厚　积累
　　淡季　通俗　平坦　吝啬　慌张　拘泥　节约

五、"轻松"和"沉重"在什么意义上是反义词，可以分别与哪些词构成同义词？

六、请指出下列句子中运用双关的地方，看看哪些是利用同音词的关联，哪些是利用一词多义的关联。

　　1. 雨里蜘蛛还结网，想晴唯有暗中丝。

　　2. 莫学篾箩千只眼，要学红烛一条心。

　　3. 你这个人什么都好，就是嘴快，水盆里扎猛子，也没个深浅。

七、试用下列各词分别造几个句子，说明这些词在句中是同音词还是多义词。

新生　疙瘩　点播　轮廓　杜鹃　跟　瘦　消化

八、有人说"单纯词都是单音节词，合成词都是多音节词"，这种说法对吗？为什么？

九、同形词跟异读词有什么区别？请举例说明。

十、什么是异形词？它与同义词的区别是什么？请举例说明。

第五节　词义的解释与语境

学习要点　了解义项的定义以及划分义项的原则。掌握释义的主要方法。认识语境对词义的影响。

一、义项及义项的确定

义项是对词义的分项说明。

单义词只有一个义项，如"年纪"：（人的）年龄；岁数：小小年纪，你懂什么？

多义词有两个或两个以上的义项。例如"透风"：①风可以通过：门缝透风。②把东西摊开让风吹：把被褥搭在外面透透风。③透露风声：这件事不能向别人透风。

再如"年头儿"有 4 个义项：①年份：我到西安已经 3 个年头儿了。②多年的时间：他教书有年头儿了。③时代：这年头儿不兴那一套了。④年成：今年年头儿好，麦子丰收了。

词的义项的多少，是从它出现的语境中观察出来的。如果该词在所有的语境中只有 1 个意义，这个词便只有 1 个义项；如果在不同的语境中有不同的意义，那么这个词便有多个义项。例如"肯定"一词，在"肯定成绩"中的意义为"正面承认"，在"我们的计划肯定能按时完成"中，则属另一个义项，是"一定"的意思。

一般而言，当一个词具有几个义项时，各义项之间存在互补关系，即各个义项只出现在特定的语境中，每个具体的语境只有 1 个义项适用。如"年头儿"有 4 个义项，在举例的 4 句话中，每句话只适用 1 个义项。

义项的确定需要注意以下两点：

第一，要区别语境临时义和词语固定义。例如"暗箱"，它本来指的是"照相机的一部分，关闭时密不透光，前部装镜头、快门，后部装胶片"。有时人们用它来比喻"背地里"或"不让众人知晓"，如常说"要增加透明度，不要暗箱操作"等。相对而言，前者为词语固定义，而后者为语境临时义，词典中出现的通常是词语的固定义。"红领巾"有两个义项：①红色的领巾，代表红旗的一角，少先队员的标志。②指少先队员。义项②是从义项①引申出来的，是该词的固定义，词典中通常要作为一个义项加以解释。

第二，要区别多义词和同音词。原属于 1 个词的两个义项，当它们的关系变得十分模糊，一般人已经看不出它们的联系时，就可以认为这两个义项实际上已经分化为两个词了。如"花朵"的"花"和"眼睛花了"的"花"，"月亮"的"月"和"月份"的"月"等。

二、释义的方法

释义有多种方法，如互训法、定义法、描写法、分解法和入境法等，应针对不同词语、不同场合和不同对象选择最恰当的方法。

（一）互训法

互训法就是采用同义或反义词语来释义。

　　恬静：安静，宁静。

　　履：鞋。

　　琐碎：细小而繁多。

　　炫目：耀眼。

　　　　罗汉豆：蚕豆。
上面各例是利用同义词释义的。用反义词或该词的否定形式释义
的，叫反训。

　　　　冷落：不热闹。

　　　　碍眼：不顺眼。

　　　　凌乱：不整齐；没有秩序。

　　　　沉默：①不爱说笑。②不说话。

　　　这是一种常见的释义方法，但也存在一定的局限性。由于同
义词相释是利用两个词语之间的共同点来释义，容易忽略它们的
不同点。如"依从"与"顺从"两个词的意思很接近，但"依
从"还多了一层感情上的依赖、听从；"顺从"则强调的是驯服、
服从，多含有主从或被动的意思。所以利用互训法释义时应特别
注意互释词语之间的细微差别。

　　（二）定义法

　　　定义法就是用简练的语言对词语所反映的内容进行概括和
说明。

　　　　科学家：从事科学研究工作有一定成就的人。

　　　　插叙：一种叙述方式，在叙述时不依时间次序插入其他
　　情节。

　　　定义释义法也常常结合别的方法，比如补充说明、举例说
明等。

　　　　题记：写在书的正文前或文章题目下面的文字，多为扼
　　要说明著作的内容或主旨，有的只引用名人名言。

　　　　酒：用粮食、水果等含淀粉或糖的物质经过发酵制成的
　　含乙醇的饮料，如葡萄酒、白酒等。

用定义法释义时，一般都是用限定性词语加上位概念或同义

词语来解释词义的，应注意避免同义反复。例如，将"麻醉"解释为"麻醉就是麻醉剂所起的作用"，这样的解释就不好，正确的释义应该是"用药物或针刺等方法使神经暂时失去知觉"。

（三）描写法

描写法就是从多种角度对词义进行描写说明。有些词语含义比较模糊，不好直接解释，只能从整体上加以描绘或叙述说明。

浪漫：富有诗意，充满幻想。

扑：用力向前冲，使全身突然伏在物体上。

采血：为检验等目的从人的静脉采取血液。

彩云：由于折射日光而呈现彩色的云，以红色为主，多在晴天的清晨或傍晚出现在天边。

这种释义方法在现代词典中运用得越来越多。它利用多种形式释义，从而起到全面、准确地说明词义的作用。

（四）分解法

分解法就是先分析词的构成成分的意义再综合讲解，好处是理据性较强，使人印象深刻。

诱骗：诱惑欺骗。

信奉：信仰并崇奉。

夸饰：夸张地描绘。

夕阳：傍晚的太阳。

有时也可先分别解释语素义，然后再加以综合；或先把词义概括出来，再重点解释语素义。例如：

陈腐：陈，旧；腐，腐朽。陈旧腐朽。

干坼：干裂。坼，裂。

需要注意的是，并不是所有词语的意义都可以采用这种方法来分析，有些词语的意义不能简单地由它的构成成分的意义推知。例如把"说辞"解释成"说出的辞句"就不准确，而应该用定义法解释成"辩解或推脱的理由"。

（五）入境法

入境法就是联系词语出现的具体语境来释义。词义从根本上说是从词所出现的各种语境中概括出来的。有的词意义很抽象，难以用其他方法解释，可利用它出现的具体语言环境来解释。

> 火辣辣（～的）［形］①形容酷热：太阳～的。②形容因被火烧或鞭打等而产生的疼痛的感觉：手烫伤了，疼得～的。③形容激动的情绪（如兴奋、焦急、暴躁、害羞等）：我心里～的，恨不得马上赶到工地去｜脸上～的，羞得不敢抬头。④形容动作、性格泼辣；言辞尖锐：～的性格｜～的批评。

入境法常同其他方法配合使用。

> 苦　①［形］像胆汁或黄连的味道（跟"甘、甜"相对）：～胆｜这药～极了。②［形］难受；痛苦：～笑｜艰～｜愁眉～脸｜～日子过去了｜～尽甘来。③［动］使痛苦；使难受：一家五口都仗着他养活，可～了他了。④［形］感到苦的：～旱｜～夏。⑤［副］耐心地；尽力地：～劝｜～干｜～思｜勤学～练。

三、语境对词义的影响

语境即语言环境。语境有狭义和广义之分。狭义的语境指语言作品内部的上下文或前言后语；广义的语境还包括"语言情境"，即说话的主体、对象、时间、地点、自然环境和社会环境，以及听说双方的辅助性交际手段（包括表情、姿态、手势等非语言因素）。语境对词义的影响，主要有以下几个方面。

（一）语境使词义单一化

词往往是多义的，但是在一定的语境中只使用1个义项。例如"合"是个多义词，但在"笑得合不上嘴"这样的语境中只适合"闭"这个义项，在"合家团聚"中只适合"全"这个义项，在"正合心意"中只适合"符合"这个义项，在"1公顷合15市亩"中只适合"折合"这个义项。可见，在具体的语境中，"合"的词义被单一化了。

有时需要在较宽泛的语境中确定词语的意义。例如"我借了老王300元钱"。到底是从老王处借了钱，还是借钱给老王，只有依靠具体的上下文或前言后语才能作出准确的理解。再如，同样是"我去上课"，教师说的是去讲课，学生说的是去听课。同理，"我去看病"，大夫说是给别人治病，病人说就是自己有病要去诊治。

（二）语境使词义具体化

词义具有概括性，但受具体语境限制时，其词义所指又是十分具体的。例如"女人"的词义可以指"女性的成年人"，也可以指"妻子"。孙犁《荷花淀》中有两处描写："几个女人有点失望，也有些伤心，各人在心里骂着自己的狠心贼。""第二天，女人给他打点好一个小小的包裹，里面包了一身新单衣，1条毛巾，1双新鞋子。"受具体语境的限制，前一个"女人"指"女性的成年人"，后一个"女人"则指"妻子"。有一句广告词是"×××领带令男人更加男人。"前一个"男人"指"男性的成年人"，后一个"男人"则特指具有男性的潇洒刚毅风度的人。

语境也可以将词义限定在一个具体的类别上，例如"球"可以指各种球，但"削球"中的"球"只指乒乓球，"又会拦网又会扣球"中的"球"是排球，"头球"中的"球"是足球。

（三）语境增加临时性意义

有些词出现在一定语境的时候，词义中增添了一些新的义素。例如"观鱼"的鱼一定是活的，突现了［＋活］的义素；"煎鱼"的鱼一般是死的，增添了［－活］的义素；而"吃鱼"的鱼可以是活的（猫吃鱼），也可以是死的，具有了［±活］的义素。这些义素是由上下文临时赋予的。与"父亲"义素［＋有子女］不同，［＋有子女］是"父亲"词义中必须具备的义素，［－有子女］便不能是父亲。鱼却不论死活都是鱼。

又如，"消肿"本来是医学上的名词，指"消除肿胀"，在"某些机构消肿已到了刻不容缓的地步"这句话中，却有了"撤除多余机构""裁减富余人员"的含义，并且比起一般意义的"撤销""裁减"还多了一层"摒弃累赘、冗余"的意味。

在人们的言语活动中，字面上没有的意义，有时也会因为语境的作用而为听者（读者）所理解和接受。比如，爸爸前一天答应孩子，要在第二天8点钟以后带他去公园，孩子第二天早晨兴冲冲地告诉爸爸："已经8点钟了！"爸爸当然理解孩子的意思，会回答孩子说"好，我们马上去公园。"但是当丈夫告诉妻子，8点以后有一个重要的会议要参加，妻子对丈夫说："已经8点钟了！"丈夫肯定知道妻子是在提醒自己别耽误了开会，会回答说："我马上就走，误不了事。"

（四）语境表现出词义的选择性

运用词语应特别注意词语的搭配。词语搭配，实质是指词语可以在怎样的上下文中出现。例如"骑马"可以说，是因为"骑"可以在"～马"这样的语境中出现；"骑床"则不能，是因为"骑"不能在"～床"这样的语境中出现。词语搭配是互为语境的，"骑马"中"骑～"是"马"的语境，"～马"是

"骑"的语境。词语搭配，除了语法方面的因素外，主要是词义上的选择性。能在什么语境中出现或不能在什么语境中出现，表现了词义的选择性。

词出现的语境有宽有窄。有的词只能在特定的语境中出现，如同是动物的叫声，"嘶"只能在"马～"这样的语境中出现，"鸣"则可以适用于"鸟～""虫～"这样的语境。"叫"可以出现的语境就更宽了。所谓搭配不当，就是说词出现在不能出现的语境中，或者说与某种起决定性的义素互相抵触。

词语组合也影响词义的选择，词语组合的成分越多，在它所形成的语境中可能出现的词就越少。能在"走"这样的语境中出现的词是很多的，"人、小孩、盲人、狗、鹅"，甚至"钟、表"等都可以。但在"走进公园"这样的语境中，就要排除"钟、表"之类。而在"走进公园欣赏梅花"中，则连"盲人"也要排除了。

思考与练习

一、举例说明什么是义项。

二、观察下面的释义，并从释义的方法及准确适切性方面加以比较。

1. 梯：A. 便利别人上下的工具或设备，常见的是梯子、楼梯。

B. 登高用的器具或设备。

2. 踢：A. 抬起腿用脚撞击。

B. 用脚触击。

3. 肌肉：A. 人和动物体内的一种组织，由许多肌纤维集合组成。上面有神经纤维，在神经冲动的影响下收缩，引起器官运动。可分为横纹肌、平滑肌和心肌 3 种。也叫筋肉。

B. 人或动物体的组织之一，由许多肌纤维组成，具有收缩的特性。

4. 礼教：A. 旧传统中束缚人的思想行动、有利于反动统治阶级的礼节和道德。

　　　　　B. 旧传统中束缚人的思相行动的礼节和道德。

5. 朝野：A. 旧时指朝廷和民间。现在用来指资本主义国家政府方面和非政府方面。

　　　　　B. 旧时指朝廷和民间。现在用来指政府方面和非政府方面。

三、下列各词的释义各用什么方法？

1. 离异：离婚。

2. 礼仪：礼节和仪式。

3. 画家：擅长绘画的人。

4. 回春：比喻医术高明或药物灵验，能把重病治好。

5. 眨：（眼睛）闭上立刻又睁开。

6. 自然：不勉强；不局促；不呆板。

四、什么是上下文语境？什么是情景语境？

五、有这样一段话："哎哟，他妈的是你，……来，叫爷爷看看！你小子行，洋服穿得像那么一回事，由后边看哪，你比洋人还更像洋人！老王掌柜，我夜观天象，紫微星发亮，不久必有真龙天子出现……"请你设想一下说话人在什么年代，他的性格、年龄、教养、思想状态是怎样的。

六、请为下列 3 句话各假设几种不同的语境条件，然后说明从每一种语境条件出发，经过推理，该句可产生怎样的言外之意。

1. 他已经走了两个钟头了。

2. 今天是休息日。

3. 我是中国人。

第六节　词汇系统

学习要点　了解基本词汇的特点、一般词汇的组成。掌握新造词、古语词、方言词、外来词、行业词和字母词等概念。了解成语、惯用语、歇后语的特点、作用及使用规范。

一、基本词汇与一般词汇

（一）基本词汇

基本词汇是语言中那些意思最明确、使用频率最高的词语的总汇，是一种语言的词汇中最主要的部分。在一个社会形态中，基本词汇是人们在实际运用中必不可少的。

有关自然的：天、地、水、火、山、树、草、木、花、鱼

有关称谓的：你、我、他、爸爸、妈妈、叔叔、哥哥、姐姐

有关人体的：人、口、鼻、手、头发、血管、心脏、肚子

有关生活资料的：房屋、帽子、衣服、飞机、汽车、火车、电灯、电视

有关社会的：社会、精神、道理、科学、学校、工厂、农村、商店

有关事物性质、状态的：好、苦、太、极、高兴、愉快、美丽、非常

有关动作行为的：走、跑、跳、想、哭、闹、学习

有关计量的：一、三、五、个、颗、元、角、分

基本词汇有以下特点：

1. 全民常用性

基本词汇使用范围广，使用频率高，凡说汉语的人都需要使

用这些词，如水、马、牛、羊、车、船、吃、喝、桌子、板凳、太阳、月亮等。此类词的使用不受行业、地域、文化程度等方面的限制。全民常用性是基本词汇最基本的性质。

2. 稳定性

词汇是语言诸要素中最活跃、变化最快的部分，但相对而言，词汇中的基本词汇的变化却极为缓慢，具有极强的稳定性，如天、地、日、山、水、人、心、爱、恨、甜、苦等，千百年来一直被人们广泛地使用着。其所以如此，是因为它所代表的事物和概念长期、稳定地存在于社会生活中。

基本词汇也不是一成不变的，随着社会的发展，会有一部分新事物、新概念成为日常生活中不可离开的事物，因而代表这些事物和概念的词语也会进入基本词汇，如"电视、电话、汽车、科学"等；一部分旧事物、旧概念退出了人们的社会生活，代表这些事物、概念的词也随之退出基本词汇的行列。有时，基本词汇所代表的事物和概念没有变化，而这些事物的名称却有了变化，也会使基本词汇发生变化。例如古时用"目"，现在用"眼睛"；古时用"日"，现在用"太阳"；古时用"饮"，现在用"喝"；古时用"卧"，现在用"躺"。然而相对于整个基本词汇而言，这些变化是微小的。

3. 能产性

基本词汇中的大多数词，特别是基本词汇中的单音节词，具有极强的构造新词的能力。用基本词作语素创造出的新词，便于人们理解和接受，便于流传，所以，那些千百年来承传下来的基本词就成为构成新词的基础。例如，"山"是基本词，在它的基础上构成了"山峰、山脚、山顶、山崖、山头、山腰、山羊、山脉、青山、靠山、山水画"等一大批词。

　　值得注意的是，基本词汇的 3 个特点并不是每个基本词都必须具备的，尤其是"能产性"这个特点。通常认为，基本词汇是全民常用的，任何语言都如此。在中国文字改革委员会公布的 3 千高频度汉字字表中，最常用的 10 个汉字依次是：的、一、是、在、不、了、有、和、人、这。但这些词中的多数构词能力差，或者根本没有构词能力。还有一些双音节词，如"美丽、快乐、学习、喜欢"等，其构词能力也不强。我们不能因为这些词只符合两个标准而不符合另一个标准就把它们排斥到基本词汇之外。它们具有全民常用性和稳定性，因而属于基本词汇。总之，基本词汇是一个带有一定模糊性的概念，要想在基本词汇和一般词汇之间划出一条截然分明的界线，是比较困难的。

（二）一般词汇

　　语言中基本词汇以外的词汇属于一般词汇。一个社会光靠基本词汇来进行交际是不够的，这就需要一般词汇参与交际。

　　一般词汇的稳定性、能产性和全民常用性差，但对社会现象和人们生活的变化反映最为直接和敏感，新事物的产生、旧事物的消失总是最先反映在一般词汇当中。由于社会生活的多样性和复杂性，一般词汇数量多，覆盖范围广，所以不是每个人都能掌握所有的一般词汇。人们掌握的一般词汇多是与自己的生活、工作息息相关的那部分词汇。比如，流行于网上的网络用语，它只是网民们的交际工具，对于不接触网络的人，看到它们无疑是一头雾水，如"灌水（在网上发表内容空洞的长篇大论）、恐龙（丑女）、青蛙（丑男）、版主"等等。再如，有些方言词只被当地人掌握，其他地方的人则难以理解。

　　基本词汇和一般词汇之间没有绝对的界限，而是相互渗透、相互转化的。基本词汇是构成新词的基础，不断创造的新词，充实和扩大了一般词汇，使词汇日益丰富。另一方面，随着社会生活的发展，某个属于基本词汇的词所表示的事物和概念，在人们的社会生活中使用频率下降，这个词就退出基本词汇，变为一般词汇的词了。如"天子、诸侯、王、臣"等词。相反，本来只是一般词汇中的词，在语言发展的过程中，又能逐渐地取得基本词的性质，转为基本词，从而使基本词汇不断扩大，如"电视、电话、火车、高铁、手机"等词逐渐进入了现代基本词汇的范围。

二、新造词、古语词、方言词、外来词、行业词、字母词

（一）新造词

新造词是随着社会的发展不断创造出来的词，用以指称新事物、新现象或新概念。社会发展的不同时期，都会出现这样一些词。这些词通常是利用汉语原有语素、借助汉语构词规律创造的，例如：

电子　电脑　电话　电视　手机　显示器　机场　数码
人事　整改　视频　音响　人次　场次　秒立方　数字化

新造词常常呈现出以下特点：

（1）音节趋于多音化。随着社会现象的越来越复杂，为了满足人们交际的需要，多音节的词语大量出现，如"高架路、青春组合、数字图书馆"等。

（2）出现大量减缩词。现代社会生活节奏加快，促使语言尽可能追求省时、省力，最大限度地实现经济原则。在许多语言交际的场合，需要把较长的组合体压缩、简化，而且越是使用频率高的组合体其减缩越普遍。如"世界贸易组织"减缩为"世贸组织"，"加入世贸组织"又进一步减缩为"入世"，把"个人演唱

会"减缩为"个唱"。

（3）出现了大量的词缀、类词缀。使用词缀、类词缀造词，不仅较为方便，而且还有给词归类的作用。如词缀"准"（即将成为）、"坛"等，造出的词有"准丈夫、准新娘、准爸爸、准妈妈"及"乐坛、泳坛、体坛、文坛"等。

（4）夹用字母的词越来越多。这样的词形式简洁、新颖，便于与国际接轨，很受年轻人的青睐。如"IT 人才、T 型台、DIY（Do It Yourself，自己动手做）主义、AA 制、HSK（汉语水平考试）"等。

（5）口语化、形象化。许多新词语，特别是用修辞式造词法造出的新词语，还有一些流行语、网络用语，都具有形象生动、口语性强的特点。如"夕阳婚、阳光工程、北漂（在北京漂泊）"等。

（6）单义性。新词语的意义一般较为单一。如"大卖场、传销、菜鸟（网络新手）、哈韩（崇尚韩国流行文化）"等。

（7）意义生疏。由于新词语出现太快，有些不易被人理解。如"白骨精（白领、骨干、精英）、软着陆、悬浮列车、厄尔尼诺现象"等。

新造词能够敏感地反映社会的发展变化，但其使用范围往往相当狭窄，特别是一些比较时髦的词语，可能很快就退出交际领域，成为词汇中的匆匆过客。

新造词的规范主要应遵循以下 3 个原则：

（1）必要性原则：有新事物产生，但没有现成的词语来表达它，这时才需要新造一个词语。如"硬件、法人、合资、光盘、手机"等词的产生就符合必要性原则。本来词汇系统中就有一个词来指称某事物，但是由于人们的求异心理，另造一个词语，如称"小甜饼"为"曲奇"，称"水果糖"为"司考奇"等，造成了词汇系统的混乱，所以有必要加以规范。

（2）明确性原则：新造词语的表义要明确，词义模棱两可的词语是不合规范的。如把"老年慢性支气管炎"称为"老慢支"，词义不明确，一般人不容易理解。再如用"残废"一词表示肢体、器官或其功能方面有缺陷的人，也是不明确的，因为身有伤残而不"废"，照样能做出很大的成绩，能为社会做出贡献，用"残疾"一词就符合明确性原则。

（3）高效性原则：新词语要尽量简短。如果词形较长，可以采取减缩的方式使其更符合经济原则，如"世界乒乓球锦标赛"简称"世乒赛"，"广播电视大学"简称"电大"，就符合高效原则。

（二）古语词

古语词包括文言词和历史词。文言词是指从古代书面语中吸收过来的词。它所代表的事物和现象在现实生活中还存在，但多被与它对应的现代汉语词语所代替，日常口语中已不大使用。如"余、尔、汝、甚、颇、敦聘、舛误、孳乳"等。

历史词是表示历史上的事物或现象的词语，如"宰相、丞相、贵妃、太监、弩、戈、戟"等。这些词语在现代交际中一般不使用，只有在叙述历史事件或想要达到一定修辞目的时才使用，如"公主、王子、殿下、大臣、男爵"等。

在书面语中使用古语词往往会使表达简洁文雅，而且古语词的沿用也是丰富现代汉语词汇的一个重要途径。但是，古语词的使用要与表达目的、文体特点、语言风格相适应，避免运用那些已丧失生命力的词语。此外，古语词的使用要注意"度"的问题，过多使用古语词会给人文白夹杂的感觉，损害文体的一致性。

（三）方言词

一般所说的方言词有两个含义，一是指通行于特定地域的词语；二是指已经进入普通话词汇系统的带有方言色彩的词语。这里所讨论的是后一种意义的方言词。

方言词进入共同语，有的是由于强势方言的影响，如北京话、上海话、广东话，这些不同地域的方言词在不同时期加入到了共同语中来；有的是共同语为了表现方言地区特有的事物，对方言词语的主动吸收。改革开放以来，从上海、广东以及港澳台地区进入普通话的词明显增多了。比如来源于北方方言的"洋灰、洋芋、圪蹴、莲花白"，来源于吴方言的"打烊、尴尬、名堂、货色、吃不消、煞有介事"，来源于粤方言的"埋单、搞定、搞笑、烂尾楼、煲、水货、生猛、老公、雪糕、雪条"，来源于湘方言的"过细、过硬"，来源于晋方言的"山药蛋"，等等。有的方言词来自多种方言，如"番茄、番薯、榔头、邋遢、脚踏车"，有的则来自个别方言，如"托儿、颠儿"来自北京话，"唠嗑、旮旯"来自东北话，"倍儿"来自天津话，"二流子"来自陕西话。有的方言词是表现不同方言地区特有事物的，如"橄榄、椰子、青稞、乌拉草、二人转"等。

方言词语进入共同语，丰富了共同语的词汇，形成共同语的地域色彩，从而给文学创作提供了表现风土人情的手段，促进了语言的表达，但是，如果过度使用，有可能造成语言交际的障碍。

（四）外来词

外来词是汉语从外民族语言中吸收进来的词，包括从国内其他民族和外国语中借入的词。

苜蓿　馕　　敖包　那达慕　哈达　萨其玛　雷达　麦克风

　　　酷　派对　克隆　唛（mark）　的士　镭射　T恤　浪漫
涤纶　维他命　吉卜赛　迪斯科　阿斯匹林　可口可乐

值得注意的是，不少外来词是经由某一方言借入汉语的，所以其发音、用字反映了该方言的特点，如"的士、镭射、T恤"通过粤方言借入汉语，"咖啡、沙发"通过吴方言借入汉语，"馕"通过新疆方言借入汉语，"那达慕"通过内蒙古方言借入汉语。

随着社会的发展，外来概念会以不同的形式进入汉语，有的是采用音译的方式，如"的士、德律风、布拉吉、伊妹儿"等；有的是意译的，即以汉语的语素和构词方式表达外来概念的，如"出租车、电话、连衣裙、电邮"等。前者为外来词，后者不属于外来词。

一般所说的外来词，主要指音译词、音译加义译词、音译加汉语语素词及借形词。

1. 完全音译词

指整体上借用外族语音形式的外来词。如派对（party）、拍档（partner）、的士（taxi）、克隆（clone）、拷贝（copy）、维纳斯（Venus）等。

2. 音译加意译

包括两种类型：一是对外语词部分音译，部分意译，组成一个词，如迷你裙（miniskirt）、因特网（internet）、脱口秀（talk show）、呼拉圈（hulahoop）、冰激凌（ice-cream）。一是对外语词整体音译，同时选择与该词义有联系的汉字加以记录，如可口可乐（Coca-Cola）、俱乐部（club）、蘑菇（moku）、基因（gene）、奔驰（Benz）等。

3. 音译语素加上汉语语素

指外语音译语素加上汉语语素构成新词。如保龄球（bowling）、啤酒（beer）、卡车（car）、卡片（card）、网吧（bar）、酒吧

(bar)、中巴（bus）、大巴（bus）、酷（cool）男、泊（park）车。

4. 借形词

指由日语中借用的以汉字书写的词，以及用英文字母或英文字母加汉字表示的词。从日语中借用的词如："手续、故障、引渡、干部、茶道、场合、交涉"等，汉语吸收日语词的方法是，只吸收它的汉字书写形式和意义，而汉字的读音不变。

借用英文字母或英文字母加汉字表示的词，如"NBA、DVD、VCD、WTO、SOS"及"AA制、B超、T型台、BP机"等。从词义的表达形式上说，此类词又属于字母词。

关于外来词的规范问题应注意以下几点：

（1）音译词应该尽量选用符合原词读音的字，用字时应考虑到汉字的表义性，选择适合语词色彩的汉字。如"可口可乐、百事可乐、奔驰、波音、保龄球、俱乐部"等词，其音译用字大都与该词的表意相联系，增强了词语的表现力。

（2）音译词要短，尽量不超过4个音节（人名、地名等专有名词除外）。如"盘尼西林"是4个音节，不如选3个音节的"青霉素"更好。

（3）应规范外来词的书写形式，确定一个常用的书写形式作为标准形式。如以下词语都有两种或多种词形："泰坦尼克号/铁达尼号、普希金/普式庚、高尔基/戈里基、巧克力/朱古力、色拉/沙律/沙拉、三明治/三文治"，应选择通俗易懂，比较流行的一个作为标准形式。

（4）吸收外来词，应尽量采用意译形式。因为意译更接近本民族的语言习惯，便于理解和记忆。

（五）行业词

行业词是各个行业运用的专门词语。如电解质、孢子、主体、施事、受事、主语、谓语、大盘、上市、熊市等。行业词语是一种社会方言，它们的使用有着特定的范围，但有些行业用词，在一定的条件下可以取得全民性，在专门意义之外又获得一个一般的意义，如"黄牌、起跑线、出局、角色、温室、消化"等，这在一定程度上丰富了汉语词汇。行业词比地域方言词更容易进入大众的口语，因为它一般不受地域的局限，具有全国通用性。行业词词义的泛化现象与该词使用频率的提高有关。

（六）字母词

字母词是完全或部分用字母来表达的词。 字母词的字母可以是外文字母，也可以是汉语拼音字母。例如："VCD、WTO"和"HSK"（汉语水平考试）。

字母词大体分为以下几类：

（1）直接在汉语中使用外语词或其缩写形式构成的字母词。如 in（时尚的）、high（心情愉快的）、APEC（亚洲太平洋地区经济合作组织）、CEO（首席执行官）等。

（2）由汉语语素与外语词或外语词缩写形式组合而成的字母词。如 T 型台、IP 电话、IT 业（信息技术业）、VIP 卡（贵宾卡）。

（3）由汉语拼音字母和外文字母组合形成的字母词，如电视台台标 GDTV（广东电视台）、SDTV（山东电视台）、HBTV（河北电视台）等。

（4）由汉语拼音缩写组成的字母词。如 HSK（汉语水平考试）、GB（国家标准）、GG（哥哥，网络用语）、JJ（姐姐，网络用语）。

（5）由外文字母和阿拉伯数字组合而成的字母词。如 F4（一个乐队组合的名称）、MP3（一种流行的音频文件压缩形式）、

3+X（一种考试模式）。

（6）由数字、外文字母和汉语语素组合而成的字母词。如 F-16 战斗机、3C 革命（3C＝Communication，Computer，Control）、4H 俱乐部（Head 要清醒，Heart 要忠诚，Hands 要勤劳，Health 要健康）。

字母词以字母构形，书写方便，便于不同语言间词语的借用与吸收，有利于全球范围内的信息交流。但这种词形，突破了汉语已有的书写形式，在以下方面亟待规范。

（1）字母词的书写问题。目前出现的字母词很多是大写的（如 CD，激光唱片），也有小写的（如 show，秀），也有首字母大写的（如 Internet，因特网），还有大小写夹用的（如 dBase，数据库），应该有明确的书写规范。

（2）字母词的读法。目前习惯用英文字母名称来读字母词，即使是汉语拼音缩写组成的字母词也常常如此。应该有一个合理的读音标准。

（3）有些字母词已产生与之相对应的汉语词，于是形成了新的异形词，如 cool（酷）、show（秀），为了用语的规范，应有所取舍。

三、固定短语

（一）成语

成语是人们长期相沿习用的语义、结构定型的固定短语。大多由 4 个字组成，如"欢天喜地、叹为观止、凿壁偷光"等，也有 3 个字和多于 4 个字的，如"莫须有""座上客""不食人间烟火""玉不琢，不成器""失败者成功之母""毛之不存，皮将焉附"等。

1. 成语的来源

大部分成语是历史沿袭下来的，不少是来自历史故事、神话、寓言或者古典诗文，也有的来自民间口头俗语。

韦编三绝：出自孔子研习易经的故事。

精卫填海：出自《山海经·北山经》描写的神话。

何去何从：出自屈原《楚辞·卜居》诗句。

如虎添翼：出自诸葛亮《心书·兵机》文句。

世外桃源：出自陶渊明《桃花源记》。

青红皂白：出自民间俗语。

2. 成语的结构

成语结构类型多种多样，主要有以下几种：

(1) 主谓型：记忆犹新　　叶公好龙　　江郎才尽　　事与愿违

(2) 述宾型：蛊惑人心　　成人之美　　暗送秋波　　大快人心

(3) 中补型：束之高阁　　操之过急　　嫁祸于人　　迫在眉睫

(4) 偏正型：两袖清风　　一丘之貉　　沧海一粟　　忘年之交

(5) 并列型：之乎者也　　根深蒂固　　轻歌妙舞　　起承转合

(6) 兼语型　请君入瓮　　认贼作父　　引狼入室　　调虎离山

(7) 连动型　守株待兔　　借花献佛　　解甲归田　　坐视不救

3. 成语的作用

成语是汉语中最精练、最富于表现力的语言形式，具有高度的概括性和形象性，在语言表达上可以收到以少胜多、画龙点睛的艺术效果。其修辞作用主要表现在以下几个方面：

(1) 言简意赅、以少胜多。成语的内涵非常丰富，能够用极精炼的文字，表达十分丰富的内容。

　　做一个真正能干的高级指挥员不是初出茅庐或仅仅善于纸上谈兵的角色所能办到的，必须在战争中学习才能办得

到。　　　　　　　（毛泽东《中国革命战争的战略问题》）
如果把文中的"初出茅庐"换成"刚担任领导工作，还缺乏经验"，把"纸上谈兵"换成"空谈用兵道理，不能解决实际问题"，就显得缺乏内涵，语言罗嗦了。

（2）生动活泼、富于形象。许多成语都非常生动活泼，形象鲜明，便于表达丰富多彩的情感。

我被突如其来的惊涛骇浪打得头昏目眩……
　　　　　　　　　　　（陶斯亮《一封终于发出的信》）

短短的一句话，连用两个成语，把突发事件对人物的影响生动、形象地表现出来，给人以深刻的感受。

（3）格调高雅、行文整齐。成语多为书面语，书卷气息浓烈，四字格形式齐整，节奏感强。

要做一番英雄事业，就得有一把硬骨头，不怕千辛万苦，不怕千难万险，不怕摔跟头，勇往直前，百折不挠。

　　　　　　　　　　　　　　（姚雪垠《李自成》）

这句话连用4个成语，行文整齐，读起来铿锵有力，富有节奏感。

4. 成语的运用

成语是汉族人民喜闻乐见的语言形式，正确运用成语，可以使语言准确、鲜明、生动。要很好地使用成语，必须注意以下几个问题：

（1）注意表意的整体性。成语表意具有整体性，不能拆开来理解，也不能望文生义。如："胸有成竹"并不是说心里有竹子，而是比喻做事之前已经有通盘的考虑。"破釜沉舟"并不表示字面的意思，把锅打破把船沉掉，而是表示下定决心，不顾一切干到底。

（2）注意结构、读音的规范性。成语有固定的书写格式和固定读音，一般不能随意更动、变换。如不能将"川流不息"说成"穿流不息"，将"按部就班"写成"按步就班"，"风驰电掣"不能写成"飞驰电掣"。"自怨自艾"的"艾"为"治理，改正"义，应读 yì，不能读成今音 ài。"否极泰来"的"否"应读 pǐ，不能读成 fǒu；"否"与"泰"是六十四卦中的卦名，"否"是坏卦，"泰"是好卦。

（3）注意语体色彩和感情色彩。成语具有极强的感情色彩和语体色彩。如不注意，就会出现问题。如"不可磨灭"不可用于贬义，"趋之若鹜"不可用于褒义，"箪食壶浆"用于书面语。

（二）惯用语

惯用语是一种短小习用、口语性强的固定短语，以 3 个音节的居多，也有一些更多音节的，以动宾结构式为多。

　　放空炮　穿小鞋　吹牛皮　扣帽子　拉后腿　炒鱿鱼
　　空架子　马后炮　铁饭碗　墙头草　踢皮球　戴高帽
　　吃定心丸　捅马蜂窝　揭不开锅　吃大锅饭　唱对台戏
　　八九不离十　不管三七二十一

惯用语字面意义具体、单纯，其真实含义是字面意义的引申。如"挖墙角"并不是真挖哪里的墙角，而是说"毁坏基础"；"马后炮"也不是真的说马的后面有炮，而是"行动晚了"；"翘尾巴"比喻骄傲自大。有的惯用语可以拆开，插进一些别的词语，如"钻空子"可以说成"钻我们的空子""碰钉子"可以说成"碰了一个大钉子"。

惯用语多来自群众口头语，口语色彩浓，通俗易懂，简明生动，幽默风趣。惯用语多含贬义，运用中需要注意场合和对象。

惯用语与成语具有不同的特点。其一，成语书面色彩浓，惯用语口语色彩浓。其二，成语意蕴丰富、格调高雅，形式凝炼、表达含蓄，惯用语含义单纯，语义明快、形象、风趣。其三，成语结构固定，一般不能插入其他成分；惯用语的结构凝固性不强，一般可插入其他成分，甚至颠倒词语语序，如"对台戏也唱了，闭门羹也吃了，我看，这事算了吧。"其中对"唱对台戏""吃闭门羹"的语序做了变更。

（三）歇后语

歇后语是由近似谜面、谜底两部分构成的形象而诙谐的口头用语。它常常利用双关的手法，言在此而意在彼。

　　　姜太公钓鱼——愿者上钩。

　　　石板上钉钉子——硬碰硬。

　　　庙里着火——慌了神。

　　　腊月里的萝卜——冻（动）了心。

　　　上鞋不用锥子——针（真）好。

根据语义的表达方式，**歇后语大致可分为两种类型：**

1. 喻义型

前一部分描写一个事实，后一部分从意义上对这个事实加以解释、说明，后一部分是表义的真实目的。

　　　老虎戴佛珠——假充善人

　　　哑巴吃饺子——心里有数

　　　猪八戒照镜子——里外不是人

　　　扶着屁股上墙——自抬自（自己抬高自己）

　　　断了背的椅子——靠不住

　　　半夜吃黄瓜——不知头尾

2. 谐音型

前一部分提出一个事由，后一部分利用谐音关系，故意"言在此而意在彼"。

三尺长的梯子——搭（答）不上檐（言）

黑瞎子叫门——熊（怯懦，无能）到家了

井底雕花——深刻

老虎拉大车——谁赶（敢）

歇后语具有形象、诙谐的特点，恰当地运用，可以充分表现人物个性、语言风格等，收到突出的表达效果，给人留下鲜明深刻的印象。例如：

①"我没个讲的，人家两口子啥也闹好了，才拉了我；咱这是聋子的耳朵：样子货。我只管吃油糕！"

（马烽、西戎《吕梁英雄传》）

②"说实在的，闯王派我来，也只是同你们见见面，交交朋友，免得日后大水冲了龙王庙，一家人不认识一家人"。

（姚雪垠《李自成》）

需要注意的是歇后语具有非常鲜明的语体色彩和感情色彩，使用中要注意身份、对象、地点、时间和气氛。否则就容易流于油滑，很难获得理想的表达效果。

思考与练习

一、怎样理解基本词汇的特点？"你、我、他"属于基本词汇范围吗？为什么？

二、基本词汇和一般词汇是什么关系？

三、外来词有几种类型？你对吸收外来词有什么建议？

四、语言中为什么会不断地有新造词出现？新造词有哪些特点？怎样做到规范地使用新造词？

五、有些行业词的词义会泛化，举例说明词义的泛化有什么积极作用。

六、一般的行业语和隐语有什么区别？

七、古语词的使用应注意哪些问题？

八、怎样看待强势方言（如东北话、广东话、上海话）词语进入普通话的现象？

九、请将下列成语归入相应的结构类型。

　　①高风亮节　②轻重缓急　③斩尽杀绝　④抛头露面

　　⑤水涨船高　⑥安家立业　⑦悲欢离合　⑧轻描淡写

　　⑨死去活来　⑩身败名裂

　　主谓＋主谓：

　　述宾＋述宾：

　　联合＋联合：

　　中补＋中补：

　　偏正＋偏正：

十、有些成语可由字面义直接推出，一般称为组合性成语；有些成语不能由字面义直接推出，一般称为非组合性成语。请将下列成语分类。

　　①扬长避短　②得陇望蜀　③草木皆兵　④丰功伟绩

　　⑤既往不咎　⑥覆水难收　⑦病入膏肓　⑧杯弓蛇影

　　组合性成语：

　　非组合性成语：

十一、补足下列歇后语，并加以归类。

　　①旗杆上绑鸡毛——　　　　　　②门缝里看人——

　　③老鼠尾巴上害疖子——　　　　④张飞穿针——

　　⑤墙上挂竹帘——　　　　　　　⑥猪八戒的脊梁——

　　⑦一张纸画一个鼻子——　　　　⑧狗掀门帘子——

　　⑨木匠吊线——　　　　　　　　⑩碌碡砸在碾盘上——

　　⑪黄鼠狼吃刺猬——　　　　　　⑫高射炮打蚊子——

第七节　词汇研究

学习要点　了解现代汉语词汇学的研究概况，能针对所提供的论文题目进行深入思考，并能就某个问题写出一篇词汇学方面的小论文。学会使用词汇研究方面的有关参考文献，为学习和研究提供帮助。

一、词汇研究概述

"词汇学创始得最早，可是后来并没有发扬光大"（《方言校笺及通检·罗常培序》），而被纳入了"训诂"的轨道。训诂学又在相当长的历史时期内成为经学的附庸。"五四"新文化运动以后，现代汉语词汇学伴随着现代汉语的发展而逐步建立起来，它一改过去训诂学的那种专注于典籍、为解读经书服务的传统，注重活的语言，努力探求现代汉语词汇的特点、规律，成为全新的语言学专门学科。在几十年的发展中，现代汉语词汇学经历了一个由萌芽、草创到稳定发展以至走向初步繁荣的过程。

从"五四"到40年代末的30年时间内，现代汉语词汇学基本上处于萌芽和草创时期。这一时期，汉语语言学借鉴、吸收了西方语言学的一些先进理论。越来越多的学者开始了对词的结构形式、意义内容以及成语的研究，如薛祥绥《中国语言文字说略》（1919年《国故》月刊第四期）、汪馥泉《词汇试论》（1940年《学术杂志》第二辑）、方绳辉《成语和成语运用》（1943年《国文杂志》2卷3期）等等。但总的来说，这一时期词汇的研究相对于语音和语法的研究来说还是相当滞后的，并没有开拓性的论著问世，词汇学方面很少的一些研究也多在语法学的论著中加以介绍。

新中国成立后，一方面受前苏联的语言学理论的影响，一方面受 50 年代汉语规范化工作的促进，现代汉语词汇学得以正式建立。许多学者都投身到这一学科的研究中，研究的队伍不断壮大。许多新的问题被提了出来，研究的领域日见拓展，研究问题的思路和方法也愈益新颖。尤其在 50 年代中叶至 50 年代末，形成了现代汉语词汇研究的第一个高峰，涌现出了像孙常叙《汉语词汇》、周祖谟《汉语词汇讲话》、陆志韦等《汉语的构词法》等一批优秀的词汇学专著，形成了一个百花齐放、百家争鸣的大好局面。

　　"文革"结束以后，是现代汉语词汇学走向成熟、开始繁荣的时期。许多中老年语言学家迸发出了蓄积已久的研究热情，纷纷著书立说，新一代青年学者也积极投身到现代汉语词汇研究的队伍中。他们一方面积极借鉴、引进国外先进的研究方法，一方面又根据自己的研究，总结归纳出适合汉语词汇学自身的研究方法。研究的范围、领域和成果也都超过了以往任何一个时期，出现了许多有影响力的著作，如武占坤和王勤《现代汉语词汇概要》、刘叔新《汉语描写词汇学》、刘叔新和周荐《同义词语和反义词语》、符淮青《现代汉语词汇》等等，也发表了数以千计的现代汉语词汇研究的论文。目前，现代汉语词汇的研究仍呈方兴未艾之势，预示着更加繁荣兴盛的时期的到来。

　　现代汉语词汇学数十年的发展历史呈 3 大趋势：其一，学科分工越来越细。早期的词汇学，既研究词语的构造、意义，词汇的组成、发展、变化，也研究词语在词典中的状况。从 70 年代末开始，对词语在词典中状况的研究已独立为一个专门的学科——词典学。近些年来，对固定词组和一些固定语句的研究，逐步形成了一门熟语学。温端政先生近年来更力倡建立独立的汉语语汇学。词语意义的研究，也开始汇入语义学研究的洪流，形成了词汇语义学。虽然熟语学和词汇语义学目前在研究方法上还不如词典学成熟，但它们成为独立学科的倾向却是越来越明显。词汇学研究的对象将更加具体。

其二，不断地借鉴、吸收一些相关学科的研究成果。如结构主义语法学中所讲的框架理论、结构组织关系，60年代开始引入对词语意义的研究，义素分析法也于70年代末被引入词语意义的分析。这些理论的引进，使现代汉语词汇学研究从方法上得到进一步完善。

其三，不断深入地从词汇、词汇系统本身出发研究词汇学问题，从而逐步摆脱与语法学、逻辑学等相邻学科的纠缠，形成现代汉语词汇学独有的理论体系。如有的学者用词语间的结构组织关系论证词汇体系的存在，用词充作词汇单位的本质特征去研究词的定义等等。这些研究都摆脱了以往从语法角度来研究词汇体系或用语法学的理论来给词下定义的框架，方法上是独创全新的，对现代汉语词汇学乃至理论词汇学都有不可低估的理论意义。

二、撰写词汇学小论文参考题目

1. 试论汉语字母词

2. 语素、词、短语划分刍议

3. "子"尾名词试论

4. 一种特殊的词汇单位——"离合词"杂议

5. 现代汉语语素探源

6. 从时间词"上午""中午""下午"看词义的模糊性

7. 义素分析的欠缺性举隅

8. 词义的系统性管窥

9. 浅谈不同语境中的词义

10. 论词语色彩义的主观性

11. 谈惯用语的简洁性与趣味性

12. 浅谈汉语中禁忌词语与委婉词语背后的文化内涵

13. 信息时代的新词新语一瞥

14. 方言词去向何方？——方言词汇发展之我见

15. 如何正确对待流行语中的借词现象

16. 浅议汉语缩略词的使用及其规范问题

17. 也谈词汇的发展

18. 建国以来汉语基本词汇研究述评

三、参 考 文 献

（一）专著及教材

陈光磊《汉语词法论》，学林出版社 2001 年。

黄伯荣、廖序东《现代汉语》，高等教育出版社 1997 年。

符淮青《现代汉语词汇》，北京大学出版社 1985 年。

葛本仪《汉语词汇学》，山东大学出版社 2003 年。

贾彦德《语义学导论》，北京大学出版社 1986 年。

刘洁修《成语》，商务印书馆 1985 年。

刘叔新《汉语描写词汇学》，商务印书馆 1990 年。

刘叔新、周荐《同义词语和反义词语》，商务印书馆 1992 年。

陆志韦《汉语的构词法》，科学出版社 1957 年。

马国凡、高歌东《惯用语》，内蒙古人民出版社 1997 年。

任学良《汉语造词法》，中国科学出版社 1981 年。

苏新春《汉语词义学》，广东教育出版社 1992 年。

孙常叙《汉语词汇》，商务印书馆 2006 年。

孙维张《汉语熟语学》，吉林教育出版社 1989 年。

王德春《词汇学概要》，山东教育出版社 1983 年。

武占坤、王勤《现代汉语词汇概要》，内蒙古人民出版社
　　1983年。

温端政《歇后语》，商务印书馆1992年。

温端政《汉语语汇学》，商务印书馆2005年。

许威汉《汉语词汇学引论》，商务印书馆1992年。

许威汉《二十世纪的汉语词汇学》，书海出版社2000年。

杨振兰《现代汉语词彩学》，山东大学出版社1996年。

张永言《词汇学简论》，华中工学院出版社1982年。

周荐《汉语词汇研究史纲》，语文出版社1995年。

周荐《二十世纪现代汉语词汇论著指要》，商务印书馆2004年。

周荐《二十世纪现代汉语词汇论文精选》，商务印书馆2005年。

周祖谟《汉语词汇讲话》，人民教育出版社1959年。

（二）论文

董印其《现代汉语词义研究历史回顾》，《汉字文化》2003
　　年第3期。

符淮青《同义词研究的几个问题》，《中国语文》2000年第3期。

葛本仪、王立廷《建国以来对“词”“词汇”概念的研究》，
　　《语文建设》1992年第4期。

葛本仪《词义的语用研究》，《烟台大学学报》1994年第1期。

黄月圆《复合词研究》，《国外语言学》1995年第2期。

兰宾汉《词义派生与释义》，《辞书研究》2003年第4期。

刘瑞丽《新词语初析》，《语文研究》1998年第1期。

刘中富《现代汉语词汇特点初探》，《东岳论丛》2002年第6期。

邵健《试论词语与概念》，《山东社会科学》2000年第6期。

孙雍长《论词义变化的社会因素》，《湖南师大学报》1987
　　年第4期。

孙雍长《论词义变化的语言因素》，《湖南师大学报》1989
　　年第 5 期。

王勤《略论现代汉语中的古语词》，《湘潭大学社会科学学
　　报》1981 年第 1 期。

王绍新《谈汉语复合词内部的语义构成》，《语言教学与研
　　究》1987 年第 3 期。

王希杰《略论语言的词汇与言语的词汇》，《杭州大学学报》
　　1993 年第 1 期。

王振昆、谢文庆《反义词的义素分析》，《天津师院学报》
　　1982 年第 3 期。

邢向东《词义褒贬新探》，《云南师大学报》1985 年第 5 期。

俞理明《词语缩略的界定及其理论诠释》，《四川大学学报》
　　2000 年第 2 期。

岳长顺《上位词下位词研究》，《语言研究论丛》第六辑，天
　　津教育出版社 1991 年。

张永言《汉语外来词杂谈》，《语言教学与研究》1989 年
　　第 2 期。

赵克勤《论新词语》，语文研究，1988 年第 2 期。

赵淑华、张宝林《离合词的确定与离合词的性质》，《语言教
　　学与研究》1996 年第 1 期。

周荐《基本词汇与一般词汇划分刍议》，《南开学报》1987
　　年第 3 期。

周行《关于"基本词汇"的再探讨》，《汉字文化》2002 年
　　第 1 期。

周一民《义素的类型及分析》，《汉语学习》1995 年第
　　6 期。

附录一

普通话异读词审音表

中国文字改革委员会普通话审音委员会于 1957 年、1959 和 1962 年先后发表了《普通话异读词审音表初稿》正编、续编和三编，1963 年公布《普通话异读词三次审音总表初稿》。经过二十多年的实际应用，普通话审音委员会在总结经验的基础上，于 1982 年至 1985 年组织专家学者进行审核修订，制定了《普通话异读词审音表》，这个审音表经过国家语言文字工作委员会、国家教育委员会、广播电视部（现为广播电影电视部）审查通过，于 1985 年 12 月联合发布。

说　明

一、本表所审，主要是普通话有异读的词和有异读的作为"语素"的字。不列出多音多义字的全部读音和全部义项，与字典、词典形式不同。例如："和"字有多种义项和读音，而本表仅列出原有异读的八条词语，分列于 hè 和 huo 两种读音之下（有多种读音，较常见的在前。下同）；其余无异读的音、义均不涉及。

二、在字后注明"统读"的，表示此字不论用于任何词语中只读一音（轻声变读不受此限），本表不再举出词例。例如："阀"字注明"fá（统读）"，原表"军阀"、"学阀"、"财阀"条和原表所无的"阀门"等词均不再举。

三、在字后不注"统读"的，表示此字有几种读音，本表只审订其中有异读的词语的读音。例如"艾"字本有 ài 和 yì 两

音，本表只举"自怨自艾"一词，注明此处读 yì 音；至于 ài 音
及其义项，并无异读，不再赘列。

　　四、有些字有文白二读，本表以"文"和"语"作注。前者
一般用于书面语言，用于复音词和文言成语中，后者多用于口语
中的单音词及少数日常生活事物的复音词中。这种情况在必要时
各举词语为例。例如："杉"字下注"（一）shān（文）：紫～、
红～、水～；（二）shā（语）：～篙、一木"。

　　五、有些字除附举词例之外，酌加简单说明，以便读者分
辨。说明或按具体字义，或按"动作义"、"名物义"等区分，例
如："畜"字下注"（一）chù（名物义）：～力、家～、牲～、
幼～；（二）xù（动作义）：～产、～牧、～养"。

　　六、有些字的几种读音中某音用处较窄，另音用处甚宽，则
注"除××（较少的词）念乙音外，其他都念甲音"，以避免列
举词条繁而未尽、挂一漏万的缺点。例如："结"字下注"除
'～了个果子'、'开花～果'、'～巴'、～实'念 jiē 之外，其他
都念 jié"。

　　七、由于轻声问题比较复杂，除《初稿》涉及的部分轻声词
之外，本表一般不予审订，并删去部分原审的轻声词，例如"麻
刀（dao）"、"容易（yi）"等。

　　八、本表酌增少量有异读的字或词，作了审订。

　　九、除因第二、六、七各条说明中所举原因而删略的词条之
外，本表又删汰了部分词条。主要原因是：1. 现已无异读（如
"队伍"、"理会"）；2. 罕用词语（如"俵分"、"仔密"）；3.
方言土音（如"归里包堆〔zuī〕"、"告送〔song〕"）；4. 不
常用的文言词语（如"刍荛"、"氍毹"）；5. 音变现象（如"胡
里八涂〔tū〕"、"毛毛腾腾〔tēngtēng〕"）；6. 重复累赘（如原

表"色"字的有关词语分列达 23 条之多）。删汰条目不再编入。

　　十、人名、地名的异读审订，除原表已涉及的少量词条外，留待以后再审。

A

阿（一）ā

　～訇　～罗汉

　～木林　～姨

（二）ē

　～谀　～附

　～胶　～弥陀

佛

挨（一）āi

　～个　～近

（二）ái

　～打　～说

癌 ái（统读）

霭 ǎi（统读）

蔼 ǎi（统读）

隘 ài（统读）

谙 ān（统读）

埯 ǎn（统读）

昂 áng（统读）

凹 āo（统读）

拗（一）ào

　～口

（二）niù

执～　脾气很

～

坳 ào（统读）

B

拔 bá（统读）

把 bà

　印～子

白 bái（统读）

膀 bǎng

　翅～

蚌（一）bàng

　蛤～

（二）bèng

　～埠

傍 bàng（统读）

磅 bàng

　过～

龅 bāo（统读）

胞 bāo（统读）

薄（一）báo（语）

　常单用，如

　"纸很～"

（二）bó（文）

　多用于复音词

　～弱　稀～

　淡～　尖嘴～

　舌　单～　厚

　～

堡（一）bǎo

　碉～　～垒

（二）bǔ

　～子　吴～

　瓦窑～　柴沟

　～

（三）pù

　十里～

暴（一）bào

　～露

（二）pù

　一～（曝）十

　寒

爆 bào（统读）

焙 bèi（统读）

惫 bèi（统读）

背 bèi（统读）

　～脊　～静

鄙 bǐ（统读）

俾 bǐ（统读）

笔 bǐ（统读）

比 bǐ（统读）

臂（一）bì

　手～　～膀

（二）bei

　胳～

庇 bì（统读）

髀 bì（统读）

避 bì（统读）

辟 bì

　复～

裨 bì

　～补　～益

婢 bì（统读）

痹 bì（统读）

壁 bì（统读）

蝙 biān（统读）

遍 biàn（统读）

骠（一）biāo

　黄～马

（二）piào

　～骑　～勇

傧 bīn（统读）

缤 bīn（统读）

濒 bīn（统读）

殡 bìn（统读）

屏（一）bǐng

　～除　～弃

　～气　～息

　（二）píng

　～藩　～风

柄 bǐng（统读）

波 bō（统读）

播 bō（统读）

菠 bō（统读）

剥（一）bō（文）

　～削

　（二）bāo

　（语）

泊（一）bó

　淡～　飘～

　停～

　（二）pō

　湖～　血～

帛 bó（统读）

勃 bó（统读）

钹 bó（统读）

伯（一）bó

　～～（bo）

　老～

（二）bǎi

大～子（丈夫
的哥哥）

箔 bó（统读）

簸（一）bǒ

　颠～

　（二）bò

　～箕

膊 bo

　胳～

卜 bo

　萝～

醭 bú（统读）

哺 bǔ（统读）

捕 bǔ（统读）

鹁 bǔ（统读）

埠 bù（统读）

C

残 cán（统读）

惭 cán（统读）

灿 càn（统读）

藏（一）cáng

　矿～

　（二）zàng

　宝～

糙 cāo（统读）

嘈 cáo（统读）

螬 cáo（统读）

厕 cè（统读）

岑 cén（统读）

差　（一）chā

　（文）

　不～累黍

　不～什么

　偏　色～

　～别　视～

　　误～　电

　　势～　一念

　之～　～池

　　～错言

　～语错　一

　～二错阴

　错阳～　～

　等　～额

　　～价　～强

　人意　～数

　　～异

　（二）chà

　（语）

　～不多　～

　不离　～点

儿

　（三）cī

　参～

猹 chá（统读）

搽 chá（统读）

阐 chǎn（统读）

羼 chàn（统读）

颤（一）chàn

　～动　发～

　（二）zhàn

　～栗（战栗）

　打～（打战）

羼 chàn（统读）

伥 chāng（统读）

场（一）chǎng

　～合　～所

　冷～　捧～

　（二）cháng

　外～　圩～

　～院　一～雨

　（三）chang

　排～

钞 chāo（统读）

巢 cháo（统读）

嘲 cháo

　～讽　～骂

　～笑

秒 chào（统读）

车（一）chē

　安步当～

　杯水～薪

　闭门造～

螳臂当～

（二）jū

（象棋棋子名称）

晨 chén（统读）

称 chèn

～心　～意

～职　对～

相～

撑 chēng（统读）

乘（动作义，念chéng）

包～制　～便　～风破浪　～客

～势　～兴

橙 chéng（统读）

惩 chéng（统读）

澄（一）chéng

（文）

～清（如"～清混乱""～清问题"）

（二）dèng

（语）

单用，如"把水～清了"

痴 chī（统读）

吃 chī（统读）

驰 chí（统读）

褫 chǐ（统读）

尺 chǐ

～寸　～头

豉 chǐ（统读）

侈 chǐ（统读）

炽 chì（统读）

春 chōng（统读）

冲 chòng

～床　～模

臭（一）chòu

遗～万年

（二）xiù

乳～　铜～

储 chǔ（统读）

处 chǔ（动作义）

～罚　～分

～决　～理

～女　～置

畜（一）chù（名物义）

～力　家～

牲～　幼～

（二）xù（动作义）

～产　～牧

～养

触 chù（统读）

搐 chù（统读）

绌 chù（统读）

黜 chù（统读）

闯 chuǎng（统读）

创（一）chuàng

草～　～举

首～　～造

～作

（二）chuāng

～伤　重～

绰（一）chuò

～～有余

（二）chuo

宽～

疵 cī（统读）

雌 cí（统读）

赐 cì（统读）

伺 cì

～候

枞（一）cōng

～树

（二）zōng

～阳〔地名〕

从 cóng（统读）

丛 cóng（统读）

攒 cuán

万头～动　万

箭～心

脆 cuì（统读）

撮（一）cuō

～儿　一～儿

盐　一～儿匪帮

（二）zuǒ

一～儿毛

措 cuò（统读）

D

搭 dā（统读）

答（一）dá

报～　～复

（二）dā

～理　～应

打 dá

苏～　一～

（十二个）

大（一）dà

～夫（古官名）～王（如爆破～王、钢铁～王）

（二）dài

～夫（医生）

～黄　～王（如山～王）

～城〔地名〕

呆 dāi（统读）

傣 dǎi（统读）

逮（一）dài

（文）如"～捕"。

（二）dǎi（语）单用，如"～蚊子""～特务"

当（一）dāng

～地　～间儿

～年（指过去）

～日（指过去）

～天（指过去）

～时（指过去）

螳臂～车

（二）dàng

一个～俩　安步～车　适～

～年（同一年）

～日（同一时候）

～天（同一天）

档 dàng（统读）

蹈 dǎo（统读）

导 dǎo（统读）

倒（一）dǎo

颠～　颠～是非　颠～黑白　颠三～四　倾箱～箧　排山～海　～板　～嚼　～仓　～嗓　～戈　～潬～

（二）dào

～粪（把粪弄碎）

悼 dào（统读）

纛 dào（统读）

凳 dèng（统读）

羝 dī（统读）

氐 dī（古民族名）

堤 dī（统读）

提 dī

～防

的 dí

～当　～确

抵 dǐ（统读）

蒂 dì（统读）

缔 dì（统读）

谛 dì（统读）

点 dian

打～（收拾、

赇赂）

跌 diē（统读）

蝶 dié（统读）

订 dìng（统读）

都（一）dōu

～来了

（二）dū

～市　首～

大～（大多）

堆 duī（统读）

吨 dūn（统读）

盾 dùn（统读）

多 duō（统读）

咄 duō（统读）

掇（一）duō（"拾取、采取"义）

（二）duo

撺～　掇～

裰 duō（统读）

踱 duó（统读）

度 duó（统读）

忖～　～德量力

E

婀 ē（统读）

F

伐 fá（统读）

阀 fá（统读）

砝 fǎ（统读）

法 fǎ（统读）

发 fà

理～　脱～　结～

帆 fān（统读）

藩 fān（统读）

梵 fàn（统读）

坊（一）fāng

牌～　～巷

（二）fáng

粉～　磨～　碾～　染～　油～　谷～

妨 fáng（统读）

防 fáng（统读）

肪 fáng（统读）

沸 fèi（统读）

汾 fén（统读）

讽 fěng（统读）

肤 fū（统读）

敷 fū（统读）

俘 fú（统读）

浮 fú（统读）

服 fú

~毒 ~药

拂 fú（统读）

辐 fú（统读）

幅 fú（统读）

甫 fǔ（统读）

复 fù（统读）

缚 fù（统读）

G

噶 gá（统读）

冈 gāng（统读）

刚 gāng（统读）

岗 gǎng

~楼 ~哨

~子 门~

站~ 山~子

港 gǎng（统读）

葛（一）gé

~藤 ~布

瓜~

（二）gě（姓）

（包括单、复

姓）

隔 gé（统读）

革 gé

~命 ~新

改~

合 gě（一升的十

分之一）

给（一）gěi（语）

单用。

（二）jǐ（文）

补~ 供~

供~制 ~予

配~ 自~自

足

亘 gèn（统读）

更 gēng

五~ ~生

颈 gěng

脖~子

供（一）gōng

~给 提~

~销

（二）gòng

口~ 翻~

上~

佝 gōu（统读）

枸 gǒu

~杞

勾 gòu

~当

估（除"~衣"读

gù 外，都读

gū）

骨（除"~碌"

"~朵"读 gū

外，都读 gǔ）

谷 gǔ

~雨

锢 gù（统读）

冠（一）guān（名

物义）

~心病

（二）guàn（动

作义）

沐猴而~ ~

军

犷 guǎng（统读）

庋 guǐ（统读）

桧（一）guì（树

名）

（二）huì（人

名）

"秦~"

刽 guì（统读）

聒 guō（统读）

蝈 guō（统读）

过（除姓氏读 guō

外，都读 guò）

H

虾 há

~蟆

哈（一）hǎ

~达

（二）hà

~什蚂

汗 hán

可~

巷 hàng

~道

号 háo

寒~虫

和（一）hè

唱~ 附~

曲高~寡

（二）huo

搅~ 搅~

暖~ 热~

软~

貉（一）hé（文）

一丘之~

（二）háo（语）

~绒 ~子

壑 hè（统读）

褐 hè（统读）

喝 hè

~彩 ~道

~令 ~止

呼幺~六

鹤 hè（统读）

黑 hēi（统读）

亨 hēng（统读）

横　（一）héng

　　～肉　～行霸

道

　　（二）hèng

　　蛮～　～财

訇 hōng（统读）

虹　（一）hóng

　　（文）

　　～彩　～吸

　　（二）jiàng

　　（语）单说

讧 hòng（统读）

囫 hú（统读）

瑚 hú（统读）

蝴 hú（统读）

桦 huà（统读）

徊 huái（统读）

踝 huái（统读）

浣 huàn（统读）

黄 huáng（统读）

荒 huang

　　饥～（指经济

困难）

海 huì（统读）

贿 huì（统读）

会 huì

一～儿　多～

儿　～厌（生

理名词）

混 hùn

　　～合　～乱

　　～凝土　～浠

　　～血儿　～杂

蠖 huò（统读）

霍 huò（统读）

豁 huò

　　～亮

获 huò（统读）

J

羁 jī（统读）

击 jī（统读）

奇 jī

　　～数

芨 jī（统读）

缉　（一）jī

　　通～　侦～

　　（二）qī

　　～鞋口

几 jī

　　茶～　条～

扱 jī（统读）

戢 jí（统读）

疾 jí（统读）

汲 jí（统读）

棘 jí（统读）

藉 jí

　　狼～（籍）

嫉 jí（统读）

脊 jǐ（统读）

纪　（一）jǐ（姓）

　　（二）jì

　　～念　～律

　　纲～　～元

偈 jì

　　～语

绩 jì（统读）

迹 jì（统读）

寂 jì（统读）

箕 ji

　　簸～

辑 ji

　　逻～

茄 jiā

　　雪～

夹 jiā

　　～带藏掖　～

道儿　～攻

　　～棍　～生

　　～杂　～竹桃

　　～注

浃 jiā（统读）

甲 jiǎ（统读）

奸 jiān（统读）

鞯 jiān（统读）

间　（一）jiān

　　～不容发　中

～

　　（二）jiàn

　　中～儿　～道

　　～谍　～断

　　～或　～接

　　～距　～隙

　　～续　～阻

　　～作　挑拨离

～

趼 jiǎn（统读）

俭 jiǎn（统读）

缰 jiāng（统读）

膙 jiǎng（统读）

嚼　（一）jiáo（语）

　　味同～蜡　咬

文～字

　　（二）jué（文）

　　咀～　过屠门

而大～

　　（三）jiào

　　倒～（倒嚼）

侥 jiǎo

　　～幸

角（一）jiǎo

八～（大茴
香）

～落　独～戏

～膜　～度

～儿　（犄～）

～楼　勾心斗

～　号～口

～（嘴～）

鹿～　菜头～

（二）jué

～斗　～儿

（脚色）　口

～（吵嘴）

主～儿　配～

儿　～力捧

～儿

脚（一）jiǎo

根～

（二）jué

～儿（也作

"角儿"，脚

色）

剿（一）jiǎo

围～

（二）chāo

～说　～袭

校 jiào

～勘　～样

～正

较 jiào（统读）

酵 jiào（统读）

嗟 jiē（统读）

疖 jiē（统读）

结（除"～了个

果子""开花

～果""～巴"

"～实"念 jiē

之外，其他都

念 jié）

睫 jié（统读）

芥（一）jiè

～菜（一般的

芥菜）　～末

（二）gài

～菜　（也作

"盖菜"）

～蓝菜

矜 jīn

～持　自～

～怜

仅 jǐn

～～　绝无～

有

馑 jǐn（统读）

觐 jìn（统读）

浸 jìn（统读）

斤 jin

千～（起重的

工具）

茎 jīng（统读）

粳 jīng（统读）

鲸 jīng（统读）

境 jìng（统读）

痉 jìng（统读）

劲 jìng

刚～

窘 jiǒng（统读）

究 jiū（统读）

纠 jiū（统读）

鞠 jū（统读）

鞫 ju（统读）

掬 jū（统读）

苴 jū（统读）

咀 jǔ

～嚼

矩（一）jǔ

～形

（二）ju

规～

俱 jù（统读）

龟 jūn

～裂（也作

"皲裂"）

菌（一）jūn

细～　病～

杆～　霉～

（二）jùn

香～　～子

俊 jùn（统读）

K

卡（一）kǎ

～宾枪　～车

～介苗　～片

～通

（二）qiǎ

～子　关～

揩 kāi（统读）

慨 kǎi（统读）

忾 kài（统读）

勘 kān（统读）

看 kān

～管　～护

～守

慷 kāng（统读）

拷 kǎo（统读）

坷 kē

～拉（垃）

疴 kē（统读）

壳（一）ké（语）

～儿　贝～儿

脑～　驳～枪

（二）qiào（文）

地～　甲～

躯～

可（一）kě

～～儿的

（二）kè

～汗

恪 kè（统读）

刻 kè（统读）

克 kè

～扣

空（一）kōng

～心砖　～城

计

（二）kòng

～心吃药

眍 kōu（统读）

矻 kū（统读）

酷 kù（统读）

框 kuàng（统读）

矿 kuàng（统读）

傀 kuǐ（统读）

溃（一）kuì

～烂

（二）huì

～脓

篑 kuì（统读）

括 kuò（统读）

L

垃 lā（统读）

邋 lā（统读）

鬤 lǎn（统读）

缆 lǎn（统读）

蓝 lan

苤～

琅 láng（统读）

捞 lāo（统读）

劳 láo（统读）

醪 láo（统读）

烙（一）lào

～印　～铁

～饼

（二）luò

炮～（古酷

刑）

勒（一）lè（文）

～逼　～令

～派　～索

悬崖～马

（二）lēi（语）

多单用。

擂（除“～台”

“打～”读 lèi

外，都读 léi）

礌 léi（统读）

羸 léi（统读）

蕾 lěi（统读）

累（一）lèi

（辛劳义，如

“受～”〔受劳

～〕）

（二）léi

（如“～赘”）

（三）lěi

（牵连义，如

“带～”“～

及”“连～”

“赔～”“牵

～”“受～”

〔受牵～〕）

蠡（一）lí

管窥～测

（二）lǐ

～县　范～

喱 lí（统读）

连 lián（统读）

敛 liǎn（统读）

恋 liàn（统读）

量（一）liàng

～入为出　忖

～

（二）liang

打～　掂～

踉 liàng

～跄

潦 liáo

～草　～倒

劣 liè（统读）

捩 liè（统读）

趔 liè（统读）

拎 līn（统读）

遴 lín（统读）

淋（一）lín

～浴　～漓

～巴

（二）lìn

～硝　～盐

～病

蛉 líng（统读）

榴 liú（统读）

馏（一）liú（文）

如“干～”

“蒸～”

（二）liù（语）

如“～馒头”

镏 liú

～金

碌 liù

～碡

笼　（一）lóng

（名物义）

～子　牢～

（二）lǒng

（动作义）

～络　～括

～统　～罩

偻（一）lóu

佝～

（二）lǚ

伛～

瞜 lou

眍～

虏 lǔ（统读）

掳 lǔ（统读）

露（一）lù（文）

赤身～体　～

天　～骨　～

头角　藏头～

尾　抛头～面

～头（矿）

（二）lòu（语）

～富　～苗

～光　～相

～马脚　～头

橹 lǔ（统读）

捋（一）lǔ

～胡子

（二）luō

～袖子

绿（一）lǜ（语）

（二）lù（文）

～林　鸭～江

栾 luán（统读）

挛 luán（统读）

掠 lüè（统读）

囵 lún（统读）

络 luò

～腮胡子

落（一）luò（文）

～膘　～花生

～魄　涨～

～槽　着～

（二）lào（语）

～架　～色

～炕　～枕

～儿　～子

（一种曲艺）

（三）là（语）

遗落义

丢三～四　～

在后面

M

脉（除“～～”

念 mòmò 外，

一律念 mài）

漫 màn（统读）

蔓（一）màn

（文）

～延　不～

不支

（二）wàn

（语）

瓜～　压～

牤 māng（统读）

氓 máng

流～

芒 máng（统读）

铆 mǎo（统读）

瑁 mào（统读）

虻 méng（统读）

盟 méng（统读）

祢 mí（统读）

眯（一）mí

～了眼（灰尘

等入目，也作

"迷"）

（二）mī

～了一会儿

（小睡）　～

缝着眼（微微

合目）

靡（一）mí

～费

（二）mǐ

风～　委～

披～

秘（除“～

鲁"读 bì 外，

都读 mì）

泌（一）mì（语）

分～

（二）bì（文）

～阳〔地名〕

娩 miǎn（统读）

缈 miǎo（统读）

皿 mǐn（统读）

闽 mǐn（统读）

茗 míng（统读）

酩 mǐng（统读）

谬 miù（统读）

摸 mō（统读）

模（一）mó

～范　～式

～型　～糊

～特儿　～棱

两可

（二）mú

～子　～具

～样

膜 mó（统读）

摩 mó

按～　抚～

嬷 mó（统读）

墨 mò（统读）

糢 mò（统读）

沫 mò（统读）

缪 móu

　绸～

N

难（一）nán

　困～（或变轻

声）　～兄～

弟（难得的兄

弟，现多用作

贬义）

（二）nàn

　排～解纷　发

～　刁～　责

～　～兄～弟

（共患难或同

受苦难的人）

蝻 nǎn（统读）

蛲 náo（统读）

讷 nè（统读）

馁 něi（统读）

嫩 nèn（统读）

恁 nèn（统读）

妮 nī（统读）

拈 niān（统读）

鲇 nián（统读）

酿 niàng（统读）

尿（一）niào

　糖～病

（二）suī（只

用于口语名

词）

　尿（niào）～

　～脬

嗫 niè（统读）

宁（一）níng

　安～

（二）nìng

　～可　无～

〔姓〕

忸 niǔ（统读）

脓 nóng（统读）

弄（一）nòng

　玩～

（二）lòng

　～堂

暖 nuǎn（统读）

衄 nǜ（统读）

疟（一）nüè（文）

　～疾

（二）yào（语）

　发～子

娜（一）nuó

　婀～　袅～

（二）nà

　（人名）

O

殴 ōu（统读）

呕 ǒu（统读）

P

杷 pá（统读）

琶 pá（统读）

牌 pái（统读）

排 pǎi

　～子车

迫 pǎi

　～击炮

湃 pài（统读）

爿 pán（统读）

胖 pán

　心广体～

　（～为安舒貌）

蹒 pán（统读）

畔 pàn（统读）

乓 pāng（统读）

滂 pāng（统读）

脬 pāo（统读）

胚 pēi（统读）

喷（一）pēn

　～嚏

（二）pèn

　～香

（三）pen

　嚏～

澎 péng（统读）

坯 pī（统读）

披 pī（统读）

匹 pǐ（统读）

僻 pì（统读）

譬 pì（统读）

片（一）piàn

　～子　唱～

　画～　相～

　影～　～会儿

（二）piān

（口语一部分

词）

　～子　～儿

　唱～儿　画～

　儿　相～儿

　影～儿

剽 piāo（统读）

缥 piāo

　～缈（飘渺）

撇 piē

　～弃

聘 pìn（统读）

乒 pīng（统读）

颇 pō（统读）

剖 pōu（统读）

仆（一）pū

　　前～后继

　　（二）pú

　　～从

扑 pū（统读）

朴（一）pǔ

　　俭～　～素

　　～质

　　（二）pō

　　～刀

　　（三）pò

　　～硝　厚～

醭 pǔ（统读）

瀑 pù

　　～布

曝（一）pù

　　一～十寒

　　（二）bào

　　～光（摄影术

　　语）

Q

栖 qī

　　两～

戚 qī（统读）

漆 qī（统读）

期 qī（统读）

蹊 qī

　　～跷

蛴 qí（统读）

畦 qí（统读）

其 qí（统读）

骑 qí（统读）

企 qǐ（统读）

绮 qǐ（统读）

杞 qǐ（统读）

槭 qì（统读）

洽 qià（统读）

签 qiān（统读）

潜 qián（统读）

荨（一）qián（文）

　　～麻

　　（二）xún（语）

　　～麻疹

嵌 qiàn（统读）

欠 qian

　　打哈～

戕 qiāng（统读）

镪 qiāng

　　～水

强（一）qiáng

　　～渡　～取豪

夺　～制　博

闻～识

（二）qiǎng

勉～　牵～

～词夺理　～

迫　～颜为笑

（三）jiàng

倔～

膙 qiǎng（统读）

跄 qiàng（统读）

悄（一）qiāo

～～儿的

（二）qiǎo

～默声儿的

橇 qiāo（统读）

翘（一）qiào（语）

～尾巴

（二）qiáo（文）

～首　～楚

连～

怯 qiè（统读）

挈 qiè（统读）

趄 qie

趔～

侵 qīn（统读）

衾 qīn（统读）

噙 qín（统读）

倾 qīng（统读）

亲 qìng

～家

穹 qióng（统读）

黢 qū（统读）

曲（麯）qū

大～　红～

神～

渠 qú（统读）

瞿 qú（统读）

蠼 qú（统读）

苣 qǔ

～荬菜

龋 qǔ（统读）

趣 qù（统读）

雀 què

～斑　～盲症

R

髯 rán（统读）

攘 rǎng（统读）

桡 ráo（统读）

绕 rào（统读）

任 rén（姓；地

名）

妊 rèn（统读）

扔 rēng（统读）

容 róng（统读）

糅 róu（统读）

茹 rú（统读）

孺 rú（统读）

蠕 rú（统读）

辱 rǔ（统读）

挼 ruó（统读）

S

靸 sǎ（统读）

噻 sāi（统读）

散（一）sǎn

　懒～　零零～

　～　～漫

（二）san

　零～

丧 sang

　哭～着脸

扫（一）sǎo

　～兴

（二）sào

　～帚

埽 sào（统读）

色（一）sè（文）

（二）shǎi（语）

塞（一）sè（文）

　动作义。

（二）sāi（语）

　名物义，如

　"活～"　"瓶

～"；动作义，

如"把洞～住"

森 sēn（统读）

煞（一）shā

　～尾　收～

（二）shà

　～白

啥 shá（统读）

厦（一）shà（语）

（二）xià（文）

　～门　噶～

杉（一）shān（文）

　紫～　红～

　水～

（二）shā（语）

　～篙　～木

衫 shān（统读）

姗 shān（统读）

苫（一）shàn（动

作义，如"～

布"）

（二）shān（名

物义，如"草

～子"）

墒 shāng（统读）

猞 shē（统读）

舍 shè

　宿～

慑 shè（统读）

摄 shè（统读）

射 shè（统读）

谁 shéi 又音 shuí

娠 shēn（统读）

什（甚）shén

　～么

蜃 shèn（统读）

葚（一）shèn（文）

　桑～

（二）rèn（语）

　桑～儿

胜 shèng（统读）

识 shí

　常～　～货

　～字

似 shì

　～的

室 shì（统读）

螫（一）shì（文）

（二）zhē（语）

匙 shi

　钥～

殊 shū（统读）

蔬 shū（统读）

疏 shū（统读）

叔 shū（统读）

淑 shū（统读）

菽 shū（统读）

熟（一）shú（文）

（二）shóu（语）

署 shǔ（统读）

曙 shǔ（统读）

漱 shù（统读）

戍 shù（统读）

蟀 shuài（统读）

孀 shuāng（统

读）

说 shuì

　游～

数 shuò

　～见不鲜

硕 shuò（统读）

蒴 shuò（统读）

艘 sōu（统读）

嗾 sǒu（统读）

速 sù（统读）

塑 sù（统读）

虽 suī（统读）

绥 suí（统读）

髓 suǐ（统读）

遂（一）suì

　不～　毛～自

　荐

（二）suí

　半身不～

隧 suì（统读）

隼 sǔn（统读）

莎 suō

　～草

缩（一）suō

　收～

　（二）sù

　～砂密（一种

　植物）

嗍 suō（统读）

索 suǒ（统读）

T

趿 tā（统读）

鳎 tǎ（统读）

獭 tǎ（统读）

沓（一）tà

　重～

　（二）ta

　疲～

　（三）dá

　一～纸

苔（一）tái（文）

　（二）tāi（语）

探 tàn（统读）

涛 tāo（统读）

悌 tì（统读）

佻 tiāo（统读）

调 tiáo

　～皮

贴（一）tiē

　妥～　伏伏～

　～　俯首～耳

　（二）tiě

　请～　字～儿

　（三）tiè

　字～　碑～

听 tīng（统读）

庭 tíng（统读）

骰 tóu（统读）

凸 tū（统读）

突 tū（统读）

颓 tuí（统读）

蜕 tuì（统读）

臀 tún（统读）

唾 tuò（统读）

W

娲 wā（统读）

挖 wā（统读）

瓦 wà

　～刀

喎 wāi（统读）

蜿 wān（统读）

玩 wán（统读）

惋 wǎn（统读）

脘 wǎn（统读）

往 wǎng（统读）

忘 wàng（统读）

微 wēi（统读）

巍 wēi（统读）

薇 wēi（统读）

危 wēi（统读）

韦 wéi（统读）

违 wéi（统读）

唯 wéi（统读）

圩（一）wéi

　～子

　（二）xū

　～（墟）场

纬 wěi（统读）

委 wěi

　～靡

伪 wěi（统读）

萎 wěi（统读）

尾（一）wěi

　～巴

　（二）yǐ

　马～儿

尉 wèi

　～官

文 wén（统读）

闻 wén（统读）

紊 wěn（统读）

喔 wō（统读）

蜗 wō（统读）

硪 wò（统读）

诬 wū（统读）

梧 wú（统读）

牾 wǔ（统读）

乌 wù

　～拉（也作

　"靰鞡"）

　～拉草

杌 wù（统读）

鹜 wù（统读）

X

夕 xī（统读）

汐 xī（统读）

晰 xī（统读）

析 xī（统读）

皙 xī（统读）

昔 xī（统读）

溪 xī（统读）

悉 xī（统读）

螅 xī（统读）

蜥 xī（统读）

螅 xī（统读）

惜 xī（统读）

锡 xī（统读）

樨 xī（统读）

袭 xí（统读）

橄 xí（统读）

峡 xiá（统读）

暇 xiá（统读）

吓 xià

　杀鸡～猴

鲜 xiān

　屡见不～　数

　见不～

锨 xiān（统读）

纤 xiān

　～维

涎 xián（统读）

弦 xián（统读）

陷 xiàn（统读）

霰 xiàn（统读）

向 xiàng（统读）

相 xiàng

　～机行事

淆 xiáo（统读）

哮 xiào（统读）

些 xiē（统读）

颉 xié（统读）

　～颃

携 xié（统读）

偕 xié（统读）

挟 xié（统读）

械 xiè（统读）

馨 xīn（统读）

衅 xìn（统读）

行 xíng

　操～　德～

　发～　品～

省 xǐng

　内～　反～

　～亲　不～人

　事

芎 xiōng（统读）

朽 xiǔ（统读）

宿 xiù

　星～　二十八

　～

煦 xù（统读）

蓿 xu

　苜～

癣 xuǎn（统读）

削（一）xuē（文）

　剥～　～减

　瘦～

　（二）xiāo（语）

　切～　～铅笔

　～球

穴 xué（统读）

学 xué（统读）

雪 xuě（统读）

血（一）xuè（文）

用于复音词及

成语，如"贫

～""心～"

"呕心沥～"

"～泪史""狗

～喷头"等

（二）xiě

（语）口语多

单用，如"流

了点儿～"及

几个口语常用

词，如"鸡

～""～晕"

"～块子"等

谑 xuè（统读）

寻 xún（统读）

驯 xùn（统读）

逊 xùn（统读）

熏 xùn

　煤气～着了

徇 xùn（统读）

殉 xùn（统读）

蕈 xùn（统读）

Y

押 yā（统读）

崖 yá（统读）

哑 yǎ（统读）

～然失笑

亚 yà（统读）

殷 yān

　～红

芫 yán

　～荽

筵 yán（统读）

沿 yán（统读）

焰 yàn（统读）

夭 yāo（统读）

肴 yáo（统读）

杳 yǎo（统读）

舀 yǎo（统读）

钥（一）yào（语）

　～匙

　（二）yuè（文）

　锁～

曜 yào（统读）

耀 yào（统读）

椰 yē（统读）

噎 yē（统读）

叶 yè

　～公好龙

曳 yè

　弃甲～兵　摇

　～　～光弹

屹 yì（统读）

轶 yì（统读）

谊 yì（统读）

懿 yì（统读）

诣 yì（统读）

艾 yì

　自怨自～

荫 yìn（统读）

　（"树～""林

　～道"应作

　"树阴""林阴

　道"）

应（一）yīng

　～届　～名儿

　～许　提出的

　条件他都～了

　是我～下来

　的任务

（二）yìng

　～承　～付

　～声　～时

　～验　～邀

　～用　～运

　～征　里～外

合

萦 yíng（统读）

映 yìng（统读）

佣 yōng

　～工

庸 yōng（统读）

臃 yōng（统读）

壅 yōng（统读）

拥 yōng（统读）

踊 yǒng（统读）

咏 yǒng（统读）

泳 yǒng（统读）

莠 yǒu（统读）

愚 yú（统读）

娱 yú（统读）

愉 yú（统读）

伛 yǔ（统读）

屿 yǔ（统读）

吁 yù

　呼～

跃 yuè（统读）

晕（一）yūn

　～倒　头～

（二）yùn

　月～　血～

　～车

酝 yùn（统读）

Z

匝 zā（统读）

杂 zá（统读）

载（一）zǎi

　登～　记～

（二）zài

搭～　怨声～

道　重～　装

～　～歌～舞

簪 zān（统读）

咱 zán（统读）

暂 zàn（统读）

凿 záo（统读）

择（一）zé

　选～

（二）zhái

　～不开　～菜

　～席

贼 zéi（统读）

憎 zēng（统读）

甑 zèng（统读）

喳 zhā

　唧唧～～

轧（除"～钢"

　"～辊"念

　zhá外，其他

　都念 yà）

　（gá 为方言，

　不审）

摘 zhāi（统读）

粘 zhān

　～贴

涨 zhǎng

　～落　高～

着（一）zháo

　～慌　～急

　～家　～凉

　～忙　～迷

　～水　～雨

（二）zhuó

　～落　～手

　～眼　～意

　～重　不～边

际

（三）zhāo

　失～

沼 zhǎo（统读）

召 zhào（统读）

遮 zhē（统读）

蛰 zhé（统读）

辙 zhé（统读）

贞 zhēn（统读）

侦 zhēn（统读）

帧 zhēn（统读）

胗 zhēn（统读）

枕 zhěn（统读）

诊 zhěn（统读）

振 zhèn（统读）

知 zhī（统读）

织 zhī（统读）

脂 zhī（统读）

植 zhí（统读）

殖（一）zhí

繁～　生～

～民

（二）zhí

骨～

指 zhǐ（统读）

掷 zhì（统读）

质 zhì（统读）

蛭 zhì（统读）

秩 zhì（统读）

栉 zhì（统读）

炙 zhì（统读）

中 zhōng

人～（人口上唇

当中处）

种 zhòng

点～（义同

"点播"。动宾

结构即点播种

子义念 diǎn

zhǒng）

诌 zhōu（统读）

骤 zhòu（统读）

轴 zhòu

大～子戏　压

～子

碡 zhou

碌～

烛 zhú（统读）

逐 zhú（统读）

属 zhǔ

～望

筑 zhù（统读）

著 zhù

土～

转 zhuǎn

运～

撞 zhuàng（统

读）

幢（一）zhuàng

一～楼房

（二）chuáng

经～（佛教所

设刻有经咒的

石柱）

拙 zhuō（统读）

茁 zhuó（统读）

灼 zhuó（统读）

卓 zhuó（统读）

综 zōng

～合

纵 zòng（统读）

粽 zòng（统读）

镞 zú（统读）

组 zǔ（统读）

钻（一）zuān

～探　～孔

（二）zuàn

～床　～杆

～具

佐 zuǒ（统读）

唑 zuò（统读）

柞（一）zuò

～蚕　～绸

（二）zhà

～水（在陕

西）

做 zuò（统读）

作（除"～坊"

读 zuō 外，

其余都读

zuò）

附录二

第一批异形词整理表

中华人民共和国教育部国家语言文字工作委员会发布

（2002 年 3 月 31 日试行）

1　范围

本规范是推荐性试行规范。根据"积极稳妥、循序渐进、区别对待、分批整理"的工作方针，选取了普通话书面语中经常使用、公众的取舍倾向比较明显的 338 组（不含附录中的 44 组）异形词（包括词和固定短语）作为第一批进行整理，给出了每组异形词的推荐使用词形。本规范适用于普通话书面语，包括语文教学、新闻出版、辞书编纂、信息处理等方面。

2　规范性引用文件

第一批异体字整理表（1955 年 12 月 22 日中华人民共和国文化部、中国文字改革委员会发布）

汉语拼音方案（1958 年 2 月 11 日中华人民共和国第一届全国人民代表大会第五次会议批准）普通话异读词审音表（1985年 12 月 27 日国家语言文字工作委员会、国家教育委员会和广播电视部发布）

简化字总表（1986 年 10 月 10 日经国务院批准国家语言文字工作委员会重新发表）

现代汉语常用字表（1988 年 1 月 26 日国家语言文字工作委员会、国家教育委员会发布）

现代汉语通用字表（1988 年 3 月 25 日国家语言文字工作委员会、中华人民共和国新闻出版署发布）

GB/T16159—1996 汉语拼音正词法基本规则

3　术语

3.1　异形词

普通话书面语中并存并用的同音（本规范中指声、韵、调完全相同）、同义（本规范中指理性意义、色彩意义和语法意义完全相同）而书写形式不同的词语。

3.2　异体字

与规定的正体字同音、同义而写法不同的字。本规范中专指被《第一批异体字整理表》淘汰的异体字。

3.3　词形

本规范中指词语的书写形式。

3.4　语料

本规范中指用于词频统计的普通话书面语中的语言资料。

3.5　词频

在一定数量的语料中同一个词语出现的频度，一般用词语的出现次数或覆盖率来表示。本规范中指词语的出现次数。

4　整理异形词的主要原则

现代汉语中异形词的出现有一个历史发展过程，涉及形、音、义等多个方面。整理异形词必须全面考虑、统筹兼顾。既立足于现实，又尊重历史；既充分注意语言的系统性，又承认发展演变中的特殊情况。

4.1　通用性原则

　　根据科学的词频统计和社会调查，选取公众目前普遍使用的词形作为推荐词形。把通用性原则作为整理异形词的首要原则，这是由语言的约定俗成的社会属性所决定的。据多方考察，90％以上的常见异形词在使用中词频逐渐出现显著性差异，符合通用性原则的词形绝大多数与理据性等原则是一致的。即使少数词频高的词形与语源或理据不完全一致，但一旦约定俗成，也应尊重社会的选择。如"毕恭毕敬 24——必恭必敬 0"（数字表示词频，下同），从源头来看，"必恭必敬"出现较早，但此成语在流传过程中意义发生了变化，由"必定恭敬"演变为"十分恭敬"，理据也有了不同。从目前的使用频率看，"毕恭毕敬"通用性强，故以"毕恭毕敬"为推荐词形。

　　4.2　理据性原则

　　某些异形词目前较少使用，或词频无显著性差异，难以依据通用性原则确定取舍，则从词语发展的理据性角度推荐一种较为合理的词形，以便于理解词义和方便使用。如"规诫 1——规戒2"，"戒""诫"为同源字，在古代二者皆有"告诫"和"警戒"义，因此两词形皆合语源。但现代汉语中"诫"多表"告诫"义，"戒"多表"警戒"义，"规诫"是以言相劝，"诫"的语素义与词义更为吻合，故以"规诫"为推荐词形。

　　4.3　系统性原则

　　词汇内部有较强的系统性，在整理异形词时要考虑同语素系列词用字的一致性。如"侈靡 0——侈糜 0｜靡费 3——糜费 3"，根据使用频率，难以确定取舍。但同系列的异形词"奢靡87——奢糜 17"，前者占有明显的优势，故整个系列都确定以含"靡"的词形为推荐词形。

　　以上三个原则只是异形词取舍的三个主要侧重点，具体到每组词还需要综合考虑决定取舍。

另外，目前社会上还流行着一批含有非规范字（即国家早已废止的异体字或已简化的繁体字）的异形词，造成书面语使用中的混乱。这次选择了一些影响较大的列为附录，明确作为非规范词形予以废除。

5　《第一批异形词整理表》说明

5.1　本表研制过程中，用《人民日报》1995—2000 年全部作品作语料对异形词进行词频统计和分析，并逐条进行人工干预，尽可能排除电脑统计的误差，部分异形词还用《人民日报》1987—1995 年语料以及 1996—1997 年的 66 种社会科学杂志和 158 种自然科学杂志的语料进行了抽样复查。同时参考了《现代汉语词典》《汉语大词典》《辞海》《新华词典》《现代汉语规范字典》等工具书和有关讨论异形词的文章。

5.2　每组异形词破折号前为选取的推荐词形。表中需要说明的个别问题，以注释方式附在表后。

5.3　本表所收的条目按首字的汉语拼音音序排列，同音的按笔画数由少到多排列。

5.4　附录中列出的非规范词形置于圆括号内，已淘汰的异体字和已简化的繁体字在左上角用"★"号标明。

A

按捺—按纳 ànnà

按语—案语 ànyǔ

B

百废俱兴—百废具兴 bǎifèi-jùxīng

百叶窗—百页窗 bǎiyèchuāng

斑白—班白、颁白 bānbái

斑驳—班驳 bānbó

孢子—胞子 bāozǐ

保镖—保镳 bǎobiāo

保姆—保母、褓姆 bǎomǔ

辈分—辈份 bèifèn

本分—本份 běnfèn

笔画—笔划 bǐhuà

毕恭毕敬—必恭必敬 bìgōng-bìjìng

编者按—编者案 biānzhě'àn

扁豆—萹豆、稨豆、藊豆 biǎndòu

标志—标识 biāozhì

鬓角—鬓脚 bìnjiǎo

秉承—禀承 bǐngchéng

补丁—补靪、补钉 bǔding

C

参与—参预 cānyù

惨淡—惨澹 cǎndàn

差池—差迟 chāchí

掺和—搀和 chānhuo　①

掺假—搀假 chānjiǎ

掺杂—搀杂 chānzá

铲除—划除 chǎnchú

徜徉—倘佯 chángyáng

车厢—车箱 chēxiāng

彻底—澈底 chèdǐ

沉思—沈思 chénsī　②

称心—趁心 chènxīn

成分—成份 chéngfèn

澄澈—澄彻 chéngchè

侈靡—侈糜 chǐmí

筹划—筹画 chóuhuà

筹码—筹马 chóumǎ

踌躇—踌蹰 chóuchú

出谋划策—出谋画策 chūmóu-huàcè

喘吁吁—喘嘘嘘 chuǎnxūxū

瓷器—磁器 cíqì

赐予—赐与 cìyǔ

粗鲁—粗卤 cūlǔ

D

搭档—搭当、搭挡 dādàng

搭讪—搭赸、答讪 dāshàn

答复—答覆 dáfù

戴孝—带孝 dàixiào

担心—耽心 dānxīn

担忧—耽忧 dānyōu

耽搁—担搁 dānge

淡泊—澹泊 dànbó

淡然—澹然 dànrán

倒霉—倒楣 dǎoméi

低回—低徊 dīhuí　③

凋敝—雕敝、雕弊 diāobì　④

凋零—雕零 diāolíng

凋落—雕落 diāoluò

凋谢—雕谢 diāoxiè

跌宕——跌荡 diēdàng

跌跤—跌交 diējiāo

喋血—蹀血 diéxuè

叮咛—丁宁 dīngníng

订单—定单 dìngdān ⑤

订户—定户 dìnghù

订婚—定婚 dìnghūn

订货—定货 dìnghuò

订阅—定阅 dìngyuè

斗拱—枓拱、枓栱 dǒugǒng

逗留—逗遛 dòuliú

逗趣儿—斗趣儿 dòuqùr

独角戏—独脚戏 dújiǎoxì

端午—端五 duānwǔ

E

二黄—二簧 èrhuáng

二心—贰心 èrxīn

F

发酵—醱酵 fājiào

发人深省—发人深醒 fārén-shēnxǐng

繁衍—蕃衍 fányǎn

吩咐—分付 fēnfù

分量—份量 fènliàng

分内—份内 fènnèi

分外—份外 fènwài

分子—份子 fènzǐ ⑥

愤愤—忿忿 fènfèn

丰富多彩—丰富多采 fēngfù-duōcǎi

风瘫—疯瘫 fēngtān

疯癫—疯颠 fēngdiān

锋芒—锋铓 fēngmáng

服侍—伏侍、服事 fúshi

服输—伏输 fúshū

服罪—伏罪 fúzuì

负隅顽抗—负嵎顽抗 fùyú-wánkàng

附会—傅会 fùhuì

复信—覆信 fùxìn

覆辙—复辙 fùzhé

G

干预—干与 gānyù

告诫—告戒 gàojiè

耿直—梗直、鲠直 gěngzhí

恭维—恭惟 gōngwei

勾画—勾划 gōuhuà

勾连—勾联 gōulián

孤苦伶仃—孤苦零丁 gūkǔ-língdīng

辜负—孤负 gūfù

古董—骨董 gǔdǒng

股份—股分 gǔfèn

骨瘦如柴—骨瘦如豺 gǔshòu-rúchái

关联—关连 guānlián

光彩—光采 guāngcǎi

归根结底—归根结柢 guīgēn-jiédǐ

规诫—规戒 guījiè

鬼哭狼嚎—鬼哭狼噑 guǐkū-lángháo

过分—过份 guòfèn

H

蛤蟆—虾蟆 háma

含糊—含胡 hán hu

含蓄—涵蓄 hánxù

寒碜—寒伧 hánchen

喝彩—喝采 hècǎi

喝倒彩—喝倒采 hèdàocǎi

轰动—哄动 hōngdòng

弘扬—宏扬 hóngyáng

红彤彤—红通通 hóngtōngtōng

宏论—弘论 hónglùn

宏图—弘图、鸿图 hóngtú

宏愿—弘愿 hóngyuàn

宏旨—弘旨 hóngzhǐ

洪福—鸿福 hóngfú

狐臭—胡臭 húchòu

蝴蝶—胡蝶 húdié

糊涂—胡涂 hútu

琥珀—虎魄 hǔpò

花招—花着 huāzhāo

划拳—豁拳、搳拳 huáquán

恍惚—恍忽 huǎnghū

辉映—晖映 huīyìng

溃脓—殨脓 huìnóng

浑水摸鱼—混水摸鱼 húnshuǐ-mōyú

伙伴—火伴 huǒbàn

J

机灵—机伶 jīling

激愤—激忿 jīfèn

计划—计画 jìhuà

纪念—记念 jìniàn

寄予—寄与 jìyǔ

夹克—茄克 jiākè

嘉宾—佳宾 jiābīn

驾驭—驾御 jiàyù

架势—架式 jiàshi

嫁妆—嫁装 jiàzhuang

简练—简炼 jiǎnliàn

骄奢淫逸—骄奢淫佚 jiāoshē-yínyì

角门—脚门 jiǎomén

狡猾—狡滑 jiǎohuá

脚跟—脚根 jiǎogēn

叫花子—叫化子 jiàohuāzi

精彩—精采 jīngcǎi

纠合—鸠合 jiūhé

纠集—鸠集 jiūjí

就座—就坐 jiùzuò

角色—脚色 juésè

K

克期—刻期 kèqī

克日—刻日 kèrì

刻画—刻划 kèhuà

阔佬—阔老 kuòlǎo

L

褴褛—蓝缕 lánlǚ

烂漫—烂缦、烂熳 lànmàn

狼藉—狼籍 lángjí

榔头—狼头、锒头 lángtou

累赘—累坠 léizhui

黧黑—黎黑 líhēi

连贯—联贯 liánguàn

连接—联接 liánjiē

连绵—联绵 liánmián　⑦

连缀—联缀 liánzhuì

联结—连结 liánjié

联袂—连袂 liánmèi

联翩—连翩 liánpiān

踉跄—踉蹡 liàngqiàng

嘹亮—嘹喨 liáoliàng

缭乱—撩乱 liáoluàn

伶仃—零丁 língdīng

囹圄—囹圉 língyǔ

溜达—蹓跶 liūda

流连—留连 liúlián

喽啰—喽罗、偻㑩 lóuluó

鲁莽—卤莽 lǔmǎng

录像—录象、录相 lùxiàng

络腮胡子—落腮胡子 luòsāi-húzi

落寞—落漠、落莫 luòmò

M

麻痹—痲痹 mábì

麻风—痲风 máfēng

麻疹—痲疹 mázhěn

马蜂—蚂蜂 mǎfēng

马虎—马糊 mǎhu

门槛—门坎 ménkǎn

靡费—糜费 mífèi

绵连—绵联 miánlián

腼腆—靦觍 miǎntiǎn

模仿—摹仿 mófǎng

模糊—模胡 móhu

模拟—摹拟 mónǐ

摹写—模写 móxiě

摩擦—磨擦 mócā

摩拳擦掌—磨拳擦掌 móquán-cāzhǎng

磨难—魔难 mónàn

脉脉—眽眽 mòmò

谋划—谋画 móuhuà

N

那么—那末 nàme

内讧—内哄 nèihòng

凝练—凝炼 níngliàn

牛仔裤—牛崽裤 niúzǎikù

纽扣—钮扣 niǔkòu

P

扒手—耙手 páshǒu

盘根错节—蟠根错节 pángēn-cuòjié

盘踞—盘据、蟠踞、蟠据 pánjù

盘曲—蟠曲 pánqū

盘陀—盘陁 pántuó

磐石—盘石、蟠石 pánshí

蹒跚—盘跚 pánshān

彷徨—旁皇 pánghuáng

披星戴月—披星带月 pīxīng-dàiyuè

疲沓—疲塌 píta

漂泊—飘泊 piāobó

漂流—飘流 piāoliú

飘零—漂零 piāolíng

飘摇—飘飖 piāoyáo

凭空—平空 píngkōng

Q

牵连—牵联 qiānlián

憔悴—蕉萃 qiáocuì

清澈—清彻 qīngchè

情愫—情素 qíngsù

拳拳—惓惓 quánquán

劝诫—劝戒 quànjiè

R

热乎乎—热呼呼 rèhūhū

热乎—热呼 rèhu

热衷—热中 rèzhōng

人才—人材 réncái

日食—日蚀 rìshí

入座—入坐 rùzuò

S

色彩—色采 sècǎi

杀一儆百—杀一警百 shāyī-jǐngbǎi

鲨鱼—沙鱼 shāyú

山楂—山查 shānzhā

舢板—舢舨 shānbǎn

艄公—梢公 shāogōng

奢靡—奢糜 shēmí

申雪—伸雪 shēnxuě

神采—神彩 shéncǎi

湿漉漉—湿渌渌 shīlùlù

什锦—十锦 shíjǐn

收服—收伏 shōufú

首座—首坐 shǒuzuò

书简—书柬 shūjiǎn

双簧—双镗 shuānghuáng

思维—思惟 sīwéi

死心塌地—死心踏地 sǐxīn-tādì

T

踏实—塌实 tāshi

甜菜—恭菜 tiáncài

铤而走险—挺而走险 tǐng'ér-zǒuxiǎn

透彻—透澈 tòuchè

图像—图象 túxiàng

推诿—推委 tuīwěi

W

玩意儿—玩艺儿 wányìr

魍魉—蝄蜽 wǎngliǎng

诿过—委过 wěiguò

乌七八糟—污七八糟 wūqī-bāzāo

无动于衷—无动于中 wúdòng-yúzhōng

毋宁—无宁 wúnìng

毋庸—无庸 wúyōng

五彩缤纷—五采缤纷 wǔcǎi-bīnfēn

五劳七伤—五痨七伤 wǔláo-qīshāng

X

息肉—瘜肉 xīròu

稀罕—希罕 xīhan

稀奇—希奇 xīqí

稀少—希少 xīshǎo

稀世—希世 xīshì

稀有—希有 xīyǒu

翕动—噏动 xīdòng

洗练—洗炼 xǐliàn

贤惠—贤慧 xiánhuì

香醇—香纯 xiāngchún

香菇—香菰 xiānggū

相貌—像貌 xiàngmào

潇洒—萧洒 xiāosǎ

小题大做—小题大作 xiǎotí-dàzuò

卸载—卸傤 xièzài

信口开河—信口开合 xìnkǒu-kāihé

惺松—惺忪 xīngsōng

秀外慧中—秀外惠中 xiùwài-huìzhōng

序文—叙文 xùwén

序言—叙言 xùyán

训诫—训戒 xùnjiè

Y

压服—压伏 yāfú

押韵—压韵 yāyùn

鸦片—雅片 yāpiàn

扬琴—洋琴 yángqín

要么—要末 yàome

夜宵—夜消 yèxiāo

一锤定音——槌定音 yīchuí-dìngyīn

一股脑儿——古脑儿 yīgǔnǎor

衣襟—衣衿 yījīn

衣着—衣著 yīzhuó

义无反顾—义无返顾 yìwú-fǎngù

淫雨—霪雨 yínyǔ

盈余—赢余 yíngyú

影像—影象 yǐngxiàng

余晖—余辉 yúhuī

渔具—鱼具 yújù

渔网—鱼网 yúwǎng

与会—预会 yùhuì

与闻—预闻 yùwén

驭手—御手 yùshǒu

预备—豫备 yùbèi　⑧

原来—元来 yuánlái

原煤—元煤 yuánméi

原原本本—源源本本、元元本本
yuányuán-běnběn

缘故—原故 yuángù

缘由—原由 yuányóu

月食—月蚀 yuèshí

月牙—月芽 yuèyá

芸豆—云豆 yúndòu

Z

杂沓—杂遝 zátà

再接再厉—再接再砺 zàijiē-zàilì

崭新—斩新 zhǎnxīn

辗转—展转 zhǎnzhuǎn

战栗—颤栗 zhànlì　⑨

账本—帐本 zhàngběn　⑩

折中—折衷 zhézhōng

这么—这末 zhème

正经八百—正经八摆 zhèngjīng-bābǎi

芝麻—脂麻 zhīma

肢解—支解、枝解 zhījiě

直截了当—直捷了当、直接了当
zhíjié-liǎodàng

指手画脚—指手划脚 zhǐshǒu-huàjiǎo

周济—赒济 zhōujì

转悠—转游 zhuànyou

装潢—装璜 zhuānghuáng

孜孜—孳孳 zīzī

姿势—姿式 zīshì

仔细—子细 zǐxì

自个儿—自各儿 zìgěr

佐证—左证 zuǒzhèng

【注释】

①"掺""搀"实行分工："掺"表混合义，"搀"表搀扶义。

②"沉"本为"沈"的俗体，后来"沉"字成了通用字，与"沈"并存并用，并形成了许多异形词，如"沉没—沈没│沉思—沈思│深沉—深沈"等。现在"沈"只读 shěn，用于姓氏。地名沈阳的"沈"是"瀋"的简化字。表示"沉没"及其引申义，现在一般写作"沉"，读 chén。

③《普通话异读词审音表》审定"徊"统读 huái。"低回"一词只读 dīhuí，不读 dīhuái。

④"凋""雕"古代通用，1955 年《第一批异体字整理表》曾将"凋"作为"雕"的异体字予以淘汰。1988 年《现代汉语通用字表》确认"凋"为规范字，表示"凋谢"及其引申义。

⑤"订""定"二字中古时本不同音，演变为同音字后，才在"预先约定"的义项上通用，形成了一批异形词。不过近几十年二字在此共同义项上又发生了细微的分化："订"多指事先经过双方商讨的，只是约定，并非确定不变的："定"侧重在确定，不轻易变动。故有些异形词现已分化为近义词，但本表所列的"订单—定单"等仍为全等异形词，应依据通用性原则予以规范。

⑥此词是指属于一定阶级、阶层、集团或具有某种特征的人，如"地主～—知识～—先进～"。与分母相对的"分子"、由原子构成的"分子"（读 fēnzǐ）、凑份子送礼的"份子"（读 fènzi），音、义均不同，不可混淆。

⑦"联绵字""联绵词"中的"联"不能改写为"连"。

⑧"预""豫"二字，古代在"预先"的意义上通用，故形成了"预备—豫备｜预防—豫防｜预感—豫感｜预期—豫期"等 20 多组异形词。现在此义项已完全由"预"承担。但考虑到鲁迅等名家习惯用"豫"，他们的作品影响深远，故列出一组特作说明。

⑨"颤"有两读，读 zhàn 时，表示人发抖，与"战"相通；读 chàn 时，主要表物体轻微振动，也可表示人发抖，如"颤动"既可用于物，也可用于人。什么时候读 zhàn，什么时候读 chàn，很难从意义上把握，统一写作"颤"必然会给读音带来一定困难，故宜根据目前大多数人的习惯读音来规范词形，以利于稳定读音，避免混读。如"颤动、颤抖、颤巍巍、颤音、颤悠、发颤"多读 chàn，写作"颤"；"战栗、打冷战、打战、胆战心惊、冷战、寒战"等词习惯多读 zhàn，写作"战"。

⑩"账"是"帐"的分化字。古人常把账目记于布帛上悬挂起来以利保存，故称日用的账目为"帐"。后来为了与帷帐分开，另造形声字"账"，表示与钱财有关。"账""帐"并存并用后，形成了几十组异形词。《简化字总表》《现代汉语通用字表》中"账""帐"均收，可见主张分化。二字分

工如下："账"用于货币和货物出入的记载、债务等，如"账本、报账、借账、还账"等；"帐"专表用布、纱、绸子等制成的遮蔽物，如"蚊帐、帐篷、青纱帐（比喻用法）"等。

【附录】

含有非规范字的异形词（44 组）

抵触（★牴触）dǐchù

抵牾（★牴牾）dǐwǔ

喋血（★啑血）diéxuè

仿佛（彷★彿、髣★髴）fǎngfú

飞扬（飞★颺）fēiyàng

氛围（★雰围）fēnwéi

构陷（★搆陷）gòuxiàn

浩渺（浩★淼）hàomiǎo

红果儿（红★菓儿）hóngguǒr

胡同（★衚★衕）hútòng

糊口（★餬口）húkǒu

蒺藜（蒺★藜）jílí

家伙（★傢伙）jiāhuo

家具（★傢具）jiājù

家什（★傢什）jiāshi

侥幸（★儌★倖、徼★倖）jiǎoxìng

局促（★侷促、★跼促）júcù

撅嘴（★噘嘴）juēzuǐ

克期（★剋期）kèqī

空蒙（空★濛）kōngméng

昆仑（★崑★崙）kūnlún

劳动（劳★働）láodòng

绿豆（★菉豆）lǜdòu

马扎（马★剳）mǎzhá

蒙眬（★矇眬）ménglóng

蒙蒙（★濛★濛）méngméng

弥漫（★瀰漫）mímàn

弥蒙（★瀰★濛）míméng

迷蒙（迷★濛）míméng

渺茫（★淼茫）miǎománg

飘扬（飘★颺）piāoyáng

憔悴（★顦★顇）qiáocuì

轻扬（轻★颺）qīngyáng

水果（水★菓）shuǐguǒ

趟地（★蹚地）tāngdì

趟浑水（★蹚浑水）tānghúnshuǐ

趟水（★蹚水）tāngshuǐ

纨绔（纨★袴）wánkù

丫杈（★桠杈）yāchà

丫枝（★桠枝）yāzhī

殷勤（★慇★懃）yīnqín

札记（★劄记）zhá jì

枝丫（枝★桠）zhīyā

跖骨（★蹠骨）zhígǔ

现代汉语

下 册

兰宾汉 邢向东 主编

中华书局

XIANDAI HANYU

目　　录

第四章 语 法

第一节 语法概述

学习要点 理解语法的含义及性质：抽象性、稳固性、系统性和民族性，掌握汉语语法的突出特点，了解语法学的种类。

一、什么是语法

语法是语言的构造规则。语素怎样组合成词，词怎样组合成短语，短语和词怎样组合成各种句子，都是有一定规则的。例如"他读了4年大学。"这句话表意是明确的，但如果说成"他大学4年读了""4年读了他大学""读了4年他大学"，要么不知所云，要么不符合汉语表达规范。同样是"他读了4年大学"这句话，如果用"哥哥、老师、我"等词分别去替换"他"，句子照样成立，并且结构不变。但是如果用"电脑、坚持、羡慕"等词分别去替换"他"，要么句子不能成立，要么句子结构发生了改变。这说明，词语需要通过一定的规则才能组织起来，表达完整的意思。因此语法是语言不可缺少的有机组成部分。

语法作为语言的构造规则规范着人们的语言表达，同时也为话语的生成提供了依据。人们掌握了一定数量的词汇之后，利用有限的语法规则便可以造出无限多的合格句子。例如，依照"我看了3天书"这个句子模式，可以造出"他打了两个小时篮球""我们听了10分钟相声""小王上了3天班"等一系列的句子。从听者读者的角度看，语法又是理解话语的认知规则。例如"1 只船坐 10 个人"。如果从一般的词义关系去考虑，可能会做出不准确的理解，但如果知道这是汉语中一种特定的句子模式，表示"多少东西供多少人使用"，就会明白整个句子是"1 只船供 10 个人坐"的意思。所以说，语法是语言的结构规则，又是理解话语的认知规则。

"语法"这个术语有两个含义。一是指语言的结构规律本身，它是存在于语言深层的客观规律和变化规则，是由语言社会集体约定，以自然形态存在于语言之中的客观现象，它随着语言的产生而产生，随着语言的发展而发展。二是指人们对这一客观规律的认识，即语法学。语法学是研究语法规律的科学，以语言结构规律为研究对象，是人们对客观的语法规律的主观认识。由于研究者对客观语法的认识、研究的角度和方法不同，各种语法学说常常表现出种种分歧，有的分歧还相当大。

上述语法的两种含义，前者是客观性的，后者是主观性的。客观存在的语法规律是第一性的，是语法学赖以存在的基础。语法学则是客观语法规律的反映，它的正确与否最终要接受语法事实的检验。语法学一旦建立起来并被公认，也会反过来对客观语法规律产生一定的限制、引导作用。从认识上区分语法的两种含义非常重要。一般所说的语法分歧，多指各种语法学说的分歧。应该透过分歧，看到客观语法的本质。同时也应该认识到，各种语法学说存在分歧是正常的现象，不同意见的争论有利于语法现象的描写及人们认识的深化，并促进学术的发展。

二、语法的性质

(一) 抽象性

语法是语言的结构规则,它是将各种语法单位连接起来组成更大的符号序列的手段。语言中语素、词、短语和句子的数量是巨大的,但语法形式、范畴是有限的,人们可以使用有限的语法规则和有限的词汇说出无限多的句子来。语法规则是对语言事实中存在的语法单位、结构以及内在关系、功能等的概括,具有高度抽象的特征。例如"写字""读书""养花",这些短语意思各不相同,但却可以从中概括出"述语+宾语"的结构类型,表示支配与被支配的关系。

通过上面的例子,我们可以在两个层面上看到语法规则抽象性的具体表现:一是语法单位具有抽象性。能够进入述语位置上的词语,无论其意义如何,一般能受状语的修饰,能够重叠,能够陈述施事或支配受事等等。能进入宾语位置上的词语,无论其意义如何,它们都能受数量短语修饰,能与介词构成介词短语,一般可以是动作的施事或受事等等。能够进入以上两个成分位置上的词是很多的,但从语法特征上看,只需将它们分别归纳成两个类别就可以了,即我们熟知的动词和名词。二是语法关系具有抽象性。上述语例从词语和表达内容来看各不相同,但将词语组织起来的语法关系则完全一致。

语法的抽象性是任何一种语言都存在的特征。它使语言中复杂繁多的语法单位形成不同的组合关系,并由此构成关系简练、功能强大的结构网络。同时,语法规则的抽象性使学习者能够以简驭繁,只需掌握有限的结构规则,便能从容地驾驭复杂的语言,满足表达上的需要。也正是语法的抽象性,决定了我们对语法现象进行研究时，不必过多地考虑结构成分的个体差异，更多地将注意力放在抽象的语法格式上。

（二）稳固性

汉语从古代到现代，其语音、词汇和语法都发生了不小的变化。但语言各要素的发展是不均衡的，其中词汇的发展变化最为活跃，随着社会的发展，新词不断产生，旧词不断消亡。汉语语音也发生了较大变化。同词汇和语音相比，语法相对比较稳定，其变化是缓慢的。语法的稳固性体现在其基本特点很少发生变化，比如从古到今，语序一直是汉语重要的语法手段，词类与句子成分之间没有严格的对应关系等等。

语法的变化，无论是新规则的产生，还是旧规则的消亡，都要经过一个漫长的历史时期。例如，"把"字句是现代汉语中使用最普遍的句式之一，其产生发展的过程至少可以追溯到唐宋时期。古代汉语中的判断句是由名词或名词性短语作谓语，如"曹操，枭雄也"。现代汉语中的判断句一般要用判断词"是"，如"他是河北人"。但古代汉语的用法并未完全消亡，如"鲁迅，浙江人"。

语法的稳固性是语言实现交际功能的客观要求。当然，语法的稳固性并不意味着一成不变，如果作古今的历时比较，有些语法规则的变化也是十分明显的，比如古代汉语疑问代词作宾语时要前置（"敢问何谓也"），否定句中人称代词作宾语时一般前置（"不我知也"）等等，这与现代汉语的语序是不同的。我们既要认识到语法的稳固性，同时也应注意汉语语法的古今差异。

（三）系统性

语法是由组合关系和聚合关系构成的严整有序的规则系统。语素、词、短语、句子等语法单位之间互相联系，处于一定的关系之中。例如"我买书"。"我"跟"买书"先构成主谓关系，"买"跟"书"再构成述宾关系。从中可以抽象出一个格式来："主+谓（述宾）"。这种词语跟词语发生的横向结构关系是"组合关系"。

另外，"我"可以被"张敏""李辉"等词语替代，"买"可以被"借""卖"等替代，"书"可以被"花""屋子"等词语替代。能在某一位置上相互替换的词语，语法功能相同，属于同一类别，它们就形成了某种类聚，即"聚合关系"。

组合关系和聚合关系是语法规律中最基本的两种关系。不同的组合关系，决定了句法结构的类型，例如主谓结构、述宾结构、偏正结构等；不同的聚合关系，决定了语法单位的功能类型，例如名词、动词、形容词等。

（四）民族性

语言有自然属性，也有社会属性，而社会属性是语言的本质属性。每种语言在语音、词汇、语法上都有其显著的民族特点，民族性是语言社会属性的集中表现。印欧语系的语言依靠丰富的形态变化来体现词的句法功能。

I have a new book. （我有本新书）

My book is new. （我的书是新的）

He gave this book to me. （他把书给了我）

上述例句中，"我"分别作了主语、定语和宾语，英语中用"I""my""me"来表示。汉语没有英语那样的形态变化，词在句子里充当什么成分，主要依靠语序和虚词来表示，"雷锋学习"和"学习雷锋"，语序不同，其语法结构也发生了变化，前者是主谓结构，后者是述宾结构。"校长和老师"与"校长的老师"，用不同的虚词表示了不同的语法关系。汉语和藏语同属汉藏语系，这两种民族语言同样看重语序，汉语的习惯语序是述语在前，宾语在后，藏语则习惯上把宾语放在动词前面，比如汉语说"我不认识你"，藏语则说"我你不认识"。学习语法应注意语言的民族特征。

三、汉语语法的突出特点

人类社会对任何自然现象和社会现象的研究，其重大的突破和成果的取得都是建立于对研究对象的本质属性和特点的深刻认识之上的。在长期的汉语语法研究中，一些新的理论与方法的提出，很多语法问题的争论与探讨，无不与汉语的语法特点有关。语言中用来表示语法关系和语法意义的语法手段有多种，如形态变化、语序变化、虚词运用等等。有的语言偏重于形态变化，例如法语、俄语；有的语言偏重于语序变化和虚词运用，例如汉语。前者一般称之为"综合性语言"，后者一般称之为"分析性语言"。汉语同印欧语言相比最突出的特点就是，没有或缺少严格意义的形态变化，主要借助于语序、虚词等语法手段来表示语法关系和语法意义。具体表现为以下几个方面：

（一）语序不同，语法结构和语法意义往往不同

实际上，在任何语言里，语序都很重要。拿俄语来说，俄语的主谓句一般是主语在前，谓语在后，宾语在谓语动词后。但俄语的这种语序并不带有强制性，在俄语中，句子内部的语法关系可以通过词的形态变化来表示，只要词形表达准确，即使随意颠倒语序，也不会引起人们理解上的混乱。汉语则不然，由于汉语的词没有严格意义的形态变化，语序不同，语义关系和语法结构也往往不同。例如"祖国伟大"和"伟大祖国"，"支持我们"和"我们支持"，语序变了，语法结构和语义关系也发生了

变化。

语序变化与语法、语义的关系比较复杂。有的语序变化了，但语法结构和语法意义没有变化。例如："这部影片真棒！"与"真棒，这部影片！"这是言语交际中句法成分临时性的位移，实际上语法关系和基本语义没有变化，属于句子的语用变化。

有时语序变化了，语法关系没有改变，但是语义却有了明显的不同。例如"我喜欢她"与"她喜欢我"，结构关系没有变，都是主谓结构，但由于词语位置的改换，句法结构中的语义角色发生了变化，即施受关系发生了变化，从而带来意义的不同。

有时语序变化之后，基本意思相同，但有细微的差异，这需要我们特别关注。例如："1 锅饭才吃了 3 个人"与"3 个人才吃了 1 锅饭"，前者的意思是希望 1 锅饭能供更多的人吃，后者的意思是希望 3 个人能吃更多的饭。

(二) 虚词对语法结构和语法意义有重要作用

汉语的虚词十分丰富，作用也特别重要。用不用虚词，用什么样的虚词，会使语法关系和语义发生变化，例如"买书"和"买的书"。有时用助词"的"和不用"的"，虽然语法结构并不发生变化，但语义却有很大不同。例如："北京大学"与"北京的大学"都是偏正结构，但语义不同，"北京大学"是一个专有名词，而"北京的大学"指所有位于北京的大学；"10 斤西瓜"与"10 斤的西瓜"，前者指西瓜总共有 10 斤重，后者指 1只重 10 斤的西瓜。

介词在汉语中表示名词和动词之间的各种语义关系，例如表示时间地点的"在"，表示处置对象的"把"，表示一般对象的"对"，表示协同对象的"和""同"，表示工具的"用"等。

连词的使用也常常对语义关系造成不同的影响，例如"爸爸的妈妈"与"爸爸和妈妈"，前者是偏正关系，后者是联合关系；"他去，因为我不去"与"他去，但是我不去"，用了不同的连词，前后分句的逻辑关系不同。

（三）词类具有多功能性

汉语词类具有多功能性，指词类和句子成分的关系比较复杂，不是简单的一一对应的关系。在印欧语里词类与句子成分的对应关系是比较明确的，例如英语的词类与句子成分的对应关系：

名词	动词	形容词	副词
|	|	|	|
主语	谓语	定语	状语
宾语		表语	

另外，部分词从形态上就可以判定其词性，如-ness、-ment 等都是名词的形态标记。看到词的外观形态，一般就可以判断它能充当何种句子成分。

在汉语里，某一类词常常可以充当几种句子成分，而且词形没有变化。比如名词主要充当主语和宾语，例如，"青海是十分可爱的地方。"（主语、宾语）但是，它也可以充当其他成分，例如，"校园的环境很优美。"（定语）"明天中秋节。"（谓语）"李教授下午参加学术报告会。"（状语）另一方面，同一种句子成分也可以由多种词类的词充当。例如，"夕阳慢慢落下去了。"（名词作主语）"游泳成了他唯一的生活乐趣。"（动词作主语）"谦虚是一种美德。"（形容词作主语）总之，汉语的词类与句子成分之间不存在简单的一一对应关系。我们可用下图表示（实线连接的部分表示经常充当，虚线连接的部分表示有条件地充当）：

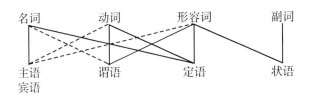

应注意的是，名词作定语，或者动词作主语、宾语的时候，它本身的词性并没有改变，不能因为充当了不同的句法成分，就说在这里名词已经变为形容词了，或者说动词变为名词了。道理很简单，这里的名词、动词仍旧保留着该类词的语法特点。

（四）词、短语和句子的构成原则具有一致性

在汉语各级语法单位的构成中，无论是语素组成词，词组成短语，或者词、短语组成句子，基本的构成方式都是相同的，有主谓、动宾、补充、偏正、联合等结构方式。例如合成词"出版"，短语"出版作品"，句子"禁止张贴！"三者分属于不同的语法单位，但都是述宾结构。

词法与句法的结构基本一致，使我们能较容易地掌握各级语法单位的结构类型。汉语的多音节词主要是从短语的临时性组合发展而来的，所以词的结构跟短语的结构也大体一致。例如："国家经营——国营"（主谓）、"管理家务——管家"（述宾）。

短语的结构分析既可以说明单句的结构规则，又能充分反映结构类型的多样性，所以短语的结构分析在汉语语法分析中具有重要意义。应注意的是，这里所说的只是结构形式基本一致。事实上，因为词、短语跟句子是不同层次的语法单位，两者之间还有一些不同之处，例如黏着短语"所知道、对于他"，就不能独立成句。构词法中也有一些短语没有的结构类型，比如：重叠（爸爸、宝宝），添加词缀（阿姨、桌子）等。

（五）有丰富的量词

汉语的数词与名词、动词结合时，一般都需要在数词后面加量词，如"一张桌子""两把椅子""来一趟""走一遭"。汉语里量词很多，既有专门的量词，如"一个人"的"个"，"两件衣服"的"件"，还有临时借用的量词，如"一屋子人"的"屋子"。量词具有丰富的表现力，如"一弯新月""一线希望""一肚子苦水""一抹夕阳"等，给人以鲜明的形象性。

四、语　法　学

研究语言结构规则的科学叫做语法学，通常也叫做"语法"。语法学有很多种类，不同的语法学体现了人们对语法的不同认识。根据不同的理论、用途，语法学可以分成不同的类别。

（一）历时语法与共时语法

历时语法是纵向地研究语言语法的发展变化的，通过追溯语法的历史发展，揭示语法的演变规律。如杨伯峻、何乐士《古汉语语法及其发展》就是历时语法的典型著作。

共时语法从横向的角度描写语言结构规律，研究语法在其发展过程中某一阶段的状态，可分为古代汉语、近代汉语、现代汉语等阶段。例如，可以将当代活的语言为研究对象，通过对语言规律的研究来指导语言实践。如朱德熙《语法讲义》、丁声树等《现代汉语语法讲话》都属于共时语法的著作。历时语法以共时语法为研究基础。

（二）理论语法与教学语法

理论语法又称专家语法，指语法学家的专门研究，例如吕叔湘《中国文法要略》、王力《中国语法理论》、高名凯《汉语语法论》、赵元任《汉语口语语法》、朱德熙《语法讲义》等。理论语法主要是对语法某些问题作比较深入的探讨，揭示语言中尚未被认识或认识不够充分的语法规则，探讨语法研究的方法和理论，着力于创建新的语法理论和新的语法体系，所以常常有新的见解，学术性比较强。某些成果在得到语言学界公认以后，就可能被吸收到教学语法里来。理论语法意见纷呈，各学派有时分歧很大，因此，一般不会作为语法基础知识加以讲授。

教学语法又称学校语法，是指学校，特别是中小学教学时所使用的语法学和语法著作。例如《中学教学语法暂拟系统》和《中学教学语法系统提要》就是典型的教学语法。教学语法是向学生传授语法的基本知识，进行语言的规范化教育，一般采用比较传统的说法和公认的观点。只讲规范性的规则，不大重视自然语言，有时候不免显得有些粗疏。往往不考虑语言的演变，有的规定显得比较保守，有经院式的倾向。主要追求实用价值，缺乏理论的深度。

（三）语法学流派

1. 传统语法

传统语法（Traditional Grammar）又称"学校语法"，它是在古代希腊语和拉丁语的语法基础上发展而来的古典语法。传统语法的主要特点是把语法分为词法和句法两大部分，词法讲词的结构、形式及词的类别，句法讲词在句子中的位置及词与词的句法关系。传统语法以词法为主，对各类词在句子中的形态变化以及语法作用描述讲解得比较详细，对句法的说明往往比较简单。传统语法的分析主要建立在逻辑意义的基础上，不太重视语法形式。传统语法重在实用，以满足语言教学为己任，强调语言的纯洁性和正确性，因而很注重对典范的书面语的研究而忽视口语的研究。采用分析的研究方法，对词的构造、句子成分及句子类型等加以分析，并总结出一些语法规则作为规范，要求人们遵守。

传统语法划分词类主要依据形态变化，汉语没有印欧语那样的形态变化，就主要根据充当什么句子成分为词定类，或依据意义给词归类。传统语法注重词类同句法成分的对应关系，这对于有形态变化的语言来说比较适合，但对汉语则不太适用。两千多年来，传统语法主要用于教学，在教学上有着其他语法理论不可取代的优点，它所使用的概念、术语也为人们所熟悉。

中国一些有影响的语法学专著如马建忠《马氏文通》（1898）、黎锦熙《新著国语文法》（1924）等都是运用传统语法理论对汉语所作的研究。上个世纪50年代制订的"暂拟汉语教学语法系统"也属于传统语法的体系。80年代以后，中国的语法学家虽然借鉴和吸收了传统语法学以外的一些新的语法理论与方法，但这种语法的一些理论、规则、概念和术语至今仍在我国的语法研究、语法教学中被广泛地使用着。

2. 描写语法

描写语法又称"结构主义语法"（Structural Grammar）。结构主义理论是上世纪初由瑞士语言学家索绪尔创立的，它大致可以分为3个学派：布拉格学派、哥本哈根学派和描写语言学派。其中美国描写语言学派的影响最大，它的代表人物是布龙菲尔德（Leonard Bloomfield），其经典著作是《语言论》（1933）。美国描写语言学派继承并发展了索绪尔的语言理论并采用一系列比较科学的方法对语言进行分析，逐渐形成一个很有影响的语法流派。现在人们所说的结构语法主要指在美国描写语言学派的理论基础上形成的语法体系。结构主义语法学家把语言看作一个有机的结构系统，提出"组合关系"和"聚合关系"这两大结构关系，认为这个系统内的各要素互相关联。

　　他们区分语言的共时与历时，主张客观地纯断代地描写语法。结构主义语法重视口语而轻视书面语的研究，认为口语是第一性的，最容易反映出语言的真实面貌，书面语不过是代表或记录口语的媒介。结构主义语法在语法分析中注重语言结构形式而不重视甚至排斥语言的意义。在语法研究中提出了一套分析语言的程序和方法。主要采用归纳法，广泛收集语言素材，然后对其比较、分类和描写，找出语法规律，使语法研究更具有科学性。如采用分布和替换对语法单位进行分类，强调语言结构内部的层次，用直接成分分析法分析各级语法单位的层次。结构主义语法的弱点是不重视书面语的研究，强调形式而忽视意义，对一些因语义关系而形成的歧义结构缺乏解释能力。

　　受结构主义语法的影响，中国的汉语语法研究出现了一批具有很大影响的著作，如丁声树等《现代汉语语法讲话》（1961）、赵元任《汉语口语语法》（1968）等。朱德熙《说"的"》（1961）和《句法结构》（1962）都是运用结构主义的理论和方法研究汉语语法的重要文章。上个世纪80年代以后，中国的语法研究和语法教学广泛地采用了结构主义语法的理论和方法。因此，描写语法对中国的语言研究有巨大的影响。

　　3. 生成语法

　　生成语法又称"转换语法"或"转换生成语法"（Generative Transformational Grammar）。生成语法是现代语言学中有巨大影响的流派之一，它是在同结构主义语法理论的对立中诞生的，创始人是美国的语言学家乔姆斯基（Noam Chomsky），他的《句法结构》（1957）标志着这个学派的诞生。生成语法严格区分语言能力和语言运用这两个概念，认为结构语法仅仅描写语言的使用形式是不够的，还应该描写隐藏在这种行为之后的"语言能力"。一个人掌握了某种语言，就能够听懂和造出他从来没有接触过的该语言的合格句子，就是因为他具备了这种语言能力。这是一种理想化的内在能力。

语言运用是语言能力在具体环境中的实际运用。语言运用具有个体性和随意性，在具体环境中由于一些非语言因素的干扰，可能只是语言能力的不完全反映，因此语法学家的研究对象应该是语言能力。

生成语法从个别语言入手，抽象出人类语言共有的普遍性特征，从而揭示语言的普遍规律，希望最终能阐释本族语言运用者的语言习得过程。生成语法认为语法是一套有限的规则系统，能生成某种语言里所有的句子，而且仅仅生成合乎语法的句子。

生成语法不仅描写句子的表层结构，即用一定的语音形式表现出的短语或句子的结构，并针对直接成分分析法不能解释一些同形异构现象的缺陷，提出转换生成的概念来说明不同类型的句子具有不同的深层结构，即隐藏在句子内部的语义结构，这就增强了语法的解释能力。转换生成语法对语言具有一定的解释力，对心理学、数理逻辑、计算机语言处理等具有重要作用。但由于转换生成语法重理论而轻事实，转换规则比较抽象、繁琐，所以对语法教学影响不大。运用该理论研究汉语的论著也不多。

乔姆斯基提出"转换生成语法"以后，在其理论的影响下，近几十年产生了一系列新的语法理论，如系统功能语法、格语法、切夫语法、蒙塔古语法、关系语法、配价语法、认知语法等等，如何吸收这些新的理论中有用的东西，用于汉语语法的研究，中国的语法学家在不断地探索着，并做出了自己的贡献。

思考与练习

一、为什么说语法具有抽象性？

二、以你所熟悉的外语或民族语言为例，谈谈语法的民族性。

三、怎样理解语法的稳固性？请举例说明。

四、汉语语法的突出特点是什么？请举例说明。

五、举例说明语序和虚词在汉语语法中的作用。

六、举例说明汉语的量词在语言表达中的作用。

第二节　词类及其功能

学习要点　了解现代汉语词类划分的标准，熟悉汉语的词类系统，掌握各类词的语法特征，能够比较熟练地运用语法特征来确定词性。

一、词类及其划分标准

词类是根据词的语法功能划分出来的类别。划分词类的目的在于说明各类词的用法和语言的构造规则。**划分词类的标准有3个：词的形态、词的意义和词的语法功能。**

（1）根据词的形态划分词类。**形态包括词的形态标志和形态变化。**例如英语的 movement（运动）、judgement（判断）中的-ment 是名词的形态标志；形容词的比较级是在单词后面加上"er"或者前面加"more"，如 tall→taller、important→more important。

汉语中只有少部分词有形态标志。如以前缀"可"开头的词多为形容词，如"可爱、可恨、可笑、可悲、可耻、可怕"等。以后缀"头、者、子、儿、家、性"等结尾的词是名词，如"石头、作者、金子、花儿、歌唱家、时代性"等。以后缀"化"结尾的词是动词，如"全球化、现代化、信息化、网络化、国际化"等。但大多数的词没有这类标志。

汉语的形态变化也很少，比如指人名词后面可以加"们"表示不定量的复数，但并不是强制性的，而且前面有数词时就不能加了。可以说，词的形态对汉语词类的划分有一些帮助，但是由于缺乏普遍性，又没有强制性，所以只是一种辅助标准。

（2）根据词的意义划分词类。**这里的意义指词的概括意义**，比如一个词如果表示事物的名称，一般断定为名词；如果表示动作，常被看作动词；如果表示事物的性质状态，多数会看作形容词；如果表示数目和次序，基本上可以断定它是数词。

划分词类的时候，意义很重要。但是，意义有模糊性，往往难以操作。特别是意义相同或相近而句法作用不同时，单凭意义反而会产生误导。比如"突然"和"忽然"都表示"在短时间里发生，出乎意外"。如果只根据这两个词相同的意义就把它们归入同一个词类，那就有问题了。因为，"突然"可以作定语（突然事件）、状语（突然失踪了）和补语（走得突然），也可以受副词"很"的修饰（很突然），而"忽然"只能作状语（忽然觉得）。可以看出，二者的语法功能有很大的差异，"突然"是形容词，"忽然"是副词。所以，意义也只能作为一种参考标准。

（3）根据词的语法功能划分词类。**词的语法功能包括两个方面的含义：词与词的组合能力和充当句法成分的能力。**

词与词的组合能力，是指哪类词能与哪类词组合，用什么方式组合，组合后表示什么样的语法关系。例如，"很"可以同"伟大"组合成"很伟大"，但不能说"很人民"。这种组合能力上的差异，反映了"伟大"和"人民"这两类词的不同语法特点。再如，"人民"可以同"伟大"组合，既可以说"伟大人民"，也可以说"人民伟大"，两者的语序不同，代表的语法关系也不同。

充当句法成分的能力，是指能不能充当某一种句法成分。如果能充当句法成分，那么经常充当什么成分。例如，"小王走了吗?""小王"和"走"分别充当了句子的主语和谓语，"了"

和"吗"都不能充当句法成分。在能否充当句法成分上，"小王、走"和"了、吗"体现出了明显的差别。同样都充当句法成分，但经常充当什么成分，也不一样。比如"小王"经常作主语和宾语，很少作谓语，不能作补语，也不能受"不"的修饰；而"走"经常作谓语和补语，很少作主语和宾语，可以受"不"的修饰。可以看出，充当句法成分的能力体现了不同词类的语法特点。

就汉语来说，在划分词类时，意义只能作为参考，形态也只是辅助标准，最主要的标准是词的语法功能。

二、词 类 系 统

词类是一个有层次的系统。根据词的语法功能，我们把现代汉语中的词分为"实词"和"虚词"两大类：**能够充当句法成分的词是实词，包括体词、谓词、加词、代词和特殊实词拟音词；不能充当句法成分的词是虚词，包括关系词和辅助词。**

实词和虚词除了作句法成分有区别外，还有一些整体上的差别：

（1）类别是否开放。实词除量词和代词以外，类中包括的成员数量很大，难以穷尽地列举，这种类叫开放类；而虚词的每一类成员数目都比较少，可以一一列举，这种类叫封闭类。

（2）是否定位。除副词外，实词在跟别的词组合时所处的位置是不确定的，既可以在前，也可以在后。但虚词依附于实词或语句，在语法结构中位置确定。

（3）是否成句。多数实词可以单独成句，而虚词只有语法意义，没有词汇意义，所以不能单独成句。"他高兴吗？——高兴。""你走不走？——走。"两例中的"高兴""走"单独成句。

（一）体词

体词与谓词相对，包括名词、数词和量词。体词的语法功能是经常作主语、宾语、定语，一般不作谓语。

1. 名词

名词是表示人、事物或观念名称的词。

（1）名词的分类：

1）表示人和事物：

A. 普通名词：学生、朋友、记者、汽车、快餐

B. 专有名词：柏林、浦东、韩愈、孙武

C. 集体名词：车辆、花朵、人口、书本、树木

D. 抽象名词：学问、知识、水平、宗教、思想、理念

2）时间名词：冬天、傍晚、过去、未来

3）处所名词：非洲、中国、天津、新疆、学校、办公室

4）方位名词：上、下、左、右、前面、后头、东南、西北

（2）名词的语法特征：

1）主要充当主语、宾语和定语：猫吃鱼、雨打芭蕉、女孩的父亲

2）大多能够受数量短语的修饰：5 台电脑、1 部手机、3 匹马

3）一般不能受程度副词、否定副词的修饰。可以说"这件事""两本书"，但不能说"不事""非常书"。"不+名"可用于一些特殊格式，如成对连说的四字格式"不人不鬼""不前不后"等，但不能单说"不人"或"不鬼"。

4）大多可与介词构成介词短语：从今天（开始）、在教室（上课）

（3）名词的特殊小类：

1）时间名词：表示时间概念：今年、明年、今天、早上、上午、傍晚、半夜、清晨、黎明、清早、现在、刚才、春节

时间名词突出的语法特征是除了像一般名词那样作主语、宾语、定语之外，还经常作状语：明天来、现在开始

2）方位名词：组成比较复杂，大致可以分为两大类：

单纯方位名词，由一个语素构成：前、后、左、右、上、中、下、东、南、西、北、里、外、内

合成方位名词，一般由两个语素构成。有的是在单纯方位名词的前面或后面加上"头、边、面、之、以"等语素构成的：前头、里边、旁边、上面、之后、以前；有的是将两个表方位的语素正反对举构成的：上下、左右、内外、前后；有的是两个相关语素构成的：西北、西南、东北、东南、北方、东方、西方、中间、背后、面前、外部、当中、对面、那边、这头。

方位名词一般加在别的词语后面，组成方位短语，表示处所，如"家里""桌子上"，有时也可以表示时间，如"3 天前""20 岁左右"。单纯方位名词单用时要对举才行，例如"前不着村，后不着店""上有老，下有小"。由"面""头""边"等构成的合成方位名词可以独立使用。方位名词可以作主语、定语、状语等多种句法成分。

一些方位名词有虚化的用法，如"上、下、里、中"等，表示范围、条件等意义，一般同介词配合使用，例如："在这个问题上""在他的领导下""在火红的战争岁月里"。

2. 数词

数词是表示数目和次序的词。

（1）数词的分类：

1) 基数词：表示数目的多少，包括系数词（一、二、两、三、四、五、六、七、八、九、十）和位数词（十、百、千、万、亿）。系数词可以单用，表示 10 以内的数目，也可以与位数词组合成复合基数词，表示较大的数目，例如"三十、四百、二千、六万、五亿"。

有些基数由一定格式的短语表示：

倍数，由基数加"倍"组成，如"三倍、五倍"。

分数，由"X 分之 Y"或"X 成、X 折"的固定格式表示，如"五分之二"；"六成""六折"就是十分之六。

概数，表示大概的数字，也有一些常用的表示方法。有的用"几、两"表示，如"过几天再来""说两句话就走"。有的用基数词加"成、近、约、上"等表示，如"近百人""成千个""约三十岁"。有的用基数词加"来、几、多、左右、上下"等表示，如"十来个人""二十多位""一百左右"。有的用相邻相近的数字连用表示，如"两三个""三五天""七八十辆"。

2) 序数词：表示次序，一般是在基数词前加"第、初、老"等组成，例如"第二、第七、初一、老三"。有时也用基数词的形式表示序数，如"三中学生""家住五楼"，其中的"三、五"是序数。

（2）数词的语法特征：

1) 数词有时可以单独充当句法成分，但更多的情况下是与量词组成数量短语，整体充当一个句法成分。数词单独充当句法成分主要有以下情况：一是古汉语用法的保留，特别是在四字格中，如"三言两语、七手八脚、两人家庭、四大发明"，其特点是结构整齐，语义简洁。二是表示大的数目时，数词后面常不用量词，如"十万大军、三亿儿童、铁骑三千"。

数量短语主要作定语、补语，如"三个人""去两次"。也可以作主语、宾语、状语：一年是三百六十五天"，"一年"是主语，"三百六十五天"是宾语，"一把拉住他的手"，"一把"是状语。

2）数词的增减有固定的表达格式。

表示数目增加时有几种说法：其一，用"增长（了）、增加（了）、提高（了）"，指净增数，不包括底数。例如由 2 增加到 6，可以说"增长（了）两倍"，不能说"增长（了）3 倍"。其二，用"增长到、增加到、提高到"，指增长后的总数，包括底数。例如由 2 变为 6，可以说"增长到 3 倍"，但不能说"增长到两倍"。

表示数目的减少有几种说法：其一，用"减少（了）、下降（了）、降低（了）"，只指减少的数字，即减少后的数字与原数的差额。例如价格由 60 元降到 20 元，可以说"减少（了）40元"或"减少了三分之二"，不能说"减少（了）两倍"。其二，用"减少到、下降到、降低到"，指减少以后剩余的数字。同样，价格由 60 元降到 20 元，可以说"减少到 20 元"或"减少到三分之一"，不能说"减少了两倍"。倍数只能用来表示数目的增加，不能表示数目的减少。

分数既可以表示数目的增加，也可以表示数目的减少，用增加或减少的数字与原来的数字相比较来表示。例如由 2 变为 6，可以说"增加了百分之二百"，由 6 变为 2，可以说"减少了三分之二"。

3. 量词

量词是表示计算单位的词，又叫单位词。

（1）量词的分类：

　　量词可以从两个方面加以分类。从是否专用上看，可以分为专用量词和借用量词；从单位的性质上看，可以分为名量词、动量词。

　　1）名量词：表示人或事物的计算单位。

　　专用名量词，有表示个体单位的：个、本、件、条、根、块、张、片、位、座、间、把、匹、只、辆、艘、架、棵、枝、幅、句、段、篇

　　有表示集体单位的：堆、批、帮、群、对、双、副、车、班、伙、套、串

　　有表示度量衡单位的：元、角、分、丈、尺、寸、米、斗、升、斤、两、吨、磅、亩

　　有表示不定量的：些、点

　　借用名量词，是临时借用名词、动词等充当的名量词：门（一门亲戚）、家（两家商店）、桌（三桌饭）、挑（一挑水）、捧（一捧花生）、捆（几捆柴）、发（五发子弹）、抹（一抹夕阳）

　　2）动量词：表示动作行为的计算单位。

　　专用动量词：回、次、阵、下、趟、通、顿、番、遭、遍

　　借用的动量词，可分为4类：

　　A. 时间量词：住一年时间、走五分钟、学习三小时

　　B. 器官量词：打一拳、踢两脚、看一眼

　　C. 工具量词：放一枪、洗一水、砍一刀、敲一棍子

　　D. 伴随量词：转一圈、走一步、唱一曲、喊一声

　　还有一些复合量词，由两个或3个量词组合而成，用于综合计算不同事物：人次、架次、吨公里、秒米、秒立方米、架艘次（出动飞机舰艇500余架艘次）、辆艘次（车船200辆艘次）

（2）量词的语法特征：

1）量词通常要跟数词一起组成数量短语，作多种句法成分，如定语（一头牛）、状语（一脚踢开）、补语（看一遍）、主语（两本不多）、宾语（买了两本）。物量词与数词之间有时还可以加形容词，表示对量的评价，如"三大包、五小袋、一长条"等。量词用在指示代词后面构成的短语称为指量短语，如"这只、那本、那件"。数量短语和指量短语统称量词短语。

2）部分单音节量词可以单用，独立充当一个句法成分。在"动+量+名"结构中，如果数词为"一"，往往将其省去，如"买件衣服、吃个苹果"，如果数词不是"一"，则数词不能省略。量词重叠以后有多种作用和意义：重叠后作主语、定语，表示"每一"或"全部"的意思，如"家家点火、户户冒烟、件件衣服漂亮、个个身体倍儿棒"；重叠后作谓语，表示事物很多，如"鲜花朵朵、歌声阵阵"；重叠后作状语，表示方式，如"节节败退、步步紧逼、代代相传"。

量词是很能体现汉语语法特点的词类。量词的成词理据性很突出，哪些量词适用于哪些事物，往往与事物的特点和相关的动作行为有关，例如根据事物形状形成的"粒、颗、条、丝、片、面、块、团"等；根据事物局部特点形成的"口（一口猪）、尾（两尾鱼）、杆（三杆枪）"等；根据相关用具形成的"桌（一桌饭）、盘（两盘菜）、箱（三箱衣服）"等；根据相关动作形成的"担、封、堆、束"等；根据相关数量形成的"双、对、副、套"等。对同一事物，着眼点不同，量词的使用往往不同，如骆驼可以用"只"，也可以用"峰"；鱼可以用"条"，也可以用"尾"。

同一事物呈现的特点不同，量词的使用也有相应的变化，例如用于"花"的"朵、枝、丛、束、捆、盆、瓶、树"等,反映了花的不同状态、形式。量词的使用还有语言风格上的差异,如"一个先生"与"一位先生","两个铜像"与"两尊铜像"。有时还有修辞上的考虑,如"一队人马"与"一彪人马","一点希望"与"一线希望",前者平实,后者生动。另外,量词的地域性较强,比如在不同的方言里,用于"羊"的量词有的是"只",有的是"个""头""匹"等。

(二)谓词

谓词包括动词和形容词两个词类。谓词的语法功能是经常作谓语或谓语中心语,有条件地作主语、宾语等。

1. 动词

动词是表示动作、行为或存在、变化、消失等多种意义的词。

(1)动词的分类:动词是一个比较复杂的词类,按照语义可以大致分为以下几类:

1)动作动词:吃、跑、听、说、读、写、学习、访问、修理

2)心理动词:爱、恨、喜欢、担心、渴望、讨厌

3)表示存在、变化、消失的动词:在、有、存在、发生、出现、发展、生长、死亡、消失

4)判断动词:是、叫、等于

5)使令动词:派、叫、请、逼、要求、吩咐

6)状态动词:开始、继续、进行、停止、结束

7)能愿动词:能、会、敢、要、肯、能够、可以、愿意、应该

8)趋向动词:上、下、进、出、来、去、开、起、过、过

来、过去、下来、上去、起来

（2）动词的语法特征：

1）动词主要作谓语或谓语中心语。如"朋友来了""我们经常游泳"，"来"作谓语，"游泳"作谓语中心语。

2）能受副词修饰，如"马上过来""不学习"。但除了心理动词和部分能愿动词以外，一般不受程度副词的修饰。可以说"非常喜欢""很应该"，但不能说"非常学习""很休息"。前面能否加"不"是判别动词与名词的有效方法。

3）大多数动词可以带宾语。能带宾语的动词称为及物动词，如"看书、买东西、想念亲人、有理由"中的"看、买、想念、有"都是及物动词。有一些动词不能带宾语，这类动词称为不及物动词，如"咳嗽、休息、游行、前进、恋爱、闭幕、生长、考试、劳动、游泳、赌博"等。

4）大多数动词后边可以带动态助词"了、着、过"。

5）部分动词可以重叠使用，如"看看、听一听、讨论讨论"等。单音节动词的重叠形式是"VV"和"V一V"，后字轻读，双音节动词的重叠形式是"ABAB"。重叠以后表示动量的减小，具有随意、轻松的语用效果。

（3）几种比较特殊的动词：

1）能愿动词：又叫助动词，是表示可能、意愿和必要等的动词。表可能的如"能、可、会、可以、可能、能够"；表意愿的如"肯、要、愿、敢、愿意"；表必要的如"要、应、该、当、得（děi）、应该、应当"。能愿动词有普通动词的功能，作谓语和谓语中心语，如"可以吗?""不可以。"它与一般动词最大的不同处是在动词、形容词前作状语，如"能够来""应该高兴"。此外，能愿动词一般不重叠使用，不能用在名词前面，后面也不跟动态助词"着、过"。

2）趋向动词：是表示动作方向的动词，包括单纯趋向动词和复合趋向动词两类。单纯趋向动词主要有"来、去、上、下、进、出、回、起、开、过"等。复合趋向动词由"来""去"与其他单纯趋向动词组合而成，如："上来、下去、进来、进去、出来、出去、回来、回去、起来、过来"等。

趋向动词具有一般动词的语法特征，可以作谓语或谓语中心语，如"你去吧。""他已经过来了。"但是趋向动词还经常在动词后面作补语，表示动作的趋向，如"跳下来、钻进去、跑过来、爬起来"。有些趋向补语的语义已经虚化，表示动作的开始或继续，如"干起来、说下去"。

3）判断动词："是"属于使用频率很高的判断动词，经常用在"SVO"格式的句子中，用于判断时表示多种语义。如表示存在，如"教室前是花园"；表示同一关系，如"弟弟是张明"；表示从属关系，如"李白是唐代大诗人"；表示特征，如"她是黄头发，大眼睛"。

"是"除了动词用法以外，还有形容词和副词用法，如"你说得是。""是"表示"好、正确"的意思，是形容词作补语。"孩子是长大了。""是"表示"的确、确实"的意思，是副词作状语。

4）心理动词：心理动词的突出特点是能受程度副词的修饰，如"很热爱、最痛恨、非常佩服"，这与一般动词不同，而且它可以构成"副+动+宾"结构，如"很喜欢他、非常佩服老张"，这又与形容词不同。另外，心理动词经常带谓词性宾语，如"爱劳动、讨厌说假话"，也可以带体词性宾语，如"爱祖国、佩服他"。

2. 形容词

形容词是表示性质状态的词。

（1）形容词的分类：

1）性质形容词：性质形容词指能够受程度副词"很"修饰的词：好、坏、美、丑、软、硬、甜、苦、远、近、新、旧、长、短、轻、重、勇敢、热闹、优秀、辛苦、聪明

2）状态形容词：状态形容词由性质形容词加上表附加意义的语素构成，前面不能再加"很"，使用时后面一般要加"的"：笔直、雪白、漆黑、金黄、冰凉、鲜红、煞白、滚烫、死沉、贼亮、火热、蜡黄、通红、亮晶晶、黑压压、湿淋淋、静悄悄、黑咕隆咚、黑不溜秋、酸不溜丢、小里小气、古里古怪、马里马虎

（2）形容词的语法特征：

1）形容词经常作谓语、谓语中心语、定语，如"鲜花漂亮""他很英俊""红房子"。有些形容词还可以作状语或补语，如"迅速前进""看清楚"。

2）大部分形容词可以重叠使用。单音节形容词的重叠形式是 AA（儿）式，后字不轻读，如"红→红红""高→高高"。双音节性质形容词的重叠形式是 AABB 式，如"漂亮→漂漂亮亮""高大→高高大大"。部分状态形容词的重叠形式是 ABAB 式，如"笔直笔直""冰冷冰冷"。形容词重叠以后，其语用功能是增强描写的效果，表示程度加深。

3）性质形容词大都能受程度副词的修饰，比如"很整齐、最干净"。状态形容词一般不受程度副词修饰，因为其本身已具有表程度深的语义特点，同样，形容词重叠以后也不再受程度副词的修饰。

4）形容词不能带宾语。有些形容词兼有动词的语法功能，

如"她红了脸","红"后面带上了宾语，是表示变化的动词，此时不能受程度副词的修饰。

（三）加词

加词是在句法结构中专门用作附加成分的词，包括区别词和副词两类。

1. 区别词

区别词是表示事物的属性，具有分类作用的词。因此，不少区别词都是成对或成系列的：公、母、男、女、雌、雄、阴、阳、荤、素、金、银、袖珍、低频、高频、活期、无轨、西式、初等、高等、私有、公共、日常、新型、全天候、半自动、便携式、外向型

（1）区别词的语法特征：

1）只能作定语，不能作主语、谓语、宾语，如女医生、男演员、小型轿车、西式服装。可以说"野生动物、高速公路"，但不能说"动物野生、公路高速"。

2）表否定时前面可以加"非"，一般不加"不"：非正式、非新型、非私有

3）多数能带"的"，组成"的"字短语：男的、金的、少的、小号的、中等的、次要的、彩色的、国营的

（2）区别词的辨析：

1）区别词与形容词的辨析。区别词与形容词的共同特点是都可以作定语，但这两类词也有明显的差别。形容词除能作定语外，还可以作谓语，能受副词"不"修饰，而区别词只能作定语，不能作谓语，一般不受"不"的修饰。形容词可以受程度副词的修饰，如"很高大、很正确"，区别词不能受程度副词的修饰，不能说"很高速、很大型"。

2）区别词与名词的辨析。区别词与名词的共同特点是都可以作定语，两者的不同点是，区别词不能作主语或宾语，不能受数量短语的修饰，而名词常作主语、宾语，常受数量短语的修饰。有些区别词有兼类现象，如"沉默是金""家里有三男两女"，其中的"金、男、女"是名词，而"金首饰、男运动员"中的"金、男"是区别词。从语义上看，名词表示人或事物的名称，区别词表示人或事物的属性与类别。

2. 副词

副词是修饰、限制动词、形容词，表示程度、范围、时间等意义的词。

（1）副词的分类：

1）表示程度：很、挺、太、顶、更、最、极、越、十分、非常、稍、稍稍、稍微、略、略微、格外、极其、几乎、尤其、越发、有点儿、分外、相当

2）表示范围：都、也、总、共、一共、总共、统统、只、就、光、仅、仅仅、净、单、一律、一齐、一道、一概

3）表示时间、频率：正、正在、刚、刚才、就、先、常、常常、时常、曾、曾经、已经、渐渐、逐渐、终于、立刻、马上、连忙、忽然、永远、从来、一直、一向、始终、随时、偶尔、经常、历来、赶紧、顿时、将要、又、还、再、一再、再三、重新、屡次、反复、不断

4）表示肯定、否定：必须、必然、必定、一定、准、不、没、没有、未、莫、休、勿、别

5）表示语气、情状：却、可、倒、竟、也、就、偏、偏偏、简直、索性、幸亏、难道、到底、究竟、也许、或许、大概、大约、反倒、果然、居然、竟然、何尝、恰恰、未免、只

好、不妨、反正、难怪、亲自、互相、大力、大肆、悄悄、赶紧

（2）副词的语法特征：

1）从组合能力看，在一般情况下，副词只能修饰动词、形容词。从句法功能看，副词具有纯状语性，也就是说，一个词如果只能作状语，这个词一定是副词。例如"马上过来""都不认识"中的"马上、都"皆为副词。少数副词可以作补语。能作补语的主要有"很、极、透、透顶"等词，如"好得很""可爱极了""糟透了"。

副词有时也可以在名词性成分前作状语，但有一定的条件限制。例如范围副词"才、就、只、仅、光、刚好"等可以限制人或物的数量，因此可以用在数量短语前，如"报名的才5个人""身上就3块钱"，如果被修饰的名词性成分没有数量短语作定语，就不能受范围副词的修饰，如不能说"报名的才人""身上就钱"。如果表示某个地方的人或物很多，可以省去数量定语，如"街上净人""山上光石头，没有树"。

有时程度副词"最"可以修饰处所名词，如"走在最前面""生活在最底层"，被修饰的名词一般带有表示方位的语素"前、后、上、下、底"等，如果处所词没有方位的差异，如"操场、教室、上海"等，就不能受程度副词的修饰。

时间副词有时可以修饰表示时间的词语，表明时间的长短，如"才两天""已经半年了"，此类时间词语表示时段，在时间上有长短的区分。有时表示时点的名词也可以受时间副词的修饰，如"才3点钟，急什么？""刚秋天，就这么冷"。这类时间词语有共同的语义特征，就是在时间上具有推移性，比如"3点钟"是由"两点钟"推移而来，"秋天"是由"夏天"推移而来。如果没有推移性，如"未来、从前"等，就不能受时间副

词的修饰。

程度副词"很"有时还可以用在具有某种突出特点的人或物的名词前，强调其特点，如"很青春、很现代、很绅士"等，属于名词的活用。

2）副词大多不能单说。个别副词可以单说，用于单独回答问题，主要有"不、没有、也许、有点儿、当然"等，如"你去吗?""不。"

3）有些副词兼有关联的作用。如"又唱又跳""只有付出才有收获"中的"又""才"。

（四）代词

代词是具有替代和指示作用的词。

1. 代词的分类

代词可以分为人称代词、指示代词、疑问代词 3 类。

（1）人称代词：用来替代人或事物名称的词。

第一人称：我、我们、咱、咱们

第二人称：你、你们、您

第三人称：他、他们、她、她们、它、它们

此外还有一些特殊的人称代词，如"自己、自个儿"表示某一人称本身，没有固定的人称对象；"彼此"表示有关系的双方；"人家、别人"表示对话以外的人；"大家、大伙儿"表示一定范围内所有的人。

（2）指示代词：用来指示和区别人或事物的代词。指示代词有近指和远指两类。

意义	人、物	时间	处所	程度、性状
近指	这	这会儿	这儿、这里	这么、这样
远指	那	那会儿	那儿、那里	那么、那样

除上表所列外，"各、每、某、另、本、另外、一切、其余、其他"等也属于指示代词，这些词代替、指示的对象和范围各有不同，但一般都可以作定语，有的还可以作主语、宾语。指示代词可以和量词组成"指量短语"，如"这个、那个、这些、那些"。

（3）疑问代词：用来对人或情况表示疑问的词。有问人或物的"谁、什么、哪"；有问时间的"哪会儿、多会儿、几时"；有问处所的"哪里、哪儿"；有问程度的"多、多么"；有问方式的"怎么、怎样"等等。

2. 代词的语法特征

（1）代词可以代替各类实词，其语法功能与所代替的词类相似。代词能够充当多种句法成分，所以缺少与其他词类相区别的语法特点。例如"我不认识你。""我、你"代替人，语法功能相当于名词；"他的身体怎样?""怎样"表示性质、状态，相当于形容词，作谓语。作为词类系统中一个比较特殊的类别，它是根据其广泛的代替性这一语法功能划分出来的。

（2）代词一般不受别的词类修饰。在书面语中会出现代词被修饰的情况，如"取得了巨大成功的他""初为人母的我"等，这种说法只用于人称代词。

（3）代词指称具有灵活性。代词指称对象的变化可以获得特定的语用效果。主要包括两种情况：

1）人称代词指称对象的变化。为了表示谦虚和委婉，指代复数的"我们"可以专指说话人自己，如"我们认为，这篇文章的观点值得商榷"。在表示领属时，"我"可以指代"我们"，如"我国、我军"。还有人称类别的变化，用"你"指代"我"或"她、他"，例如"姐姐真是好脾气，你怎么发火她也不生气。"你"实际上指说话人"我"。"无论什么人，你都要遵纪守法。""你"指称"他"。人称代词还用于泛称，如"大家你看看我，我看看他，谁也没了主意"。句中的"你、我、他"没有特定的指称对象。

第一人称代词的指称对象有排除式与包括式之分。一般情况下，"我们"用于说话人一方，称为"排除式"，如"你别担心，我们会帮你的"。"我们"指说话人一方。但"我们"也可用于包括式，如"我们一块走吧"。"我们"指听说双方。"咱、咱们"可以指听说双方，如"咱回家吧"。属于包括式。也可以指说话人自己，如"你多能干哪，咱不如你"。属于排除式。

2）虚指和任指。疑问代词不表疑问时有虚指和任指两种引申用法。虚指是指代不能肯定的人或物，如"你走到哪儿我就跟到哪儿"。"不知什么时候我们才能相见"。"哪儿""什么"表示不肯定的地点和时间。任指是指代一定范围里的任何人或物。如"不管谁敲门，你都别开"。"谁"指任何人。

（五）拟音词

1. 象声词

象声词是模拟自然界声音的词：哗、叭、轰、咣、啪、喔、嘎、嗖、哗啦、扑通、咕噜、咔嚓、轰隆、咕咚、唧唧喳喳

象声词单纯描摹声音，使语言生动形象，给人一种如闻其声、如临其境的感觉，经常用于口语和文学作品。

象声词主要起修饰作用，作定语、状语，如"走到山边，便听见哗哗哗哗的水声"（定语）。"雷声轰轰地响着"（状语）。有时也可以作谓语，如"树林里，鸟儿们唧唧喳喳，热闹极了"。象声词还可以单独出现，作独立语，或单独成句，如"扑通，扑通，青蛙纷纷跳进水里"（独立语）。"'丁零零零！'电

话铃忽然响了"（单独成句）。

2. 叹词

叹词是表示应答、呼唤或感叹的词：哎、啊、喂、哼、哦、呸、咦、嗨、哎呀、哎哟

叹词具有很强的独立性，很少与其他句法成分发生结构关系，常在句子里作独立语，或单独构成句子。例如："哦，这就是我时时记得的故乡。"（作独立语）"哎呀！你怎么还没走？"（作感叹句）"咦？我的钢笔怎么不见了？"（作疑问句）叹词有时候也可以作谓语、谓语中心语、定语和状语。

　　① 他痛苦地哼哼着。（作谓语中心语）

　　② 电话里发出喂喂的声音。（作定语）

　　③ 小张唉唉地叹息着。（作状语）

叹词与象声词在表音与语法功能上有相似之处。不同之处是叹词只表现人的呼唤应答的声音，象声词表现自然界的声音；叹词往往带有说话人不同的感情色彩，如"喂！""哎呀！""唉！""咦！"其感情色彩是不同的；象声词是纯粹的摹仿，一般不带感情色彩。

（六）关系词

1. 介词

介词是起介引作用，并与介引成分构成介词短语起修饰作用的词。

（1）介词的分类：根据介引成分语义的不同，主要分为下列类型：

1）表示时间、处所、方向：自、自从、从、到、打、往、于、在、至、趁、当、沿着、顺

2）表示关涉对象：将、把、对、比、给、同、替、叫、

让、对于、关于、跟、除、除了

3）表示动作方式、依据：用、依、照、据、凭、靠、按照、根据、通过、经过

4）表示原因、目的：因、因为、由于、为、为了、为着

（2）介词的语法特征：

1）介词不能单说，不能单独作句法成分，只能组成介词短语作修饰成分定语、状语、补语。如"对这个问题的看法"中的"对这个问题"作定语；"从今天开始"中的"从今天"作状语；"坐在床上"中的"在床上"作补语。

2）介词后面不能带动态助词"了、着、过"。这可以成为区分介词与动词的一个重要标准。如"给你带来一件礼物"，"给"是介词。"给了你一件礼物"，"给"是动词。介词"为了、除了、为着"是合成词，其中的"了、着"不是助词，而是构词成分。

2. 连词

连词是连接词、短语、句子，表示一定语义关系的词。

（1）连词的分类：按照连接成分的不同，连词可分为3类：

1）只能连接词、短语：跟、和、同、与、及、或

2）只能连接句子：不但、即使、既然、假如、尽管、虽然、无论、要是、因为、由于、与其、只要、然而、否则、何况、可是、但是、所以、因此、因而

3）既能连接词、短语，又能连接句子：并、并且、而、而且、或者、还是

连词还可以从所表示的语义关系加以分类。

表示并列关系：和、跟、同、与、以及

表示因果关系：因为、由于、所以、因此

表示选择关系：或、或者、还是、与其、宁可、要么

表示递进关系：并且、而且、不但、不仅、何况、况且

表示假设关系：假如、如果、要是、万一

表示转折关系：但是、可是、然而、而

表示条件关系：只要、只有

（2）连词的语法特征：连词只起连接作用，不单独作句法成分，这一点与能起关联作用的副词不同。例如"只有付出艰苦的努力，才能获得好的回报。""只有"是连词，只起连接作用；"才"连接两个分句的同时，还起限制作用，所以是起连接作用的副词。

（七）辅助词

1. 助词

助词是附加在词或短语后面表示一定的结构关系或附加意义的词。

（1）结构助词"的、地、得"：

结构助词"的"的作用主要有两个：A. 用在定语与中心语之间，表示定中关系，如"我的朋友、淘气的孩子、艰巨的任务"，"的"是定语的标志。B. 附加在词或短语之后，组成"的"字短语，如"木头的、吃的、年轻的、刚来的、骑车的"。

"地"用在状语与中心语之间，表示状中关系，如"客观地说、历史地看问题、聚精会神地听着"，"地"是状语的标志。

"得"用于中心语与补语之间，表示中补关系，如"说得透彻、想得很多、笑得直不起腰"，"得"是补语的标志。

3 个结构助词的读音相同，书面上的词形分化有利于句法关系的显示和意义的理解。例如"红的好看"与"红得好看"，前者表示红的东西好看，后者表示因为红才好看，这种意义的不同

是由结构助词的差异带来的。在口语中"的、得"读音一致，依靠语境因素可以区分。

（2）动态助词"着、了、过"：

"着""了""过"主要附在动词之后，表示动态。"着"表示动作和状态的持续。前者如"谈着话""听着音乐"，后者如"躺着""红着脸"。"了"表示动作的完成，如"我来了""看了两页书"。"了"还可以表示将来完成态，即表示前一动作完成之后才出现后面的动作，如"我看完了再给你看。""过"表示动作、行为曾经发生，如"学过游泳""去过海南"。

（3）比况助词"似的、一样、般、一般"：

比况助词的功能是附着在词或短语之后，构成比况短语，用比喻的形式描写人或事物。例如"苹果似的脸""花儿一样的年华""宝石般晶莹剔透"。比况助词经常与"像、跟、如、犹如"等动词搭配使用，构成述宾短语，如"像/乞丐似的""跟/洪水猛兽一般"。

（4）其他助词"们、被、给、连、等、所"：

"们"用在指人的名词或短语后面，表示某一类人，前面不能出现数量短语。如"学生们""女士们"。"你们、我们"中的"们"不是助词，而是构词语素。在拟人用法中，"们"也可以用于表事物的词语之后，如"燕子们轻快地飞着"，"星星们眨着眼睛"。

"被、给"经常用在动词前表示被动，如"被虐待、给打成残废"。"给"的口语色彩更浓一些。

"连"用在表示强调的词语前面，与"也、都、还"等词呼应，说明事实和情理的矛盾。例如："连这点事也干不好，你还能做什么？"

"等"有两种用法：第一，表示列举未完，如"我国有北京、上海等4个直辖市"；第二，表示对列举的总计，如"我国有北京、上海、天津、重庆等4个直辖市"。

"所"经常用于动词前面构成"所字短语"，如"所见、所闻"。这是古汉语用法在现代汉语中的沿用。"所"在现代汉语中主要出现于3种格式：一是"被＋NP＋所＋VP"，如"被坏人所勾引"。二是"有／无＋所＋VP"，如"有所发明、无所作为"。三是"NP＋所＋VP＋的＋NP"，如"我所了解的情况"，"所"用在主谓结构之间，使这个主谓结构带上了定语的性质。

2. 语气词

语气词主要用于句尾表示某种语气，有时也可以用在句中表示停顿。

（1）语气词的分类：

根据所表示语气的不同，语气词可以分为4类：

1）表陈述语气：的、了、呢、吧、啊、着、嘛、呗、罢了、而已、也罢、也好、啦、喽、嘞

2）表示疑问语气：吗、呢、吧

3）表示祈使语气：吧、呀、啊

4）表示感叹语气：哪、呀、啊

语气词有时用在句中停顿处，以突出某种语用目的。如"他呀，早就离开这里了"。"呀"提示对方注意后面要说的话。再如"奖金的事么，就不用再说了"。"么"突出所论及的话题。有时表示多项列举，如"走进小红的房间，洋娃娃啦，玩具小狗啦，小熊啦，彩色汽球啦，摆得满床都是"。语气词"啦"强调了列举的东西多。

（2）语气词的语法特征：

1）语气词一般都是附着在句子末尾，表示种种语气和感情，不能单独出现。

2）有的语气词可以出现于不同句类中，表现不同的语气。如"吧"可以出现于祈使句末尾，如"你就唱吧!"还可以出现于疑问句末尾，如"他会来吧?"

3）有时两三个语气词可以连用，如"你看见他了吗?"语气词"了""吗"处于不同的结构层次上，可以分析为"你看见他了/吗?"两个语气词表示不同的语气，后一个语气词决定句子的基本语气特点。有些语气词可以产生连读合音现象，形成一个音节，如"钱多了，咱们的日子就好喽"。"喽"是"了"和"哟"的合音。"这不是嫌贫爱富嘛!""嘛"是"么"和"啊"的合音。

（3）语气词的辨析：

1）语气词与叹词：语气词与叹词都可以表达感叹的语气，但是，语气词不能单独出现，它只能附着在词语或句子后面；叹词的独立性很强，通常是单独出现的。例如"啊呀，我怎么没有想出来呢?""哦，你就是老杨同志。""啊呀、哦"单独出现，是叹词。"雷锋啊，你的生命射出来的光辉，照亮了多少人的灵魂!""让我们的人民英雄千秋万代永垂不朽吧!""啊、吧"附着在词句的末尾，是语气词。

2）语气词"了₂"与动态助词"了₁"：从作用上看，语气词"了₂"表示陈述的语气，动态助词"了₁"表示动作已经完成。从位置上看，语气词"了₂"一般出现于句子末尾的体词后，如"他已经去学校了。"动态助词"了₁"常出现于句子中间，这是语气词所不具备的特点，如"吃了饭再去吧"。"了"

紧跟在动词"吃"后，表示动态。"了"如果出现在句子末尾，又紧跟着动词，则应具体分析。如果"了"既表示动作的完成，又表示陈述的语气，则是动态助词与语气词的兼用（了₁+了₂），如"我已经把书看完了"。如果"了"不表示动作的完成，或者有所祈使，如"妈妈，你应该休息了"。"了"为语气词。

3）语气词"的"与结构助词"的"：语气词"的"只出现于句末，结构助词"的"一般出现于句中，分布不同，不会相混。但是结构助词"的"构成"的"字短语时，往往会出现于句末，就容易相混。判别时可以从两方面考虑：其一，如果"的"是语气词，"的"可以去掉，基本上不影响表意，如"我们是一定会胜利的。""是、的"去掉以后意思通顺，"的"是语气词。"胜利是我们的。""是、的"去掉后意思不通，"的"是结构助词。其二，如果"的"是"的"字短语的组成部分，其后可以添加中心词，如"这是我的"（"这是我的东西"）。语气词"的"后面一般不能添加相关词语，如"我们是会见面的"。"的"是语气词。

思考与练习

一、什么是词类？划分词类的依据有哪些？

二、哪些词类属于实词？哪些词类属于虚词？划分实词和虚词的标准是什么？

三、举例说明体词主要能够充当哪些句法成分。

四、举例说明谓词主要能够充当哪些句法成分。

五、举例说明方位名词有哪些小类，其语法特征是什么？

六、什么是能愿动词？能愿动词通常充当哪些句法成分？

七、"同意、喜欢、拥护、想念"等词都能受"很"修饰，可是我们不把它们划入形容词，而把它们划入动词，为什么？

八、区别词与形容词的语法功能有何差异？请举例说明。

九、人称代词在指称对象上有哪些特殊用法？请举例说明。

十、本书把"拟音词"归为实词，你认为合理吗？为什么？举例说明象声词和叹词的语法功能有何异同。

十一、什么是助词？举例说明结构助词、动态助词的类别及其作用。

十二、"黑板擦了"和"黑板被人给擦了"有什么不同？再举几个例子，说说助词"给"的作用。

十三、汉语的句子"你好吗？"可以翻译成英语"How are you？"对汉语和英语的表达形式进行比较，试说明汉语语气词的作用。

十四、指出下面句子中的语气词，并分析它们的作用有何不同。

1. 你呀，总是跟别人不一样！

2. 你们今天好啦明天坏啦的，没有个正性儿。

3. 那个冬天哪，都要把人冻死啦！

十五、指出下列词的词性。

特别　论据　热爱　动作　快乐　刚才　根本　重视　难免

相同　具体　加以　任性　思想　改造　重量　轻微　继续

的确　惨白　少　干脆　实在　什么　动词　坚定　恐怕

忽然　连忙　大型　复杂　冷静　勇气　弹性　对于　全体

严厉　时间　任何　红　里面　往常　万一　可怜　死　原来

十六、用竖线将下列句子中的词划开，并注明词性。

1. 他的为人，村民们都很清楚。

2. 我们马上开始这项工作。

3. 你说我应该朝哪些方面发展？

4. 我们学校少数民族学生占到了百分之六十以上。

5. 他的确是个既聪明又懂事的孩子。

第三节　词类划分中的几个问题

学习要点　了解词类划分中的几个应该注意的问题。掌握兼类词的特点，能比较熟练地辨析一些易混词类。

一、划分词类的依据主要是词的语法功能

词类划分包括两个方面：一个是按照语法特点，从全局着眼，把词划分出若干类别；另一个是针对一个一个具体的词，判断它们所属的词类。这是一个问题的两个侧面。对个别词的定性归类与对词的整体分类，其依据是一致的。划分词类的本质依据只能是词的语法功能，词的意义和形态只能作为划分词类的参考依据。

如果只按词汇意义分类，所得到的只能是概念的类（语义类），而不是语法的类。因为表示同类概念的词，其语法功能并不一定相同。例如"红"与"红色"，指的是相同的颜色，而"红"是形容词，"红色"是名词。当然，语法功能相近或相同的词，意义上往往有相同之处。汉语不像印欧语那样有丰富的形态，不能根据形态给汉语的词分类。但形态变化对词类的划分有一定的参考价值。比如许多双音节的形容词有 ABB（白净净），AABB（端端正正），ABAB（雪白雪白），A 里 AB（毛里毛糙）等重叠形式，可以将此看作是形容词的一个重要标志，而其他词类很少有这种形式。

二、区分充足条件与必要条件

根据语法特点给词定性归类时，应该明确充足条件与必要条

件的不同。充足条件是指"有之必然，无之未必不然"的条件，即具有某个特点的词，一定属于某类词，而没有某个特点的词，未必不是该类词。例如，能够带宾语的词一定是动词，"能够带宾语"对动词来说，就是充足条件。但是不能带宾语的词未必不是动词，如"打仗、休息、游行"等词不能带宾语，但也是动词。再如，能够进入"V一V"格式的词一定是动词，如"看、走、说、跑"等。但很多单音节动词和大多数双音节动词不能进入该格式，如"是、死、生、能、休息、学习、锻炼"等，但也是动词。有些词类可能有不止一个充足条件，但只要抓住一条，就可以给词定性归类。

必要条件是指"无之必不然，有之未必然"的条件，即不具备某个特点的词，一定不属于某类词，而具备某个特点的词，未必就是该类词。例如，连词都能起连接作用，连接词、短语、句子等句法单位，"和、跟、同、与、及、而且、因为"等词都能起连接作用，所以是连词，不能起连接作用的词一定不是连词。但是"就、才、又、也"等词有时也能起连接作用，如"如果你去，我就去。""只有你去，我才去。"上两例中的"就、才"起连接作用，但并不是连词，而是副词。因为有些副词也起连接作用，同时又起修饰作用，这一点与纯粹的连词不同。

再如，副词能够作状语，如"马上、立即、格外、最、果然"等，如果不能作状语，就一定不是副词。但是，能作状语的词未必就是副词，如形容词、时间名词、能愿动词等都能作状语。有人看到"他迅速离开""明天开会""应该认真学习"等结构中的"迅速、明天、应该"作状语，就认为这些词都是副词，当然是不对的。因为能够充当状语的词类有多种，不止副词一种。这是将必要条件当作充足条件使用了。总之，充足条件能够使人们知道，符合某个语法特点的词一定属于某类词，必要条件则使人们清楚地认识到，不符合某一语法特点的词就一定不是某类词。合理地运用这两个条件可以使词的归类更加迅速准确。

三、分清一般规律与特殊现象

划分词类的理想标准应该是对内具有普遍性，对外具有排他性，即按照这一标准划分的结果，对该类词的所有成员可以囊括无余，而对该类词以外的其他词类具有明确的区分度。但是因为汉语的词类具有多功能性特点，词类与句法成分之间没有严格的对应关系，所以很难做到哪一类词的基本语法特点对外具有排他性，对内具有普遍性。所以在给词定性归类时，首先应该掌握一般规律，以确定大部分词的归类问题。在此基础上，还应该看到特殊的语法现象，在具体分析比较之后，加以合理的解决。

例如，一般的语法书在谈到名词的语法特点时说，名词不重叠使用，通过这一语法特点可以将其与动词、形容词区分开，这对大多数名词来说是准确的。但是有些名词却可以重叠，如"人人努力、家家丰收、村村通公路"等，这是名词的一个特殊用法，重叠以后带有"每一"的意思，表示某一范围中的人或物无一例外地具有某种行为或出现某种现象。

再如，副词是修饰动词、形容词的词类，名词不受副词修饰，这种表述是正确的。但是却有"走在最前面""满街净人""已经中学生了"等说法。科学的态度当然不是视而不见，而是应该具体问题具体分析，指出这种语法现象的特点及其存在的理据，使人们认识其特殊性，增强对语言的理解。例如口语中经常有"很淑女、很绅士、很个性"一类说法，这能否说明名词可以受程度副词修饰，否定"程度副词一般不修饰名词"这一判断名词的必要条件呢？当然不能。

在现代汉语中，"程度副词+形容词"是具有普遍性的结构规则，一些名词进入这个结构形式，占据形容词的位置，是因为这些名词都具有某种人或事物的性质特点，"淑女"最突出的特点是温柔、文静，"绅士"是成年男子中最宽容、最有风度的人，"个性"是不同一般的性格。这种格式的语用功能在于突出该类人或事物的内在性质。这是受形容词影响而衍生出的一种特殊用法。

再如，形容词一般都可以重叠使用，如"红红的、高高的、漂漂亮亮、清清楚楚"等，这是形容词的主要语法特点之一，但是有的形容词就不能重叠，如"绿油油、冷冰冰"等。这是因为形容词重叠是表示程度的加深，而此类形容词的叠音后缀本身就有突出的描写作用，带有强调程度、性状的意味，所以不能再出现重叠的形式。在划分词类时，应充分关注某些词的个性，不因一般规律而无视特殊现象，也不因特殊现象而否认一般规律。

四、明确现代汉语与古代汉语、方言的差异

现代汉语是古代汉语的继承和发展，也不断地从各方言中汲取营养，但其语法体系又是各自独立的，有各不相同的语法特点。现代汉语的词类与古代汉语、方言的词类及用法有着明显的差异。例如，在现代汉语里，名词不能直接受数词的修饰，而在古代汉语中是可以的，例如，"帝感其诚，命夸蛾氏二子负二山。"（《列子·汤问》）"子、山"为名词，直接受数词"二"的修饰。

古代汉语的普通名词可以作状语，例如，"豕人立而啼。"

（《左传·庄公八年》）名词"人"直接修饰动词"立"。现代汉语的普通名词没有作状语的功能，所以不能根据古汉语名词的用法总结现代汉语名词的语法规律，也不能因为现代汉语的用法就否定古汉语名词作状语的特点。

方言与普通话之间，不同的方言之间，其语法规律也有较大的差异。比如西安方言中的程度副词"很"只能作补语，不能作状语，可以说"城墙高得很"，但没有"城墙很高"的说法。西安方言的程度副词"太"既能作状语，也能作补语，如"太好咧！""好得太！"甚至作补语时可以重叠使用，表示程度深，如"好得太太！"普通话的程度副词"太"只能作状语，如"太好了！"不能作补语。所以，我们要立足于现代汉语普通话的语言事实，注意区别古代汉语和方言的用法。

当然，在研究和描写现代汉语语法的时候，可以运用比较的方法，将现代汉语与古代汉语、方言进行比较分析，可以使我们对语法的发展演变有更全面地了解和更深入地理解，有助于现代汉语语法的研究。

五、词的兼类现象

汉语的词绝大部分都归属于一个固定的词类，但也有一些词，孤立地看，会有两种甚至两种以上词类的语法特点，可以归入不止一种词类中，这类词称为兼类词。如"领导"一词，在"他是我们的领导"中是名词，在"他领导我们"中是动词。再如"丰富"一词，在"丰富的文化生活"中是形容词，在"应该丰富文化生活"中是动词。

兼类词主要有下面几种类型：

（1）兼动词、名词：工作、代表、报告、通知、决定、导

演、命令、病、锁、伤、画

（2）兼形容词、动词：丰富、端正、巩固、麻烦、完善、突出、明白、清楚、繁荣、忙

（3）兼名词、形容词：科学、精神、矛盾、困难、经济、文明、错误、威风、民主、典型

（4）兼动词、介词：用、在、对、给、比、跟、到、针对

（5）兼连词、介词：和、跟、与、同、因、为了、因为

有的词还可能体现出 3 种不同词类的语法特点。"热"可以是名词，如"给锅加点热"。可以是动词，如"把饭热一热"。也可以是形容词，如"天气真热"。类似的词还有"毒、气、肥、规范、保险"等。

在分析兼类词时，应注意以下问题：

首先，兼类词是对同一个词说的，是指同一个词在不同的语言环境中体现出不同词类的语法特点。这需要正确把握词的同一性问题，即出现于不同语法位置上的词形相同的词是同一个词，还是不同的词。在这一点上，人们往往会有较大的分歧。例如"一把锁、锁门"中的"锁"，"老人、老了一个人、老犯错误"中的"老"，到底是几个不同的词还是一词多类。

判断它们是一个词还是几个词，重点应考察不同用法之间在词义上的联系。从词义的历时发展来看，"锁门"的"锁"是从"一把锁"的"锁"引申而来的，两个意义之间的联系比较明显，应当看作一词多类。"老人"的"老"与"老了一个人"的"老"同样有意义上的引申关系，也属于兼类现象。但"老犯错误"的"老"与前两个意义之间，在现代汉语中已经看不到有什么联系了，应当看作不同的词，不属于兼类现象。词的意义联系对判别词的同一性问题有着重要的作用。

其次，兼类词与同音词不同。兼类词是一个词兼有两种词性和用法，两种意义有密切的联系。同形的同音词只是书写形式和语音形式相同，意义上毫无联系，如"桌面很光"与"光说不干"，两个"光"是同音词，前者是"光滑"的意思，是形容词；后者表示"只"的意思，是副词。"一件蓝制服"与"制服了歹徒"，两个"制服"没有意义上的联系，前者表示服装，是名词；后者表示动作行为，是动词，二者是同音词，不是兼类词。

再次，兼类词与词类的活用不同。兼类词的不同词性和用法是比较固定的，是能够独立存在的；词类活用是临时改变词性，如"老栓，就是运气了你！"（鲁迅《药》）"运气"是临时将名词活用为动词，脱离了具体的语言环境，"运气"仍然是名词。再如"这一切等等，确是十分堂·吉诃德的了。"（鲁迅《中华民国的新"堂·吉诃德"们》）名词"堂·吉诃德"受程度副词"十分"的修饰，临时活用为形容词。词类活用只是为了取得特定的语用效果出现于动态的句子之中，这种临时的用法及其意义在词典中不会得到解释。

另外，汉语的词类具有多功能性，同一个词在词性不变的情况下可以充当多种句法成分。例如：A."锻炼很重要。"B."他喜欢锻炼。"C."他正在锻炼。"D."锻炼的人走了。""锻炼"一词在上面几例中分别作主语、宾语、谓语中心语和定语，虽然充当了不同的句法成分，但其词义与动词词性没有变化，是同一词性的语法功能的具体体现，不属于兼类词。兼类词的不同意义之间是有联系的，但又是有区别的，如"他是我们的代表"与"他代表我们发言"，前一个"代表"是名词，后一个是动词，两者之间有明显的意义差异，但又有引申关系。

词的兼类是对词进行孤立的静态观察时存在的语法现象，词一旦进入句子，它的词性总是单一而具体的，一般不会形成兼类。如"他的精神十分可贵"中的"精神"为名词，"老大爷显得很精神"中的"精神"只能是形容词。如果某个词在一个句法结构中同时表现出几种词性特征，就会形成歧义，如"门没有锁"，"锁"可以是名词，表示门上没有安装锁具；"锁"也可以是动词，表示门没有被锁上。言语交际中的歧义现象若可能引起表意的混乱或误解，则需要变换说法。

关于兼类词的划分原则，吕叔湘先生说过，"要建立一个词类，就不要让这一类里的词有全部或大部兼属另一类的可能；如果有这种情形，应该重新考虑划分词类的标准。"（《关于汉语词类的一些原则性问题》）兼类词只能是少量的，否则，对语法结构的分析没有多大帮助，词类划分也就没有太大的意义了。

六、易混词类辨析

一类词的语法功能是指该词类所有词都具有的共性。这种共性很多，有的还可能跟别的词类形成交叉，而且一个词类内部各个词又有不同的个性，这就给词的分类及词性的确定带来不少困难。我们在给词划类时，应更多地关注该类词才具备而别的词类不具备的语法功能，这种带有区别性特征的语法功能就是语法特点，也就是它的个性。下面对一些易混词类加以举例辨析。

（一）动词与形容词的辨析

动词与形容词都可以作谓语。动词大多能带宾语，但形容词不能；有些形容词兼有动词的特点，不带宾语时是形容词，如"道理很明白"中的"明白"是形容词，"明白这个道理"中的"明白"带了宾语，则是动词。这属于词的兼类现象。

大多数动词不能受程度副词的修饰，形容词一般可以受程度副词的修饰，如"很正确、很坚强"。但心理动词却与一般动词不同，可以受程度副词的修饰，如"很喜欢、很想念"。区分的办法是看被程度副词修饰时能否带宾语，能带宾语的是心理动词，否则为形容词，可以说"很喜欢小孩、很想念亲人"，所以"喜欢、想念"是心理动词；"很正确、很坚强"后面都不能带宾语，所以"正确、坚强"是形容词。

动词和形容词大都可以重叠，但重叠的方式和作用不同。单音节动词重叠，后一音节读轻声，如"看看、说说、走走"；单音节形容词重叠，后一音节读重音，口语里往往儿化且变读阴平，如"好好儿、早早儿、快快儿"。双音节动词采用 ABAB 式重叠，重叠部分轻读，如"研究研究、打听打听、介绍介绍"；双音节性质形容词采用 AABB 式重叠，前字重叠部分轻读，后字重叠部分重读，口语中可变读阴平，如"老老实实、清清楚楚、漂漂亮亮"。性质形容词如果采用 ABAB 方式重叠，就是动词了，例如"舒服舒服、高兴高兴"。从重叠以后的作用看，动词重叠表示动量减小，带有"尝试"的意味；形容词重叠以后正好相反，表示程度加深。

（二）时间名词与时间副词的辨析

时间名词和时间副词都可以充当状语，如"昨天/已经到达""现在/刚刚开始"。这两类词的主要差别是：（1）时间名词可以修饰名词作定语，如"昨天的事情、现在的情况"；时间副词不能作定语，只能作状语，"已经、刚刚"是时间副词。（2）时间名词可与介词构成介词短语，如"从今天开始、工作到晚上"，时间副词无此语法功能，如"已经、马上、立刻、曾经"等都是时间副词。

这两条标准只要满足一条便可以确定是时间名词，因为副词除了作状语外很少作其他成分。

（三）形容词与副词的辨析

副词的主要功能是作状语，形容词也常常作状语，因此二者容易混淆，如"猛然/偶然发现""亲自/亲切接见"。这两类词的功能有下面几点差别：（1）形容词一般都可以受程度副词修饰，副词则不能。可以说"非常偶然、很亲切"，所以"偶然、亲切"是形容词；不能说"非常猛然、很亲自"，所以"猛然、亲自"是副词。（2）形容词可以修饰名词，副词不能。"共同的生活、静静的顿河"中的"共同、静静"都修饰名词，应当确定为形容词；而"互相、悄悄"不能修饰名词，是副词。（3）形容词可以作谓语，副词不能。可以说"脾气怪、衣服净"，"怪、净"作谓语，是形容词，"小狗怪好看、净干坏事"中的"怪、净"作状语，是副词。

（四）介词与动词的辨析

现代汉语中的介词大部分由古代汉语的动词虚化而来，有些介词的意义已经很虚了，如"从、对于、关于、以、自"等。它们一般不作谓语，后面带名词性成分，只能组成介宾结构，所以相对容易区分。但是还有部分词，既有介词用法，又保留动词的用法，如"在、用、比、拿、到、给、遵照"等，在不同的结构中会表现出不同的语法功能，就容易发生界线模糊的情况。区别的办法是：凡句子里有别的词充当谓语中心语，它就是介词；没有别的词充当谓语中心语，它就是动词。

遵照：①我们遵照平等互利的原则。（动词）

　　　②我们遵照平等互利的原则进行两国间的交流与

　　　合作。（介词）

给：③老和尚给小和尚一件袈裟。（动词）

　　④老和尚给小和尚讲了一个故事。（介词）

　　另外，动词后面可以加"了、着、过"等动态助词，如"他不在了、他拿着一束花、我用过这方法"，"在、拿、用"是动词；介词后面不能加"了、着、过"。

（五）介词与连词的辨析

　　有些词如"和、跟、同、与"等既有介词用法，又有连词用法，而且它们前后都可以出现名词性词语，构成"NP1＋和（跟、同、与）＋NP2"格式，所以应注意辨析。

和：①母亲和宏儿都睡着了。（连）

　　②我已经和妈妈商量好了。（介）

与：③最热闹的要数树上的蝉声与水里的蛙声。（连）

　　④苏州园林与北京园林不同，极少使用彩绘。（介）

　　介词与连词的区分可从以下几方面考虑：

　　（1）连词所连接的两个名词性词语构成的是联合关系，一般来说可以互换位置而不影响基本表意。例①中的"母亲和宏儿"也可以说成"宏儿和母亲"。而介词只与后面的名词性词语发生结构关系，与前面的词语没有直接的语法关系，所以它前后的词语不能互换位置，否则会发生意义上的变化。例如"我和我的祖国一刻也不能分开"，"和"是介词，如果变为"我的祖国和我一刻也不能分开"，则与原意不符。

　　（2）介词前面可以插入其他修饰语，而连词不能。例②的"和"前面加入了状语"已经"，因为介词短语作状语时，可以允许前面有其他状语存在。"小张跟小李都是从青海考来的学生。""跟"前面不能插入修饰语，"跟"是连词；"小李很快跟学校取得了联系。""跟"前面能插入修饰语"很快","跟"是介词。

（3）连词往往可以省去不用，书面上用顿号表示，如"工人、农民、知识分子"，介词则不能省去。

思考与练习

一、"词类和句法成分没有简单的对应关系"是现代汉语语法的特点之一，你是如何理解的？请举例说明。

二、什么是兼类词？兼类词为什么不同于同音词和词的活用？

三、词类的语法功能与划分词类的必要条件、充足条件有怎样的关系？

四、"雨天路太滑，差点儿滑了一跤。"两个"滑"是不是兼类词？为什么？

五、"我买1束花/这件衣服太花了/爷爷眼睛花了/他花了很多钱"，4个"花"之间有没有同音词关系？有没有兼类词？试分析说明。

六、"平常"和"经常"是不是同一类词？为什么？

七、"奶奶最心疼大孙子了。"这句话中的"心疼"属于哪一类词？为什么？

八、"现在还不能说"与"现在是8点钟"，两个"现在"是不是同一类词？说明辨析的方法和理由。

九、"由于"在什么情况下是介词，在什么情况下是连词？请举例说明。

十、"你爬过山吗？"和"爬过山就到了"。两个"过"的词性有什么区别？

十一、将下列句子中的词用竖线划开，并注明词性。

1. 我镇定了一下情绪，站在马林主任的身后，显示屏上一幅幅画面快速地切换，我暗自观察医生们的表情。

2. 该死的手榴弹怎么没有扔出去呢？一想到辫子，她好像找到了发泄对象似的，一骨碌爬起来，找出剪子，狠着心剪了留了十几年的长辫。

3. 距伊拉克战争打响已经快 3 周年了，但驻伊美军死伤仍在增加。战争带给美国人的伤痛正在日渐清晰，美英媒体也进入了对战争的新一轮反思与探讨。

第四节　短　　语

学习要点　了解短语与词、句子的区分，掌握短语的不同分类及复杂短语的层次分析，明确歧义格式的基本类型及歧义产生的原因，掌握分化歧义和消除歧义的方法。

一、短语在语法结构中的重要性

短语是词与词按照一定的语法规则组合起来的造句单位，它没有语调。短语在现代汉语各级语法单位中处于十分重要的地位。

首先，短语是造句的材料。短语可以充当句子成分，在一定条件下还可以单独成句。例如，"中华民族的精神我们要一代一代传承下来"，"中华儿女必须弘扬中华民族的精神"，其中的偏正短语"中华民族的精神"分别充当了句子的主语和宾语。大多数短语具备语调后就可以单独成句。汉语里由单个词构成的句子较少，而且它表达意义要依赖于特定的语言环境。绝大多数句子都是由不同的短语加上一定的语调构成的。

其次，短语的结构规则和句子的构成规则基本一致。短语内部的 5 种基本结构关系，在现代汉语各级语法单位中具有很大的一致性。如复合式合成词的构成方式与短语的 5 种基本结构关系相同，这对理解复合词的构成有很大的帮助。同时，构成短语的各种成分（主语、谓语、述语、宾语、定语、状语、补语、中心语）同样体现在单句中。汉语里有主谓短语，也有主谓句；有名词性偏正短语，也有名词性非主谓句（如"好大的胆子！"）。所以，掌握了各种短语的结构，句子的结构就会一目了然。

另外，短语的构成类型和使用情况比较复杂，不同语法体系的分歧，如短语的分类、命名、分析方法等，往往在短语有关问题上有明显的体现。句子结构类型的划分，语言运用中的语病问题等，都可以通过短语的分析得到解决。因此，对短语的理解分析显得尤为重要。

二、短语的分类

(一) 短语的结构类型

1. 主谓短语

主谓短语由两部分组成，前一部分是主语，是被陈述的对象；后一部分是谓语，是陈述前一部分的。

    A. 菊花盛开　会议已经开始

    B. 景色优美　天空非常晴朗

    C. 明天晴天　白菜 3 斤

    D. 他身体好　苹果我没吃

A 组的谓语由动词性词语充当，B 组的谓语由形容词性词语充当，C 组的谓语由名词性词语充当，D 组的谓语由主谓短语充当。

2. 述宾短语

述宾短语的前后部分是支配与被支配、关涉与被关涉的关系。述语由动词性成分充当，宾语一般是体词或体词性短语，也可以是谓词性的词或短语。

    坐火车　来了客人　告诉他们　看完书　练长跑

    喜欢清静　追求卓越

主语与宾语不在一个结构层次上，主语是对谓语而言的，宾语是对述语而言的，如"我看小说"，表面上看，动词"看"的一头是主语"我"，另一头是宾语"小说"，似乎处在一个平面上，其实，主语"我"是与谓语"看小说"相对待的成分，宾语"小说"是与述语"看"相对待的成分。述宾短语是动词性短语。带谓词宾语的，一般是表示状态及心理活动的动词。如"加以解决""停止销售""欢迎指导""讨厌虚伪"等。

3. 偏正短语

偏正短语由修饰语和中心语两部分组成，两部分之间是修饰限制与被修饰限制的关系。偏正短语又可以分为两种：

（1）定中短语

定中短语的修饰语为定语，中心语一般是名词性成分。定中之间往往用结构助词"的"作标志。

　　　水泥结构　高贵品质　朵朵鲜花　大家的财物
　　　永远的丰碑　求学的希望

就中心语而言，定中短语有两类，一类由名词性成分充当中心语，如"我的朋友""一本书"。另一类由动词或形容词充当中心语，如"小李的离开""狐狸的狡猾"，其中心语是非名词性的，但功能却具有名词性，不能整体作谓语，常作主语、宾语。如"小李的离开令大家失望"。

（2）状中短语

状中短语的中心语是动词性或形容词性成分，对中心语起修饰或限制作用的为状语。状中之间往往用结构助词"地"作标志。

　　　非常重要　已经结束　多么安静　能够完成　花园里谈
　　　从今天开始　紧紧地拥抱　批判地继承

定语与状语的区分与词性有关，但更主要的应根据整个偏正短语的语法功能来判断。如果整个短语是体词性的，如"漂亮的衣服"，其中心语是名词，修饰语是定语。"班长的到来（使大家受到极大的鼓舞）"，中心语是动词，但修饰语依然是定语。如果整个短语是谓词性的，如"十分清楚"，其中心语是形容词，修饰语是状语。有时中心语是动词或形容词，如"认真de 研究"，其修饰语的类别应取决于短语的语法功能，具体来说，如果这个短语处于主宾语的位置上，如"我们需要认真的研究。""认真"是定语。如果这个短语处于谓语的位置上，如"我们正在认真地研究。""认真"是状语。

4. 中补短语

中补短语由两部分组成，前一部分是中心语，后一部分是补语，后一部分补充说明前一部分。中补之间往往用结构助词"得"作标志。

　　　去一次　走回来　说清楚　大意得很　讲得眉飞色舞
　　　好得很

中补短语的中心语通常是谓词性词语，如"干完""好得很"中的"干""好"；补语常由动词、形容词及多种短语充当，如"跌倒""学得认真""念两遍""干得又快又好"。

根据中补短语的中心语是动词还是形容词，可以将它分为动补短语和形补短语两个小类。

5. 联合短语

联合短语由两个或两个以上的部分组成。各部分之间具有并列、承接、递进、选择等关系。

　　．学生和老师　继承并发扬　西安、兰州和新疆
　　　升学或就业　准确又生动　伟大而朴实

联合短语各部分有的借助关联词语连接，有的靠语序直接组合，有的用顿号隔开，有的顿号和关联词语并用。联合短语也可

以是词与短语的联合，如"女儿和爸爸妈妈"，还可以是短语和短语的联合，如"走亲访友"。联合短语的各部分通常词性相同，但有时也会出现不相同的情况，如"向你表示感谢和敬意"中的"感谢和敬意"是动词与名词的联合，"认真而满怀希望地听着"中的"认真而满怀希望"是形容词与述宾短语的联合。

以上 5 类是短语最基本的结构类型。

6. 同位短语

同位短语由前后两部分组成，两部分指同一个人或物。

音乐家冼星海　我们大家　宝岛台湾　语法修辞两部分　对牛弹琴这句话

构成同位短语的两项有复指关系，而且不能是相同的词语，如"古城西安"，"古城"与"西安"所指相同。有些同位短语的前项看起来像定语，如"你们青年人"，如果是定中短语，前后两部分所指不同，中间可以加"的"；如果是同位短语，中间不能加"的"，前后两部分是从不同的角度称谓同一类人或物的。同位短语与某些称谓词不同，如"张校长""周总理"是词，而"张华校长""周恩来总理"是同位短语。

从构成上看，同位短语有以下常见的格式：名+名（厂长李明），名+代（小华他们），代+名（我们学生），代+代（我们自己），名+数量（姐妹俩），谓词性短语+名词性短语（写文章这件事）。从句法功能上看，同位短语是名词性短语，在句中充当一个句法成分，如主语、宾语、定语等。

7. 连动短语

两个或两个以上的动词性词语连用并且隐含同一个主语的短语是连动短语，也叫连谓短语。其中动词性词语之间无语音停顿，无关联词语，也没有联合、偏正、述宾、中补、主谓关系。

　　　　进城看戏　　站着不走　　有希望去台湾　　倒杯茶喝

　　　　下火车去青海湖观光

　　有些短语也是连用几个动词，但不是连动短语。例如"学习工作"是并列关系；"能够看见"是状中关系；"参加讨论"是述宾关系；"走过去"是中补关系；"劳动结束"是主谓关系。

　　8. 兼语短语

　　兼语短语由述宾短语和主谓短语套叠而成，述宾短语的宾语兼作主谓短语的主语。

　　　　派代表参加　　使祖国富强　　叫孩子上学　　有人敲门

　　　　称他为师傅

　　兼语短语语义上的最大特点是主语宾语的套叠，例如"请你表演"，"你"兼有两重身份，既是"请"的宾语，又兼"表演"的主语。其语义结构关系是："请你表演＝请你＋你表演"。兼语短语的第一个动词很有特点，主要有以下语义类型：

　　（1）带有使令、促成意义的动词：请、让、派、使、叫、劝、命令、要求、鼓励

　　（2）表示称谓、推举和认定意义的动词：称、叫、选、选举、推举、认、追认

　　（3）表示存在、具有意义的动词：有、没有

　　9. 方位短语

　　方位短语由词或短语后面附加方位名词而成，表示处所、范围或时间，方位名词是这种短语的标志。

　　　　花园里　　世界上　　会谈中　　村子前面　　上大学以后

　　　　天亮之前

　　方位名词可以附加在名词性词语之后，构成方位短语，如

"教室里、马路上、十分热闹的操场上、鲜花盛开的季节里"；也可以附加在动词性词语之后，如"毕业前、前进中、领导下、买衣服后"。名词与方位词的组合有时要受一定的限制：一是音节上，单音节名词一般不与双音节方位词组合，不说"房之前、节之后、假之中"，但可以说"房子之前、节日之后、寒假之中"。二是有些习惯说法，例如人们常说"心里、眼前、脸上"，但不说"心外、眼后、脸下"。从语法功能上看，方位短语是体词性短语，经常与介词组成介宾短语，充当修饰补充成分。

10. 量词短语

量词短语由数词或代词加上量词组成。量词是这种短语的标志。

　　　　5个　3次　这本　那个　哪条　几趟

量词短语可分为两类，一类由数词与量词组成，叫数量短语，如"两只、3条"等；一类由指示代词与量词组成，叫指量短语，如"这件、那个"等。

以上10种短语是"实词+实词"构成的。以下4种短语是"实词+虚词"构成的，以某一虚词为标志，过去多称此类短语为"结构"。

11. "的"字短语

"的"字短语由结构助词"的"附在词或短语后组成，"的"是这种短语的标志。

　　　　我的　吃的　绿的　木头的　打球的　新买的
　　　　我向他请教过的

"的"字可以附在不同的词语后面构成"的"字短语，主要有以下类别：（1）体词性词语+的，如"玉石的、3班的、新房间的"等；（2）区别词+的，如"男的、金的、新型的、野生的"等；（3）谓词性词语+的，如"新的、好看的、学习英语的、认真工作的"等；（4）主谓短语+的，如"大家喜欢的、我买的"等。还有一种常见的"NP+所+VP+的"格式，如"我所遇到的、这里所发生的"等。从语义上看，"的"字短语是由偏正短语隐含中心语而成，但其语义的概括性又大于原来的偏正短语，如"新买的"所蕴涵的内容大于"新买的衣服"。"的"字短语是体词性短语，主要作主语和宾语。

12. "所"字短语

"所"字短语由助词"所"附在动词前面组成，书面语色彩较浓。"所"是这种短语的标志。

　　　　所见　　所闻　　所知　　所想　　所引用　　所发明　　所创造

"所"字短语有两种类型：一种是"所+动词"，如"所想、所说"等；另一种是"所"插入主谓短语中，构成"NP+所+VP"格式，如"我所想到""老王所要求"等。由于"所"字短语的作用是代替动词所涉及的人或物，"所"字后面的动词大多是及物动词，如上面的"见、闻、知、想、发明"等。不及物动词一般不能构成"所"字短语，不过现在也有"（有）所发展、（有）所前进"等短语。从句法功能上看，"所"字短语是体词性短语，经常作主语、宾语、定语。

13. 比况短语

比况短语由"似的、一样、般、一般"等比况助词附加在词或短语之后组成。主要作定语、状语、谓语、补语等，属形容词性短语。比况助词是这种短语的标志。

　　　　落汤鸡似的　　雷鸣般（的掌声）　　触电一样

　　　　鲜花一般

比况助词常常附在体词性词语之后，如"火一样、野马似的、艳丽的花朵般"；也可以附在谓词性词语之后，如"歌唱般、逃跑似的、饿虎扑食般"。比况短语具有比喻、描写的作用。

14. 介词短语

介词短语由介词附在其他词或短语前面组成，介词是这种短语的标志。

在办公室（学习） 向英雄模范（致敬）

对曹操（的评价） 关于改革（的问题） （走）向何方

与介词组成介词短语的词主要是体词和体词性短语。从句法功能上看，介词短语主要充当修饰、补充成分。

（二）短语的功能类型

短语既可以充当不同的句子成分，又可以带上特定的语调后单独成句。不能单独成句的只有介词短语、"所"字短语等少数几类。根据句法功能的不同，短语可以分为3类：名词性短语、动词性短语和形容词性短语。

1. 名词性短语

语法功能相当于名词，经常作主语、宾语和定语。其类型主要有定中型的偏正短语（如"孩子的妈妈"）、由名词或代词构成的联合短语（如"我和爷爷"）、由名量词构成的数量短语（如"一台"）、同位短语（如"作家老舍"）、方位短语（如"会场上"）、"的"字短语（如"做饭的"）、"所"字短语（如"所说"）等。

2. 动词性短语

语法功能相当于动词，经常作谓语。主要类型有以动词为中心的偏正短语（如"现在去"）和中补短语（如"想了1天"）、由动词组成的联合短语（如"生活工作"）、述宾短语

（如"盼望回家"）、连动短语（如"走过去拦住她"）、兼语短语（如"有个女儿叫小芹"）、由动词作谓语的主谓短语（如"我去"）等。

3. 形容词性短语

语法功能相当于形容词，经常充当定语和谓语。主要类型有由形容词构成的联合短语（如"慷慨大方"）、以形容词为中心的偏正短语（如"很珍贵"）和中补短语（如"甜得很"）、比况短语（如"傻子似的"），以及由形容词作谓语的主谓短语（如"意志坚强"）等。

动词性短语和形容词性短语可以合称为谓词性短语。有的短语的功能具有多样性，不宜简单地归入上述某一类型，如介词短语，可根据具体用法加以说明。

（三）短语的层次类型

短语的结构有的简单，有的复杂，按照它的内部结构层次，可以分为简单短语和复杂短语两类。

简单短语是指几个词在同一结构层次上组合而成的短语。例如"数学老师""积极热情大方"等。复杂短语是指 3 个以上的词语组合而成的具有两个以上结构层次的短语。例如："年轻的数学老师""喜欢红的、蓝的、紫的""积极开展环境保护工作"等。

（四）短语的语义类型

根据含义的多少，短语可以分为单义短语和多义短语。单义短语是指只有 1 种含义的短语，例如"牡丹开花""高高的白杨树""红得耀眼"等。

有的短语同时具有两种甚至多种含义，这种短语叫多义短语。从语义结构角度看，这是两个或两个以上语义结构不同的短语在句法形式上的重合，如"他们 3 个 1 组"，可以表示他们 3 个人是 1 个小组的成员，也可以表示他们每 3 个人编成 1 组。再如"进口小汽车"，可以表示小汽车是进口的，也可以表示进口了小汽车。

三、短语与词、句子的区分

1. 短语与词的区分

短语与词一样，都是基本的语法单位，是语言的备用单位。短语与词的区分主要表现在"量"的方面：

（1）单位的大小。短语是大于词的语法单位，1 个短语最少包含两个词。

（2）音节的长短。现代汉语中的双音节词占优势，也有不少 3 音节的。短语的音节一般多于词的音节。

（3）层次的多少。短语的结构层次多于词的结构层次。合成词在结构上多为一个层次，短语在结构上可以形成多个层次，包含多种关系。

双音节短语与双音节词的界限有时比较模糊，应注意加以区分。例如："老鼠/老店""黑板/黑布""山羊/山雨"，是词还是短语，可从以下几方面区分：

一是看结构。词的结构比较固定，一般不能拆开运用，也不能加入其他成分，如"老鼠"不能说成"老的鼠"，"黑板"不等于"黑颜色的板"。短语的结构比较松散，可以加入其他成分，如"黑布"可以说成"黑颜色的布"，"山雨"可以说"山中的雨"。

二是看意义。词表示整体概念，往往不是字面意思的简单相加，如"老鼠""山羊"特指某种动物，不能按字面意思理解为

"老的鼠""生长在山里的羊"。而短语的意义一般是字面意思的直接反映，如"黑布"指"黑颜色的布"，"老店"指"历史悠久的店铺"。

三是看语境。有些语言单位在不同的语境中会体现出不同的结构特点。例如"绿叶衬红花"中的"红花"指的是"红色的花"，是短语。有一种中药材叫"红花"，"红花"是词。再如"贵重东西"中的"东西"是词；"他迷失了方向，不辨东西"的"东西"是短语，指"东"和"西"两个不同的方向。

有时，3音节的词如"计算机""喇叭裤""关系户"等，与人们习惯认为的3音节的短语（如"野猪肉、鸵鸟肉"等）不易区分。一般情况下，可用能否扩展加以判断区分，例如不能加"的"的可以看作词，所以"计算机""关系户"是词，而"野猪肉""鸵鸟肉"中间可以加"的"，是短语。

2. 短语与句子的区分

短语与句子的区别主要表现在"质"的方面：短语是语言的备用单位，句子是语言的使用单位。1个句子可以短到只包含1个词，而1个短语有时倒可以十分复杂。句子除了短语所具有的结构关系之外，还具备短语所没有的一些因素。

（1）有无语调。短语和句子的最大区别是有无语调。短语没有语调，属于语言的静态单位，不与具体的语境相联系；而句子带上了语调，是语言的动态单位。如"打铃了。""打铃了？""打铃了！"加上不同的语调，与具体的语言环境相联系，就具有了表述性。句子的这种语用效果是短语没有的。

（2）语用成分。短语具有句子的一般成分（如主语、谓语、述语、宾语等），却不具有句子的特殊成分，如独立成分、追补成分等。独立成分是独立于句子结构以外但又是表意上所必须的成分，所以属于语用成分。如"老同学，听说你在外面发了财？""你在外面发了财，听说。"其中的"老同学"是独立成分，"听说"是追补成分，这些语用成分都是短语所不具备的。

（3）语序变化。为了取得一定的语用效果，有些句子成分可以不按常规排列，如"多美啊，这里的山水！""祝福吧，为那些平凡的妻子和母亲。"前者为主谓倒置，后者为状语后置，这种语用变序是短语所不具备的。

四、复杂短语与层次分析

（一）什么是复杂短语

由 3 个以上的词构成的、在结构上具有两个以上层次的短语叫复杂短语。复杂短语是由简单短语扩展而形成的。例如："解决问题→解决群众关心的重大问题"，短语逐步扩展，结构也越来越复杂。前者由两个词构成，只有 1 个结构层次，是简单短语；扩展以后的短语由 6 个词构成，有 3 个结构层次，是复杂短语。

（二）复杂短语的层次分析

为了明确复杂短语的结构层次和结构关系，准确理解其含义，就需要进行层次和语义的分析。分析的内容有两个：一是依次找出直接成分，分析结构层次；二是指明直接成分之间的结构关系。

1. 层次分析法的要求

（1）逐层分析，不随意跳过某个层次。层次分析好像剥笋似的，要一层一层地剥离，不能几个层次一次切分。

上例中的"昨天"跟"已经"都是状语，但它们不在同一层次出现，应两次切分，否则就不能清楚地揭示成分之间的层次关系。

（2）从大到小，基本二分。

层次分析的基本要求是层层二分，上述短语先切分为"中国的发展"和"同世界有着重要关系"两部分，这是第一层；再将"中国的发展"切分为"中国的"与"发展"两部分，将"同世界有着重要关系"切分为"同世界"和"有着重要关系"两部分，这都属于第二层次。其余部分依次类推。只有多个词语构成联合短语或连动短语时才一次多分。

（3）分析到词。对复杂短语的层次分析，一般要求分析到词，以显示词与词的结构层次与关系。词的内部结构不再分析。助词如果不作为一个独立短语（如"的"字短语、"所"字短语）的标志时，一般无需切分。

2. 层次分析的图解法

为了准确地理解和把握复杂短语的结构层次和意义，一般采用直观形象的框式图解法进行层次分析。框式图解法有以下两种不同的顺序：

（1）从大到小（切分法）。

（2）从小到大（组合法）。

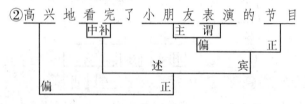

　　从大到小的切分法是一种最常用的方法，分析时将句法结构看作一个整体，第一次就分析出整个短语的最大结构关系，然后逐层分析，一直到词为止；从小到大的组合法先从句法结构的每个词开始，根据词与词之间的层次和语义关系，逐层组合起来，一直到整个短语为止。二者的操作方向相反，步骤不同，但分析结果是一致的。

　　（三）几种特殊结构的分析

　　1. 多层修饰结构

　　某些偏正短语的修饰语比较复杂，修饰语与修饰语之间、修饰语与中心语之间有着不同层次的修饰关系。下面用切分法展示分析的过程和结果。

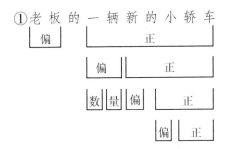

例①的中心语"轿车"有4个修饰语，分别是"老板""一辆""新""小"，从左向右依次切分为4个层次。

2. 状动宾结构

动词前面是状语，后面是宾语，一般切分顺序是先状后宾。

这个短语第一层切分状语"非常清楚"和中心语"回答问题"，第二层再切分述语"回答"和宾语"问题"。

3. 双宾结构

一个动词同时带两个宾语称双宾结构。双宾语按两次切分，先切分远宾语，再切分近宾语。因为两个宾语之间没有直接的语义关系。

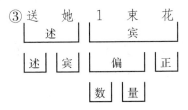

上例第一层切分"送她"和"1束花"，第二层切分"送"和"她"。如果一次将两个宾语切分出来，则两个宾语"她1束花"

无法切分。

4. 连动结构

连动结构是两个或两个以上的动词或动词性短语的连用。

例④是由两个述宾短语构成的连动短语，连动关系属第一层，第二层才是两个述宾短语。

5. 兼语结构

兼语结构由 1 个述宾结构与 1 个主谓结构套合而成。

例⑤第一层是兼语结构，第二层有两种关系，一种是述宾关系，一种是主谓关系。兼语成分"专家"同时作"请"的宾语和"作学术报告"的主语，所以述宾关系与主谓关系处在同一层次上，表面上看似乎是一次三分，这是因为"专家"兼作两个成分，是两种关系纠结在一起，所以实质还是二分的。

五、歧义短语的分析

歧义短语，是指一个短语可以有两种或两种以上的理解。如果不注意此类短语的表义特点，往往会导致交际中的歧义，产生误解。深入了解歧义现象并且用一定的手段分化歧义，有助于我们对句法结构与语义关系复杂性的理解，对提高语言的分析能力和运用能力也很有帮助。

口语中的歧义有的是由同音词造成的，如"期中考试/期终考试""致癌物质/治癌物质"，"全部合格/全不合格"，这种歧义现象，在书面语中通过字形便可区分。有的是语音停顿不同造成的，跟句法结构有关，如"你看/我干什么"，表示让别人看自己；"你看我/干什么"，表示不愿意让对方看。

书面语中的歧义比口语中的复杂。

一部分歧义是由词的多义性造成的，不属于句法多义，如"他已经走了两个小时了"（行走/离开）。"我去上课"（讲课/听课）。

大多数歧义是由于句法组合不同而产生的，可分为语法组合歧义和语义组合歧义两种。

（一）语法组合歧义

1. 词性不同

　　A. 饭不热了［偏正（副+动）/偏正（副+形）］

　　B. 车子没有锁［偏正（副+动）/述宾（动+名）］

2. 结构关系不同

　　A. 学习文件（偏正/述宾）

　　B. 学生家长（偏正/联合）

　　C. 我们解放军（同位/联合/偏正）

3. 结构层次不同

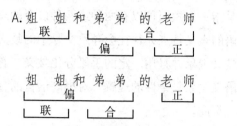

有时既存在结构层次的不同，也存在结构关系的不同。

有时结构关系与结构层次不同涉及到词性差异，下例中的"没有"可以是动词，也可以是副词。

（二）语义组合歧义

1. 语义关系不同

　　A. 母亲的回忆（定中短语）

　　　（施事+动作）→（表示母亲对往事的回忆）

（受事+动作）→（表示儿女对母亲的回忆）

　　B. 张三不找了（主谓短语）

　　（受事+动作）→（表示人不找张三了）

　　（施事+动作）→（表示张三不找人或物了）

2. 语义指向不同

　　A. 他在车厢上写标语

　　B. 两个人就抬了 300 斤

A 例的状语"在车厢上"语义如果指向"他"，则表示"他在车厢上，他写标语"；如果指向"写标语"，则表示"他写标语，标语写在车厢上"。B 例"就"的语义如果指向"两个人"，则表示抬得多；如果指向"300 斤"，则表示抬得少。

　　（三）歧义与格式

　　歧义与句法结构有一定的关系，有些结构方式容易产生歧义，可以称其为歧义格式。例如"学习文件""修改方案"，这种"动+名"结构既可构成述宾关系，也可构成偏正关系，从而形成歧义。但这并不意味着所有的"动+名"结构都会产生歧义，只有动词与名词的搭配可能同时产生不止一种语法关系时，才会出现歧义，如"学习英语""表演节目"只存在述宾关系，"学习环境""表演水平"只能是偏正关系，这种短语的含义是确定的，没有歧义。也就是说，歧义的产生有一定的语义条件限制。下面再列举一些歧义格式。

　　"名₁+名₂"：这一格式的特点是两个名词之间隐含联合与偏正两种语法关系。例如："学校医院""奶油面包"，此类格式中的"名₁"和"名₂"往往表示同一义类的事物，可以构成并列关系，也可以构成修饰与被修饰的关系。

　　"动+形+名"：这一格式的特点是形容词既能与动词组合，

充当补语，又能与名词组合，充当定语。例如："选好代表"，可以是"选好/代表"，"好"作补语，也可以是"选/好代表"，"好"作定语。再如"写好文章""穿破棉袄"都属此类。

"数量+名$_1$+的+名$_2$"：这一格式的特点是数量短语和其后的名词之间隐含着不同的结构层次，从而产生歧义。例如"两个孩子的父亲"，可以分析为"两个/孩子的父亲"；也可以分析为"两个孩子的/父亲"。再如"3 个医院的大夫""两种药物的疗效"皆属此类。

"动+名$_1$+的+名$_2$"：此类格式的特点是"名$_1$"既可能作"动"的宾语，也可能作"名$_2$"的定语。例如"帮助朋友的孩子"，可以分析为"帮助朋友的/孩子"，"朋友"作宾语，也可以分析为"帮助/朋友的孩子"，"朋友"作定语。此类格式中"名$_1$"的位置也可以出现代词或动词，但其语法关系与上例一致，如"咬伤他的狗""看表演的同学"等。

"名$_1$+和+名$_2$+的+名$_3$"：此类格式的特点是"名$_2$"既可能与"名$_1$"构成联合关系，也可能与"名$_3$"构成偏正关系。例如"爸爸和妈妈的同事"，可以分析为"爸爸和妈妈的/同事"，也可以分析为"爸爸和/妈妈的同事"。再如"西安和渭南的西部"亦属此类。

"形+名$_1$+名$_2$"：此类格式的特点是"形"在语义上可能修饰"名$_1$"，也可能修饰"名$_1$+名$_2$"。例如"新职业特点"，可以分析为"新职业/特点"，也可以分析为"新/职业特点"。在此类格式中"形"的位置也可以出现名词，如"古代战争小说""中国西部风光"，词性虽然不同，但与上例结构特点一致。

"对+名$_1$+的+名$_2$"：此类格式的特点是介词"对"既可能与"名$_1$"构成介词短语，也可能与"名$_1$+的+名$_2$"构成介词短语。

例如"对运动员的建议"，可以分析为"对运动员的/建议"，也可以分析为"对/运动员的建议"。再如"对老张的批评"亦属此类。

"名+不+动"：此类格式的特点是"名"可能是"动"的施事，也可能是受事。例如"孩子不叫了"，"孩子"如果是施事，表示孩子自己不叫喊了，如果"孩子"是受事，则表示大人不叫孩子了。如果"名"不能同时表现施受两种语义特点，则不会产生歧义，如"马不吃了"，马只能是施事，"菜不吃了"，菜只能是受事，都不会出现歧义。

歧义格式是复杂多样的，这里不再一一列举。分析歧义格式，便于从形式入手把握各种歧义现象，了解歧义产生的原因。从格式方面分析歧义现象，只是对语言的静态观察，在具体的语言环境中，由于受环境因素的限制，有些歧义格式并不显示多义性。

六、消除歧义的方法

在言语交际中，歧义现象会带来负面的影响，为了准确地表达语意，就需要消除歧义。根据歧义形成的原因，消除歧义可以借助以下几种方法。

（一）利用语音条件

利用轻重音消除歧义。如"我们都30多岁了"，如果重读"都"，意思是"全部30多岁了"；如果重读"30"，意思是"已经30多岁了"。"我想起来了"，如果重读"起来"，意思是"想起床了"；如果重读"想"，意思是"想出了遗忘的事情"。重音位置的不同，分化了歧义。

利用语音停顿消除歧义。如"你们3个人1组"，可以说成

"你们/3 个人 1 组"，表示每 3 个人分成 1 组；也可以说成"你们 3 个人/1 组"，表示你们 3 个人分在 1 个组里。停顿不同，则含义不同。

（二）利用句法手段

（1）利用格式或语序的变换消除歧义。如"两个山区的孩子"，可以变为"山区的两个孩子"，表示孩子是两个；或变为"孩子是两个山区的"，表示山区是两个。再如"安徽和江苏的部分地区遭受了水灾"，可以理解为"安徽的全部地区和江苏的部分地区遭受了水灾"，也可以理解为"安徽的部分地区和江苏的部分地区遭受了水灾"；如果语序调整为"江苏的部分地区和安徽遭受了水灾"就没有歧义了。

（2）采取增添实词或虚词的方法消除歧义。如"饭不热了"，可以变为"饭不加热了"，表示饭不需要再加温；也可以变为"饭不太热了"，表示饭有些凉了。再如"学习文件"可变为"学习的文件"，表示事物；也可以变为"学习着文件"，或"学习了文件"，表示动作行为。

（3）通过变换词语消除歧义。如"两个学校来的朋友"可以变为"两位学校来的朋友"，指朋友有两个；也可以变为"两所学校来的朋友"，指学校是两个。再如"他多了个包袱"，由于"包袱"是多义词，产生了两种不同的含义：一是他多了一个包裹，二是他多了一个负担。如果所指是前一个意思，可用"包裹"代替"包袱"，如果表示后一意思，可用"负担"代替"包袱"。

（三）补充语境消除歧义

一般来说，歧义短语一旦进入句子，多数歧义是能够消除的，这是因为语境可以使词义和结构义单一化、具体化。例如

"她的鞋做得好",从语义关系上看,"她"可以是施事,表示鞋是"她"做的;也可以是与事,表示她穿的鞋做得好,鞋不是她做的。如果是前一种意思,可以说"她的鞋做得好,别人都欣赏她做鞋的手艺"。如果是后一种意思,可以说"她的鞋做得好,不知道她是从哪家商店买的"。这种方法并没有改变多义短语的结构,但含义是单一的,因为歧义往往是在脱离具体语言环境的静态下产生的。交际对象的身份、地位、文化、习惯及交际的场景、时间等语境因素都会对语义的表达起到限制作用。

思考与练习

一、什么是短语?为什么说它在语法单位和语法分析中比较重要?

二、举例说明短语有几种分类角度。

三、指出下列短语的结构类型和功能类型。

> 人口调查　加强联系　语法学习　练习跳高　很有经验
> 语法修辞　语法理论　国家机关　机关学校　有权批评
> 春节那天　明年春节　讨论解决　讨论结束　那一件
> 江苏南京　无锡南京　节约时间　一定参加　小孩似的
> 大家同意　同意参观　调查报告　进行调查　应该参加
> 学习时间　认真学习　学习重要　深入思考　所见的
> 什么事情　怎么走　让你回答　看热闹的　三个红的
> 希望参加　接受批评　说不清楚　花园里　有人回家

四、用层次分析法分析下列复杂短语。

1. 我们要实现自己的发展目标

2. 你写的那篇文章很好

3. 坚持对外开放、对内搞活的基本国策

4. 从大海上吹来湿润而新鲜的风

5. 参加比赛的和为比赛服务的

6. 希望参加去欧洲的旅行团

7. 这里的荷花比西湖的美

8. 老师叫你去办公室交语文作业

五、分析下面歧义短语的不同含义，并说明造成歧义的原因及如何使其含义单一化。

1. 新研究生宿舍

2. 对好朋友的意见

3. 喜欢孩子的妈妈

4. 两个师大的学生

5. 昨天没有学习文件

第五节　单句的句子成分与句法分析

学习要点　了解句子的构成成分及句子结构的分析方法，能正确、熟练地对句子进行句法分析。

一、句 子 成 分

句子成分就是句子的构成成分。句子由不同的语法单位逐层组合而成，根据这些单位相互之间的语法关系，可以把它们分为不同的句子成分。句子成分是各自不同的，但又是成对存在、相互依存的。句子成分没有外在的形式标志，主要看成分之间是否存在陈述、关涉、修饰限定、补充说明等关系。其中，语序也是一个重要的参考因素。

（一）主语和谓语

从整体上看，主语和谓语是存在陈述和被陈述关系的句子成分，主语是被陈述的，能回答"谁、什么"等问题，一般位于谓语之前；谓语是用于陈述的句子成分，能回答"怎么样、是什么"等问题，一般位于主语之后。

1. 主语

①　小舟‖不能远航。

②　敌人和仇人‖都可以激发你的潜能。

③　善待大自然‖就是善待人类自己。

④　身心都健康‖才是真正的健康。

以上4例中双竖线前面的部分是主语。主语相对于谓语而存在，如果没有后面的谓语，那么前面的"小舟、敌人和仇人、善待大自然、身心都健康"就无所谓主语了。

　　从构成单位来看，主语可以是词或短语；从其功能来看，则可以是名词性的，如例①②，也可以是谓词性的，如例③④。当然，不同功能的单位在作主语时，所要求的条件也是不同的。一般来讲，名词或者名词性的短语可以较自由地充当主语。时间名词和处所名词处于句首时，既可能是陈述的对象，作主语，又可能起到限定作用，作状语，因此需要具体分析。

　　⑤ 明天就是五一劳动节了。

　　⑥ 现在很多人都计划出国旅行了。

　　⑦ 墙上挂着一幅画。

　　⑧ 墙上我们已经挂了两幅画了。

例⑤⑦的时间、处所名词是被陈述的，在句中作主语；例⑥⑧则不同，句中的时间、处所名词起修饰作用，是句首状语。

　　主语还可由动词、形容词或其他谓词性短语有条件地充当。这类句子的谓语部分一般不是由动作动词充当，而多由性质形容词或表示使令、判断及存现、开始、结束类意义的动词充当。

　　⑨ 学习语法 ‖ 很重要。

　　⑩ 自信 ‖ 使她变得非常美丽。

　　⑪帮助别人 ‖ 实际上就是帮助自己。

　　⑫表演 ‖ 刚刚开始。

　　从主语与谓语动词的语义关系看，主语可分为施事主语、受事主语与关系主语3类。语义上是动作的发出者，此类主语为施事主语，如"妹妹爱吃麻辣烫""狐狸斗不过好猎手"，"妹妹""狐狸"是施事主语。语义上是动作的承受者，此类主语为受事主语，如"论文发表了""电杆被汽车撞折了"，"论文""电杆"是受事主语。主语与谓语之间没有施受关系，此类主语为关系主语，如"我们的家乡在希望的田野上""这里的水蜜桃甜极了""我们的家乡""这里的水蜜桃"是关系主语。

2. 谓语

谓语说明主语怎么样，与主语构成陈述关系。

　　① 中国空空导弹 ‖ 从仿制走上了独立研究的道路。

　　② 自信 ‖ 使我们能走更远的路。

　　③ 和时代并驾齐驱的人 ‖ 永远年轻。

　　④ 他的心胸 ‖ 如眼前的大海一样澄清、辽阔。

　　⑤ 毕业证、英语过级证 ‖ 一个都不能少。

谓语相对于主语而存在。构成谓语的词或短语可以是动词性的，如例①②；也可以是形容词性的，如例③④；可以是主谓短语，如例⑤；还可以是名词性的。

　　⑥ 老舍 ‖ 北京人。

　　⑦ 明天 ‖ 星期六。

一般来讲，动词性的或者形容词性的词语可以比较自由地充当谓语，没有什么限制条件。但名词性成分充当谓语却不自由，是有条件的，这类谓语多由表示籍贯、相貌、气候、时间等的名词或名词性短语充当。

（二）述语和宾语

在句中起支配关涉作用的成分是述语，被支配关涉的成分是宾语。述语和宾语无法靠外在的形式标志来确定，只能由其间所显示出的支配关涉的关系来确定。

1. 述语

述语与动词这两个概念相互联系，但不能混为一谈。动词属于词类系统，是根据词的语法特点聚合起来的一个类别，是构成述语的材料；述语则属于句法系统，是根据句法成分之间的相互关系而建立的概念，它相对于宾语而存在。另外，从构成单位来讲，述语可以是词，也可以是短语。

　　① 人的志向‖通常和他们的能力<u>成</u>｜正比。

　　② 在我的词典里，<u>没有</u>｜"不可能"这个词。

　　③ 等着买票的人‖<u>站成了</u>｜一条长龙。

　　④ <u>改善和提高</u>｜我公司的服务质量。

上述4例划横线部分都起支配关涉其后续部分的作用，是述语，例①②由动词充当，例③④由动词性短语充当。

　　从述语所能够关涉、支配的宾语的功能类型看，述语可分为以下几类：

　　（1）名宾述语（一般只带名词性宾语）：吃、喝、唱、写、买、烤、送、给、想念、交流、发布、改正、原谅

　　（2）谓宾述语（一般只带谓词性宾语）：值得、提议、打算、希望、认为、主张、发誓、忍心、加以

　　（3）兼宾述语（既可带名词类宾语，也可带谓词类宾语）：害怕、喜欢、舍得、通知、告诉、指导、答应、同意、发现、承认、请教

　　2. 宾语

　　宾语是述语所支配或关涉的对象。

　　① 关爱｜生命。

　　② 必须用知识来驱散｜心灵中的黑暗。

　　从功能看，宾语可分为以下几类：

　　（1）名词性宾语：可以是名词或名词性短语，比如定中短语、同位短语、部分联合短语和数量短语等。

　　③ 保护｜绿色家园。

　　④ 愚昧带来的是｜苦难和贫穷。

　　（2）谓词性宾语：可以由动词、形容词或谓词性短语如状

中短语、连谓短语、述宾短语、兼语短语、部分联合短语充当。

　　⑤ 这位老人长期坚持｜慢跑。

　　⑥ 我们都不怕｜吃苦。

　（3）主谓宾语：由主谓短语充当。

　　⑦ 我总认为｜他们是对的。

　　⑧ 这种现象的出现值得｜大家深思。

　　从宾语与述语的语义关系看，宾语可分为施事宾语、受事宾语、关系宾语等 3 种。如"村口来了一个外乡人"中的"一个外乡人"是施事宾语，"那年，我们产生了甜蜜的爱情"中的"甜蜜的爱情"是受事宾语，"最早登上鸣沙山的是他们"中的"他们"是关系宾语。

　　（三）修饰成分与中心语

　　修饰成分与中心语构成句子成分系统中的又一种结构关系，其中的修饰成分因整个结构功能的不同分为定语和状语两类。

　　1. 定语与中心语

　　定语的确定既与修饰语本身的性质和中心语的性质有关，更与句法结构的整体功能相关。所谓定语就是名词性偏正结构中起修饰、限定作用的成分。

　　①（无情）的沙漠一点一点地蚕食（我们）的土地。

　　②（气候转变）的征兆到底来了。

　　定语的构成材料是多种多样的，它可以是词也可以是短语，可以是体词性的也可以是谓词性的。定语所起的作用比较复杂，可以概括为修饰和限定，例①的"无情"是修饰类的定语，例①的"我们"和例②的"气候转变"是限定类定语。

　　在一个定中结构中，定语常常可以多层套叠，使定语和中心语之间形成复杂的层次关系。

（1）递加式定语：这类定语与中心语之间存在直接修饰或限定的关系，在形式上形成层层递加的结构。

　　③ 不时飘来（一缕缕）（淡淡）的（荷花）的清香。

　　④ 极光是（一种）（发生在极地）的（非常罕见）的（形状多种多样）的光束。

这两例都含有多层定语，而且这些定语在语义上都直接与中心语相关联，比如例④的"一种""发生在极地""非常罕见""形状多种多样"都和"光束"存在直接语义关联，但这些定语之间却不存在直接关系。如果设定中心语为 X，结构中的各层定语分别为 a、b、c、d，那么这一类定语和中心语所形成的结构模式为：$a \to \{b \to [c \to (d \to X)]\}$。通过以上分析可以看出，对于不同的修饰语来说，中心语具有相对性，对 a 来说，$\{b \to [c \to (d \to X)]\}$ 是中心语，对 b 来说，$[c \to (d \to X)]$ 是中心语，对 c 来说，$(d \to X)$ 是中心语，依次类推。此类定语与中心语形成多层次的结构关系，一般称为多层定语。

（2）加合式定语：这类修饰成分与中心语之间不存在直接的修饰或限制关系，几个修饰成分之间先形成偏正关系，再以偏正短语整体修饰中心语。

　　⑤（父亲的文集）的出版颇费了一番周折。

　　⑥（你的代理人的新歌发布会）的场地已经安排妥当了。

这两例的中心成分前的词语先构成偏正短语，再整体修饰中心语。如例⑤的"父亲"和中心语"出版"之间虽有语义关联，但并不存在结构上的直接修饰关系。如果以例⑥的中心语为 X，结构中的修饰成分分别为 a、b、c、d，那么这一类定语和中心语所形成的结构模式为：$\{[(a \to b) \to c] \to d\} \to X$。可以看出，对于中心语X来说，直接修饰成分只有一个，是由具有多个层次的偏正短语整体充当的。

（3）联合式定语：这类定语和中心语之间都存在一定的语义关系，但它们相互之间又有着并列关系，几个修饰成分构成联合短语整体修饰中心语。

　　⑦幸运女神喜欢眷顾（乐观、豁达、有毅力）的智者。

　　⑧（有良知、有责任心）的人都不会坐视此类事情发生的。

这两例的修饰语在结构上是一个整体，比如例⑦中"乐观、豁达、有毅力"先构成一个联合短语，作为一个整体修饰中心语"智者"。如果中心语为X，结构中的修饰语分别为a、b、c、d，那么这一类定语和中心语所形成的结构模式为：(a+b+c+d)→X。修饰语（a+b+c+d）与中心语X之间只有一个结构层次。

　　总之，定语的复杂化主要表现为两种情况，一种如上述（1）类，定语与中心语形成多个结构层次；另一种如上述（2）类和（3）类，定语由比较复杂的短语构成。当然，构成复杂定语的短语不限于偏正短语和联合短语，其他短语如主谓短语、述宾短语、介词短语、连动短语、兼语短语等都可以整体充当定语，都可能造成定语的复杂化。

　　从结构层次上看，只有（1）类定语与中心语之间有多个层次，所以称为"多层定语"，（2）类与（3）类定语尽管结构可以很复杂，但定语与中心语的关系只有一个结构层次，算不上是多层定语。定语也可能出现3种类型错综组合的形式。

　　充当定语中心语的主要是名词性成分，如名词、代词以及定中结构、数量结构、的字结构等。一些谓词性成分如动词、形容词、联合结构、状中结构等也可以有条件地充当中心语。

⑨（人才）的<u>成长与发展</u>是德、识、才、学诸方面因素的综合效应。

⑩（整个团队）的<u>精诚合作</u>是成功的关键。

⑪百花凋零，更显出（一枝争春的梅花）的<u>可贵</u>。

定语与中心语之间要不要加"的"，往往受多种因素的影响，如定语与中心语的长短、定语的词性等。单音节名词、代词、形容词作定语时，往往不加"的"，如"海风、我校、大浪"等。如果中心语是双音节词，定语是单音节词，为了韵律的整齐，定语后要加"的"，如"我的学校、大的波浪"。定语与中心语都是双音节词时，加不加"的"一般比较自由，如"学校纪律、我们民族、美丽校园"，加上"的"时，修饰限定的意味更重一些。如果定语是名词、代词，中心语是动词、形容词，不加"的"会产生歧义时，则必须加"的"，如"孩子的学习、他的谦虚"，如果少了"的"，原来的偏正关系就变成了主谓关系。

2. 状语与中心语

一个偏正结构中的修饰成分是定语还是状语，起决定作用的是这个偏正结构的整体功能，而不是其中心语的词性。因此，状语可以定义为"谓词性偏正结构中起修饰限定作用的成分"。

①读者［对这种可操作性强的创业项目］［特别］感兴趣。

②我［非常遗憾］地通知诸位这次新闻发布会取消了。

充当状语的词语是多种多样的，可以是词，如例①的"特别"；也可以是短语，如例①的"对这种可操作性强的创业项目"，例②的"非常遗憾"。状语常用以描写中心语的程度、状态、数量，或表示动作行为发生的时间、处所、方式、手段、涉及对象、范围等等。

状语往往具有外在的形式标志"地"，但"地"的使用不是强制性的，用与不用受多种因素的影响。一般来说，单音节状语与中心语之间不需要使用"地"，比如"极热闹""很想念"；时间名词及能愿动词都可以直接修饰中心语，比如"现在开始播报""可以出发"；另外，介词结构、方位结构作状语都不必带"地"，比如"对当代文学作品所知甚少""空气中弥漫着烟味"。状语后用"地"往往具有突出状语内容的作用，如"认真学习"与"认真地学习"，后者更强调"认真"的特点。

状中结构也可以形成状语套叠的情况，其类型与定语相类似。有的状语本身虽然复杂，但并不属于多层状语，如"监考教师［非常认真］地宣读了考试纪律。""非常认真"为偏正短语作状语；"这种新型吸尘器能够［方便轻松］地清除低矮的沙发或卧床下的灰尘。""方便轻松"为联合短语作状语。

也有不同类型的状语错综组合的情况，如"这个网站［建成后］，［将］［会］［非常便捷、全面］地［为广大网民］提供各类信息。"多层状语的次序有大致的规律，一般为：时间>处所>范围>情状>对象（>表示"先于"）。如"拉姆斯菲尔德［出访前］［在记者发布会上］［就］［非常清楚］地［向媒体］表示美国近期并不会考虑从伊拉克撤军的问题。"情状状语、能愿状语则比较灵活，可以较自由地插入此序列的任何一个位置。

能构成状语中心语的主要是谓词性成分，如动词、形容词以及谓词性的短语。有时名词或定中结构、数量结构也可以作中心语。

③ 小华［已经］中学生了。

　　④ 教室里［只］<u>3个人</u>。

　　⑤ 这位战士［刚刚］<u>20岁</u>。

（四）补语与中心语

　　补语是谓词性结构中起补充说明作用的成分，其位置在中心语之后。

　　① 好〈极〉了，就要这个效果！

　　② 你给我说〈清楚〉！

　　③ 我们这场球赢得〈非常艰苦〉。

上面例子中的"极""清楚""非常艰苦"都处于中心语"好""说""赢"之后，补充说明中心语的程度、结果、状态。

　　补语的形式标志是结构助词"得"，但"得"的使用也不是强制性的，用或者不用要看具体情况而定。补语的构成材料从功能上看主要是谓词性和副词性成分，如趋向动词、状态或性质形容词、程度副词以及状中结构、动宾结构、连谓结构、兼语结构、部分数量结构等等都可以充当补语。

　　1. 补语的类型

　　根据表示的语义不同，可以把补语分为以下几种类型：

　　（1）程度补语：这类补语非常少，用得比较多的是单音节程度副词"很、极、透、死"等，另外，"一点、一些"有时也可以表示轻微的程度。

　　① 苹果已经熟〈透〉了。

　　② 我想〈死〉你了！

　　③ 这么做可能难〈一点〉，但可以快〈一些〉。

　　程度补语除了"很"，一般不需要结构助词"得"来表示。

　　（2）结果补语：用以补充描写中心语所导致的结果。性质形容词及少部分动词可以充当此类补语。

　　① 文章算是写〈好〉了，但问题并没有说〈清楚〉。

　　② 我终于想〈明白〉了这个理儿。

　　结果补语一定不能带"得"，如果使用了"得"就不再是说明结果了。

　　（3）情态补语：用以补充描写中心语的情状或其他相关事物的情状。状态形容词、动作动词以及其他的谓词性结构，如状中结构、动宾结构、连谓结构、兼语结构等都可以充当此类补语。情态补语必须带"得"。

　　① 她已经喘得〈上气不接下气〉了。

　　② 小梅的舞跳得〈太漂亮〉了。

　　③ 武松打虎的故事让他讲得〈活灵活现〉。

　　（4）数量补语：用以补充说明动作行为发生的次数或其状态延长的时间。只有动量词构成的数量结构可以充当，其前面不需要用结构助词"得"。

　　① 哈雷彗星每 76 年就会来探望〈1 次〉地球。

　　② 毕业典礼将持续〈半个小时〉。

　　（5）趋向补语：用以说明动作行为发展、延续的方向，由趋向动词充当，也不需要用结构助词"得"。

　　① 我们终于盼〈来〉了希望的曙光。

　　② 老张掏〈出〉身上仅有的 300 块钱〈来〉。

例②是将趋向补语"出来"一分为二，1 个在宾语前，1 个在宾语后。这类宾语一般是对象宾语和处所宾语。

　　（6）可能补语：用以说明中心语或相关结果实现的可能性，其肯定形式必须带"得"，否定形式只用"不"表示否定。结果、趋向补语带上"得"后就转为这类补语。

　　① 这事儿说得〈清〉吗？越描越黑！

　　② 既要有真本事，还要能拿得〈出来〉。

　　（7）时间、处所补语：用以补充说明动作行为发生的时间、场所，一般由介词结构充当，不能用结构助词"得"。

　　　　① 希望播种〈于春天〉，生长〈于夏天〉，收获〈于秋天〉，酝酿〈于冬天〉。

　　　　② 几串红红的辣椒悬挂〈在墙上〉。

　　充当补语中心语的主要是动词、形容词、述宾短语等谓词性成分。

　　　　③ 你把这个问题考虑〈清楚〉了吗？

　　　　④ 我怎么能一下拿〈出〉这么多钱〈来〉？

　　2. 补语和宾语的区分

　　补语和宾语的位置都在动词之后，所以有时易混，应注意区别。宾语与补语最常见的排列顺序是"动—补—宾"，如"阿Q在赵太爷家舂了〈一天〉米。"也可以是"动—宾—补"，如"我已经等你〈3天〉了。"还可以是"动—宾—补—宾"，如"你通知他〈一下〉开会的事。"也可以是"动—补—宾—补"，如"他高高兴兴地走〈进〉屋里〈来〉。"

　　补语与宾语首先可以从表义功能的不同加以识别。宾语是动词关涉的对象，回答"谁、什么"的问题，补语是说明中心语"怎么样"的。

　　　　① 小明已经吃水果了。（吃了什么？）

　　　　② 小明已经吃饱了。（吃得怎么样？）

例①的"水果"回答"吃了什么"的问题，是宾语；例②的"饱"回答"吃得怎么样"的问题，是补语。

　　另外，还可以利用句式的转换区分宾语和补语。动词后面的成分如果能与介词"把"构成介词短语，置于动词前，一般是宾语，否则是补语。

　　③ 他圆满地回答了这个问题。

　　④ 他已经躺了 3 个星期。

例③可以说"他把这个问题圆满地回答了。""这个问题"是宾语。例④不能说"他把 3 个星期躺了。""3 个星期"是补语。

　　数量结构既可以作宾语也可以作补语，但还是有区别。名量词构成的数量结构可以代替其所限定的名词性结构，它的语义指向后面的名词性成分，因此可以作宾语；动量词所构成的数量结构则不同，它的语义指向是前面的动词，一般不能限定名词性结构，所以是补语。

　　⑤ 你就少说 1 句吧！

　　⑥ 这两个朋友每天至少通话 1 次。

例⑤的"1 句"是数词与名量词构成的数量结构，是宾语。例⑥的"1 次"是由数词与动量词构成的数量结构，是补语。但有时动量结构也可以修饰名词性成分，如"1 次电话也没通。""1 回电影也没看。""两趟海南一逛，就花光了盘缠。"上面例子中的"1 次、1 回、两趟"虽然是定语，但其语义仍然是指向中心动词的，这是语义关系与结构关系不一致的情况。

　　结构助词"得"是补语的标志，但"得"有时只是一个构词语素，构成"觉得、值得、舍得、获得、赢得、取得、显得"等合成词。这些词往往带谓词性宾语，应注意与结构助词"得"的区别。

　　（五）独立语

　　在语法结构上独立于那些相互对应、相互依赖的成分之外，并且语法位置比较灵活，又是句子表意不可或缺的一部分，这样的成分就是独立语。从表意作用看，独立成分可以分为插入语、呼应语、感叹语、拟声语 4 种：

1. 插入语

插入语从表达的内容看，主要有以下几类：

（1）表示消息来源：当说话人要提示所说内容引自别处，而且对其真实性不能完全肯定时，往往在句子里用"听说、据说、据称、据……说、相传"等词语。

　　① 据说他正在写一本关于敦煌的小说。

　　② 据书上说，王莲上站个 50 多公斤的成人都还能浮着。

（2）引起对方注意：通常用"你听、你看、你说、你想、你瞧"等词语。当说话人希望对方留意或者认同自己的看法，但又不愿直接将观点强加给对方时，就会借用这些插入语缓冲一下。

　　① 你想卡车超重这么多还能不出事？

　　② 你瞧，大过年的，他还在坚守岗位。

（3）表示估计、推测语气：一般用"少说、看（起）来、算起来、说不定、充其量"等词语。当说话人对自己的观点、看法不很肯定时，就会插入这些词语以增加委婉语气。

　　① 这棵树，少说也有百十来岁了吧。

　　② 我到这所学校，算起来也有十几年了。

　　③ 人口嘛，充其量就是千把人。

（4）表明自己的观点：一般用"我看、我想、依我看、不瞒你说、一般说来、老实说"等词语。当说话人要直接表明自己的观点时，就会用这些词语来特别提示。

　　① 这件事，我看还是放放再说。

　　② 依我看，这次比赛我们一定会赢。

③ 不瞒你说，我早就想成家了。

（5）表示举例、解释、补充、承接：有时为了增强说服力，需要举例、补充说明，或者总括上文，通常会用"包括、例如、总之、也就是、正如、此外"等词语来表示。

① 鸟类，包括鸡、鸭、鹅、鸵鸟在内，最初都是会飞的。

② 总之，城市医疗卫生改革势在必行。

③ 菌类，也就是蘑菇、灵芝、木耳、冬虫夏草这样的不含叶绿素的寄生植物，有很高的食用或药用价值。

2. 呼应语

呼应语分呼语和答语两种，其后一般都有停顿。

（1）呼语：表示称呼和呼唤，位置灵活，可以出现在句首、句中或句末。

① 先生，"怪哉"这虫，是怎么一回事？

② 真是麻烦你哪，小沈。

（2）答语：表示附和与呼应，位置一般在句首。

① 好，就这么办吧。

② 嗯，我去！

3. 感叹语

感叹语是由表示惊讶、感慨、喜怒哀乐等感情的感叹词语充当的，位置一般在句首。

① 嘀，瞧你急得！

② 哎呀呀，没想到是你呀！

4. 拟声语

拟声语是摹拟声音的词语，一般摹拟事物的声音，也可以是人的声音。

① 叮当、叮当，驼铃声渐渐地远去了。

②　夜里，果然来了，沙沙沙，门外像是风雨声。

句子和短语的重要差别之一就在于句子可以带独立语，短语则不能。独立语是特殊的句子成分，一般称为语用成分。

二、单句的句法分析法

句法指句子的结构层次和成分之间的结构关系。单句的句法分析是分析句子有哪些成分，各成分之间具有什么层次关系与结构关系，并依照句子的特点归纳出类型、句式，找出其中的规律性。比较有影响的分析方法有成分分析法和层次分析法。

（一）成分分析法

成分分析法，来自西方的传统语法，并长期应用于汉语语法教学和研究。它是比层次分析法更早从国外引介的一种分析法，以"暂拟汉语教学语法系统"为代表。传统语法服从语言教学的需要，其基本特征是以规范化为主的"规定性"，规定某一形式是正确的，而另一形式是错误的。比如尽量把施事看成主语，把受事看成宾语，总结出一套用词造句的规范用法，让人们遵守。成分分析法坚持"词本位"语言观，注重句子成分与词类的对应关系，规定句子成分与词相对应，不跟短语对应，也就是说只有词可以作句子成分，短语不能整体充当句子成分。

句子以主语、谓语、宾语为主干成分，定语、状语、补语为附加成分，或称连带成分。也有独立语，但它不是句法成分，而是语用成分。析句时先找出充当句子主要成分主语和谓语的中心词，如果谓语是动词，则考虑是否带有宾语，最后再找出依附于主、谓、宾之上的其他附加成分定、状、补。由于析句时处处找中心，所以又叫"中心词分析法"。例如：

（顽强）的意志［可以］征服（世界上）（任何）（一座）

高峰。

　　这种分析法有一定的优点。首先，它要求从结构中提取主干，再分析枝叶，从而在一定程度上揭示了句法结构的组合规则，也具有一定的解释力。其次，这种分析法操作简单，一目了然，尤其适用于长单句的理解和分析。另外，这种方法所采取的分析步骤，非常便于检查句子主干和枝叶之间的组合是否存在语法问题，对查找、修改语病极为方便。客观地看，成分分析法曾经在汉语研究、教学（尤其是中学语文教学）中起到过积极的作用。

　　但也不能不看到这种分析法在解释和揭示汉语事实的广度和深度方面所存在的局限性。

　　其一，这种分析方法缺乏层次观，无法科学地反映语言事实。语言在结构上具有线条性，也具有层次性，也就是说，词或短语在构成句子时必然体现出时间上的线条性和关系上的层次性，这里的"时间"指的是组合的先后顺序，"关系"指的是组合后所形成的语法关系。层次性是语言的本质属性之一。

　　　　① 远处飘来一缕缕荷花的清香。
　　　　② 远处飘来一朵朵荷花的清香。

这两个句子的构成成分在语法功能上完全相同，组合的先后顺序也完全相同，但是二者有着不同的结构层次。如果以 A、B、C、D、E 分别表示其构成成分，那么例①的结构层次为 A+{B+[C+(D+E)]}，例②的结构层次为 A+{B+[(C+D)+E]}。

　　如果再将这些组成材料之间的语法关系考虑进来，我们还可以发现每一层次都有其直接相关联的部分。以例①为例，其最大的一层是 A 与 BCDE 两部分，它们构成陈述关系；第二层次则是 B 与 CDE 两部分，它们又构成支配关涉关系；第三层次则是

C 与 DE 两部分，构成限定关系；最后一层则是 D 和 E，也是限定关系。例②的第三层是 CD 与 E 两部分，第四层是 C 与 D 两部分，例②的这两个层次与例①不同。

由此可见，一个结构体即使有着相同的线性结构，但也不一定有相同的组成层次；同样，一个结构体即使有着不同的线性结构，也可能有着相同的层次或相类的直接组成成分。

线条性和层次性是语言最基本的两大特点，但是成分分析法将句子所有的构成成分依次在同一个平面上展开，无法显示语言结构的层次特点。

其二，破坏了句子成分的整体性，影响了对句法结构的解释能力。汉语没有印欧语那样的形态变化，其语法范畴主要依靠大小语言单位互相结合的次序和层次来表达。"从语素到句子，如果说有一个中间站，那决不是一般所说的词，而是一般所说的短语。"（吕淑湘《汉语语法分析问题》）成分分析法在理论上的严重缺陷是只承认词才是构成句子成分的基础，不承认短语可以充当句子成分。

　　③ <u>孔乙己显</u>〈出〉［极］（高兴）<u>的样子</u>。

宾语中心语"样子"的定语从表义和结构上说都应该是偏正短语"极高兴"，但成分分析法只承认"高兴"是定语，"极"修饰"高兴"，是状语。再如"学习语言很重要。"成分分析法认为，主语是"学习"，谓语是"重要"，基本成分"学习重要"与原句意思差异很大。这种分析破坏了句子成分在结构和表义上的整体性，影响了对句意的理解。

其三，成分分析法对句子成分的规定与实际分析之间存在矛盾。这种分析法坚持词才可以作句子成分，也不注意句子的结构层次，所以在析句时，往往出现分析结果不能正确反映句意的现象。如"他不是聋子",句子主干是"他是聋子",表达刚好相反。于是提出"补救"措施，主张否定句中作状语的否定副词要保留在句子的主干成分中，分析为"主-状-谓-宾"式。

但问题不仅仅存在于否定性状语的分析，例如"小华哭湿了枕头。""于福的老婆是小芹的娘。"如果将补语"湿"和定语"于福、小芹"置于谓语之外，句子的主干成了"小华哭枕头。""老婆是娘。"这样的分析令人尴尬。另外，面对大量的主谓结构、联合结构作句子成分的情况又无法解释，只好对其语法观修修补补，将"主谓结构、联合结构"也扩充进来，让其承担句子成分。这样的处理既无法解释述宾结构、兼语结构、连谓结构等等不能够作句子成分的原因，又无法对句子成分的认识始终保持一致。

（二）层次分析法

层次分析法又称为"直接成分分析法"，这种分析方法是从美国描写语言学中借鉴来的。层次分析法认为，句子的内部结构并不像一串珠子那样，由语素或词一个挨一个地串起来，也不是由"中心成分"直接组成，然后再添上各自的附加成分，而是由其中的语素或词跟另一个语素或词组成一个较大的单位，然后再跟其他语素、词或组合成分结合成更大的单位。如此层层组合成句。层次分析法的句子成分名称有主语、谓语、述语、宾语、定语、状语、补语、中心语8种，还有语用成分独立语。这种分析法在分析句子结构时，建立在两个前提之上。

其一，句子成分可以由词或短语来承担；其二，句法结构一般都有一对直接构成成分，因此每层一般二分，所以俗称"二分法"。简单地说，"层次分析法"就是逐层找出一个结构体的直接组成成分的分析法。在运用于现代汉语的句法结构分析时，则根据汉语的具体特点有所改造，适用于短语、句子甚至是词的结构分析，其目的一是要揭示句法结构的直接成分及层次，二是揭示每一层的直接成分之间的关系。

　　层次分析法作为一种比较科学严密的语言分析方法，显示出其他分析法所不具备的解释和描写语言的能力。为了准确运用层次分析法来分析句法结构，应遵循以下几个切分原则：

　　其一，结构原则：要保证所切分出的每个直接成分是有意义的，是成结构的。例如："打死他"只能切分为"打死/他"，而不能是"打/死他"，因为"死他"是不成结构的，是没有意义的。同样，"批评你两句"只能切分为"批评你/两句"，而不能切分为"批评/你两句"，因为"你两句"不成结构。

　　其二，功能原则：要求切分出的两个直接成分不光自身有意义，而且是可以组合的，即切分出的成分之间有合理的结构关系。例如："最好的书"只能切分为"最好的/书"，不能切分为"最/好的书"，因为前后两个部分之间不能构成合理的语法关系，是不能搭配的。同样，"一件衣服"只能切分为"一件/衣服"，不能切分为"一/件衣服"，因为"一"不能修饰"件衣服"，而且"件衣服"也不成结构。

　　其三，意义原则：要求切分出的直接成分不仅有意义、能搭配，而且切分的结果要与说写者的原意相符合。例如："鲁镇的酒店的格局是和别处不同的"中的"鲁镇的酒店的格局"，其最大层次只能是"鲁镇的酒店的/格局"，而不能是"鲁镇的/酒店的格局"，因为后一种分析不符合原意。再如"眼前是深绿色的水潭"中的"深绿色的水潭"，其最大层次只能是"深绿色的/水潭"，而不能是"深/绿色的水潭"，因为"深"是修饰"绿色"的，说明绿的程度，而不是说水的深浅的。

层次分析法的优点首先是能够较为全面细致地揭示语言内部的结构层次，并以准确的形式表达出这种分析的结果，这是以往传统语言学的分析方法所不能做到的。其次，层次分析法提高了语言研究的精确度。传统语言学对语言结构的分析是粗线条的、轮廓式的，一般只把句子成分划分出来就算结束。层次分析法可以用来分析词、短语、单句和复句的层次结构，并准确地表现出不同结构之间的差别。

层次分析法也有不足之处，例如，无法显示句法结构深层的语义关系，如"鸡不吃了"，层次分析无法区分受事与施事，不能分辨是"人不吃鸡了"，还是"鸡不吃食了"。因为层次分析法的目的是揭示直接成分之间的结构层次，一般不显示语义关系，这就影响了对语义的理解，也不便于教学和句型的归纳。

三、单句句法分析例释

对单句的句法分析，成分分析法与层次分析法各有所长，但也有各自的局限性。20世纪80年代中国语法学界关于析句方法的讨论主要是围绕上述两种分析法的长短优劣及能否结合等问题展开的。一般认为，在句法分析中，采用成分分析法中句子成分的概念，吸收其注重语义关系分析的理念，结合运用直接成分分析法反映语言层次的观点和方法，可以使汉语的句法分析更为科学实用。为了使分析更为明晰简洁，句法分析多用直观形象的图解法表示分析的过程和结果。常见的图解法有以下几种：

（一）框式图解法

用框形的符号表示单句句法结构的层次关系。其形式有两种，一种是由大到小的分析（又叫"切分法"），一种是由小到大的分析（又叫"组合法"）。

由大到小分析是一种最常用的方法，分析时将单句结构看作一个整体，从大到小，依次逐层切分到句子成分。

由小到大分析是先从句法结构的每个词开始，根据词与词之间的层次与语法关系，从小到大，逐层组合起来，直到整个句子。

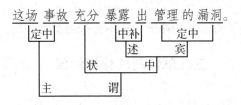

（二）树形图解法

将句法结构的组成成分按照层次的不同，用斜线和直线连接起来，同时标出各层次的语法关系。这种分析图看起来如同一棵倒置的树，能清晰、醒目地显示出结构的层次和关系。

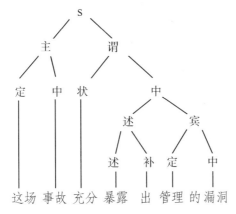

（三）括号表示法

用数学的大、中、小括号来表示句法结构的不同层次。

    （这场事故）｛充分［（暴露出）（管理的漏洞）］｝。
       定中   主谓   状中   述补 述宾   定中

（四）符号标记法

用各种规定符号分别表示句法成分和层次。

    （这场）<u>事故</u>‖［充分］<u>暴露</u>〈出〉|（管理）的<u>漏洞</u>。

上例中双竖线表示主谓关系，属于第一层次；方括号表示状语，与其后的部分构成状中关系，属第二层次；单竖线表示述宾关系；圆括号表示定语；尖括号表示补语。双横线表示主语中心语；单横线表示述语中心语；波浪线表示宾语中心语。

（五）竖线表示法

用不同数量的竖线表示不同的层次。第一层次用单竖线表示，第二层次用双竖线表示，依次类推。在竖线下方标出结构关系。例如：

    这场‖事故|充分‖暴露‖‖‖出|‖‖管理的‖‖‖漏洞。
      定中   主谓 状中   述补 述宾   定中

图解法的类型很多，以上只是比较常见的几种。图解法的优点是能够直观简明地展示句法结构的层次和结构关系，避免了繁琐的文字说明，操作起来简捷便当，因而在语法分析中得到广泛的运用。框式图解与树形图解的层次感很突出，但占据空间大。括号表示法简单易行，但对结构复杂的句子则较难清楚地表示其层次。相对来说，符号标记法与竖线表示法的优点更突出一些，前者能比较清楚地显示句子成分，后者能明晰地表现句子的结构层次，而且极易操作。下面用符号标记法作一些例句分析。

①（藏族）民歌‖［时常］记述｜（历史）典故。

②了解什么是自己做不好的‖［实际上］［可能］［比了解什么是自己能做好的］［更］难。

③［在一切与生俱来的天然赠品中］，时间‖［最］宝贵。

④想不付出任何代价而得到幸福‖是｜幻想。

⑤与人真诚地合作‖是｜（通向成功）的桥梁。

⑥老栓‖［便］［把一个碧绿的包，一个红红白白的破灯笼］，［一同］塞〈进〉灶里。

⑦（这）（小小）的波折‖［却］给了｜我｜（一个）（大大）的教益。

⑧（几个）（青年）妇女‖划着（她们）的（小）船［赶紧］回家。

⑨营长‖［在电话里］命令五连［迅速］占领（前面）的四号高地。

⑩［散会以后］，梁三老汉‖情绪更加高涨了。

⑪门口‖站着｜（一个）（衣衫破烂）的流浪汉。

单句的句法分析，一般要求只分析到句子成分就可以了。具体来说，如果句子的主语、宾语由偏正短语充当，则需要分析出中心语和定语；如果谓语由述宾短语充当，则需要分析出述语和宾语；如果谓语由偏正短语或中补短语充当，则需要分析出中心语与状语、补语。其他短语充当句子成分时，内部结构可以不分析。如例②述宾短语"了解什么是自己做不好的"整体充当主语，介词短语"比了解什么是自己能做好的"整体充当状语，其内部结构可不再分析。如果需要了解成分内部结构情况，则可以单独在句子之外作进一步的分析。因为单句的句法分析的主要目的是分析句子有哪些成分，各成分之间是什么结构层次关系，并依照句子的结构特点归纳出句型，找出其中的规律性。

思考与练习

一、有人说"1 只船就坐 10 个人。"这个句子中的"人"是主语后置，你是否同意此观点？为什么？

二、请指出下列句子中的主语、谓语，并说明主语、谓语的结构类型。

　　1. 一个"今天"胜于两个"明天"。

　　2. 在知识不存在的地方愚昧会自命为科学。

　　3. 人和人之间的差别就在于面对失败的态度。

　　4. 世界上所有荣誉的桂冠都是用荆棘编制的。

　　5. 最坏的车轮声音最响。

　　6. 到目前为止，中国的国家级自然保护区已达 243 个。

　　7. 打击盗版，促进中国软件业的正常发展，是我们坚定不移的立场。

　　8. 印度阿萨姆邦的海拔约 1 500 米的"世界雨极"乞拉朋齐，年均降水量高达 11 430 毫米。

三、请指出下列句子中的宾语、补语，并说明它们是由什么词或短语充当的。

1. 谁也没想到这突如其来的山洪涨得这么快。

2. 落叶松不怕火烧缘于它的皮厚得很难被火烧透。

3. 世界上最大的遗憾莫过于能够做到而没有想到。

4. 澡洗得多了、洗得勤了对皮肤没有好处。

5. 艺术家的天职是把光明和希望灌注到人的心灵深处。

6. 在雅典奥运赛场上，刘翔终于赢得了全世界人民的赞誉。

7. 这天晚上，"江州司马"哭湿了青衫。

8. 姑娘猛地羞红了脸。

四、请指出下列句子中的定语和状语，并说明是由什么词或短语充当的。

1. 峨眉山金顶的珍贵树种冷杉因酸雨而造成的死亡率高达90%。

2. 我国民间最大的抗战博物馆四川建川博物馆的五个抗战系列单馆将于今年8月5日正式开馆。

3. 那一地的落蕊脚踏上时只能感觉出一点点极微细极柔软的触觉。

4. 那个小雪人也就嘴唇通红、双目灼灼地坐在雪地上了。

5. 鸦片战争之后的一批研究中西文化的思想家都认为西学源于中国。

6. 2005年1月，中国南极科学考察队成功征服最后一个有着极高科学研究价值的南极点。

7. 世界各地的科学家都在想方设法解决全球变暖这一困扰全人类的重大问题。

8. 作为人类的第四环境的宇宙空间是地球稠密大气层以外的广袤无垠的空间区域。

9. 按计划，美国东部时间26日10时39分，美国航空航天局再次尝试发射"发现"号航天飞机。

五、请指出下列句子中的独立语及其作用。

1. 快餐食品，尤其是脂肪含量过高的洋快餐，过多食用对人没什么好处。

2. 网上冲浪，依我看，也要适度。

3. 中国的中小学生，据调查，眼睛近视的人数已经超过 7 成。

4. 毫无疑问，那些准备好了的毕业生总是比盲目乱撞的所获得的机会多一些。

5. "伊妹儿""白骨精""瘟都死""粉丝""斑竹"，你看看，这些网络用语在学生的作文中已经屡见不鲜了!

六、请用符号标记法或竖线表示法分析下列句子。

1. 对于不知足的人，没有一把椅子是舒服的。

2. 多观察，多经历，多研究，多思考，是学习的几大支柱。

3. 本品的外包装采用了世界先进的铝塑复合膜。

4. 这个世界上最不准确的天平就是称量你自己得失的天平。

5. 印度已被美国认定为最可靠的软件供应国。

6. 一只盲目航行的船遇到的都只能是逆风。

7. 1994 年，中国已成为全球仅次于美国的吸引外资最多的国家。

8. 蝙蝠利用自身的回声定位系统来捕捉昆虫的灵活性和准确性是非常惊人的。

9. 一个人的真正价值首先决定于他在什么程度上和在什么意义上从自我解放出来。

10. 美国科学家发现芦荟提取液能够成为血液的临时替代品并维持身体器官的正常运转。

第六节　句子的语义分析

学习要点　明确什么是语义关系、语义指向、语义特征以及它们的作用，能够分辨句法结构中的句法关系和语义关系，掌握语义指向的类型，并能借用语义关系分析、语义指向分析及语义特征分析来观察和分析相关的语言现象。

一、语 义 关 系

（一）语义关系与句法关系

主谓关系、述宾关系、偏正关系、中补关系等属于句法关系。具有句法关系的词语还存在种种语义关系。**语义关系是隐藏在句法关系后面的由词语语义范畴建立起来的关系。**

①他们走了。

②割 3 斤牛肉！

③明天见！

④好得很！

例①中的"他们"和"走"具有主谓关系，除了这种句法关系外，它们还存在"施事—动作"语义关系。例②中"割"与"3斤牛肉"具有述宾关系，还存在"动作—受事"语义关系；例③中的"明天"和"见"具有偏正关系，还存在"时间—动作"语义关系；例④中的"好"与"很"具有中补关系，还存在"性状—程度"语义关系。

句法关系和语义关系并不是一一对应的。一种句法关系可能包含几种不同的语义关系，而一种语义关系也可以存在于不同的句法关系中。比如，"我们吃了"和"西瓜吃了"都具有主谓关系，但前者存在"施事—动作"语义关系，后者存在"受事—动作"语义关系。再比如，"客人来了"具有主谓关系，"来客人了"具有述宾关系，但其中的"客人"和"来"都具有"施事—动作"语义关系。

语义关系体现在句法结构中的词语与词语之间。这里简要介绍一些常见的语义关系类型。

（二）动词与名词的语义关系

动词可以分动作动词和非动作动词两类。

1. 动作动词

动作动词是表示动作行为的动词，它与名词所构成的常见语义关系有：

（1）施事与动作：施事是指动作行为的发出者。比如"我去"，"我"和"去"之间存在"施事—动作"语义关系。再如"鸡叫、大家休息、我们上课"等都属此类。

（2）受事与动作：受事是指动作行为的承受者。比如"踢足球"，"踢"和"足球"之间存在"动作—受事"语义关系。再如"学语法、吃水果、买书"等都属此类。

（3）与事与动作：与事是指动作行为的参与者。比如"送他一个纪念品"，"送"和"他"之间存在"动作—与事"语义关系。再如"还我钱、告诉他好消息、奖小刘一辆小车"等皆属此类。

（4）结果与动作：结果是指动作行为所产生的结果。比如"写小说"，"写"和"小说"之间存在"动作—结果"语义关系。再如"剪窗花、挖井、做衣服"等都属此类。

（5）工具与动作：工具是指动作行为所凭借的工具。比如"用大碗吃"，"大碗"和"吃"之间存在"工具—动作"语义关系。再如"坐公交车、晒太阳、发射火箭"等皆属此类。

（6）材料与动作：材料是指动作行为凭借的材料。比如"用小米熬"，"小米"和"熬"之间存在"材料—动作"语义关系。再如"涂颜料、加油、贴窗花"等都属此类。

（7）时间与动作：时间是指动作行为所关涉的时间。比如"明天来"，"明天"和"来"之间存在"时间—动作"语义关系。再如"晚上看电影、晨练"等亦属此类。

（8）处所与动作：处所是指动作行为所关涉的处所。比如"屋里坐"，"屋里"和"坐"之间存在"处所—动作"语义关系。再如"西安见、野外生存"等亦为此类。

2. 非动作动词

非动作动词是不表动作行为的动词。和非动作动词相关联的指称人或事物的语义成分主要有两种：一种是当事，一种是客事。当事在句中充当主语，客事在句中充当宾语。非动作动词与名词所构成的常见语义关系有：

（1）当事与判断或客事与判断：比如"他是一名学生"，其中"他"与"是"之间存在"当事—判断"语义关系，"是"和"一名学生"之间存在"判断—客事"语义关系。

（2）当事与领有或客事与领有：比如"我有一本书"，其中"我"和"有"之间存在"当事—领有"语义关系，"有"和"一本书"之间存在"领有—客事"语义关系。

（3）处所与存在或客事与存在：比如"房间里有人"，其中"房间里"和"有"之间存在"处所—存在"语义关系，"有"和"人"之间存在"存在—客事"语义关系。

（三）形容词与名词的语义关系

形容词表示性状特征，它和名词所构成的语义关系主要有下列 3 种：

（1）具事与性状：具事是指具有形容词所描述的性状特征的事物。比如"墙壁雪白"，"墙壁"和"雪白"之间存在"具事—性状"语义关系。

（2）基准与性状：基准是指形容词所描述的性状特征进行比较的基点。比如"比他高"，"他"和"高"之间存在"基准—性状"语义关系。

（3）对事与性状：对事是指形容词所描述的性状特征所针对的事物。比如"对我好"，"我"和"好"之间存在"对事—性状"语义关系。

（四）名词与名词的语义关系

名词和名词之间也存在一定的语义关系。常见的有：

（1）领属关系：比如"哥哥的家具"，哥哥是家具的领有者，"哥哥"和"家具"间存在领属关系。再如"我的办公室、爷爷的眼镜、小鸟的巢"等皆为此类关系。

（2）隶属关系：比如"姐姐的眼睛"，眼睛是姐姐的组成部分，"姐姐"和"眼睛"间存在隶属关系。再如"大象的鼻子、我的头发"等皆为此类关系。

（3）时间关系：比如"过去的战争"，"过去"表示"战争"的时间，相互间存在时间关系。再如"昨天的事情、历史的经验、未来的前景"等皆属此类关系。

（4）处所关系：比如"书架上的书"，"书架上"表示"书"的处所，相互间存在处所关系。再如"家里的摆设、山上的风景、地下室的光线"等皆属此类关系。

（5）质料关系：比如"貂皮大衣"，大衣由貂皮制作，"大衣"和"貂皮"间存在质料关系。再如"丝绸制品、天鹅绒幕布、象牙塔"等皆属此类关系。

（6）比喻关系：比如"历史的车轮"，历史用车轮来比喻，"历史"和"车轮"间存在比喻关系。再如"理想的翅膀、希望的田野、铁的纪律"等皆属此种关系。

（五）语义关系分析的作用

分析语义关系，对于理解和认识句法结构，具有非常重要的作用。这至少体现在下列两个方面：

（1）认识句法结构反映什么样的客观现实或现象。仅仅了解句法关系，还不足以认识句法结构在反映什么样的客观现实或现象，只有明确了其中的语义关系，才能真正理解句法结构在表达什么样的客观现实或现象。

　　① 我已经买了。

　　② 菜已经买了。

例①和例②都具有主谓关系，但反映的是两种不同的客观现象，我们之所以能加以区分，是因为例①的主语"我"和谓语动词"买"之间存在"施事—动作"语义关系，例②中的主语"菜"和谓语动词"买"之间存在"受事—动作"语义关系。不理解这种语义关系上的差异，我们将无从理解它们为什么会反映两种不同的客观现象。

（2）分析相同句法结构所隐含的歧义。有些句子，句法结构分析只有 1 种，也就是只能分析成 1 种结构层次、1 种句法关系，但它们却存在歧义。例如"王秘书通知了""字写得好"，其句法结构只能分析如下：

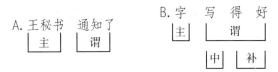

但是，这两个句法结构都有歧义。造成歧义的原因是所含语义关系不单一。在 A 中，"王秘书"和"通知"之间既可能存在"施事—动作"语义关系，也可能存在"受事—动作"语义关系。在 B 中，"写"和"好"之间既可能存在"动作—状态"语义关系，也可能存在"动作—可能"语义关系。通过语义关系分析，能清楚地了解其中的歧义和导致歧义的原因。

二、语义指向分析

（一）语义指向与句法结构

语义指向是指句法结构中某一句法成分与其他句法成分间所存在的语义联系。

> ① 她累得晕倒在地上。
> ② 她把房间打扫得干干净净。
> ③ 他摔碎了好几个碗。
> ④ 他的字漂亮极了！

例①"晕倒在地上"在句法结构上是"累"的补语，但在语义上却指向主语"她"，说明"她"的动作行为。例②"干干净净"在句法结构上是"打扫"的补语，但语义却指向状语中的"房间"，描述"房间"的性状特征。例③"碎"在句法结构上是"摔"的补语，但语义却指向宾语"好几个碗"，描述"好几个碗"的性状特征。例④"极"在句法结构上是"漂亮"的补语，语义也指向"漂亮"，说明"漂亮"的程度。语义指向关系是互逆的。以上4例中，"她""房间""好几个碗"和"漂亮"

的语义反过来也分别指向"晕倒在地上""干干净净""碎"和
"极"。其中前 3 例中的语义指向和句法关系不一致，而后 1 例
中的语义指向和句法关系是一致的。

（二）语义指向的类型

语义指向的类型比较复杂。下面介绍一些常见的语义指向
类型。

（1）主语与宾语间的语义指向。

  ① 她咬着嘴唇，总算忍住了眼泪。

  ② 房间里散发着一丝淡淡的兰花清香。

（2）主语与状语间的语义指向。

  ① 联防队员仔细地观察着楼道里的动静。

  ② 他们在休息室里呆了好长时间了。

（3）主语与补语间的语义指向。

  ① 我已经走累了。

  ② 那只老鼠昨天给打死了。

（4）宾语与状语间的语义指向。

  ① 他把我当成了他的救命稻草。

  ② 老爷子在房间里养了不少名贵的兰花。

（5）宾语与补语间的语义指向。

  ① 中国队终于打败了日本队。

  ② 他悄悄地剪断了绳索。

（6）状语与补语间的语义指向。

  ① 那鬼天气，当时把我冻得直哆嗦。

  ② 我们会准时把救灾物资投放在指定位置的。

（三）语义指向分析的作用

语义指向分析和语义关系分析的作用是相通的。首先，有助于认识句法结构在反映什么样的客观现实或现象。

　　① 张华小心地沏了一杯茶。

　　② 张华迅速地沏了一杯茶。

　　③ 张华浓浓地沏了一杯茶。

以上3例的句法结构是相同的，状语"小心""迅速""浓浓"都是修饰中心语"沏"的。但是从语义指向的角度分析，其差异就显现出来了，"小心"的语义是指向主语的，说明张华沏茶时很小心；"迅速"的语义是指向动词"沏"的，说明沏茶的动作快；"浓浓"的语义是指向"茶"的，说明茶沏得浓。很明显，仅分析句法结构而不分析语义指向，人们难以准确地把握3个句子所反映出的客观事理的不同。

其次，也有助于分析相同句法结构中的歧义现象。

　　④ 他挑了一天的水。

例④中，定语"一天"的语义既可能指向定语中心语"水"，也可能指向谓语中心语"挑"，这种不同的语义指向，导致该句有歧义：前者是说挑了可供1天使用的水，后者是说一整天都在挑水。如果只分析这两个句子的句法结构，我们同样无法找出造成这两个句子歧义的原因。

三、语义特征分析

（一）什么是语义特征

语义特征是句法结构特定位置上的词语所具有的带有区别性的意义特征。语义特征对句法结构具有制约作用。

　　① 比鲁智深还鲁智深！

　　② 比猪还猪！

　　③ 比木头还木头！

例①至例③所具有的句法结构为"比+N+还+N"。通过观察，可以看出，名词性词语 N 须具有［+典型性］的语义特征。上面 3 例中，"鲁智深"具有［+鲁莽］的典型意义特征，"猪"具有［+笨］的典型意义特征，"木头"具有［+呆］的典型意义特征。名词性词语不具有"典型性"的意义特征，将无法进入"比+N+还+N"格式。比如，"＊比桌子还桌子！""＊比黄瓜还黄瓜！"这样的说法所以不能成立，就是因为其中"桌子""黄瓜"不具有"典型性"的语义特征。因此，名词性词语所具有的"典型性"，是对该句法结构具有制约作用的语义特征。

（二）语义特征分析的作用

1. 解释句法结构能否成立的原因

　　语义特征既然对句法结构具有制约作用，那么可以借用语义特征的分析，考察句法结构能否成立的原因。不妨观察下列两种句法结构。

　　（1）都+N+了。该句法结构要求其中的名词性词语 N 具有［+推移性］的语义特征。所谓"推移性"，是指 N 所指称的客观事物是从另一事物推衍发展而来的。

　　① 都大姑娘了，怎么还不会绣花呀！

　　② 都中学生了，怎么这么简单的数学题还不会算哪！

　　③ 都百十斤的肥猪了，怎么还不杀呀！

以上 3 例中的名词性词语都具有［+推移性］：小姑娘→大姑娘，小学生→中学生，小猪→百十斤的肥猪。不具有"推移性"，不能进入"都+N+了"的句法结构。比如，"＊都姑娘了，怎么还不会绣花呀!""＊都猪了，怎么还不杀呀!"这两个句子不成立，就是因为其中的"姑娘"和"猪"在这里不具有［+推移性］语义特征。

（2）A+一点儿。该句法结构要求其中的形容词 A 具有［+可控性］的语义特征。所谓"可控性"，是指形容词所描述的性状特征是人们主观上可以控制的。

　　　　① 客气一点儿!
　　　　② 认真一点儿!
　　　　③ 高一点儿!

以上 3 例中的形容词都具有［+可控性］，对他人，可以客气，也可以不客气；对工作，可以认真，也可以不认真；对摆放的东西，可以使其高，也可以使其低。A 不具有［+可控性］，不能构成"A+一点儿"句式。比如，"＊晕一点儿!""＊疼痛一点儿!"这两个句子不成立，就是因为其中的"晕"和"疼痛"不具有［+可控性］语义特征。

　　2. 解释句法结构歧义现象形成的原因

　　不管是语义关系，还是语义指向，都可以帮助我们分析句法结构中的歧义现象。但是，这种分析还不足以帮助我们更加深入地考察造成这种歧义的原因。而语义特征分析，就可能达到这样的目的。

　　　　① 鸡不吃了。
　　　　② 他在火车上写字。

从语义关系的角度看，例①具有歧义，是因为"鸡"和"吃"既可能存在"施事—动作"的语义关系，也可能存在"受事—动作"的语义关系。其实，"鸡"之所以既能成为"吃"的施事，又能成为"吃"的受事，是因为"鸡"对"吃"来说，既可具有［+施动性］语义特征，又可具有［+受动性］语义特征。不具有这两种语义特征，不可能形成歧义。比如，"姐姐不吃了"不具有歧义，是因为"姐姐"对"吃"来说，只具有［+施动性］；"苹果不吃了"也不具有歧义，是因为"苹果"对"吃"来说，只具有［+受动性］。例②也具有歧义，是因为"在火车上"的语义既可能指向主语"他"——他在火车上，又可能指向宾语"字"——字在火车上。其实，"在火车上"语义之所以既能指向"他"，又能指向"字"，是因为"写"具有［+附着性］语义特征。不具有［+附着性］语义特征，不能形成歧义。比如，"他在飞机上看海""他在食堂里吃饭"，这两个句子所以不具有歧义，是因为其中的"看"和"吃"不具有［+附着性］语义特征。

思考与练习

一、什么是语义关系？指出下列各句中所存在的句法关系和语义关系。

1. 你别说她了！

2. 我吃大碗，你吃小碗！

3. 医生们迅速地把他推到手术台上。

4. 她听得那么津津有味。

5. 哥哥送了我一台笔记本电脑。

6. 池塘里躺着一头大水牛。

二、下列各句中的谓语动词和哪些名词性词语存在语义关系？存在什么样的语义关系？

1. 我用老师傅教我的方法，把柜子重新刷了漆。

2. 为了祖国的未来，他在教育战线辛勤耕耘了30多年。

3. 她用那些大红纸剪出了许多非常漂亮的窗花。

4. 按照爸爸的要求，姐姐认真地练起了书法。

5. 经理昨天向我详细地了解当时的情况。

6. 昨天徐先生举办了个人画展。

三、下列各句中的谓语形容词和哪些名词性词语存在语义关系？存在什么样的语义关系？

1. 孙明慧对领导分配的工作非常负责。

2. 那老秦头比我倔多了！

3. 那些旅客，杨姐对他们都非常热情。

4. 你那项建议，老王他们的意见可大啦！

5. 她激动得流下了眼泪。

四、下列两组形容词，它们充当谓语中心语所构成的句法结构可能存在什么样的差异？试举例加以分析。

甲：白，黑，红，直，香，热，绿

乙：雪白，漆黑，血红，笔直，香喷喷，热乎乎，绿油油

五、举例说明语义关系分析的作用。

六、指出下列各句中带黑点的词语的语义指向。

1. 我们对这两套方案进行了比较。

2. 她对女儿总有说不完的话。

3. 玛丽的普通话比我说得还标准！

4. 村里的孩子们在池塘里玩得那么兴高采烈！

5. 他这个月踢坏了好几双鞋了。

6. 他们悄悄地把那几幅抗日标语贴在了城墙上。

七、举例说明语义指向分析的作用。

八、试从语义关系或语义指向的角度，对下列两个句子加以简要分析。

1. 她对我的态度很不满。

2. 她对我的态度很生硬。

九、什么是语义特征？举例说明语义特征分析的作用。

十、观察下列兼语句第一个谓语动词的语义特征，并依据语义特征给它们分类。

1. 虚心使人进步，骄傲使人落后。
2. 她有一个哥哥在机场工作。
3. 你这样做太让我寒心了！
4. 工头逼矿工们在矿井下挖煤。
5. 你应该请她来家里坐坐。
6. 把那个小狗熊给我玩一下吧！

第七节　句　　型

学习要点　了解什么是句型以及句型的特点，熟悉现代汉语的单句句型系统，并能够正确熟练地对具体单句的句型加以归类。

一、句型的特点

句型是依据句子的整体结构特征归纳出来的句子结构类型。句型主要具有下列几个特点：

（一）抽象性

所谓抽象性，是指任何一种句型都反映着不同句子所具有的共同的整体结构特征。例如："这件衣服很漂亮"，"很多坑道都灌满了水"。两个句子意义各不相同，但从整体结构看，它们都是由主谓短语构成的，都属于主谓句。再如"蛇！""禁止烟火！""多动听的歌声啊！"这些句子意义各不相同，但从整体结构看，它们都不是由主谓短语构成的，这些句子都属于非主谓句。

（二）生成性

所谓生成性，是指任何一种句型都可以衍生出无穷无尽的在整体上具有共同结构特征的句子。比如，借用主谓句型，可以衍生出"爸爸吃""妈妈喝""爷爷来"等等具有共同结构特征的句子，而这种衍生，实际上可以无限地进行下去。句型的生成性，为人们表达无限丰富的思想提供了可能。

（三）系统性

所谓系统性，是指任何语言的句型系统都是有层次的，而不同句型，特别是同一层次的不同句型，又处于相互联系、相互制约的关系之中。

汉语的句型是分层次的。这种层次可用下图表示：

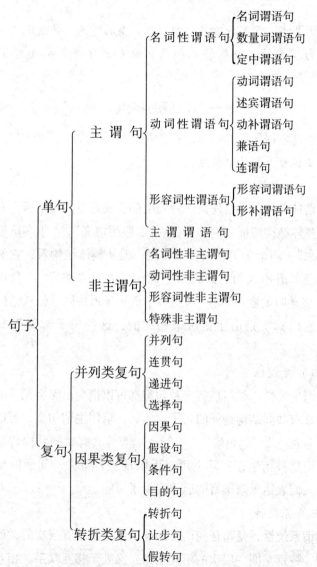

```
                                           ┌ 名词谓语句
                            ┌ 名词性谓语句 ┤ 数量词谓语句
                            │              └ 定中谓语句
                            │              ┌ 动词谓语句
                            │              │ 述宾谓语句
                    ┌ 主谓句┤ 动词性谓语句 ┤ 动补谓语句
                    │       │              │ 兼语句
                    │       │              └ 连谓句
                    │       │                ┌ 形容词谓语句
              ┌ 单句┤       │ 形容词性谓语句 ┤
              │     │       │                └ 形补谓语句
              │     │       └ 主谓谓语句
              │     │       ┌ 名词性非主谓句
              │     └ 非主谓句 动词性非主谓句
              │              │ 形容词性非主谓句
              │              └ 特殊非主谓句
  句子 ┤              ┌ 并列句
              │       ┌ 并列类复句 连贯句
              │       │            │ 递进句
              │       │            └ 选择句
              │       │            ┌ 因果句
              └ 复句 ┤ 因果类复句 │ 假设句
                      │            │ 条件句
                      │            └ 目的句
                      │            ┌ 转折句
                      └ 转折类复句 ┤ 让步句
                                   └ 假转句
```

在上述句型系统中，句子为一级层次，由句子划分出来的单句和复句为二级层次，由单句划分出来的主谓句、非主谓句以及由复句划分出来的并列类复句、因果类复句、转折类复句为三级层次，其余类推。

不同句型，特别是同一层次的不同句型，它们又是相互联系、相互制约的。比如，"领导给职工们送来了慰问金"；"杨华对这项工作非常负责"。这两个句子分别是主谓句中的动词性谓语句和形容词性谓语句。如果分别将其中的"慰问金"和"这项工作"移位，说成"慰问金领导给职工们送来了"。"这项工作，杨华非常负责"。它们就转化成主谓句中的主谓谓语句了。

这说明，主谓句中的主谓谓语句同动词性谓语句和形容词性谓语句具有内在的联系。再比如，"我去过北京，也去过上海。"该句属于并列类复句；"我和他生活了10年，当然了解他呀！"该句属于因果类复句。如果分别否定这两个复句中的后一分句，说成："我去过北京，但没去过上海。""我和他生活了10年，可还是不了解他！"它们就转化成转折类复句。这说明，复句中的转折类复句同并列类复句及因果类复句也具有内在的联系。在考察句型的过程中，应注意不同句型间的这种内在联系。

二、句型分析应注意的问题

一个句子应归入哪个句型，须依据句子的整体结构特征加以分析。这种整体结构特征主要体现在两个方面：

（1）句子如果由 A、B 两个部分组成，整体结构特征体现在 A、B 间的整体联系上。

①半月春风，吹绿了沿江两岸的小草。

　　② 半月春风，沿江两岸的小草就由黄变绿。

例①"半月春风"是被陈述的对象，而"吹绿了沿江两岸的小草"是用来陈述"半月春风"的动作行为的，因而这两个部分存在主谓关系，该句属于单句中的主谓句。例②"半月春风"是"沿江两岸的小草就由黄变绿"的原因，而后者又是前者的结果，相互间不存在陈述与被陈述关系，因此该句属于复句中的因果类复句。

　　（2）句子如果由 A、B 两个部分组成，其下位的结构特征还可体现在其中某一部分的整体特征上。

　　③ 她走累了。

　　④ 她快多了。

例③属于主谓句中的动词性谓语句，将该句归入动词性谓语句，是依据其中"走累了"的整体特征（该词语是动词性词语，在句中充当谓语）来归类的。同样，例④属于主谓句中的形容词性谓语句，将该句归入形容词性谓语句，是依据其中"快多了"的整体特征（该词语是形容词性词语，在句中充当谓语）来归类的。

　　句子如果仅由一个词构成，它不能分解成两个不同的组成部分，这样的句子只能是单句，是单句中的非主谓句。

　　句子中的某些语言因素，如语气、词语替换、特殊成分、扩展以及语用移位等，它们并不改变句子的整体结构特征，因此，这些语言因素不影响句型的划分。

　　⑤ 厂职代会已经批准了我们的提案。

　　⑥ 厂职代会已经批准了我们的提案？

例⑤和例⑥分别具有陈述语气和疑问语气，但它们都属于主谓句中的动词性谓语句。

　　　⑦ 多动听的歌声啊！

　　　⑧ 多动听的嗓音啊！

例⑧用"嗓音"替换例⑦中的"歌声"，但这两例都属于非主谓句中的名词性非主谓句。

　　　⑨ 这种倒行逆施的做法，一定会受到历史的严厉惩罚！

　　　⑩ 很明显，这种倒行逆施的做法，一定会受到历史的严厉惩罚！

例⑩有特殊成分"很明显"而例⑨没有，但这两例都属于主谓句中的动词性谓语句。

　　　⑪ 张大夫总是那样负责！

　　　⑫ 张大夫对每位病人总是那样负责！

通过添加介词短语"对每位病人"，将例⑪扩展成例⑫，但这两例仍然都属于主谓句中的形容词性谓语句。

　　　⑬ 你们出来吧！

　　　⑭ 出来吧，你们！

　　　⑮ 尽管已经想了不少办法，这个问题到现在还没有解决。

　　　⑯ 这个问题到现在还没有解决，尽管已经想了不少办法。

为了特定的表达需要，例⑭对例⑬的句子成分进行了语用移位，但两例仍然都属动词性主谓句；例⑯对例⑮的分句作了移位，但二者仍为复句中的转折类复句。

三、句 型 系 统

　　现代汉语句型系统包括单句、复句两大部分。单句可分为主谓句和非主谓句两大类。

（一）主谓句

主谓句是由主谓短语构成的句子。主谓句又可分为名词性谓语句、动词性谓语句、形容词性谓语句和主谓谓语句等 4 种。

1. 名词性谓语句

谓语由名词性词语充当，这样的主谓句就是名词性谓语句。名词性谓语句又可分为名词谓语句、数量词谓语句和定中谓语句等 3 种。

　　　① 今天星期天。

　　　② 这袋米 30 来斤。

　　　③ 小明的姐姐大眼睛。

　　　④ 天空，一片片云彩。

例①属名词谓语句，谓语由名词"星期天"充当；例②属数量词谓语句，谓语由数量短语"30 来斤"充当；例③、例④属定中谓语句，谓语由定中短语"大眼睛""一片片云彩"充当。

2. 动词性谓语句

谓语由动词性词语充当，这样的主谓句就是动词性谓语句。动词性谓语句又可分为动词谓语句、动宾谓语句、动补谓语句以及兼语句、连谓句等 5 种。

　　　① 她哭了。

　　　② 他一直在那里静静地躺着。

　　　③ 夫妻俩养了上百只羊。

　　　④ 那件事儿吓得我一夜没合眼。

例①属动词谓语句，谓语由动词"哭"充当；例②也属动词谓语句，其中的谓语由状中短语"一直在那里静静地躺着"充当；例③属述宾谓语句，谓语由述宾短语"养了上百只羊"充当；例④属动补谓语句，谓语由动补短语"吓得我一夜没合眼"

充当。

　　⑤ 我求你别再这样做了！

　　⑥ 爸爸打电话通知家里人了。

例⑤属兼语句，谓语由兼语短语"求你别再这样做了"充当；例⑥属连谓语，谓语由连谓短语"打电话通知家里人"充当。

　　3. 形容词性谓语句

　　谓语由形容词性词语充当，这样的主谓句就是形容词性谓语句。形容词性谓语句又可分为形容词谓语句、形补谓语句两种。

　　① 屋里的墙壁雪白。

　　② 老张的设计方案非常科学。

　　③ 房屋黑得伸手不见五指。

例①属形容词谓语句，谓语由形容词"雪白"充当；例②也属形容词性谓语句，谓语由状中短语"非常科学"充当；例③属形补谓语句，谓语由形补短语"黑得伸手不见五指"充当。

　　需要强调的是，在动词性谓语句、形容词性谓语句中，有许多句子的谓语包含状语。我们之所以在确定句型的时候不考虑状语的存在，是由于状语属于扩展成分，如果确定一种"状中谓语句"就会掩盖述宾谓语句、动补谓语句、形补谓语句等极其重要而复杂的下位句型。

　　4. 主谓谓语句

　　谓语由主谓短语充当，这样的句子就是主谓谓语句。例如"这位老大爷一个字也不认识"。句子的主语是"这位老大爷"，谓语是主谓短语"一个字也不认识"。关于主谓谓语句的具体情况，我们将在句式部分讨论。

　　（二）非主谓句

　　非主谓句是由主谓短语之外的其他短语、甚至一个词构成的句子。非主谓句又可分为名词性非主谓句、动词性非主谓句、形容词性非主谓句以及特殊非主谓句等 4 种。

1. 名词性非主谓句

名词性非主谓句是由名词或名词性短语构成的非主谓句。经常构成感叹句和用于交待事情发生的背景等。

　　① 飞机！

　　② 2005 年春。

　　③ 好一个吃里扒外的东西！

2. 动词性非主谓句

动词性非主谓句是由动词或动词性短语构成的非主谓句。经常用于标语、口号和构成祈使句等。

　　① 起风了。

　　② 禁止在此倒垃圾。

3. 形容词性非主谓句

形容词性非主谓句是由形容词或形容词性短语构成的非主谓句。经常构成感叹句。

　　① 好看极了！

　　② 太漂亮了！

4. 特殊非主谓句

有的非主谓句仅由一个叹词、拟声词、代词或副词构成，这样的非主谓句都归入特殊非主谓句。

　　① 嗯。

　　② 哎呀！

　　③ 谁呀？我。

　　④ 不！

思考与练习

一、什么是句型？简述句型的 3 个特点。

二、指出下列各句的句型。

示例：对！——单句，非主谓句，形容词性非主谓句。

1. 萧何在这短短的 1 年多时间里，就让汉中人民永远地记住了他。

2. 北宋著名的科学家沈括也曾担任过延州知州。

3. 啊！那片令人难忘的净土！

4. 雪下得那么大！

5. 从密林深处传来了几声清脆的鸟鸣。

6. 池塘的中央躺着 1 头悠闲自得的大水牛。

7. "没事找我"是我对朋友的真诚邀请。

8. 家长对你们多关心啊！

9. 这一婚姻的悲剧对陆游心灵的伤害很深。

10. 妈妈！来客人啦！

三、"我答错了好几道题。""姐姐瞅了他好几眼。"以上两句在结构上有何不同？应分别归入动宾谓语句与动补谓语句中的哪一类？为什么？

四、观察下列句子，有的名词性词语可以充当谓语，构成主谓句中的名词性谓语句，有的却不能。谈谈你对这类语言现象的看法。

A、小张上海人。　　　　　B、*小张人。

她要的咖啡美国货。　　　*她要的咖啡货。

那个宾馆，四星级宾馆！　*那个宾馆，宾馆！

他爷爷，倔脾气。　　　　*他爷爷，脾气。

五、观察下列对话，请谈谈乙的答语是否属于名词性非主谓句？为什么？

甲：你想喝点什么？

乙：咖啡。

第八节 句　式

学习要点　了解什么是句式，不同句式是依据什么样的局部特征归纳出来的，掌握主谓谓语句、双宾句、连谓句、兼语句、把字句、被字句、连字句以及存现句的基本概念和基本特征。

一、什么是句式

句式是依据句子的局部特征归纳出来的句子类型。这种局部特征主要包括：

（一）结构特征

有的句式是依据句子的某一结构特征归纳出来的，例如主谓谓语句、双宾句、兼语句、连谓句等。主谓谓语句的结构特征是谓语均由主谓短语充当；双宾句的结构特征是同一个谓语中心动词带有两个宾语；兼语句的结构特征体现在谓语由兼语短语充当；连谓句的结构特征体现在谓语由连谓短语充当。由于句型也可以依据句子的某一结构特征划分，有些句型的下位类型如主谓谓语句、兼语句、连谓句等，也可以从句式的角度加以论述。

（二）特殊词语

有的句式是依据句子所包含的特殊词语归纳出来的，如把字句、被字句、连字句等。把字句都包含表示处置作用的介词"把"或"将"；被字句都包含表示被动意义的介词"被"；连字句都包含表示隐含作用的助词"连"。

（三）语义范畴

有的句式是依据句子的语义范畴归纳出来的，如存现句、主动句、被动句等。存现句的共同语义范畴体现在句子都表示存现意义；主动句的共同语义范畴体现在句子中的主语都是谓语动词所表动作行为的施事；被动句的共同语义范畴体现在句子中的主语都是谓语动词所表动作行为的受事。

由于句式是依据句子的局部特征归纳出来的，而这些局部特征并不一定相互排斥，因此，同一个句子，有可能依据不同的局部特征而归入不同的句式。

① 从美国归来的表哥，送了我一台笔记本电脑。

② 连铁石心肠的三叔，都被她的行为深深感动了。

例①中的与事"我"和受事"一台笔记本电脑"都在句中充当宾语，该句属于双宾句；而主语和谓语动词之间又存在"施事—动作"的语义关系，因此该句又属于主动句。例②既包含助词"连"，又包含介词"被"，因此既属于连字句，又属于被字句。

依据不同的局部特征，可以归纳出各种各样的句式来。本节主要就上面提到的一些句式加以探讨。把字句与主动句，被字句和被动句，它们相互间存在着密切的联系，因此，在讨论把字句、被字句时，我们将同时对主动句和被动句加以说明。

二、主谓谓语句、双宾句、兼语句和连谓句

（一）主谓谓语句

主谓句的谓语如果由主谓短语充当，这样的句子就是**主谓谓语句**。主谓谓语句经常用于描写、说明人或事物。依据全句主语（称为大主语）同谓语中不同的句法成分（包括充当谓语的主谓短语中的主语和谓语，分别称为小主语和小谓语）在意义上的联系，主谓谓语句一般可分为下列几种类型：

（1）大主语同小主语在语义上具有隶属关系。

　① 李大爷身板硬朗。

　② 院子里的梨树，花儿已经开满了枝头。

从语义关系上看，例①的小主语"身板"应属于大主语"李大爷"，但在句法关系上，大主语与小主语之间不能加结构助词"的"，因为加"的"以后，"李大爷的身板"整体充当了全句的主语，全句不再是主谓谓语句。例②的主语与谓语间有停顿，大主语"院子里的梨树"与小主语"花儿"具有隶属关系。

（2）大主语同小谓语中的中心动词存在"施事——动作"语义关系。这时，小主语都是小谓语中心动词的受事。

　① 他们什么事都会干出来的！

　② 我 1 分钱也没花呀！

（3）大主语同小谓语中的中心动词存在"受事——动作"语义关系。这时，小主语都是小谓语中心动词的施事。

　① 你说的那些情况我们都详细调查了。

　② 那只鸡他 1 个人全吃光了！

（4）谓语里有对大主语的复指成分。

　① 这些来自外地的民工，他们对这座城市的发展做出了巨大的贡献。

　② 这个小姑娘，周围的人都喜欢她。

（5）大主语是充当谓语的主谓短语陈述、讨论的范围、对象。

　① 语文教学，张老师有丰富的经验。

　② 这个问题，我们还没有成熟的意见。

（二）双宾句

如果句子的谓语动词同时涉及两个充当宾语的句法成分，这

样的句子就是双宾句。其中先出现的宾语是与事宾语，或称为近宾语；后出现的宾语是受事宾语，或称为远宾语。能够带双宾语的动词大都是表示授予、交接、奖罚、责备、告诉、询问等意义的动词。与事宾语一般由表示人的名词或代词充当，受事宾语一般由表示物的名词性词语充当。

① 单位竟然给了刘英两套住房！

② 送你一杯忘情水。

③ 那家伙偷了张家5千块钱。

④ 他拿了我不少值钱的东西！

例①例②中的动词表示给予，例③例④中的动词表示获取。

有些带双宾语的动词是表示言语活动的动词。这时，与事宾语一般也由表示人的名词或代词充当，但受事宾语则往往由表示言谈内容的谓词性词语充当，也可以由名词性词语充当。

⑤ 我告你夜闯民宅！

⑥ 爷爷成天骂玲玲没个姑娘样儿。

⑦ 队长告诉小林一个好消息。

以上3例中的动词"告""骂"和"告诉"都是表示言语活动的动词。例⑤中的"夜闯民宅"是用来说明"你"的动作行为的，例⑥中的"没个姑娘样儿"是用来说明"玲玲"的性格、举止特征的。这类双宾句容易和主谓短语作宾语的句子相混。比较：

⑧ 他责备我没干好工作。

⑨ 他认为我没干好工作。

例⑧为双宾句，例⑨为主谓作宾句。我们可以从动词的意义特征和搭配关系来分辨：从动词的意义特征上看，主谓作宾句的中心动词一般为表示心理活动、感知意义及标志、证明之类的动词；而双宾句的中心动词多为表示交接、授予、责备、询问等意义的动词。从搭配关系上看，主谓作宾句的中心动词只与后面的主谓短语发生整体上的述宾关系，而双宾句的中心动词分别与后面的两个成分发生述宾关系。所以，双宾句的中心动词可以分别与后面的两个成分构成问句"责备谁""责备什么"，主谓作宾句却无法这样提问，只能整体提问"认为什么"。

（三）兼语句

句子的谓语由兼语短语充当，这样的句子就是兼语句。

① 这件事儿简直令人不可思议。

② 她邀请我参加她的生日舞会了！

兼语句的第一个动词，可以分为下列 3 个不同的小类：

（1）动词包含使令义，可称为使令动词。使令动词又可分为两种不同情况：一种是使令动词只包含使令义，不包含其他动作意义。这种使令动词比较少，只有"使、让、叫"等少数几个。这种使令动词只能构成兼语句，如果没有兼语后面的谓词性词语，则句子不成立。

③ 虚心使人进步，骄傲使人落后。

④ 妈妈叫我不要和那帮人混在一起。

比如例③不能说成"＊虚心使人，骄傲使人"。例④虽然可以说"妈妈叫我"，但这个"叫"不属于使令动词，而是一个表示"呼唤"意义的一般动词。

另一种既包含使令义，还包含其他动作意义。这类使令动词要多一些，如"请、选、派、邀请、鼓励、要求"等。这种使令动词不但可构成兼语句，而且没有兼语后面的谓词性词语时，句子仍可成立。

⑤ 我请你喝北京二锅头。

⑥ 老师一直鼓励我们做一个品德高尚的人。

例⑤可以说成"我请你"，其中的"请"还表示"邀请"的意思；例⑥可以说成"老师一直鼓励我们"，其中的"鼓励"还表示"勉励"的意思。如果没有兼语后面的谓词性词语，该动词就不再包含使令义。换句话说，这种动词既可以是使令动词，也可以是只表示其他意义的一般动词。

（2）动词包含给予义，可称为给予动词。给予动词其实就是在讨论双宾句时所考察的具有给予意义的那部分动词。也就是说，给予动词不但可构成双宾句，还可构成兼语句。

⑦（这饮料有问题，）你千万别给孩子喝！

⑧（这么漂亮的鹦鹉，）你送我玩儿两天吧！

⑨ 你赏我两个钱儿花花！

⑩ 你递我个梳子用用！

这类动词如果既带双宾语，又构成兼语句，那就属于双宾句与兼语句的套用。以上4例中，例⑦和例⑧只是兼语句；例⑨和例⑩既是兼语句，又是双宾句。

（3）动词包含领有或存在意义，可称为领存动词。领存动词只包括"有"和"没有（没）"两个。

⑪ 老张家有两个儿媳妇都是从内蒙古嫁过来的。

⑫ 我们没有一个人赞同他这种做法。

兼语句中的两个谓词性词语之间须存在一定的语义联系。主要包括行为与目的、原因与结果、事物与解说等语义联系。

⑬ 别教唆小孩儿玩游戏机了！

⑭ 这个月，我请她看了好几场电影。

⑮ 我们村儿有好多大树都被砍掉了。

例⑬是行为与目的的语义联系，如"教唆小孩儿"的目的，是让"小孩儿玩游戏机"；例⑭是原因与结果的语义联系，"我请她"，结果是"她看了好几场电影"；例⑮是事物与解说的语义联系，"都被砍掉了"，是用来解说"好多大树"的现存情况的。但要说明的是，兼语句中的第一个动词如果由不包含其他动作意义的使令动词充当，那么两个谓词性词语间不存在上述几种语义联系，而是一种单纯的使令语义联系。

有的兼语句直接由兼语短语构成，此类句式的上位句型为非主谓句。

　　⑯ 没一个人敢这样对我说话！

兼语句与双宾句，兼语句与主谓作宾句，它们之间存在如何辨析的问题。

　　⑰ 他骂我混账！

　　⑱ 他派我陪陪你。

从意义上看，双宾句中的谓语动词可以是表示言语活动的动词。例⑰中的"骂"表示言语活动，该例应该属于双宾句；例⑱中的"派"包含使令意义，该例应该属于兼语句。从提问形式上看，例⑰具有连续提问形式："他骂谁?""他骂你什么?"可以判定例⑰属于双宾句。例⑱这样提问，就很不自然，比较自然的提问形式应该是："他派谁?""他派你干什么?"例⑱属于兼语句。

主谓作宾句也容易与兼语句相混。

　　⑲ 知道他再也不会回来了。

　　⑳ 请他再好好想想。

我们照样可以从意义和形式两个角度来分辨。从意义上看，例⑲"知道"是表示感知、心理类意义的动词，与其形成语义搭配的并不是"他"，而是"他再也不会回来了"，所以该例属于主谓作宾句；例⑳"请"是表示使令意义的动词，与其形成语义搭配的是"他"，并不是"他再好好想想"，所以该例属于兼语句。从形式上看，例⑲的提问形式应该是："你知道什么?"例⑳可以这样提问："你请谁?""请他干什么?"依据这样的提问形式，也可以判定例⑲属于主谓作宾句，例⑳属于兼语句。

(四)　连谓句

句子的谓语由连谓短语充当，这样的句子就属于连谓句。

① 他拉开门钻了出去。

② 她听到这消息高兴得不得了。

连谓句中，谓语内部没有明显的语音停顿，也不使用任何关联词语。试比较：

③ 我已经打电话通知他们了。

④ 我已经打电话了，通知他们5点钟来开会。

例③中的"已经打电话"和"通知他们了"之间没有明显的语音停顿，属于连谓句；例④中的"我已经打电话了"和"通知他们5点钟开会"之间有明显的语音停顿，该句不是连谓句，而是一个复句。再比较：

⑤ 她去商场买女儿要的计算器。

⑥ 她一进商场就去买女儿要的计算器。

例⑤中的"去商场"和"买女儿要的计算器"之间没有用任何关联词语连接，该句属于连谓句；例⑥中的"进商场"和"去买女儿要的计算器"用关联词语"一……就……"连接起来，该句属于紧缩复句。

连谓句中的不同谓词性词语之间，也存在一定的语义联系。

⑦ 他每天去长江游泳。

⑧ 我劝老爷子劝出了一身汗。

⑨ 他摇晃着身子走了进来。

⑩ 你没资格和我这样说话！

例⑦ "每天去长江"是为了"游泳"，相互间存在行为与目的的语义联系；例⑧ "劝老爷子"，结果"劝出了一身汗"，相互间存在原因与结果的语义联系；例⑨ "摇晃着身子"是"走了进来"这一动作行为所伴随的状态；例⑩ "和我这样说话"是用来说明什么样的"资格"，相互间存在人物与解说的语义联系。

三、把字句、被字句和连字句

（一）把字句

用介词"把"或"将"将受处置的语义成分置于谓语动词之前，这样的句子就是把字句。一般情况下，"把"后面的成分是谓语动词的受事。

　　① 爷爷一大早就把院子打扫得干干净净。

　　② 老张将申请书交到办公室。

有时候，"把"后面的成分还可以是其他类型的语义成分。

　　③ 她明天就能把毛衣打好。

　　④ 别把钢笔写坏了！

　　⑤ 我们把城东城西跑了个遍。

　　⑥把个小彬彬玩得竟忘了回家吃午饭了！

例③中的"毛衣"是"打"的结果，例④中的"钢笔"是"写"的工具，例⑤中的"城东城西"是"跑"的处所，例⑥中的"小彬彬"是"玩"的施事，它们都不是谓语动词的受事。但总的来说，此类把字句相对较少一些。

把字句主要具有下列几个特点：

（1）把字句的基本语法意义是"处置"。所谓处置，是指在谓语动词所表动作行为的作用下，由"把"或"将"引导的语义成分所指称的人或事物受到积极影响而出现某种结果、变化或状态等。例如"小孩把杯子打破了"。其语义关系是"小孩打杯子+杯子破了"，"杯子破了"，是处置的结果，是把字句表意的焦点。比较：

⑦ 黄欣欣看得入了迷。→把个黄欣欣看得入了迷。

⑧ 黄欣欣看过这场足球赛了。→＊把个黄欣欣看过这场足球赛了。

不管例⑦还是例⑧，"黄欣欣"都是"看"的施事，但为什么前者可以变换成把字句，而后者不行？主要在于它们能不能包含处置意义：例⑦是说"黄欣欣"在"看"的作用下受到积极影响而处于"入了迷"的状态，而例⑧并没说"黄欣欣"在"看"的作用下受到积极影响而出现某种结果、变化或状态等。

（2）把字句中应包含某些显示处置结果、变化或状态等的词语。

⑨ 他把儿子高高地举了起来。

⑩ 我把馒头吃了。

例⑨的"起来"，显示在"举"的作用下"儿子"的位置有变化；例⑩的"了"，表示动作已经完成，暗示在"吃"的作用下"馒头没了"。如果缺乏这类词语，动词前后光秃秃的，把字句就难以成立。这也是把字句的谓语不能由单音节动词充当的原因。

⑪ 他终于把存折密码想起来了。→＊他终于把存折密码想。

⑫ 他总算把这项工作干完了。→＊他总算把这项工作干。

在口语中，某些表示处置结果或状态的词语可以省略，如"看把你美得！""这个会把人开得！"此类句子一般用于表达强烈的情感，是对隐含的补语内容的强调。

（3）把字句中的谓语动词是具有自主意义的及物动词。自主动词是能表示有意识的或有心的动作行为的动词，如"吃、看、安排、照顾"等。因为，这种动词所表示的动作行为可以对相关语义成分所指称的人或物加以"处置"。

⑬ 团长把二连通讯员叫到了自己身边。

例⑬的"叫"是具有自主意义的及物动词，在这种意义的作用下实现了对"通讯员"的"处置"，即"通讯员"在"叫"的作用下"到了自己（团长）身边"。

非自主动词表示无意识、无心的动作行为，如"败、肯、看见、瘫痪"等，此类动词与非动作动词由于不表示自主意义，不具有"处置"作用，所以不能充当把字句的谓语动词。

⑭ 我有了许多志同道合的朋友。→＊我把许多志同道合的朋友有了。

⑮ 我早就知道了你刚才说的那件事儿。→＊我早就把你刚才说的那件事儿知道了。

例⑭中的"有"是非动作动词，例⑮中的"知道"虽然是动作动词，但不具有自主意义，因而这两例都不能变换成把字句。

有些自主的不及物动词带上补语以后，才可以构成把字句，如"小红把枕头哭湿了。""我们把大江南北走遍了。"把字句的谓语中心有时还可以是表示人的情感的状态形容词，如"把妹妹高兴得手舞足蹈。""把奶奶难受得直掉眼泪。"这类句子之所以可以成立，是因为谓语中心后面都有表示结果的补语，满足了把字句表示处置的语义要求。

（4）介词"把"或"将"所引导的词语，一般表示已知、确定的人或物，前面常有"这、那"之类的修饰语。

⑯ 请把那本书递给我。→＊请把一本书递给我。

⑰ 我把这些茶喝完了。→＊我把一些茶喝完了。

但这一条件并不严格，有时介词"把"所介引的对象并不表确指，如"他把一辆自行车丢了。""我把一些书卖掉了。"其中的"自行车""书"受数量短语的修饰，都不表示确指。

另外，把字句如果有否定词，否定词多放在"把"字之前。

⑱ 你不能把这件事儿交给秘书去处理。

⑲ 我没把那些钱放在桌子上。

但否定词"不"也常常放在"把"字之后。

⑳ 不把它当回事儿。→把它不当回事儿。

㉑ 简直不把我放在眼里！→把我简直不放在眼里！

把字句和主动句存在着密切的联系。主动句中的主语同谓语动词存在"施事—动作"语义关系。主动句如果存在受处置的语义成分，该语义成分就可能借用介词"把"或"将"，置于谓语动词之前，构成把字句，形成既是主动句、又是把字句的句式。比较：

㉒ a. 我们一定要治理好黄河。

　　 b. 我们一定要把黄河治理好。

例㉒a 包含受处置的语义成分"黄河"，因而可借用介词"把"变换成既是主动句、又是把字句的例㉒b。不包含受处置的语义成分的主动句就不能变换成把字句。把字句是主动句中的一类。

（二）被字句

用介词"被"引导句子谓语动词的施事，或在谓语动词前

直接添加表被动意义的助词"被"等，这样的句子就是被字句。

　　① 我的整个灵魂都被母亲那无私的爱深深地震撼了。

　　② 屋子被弄得乱七八糟。

前一例的"被"是介词，后一例的"被"是助词。

　　引导施事的还有介词"叫"和"让"，并存在"被/叫/让……给……"以及"为……所……"一类表被动的格式，其中"被/叫/让"和"为"是介词，"给"和"所"是助词。

　　③ 这东西千万别叫她看见了！

　　④ 这样的好东西千万别让他给糟蹋了！

　　⑤ 我为他那不懈奋斗的精神所感动。

　　"叫"和"让"还可以作为使令动词，构成兼语句。这就存在一个和表被动的介词"叫"和"让"如何区分的问题。我们可以从意义和形式两个角度来分辨：从意义上看，使令动词"叫"和"让"具有使令意义，而介词"叫"和"让"只表被动，不具有使令意义；从形式上看，使令动词"叫"和"让"可替换成"使"，不能替换成"被"，而介词"叫"和"让"可替换成"被"，不能替换成"使"。比较：

　　⑥ 这件事儿让她痛苦不堪。

　　⑦ 这件事儿让她看出来了。

例⑥中的"让"是使令动词，该句属于兼语句，它包含"这件事儿"致使"她痛苦不堪"的意思，可以说成："这件事儿使她痛苦不堪。"不能说成："＊这件事儿被她痛苦不堪。"例⑦中的"让"是介词，该句属于被字句，表被动，不包含"这件事儿"致使"她看出来"的意思，可以说成："这件事儿被她看出来了。"不能说成："＊这件事儿使她看出来了。"

　　被字句主要具有下列几个特点：

（1）被字句中的谓语动词是表示动作的及物动词。

⑧ 教练被哭着、笑着的姑娘们高高地抛了起来。

⑨ 这项提案已经被董事会通过了。

例⑧中的"抛"和例⑨中的"通过"都是表示动作的及物动词。不及物的"游行、出去、休息"等动词不能充当被字句的谓语中心。与把字句一样，被字句中的谓语动词同样不能由非动作动词充当。

⑩ 猿猴属于灵长类动物。→*灵长类动物被猿猴属于。

不具有自主意义的动作动词不能充当把字句的谓语动词，但有的却可以充当被字句的谓语动词。

⑪ 她已经知道这件事儿了。→*她已经把这件事儿知道了。

　　　　　　　　　　→这件事儿已经被她知道了。

（2）被字句中的谓语一般也要包含某些词语，来显示主语表示的人或物在遭受动作行为后所出现的结果、变化或状态等。

⑫ 小儿子被那帮人打得鼻青脸肿。

⑬ 一窝鸡被狐狸咬死了好几只。

例⑫包含"鼻青脸肿"，显示"小儿子"在被"打"后所具有的状态；例⑬包含"死了好几只"，显示"一窝鸡"在被"咬"后所具有的结果。如果缺乏这类词语，动词前后光秃秃的，被字句就很难成立。这也是被字句不能由单音节动词充当谓语的理由。

⑭ 这些活儿总算被我干完了。→*这些活儿总算被我干。

⑮ 这个月的生活费已经给寄过去了。→*这个月的生活费已经给寄。

少数双音节动词充当被字句的谓语动词时可以不带表示结果等的词语。这时，"被"前往往会使用能愿动词或表时间的词语。

⑯ 你的建议可能被党委采纳。

⑰ 公司总经理去年五月份被公安部门逮捕。

但即使这样，这类双音节动词一般也不能充当把字句的谓语动词。比如例⑯，人们一般不会说："党委可能把你的建议采纳。"比较自然的说法是："党委可能采纳你的建议。"

（3）被字句中的主语多表示已知、确定的人或物。比较：

⑱ 他买走了你要的那台电冰箱。→你要的那台电冰箱被他买走了。

⑲ 他买走了一台电冰箱。→*一台电冰箱被他买走了。

但有时也可以说"一些旧书被他卖掉了"，"两只小鸡被黄鼠狼叼走了"，"3辆摩托车被偷走了"。所以，被字句中的主语是否定指并没有强制性。

（4）被字句如果存在否定词，否定词一般也应放在"被"字之前。比较：

⑳ 这件事儿没被他搅黄。→*这件事儿被他没搅黄。

㉑ 这办法肯定不会被他采用的。→*这办法肯定被他不会采用的。

从以上分析可以看出，被字句和把字句存在许多相通之处，两种句式往往可以相互变换。

㉒ 我终于把她认出来了。→她终于被我认出来了。

㉓ 那孩子已经被送到孤儿院了。→已经把那孩子送到孤儿院了。

但是，被字句和把字句毕竟是不同的句式，其构成条件并不完全相同，因此，两者并不是任何情况下都可以相互变换。比较：

㉔ 把个小晶晶听得兴奋不已。→＊小晶晶被听得兴奋不已。

㉕ 你千万别叫他撞见了。→＊他千万别把你撞见了。

对于此类存在变换关系的句子，在言语交际中究竟使用哪一种，应当根据表达的需要来决定。如果要突出处置意义和主动关系，则宜使用把字句，如果要突出被动意义和被动关系，则宜使用被字句。同时，还要看具体上下文中用哪种句子来得连贯、顺畅。被字句原来多表示不如意或消极的事情，现在这个意义特征逐渐模糊了。

被动句中的主语同谓语动词存在"受事—动作"的语义关系。一个句子属于被字句，它一定也属于被动句。被字句是包含有表被动关系的介词"被"或助词"被"的被动句。有的句子，其主语同谓语动词之间存在"受事—动作"语义关系，但由于不包含表被动关系的"被""叫""让"等词，它只是被动句，不是被字句。这类往往可直接添加助词"被"，变换成被字句。

㉖ 那些老人全部送进了养老院。→那些老人全部被送进了养老院。

（三）连字句

助词"连"与副词"都""也"配合，构成"连……都/也……"句式，这就是连字句。

① 连我奶奶都看出里面的名堂来了。

② 现在，连我老婆也不正眼瞧我一眼！

连字句有下列几个主要特点：

（1）连字句的基本表义作用是"隐含"。这种隐含分两种情况：一种是对比隐含，一种是非对比隐含。

所谓对比隐含，是指连字句的隐含包含一个对比项（用 X 表示），该对比项和连字句中的焦点（"连"后所强调的词语，用 Y 表示）相关联，该对比隐含是说 X 更会具有 Y 的某种行为或特点。

③ 这件事儿，连厂长都解决不了！

④ 这样的题，连我弟弟也会算！

例③可能具有的对比隐含是："这件事儿，你更解决不了。"其中"你"是对比隐含中的对比项，"厂长"是该句的焦点。对比隐含并不是唯一的。在不同的语境中，连字句所实现的对比隐含可能不同。比如例④，在不同的语言环境中，它可能具有不同的对比隐含："这样的题，我更会算。""这样的题，我朋友更会算。""这样的题，我爸爸更会算。"等等。

再看非对比隐含。连字句中的隐含如果不包含和焦点 Y 相关联的对比项 X，就是非对比隐含。

⑤ 屋里连掉根针的声音都能听见。

⑥ 眼下，我连喘口气的工夫都没有了。

例⑤可能具有的非对比隐含是："屋子里太静了。"该隐含不存在和连字句中的焦点"掉根针的声音"相关联的对比项。非对比隐含也不是唯一的。在不同的语言环境中，连字句所实现的非对比隐含也可能不一样。比如例⑥，在不同的语言环境中，它也可能隐含："我太忙了。""我没时间管你那件事儿。""老板的心太黑了。"等等。

不管是对比隐含还是非对比隐含，它们都是在大脑背景知识及连字句所表述的客观事实的基础上推衍出来的。比如前面的

"这件事儿，连厂长都解决不了"具有对比隐含："这件事儿，你更解决不了。"该对比隐含的推理过程是：

前提1：这件事儿，地位越低越不容易解决。（背景知识）

前提2：厂长地位高，你地位低。（背景知识）

前提3：地位高的厂长解决不了。（客观事实）

结论：这件事儿，你更解决不了。（对比隐含）

前面的"屋子里连掉根针的声音都能听见"具有非对比隐含："屋子里太静了。"该非对比隐含的推理过程是：

前提1：屋子里越能听到细小的声音，说明屋子里越静。（背景知识）

前提2：屋子里掉根针的声音非常细小。（背景知识）

前提3：屋子里掉根针的声音能听到。（客观事实）

结论：屋子里太静了。（非对比隐含）

一个连字句，到底是具有对比隐含，还是具有非对比隐含，要在具体的语言环境中来确定。离开具体的语言环境，连字句到底具有哪种类型的隐含是无法确定的。比如，"赵大鹏连这块石头都搬不动。"在不同的语言环境中，该句所具有的隐含可能是对比隐含："那块石头赵大鹏更搬不动了。"也可能是非对比隐含："赵大鹏的力气太小了。"到底是什么隐含，我们要在具体的语言环境中去确定。

（2）"连"字后所强调的词语都是连字句中的焦点，其位置应在充当状语的副词"都"或"也"之前。而一个非连字句，它的焦点可位于不同句法成分之中，而这些不同句法成分的位置，其差异可能相当大，因此，这样的非连字句如果能转换成连字句，在结构上往往要作一定的调整，包括重读的位置。焦点在句中重读，它所传递的信息是说话人着重强调的信息内容，这里用符号"ˋ"在焦点左上角标示。仍用上面的例子加以比较：

⑦ 赵大鹏连ˋ这块石头都搬不动。（更别说那块石头了）

⑧ 这块石头连ˋ赵大鹏都搬不动。（更别说你了）

但并不是所有具有焦点的非连字句都可转换成连字句。例如："他们ˋ走了。"焦点在谓语动词"走"上，"这个球投ˋ进了！"焦点在补语"进"上，"你应该ˋ仔细观察。"焦点在状语"仔细"上。这 3 个非连字句都无法转换成连字句。能转换成连字句的大多是由名词充当焦点的句子。焦点在谓语动词上的句子如果要转换，必须采取"拷贝"式的结构，重复一次动词。例如："我ˋ动不了了。"要转换成连字句，须说成："我连动都动不了了。"

四、存现句

表示什么地方存在、出现或消失了什么人或物的句子就是存现句。存现句的主语由处所词语充当。

① 展柜里有许多难得一见的珍品。

② 树丛中飞舞着无数的彩蝶。

③ 书桌上竟然有了一瓶花儿了！

④ 胡同里推出了 3 辆人力车。

存现句分为存在句和隐现句两种。表示什么地方存在什么人或物的存现句称为存在句，表示什么地方出现或消失了什么人或物的存现句称为隐现句。上面的例①例②属于存在句，例③例④属于隐现句。

存在句可分为单纯存在句和状态存在句。单纯存在句的述语由表存在的非动作动词"有"充当，"有"后不能带时态助词

"了"，句末也不能带语气词"了"，否则就不再是单纯存在句了。

⑤ 院子的前面有一条水沟。

⑥ 我们动物园里有不少珍稀的动物。

例⑤如果改成"院子的前面有了一条水沟"，例⑥如果改成"我们动物园里有不少珍稀的动物了"，这两个句子就不再是单纯存在句，而是隐现句了。

状态存在句中的谓语动词由动作动词充当，动作动词具有依附、存在意义，即客观事物在动作行为的作用下依附或存在于某个地方。谓语动词一般都带动态助词"着"，谓语动词的施事或受事在句中充当宾语。

⑦ 窗台上蹲着一只小花猫。

⑧ 墙上挂着许多辣椒。

⑨ 房顶上飘着一面红旗。

⑩ 眼眶里闪动着晶莹的泪花。

有的状态存在句表示静态存在（前两例），动态助词既可用"着"，又可用"了"，比如例⑧还可说成"墙上挂了许多辣椒"，意义不变；有的状态存在句表示动态存在（后两例），动态助词用"着"不用"了"。如例⑩，人们一般不会说"眼眶里闪动了晶莹的泪花"。

隐现句也可分为单纯隐现句和状态隐现句。单纯隐现句中的述语由表存在的非动作动词"有"充当，但须与"了"同时出现。

⑪ 房间里竟然有了一张写字台！

⑫ 墙壁上又有你儿子的"杰作"了！

如果句子中没有"了"，上面几例都不再是单纯隐现句，而成了单纯存在句。

状态隐现句中的述语由动作动词充当，动作动词具有移位意义，即客观事物在动作行为的作用下从一处移至另一处。谓语动词或者带趋向补语，或者带动态助词"了"等，谓语动词的施事或受事在句中充当宾语。

⑬ 林子里跳出一只老虎。

⑭ 前面跑来了一个壮壮实实的大汉。

⑮ 我们班上走了四五个优等生。

有的状态隐现句表示出现（前两例），句中须包含趋向补语，如果去掉趋向补语，将例⑭说成"前面跑了一个壮壮实实的大汉"，语感就不大自然（即使可以说，它也不再表示出现，而是表示消失）。有的状态隐现句表示消失，如例⑮，句中须包含动态助词"了"。如果去掉动态助词"了"，说成"我们班上走四五个优等生"，则句子难以成立。

存现句的结构安排，符合人们观察事物的顺序，特别适合于描写环境、景物和人物的背景等。

思考与练习

一、什么是句式？同一个句子，能不能归入不同的句式？为什么？

二、归纳句式的局部特征通常有哪些？请举例说明。

三、观察下列主谓谓语句，请从结构类型方面加以简要分析。

1. 你这种做法，群众的意见可大啦！

2. 这种古玩，市场的价格高得吓人！

3. 王书记这个人嘛，当地老百姓的口碑好得很！

4. 张女士是怎么失踪的，单位里不同版本的说法很多。

5. 他们这些人，一句感谢的话也没对我说过。

6. 许多年前的事，谁能记得那么清楚？

四、哪些类型的动词可以充当双宾句中的述语？试举例加以简要说明。

五、下列各句是双宾句，兼语句，还是主谓作宾句？为什么？

1. 小娟喜欢他待人诚实。

2. 老师鼓励他继续努力。

3. 我认为你不是那样的人。

4. 爸爸支持你这样做。

六、下列句子是兼语句，还是连谓句？为什么？如果你认为它们既不是兼语句，也不是连谓句，那么应如何理解和处理这类语言现象？

1. 递个毛巾擦擦汗！

2. 借点钱用用！

3. 把他吊在树上打！

4. 把他送到劳教所受受教育！

七、兼语句的第一个谓语动词如何分类？各类动词在意义上具有什么样的特征？试举例加以简要说明。

八、观察下列语言现象，请谈谈对这类语言现象的看法。

1. 给啤酒喝，你喝不喝？→ *给啤酒吃，你吃不吃？

2. 我去长江游泳。→ *我去长江查资料。

九、什么是被字句？举例说明被字句的基本特征。

十、下面两个句子是兼语句还是被字句？为什么？

1. 我叫他骂得抬不起头来。

2. 我叫他好好想想这种做法对不对。

十一、把字句中介词"把"引导的是不是都是受事？观察下列把字句，谈谈你对这类语言现象的看法。

1. 她把眼泪都哭干了。

2. 他把鼻子都笑歪了。

3. （他大声一吼，）把我那点睡意全给吼没了。

4. （他给儿子说笑话，）竟然把我这个在一旁生闷气的人给说笑了。

　　十二、举例说明把字句的构成条件。

　　十三、举例说明连字句的隐含现象。

　　十四、简要分析单纯存在句和单纯隐现句的相同相异之处。

　　十五、简要分析状态存在句和状态隐现句的相同相异之处。

第九节　句　　类

学习要点　了解什么是句类以及句类划分的标准，理解语气的主要特点，掌握陈述句、祈使句、感叹句及疑问句的基本特征，并掌握疑问句的结构特征分类及疑问程度分类。

一、句类划分的标准

句类是依据句子的语气划分出来的句子类别。语气是句子所特有的体现句子特定用途的特征。它具有下列 3 个主要特点：

（一）语气为句子所特有

语法单位中，只有句子才具有语气。

　　① 你很认真。

　　② 你认真点儿！

　　③ 你多认真啊！

　　④ 你认真吗？

例①至例④，分别具有陈述语气、祈使语气、感叹语气和疑问语气。其他语法单位，比如词和短语，它们尽管也具有自身不同的声调、重音特征，但它们不具有独立的语气。词或短语一旦负载特定的语气，就具有了句子的身份。

　　⑤（这是什么？）马。

　　⑥ 努力工作！

（二）语气表达句子的特定用途

用相同词语、相同结构规则构成的句子，如果具有不同的语气，就可有不同的用途。

　　① 他姐姐又上了《时尚》杂志了。

② 他姐姐又上了《时尚》杂志了？

例①具有陈述语气，用来陈述事实，属于陈述句；例②具有疑问语气，用来提出问题，属于疑问句。

相反，用不同词语、不同语法结构规则构成的句子，如果具有相同的语气，它们也可具有相同的用途。

③ 在残酷的现实面前，她的理想终于破灭了。

④ 他不会向任何压力低头的。

例③和例④都有陈述语气，用来陈述事实，都属于陈述句。

（三）语气由一定的语调来体现

句子的语气总要借用一定的语调来体现。汉语中体现句子语气的基本语调类型有4种，这就是降调、平调、升调和曲调。这类语调特征，一般称为"句调"。

降调——句子末尾的音高下降，即前高后低的句调。降调用符号"↘"表示。

① 他责任心非常强。（↘）

② 他不同意我的观点。（↘）

平调——句子的音高高度前后保持不变，既不下降、也不上升。平调用符号"→"表示。

③ 如果他责任心非常强（→），我也就不这样操心了。

④ 他是一个很有责任心的人。（→）

升调——句子末尾的音高高度呈上升状态。升调用符号"↗"表示。

⑤ 他责任心非常强？（↗）

⑥ 他不同意我的观点？（↗）

曲调——句子的音高高度有曲折的变化，先升高再降低，或先降低再升高。曲调用符号"～"表示。曲调大多用来表示否定、不满、讽刺、幽默等语气。

　　⑦ 全是我的错，就没你的错？（〜）

　　⑧ 你真是天底下头号的大好人哪！（〜）

　　具有相同语气的句子，应该具有相同的用途，但不一定具有相同的语调特征。因为句子的用途还可以借用其他语言形式来显示。一旦有其他语言形式显示句子的特定用途，那么语调特征就可能发生一定的变化。

　　⑨ a. 小王的书给了小张？（↗）

　　　　b. 小王的书是不是给了小张？（→）

例⑨一般读成升调，但具有疑问形式"是不是"时该句所具有的语调特征往往是平调，由于受疑问形式"是不是"的制约，人们不会将它误解成陈述句。

　　体现句子语气的语调特征和显示句子结构特点的语调特征在句中具有不同的作用，但它们都是语调的构成部分。在考察句子语气时，应将这两种不同的语调特征区分开来。

　　⑩ 他走了。（↘）

　　⑪ 他走了？（↗）

例⑩和例⑪的句法重音均落在"走"上，也就是"他"弱"走"强。这种语调特征实际是在显示这两个句子均由主谓短语构成，因为主谓短语的句法重音应落在谓语上。因此，"他"弱"走"强的语调特征不是体现句子语气的语调特征，而是显示句子结构特点的语调特征。但这两个句子的语调特征也有差别：例⑩为降调，例⑪为升调，降调和升调才是这两个句子所具有的体现不同语气——陈述语气和疑问语气的语调特征。

二、句子的语气类型

依据不同的语气，可以将句子分为四种不同的类别：陈述句、祈使句、感叹句和疑问句。

（一）陈述句

陈述句具有陈述语气，它是用来表述某种事实或认识的句子。人们可以依据客观实际情况，判断陈述句的真假。陈述句一般读成降调，也可读成平调，但不能读成升调。读成降调，重在反映客观事实或认识；读成平调，说话人在反映客观事实或认识的基础上，还会在一定程度上显露对客观事实或认识的主观评价。比较：

　　① a. 我们列车长是个好人。（↘）

　　　 b. 我们列车长是个好人。（→）

　　② a. 张大年这个人不大老实。（↘）

　　　 b. 张大年这个人不大老实。（→）

具有否定形式的陈述句，其否定词用"不"或"没/没有"，不能用"别"或"不要"。

　　③ 我一点也不相信这样的事情！

　　④ 一路上我们没碰到一个行人。

（二）祈使句

祈使句具有祈使语气，它是用来表示某种请求、要求、命令的句子。由于祈使句表述的是请求、要求、命令，因而不存在真假问题。祈使句一般读成平调，也可读成降调，但同样不能读成升调。读成平调，说话人请求、要求、命令的口气较强；读成降调，口气相对较弱。

　　① a. 请把门关上！（→）

　　　b. 请把门关上。（↘）

②　a. 这样的展品，你赶快把它撤下来！（→）

　　　b. 这样的展品，你赶快把它撤下来。（↘）

祈使句和陈述句都可使用降调和平调，只是祈使句多倾向使用平调，陈述句多倾向使用降调。

具有否定形式的祈使句，其否定词用"别"或"不要"，不能用"不"或"没/没有"。

③　你千万别打他的主意！

④　你不要太死心眼儿了！

（三）感叹句

感叹句具有感叹语气，是用来表达强烈情感的句子。感叹句用来表达情感，也不存在真假问题。但这种情感总是针对某种客观现实或现象有感而发的，而感叹句在表达这种情感的同时，往往会将感叹句所针对的客观现实或现象同时反映出来。因此，感叹句所包含的对客观现实或现象的这种反映存在真假问题。

①　多善良的人哪！

②　杨胖子这人真是有心计！

例①为感叹句，它本身不存在真假问题，但它所包含的对客观现象的反映——"这人太善良了"却存在真假问题；同样，例②本身也不存在真假问题，但它所包含的对客观现象的反映——"杨胖子这人有心计"也存在真假问题。

感叹句一般读成平调，也可读成降调。读成平调，表达的情感色彩相对较浓；读成降调，表达的情感色彩相对较淡。

③　a. 这旋律真是太动人了！（→）

　　　b. 这旋律真是太动人了。（↘）

④　a. 那个地方好冷！（→）

　　　　b. 那个地方好冷。（↘）

　　感叹句一般都包含表感叹的词语"多少、多（么）、真（是）、好"等。如果去掉这类词语，它们就不再是感叹句，而转化成陈述句了。比较：

　　　　⑤ a. 她吃过多少苦啊！（感叹句）

　　　　　 b. 她吃过苦。（陈述句）

　　　　⑥ a. 他家的儿媳妇好勤快！（感叹句）

　　　　　 b. 他家的儿媳妇勤快！（陈述句）

　　感叹句的否定形式用否定词"不"或者"没/没有"。

　　　　⑦ 周大林这人真是太不自重了！

　　　　⑧ 这样做，多没意思啊！

　　（四）疑问句

　　疑问句具有疑问语气，它是用来提出某种问题的句子。 由于疑问句用来提出问题，所以也不存在真假问题。疑问句都包含疑问焦点。疑问焦点由负载问话人所关注的疑问信息的词语充当，一般在句中重读（用符号"ˋ"，在重读词语的左上角标示）。如果存在与疑问焦点相对的另一疑问焦点，就属于对比疑问焦点，否则为非对比疑问焦点。

　　　　① 你是去ˋ西安，还是去ˋ上海？

　　　　② ˋ谁还没有在保证书上签字？

例①的疑问焦点是"西安"和"上海"，属于对比疑问焦点；例②的疑问焦点只是"谁"，属于非对比疑问焦点。

　　疑问句可以从结构特征和疑问程度两个角度来分析。

　　1. 疑问句的结构特征分类

　　从疑问句的结构特征看，疑问句可分为是非问、特指问、正反问和选择问4种。

（1）是非问：是非问的疑问焦点不由疑问代词充当，属于非对比疑问焦点。是非问所使用的语气词是"吗"或"吧"，不能是"呢"。

①　是˘张大妈送的饺子吗？

②　你们国庆节去˘黄山玩吧？

是非问如果不包含疑问语气词，就不能借此同陈述句区分开来，所以要读成升调，不读成平调和降调。是非问如果包含疑问语气词，读成平调，疑问色彩较强；读成降调，疑问色彩较弱。比较：

③　是前院的张大婶昨天来找你的？（↗）

④　a. 是前院的张大婶昨天来找你的吧？（→）

　　b. 是前院的张大婶昨天来找你的吧？（↘）

是非问如果有答语，答语可以用"是（的）"或"不（是）"来表示肯定或否定，并带上后续句，回答具体的内容。

⑤　老张他们投了赞成票吗？

——是的，他投了赞成票。

——不，他没投赞成票。

（2）特指问：特指问的疑问焦点由疑问代词充当，也属于非对比疑问焦点。特指问所使用的语气词是"呢"，不能是"吗"或"吧"。

①　是˘谁这么早就在敲门呢？

②　乡长今天到底是去˘哪个村呢？

特指问读成平调或降调，不读成升调。如果读成平调，疑问色彩较强；读成降调，疑问色彩较弱。特指问之所以可读成平调或降调而不同陈述句等句类相混，是因为特指问具有自身特定的疑问形式——疑问代词。

③ a. 是哪个家伙又在说我坏话？（→）

　　b. 是哪个家伙又在说我坏话？（↘）

特指问如果有答语，不能用"是（的）"或者"不（是）"，而要依据实际情况，就疑问焦点回答所提出的问题。

④ 你们是从哪个地方来的？

——河南。／是河南。／是从河南来的。／我们是从河南来的。

（3）正反问：正反问的疑问焦点是对比疑问焦点，不由疑问代词充当，对比疑问焦点在单句中以"×不×"或"×没×"等疑问形式出现，其中×可以是动词或形容词。正反问所使用的疑问语气词是"呢"，不能用"吗"或"吧"。

① 你`能不能帮我修修电视机呢？

② 这套房子他们`买没买呢？

和特指问一样，正反问也读成平调或降调，不读成升调。如果读成平调，疑问色彩较强；读成降调，疑问色彩较弱。正反问之所以也可读成平调或降调而不同陈述句相混，同样是由于正反问具有自身特定的疑问形式——"×不×"或"×没×"等。

③ a. 你说的那人可靠不可靠？（→）

　　b. 你说的那人可靠不可靠？（↘）

正反问如果有答语，答语不能用"是（的）"或者"不（是）"来表示肯定或否定，而要依据实际情况，就"×不×"或"×没×"等疑问焦点回答所提出的问题。

④ 你们去不去上海？——去！／去上海。／我们去上海。

——不去！／不去上海。／我们不去上海。

（4）选择问：选择问的疑问焦点是对比疑问焦点，一般不由疑问代词充当，对比疑问焦点出现在不同的分句中，各分句往往借用关联词语"是……还是……"连接。选择问所使用的疑问语气词是"呢"，不能用"吗"或"吧"。"呢"可出现在不同的分句中。

① 是她的˘长相打动了你呢，还是她的˘人品打动了你？

② 是˘厂长不同意，还是˘书记不同意呢？

如果对比疑问焦点由疑问代词充当，该疑问代词只能在选择问的后一分句出现。

③ 是˘张局长不同意，还是˘哪位领导不同意？（＊是哪位领导不同意，还是张局长不同意？）

选择问各分句和特指问、正反问一样，也读成平调或降调，不读成升调。读成平调，疑问色彩较强；读成降调，疑问色彩较弱。可以读成平调或降调而不同陈述句等句类相混，同样是由于选择问有自身特定的疑问形式"是……还是……"。

④ a. 我是打了你（→），还是骂了你？（→）

   b. 我是打了你（→），还是骂了你？（↘）

选择问如果有答语，答语不能用"是（的）"或者"不（是）"来表示肯定或否定，而要依据实际情况，就各分句中的疑问焦点回答所提出的问题。

⑤ 是爷爷给你买的，还是奶奶给你买的？

   ——爷爷。／是爷爷。／是爷爷给我买的。

   ——奶奶。／是奶奶。／是奶奶给我买的。

   ——是爷爷和奶奶两个人给我买的。

   ——爷爷和奶奶都没给我买。

   ——爷爷？爷爷旅行还没回来呢！（言外之意：是奶奶给我买的。）

——奶奶？奶奶从来不给我买东西！（言外之意：是爷爷给我买的。）

2. 疑问句的疑问程度分类

从疑问程度看，疑问句可分为有疑而问、猜度而问和无疑而问 3 种。

（1）有疑而问：**问话人完全不知道问题的答案，因而借用疑问句提出问题，以求了解答案。**这样的疑问句就是有疑而问。这类疑问句的疑问程度最高。不管是是非问、特指问、正反问还是选择问，都可成为有疑而问的疑问句；如果使用疑问语气词，疑问语气词只能是"吗"或"呢"，不能是"吧"。

① 厂长到现在还没有回家吗？

② 中国京剧院下一次会在哪个国家演出呢？

③ 是主任告诉你的，还是你自己琢磨出来的？

（2）猜度而问：**问话人对问题的答案有一定程度的了解或判断，但又不能完全肯定，从而借用疑问句提出问题，以求准确了解答案。**这样的疑问句就是猜度而问。这种疑问句的疑问程度低于有疑而问。只有是非问才可能构成猜度而问的疑问句；如果使用疑问语气词，疑问语气词只能是"吧"，不能是"吗""呢"。

① 这个月你没回你爹妈那儿去吧？

② 你也许会在经理办公室找到她们吧？

（3）无疑而问：**问话人知道问题的答案，但为了引人注意或强调答案的不言而喻，有意借用疑问句提出问题。**这样的疑问句就是无疑而问。和有疑而问的疑问句一样，是非问、特指问、正反问和选择问均可构成无疑而问的疑问句。无疑而问可分为两种：一种是设问句，一种是反问句。

设问句是问话人提出问题，并且自己作答。设问的目的是引人注意，使听话人更加关注问题的答案。设问句如果有疑问语气词，疑问语气词可以是"吗"或"呢"，不能是"吧"。

① 朱长河有能力解决这样的问题吗？当然没有。

② 谁是最好的人选呢？我看就是你自己了！

③ 运动战，还是阵地战？我们的答复是：运动战。

反问句是问话人提出问题，自己并不作答。反问的目的是强调答案不言而喻，以强化听话人对答案的认定强度。反问句如果有疑问语气词，疑问语气词可以是"吗""呢"。

① 这点儿小毛病，能难住我吗？

② 你说他这人是不是个伪君子？

③ 这么重要的事儿，谁敢马虎呢？！

思考与练习

一、什么是句类？划分句类的标准是什么？请举例说明语气的 3 个主要特点。

二、和降调、平调相比，升调在句子中出现的概率最小。试依据语言的经济原则，对这一语言现象举例加以分析。

三、观察下列疑问句的语调特征，请回答为什么前一例不能读成平调和降调，而后两例却可以读成平调和降调？

1. a. 他是美国人？（↗）

 b. 他真的是美国人？（↗）

2. a. 他是美国人吧？（→）

 b. 他是美国人吧？（↘）

3. a. 他是不是美国人？（→）

 b. 他是不是美国人？（↘）

四、陈述句和祈使句都可使用降调和平调。那么，如何区分这两种不同的句类？试就这一问题，谈谈你个人的想法。

五、感叹句可传递强烈的情感色彩，其实，陈述句也可以传递较为强烈的情感色彩。在这种情况下，如何将陈述句和感叹句区分开来？请谈谈你自己的想法。例如：

　　1. 老王是个好人！

　　2. 这儿的景色确实美极了！

六、是非问能构成猜度问，而特指问、正反问和选择问都不行。为什么？

七、观察下列疑问句的答语，试就答语的情况，谈谈你对这类语言现象的看法：

　　1. 是王大海在故意找你的茬儿吗？

　　——ˋ是王大海在故意找我的茬儿！

　　——＊是ˋ王大海在故意找我的茬儿！

　　——＊王大海！

　　2. 是谁在故意找你的茬儿？

　　——＊ˋ是王大海在故意找我的茬儿！

　　——是ˋ王大海在故意找我的茬儿！

　　——王大海！

八、下面两个句子都包含疑问代词，它们是不是特指问？试就句中疑问代词的作用，谈谈你对这一问题的看法。

　　1. 他对谁都这样热情吗？

　　2. 咱们在哪个地方见过面吧？

九、下列各例中 a、b 两句意义相通，不同句类的表达有何区别？

　　1. a. 我是坑了你，还是骗了你？！

　　　 b. 我既没坑你，也没骗你！

　　2. a. 你是战士，还是老太婆？！

　　　 b. 你不是战士，而是老太婆！

第十节　复　　句

学习要点　了解复句的特点，复句与单句的区别，明确复句的"三分系统"，熟悉复句的具体小类；了解多重复句与紧缩复句的特点，掌握多重复句的分析。

一、复句的特点

复句由两个或两个以上意义相关、结构上互不包含的分句组成。从结构上看，构成复句的分句可以是词，也可以是短语。

①　蓝天，白云，绿草，飞奔的骏马。

②　四月的小巷，清新的空气，我迎着朝阳走去。

例①由 4 个分句构成，前 3 个分句由名词充当，最后一个分句由偏正短语充当。例②由 3 个分句构成，前两个分句由非主谓短语充当，最后一个分句由主谓短语充当。

构成复句的各个分句主语可以相同，也可以不相同；主语可以省略，也可以不省略。

③　时间就是生命，时间就是金钱，时间就是力量。

④　凝聚产生力量，团结诞生希望。

⑤　面对着这种自然界的奇景，我们几乎都目瞪口呆了。

⑥　他是我的一个本家，应该叫他五叔，是一个身体壮实的老人。

例③3 个分句的主语相同，例④两个分句的主语不同，例⑤前一分句主语省略，例⑥后两个分句的主语都省略。

复句中的各个分句共同构成复句，作为一个句子，复句有全句统一的语气。

⑦ 我们应该怎么办？应该马上行动！

⑧ 如果他不理我，我该怎么办呢？

例⑦不是一个复句，而是两个独立的单句，尽管意义上密切相关，但仍有各自独立的语气，前一单句是疑问语气，后一单句是陈述语气。例⑧是一个复句，包含了两个分句，整个复句具有一个疑问的语气。

另外，复句的各分句在意义上要有密切的联系，如果意义上互不关联，则很难组合成一个合格的复句。

⑨ *因为小李经常参加体育锻炼，所以他的数学成绩很好。

例⑨的两个分句虽然用关联词语"因为……所以"表示因果关系，但"经常参加体育锻炼"并不能导致"数学成绩很好"的必然结果，也就是说，两个分句的内容没有必然的因果关系，所以这样的复句是人们难以接受的。

从复句与单句的区别看，复句有以下主要特点：

1. 句法结构具有独立性

复句与单句的本质区别表现在结构上。复句的构成单位是分句，单句的构成单位是句法成分。复句的各个分句具有相对的独立性，一个分句不作另一分句的成分，即互不包含。单句的各个成分并不是各自独立的，而是互相包含，互作成分的关系。

① 教师工作是平凡而光荣的，我是喜欢当教师的。

② 街头巷尾有多少种小贩，便有多少种有腔有调的叫卖声。

③ 雨后，出太阳，就能看到彩虹。

例①有两个主语"教师工作"和"我"，其后是不同的谓语，前后两部分互相不作成分，所以是复句。例②第一部分的主语是

"街头巷尾"，第二部分主语省略，各有自己的谓语，陈述的内容相对独立，是复句。例③中的"雨后"是状语，后面是两个非主谓结构，各自独立，前后具有条件关系，所以也是复句。

　　④ 老船工告诉我，他在江轮上做工已经 45 年。

　　⑤ 任伯年画的天竹，果极繁密。

　　⑥ 两位老太太突然来访，使张先生好不奇怪。

例④是双宾句，"我"是近宾语，"他在江轮上做工已经 45 年"是远宾语。例⑤是主谓谓语句，谓语是主谓短语"果极繁密"。例⑥是兼语句，"使张先生好不奇怪"是兼语短语作谓语，与"两位老太太突然来访"之间形成主谓关系。这 3 个句子只有 1套结构成分，都只有 1 个主语和 1 个谓语，所以都是单句。

　　2. 分句之间的组合多用关联法

　　关联词语是指复句的分句之间起连接作用的词语。复句中分句之间的关系用关联词语表示，叫关联法；不用关联词语，完全依靠语序及分句的语义制约构成复句，叫意合法。书面语多用关联法，口语中多用意合法。关联词语大都是连词，如"因为……所以、不但……而且、虽然……但是、或者、如果"等，有少量是副词，如"也、又、都"等。还包括一些起连接作用的短语，如"一方面……另一方面""不是……而是"等。关联词语是复句突出的语法标志，是识别复句类型的重要因素。

　　① 如果生命如花，那么青春是最馥郁的时分。

　　② 只有拥有一串充实的今天，我们才会拥有一个饱满的人生。

例①中的关联词语"如果……那么"连接两个分句，表示假设关系。例②的两个分句由关联词语"只有……才"连接，表示条件关系。以上两例都是复句。有的句子用不用关联词语，是区分复句与单句的关键因素。例如"我起床看书"是单句中的连谓句，"我一起床就看书"是复句中的紧缩复句。

虽然复句的分句经常用关联词语连接，但是，有关联词语的句子不一定都是复句，因为关联词语不仅可以连接分句，还可以连接词、短语，甚至连接段落。

　　③ 只有热爱工作的人，才能热爱生活。

　　④无论什么时候，我都不会忘记朋友给予的帮助。

例③的"只有"强调主语的必备条件，例④的"无论"强调状语所说无例外。这两个句子都是单句。

　　3. 分句之间有语音停顿

　　单句或复句的结尾用句号、问号或感叹号表示语音停顿，而复句的分句之间只能用逗号、分号或冒号表示停顿。

　　① 启明星把黑暗送走，却从不与朝霞争辉；红梅花把寒冬送去，却从不与百花争春。

　　② 人生有3道茶：第一道茶苦若生命；第二道茶甜似爱情；第三道茶淡如清风。

应当注意的是，单句的成分之间也常用逗号、冒号表示停顿。例如"我心里明白，这一切都是她给我造成的。"逗号是述宾之间的停顿。

　　有时，句中有无语音停顿是区分单句与复句的关键所在。

　　③ 我们爱祖国爱人民爱和平。

　　④ 我们爱祖国，爱人民，爱和平。

　　⑤ 每个人都把准备好的锄头扛在肩膀上爬上山去。

　　⑥ 每个人都把准备好的锄头扛在肩膀上，爬上山去。

例③是联合短语作谓语，是单句；例④是3个分句组成的并列复句，后面两个分句的主语承前省略了。例⑤是连动短语作谓语，是单句；例⑥是顺承复句，后一分句的主语承前省略了。

有时，句中不同的语音停顿也是区分单句与复句的关键因素。

⑦ 小家伙人小、胆大。

⑧ 小家伙人小，胆大。

例⑦顿号表示的停顿时间短，是句子成分内部并列词语之间的停顿。例⑧逗号表示的停顿时间相对较长，前后部分的语义联系相对较松，看作由两套主谓结构形成的并列复句比较适宜。

二、复句的类型

依据复句中各个分句之间的意义关系，复句可以分为 3 大类型：并列类复句、因果类复句和转折类复句。这 3 大类别构成了汉语复句的"三分系统"。

（一）并列类复句

这是表示广义并列关系的各类复句的总称，反映各种各样的"并列聚合"。包括并列句、连贯句、递进句、选择句，它们的前后分句之间存在着这样或那样的列举性。

1. 并列句

并列句是表示平列、对照、解注等关系的复句。

（1）平列关系并列句：这类并列句是各分句表示几件事情或同一事物的几方面并存。分句间常用成对的关联词语，如："既……又……""既……也……""也……也……""又……又……""一方面……一方面……"，也有单用"也""又""而是"等关联词语的，也有不用关联词语的。

① 绿既是美的标志，又是科学、富足的标志。

② 质量又好，价钱又便宜。

③ 他一边收拾行李，一边认真思考刚才谈的问题。

④ 执信有恒，成功有道。

（2）对照关系并列句：对照关系又称对举关系，就是前后分句的意义相反相对，从肯定和否定两个方面对照说明情况。常使用成对的关联词语"是……不是""不是……而是"等，也可以只在后一分句单用关联词语，也有不用关联词语的。

① 人生是一个过程，不是一个目的。

② 生活中不是缺少美，而是我们缺少发现美的眼睛。

③ 虚心使人进步，骄傲使人落后。

（3）解注关系并列句：这类并列句是一部分分句对另一部分分句进行解释、说明或总括。分句间常用起承接作用的插入语"这就是说、换句话说、总之"等词语，有的不用此类词语。

① "3 个臭皮匠，合成 1 个诸葛亮"，这就是说，群众有伟大的创造力。

② 在武松看来，景阳岗上的老虎，刺激它也是那样，不刺激它也是那样，总之是要吃人的。

③ 白血球的战略有 3 个步骤：第一步，先与细菌接战；第二步，将细菌包围；第三步，消灭细菌。

④ 一面要致力读书，一面要关心政治，两方面要紧密结合起来。

⑤ 母亲同情贫苦人，这是朴素的阶级意识。

例①例②是后一分句对前面分句的内容加以解释或概括。例③例④是总分式解注关系，这类复句通常不用关联词语。例⑤是称代复指，指示代词"这"复指前面的分句。

2. 连贯句

连贯句也叫"顺承复句"，几个分句按顺序说出连续发生的事情或动作行为，分句之间具有先后相继关系。分句间常用成对的关联词语"首先……然后……""先……接着……"等，也有在后面分句单用"接着、然后、就、又、于是"等关联词语的，也有不用关联词语的。

① 我们先开会研究一下，然后再说问题该怎样处理。

② 先是自己反复推敲，接着又请群众和干部们提出意见，然后再加以修改。

③ 各家的桌椅板凳都拖出来了，于是，响起筷子碰饭碗的叮当声，邻里间的粗野而亲切的招呼声。

④ 人的价值用奉献来反映，奉献的价值用爱心来反映，爱心的价值用无私来反映。

连贯句的分句次序是按时间、空间或逻辑事理的顺序相继排列，一般不能变换次序。这与并列句不同，并列句的分句是平行式排列，一般可以变换次序。

3. 递进句

递进句是表达后一分句较前一分句更进一层的意思的复句。分句之间的递进关系或由小到大，或由轻到重，或由易到难。这类复句一般都用关联词语。

有单用关联词语的，关联词语常常出现在后一分句，如"而且、甚至、何况、更"等。

① 邮局离得很远，而且不通公共汽车。

② 楼里楼外的一切，都那么新奇，甚至带有一点神秘色彩。

③ 不知道他是否收到我的信，更不知道他对我会是怎样的态度。

有合用关联词语的，如"不但……而且""不光……就连"

"不仅……更""不但……而且……甚至"等。合用关联词语比单用关联词语表示递进的意思更强些。

　　④ 大别山区不但矿产很丰富，而且自然景色很美。

　　⑤ 不光铁会生锈，就连铜铝等金属也会生锈。

　　⑥ 你这样说不但不能解决问题，反而会影响团结。

　　⑦ 来这家大型食品超市购物的不仅有当地的家庭主妇，而且有附近街区的居民，甚至京津地区也有驱车前来采购的。

　　还有一种衬托式递进复句，前面分句是后面分句的衬托，后面分句的意思推进一层，以取得强调作用。单用的关联词语如"尚且""何况"出现在后一分句里，也可以合用关联词语"别说……就是""尚且……更何况"等。

　　⑧ 别说他考不上重点高中，就是我也未必考得上。

　　⑨ 试想，蜜蜂集体的力量尚且可以把 1 匹马蜇死，更何况大群野蜂呢？

4. 选择句

　　选择句是几个分句分别说出几种情况，表示在几种情况中选择一种的复句。根据选择形式和关联词语的不同，可以分为 3 种类型。

　　（1）任选句：表示或此或彼，任选其一。此类复句语气委婉缓和。关联词语常用"或者……或者""是……还是""或""或者""还是"等。

　　① 或者你到上海，或者你到南京，或者你哪里都不去。

　　② 究竟是他把握了世界，还是世界在更大的程度上掠过了他呢？

　　③ 努力提高呢，还是努力普及呢？

（2）必选句：表示非此即彼，必选其一。此类复句语气强烈肯定。常用的关联词语有"不是……就是""要么……要么"等。

　①冬至以来沿江一带不是下雨，就是下雪。

　②那些不了解他的人，要么对他产生误解，要么被他的才华惊倒。

（3）取舍句：表示在两种情况中衡量得失，选择一种而舍弃另一种。此类复句分为先舍后取和先取后舍两种。

先舍后取的句子，语气比较委婉，可以成对使用关联词语"与其……不如""与其……宁肯"等，也可以只在后一分句单用关联词语"还不如""倒不如"等。

　①与其来种荆棘，不如留下一片白地，让别的好园丁来种可以永久观赏的桂花。

　②你这样做太慢了，还不如他那样做节约时间。

先取后舍的句子，语气比较坚定，是一种强调的说法，要成对使用关联词语"宁可……也""宁愿……也"等关联词语。

　③宁可做一个不幸的人而知道一切，也不要做一个幸福的人而过着傻瓜的生活。

　④石玉芝宁愿受点委屈，也不愿宣布自己的秘密。

（二）因果类复句

这是表示广义因果关系的各类复句的总称，反映各种各样的"因果聚合"。包括因果句、假设句、条件句、目的句，它们的前后分句之间存在着实际的或虚拟的因果性。

1. 因果句

因果句是分句之间在意义上具有因果关系的复句。根据分句之间意义的不同和关联词语的特点，因果句可分为两类。

（1）说明因果句：一个分句说明原因，另一个分句说出结果，一般是表示原因的分句在前，表示结果的分句在后；也有的表示结果的分句在前，表示原因的分句在后。常用的关联词语有"因为……所以""由于……所以""之所以……是因为""因为""从而""以致"等。

　　① 因为他们两个是经过介绍才来参加的，所以人们看着他们并不奇怪。

　　② 由于各拱相连，所以这种桥叫做石拱桥。

　　③我们之所以把它们陈列在这里，是因为想让人民如实地知道日本军队曾经侵略过中国。

　　④我喜欢脑子复杂心简单的人，因为他们既具性情又具内涵。

　　⑤这种变化引起血压升高，从而增强了心脑病发作和中风的危险性。

例①②是原因在前，结果在后。例③则相反，是为了突出结果。书面语中合用关联词语较多，表达比较郑重、严密。例④是结果在前，原因在后；例⑤是原因在前，结果在后。口语中经常单用关联词语。单用表"因"的关联词语，侧重表达原因；单用表"果"的关联词语，侧重表达结果。

（2）推论因果句：一个分句提出某种理由或依据，另一分句由此推断出可能产生的结果。常用的关联词语有"既然……就""既然……便""既然""可见"等。

　　① 既然主场客场都输了，就得承认我们确实技不如人。

　　② 既然我把那么深厚的感情灌注在我的歌里，她怎么会听不见呢？

　　③ 玉山上石头块子都炼出铁水了，可见人的本事

大着呢。

推论因果句有的由因推果，有的由果推因。

⑤ 既然是好书，买的人就可能很多。

⑤ 既然买的人很多，就可能是好书。

如果因果句的分句间关系比较明确，也可以不用关联词语。

⑥ 白杨树是不平凡的树，我赞美白杨树。

⑦ 我初来这里，一切都很生疏。

2. 假设句

假设句是前面的分句提出假设的情况，后面分句说明在这种情况下会产生的结果。它的特点是假设如果实现，结果就能成立，结果与假设一致。关联词语有"如果（假如、倘若、要是、要）……就（那么、那、也、便）"，"就（便、那、那么）"等。

① 如果你走到悬崖跟前，脚下就会受到一种惊心动魄的震撼。

② 假如生命意味着永存，那么智慧则意味着能够保持永存。

③ 倘使我能够相信真有所谓"在天之灵"，那自然可以得到更大的安慰。

"如果……那么"这一组关联词语还有一种特殊用法，即前一分句说的是现实的事情，故意当作"假设"提出来，假如认可前一分句所说的事实，就得认可后一分句说的也是事实，在相关事物的类比推理中来强调后一分句。

④ 如果说瞿塘峡像一道闸门，那么巫峡简直像江上一条迂回曲折的画廊。

⑤ 如果说进到天山这里还像是秋天，那么再往里走就

像是春天了。

假设句有时可以分句倒置，以补充、说明及引人注意。

　　⑥ 在相反的情形之下，顺利也会转化成困难，如果革命党人犯了错误的话。

也有不用关联词语，而用"意合法"表示假设关系的。

　　⑦ 没有那浩荡的春风，又哪里会有这满野秋色和大好收成呢？

3. 条件句

前面分句提出条件，后面分句说明在满足这种条件的前提下所产生的结果。根据条件和关联词语的不同，条件句可以分为3类。

（1）充足条件句：只要满足前分句提出的条件，就会产生后分句相应的结果。关联词语有合用"只要（只需、一旦）……就（都、便、总）"的，有单用"便""就"的。

　　① 只要回想一下，我的心就忍不住激动。

　　② 一旦出了问题，后果就不可设想了。

　　③ 把封闭的心扉敞开，成功的阳光就能驱散失败的阴暗。

充足条件是"有之必然"，但并不排斥其他条件。表示条件的分句有时可以后置，起补充说明或强调突出的作用。

　　④ 你说什么都行，只要是给大家办事。

（2）必要条件句：前面分句表示必要的、唯一的条件，缺少了这个条件，就不能产生后面分句的结果。关联词语有合用"只有（唯有、除非）……才（不）"的，也有单用"才"的。

　　① 只有充分地发扬先进的东西去克服落后的东西，才能使社会进步。

② 除非是到了春天，你才能看到这遍山的杜鹃花。

③ 能看懂印度文学原著，才谈得上对中印文学作真正的比较研究。

必要条件是"无之必不然"，条件是唯一的。"只有"和"除非"都对其他条件有排斥性，都说明如果没有所说的条件，就不能产生所说的结果，不同的是"只有"是从正面强调必要条件，"除非"是从反面强调必要条件。

（3）排除条件句：前分句表示排除一切条件，后分句说明在任何条件下都会产生的结果。这类条件句都要合用关联词语，常用的关联词有"无论（不论、不管、任凭）……都（总、总是、也、还）"等。

① 宝石无论放在哪里，都晶莹夺目。

② 不管谁来劝说，她都一言不发。

③ 任凭怎么擦，也擦不尽伤心的泪水。

排除条件句也叫周遍条件句，好像是不计任何条件的，实际上正是一种宽泛的条件。前分句使用具有周遍意义的形式提出某个范围内的所有条件，后分句说出任何条件下都会出现的结果。

条件分句有时可以后置。后置以后，有补充说明或突出结果的作用。

④ 事实总是事实，不管她信不信。

4. 目的句

一个分句表示某种行为，另一分句表示这一行为的目的。根据目的的不同，目的句可分为两类。

（1）达到目的句：表示要达到某种目的。在表示目的的分句前须用关联词语"为、为了、以、以便、用以、为的是、好"等。

① 超级市场为方便顾客购物，都在入口处备有手推车和提篮。

② 母亲随即搬到南京，以便时常去探望、鼓励他。

③ 我们怀着极为复杂的心情，把这套书奉献于读者面前，为的是让中华民族世世代代永志不忘 20 年前中国曾经出现的"史无前例"的岁月。

（2）避免结果句：表示要避免某种结果发生。目的分句前常用关联词语"以免、免得、省得、以防"等。

① 你要加紧治疗，以免病情恶化。

② 你来了好，省得我去找你。

③ 棋力占优势的人，落子更要小心谨慎，以防在疏忽大意中受到挫折。

（三）转折类复句

这是表示广义转折关系的各类复句的总称，反映各种各样的"转折聚合"。包括转折句、让步句、假转句，前后分句之间存在着这样或那样的转折性，其聚合点是事物间的逆转性，或者说是事物间的矛盾对立。

1. 转折句

前后分句表达的意思相反或相对，即后分句不是顺着前分句的意思说下去，而是发生了逆转。由于意义的差别，转折句可分为"重转""轻转""弱转" 3 种。

重转即转折意味很重，须成套使用关联词语"虽然（虽、尽管、固然）……但是（可是、而、却）"等。

① 虽然二诸葛说是千合适万合适，小二黑却不认账。

② 尽管太阳是人类生存不可缺少的，但还是有人批评太阳的某些过失。

③ 几盏灯甚或 1 盏灯的微光固然不能照彻黑暗，可是它也会给黑夜里一些不眠的人带来一点勇气，一点温暖。

这类转折句有时也会改变分句的顺序，带有补充说明的意味。

④ 她中文说得很好，虽然她从未上过哪个学校的中文系。

⑤ 那天我没有送她玫瑰花，尽管是情人节。

轻转表示转折的意味较第一种轻些，只是在后分句单用关联词语"但、但是、可是、可、然而、却"等。

⑥ 奋斗有可能失败，但不愿奋斗便是最大的失败。

⑦ 她曾经是个柔弱的女孩子，可是岁月的风刀雕刻了她性格的刚毅。

⑧ 人类是伟大的，然而充满了崇高精神的人类的活动，乃是伟大中之尤其伟大者！

弱转即前后分句意义上对立不明显，转折语气弱，常常在后一分句单用关联词语"只是、不过、只不过、倒是"等。

⑨ 我清楚其中的奥妙，只是不说罢了。

⑩ 昨夜下了今年的第一场雪，不过到早晨全融化了。

转折句如果分句之间的关系明确，也可以不用关联词语。

⑪ 天色越发阴沉了，我的朋友还未回来。

2. 让步句

前分句提出一种假设的事实，姑且退让一步承认这个假设的真实性，后分句不是沿着这个假设情况的常态语义趋势说下去，而是转到跟它相反相对的方面去。常用关联词语"即使（那怕、纵然、就算、就是）……也（还、都）"等。

① 即使你住在深山老林，也能感受到市场经济大潮的

冲击。

　　② 哪怕就在房檐底下蹲一夜哩，也要节省这两角钱！

　　③ 就算你们每个人能有两次生命，这对你们来说还是不够的。

　　让步句和转折句有同有异，试比较：

　　④ 即使你亲自去了，人家也不买你的账。（让步句）

　　⑤ 尽管你亲自去了，但人家还是不买你的账。（转折句）

两句的后分句与前分句相比，都有转折的意思，可是让步句的前句是假设的事实，"你亲自去了"是虚说；转折句的前句是真实的事实，"你亲自去了"是实说。

　　让步句和假设句也有异同之处，试比较：

　　⑥ 即使不浇水，种子也会发芽。（让步句）

　　⑦ 如果不浇水，种子就不会发芽。（假设句）

上面两句的前分句都是提出假设的情况，可是让步句后分句的意思不是顺着前分句的意思说下去，而是转到它的相反相对方面去了。假设句是后分句的意思顺着前分句说下去。有的让步句前面分句说的是真实情况，但说话人意念上把它当作有待发生的情况予以承认，这是一种特殊的让步。

　　⑧ 就算你是一村之长，也不能随便推翻村民委员会的决议啊！

　　3. 假转句

　　假转句是假言逆转句的简称，是分句间具有假言否定性转折关系的复句。它的前一分句说明某种情况，后一分句指出如果不这样就会发生逆转。代表性关联词语"否则"含有"如果不这样就"的意思。

　　① 想必有人夸奖他，否则他不会这么高兴。

② 首先必须把场地清理好，否则无法施工。

也有用"不然""要不然""要不"等关联词语的，作用与"否则"相同。

③ 幸亏来得早，要不然就赶不上车了。

④ 你快去给他解释解释，要不他会有意见了。

假转句有的是逆条件假转。前分句提出条件，后分句表示逆条件产生的结果，关联词语是"除非……否则"。

⑤ 除非各方面都有合作的愿望，否则不能达成协议。

⑥ 除非你亲临现场，否则根本无法想象三峡工地那种宏伟的气势。

有的是逆原因假转。前分句说出原因，后分句表示逆原因产生的结果，关联词语常用"因为……否则（不然、要不）等"。

⑦ 因为我没敢声张，不然，家里早炸了锅了。

⑧ 他实在是气极了，要不他会打你吗？

有的是逆选择假转。前分句说出选择项，后分句逆选择项说出另一选择项，关联词语常用"要么……否则（不然）"。

⑨ 要么是鬼点灯，否则，就是你的眼花了。

⑩ 要么是年底结婚，不然就——拉倒！

三、多重复句与紧缩复句

（一）多重复句

1. 什么是多重复句

从层次的多少划分，复句分为一重复句和多重复句两类。一重复句大多由两个分句组成（也可由 3 个或更多的分句组成），只有一层结构关系。**多重复句是由 3 个或 3 个以上分句组成，具有两层或两层以上结构关系的复句。**

　　　　　　　　　　　　　　并列
　　①（一）老屋离我们愈远了，‖（二）故乡的山水也
　　　　转折
都渐渐远离了我，｜（三）但我却并不感到怎样的留恋。

　　　　　　　　　　　　　　　　　　　　并列
　　②（一）我们每个人心中都有一座美丽的大花园，｜

　　　　　　　　　　　　　　　并列
（二）如果我们愿意让别人在此种植快乐，Ⅲ（三）同时
　　　　　　　假设
也让快乐滋润自己，‖（四）那么我们的花园就永远不
会荒芜。

例①有3个分句，两个层次。分句（一）（二）和（三）之间是
转折关系，用"但"关联，这是一个层次。（一）（二）分句间
是并列关系，用"也"关联，这是第二层次。例②包含4个分
句，有3个层次。分句（一）和（二）（三）（四）之间是并列
关系，是第一层。（二）（三）和（四）分句之间是假设关系，
用"如果……那么"关联，这是第二层。（二）和（三）分句
是并列关系，用"同时"关联，这是第三层。

　　多重复句至少应该由3个分句组成，但并不是具有3个以上
分句的都是多重复句。

　　　　③（一）咸阳是一座资源丰富、独具魅力的城市；
（二）是一片经济活跃、商机无限的投资宝地；（三）是一
块环境超群、服务优良的兴业沃土。

　　　　④（一）林部长走下公共汽车，（二）解下脖子上的毛
巾，（三）把脸上的汗擦了擦，（四）便急急地扛起行李往
工地上走。

例③有3个分句，都是同一层次上的并列关系，例④有四个分
句，都是同一层次上的顺承关系，所以两例都不是多重复句。可

见，分句的多少不是确定多重复句的主要依据，主要依据是看有
没有两个以上的结构层次。

2. 多重复句的分析方法与步骤

（1）总观全句，确定分句数目

确定分句数目是分析多重复句的基础。为此，必须整体观察
全句，根据区分单复句的有关知识，结合句意和结构上的特点加
以确定，在分句前标上序号。

（2）注意关联词语，找准第一层次

找准第一层次是分析多重复句的关键。为了确定第一层次，
应特别关注关联词语，弄清关联词语之间的意义关系、关联词语
的管辖范围以及相互呼应和包含的关系。

（3）逐层分析，直至分句

这是分析的基本操作方法。确定第一层次之后，用单竖线表
示，并注明分句之间的关系，接着在第一层次的前后分别找第二
层次，在第二个层次的前后找第三个层次，依次类推。是几个层
次就用几条竖线表示，并注明关系。这样由大到小逐层分析，一
直分析到单个分句为止。

　　　　　　　　　　　　　　并列　　　　　　　　　　　并列
①（一）散文可以叙事，‖（二）可以写景，‖

　　　　　　　　转折
（三）也可以刻画人物……｜（四）但如果要打动读者的

　　假设
心，‖（五）就总归要以抒情为"点睛"之笔。

整体观察全句，确定全句由 5 个分句组成，用序号（一）（二）
（三）（四）（五）标示。根据全句意思并参照关联词语得知，
分句（一）（二）（三）与（四）（五）说的是散文相对的两个
方面，划分第一层次，用单竖线一分为二；第一层关系是转折关

系。然后把第一层的前后两部分再分别分析：前部分（一）
（二）（三）分句是并列关系，它们都是第二层次，后部分
（四）（五）分句是假设关系，也是第二层次。

多重复句的分析还可以用图解法表示：

3. 多重复句分析举例

①（一）西部地区各族群众亲身感到了西部大开发所带
　　　　　　并列
来的实际利益，‖（二）中东部地区人民也从开拓市场机
　　　　　因果
遇中获益，｜（三）所以西部大开发战略，已经成为我们
　　　　　　　　　　　　　　　　　　　　　　递进
党在新的历史时期最大的"德政工程""民心工程"，‖
（四）并在国际社会引起广泛关注和积极影响。

②（一）这时，只觉得呼吸紧迫，浑身无力，　　并列‖（二）
　　　　　条件　　　　　　　　　　转折
只要稍微一松动，Ⅲ（三）脚就抬不起来了，｜（四）但
又不敢坐下来休息。

　　　　　　　　　　　　条件
③（一）不管你怎么身居高位，｜（二）一旦犯了错
递进　　　　　　　　　条件　　　　　　　选择
误，Ⅲ（三）尤其是贪污罪，‖（四）不是被免职，Ⅲ
选择　　　　　　　　　　连贯
（五）就是降级，Ⅲ（六）或长年不加薪，Ⅲ（七）直
至判刑。

④（一）我们到青岛的第一天，就被海崖的美丽景色吸

　　　　并列　　　　　　　　　　　　　连贯

引住了，‖（二）从栈桥看到鲁迅公园，‖‖（三）从鲁迅

　　　　　并列　　　　　　　　　　　连贯

公园看到海水浴场，‖‖（四）整整玩了一下午；｜（五）第二天就到崂山去玩。

　　　　　　　　　　并列

⑤（一）每个人都一样，‖‖（二）1年360天地活着，

转折　　　　　　　　　　　　　　　　转折

‖（三）可是不同的生活方式铸就不同的人生，｜（四）

　　　　　　　条件　　　　　　　　　　　　条件

但无论怎样地活着，‖（五）只要有内容有回味，‖‖

　　　　　　　　　并列

（六）人生便都如满满的果冻一样，‖‖（七）是充实的。

多重复句层次多，组织严密，学会正确分析多重复句，有助于准确地理解句子的意思，提高分析语言和运用语言的能力。

（二）紧缩复句

1. 紧缩复句的特点

把复句的两三个分句紧缩在一起，取消中间的语音停顿，这样的句子叫紧缩复句。所谓"紧"，就是取消了分句之间的语音停顿，使分句与分句紧凑地挨在一起；所谓"缩"，就是省去原来分句的一些词语，使其简约一些。

① 问题再复杂也能解决。

② 即使问题再复杂，我们也能解决。

例①是紧缩复句，例②是一般复句。紧缩复句与一般复句的区别在于结构上有所缩略，句中无明显的语音停顿，句内不用逗号。

紧缩复句内各部分的主语可以相同，也可以不同，主语可以显现，也可以隐含。主语相同而且都出现的如"你不说你吃

亏"；两个主语相同，但后一主语省略的如"你要去就去"；两个主语相同，前一主语省略的如"要哭你就哭"；两个主语相同，但都不出现的如"不到黄河心不死"。

主语不同而且都出现的如"你不去我去"；主语不同，只出现前一个主语的如"天王爷来了也不怕"；两个主语不同，而且都省略的如"再说也不听"。

紧缩复句近似单句，但它不是单句，它以类似单句的形式表达复句的内容，几个部分之间有因果、假设、条件、让步、转折等关系，而单句的各成分之间不存在这些复句关系。

2. 紧缩复句的类型

按照关联词语的有无，可将紧缩复句分为两种：

（1）无标紧缩：这种紧缩复句，两个分句直接粘连在一起，中间不用关联词语。例如："人逢喜事精神爽。"（因果）"出了问题我负责。"（假设）"你不怕我怕。"（转折）

（2）有标紧缩：这种紧缩复句的分句间没有明显的语音停顿，有关联词语作形式标志。成对使用关联词语的如："孩子一回家就看电视。""不见兔子不撒鹰。""学习语言非下苦功不可。""你不说我也知道。""你再闹也没用。""姜越老越辣。"单个使用关联词语的如："你有话就说。""想说又不敢说。""爱拼才能赢。""天塌下来也不怕！"

紧缩复句含义丰富而形式精炼，口语中经常运用。紧缩结构可以作复句中的一个分句，例如"你要去就去，我才懒得理呢！"前一分句由紧缩句充当。在划分复句层次时，紧缩结构内部不必分析。紧缩结构有时还可以充当单句的一个成分，例如"小王具有天塌下来也不怕的性格"。在分析单句时，指出紧缩结构"天塌下来也不怕"作定语就可以了。

思考与练习

一、什么是复句？它的主要特点是什么？

二、简述复句的"三分系统"，并说明各大类包括哪些小类。

三、指出下列句子是单句还是复句，并说明理由。

1. 只有这样的民族，才能使和睦、和平及统一的愿望得以实现。

2. 母亲美貌迷人，梓城老一辈人是有目共睹的。

3. 我是否在某种程度上属于后面两种人中的 1 种，我不得而知。

4. 这样新颖的构思，这样清新的艺术境界，即使在唐诗里也并不多见。

5. 问题再复杂我们也能解决。

6. 为了祖国的繁荣昌盛，我们一定要努力工作。

7. 我要写下我的悔恨和悲哀，为子君，为自己。

8. 不论是山楂花和杜鹃花浓烈的色彩，还是水仙花和兰花淡雅的打扮，都别有风味。

9. 那两边，你瞧，绿油油的一大片，都是新法栽种的好庄稼。

10. 到云南以后，从家信中知道，我母亲对我这一举动不但不反对，还给我许多慰勉。

四、用下面的关联词语造句，并标明所造复句的结构类型。

1. 不是……而是　　　　　2. 不是……就是

3. 是……不是　　　　　　4. 是……还是

5. 不但不……反而　　　　6. 别说……就是

7. 就算……还是　　　　　8. 不但……而且……甚至

9. 先是……接着……后来　 10. 尚且……何况……更何况

五、分析下列多重复句的层次和关系。

1. 镇上的人也仍然叫她祥林嫂，但音调和先前不同；也还和她讲话，但笑容却冷冷的了。

2. 鲁镇的酒店的格局，是和别处不同的：都是当街一个曲尺形的大柜台，柜里面预备着热水，可以随时温酒。

3. 只有珍惜、牢牢地把握现时每一分钟，以最有效的方式献身于振兴中华的伟大事业，才是未来美景最可靠的保证，否则，就会在一个个五光十色的希望肥皂泡中蹉跎岁月，浪费自己的青春年华。

4. 任何思想，如果不和客观的实际的事物相联系，如果不为人民群众所掌握，即使是最好的东西，即使是马克思列宁主义，也是不起作用的。

5. 你永远那么青翠，永远那么挺拔，风吹雨打，从不改色，刀砍火烧，从不低头：这正是英雄的井冈山人，也是亿万中国人民的革命气节和革命精神。

6. 推进西部大开发必须遵循客观规律，既要增强紧迫感，积极进取，又要量力而行，逐步推进；既要着力解决当前的突出问题，又要着眼长远发展，脚踏实地，扎实工作。

7. 不论是口头的还是书面的，不仅要能够听懂别人的话，看懂别人的文章或报告，而且要能够说明白或写清楚自己的意见，使别人能听懂我们的话，看懂我们的东西，因此就要在语法修辞上下功夫。

8. 社会主义制度已经在中国大地上扎根并初步显示出优越性，但是由于它是一个新生的制度，还不成熟，不完善，生产关系和上层建筑中还存在着不适应生产力发展的方面和环节，必须通过深化改革来逐步解决这个问题。

9. 一个人能力很强，可是他干劲不足，不负责任，结果工作效率很低；有的人尽管能力低，可是他发愤努力，紧张工作，不断总结经验，结果，工作效率反而超过了工作能力强的。

10. 我们不但要有大批杰出的科学技术专家，而且必须动员亿万人民刻苦学习，提高全民族科学文化水平，才能在各个领域赶超世界先进水平，才能真正把我们的经济建设搞上去，才能加快四个现代化的进程。

第十一节　句子常见的语法错误

学习要点　明确什么是病句，病句有哪些类型；掌握检查语病的方法并能比较熟练地修改病句。

学习语法，应该理论联系实际，只从正面知道语句该怎样组织是不够的，还要从反面知道语句不该怎样组织。加强语病的识别与修改能力的训练，是把知识转化为能力的有效手段，是提高语言分析能力与运用能力的重要环节。

一、常见语法错误的类型

（一）词类误用

1. 实词误用

不同类别的实词具有不同的语法功能，其组合能力和充当句子成分的能力会有很大的差异，不了解或疏忽了这一点，就会导致词类误用的错误。

（1）名词误用：

① 在所有制问题上仍然存在着的种种疑惑，束缚着人们的思想，障碍着改革的深入进行。

② 希望你在事业上有所造诣。

③ 在这场足球比赛中，我队很优势，最后轻易地战胜了对方。

例①的"障碍"是名词，不能带宾语，此处被误用为动词了，应改为"阻碍"。例②中能进入"有所××"格式的应是动词，句中将名词"造诣"误用为动词了，可改为"发展、进步"等。例③中"优势"是名词，不能受程度副词"很"的修饰，是把名词误用作形容词了，应在"优势"前加"有"。

（2）动词误用：

① 晓声经常给他的弟弟妹妹们、表哥表弟们寄生活补贴，这种出手都不是小数字。

② 他编造了种种捏造，妄图破坏我们之间的友谊，但他永远是徒劳的。

③ 连续几年粮食收成较好，农副产品的供应也十分保证。

④ 他说话写文章总是重重复复的，没个痛快劲儿。

例①的"出手"是"拿出来"的意思，一般不受"这种"的修饰，句中把它当名词使用了。可给"出手"后加"的"构成"的"字短语，同时将"小数字"改为"小数目"。例②中"捏造"是动词，句中让它作动词"编造"的宾语，又受"种种"的修饰，是把动词误用为名词了，应把"捏造"改为"谣言、谎言"等。例③的"保证"是动词，它不能受程度副词的修饰，这是把"保证"误作形容词用了，应把"十分保证"改为"十分充足"。例④中的"重重复复"是形容词重叠式，是把动词"重复"误用为形容词了，可改为"罗罗嗦嗦"。

（3）形容词误用：

① 时至今日，我们是不是真的越来越聪明？我们不断宽阔眼界，却不断狭小心胸。

② 但是，遗憾得很，我们至今还极其罕见这样的著作问世。

③ 他们最终把意见一致了。

例①的"宽阔""狭小"都是形容词，都不能带宾语，可以改为"我们的眼界越来越开阔，但我们的心胸却越来越狭小"。例②

"罕见"也是形容词，不能带宾语，可改为"这样的著作还极其罕见"。例③的"一致"是形容词，把字句的谓语中心应该是及物动词，可将"一致"改为"统一"，也可改为"他们最终达成了一致的意见"。

（4）数量词误用：

①从前去县城坐汽车需要6个钟头，修了高速公路以后，只要3个钟头就到了，时间缩短了1倍。

②他原来每月只开200多块钱，现在1个月能挣400多块钱，收入翻了两番。

③王厂长的模范作用激发了广大工人的劳动热情，产量一下子提高到百分之二十。

例①说时间的减少应该用分数表示，不应该用倍数表示，缩短的时间"3个钟头"与原来的"6个钟头"相比，只是原来的一半，所以应把"1倍"改为"一半"或"二分之一"。例②中由200到400的变化可以说成"多了1倍"或"是原来的两倍"。"翻了两番"是指由200到400，再由400到800。如果用"番"表示，可以说成"翻了一番"。例③中的"提高到百分之二十"指的是净增数，不包括底数，应将"提高到"改为"提高了"或"提高"。

④我们县向银行贷款，建起了一座蓄水近15万多立方米的水库。

⑤他俩个人是一对合作的好伙伴！

⑥他那身汗渍的劳动布单帽和半新的家做黄布褂子都早已湿透了。

例④中表示概数的"近"和"多"前后矛盾，应根据蓄水的实际情况选用一个。例⑤"俩"是"两个"的意思，应将"个"

删掉，或将"俩"改为"两"。例⑥中量词"身"与名词"单帽""褂子"不能相配，应将"身"改为"顶"，并在"和"之后加上"那件"。

（5）副词误用：

① 他犯这么严重的错误绝不是偶尔的。

② 他大哥还不是跟他一样，更怕老婆。

③ 没有人会否认，这些成绩的取得不是大家努力的结果。

例① 中的"偶尔"是副词，不能进入"×的"格式，应改为形容词"偶然"。例②的"更"表示程度进一步增强，既然两个人"一样"，就应将"更"改为"也"。例③中"没有""否认""不"构成多重否定，恰恰把意思说反了，应取掉"不"字。

（6）代词误用：

① 张厂长和刘经理正在研究厂里的新产品问题，他告诉他说："资金问题一解决，马上可以投产了。"

② 从延安路到胜利桥只有六七里，胜利桥到红旗渠只有七八里，这段距离并不远。

③ 三王子忙解释说，那只白兔是他射中的，身上带着我的箭。

④ 我的弟弟来信说："他在工厂里很好，工人师傅很关心他。"

例①究竟谁告诉了谁，不明确。其中的一个"他"应改为确指身分的名词。例②"这段"指代不明确，应按实际情况确指某一段。例③中"说"的后面是间接引语，"他"指代"三王子"，可是后面又用"我"指代同一对象，应该把后面的"我"改为"他"。例④中的两个"他"都是指写信人自己，因为这里是直接引语，所以均应改为"我"。另一种改法是去掉引号变成间接引语，并把冒号改为逗号。

　　⑤ 在首都机场，她告诉我们，很小的时候，她就酷爱滑冰，后来进了哈尔滨市少年队，这里有她的启蒙老师。

　　⑥ 刘主任已经住了两个月医院，不知他现在病情什么样了？

例⑤中"首都机场"对"她"和"我们"来说是近处，"哈尔滨"是远处，句中用"这里"近指"哈尔滨"是不对的，应改为表远指的"那里"。例⑥要问的是动态状况，而疑问代词"什么样"是问静态状况的，应把"什么样"改成"怎么样"。

　　2. 虚词误用

　　虚词数量不多，但使用频率很高，在使用过程中，如果不能准确把握各类虚词的共性与个性特点，或者该用而没用，不该用却用了，都会影响语义的表达。

　　（1）介词误用：

　　　　① 我们做任何事情，都要对于人民负责。

　　　　② 关于改善学生的生活，我们学校采取了一些措施。

　　　　③ 在不影响收入下，尽可能减少风险过大的投资项目。

　　　　④ 为把我国花样滑冰事业早日赶上世界水平作贡献。

例①的"对于"应改为"对"，表示"向"的意思。一般来说，表示"向""对待"的意思不能用"对于"。例②的句首状语不应该是表示"关涉义"的，应该是表示"方面义"的，应改为"在……方面，我们学校采取了一些措施"。例③的"在……下"中间不能插进谓词性词语，应该插进体词性词语。这里应改成"在不减少收入的情况下"。例④在本该用动词"使"的位置上用了一个介词"把"，将"把"改为"使"，变为兼语句式，表意才贴切自然。

（2）连词误用：

　　① 姐姐在超市买了牙膏、香皂、纸杯、衣架和一大框日用品。

　　② 最近，160 多名在职人员通过自修取得了博士和硕士学位。

　　③ 明天的演习要看天气变化来决定上午或下午举行。

　　④ 李冰打算报考文科或者理科？

例①连词"和"连接的成分不应该具有包含和被包含的关系，应把"和"改为"等"。例②中的"博士和硕士学位"一般不能同时兼得，应该用连词"或"。例③例④涉及"或、或者"与"还是"的区别，它们都表示选择，用在"无论、不管"一类词后有的是可以互换的，但一般说来，"或、或者"只能用于表选择关系的陈述句中，不能用在疑问句中，"还是"可以用在疑问句中。例③全句虽然是陈述句，可是"决定"后面宾语部分含有疑问意味，其中连词应该用"还是"。例④是疑问句，应把"或者"改为"还是"表选择并兼疑问。

（3）助词误用：

　　① 我认为一个人生活的太顺利了倒是一种不幸。

　　② 同学们打算仔细的欣赏田先生的书法作品。

　　③ 吃得是草，挤出来的是奶。

例①中"生活"与"太顺利"之间是动补关系，结构助词应该改为"得"。例②"打算"带谓词性宾语，它的宾语是状中短语，应把"的"改为"地"。例③第一个分句的主语是"的"字短语，所以应把"得"改为"的"。

　　④ 对广告法的实施，一些媒体采取着不以为然的态度。

　　⑤ 连用的词语在内容上不能重复，否则，将会犯了画蛇添足的毛病。

例④中"采取"表示不能持续的行为，后面不能用表持续的"着"，应该去掉。例⑤中"了"表示动作行为的实现，与预测结果的"将会"矛盾，应删去"了"。

　　（二）搭配不当

　　1. 主谓搭配不当

　　　　① 在这场火灾中，她的面容被烧焦了，鼻子、耳朵被烧没了。

　　　　② 参加长跑的运动员在公路上驰骋。

　　　　③ 强烈的民族自尊心和几天来一直压在胸中的怒火一下爆发出来。

例①把"面容"与"面部""脸部"混淆了，可以说"面部被烧焦了"或"脸部被烧焦了"，但不能说"面容烧焦了"。例②"运动员……驰骋"是讲不通的，"驰骋"含有"骑马"这一语义特征，与主语相矛盾。可以把"驰骋"改为"飞奔"或"奔跑"。例③的主语是联合短语，其中"……怒火"可以"爆发"而"民族自尊心"是不能说"爆发"的。这一句可以改为"强烈的民族自尊心不能受到伤害，几天来一直压在胸中的怒火一下爆发出来"。

　　2. 述宾搭配不当

　　　　① 他用自己的行动塑造了巨大的人格力量，引导和感动着周围的人们。

　　　　② 我会十分情愿地捍卫我的国家，捍卫我生活的地方。

　　　　③ 文静秀气的文竹，宜配红色的宜兴盆，另加一个雪白的水盘，就显得协调和漂亮，更好地起到装点家居

的效果。

　　④ 今年 8 月 3 日，她获得赴美签证，终于可以去探亲在那里留学的丈夫。

例①中"塑造"的对象一般是具体的形象，"人格力量"不是具体的形象，因此不能搭配，可把"塑造了"改为"形成了"。例②中的"捍卫"应改为"保卫"，虽然"捍卫"和"保卫"的意义相近，但是搭配对象不同，"捍卫"的宾语一般是抽象事物，如"捍卫国家主权"；而"保卫"的宾语一般是具体的人或事物，如"保卫祖国"。例③中"起到"不与"效果"搭配，"起到"能与"作用"搭配，与"效果"搭配的动词可以是"获得""达到"等。应把"作用"改为"效果"，并在"更好地起到"前加一个"能"，"家居"应改为"居室"。另外，"宜配红色的宜兴盆"改为"配上红色的宜兴盆"好些，这样与后边的"就显得"能协调地配合。例④的"探亲"是不及物动词，其后不带宾语，可将"探亲"改为及物动词"探望"。

　　3. 修饰语与中心语搭配不当

　　　　① 假冒伪劣的问题不仅是一个经济现象，而且与社会各领域有着千头万绪的联系，因而需要社会来共同治理。

　　　　② 休闲要有清静的心情，在宁静中品味自然之美。

　　　　③ 我到书店转了半天，最后买回一本古汉语书籍。

例①的定语"千头万绪"修饰中心语"联系"不恰当，"千头万绪"形容纷乱无序的样子，如"工作千头万绪"。事物之间的多种联系应该用"千丝万缕"来描绘。例②"清静"有宁静、环境清幽等意义，宜把"心情"改为"环境"。例③中"书籍"是集体名词，不能受表个体数目的数量短语修饰，应将"书籍"改为"书"。

　　④ 只要稍微深思熟虑一下，就不会做出这样错误的决定。

　　⑤ 对爸爸说着说着，女儿又把眼睛转移到妈妈身上。

例④"稍微"表示不作深入思考，而"深思熟虑"是深入细致思考的意思，状中语义矛盾，可将"深思熟虑"改为"思考"。例⑤是介词短语使用不当形成的状中搭配不当，"把眼睛"怎么能"转移到妈妈身上"呢？可将"眼睛"改为"目光"。

　　⑥ 老师笑得那么慈祥，笑得那么耐心。

　　⑦ 他们在这一带逗留了400多年。

例⑥的"笑"具有"愉快"的语义特征，而"耐心"具有"忍耐""禁受"的语义特征，语义相互抵触，可把"耐心"改为"开心"。例⑦"逗留"是"短时间停留"，但句中指的却是"400多年"，前后语义不统一，可将"逗留"改为"居住"。

　　4. 主宾搭配不当

　　主宾搭配不当实际上是指主宾意义上搭配不当。从结构关系说，主语和宾语是两个不同层次上的句法成分，但在语义上它们却存在着一定的制约关系，如果不注意主语和宾语的协调，就会出现主宾搭配不当的语病。

　　① 我国盲人数量是世界上最多的国家。

　　② 五月的沈阳，是繁花似锦、气候宜人的季节。

例①"数量"与"国家"不能搭配，可改为"我国是盲人数量最多的国家"，或将"国家"一词删掉。例②中"沈阳"是"……季节"，主宾搭配不当，可把"五月的沈阳"改为"沈阳的五月"。

　　5. 关联词语搭配不当

　　复句中有些关联词语是成对使用的，如果违背了搭配习惯，就会造成关联词语搭配不当的毛病，使语意含混不清。

　　① 无论你走到哪里，哪里就会有好心人帮助你。

　　② 即使我们取得了很大的成绩，但是也不应该骄傲自满。

　　③ 为了抢救国家财产和人民的生命，哪怕刀山火海，我们就要上。

例①的"无论"应与"都"呼应，表示条件关系。例②的"即使"表示让步关系，"但是"表示转折关系，不能搭配使用，可删掉"即使"形成转折关系，也可以删掉"但是"形成让步关系。例③"哪怕"应与"也"呼应，表示让步关系。

（三）成分残缺或多余

1. 主语残缺或多余

　　① 在第二次洪峰的冲击下，造成了长江堤岸多处决口的险情。

　　② 自从德国人发明汽车以后，很快赢得了人们的喜爱。

　　③ 看到老师们忘我工作的情景，使我深受感动。

　　④ 这里的变化太快了，只半年时间，又一片高楼大厦的建筑拔地而起。

例①句首是介词短语，主语残缺。有两种改法，一是去掉"在"和"下"，让"第二次洪峰的冲击"作主语；二是删掉"造成了"，让"长江堤岸"作主语，并在其后加上"出现了"。例②"赢得人们喜爱"的是"汽车"，可是它被置于介词短语"自从……以后"中，这样句子就没有主语了，可改为"汽车由德国人发明以后，很快赢得了人们的喜爱"。例③由于滥用使动词造成主语残缺，应删掉"使"，或保留"使"而删掉"看到"。例④"建筑"与"一片高楼大厦"重复，应删掉"的建筑"。

2. 谓语残缺或多余

① 她整天在家做饭、挑水、扫地等琐碎的家务活，一天忙到晚。

② 我为大学生们安于学习而安慰。

③ 越来越多的人觉得看病难，这一现象令人值得深思。

例①缺少谓语动词，应在"做饭"前加上"干"。例②"为……而安慰"说不通，少了一个谓语动词，可改为"我为大学生们安于学习而感到安慰"。例③谓语中，"令人"与"值得"作用相近，可删掉一个。

3. 宾语残缺或多余

① 在西部大开发的浪潮中，厂长提出了"我们该怎么办"，让大家讨论。

② 高分子材料用在医学上，大致可分为机体外使用与机体内使用。

③ 看到数千兵马俑组成的庞大军阵的场面，我们完全被它的恢宏气势惊呆了。

例①"提出了"一般应该与名词性词语搭配，如"提出了问题、提出了意见"等，一般不与谓词性成分或主谓短语搭配，应在"我们该怎么办"后加"的问题"。例②缺少宾语中心，应在句尾加上"两种"。例③中"庞大军阵"本身就是"场面"，语义上重复，应删掉"的场面"。

4. 修饰成分残缺或多余

① 改革开放对中国的经济发展起着何等的作用啊！

② 首都将建一座10万吨的啤酒厂，以满足居民啤酒消费量日益增长的需要。

③ 作为妻子，当丈夫为了某种正常的事业而处于忘我

的境地时，"理解"就显得至关重要。

例①中"何等的作用"含混不清，应在"作用"前加上定语"重要"。例②定语结构不完整，"10万吨的"修饰"啤酒厂"使人费解，应改为"年产10万吨啤酒的啤酒厂"。例③"事业"是个褒义词，不论是个人的事业还是集体的事业，都是有意义的，所以，"某种""正常的"这两个定语属赘余成分。

④ 在本届演讲比赛中，华东师范大学代表队和暨南大学代表队获得冠军和亚军。

⑤ 两架直升飞机里穿迷彩服的队员，纷纷相互朝对方伸出表示胜利的两指。

例④缺少状语"分别"，不然的话，就成了两个队各自都取得了冠军和亚军，这不符合事实。例⑤中，"相互"和"朝对方"意思一致，可删掉1个。

⑥ 管理给企业带来的变化，突出地表现在全厂上下严把质量关、争创名牌产品。

⑦ 多方组织货源，确保古城市民"双节"能吃新鲜蔬菜。

⑧ 进入12月中旬，数十种高档、中档挂历几天之内全部销售得脱销了。

例⑥作补语的介词短语不完整，"突出地表现在……"后面缺少与之呼应的方位名词，应在句末加"上"。例⑦"吃"后加一个补语"上"，说明"吃"应达到的标准，才能将意思表达明确。例⑧补语"脱销"与"全部销售"语义重复，可将"全部销售得脱销"改为"脱销"。

（四）语序不当

1. 修饰成分易位易职

　　① 中国手工艺品的出口，深受西方国家人民的喜爱。
　　② 李红等 6 名毕业生要求去山区当教师的申请公布后，在同学中强烈地引起了反响。
　　③ 迎面吹来一股寒风，不禁使我打了个寒噤。
例①是定语与中心语错位，应改为"中国出口的手工艺品"。例②是错将定语放在了状语位置上，"强烈"应该是"反响"的定语，同时改"地"为"的"。例③的状语"不禁"修饰的应该是"打了个寒噤"。

　　2. 多层修饰成分语序不当
　　　① 批评和自我批评是有效的改正错误提高思想水平的方法。
　　　② 一列火车轰轰隆隆地突然从东面开过来。
例①"有效"是性质定语，应调至"方法"前。例②谓语部分有 3 个状语，其中"轰轰隆隆地"应放到"开过来"之前。

　　3. 分句位置颠倒
　　　① 张教授的研究成果不仅在国际上处于领先地位，而且填补了国内这方面研究的空白。
　　　② 扑火救灾过程中，经过 3 天英勇奋斗，战士们置身火海，终于战胜了大火。
例①把两个递进关系的分句位置颠倒了，应调整顺序。例②是个顺承关系的复句，分句的次序应按事情发展的过程排列，可是句中把"战士们置身火海"放在"经过 3 天英勇奋斗"之后，显然是不合理的，这两个分句的次序应加以调整。

　　（五）句式杂糅
　　一个意思往往可以采用不同的方式来表达，但因缺乏仔细选择，使不同的表达方式杂糅套叠，互相纠缠，表意不清。

　　① 他创造性地丰富了唢呐的表现力量是很可贵的。

　　② 登机时每人可以随身携带行李物品不得超过 15 公斤。

例①把前一句的后半部分直接当作后一句的开头，前后两句合为一句，形成语病。可改为"他创造性地丰富了锁呐的表现力，这是很可贵的"。例②"行李物品"是"携带"的宾语，又是后面"不得超过 15 公斤"的主语，两种表达方式前后牵连。可在"行李物品"前加"的"，将主谓结构变为偏正结构，作"不得超过 15 公斤"的陈述对象。

二、语法错误的检查与修改

（一）如何认识语法错误

1. 判断语病应注意的问题

所谓语法错误，通常指句子中出现的不合语法规则、不合逻辑、含混不清、令人费解等现象。确定一个句子有无语法错误，应注意以下几点：

（1）尊重社会语言习惯。语言规范是社会约定俗成的，因此，衡量语言规范与否，要看它是否符合大多数人的表达习惯，这一点具有很大的权威性。符合社会习惯，则是规范的语言，否则就是病句。有些说法，如"恢复疲劳""打扫卫生""养病""救火"等，人们早已习惯了这些说法，表意明确，应视为规范的用法。

（2）树立语言发展观。社会在发展，语言也在发展。以前普遍使用过的表达方法，现在不用了，或某种新用法逐渐被大多数人所接受，都会使语言的规范发生变化。比如"挑战美国队""登陆新领域"，这种动宾结构带宾语的现象，人们应该关注它，分析研究这类语言现象，不宜盲目否定。

（3）结合语言环境考察。判断语句有无语病，有时须结合语境来考察。有些语句孤立地看很别扭，是不能成立的，但在特定语境中，有上下文提供的条件或前言后语的铺垫，则显得自然合理。比如"他馒头，我面条"，孤立地看显然说不通，但如果在餐馆，服务员问顾客吃什么，顾客说"他馒头，我面条"，这就很自然了。一些具有修辞意义的用法，离开了特定的语境，就失去了合理存在的条件。所以，语境对言语活动有很大的制约作用，也是判断语言规范与否的重要依据。

2. 如何检查语法错误

检查语病的方法是多种多样的，下面是几种常见的方法。

（1）语感直判法。修改病句时，"语感"的价值是应该给予肯定的。因为人们在长期的语言实践中，会形成对语言运用总体上的感觉，对正确的表达形式比较习惯，感觉顺畅，反之则感到别扭，难以接受。通过反复阅读，利用语感往往可以找出毛病来。例如"我们去九寨沟旅游的时间还没有确定起来。"句中的"确定起来"直觉上很别扭，因为这不符合人们的表达习惯，"起来"改为"下来"则觉得很顺畅。

（2）简缩法。这是先检查句子的"主干"，再检查句子"枝叶"的一种方法。在统观全句、正确把握句子结构和内容的基础上，先检查主语中心、谓语中心、宾语中心之间能否搭配，有无残缺或多余等问题。再检查定语、状语、补语与中心语能否搭配、有无残缺或多余等问题。例如"建桥工人充分发扬了不怕苦、不怕累的精神和团结互助的友情"。简缩成"工人发扬精神和友情"即可发现"发扬"与"精神"能够搭配，但与"友情"不能搭配，属于述宾搭配中顾此失彼的毛病，可把"友情"

改为"风格"。

（3）类比法。这是用一些相类似的格式同原句比较，以判断原句正误的一种方法。对于一些似是而非、正误不易分辨的句子，可采用此种方法。例如"出了名的陈银儿最终从一个优秀企业家堕落成为行贿狂的罪人"。"行贿狂的罪人"的说法对不对呢？能不能说"杀人狂的罪人""夺财狂的罪人"？不能。这样，就可初步断定是个病句。"行贿狂"已含有"罪犯"的意思，再加上"罪人"就多余了。可改为"出了名的陈银儿大肆行贿，最终从一个优秀企业家堕落成罪人"。

（二）修改语病的要求

修改语病首先要忠实于句子的原意，即修改后的句子应该尽量保持原句的意思，尽量多地保持原句的信息量。其次，小改不大改，针对语病修改，避免"另起炉灶"作大的改动。一个病句往往有不止一种修改方法，在表意明确的前提下，以小改为佳。

思考与练习

一、改正下面句子实词运用中的错误，并说明理由。

1. 他为人处事一向很原则，很认真。

2. 现在一些人很注意包装自己。包装可以，但不能太包装。

3. 除去行政楼外，几乎所有的窗子都明亮着不疲惫的眼。

4. 实行新的管理制度以来，优质品率由过去的百分之八十提高了百分之九十。

5. 护肤品在使用过程中难免不受外界污染，微生物很容易大量生长繁殖，导致变质。

二、改正下面句子虚词运用中的错误，并说明理由。

1. 我认为一个人生活的太顺利了倒是一种不幸。

2. 1980 年 5 月 18 日上午，我国向太平洋预定海域发射的第一枚运载火箭获得圆满成功。

3. 歌曲或曲谱各选 1 名，各赠金卡 1 张，享受本企业各类优惠卡10 年。

4. 在改善职工生活上，我们单位采取了一些措施。

5. 这种钙片能使钙迅速沉积于骨骼上，达到了真正的补钙目的。

三、你认为有哪些因素经常导致名词、形容词运用方面的语病？

四、修改下面句子成分搭配不当的毛病，并说明理由。

1. 近几年来文坛非常活跃，小说、散文、诗歌的数量和质量都显著地增加了。

2. 节日的公园洋溢着一派生机勃勃、欣欣向荣的景象。

3. 最稀奇古怪的军装要数埃塞俄比亚人了。

4. 陈明仁却对肖毅精湛的医术和医疗态度十分佩服。

5. 他的烦恼愤懑之情，被山间明月和江上清风吹散了。

五、你认为句子成分搭配不当的语病有哪些类型，是由什么原因导致的？

六、修改下列句子成分残缺或多余的毛病，并说明理由。

1. 通过这些事实，使我们认识到进行爱国主义教育的重要性、必要性和迫切性。

2. 我国足球运动的落后状况在社会上引起了很大反响，如果还按照以往的训练、管理模式，这种现状恐怕难有根本性的改变。

3. 来这里参观的人感慨万端，谁能想到，这绿茵茵的草场竟是寸草不生的荒漠！

4. 江西庐山风景区名人别墅将于 4 月 20 日在北京人民大会堂进行拍卖。

5. 全校师生在英雄事迹的感召下，好人好事如雨后春笋般涌现出来。

七、句子成分残缺或多余的语病常有哪些类型？在语言运用中如何避免这一语病的发生？

八、下面句子有什么毛病？指出来并加以改正。

1. 王厂长的模范作用激发了广大工人的劳动热情，产量一下子提高到百分之二十。

2. 丰富而深厚的生活积累是我们能否创作出好的文学作品的关键问题。

3. 太和豆豉相传原产于江西省的太和镇而得名。

4. 3 年前我们相遇的时候，那时他虽然已经满头华发了，却精神矍铄，也很健谈。

5. 不管天气多么冷，运动员们却能坚持训练。

6. 我们和农民一起，在山坡上昨天参加了植树造林的紧张劳动。

7. 今天我们学习《词的构成》这篇基础知识短文的主要内容是合成词的结构方式。

8. 大家的不同意见，主要集中在如何更彻底地改革陈规陋习。

9. 这次会议对引进外资问题交流了广泛的经验。

10. 在抢险防洪的战斗中，经过 4 个多小时惊心动魄的同洪水搏斗，同志们奋不顾身跳进汹涌澎湃的激流，保住了大坝，战胜了洪水。

11. 杨老三，你要对于自己的行为负责！

12. 打开收音机时，小华总喜欢选那些欢快、激动的乐曲听。

第十二节　语法研究

学习要点　了解汉语语法研究发展概况，能够针对提供的论文题目进行深入思考，或就某些问题写出小论文。通过查阅参考文献，为专业知识的学习和研究提供帮助。

一、汉语语法研究概述

中国是世界上最早开始关注语言问题的国家之一，但是真正意义上的汉语语法学的建立，却只有短短百余年的历史。中国古代也有一些虚词和句读的研究，如《公羊传》和《谷梁传》在训释《春秋》的词义和语句时，就注意到了一些特殊的语法现象，并体现出对语序、自动词和他动词、附加语等的朦胧认识。元明清时期虚词研究有了长足进展，并出现了一批专著，如卢以纬《语助》、刘淇《助字辨略》、王引之《经传释词》等等。但这些专著的目的并不是从语法的角度阐释虚词的性质、分类、用法，以建立虚词的语法体系，而是为注释经籍服务的，本质上还不算科学意义上的语法研究。

直到清末戊戌维新变法时才出现了第一部系统、专门的语法著作《马氏文通》。汉语语法学是在西方语法研究的影响下形成和发展起来的。马建忠模仿英语语法，以文言为对象，建立了词本位的汉语语法体系。这部著作的出版具有划时代的意义，它是汉语语法学成为一门独立学科的标志。

随着新文化运动的开展，白话和口语受到重视，于是出现了现代汉语语法著作。黎锦熙1924年出版了现代汉语语法著作《新著国语文法》，该书采用句本位的语法体系。黎氏《新著国语文法》以后的几十年，中国语法研究的重心主要是现代汉语语法，而且绝大多数语法学者都是以句子为基本单位来进行研究的。

20 世纪 20 年代，索绪尔的现代语言学理论开始影响中国学者。赵元任率先在 1926 年发表了《北京、苏州、常州语助词的研究》。30 年代末期，上海展开文法革新讨论，方光焘第一个在中国介绍了索绪尔的语言理论。陈望道、方光焘等批评了以往语法研究中的模仿倾向，经过理论上对体系问题的宏观思考，认识到汉语语法学不能止于借鉴与模仿西方语法学理论。从此，汉语语法学转入"找个性"的自觉探求，其理论旗帜是"根据中国文法事实，借镜外来新知，参照前人成说，以科学的方法、谨严的态度缔造中国文法体系"。

40 年代出版的语法著作以王力《中国现代语法》《中国语法理论》和吕叔湘《中国文法要略》为代表。作者力图反映汉语语法的特点，着力探讨汉语特有的语法规律，借鉴西方先进的语言学理论和方法，来描写和发掘语法事实，并取得了显著成果。比如总结并深入分析了"能愿式""使成式""递系式""处置式""被动式""紧缩式"等一系列汉语特有的句式，建立了汉语语法新的体系。

50 年代初期，结构主义语法引入中国，其标志是李荣翻译出版了赵元任《北京口语语法》。在国内用结构主义理论研究汉语语法的最具代表性的著作是丁声树等《现代汉语语法讲话》，书中按分布特征给词分类，进行直接成分分析。这是结构主义中国化的成功范例。新的理论与方法进一步引发了关于词类、主语、宾语及后来析句方法等问题的大讨论。由于结构主义是一种比较精密的分析方法，显示了相对于传统方法的优越性，在它的指导下，学者们发现了汉语的一些语法规律和语法特点，因而描写语法学的理论方法影响逐渐扩大，并逐步成为占据主流地位的理论方法。

60 年代初期，汉语语法研究同样取得了很大成绩，朱德熙发表了《说"的"》，通过实例的研究，介绍描写语言学的方法，并引起热烈的讨论。文革的 10 年中语法研究被迫中断，一直到 1978 年才恢复。

从 70 年代末到 90 年代是现代汉语语法研究发展最为迅速的时期，所取得的成果超过了以前几十年的总和。吕叔湘《汉语语法分析问题》于 1979 年出版，这标志着中国语法研究的一个新时期的开始。该书篇幅不长，但视野开阔，内容丰富，对中国语法研究 80 年历史中的很多问题，特别是语法体系及语法分析问题，作了全面深入的回顾与探讨，对此后的语法研究起到了重大而深远的影响。其后，朱德熙《现代汉语语法研究》《语法讲义》《语法答问》，张斌、胡裕树《汉语语法研究》，陆俭明、马真《现代汉语虚词散论》，邢福义《复句与关系词语》《语法问题探讨集》，徐枢《宾语和补语》，李临定《现代汉语句型》等著作陆续出版。一些学者还编写出版了现代汉语语法学史。

从 80 年代中期开始，在现代汉语本体研究中，人们的研究视野大大拓宽，语法研究的理论自觉性空前提高，形成了有汉语特色的语法学理论。朱德熙在《语法答问》中提出了词组本位的语法体系，强化了词组（短语）的研究，大大提升了词组在语法中的地位。该书还提出了影响巨大的结构、语义、表达 3 个平面的理论。这一阶段，胡裕树、范晓发表的《试论语法研究中的 3 个平面》，从信息论角度提出了在语法研究中句法、语义、语用 3 个平面结合起来进行研究的理论。

稍后，邢福义总结出大三角（普、方、古）和小三角（语表、语里、语值）的理论。学者们注意到从汉语与外语的比较、汉藏语系亲属语言的比较、汉语方言语法比较、汉语历时比较等多种角度来研究现代汉语语法。在吸收、改造的基础上提出了层次分析、变换分析、语义特征分析、语义指向分析、格关系分析、配价分析等等具有汉语特色的语义、语法结构的分析方法。近些年来则在语言类型学分析、认知分析方面开始了新的尝试。

90 年代初期，汉语语法研究"求实"与"创新"结合，多元化的色彩更加浓厚，既有传统方法的研究、结构主义方法的研究、生成语法的研究，如格语法研究、配价语法研究，又有功能主义的研究，如篇章语法研究、认知语法研究等等。90 年代后期，汉语的类型学研究、尤其是语法化研究方兴未艾，蓬蓬勃勃。

随着电脑科技的发展，电脑自动分词、计算机自然语言处理方面的研究也取得了较大的成绩。随着对外汉语教学的不断深入，语法学者们更加细致地探究语法与语义联系的类型、模式与方式，发表了一系列研究论文，体现了语法研究的应用价值。汉语语法的研究在细致挖掘和描写汉语事实的同时，也开始关注验证、解释，呈现出多角度、全方位、立体交叉发展的态势，更加重视探索和挖掘汉语自身特点、规律的研究。

二、撰写语法学小论文参考题目

1. 形容词作状语的情况考察
2. 试论动词、形容词作主语、宾语的条件及规律
3. 试论名词、名词性短语作谓语的条件及规律
4. 副词"都"和"全"的语义及句法功能分析

5. 浅谈趋向动词的语法化过程和认知基础

6. 代词的指称功能分析

7. "这么、那么、多么"的对比分析

8. 动态助词与"时""体"范畴的对应性浅探

9. 词的兼类现象的形成过程及规律的分析

10. 词类活用情况及规律分析

11. 新词新语的语法性质、语用功能分析（比如"酷""炫"的语法、语用分析）

12. 你所在方言区的特殊词类的功能分析（比如，兰银官话北疆片中的"走""开"的功能很特别，有不同于普通话之处：①看电影走！②逛街走！③到小刘家走！④我说了他一句，他就哭开了。⑤过了一会儿，雨就下开了。⑥人还没到齐他们就吃开了。）

13. 从"词短语"与"短语词"看语法单位的纠结

14. 多义短语的种类、产生的原因及歧义的消解

15. 短语的成句条件浅探

16. 动宾关系的语义类型分析

17. 补语的语义指向论析

18. 主动短语的功能类别分析

19. 浅论连动短语中动态助词的使用规律

20. 连谓短语、兼语短语的结构、功能对比分析

21. 偏正结构中的多层定语、多层状语的排序情况及规律分析

22. "动+着+宾呢"与"动+宾+着呢"探析

23. 词的语义特征及其对搭配词类的选择限制（比如某些动词的语义特征及其对名词的选择限制，某些量词的语义特征及其

对名词的选择限制）

24. 试谈变换分析法在汉语语法研究中的作用

25. "比"字句的结构特点及规律分析

26. 某某方言与普通话句型、句式或句类的对比分析

27. 汉英语法结构（或词类功能）比较分析

28. 疑问句的语用功能分析

29. 浅谈话题跟主语、句首状语的关系

30. 浅析动词的语义特征对祈使句的选择限制作用

31. 浅谈汉语单复句的划界及其下位句型分类

32. 条件复句的分类与语用功能分析

33. "复句形式"充当单句句法成分的语义及结构类型探析

三、参 考 文 献

（一）专著及教材

戴耀晶《现代汉语时体系统研究》，浙江教育出版社
　　1997 年。

丁声树等《现代汉语语法讲话》，商务印书馆 1980 年。

范晓《三个平面的语法观》，北京语言学院出版社 1996 年。

范晓（主编）《汉语的句子类型》，书海出版社 2000 年。

菲尔墨《"格"辨》（胡明扬译），《语言学论丛 2》，中国社
　　会科学出版社 1980 年。

龚千炎《中国语法学史》，语文出版社 1997 年。

胡裕树（主编）《现代汉语》（重订本），上海教育出版社
　　1995 年第五版。

胡裕树　范晓《动词研究综述》，山西高校联合出版社
　　1996 年。

黄伯荣 廖序东（主编）《现代汉语》，高等教育出版社 2002 年第三版。

金立鑫《语法的多视角研究》，上海外语教育出版社 2000 年。

黎锦熙《新著国语文法》，商务印书馆 2000 年。

陆俭明 马真《现代汉语虚词散论》，北京大学出版社 1985 年。

吕叔湘《汉语语法分析问题》，商务印书馆 1979 年。

吕叔湘《汉语语法论文集》（增订本），商务印书馆 1984 年。

马建忠《马氏文通》，商务印书馆 1983 年。

马庆株《汉语动词和动词性结构》，北京语言学院出版社 1992 年。

马庆株编《语法研究入门》，商务印书馆 1999 年。

马庆株（主编）《二十世纪现代汉语语法论文精选》，商务印书馆 2005 年。

邵敬敏《汉语语法学史稿》，上海教育出版社 1990 年。

邵敬敏《汉语语法的立体研究》，商务印书馆 2000 年。

邵敬敏（主编）《现代汉语通论》，上海教育出版社 2001 年。

沈阳、郑定欧（主编）《现代汉语配价语法研究》北京大学出版社 1995 年。

石毓智《语法的认知语义基础》，江西教育出版社 2000 年。

王力《中国现代语法》，商务印书馆 1985 年。

吴竞存 侯学超《现代汉语句法分析》，北京大学出版社 1982 年。

邢福义《八十年代与九十年代中国现代汉语语法研究》，北京语言学院出版社 1992 年。

邢福义《汉语复句研究》，商务印书馆 2001 年。

赵元任《汉语口语语法》，商务印书馆 1979 年。

朱德熙《语法讲义》，商务印书馆 1982 年。

朱德熙《语法答问》，商务印书馆 1985 年。

朱一之　王正刚编《现代汉语语法研究的现状和回顾》，语
　　　文出版社 1987 年。

《中国语文》编辑部《语法研究和探索》（一～十），北京大
　　　学出版社 1983～2000 年。

（二）论文

戴耀晶《现代汉语动作类二价动词探索》，《中国语文》
　　　1998 年第 1 期。

杜敏《早期处置式的表现形式及其底蕴》，《陕西师大学报》
　　　1996 年第 4 期。

范开泰《语用分析说略》，《中国语文》1985 年第 6 期。

范开泰《语法分析三个平面》，《语言教学与研究》1993 年
　　　第 3 期。

范继淹《谈谈语法研究》，《汉语学习》1983 年第 1 期。

龚千炎《谈现代汉语的时制表示和时态表达系统》，《中国
　　　语文》1991 年第 4 期。

胡明扬《再论语法形式和语法意义》，《中国语文》1992 年
　　　第 5 期。

胡附　文炼《句子分析漫谈》，《中国语文》1982 年第
　　　3 期。

胡裕树　范晓《试论语法研究的三个平面》，《新疆师范大
　　　学学报》1985 年第 2 期。

黄伯荣《关于划分词类问题的考查》,《中国语文》1954 年
　　第 10 期。

兰宾汉《副词"都"的语义及其对后面动词的限制作用》,
　　《语言教学与研究》1988 年第 2 期。

李临定《动词分类研究说略》,《中国语文》1990 年第
　　4 期。

李临定《如何分析汉语句子》,《语言教学与研究》1989 年
　　第 2 期。

刘丹青《形名同现及形容词的向》,《南京师范大学学报》
　　1987 年第 3 期。

刘宁生《汉语怎样表达物体的空间关系》,《中国语文》
　　1994 年第 3 期。

陆丙甫《主干成分分析法》,《语文研究》1981 年第 1 期。

陆俭明《八十年代汉语语法研究理论上的建树》,《世界汉
　　语教学》1991 年第 4 期。

陆俭明《汉语句子的研究》,《汉语学习》1993 年第 1 期。

陆俭明《关于词的兼类问题》,《中国语文》1994 年第
　　1 期。

吕叔湘《通过对比研究语法》,《语言教学与研究》1992 年
　　第 2 期

饶长溶　吕叔湘《试论非谓形容词》,《中国语文》1981 年
　　第 2 期。

沈开木《论"语义指向"》,《华南师范大学学报》1996 年
　　第 6 期。

宋玉柱《关于词语搭配的正确性和真实性》,《世界汉语教
　　学》1990 年第 1 期。

吴为章《动词的"向"札记》，《中国语文》1993 年第
　　1 期。

邢福义《现代汉语语法问题的两个"三角"的研究——
　　1980 以来中国大陆现代汉语语法研究的发展》，《语言
　　教学与研究》1991 年第 3 期。

邢公畹《语法与语法学》，《中国语文》1979 年第 2 期。

袁毓林《汉语名词的配价研究》，《中国社会科学》1992 年
　　第 3 期。

张国宪《现代汉语的动态形容词》，《中国语文》1995 年第
　　3 期。

朱德熙《"的"字结构与判断句》，《中国语文》1978 年
　　第 1、2 期。

朱德熙《汉语句法中的歧义现象》，《中国语文》1980 年第
　　2 期。

第五章 修 辞
第一节 修 辞 概 说

学习要点 掌握修辞概念，了解修辞的基本原则和要求，明确为什么学习修辞和怎样学习修辞，领会修辞同语音、词汇、语法、逻辑的区别和联系。

一、什么是修辞

什么是修辞的问题，一直是修辞学教学与研究中颇受关注的问题。中国现代修辞学发展史上，许多学者对此作了持续不断的探讨，修辞的定义有多种说法。这些定义虽然认识水平不同，研究角度各异，但却能反映出汉语修辞研究的进程，标志着人们对修辞性质本体认识的不断深化与丰富。

考察中国现代修辞学中的各种修辞观，"修辞"一般有4种涵义。

第一种涵义指修辞活动。现代修辞学家陈望道先生在《修辞学发凡》中指出："修辞原是传意达情的手段，主要为着意和情，修辞不过是调整语辞使达意传情能够适切的一种努力。"简而言之，修辞是一种针对情意内容而调整语辞的活动，是蕴含了人的目的性和能动性的积极的言语表达行为。

第二种涵义指修辞现象，即体现在表达中的一切修辞表现，包括为获得理想的表达效果而巧妙运用的各种语言手段、方法和技巧。如语音的调整、词语的锤炼、句式的选用、辞格的运用、篇章结构的组织、语体风格的调配等。

第三种涵义指修辞规律，即修正、修饰语言使文辞表达恰当而富有效果的规律。有体现在一切修辞现象和修辞活动中的总规律，如修辞必须适应题旨、语境、语体等；也有体现在具体修辞方式中的分规律。

第四种涵义指修辞学，即研究修辞现象及其规律的科学或修辞著作。

修辞的 4 种涵义既有区别，又紧密联系。修辞活动、修辞现象、修辞规律都是修辞学研究的对象，而修辞学又是修辞活动、修辞现象、修辞规律的系统化、科学性的总结。

任何一门学科的首要问题都是对本学科研究对象性质的认定，修辞研究也一样。中国修辞传统源远流长，之所以在修辞观念上意见纷呈，研究对象的复杂性是主要原因。修辞是运用语言的活动，这种活动是一种包含了活动的主体、动机、内容、环境、工具、效果、方式等多种因素的复合体。

从活动主体来看，修辞是人对语言的一种运用。《周易·乾·文言》中的"修辞立其诚"一说，不仅在于它是"修辞"二字连用形式的最早出处，而且它把"修辞"与"立诚"连在一起，从而显示出"修辞"在中国文化中最根本的学术传统。把人与修辞紧密联系在一起，内在主体之"诚"与外在客观之"辞"通过"修"这种活动达到完美的统一，修辞活动就是在运用语言中寻找着辞与情、辞与意、文与气、文与道、语与理、言与德这种"人言之间"的平衡与和谐。

从活动的工具来看，就有口语（语辞）、书面语（文辞）、体态语等方面的不同，三者在修辞的具体操作过程中，既相互联系，又各自独立。从活动性质来看，就有多种看法，认为修辞是修饰，或是美化，或是调整，或是加工，或是选择，或是组合等等。从活动效果来看，认为修辞是追求美的活动，或认为修辞是成功的、理想的或积极的活动等等。

这样一来，就形成"文辞修辞说""美辞说""辞格中心说""语辞调整说""语言加工（润色）说""同义选择说""语言形式组合说"等多种修辞观。结合各家的观点，我们不妨给修辞下这样一个定义：**修辞是适应一定的交际目的和语境，运用各种语言材料和表现手法，以提高表达效果的言语活动以及包含其中的语用技巧。**所谓"运用"指的是对语言材料的加工和修辞方法的选择，而追求理想的表达效果，则是修辞的根本任务。

中国修辞学在其现代化的进程中，要同时实现两大根本的学科任务：一是更深刻更科学地认识汉语修辞现象，一是更广泛更有效地指导人们的修辞实践。前者要回答"修辞是什么"的问题，后者要回答"人们应该怎样修辞"的问题。认识的任务要靠加强修辞学的理论建设来完成，修辞理论大致包括修辞的性质、原则，修辞和思想内容、交际语境的关系，修辞学的对象、范围、任务、功用、研究方法和修辞学史等。修辞实践指对修辞法则和规律的应用，主要包括对语言单位的选择、组合，对修辞方法、修辞技巧的具体运用，对言语进行综合的修辞分析等。修辞学的两大任务互为补充，其最终目标在于：通过对修辞理论的探索和对修辞现象的分析，把握修辞的原则和方法，揭示其规律，以指导人们的修辞实践，从而有效地运用语言。

二、修辞的原则

在修辞研究的历史进程中，人们曾经归纳出许多修辞的原则和规律。我国古代就有"辞达说""文质兼备说""言辞相称说"等；现代，又相继提出了"适应题旨情境说""言辞规律说"以及"适切说"等等。修辞原则要解决的根本问题是：言语行为（说写活动）以及言语行为的结果（话语作品）与言语交际的环境、目的、方式、任务之间的适切性、得体性问题。以下3个方面可以作为修辞的普遍原则。

（一）适切题旨

陈望道先生在《修辞学发凡》中明确指出："修辞以适应题旨情境为第一义。"**所谓题旨，是指说话作文所要表达的内容和说写的意图、动机、目的**，修辞和题旨的关系，实际上是形式和内容的关系。无论运用何种修辞手段，都要为表达的内容和说写的目的服务，这就是内容决定形式，形式要为内容服务的辩证统一关系。衡量修辞效果，标准在于话语是否确切、简明、生动地表达了内容，是否恰到好处地达到了预期的目的。只有切合题旨，才有可能是当言要言、精言美言；反之，脱离了特定的思想情感需要，不能"就意修辞"，即便用尽华丽词藻，也收不到好的修辞效果。

（二）切合语境

语境就是使用语言的环境，是指言语活动赖以进行的现实情况与条件。它包括主观因素和客观因素两个方面。主观因素包括说写者的思想、身份、文化程度、性格、修养、处境、心情等等；客观因素包括交际的时间、场合、对象、交际话题、上下文（前后语）、社会背景、自然环境、文化氛围等。另外，在口语交际中语境还包括言语交际者的表情、体态、动作等，这些辅助表达手段在语言学中称为体态语，起着烘托、映衬言辞，补充完善语意的作用，能够增强信息传递的全面性和力量感。语境和言语行为相伴始终,"是修辞的灵魂"。

常言道"到什么山头唱什么歌","话随境迁"。修辞在语料的选择、方法的运用、意义的表达、效果的评判等各个方面都要与语言环境高度适切。离开语境,则难以评定各种修辞的优劣。比如广大观众家喻户晓的相声段子《如此包装》中,用"薄皮大馅18个褶,好像一朵花"来夸赞天津的"狗不理包子",比喻贴切,喜爱之情溢于言表;而"你要夸姑娘长得美,好像一朵花,可千万别说她长得像包子"。否则会显得可笑,因为针对不同的描写对象,喻体要做合理的选择。所以说切合语境是衡量修辞的又一把标尺。

(三)适合语体

语体是适应不同交际需要所形成的具有不同功能特点的语言风格体系。一定的语体,要求一定的词语、句式、辞格与之相适应。语体分为两大类:口语语体和书面语语体。一般说来,口语语体比较随意、通俗、平实。而书面语语体比较正式、典雅、庄重。

三、修辞同语音、词汇、语法、逻辑的关系

修辞要综合运用语言的各种要素、各种表现方式来取得预期的表达效果,可供利用的语言资源异常丰富,这就势必形成修辞与其他学科复杂而密切的关系,所以说,修辞学是一门多学科性的边缘学科。

(一)修辞同语音的关系

修辞和语音各有其研究的对象,语音学以语音的性质、结构规律为研究对象,语音修辞研究如何运用语音的各种要素以取得积极的表达效果。包括对双声、叠韵、叠音、拟声、谐音、押

韵、轻重音、平仄、节奏、儿化、字调、语调等语音现象的调配运用，以求言语在特定思想内容和语境中表现出韵律美、鲜明的感情色彩和风格，收到以声传情、声情并茂的修辞效果。

（二）修辞同词汇的关系

词汇是语言的建筑材料，词汇学研究词义、词的构成、词汇系统的形成、发展变化及词汇规范化等内容，词汇修辞则从利用词汇音义要素的角度去研究词语的运用。包括从词语的声音、形体、意义、色彩、用法等方面对词语加以调遣、安排。像如何选择同义词、反义词、同形词、异形词、同音词、褒义词、贬义词，使语言表达准确贴切、鲜明生动；以及如何选择词汇中的特殊成分，如古语词、外来词、方言词、口语词、熟语、行业语等，表现不同的语体色彩和风格色彩。词语的选择和锤炼，是我国历代相传的修辞艺术。

（三）修辞同语法的关系

修辞同语法的关系更为密切，也更为复杂。一方面，语法和修辞有本质的区别，语法研究语言的结构规律，而修辞属语用学范畴，研究语言表达的效果；语法和修辞追求的目的也不一样。吕叔湘先生说过："我们的衣服，上衣得像个上衣，裤子得像个裤子，帽子得像个帽子。上衣有两个袖子，背心没有袖子，如果只有一个袖子，那就既不是上衣，又不是背心，是个'四不像'。这可以比喻语法。修辞呢，好比穿衣服。人体有高矮肥瘦，衣服要称身；季节有春夏秋冬，衣服要当令；男女老少，衣服的材料花色不尽相同。总之是各有所宜。修辞就是讲究这个'各有所宜'。"吕叔湘先生的这段话形象地论述了修辞和语法的区别和联系。

语句合乎语法是讲究修辞的基础。如果语病百出，也就谈不上修辞了。可以说，语法是解决"对不对"的问题，修辞是解决"好不好"的问题。另一方面，语法为修辞现象、修辞规律的体现提供了表现形式，没有语法结构上千姿百态的短语、句子和句群，也就没有体现修辞的千变万化的语言模式。句子的长短、整散、分合、繁简以及句式的肯定与否定、主动与被动、常式与变式，为句法修辞中的句式选择和调整提供了丰富的材料。相应地，不同句式的运用也必然受修辞的制约，采用什么样的语法形式决定于修辞的需要，是由话语和文章的语体、气势、情彩、跌宕等方面的语用需求和表达效果决定的。

　　① 女性要自尊自爱，自强自立。

　　② 女人要青年不做花瓶，中年不做醋瓶，老年不做药瓶。

　　③ 这个孩子真聪明！

　　④ 这个孩子一点也不笨！

例①没有使用辞格，例②用了一串比喻格，但表达的意思基本一致。例③是肯定句，例④是否定句，意思也差不多。在哪种情况下使用什么句式，要根据修辞的需要做出恰当的选择。

　　(四) 修辞同逻辑的关系

　　逻辑是研究人类思维方法和规律的学科。思维凭借语言而进行，思维的成果也要依托语言来表达。从语言角度考虑，就是说话的内容是否符合事理和规律，所以，逻辑解决语言"通不通"的问题。修辞必须在符合逻辑的基础上进行，例如说"月明星稀"，符合逻辑；说"月光皎洁，繁星满天"，就犯了逻辑上的错误。一般说来，合乎逻辑的语言才有可能收到良好的表达效果。

　　但是，修辞也往往突破语音、词汇、语法、逻辑的常规，如词义及词彩的反用、词性的活用、语法结构的变化、故意超越逻辑的限制等等，目的是为了追求特殊的表达效果。例如形容人勇猛有力，说"力拔山兮气盖世"。这种表达，如果片面地用形式逻辑的尺子来衡量，似乎不合理，但它却有很好的修辞效果。所以，应该辩证地看待修辞与语言三要素及逻辑的关系，不可机械地理解。

四、修辞的作用

随着时代的发展和社会的进步，人们的交流与合作越来越频繁，提高公众言语行为的水平和质量是提高全民的科学文化素质的重要部分。修辞作为一门以提高言语表达效果为宗旨的学科，发挥着越来越重要的作用。

（一）可以提高语言素养和语言表达能力

古人云"工欲善其事，必先利其器"，常言道"话有三说，巧说为妙"。生活需要人们随时扮演"理想的说话者"，得心应手地驾驭语言。规范的言语是现代化人才的基本技能，优美的言语是沟通思想的桥梁，文明的言语是净化社会的清洁剂，精妙的言语是打开经济效益大门的金钥匙。但是，生活中还存在许多不理想的言语表达现象：有的人因"不会讲话"而苦恼；有的人为辞不达意而内疚；有的人因不明白话语的言外之意，捕捉不到说话人的动机、目的而不知所措；有的人因误解别人的意思而造成不必要的损失。

人们渴望和谐的氛围和良好的合作环境，追求高超的说写技能，科学的修辞理论正是取得理想交际效果、减少人际冲突、促进社会合作的有力武器。学习修辞，就是研究各种修辞行为的特点及其控制策略，揭示修辞过程中话语建构和话语理解的关系，探讨如何使语言具有美感，增强感染力，以期全面提高人们的语言表达能力。

（二）可以提高对优秀文学作品的理解和鉴赏能力

在中国文化传统中，人们在语言运用中有着强烈而明确的修辞意识，从炼字炼句、音律语义到谋篇布局、章法结构，作了多方面的探索与实践。中国历代浩如烟海的诗文典籍无处不显示修辞术的存在。所谓"言语之美，穆穆皇皇"，篇篇珠玑，光彩熠熠。修辞是一种语言运用的艺术，通过修辞知识的学习，提高了人们的语言分析和运用能力，在阅读文学作品时，自然会在理解和鉴赏语言的精妙和美的追求上"更上一层楼"。

（三）有助于语文教学与写作水平的提高

对从事语文教学和写作的人来说，学习修辞还可以帮其科学地分析作品的语言艺术特色，更好地讲解课文，评改作品，指导写作，提高语文教学和写作的能力。

思考与练习

一、有人说，修辞是"咬文嚼字""雕琢词句""文字游戏"，请谈谈你的看法。

二、修辞的原则是什么？请结合实例谈谈体会。

三、请结合实例谈谈修辞与逻辑的关系。

四、有人没学过修辞，文章也写得不错，这是为什么呢？请联系你日常听说读写的实践活动，谈谈学习修辞对于提高语言表达能力的作用。

第二节　词语与修辞

学习要点　了解选用词语的 3 点要求：准确、得体、生动，掌握从词义、色彩、语音等方面锤炼词语所用的方法。

一、选用词语的要求

吕叔湘先生在《我对于"修辞"的看法》中说："修辞学，照我的看法，应该是在各种可供选择的语言手段之间——各个（多少是同义的）词语之间、各种句式之间、各种篇章结构之间、各种风格（或叫'文体''语体'）之间——进行选择，选择那最适合需要的，用以达到当前特定的目的。"词语是语言的建筑材料，各种修辞技巧和手段必须以丰富的词汇作为基础。

古人把词叫做"字"，在创作实践中非常重视"炼字"，认为一篇佳作，如果语言的锤炼已达到炉火纯青的地步，那就一字不能更动：加一字太详，减一字太略，改一字欠妥。这话虽有些夸张，但足见古人"炼字"的精心。战国末期曾有吕不韦"一字千金"的典故。一个字用得好，就会"一字生辉"，创造出感人的意境。选用词语的具体要求包括下面几点。

（一）准确

在文章写作或言语交际中，词语的选择和使用，应该准确地反映客观事物，恰切地表达思想感情。欧阳修在《六一诗话》中说：陈公时偶得杜集旧本，文多脱误，至《送蔡都尉诗》云："身轻一鸟"，其下脱一字。陈公因与数客各用一字补之，或云"疾"，或云"落"，或云"起"，或云"下"，莫能定。其后得一善本，乃是"身轻一鸟过"。陈公叹服，以为"虽一字，诸君亦不能到也"。

杜甫以"身轻一鸟过，枪急万人呼"来形容蔡都尉的英勇及高强的武艺，人们似乎看到了蔡都尉如鸟儿轻捷飞过的矫健身姿。这个"过"准确贴切，堪称锤炼词语的典型例子。又如潘行敏《独醒杂志·卷二》载："徐翁师母尝言：东坡长短句云，'山下兰芽短浸溪，松间沙路净无泥'；白乐天诗云'柳桥晴有絮，沙路润无泥'，净、润两字，当有能辩之者。"两个时代不同的作家都写了沙路，不同的是，一个用"净"，一个用"润"，却都恰到好处地写出了景物的特色。苏词写的是山间松下的沙石路，坚实、清新而呈明净之貌，故说"净无泥"；白诗写的是湖边柳下的浮沙路，平坦、柔软而微湿，故说"润无泥"。一词之差，足见两人用词都极其准确贴切，从中可以看出他们锤炼词语的深厚功底。

词语本身无所谓优劣，只是在一定的上下文中才能显示出不同的表达效果来，因此，在选用词语的时候，切忌脱离实际，追求离奇，而应该结合具体内容准确运用。现实生活中词语运用失误的现象屡见不鲜。例如一家公司在"讣告"的结尾写道"敬请光临"；一位干部在接受邀请时说"谢谢，我一定光临寒舍"；一个学子在赠给恩师的书上写着"××先师惠存"；某个年轻人在社交场合总是搬出父亲的大名当招牌，"我令尊是×××"等。如此措辞当然会闹出笑话。

（二）得体

词语使用的得体性原则具体表现在以下几个方面：①适合说写对象；②注意时地差异；③适应语言环境；④体现文体特点；⑤切合文化背景。在得体方面，礼貌词语的使用尤为突出，主要表现在称谓语、委婉语和礼俗语的选择和使用上。

　　汉语的称谓可分为"亲属称谓"和"非亲属称谓"。前者大多用于非正式的交际场合，借以表达说话人对称呼对象比较亲切的态度。在比较正式的交际环境就应该使用非亲属称谓中的职业称谓。在汉语的职业称谓中，较为常见的是"师傅""老师""大夫"。在这 3 种称谓前可以加上姓氏。非亲属称谓中的社交称谓在近年来发生了比较显著的变化，"同志""师傅"使用范围缩小，"小姐"的称谓在一些地方意义发生了转移，甚至成了"三陪女"的代名词。"先生""女士"这些旧式称呼已相当流行，"老师"的称谓范围逐渐扩大。

　　委婉语的使用是选用词语的一个重要原则。不同的民族、不同的地区、不同的行业，往往有自身独特的禁忌习俗和禁忌词语。当人们谈到这些禁忌的事物时，往往用委婉词语来代替。例如在我国江苏一带有这样一种语言习俗，如果买鸡鸭时买的是死的，就称作"文鸡""文鸭"。"文"是不动的意思。把"杀鸡""杀鸭"称作"伏鸡""伏鸭"。

　　江西人忌说"吃药"，而称作"吃好茶"，因为吃药总是与生病联系在一起。在青藏高原一带，牧民们禁忌说"狼"，而称其为"长尾巴""拴嘴子"等。由于职业的原因，许多地方的渔民忌说"倒""翻"等字，把"倒水"称作"清水"，在煎鱼、煎饼时不能说"翻"，而要说"划"，把"盛饭"说成"添饭"，因为"盛"和"沉"谐音。

　　"礼俗语"是在社交礼节中形成的礼貌词语。中国有几千年的文明史，在长期的社交实践中，逐渐形成了自成体系的礼俗词语体系，制约着人们交往中的语言运用，这主要体现在"敬誉语"和"谦恭语"两大体系当中。如称自己为"后学"，称对方为"先生"。

在词语选择方面，正确把握得体性原则，可以收到奇妙的效果，反之，可能导致交际失误。比如，一位服务员对正在就餐的客人说："请你把那个脏盘子递给我！"客人很不高兴，反问服务员："怎么是脏盘子呢？"如果说成"用过的盘子"或"那个盘子"，就不会影响交际了。

（三）生动

力求运用生动形象的词语，是选用词语的重要原则之一。在这方面要注意挑选概念具体、表意形象的词，使抽象的事理具体化，静态的事物动态化。

> 在农会的威力之下，土豪劣绅们头等的跑到上海，二等的跑到汉口，三等的跑到长沙，四等的跑到县城，五等以下的土豪劣绅崽子则在乡里向农会投降。
>
> "我出十块钱，请你们准我进农民协会。"小劣绅说。
>
> "嘻！谁要你的臭钱！"农民这样回答。
>
> （毛泽东《湖南农民运动考察报告》）

这里写下等的土豪劣绅错误地认为可以用钱买到参加农会的机会，但农民回答他们："嘻！谁要你的臭钱！"叹词"嘻"用得生动形象，体现了农民翻身后的自豪感和对土豪劣绅的鄙视。

二、词义的锤炼

（一）同义词语的选择

汉语是丰富而发达的语言，同义手段非常丰富。例如"外国人""洋人""老外""外宾"是一组同义词语，都指本国以外的人，但在词义范围和适用对象、感情色彩和语体色彩等方面有差别。"外国人""洋人""老外"泛指一切外国人，适用范围大；"外宾"特指受邀来访的外国客人，适用范围小。"洋人"多用于书面语；"外国人""外宾"既见于书面语，又见于口语；"老外"则多见于口语。"外宾"是褒义词，显得庄重；"外国人""洋人"是中性词；"老外"则显得亲切友好。

如果掌握了丰富的词汇，让同义或近义词语在上下文里交替使用，可以形成错综的变化，避免了单调。这已成为古今作家在创作实践中自觉的修辞活动。

①微风过处，送来缕缕清香，仿佛远处高楼上渺茫的歌声似的。这时候叶子和花也有一丝的颤动，像闪电般霎时传过荷塘的那边去了……月光如流水一般，静静地泻在这一片叶子和花上，薄薄的青雾浮起在荷塘里。叶子和花仿佛在牛乳中洗过一样，又像笼着轻纱的梦。

（朱自清《荷塘月色》）

②正在院子里看书的小明，不时地朝大门外瞅。妈妈走过来说："看书要聚精会神，不能东张西望，心不在焉，眼睛要盯住书本。"这时，大胖抱着足球从门缝里探进半个脑袋，正好被小明的妈妈瞥见，她狠狠地瞪了他一眼，大胖哪敢正面瞧，一溜烟跑了。

例①的"仿佛……似的""像……般""如……一般""仿佛……一样""像"，例②的"看""瞅""张""望""盯""瞥""瞪""瞧"，这些精心选用的同义词，起到了同义避复的作用。如例②中的同义词虽然理性意义都有用眼睛看的意思，但意义又有差异。"看书"是正眼看；"瞅"则是不十分认真、不十分在意地用眼看，因此"看书"不能说成"瞅书"；"东张西望"是不断变换方向地看；"盯"是集中注意力看；"瞥"是非正眼看，有不在意的意思；"瞪"则是睁大眼睛"看"，表现出发怒与不满。上述词语用得非常准确，不能调换位置。

如果在修辞过程中不注意分辨词语间意义的细微差异，就可能导致用词不当，甚至错误。

　　③马俊仁无缘亚运会的消息传出后，对马家军神奇战绩颇为敬重的香港体育人士普通感到震惊。据悉，香港方面前段时间已与马俊仁本人有过直接接触。

"普通"的意思是"平常的"或"一般的"，如"普通人""普通劳动者"等。作者想突出的是该事件引起震惊的广度，这与"普通"的意义不符。如果说成"香港体育人士普遍感到震惊"就顺畅了。"普遍"的意义是"存在的面很广泛"，"具有共同性的"，可以表示范围。

修辞过程中，同义词语的选择，除了注意上述理性意义的差异，还应注意附加意义的差异。比如，人们对"酒"有褒贬两种态度，褒义的词语有"玉液、玉露、玉浆、琼浆、醇醪、醇醴、杜康、甘醴、销愁药、扫愁帚、青州从事"等，贬义的说法有"马尿、黄汤、狂水、祸泉、魔浆"等。词语的这种附加意义及功能一般是确定的，如果运用者的态度与词语所具有的附加意义不一致，则会出现语误。

例如，2002年6月美国亚利桑那州几乎同时发生两处森林火灾，两处大火有可能烧到一起，河南一媒体报道此事的标题是"美两处大火有望'会师'"，两天后又报道"美两处大火已经成功'会师'"。"有望会师""成功会师"是褒义的，词语的误用表现出一种隔岸观火乃至幸灾乐祸的心态，这显然有失道义，也与大众心理违背。

（二）反义词语的运用

运用反义词，可以在相互映衬对比中把所描述的对象表现得更加清晰。

　　① 世界上最快而又最慢，最久而又最短，最易被人忽
视而又最易令人后悔的，就是时间。

（高尔基《恐惧与无谓》）

上述例子形式上似乎自相矛盾，但仔细推敲就会发现，这种说法
巧妙精辟，富有生活哲理，而且造成一种睿智的幽默感。再如
"聪明的傻瓜""好聪明的糊涂法子""勇敢的懦夫""熟悉的陌
生人"等等说法，都相当巧妙精辟。

　　用一组反义词的肯定和否定的说法来表现语意，也可以使语
言活泼错综而不呆板。

　　② 山水急，河水慢，还得咱们说了算，叫他高，不敢
低；叫他走，不敢站；叫他发电就发电。

（古元的壁画题辞）

例中的"高"和"不敢低""走"和"不敢站"，意思一样，说
法不同，文字显得活泼生动。这比写成"叫他高，就得高，叫
他走，就得走"要高明得多。反义词的肯定式与否定式之间，
语意上往往有强弱之分，也可以收到婉言的修辞效果。

　　通过反义词的对举，把真善美的事物和假丑恶的东西加以对
比，使好的显得更好，坏的显得更坏，就产生了鲜明的感染力和
雄辩的说服力。例如"智者千虑，必有一失；愚者千虑，必有
一得"。这则成语利用了"智者"和"愚者"，"失"和"得"
两组反义词，从正反两面揭示了矛盾事物在一定条件下可以相互
转化的规律，给读者留下了强烈的印象。

　　反义词比较特殊的一个修辞作用是对举使用，表示概括。

　　③ 柳明不知不觉中迷上了电子网，虽然课业紧张，但
他每天都要在网上泡两三个小时。网中内容五花八门，深沉

的、肤浅的、高雅的、低俗的，……不一而足。

（曾晓文《网人》）

"深沉""肤浅""高雅""低俗"泛指网上各种各样内容，具有很强的概括性。

（三）词义的活用

一个词在静态环境中有其固定的意义和词性。但在具体的语言环境中可以临时改变其意义或词性，赋予词语新的生命力，从而取得超常的修辞效果。例如某中学老师在批阅作文时，发现同学对"而"字的用法没有掌握，该用的地方不用，不该用的地方乱用，就在批语中写道："当而而不而，不当而而而"，由于批语活用"而"字，起到了非常好的效果。

平中见奇是词义活用常见的方法，可以使寻常词语获得不同寻常的艺术效果。

① 有一天，我在家听到打门，开门看见老王直僵僵地镶嵌在门框里。 （杨绛《老王》）

"镶嵌"一词极其平常，但在这里似乎使本具生命力的活人变成了无生命的相片，把老王孤苦伶仃、贫病交加的形象，刻画得入木三分。

不同词语之间的移用或比喻，也是寻常词语平中见奇的手段之一。

② 以数字论"英雄"已成为苏南的过去。锡山市提出要挤去经济中的"泡沫"，江阴市重在看经济运行的质量。

（郑正恕《挤去"泡沫"——苏南告别"花架子"》）

作者把搞"花架子"这种经济形式称之为"经济泡沫"。"泡沫"表面膨大，五光十色，但不能持久，也没有实际价值，比喻很得体。

有的词语结构是固定的，在运用中巧用化用某个成分，可以使人产生耳目一新的感觉。

③ 二战期间，残杀犹太人的纳粹分子，有的逃到异国他乡，隐姓埋名，半个世纪之后，被人发现，仍然要将其缉拿归案。有的国家的领导人在任期间犯下罪行，下野多年之后，仍然要被追究，被审判。只有"既往也咎"，才会使不法之徒提心吊胆，惶惶不可终日，也不会使想违法乱纪的人敢心存侥幸，以身试法。　　　　（傅文远《既往也咎》）

"既往不咎"意为"对过去的错误乃至罪行不再追究"。但作者说明在现阶段，为了整肃纲纪，严明法制，不宜滥用"既往不咎"的道理，就化用了这个成语，巧换一字，简练而准确。

词义的活用也包括感情色彩和语体色彩的活用。有时为了表达的需要，临时变易词语的感情色彩，将褒词贬用或贬词褒用。

④ 可是就在这时候，他俩发生了第一次争执。原来趁将军弯腰上肩的时候，小李偷偷把绳子往后移了半尺多，这个"舞弊"的做法被将军发觉了。

　　　　　　　　　　　　（王愿坚《普通劳动者》）

"舞弊"的本义是用欺诈的手段做违法乱纪的事情，是贬义词。这里贬词褒用，增加了文章的情趣。

三、色彩鲜明

词语在理性意义之外还有附加意义，这就是词语的色彩意义，体现为不同的语体、风格等特点。

（一）词语的地域变体

词语的地域变体，就是通常所说的方言词语。在某些方面，方言词语和句式的修辞作用，是普通话所无法替代的。因此，考

虑到特定的场合、特定的对象、特殊的需要，方言是不应当一味
排斥的，特别是在口语交际中。贾平凹"商州系列"作品中，
特别注重吸纳商州丰富多彩的方言俗语，如"活泛、眼窝、入
深、煽火、额颅、馍、蹾、软蛋、日弄、砸锅、拧身"等，充
分体现了地方民俗风貌，读来亲切自然，有很好的修辞效果。

词语的地域标示功能在人际交往中也起着重要的作用。有些
情况下，方言词语能缩短交际双方的心理距离，增加亲切感。尤
其是在异国他乡，乡音能大大增加交际双方的认同感。"亲不
亲，家乡人。"乡音无异是一种很好的沟通媒介。

> 多少年了！老表们终于把总司令盼来了！人们欢迎总司
> 令的到来，为他做起了红米饭，番瓜汤。

> （邹爱国《中南海新闻实录》）

本例中的"老表"是赣方言词，它具有浓厚的乡土气息，能表
达井冈山人民对朱总司令的深厚感情。如果换用意义相当的普通
话词语，则难以引起共鸣。

当然也不能滥用方言土语。老舍说："语言的有力无力，决
定于思想是否精辟，感情是否深厚，字句安排是否得当，而不专
靠一些方言土话给打气撑腰。"广州某报有条消息，报道一名女
学生打了人要被处罚，她声言有钱不怕罚，标题用了"有钱就
大晒"。"大晒"在粤语中是"了不起"的意思，在大众媒体上
使用这种过于土俗的词语，外地人不懂，还可能产生误解。

（二）词语的社会变体

全民语言的社会变体又称为"社会方言"。它通常适用于特
定的行业或社会群体。在其原有的交际领域中，社会方言词语的
意义往往是本义，当其进入大众传播领域时，意义往往发生变
化。汉语的社会变体是对汉语核心的偏离，又是对汉语的丰富和

发展。社会变体中的一些词语可转化为共同语。例如"透视"本是医学用语，指"利用 X 射线透过人体在荧光屏上所形成的影像观察人体内部"，在使用中又产生了一般含义，"比喻清楚地看到事物的本质"。有时为了一种特殊的交际目的，临时采用一些词语的社会变体，如"拉姆斯菲尔德被喊'下课'"。"下课"是教育领域用词，此处用来表示"下台"或"离职"，显得含蓄幽默，大大提高了语言的表达效果。

网络语言本来是网民们在互联网上进行交际的重要工具，是现代汉语的社会方言。可是现在有些网络词语已经飞出了互联网，融入一部分年轻人的生活中。在大学校园里，"美眉""GG"之类写法已非常流行，有的词语已进入新闻媒体之中，如中央电视台就曾播出过关于"白骨精"（白领、骨干、精英）状况调查的节目。一些学生在作文中不时蹦出几个网络词语，如"菜鸟""青蛙""灌水"等，这些说法非常形象，给人一种新奇感。当然，对网络词语的运用应持谨慎的态度。

（三）词语的风格变体

风格是各种特点的总和。词语的风格，就是在选用词语方面所表现出来的各种特点的总和。试比较下面两段文字：

① 秦淮河的水是碧阴阴的；看起来厚而不腻，或者是六朝金粉所凝么？我们初上船的时候，天色还未断黑，那漾漾的柔波是这样恬静、委婉，使我们一面有水阔天空之想，一面又憧憬着纸醉金迷之境了。等到灯火明时，阴阴的变为沉沉了；暗淡的水光，像梦一般；那偶然闪烁着的光芒，就是梦的眼睛了。　　（朱自清《桨声灯影里的秦淮河》）

② 祥子只休息了一天，便照旧去拉车。他不像先前那样火着心拉买卖了，可也不故意的偷懒，就那么淡而不厌的

一天天的混。这样混过了一个来月，他心中觉得很平静。他的脸腮满起来一些，可是不像原先那么红朴朴的了；脸色发黄，不显着足壮，也并不透出瘦弱。眼睛很明，可没有什么表情，老是那么亮亮的似乎挺有精神，又似乎什么也没有看见。他的神气很像风暴后的树，静静的立在阳光里，一点也不敢再动。原先他就不喜欢说话，现在更不爱开口了。

（老舍《骆驼祥子》）

上两例写作年代较接近，但在语言运用方面却各有特点：前者精雕细刻，运用了大量的文言词语和别出心裁的奇巧比喻；后者自然流畅，似乎是信笔写来，运用了大量的口语词，比喻也很通俗。前者典雅，后者通俗。这些不同的用词特点，便构成了词语的风格变体。

词语的风格变体所显现出来的修辞功能十分重要。这种风格变体选择是否恰当，直接关系到话语是否贴切。

③ 但为了 Academician，科学家们还是煞费了心思。起初拟为"会员"，觉得太俗。而后称为"学侣""院侣"，没有科学倒有了宗教味。又说译为"院员"吧，更不好听，好象是扫大街的清洁工。几经周折，傅斯年先生倡议称"院士"。真是一个好词，听着看着，都有了深邃和高雅的感觉。交给"评议员"们去表决，一致通过。

（邓琮琮、张建伟《中国院士诞生记》）

关于科学院成员的名称问题，科学家们经过比较，选定了较为文雅的"院士"这一词语。从确定过程可以看出"院士"这一名称具有很强的修辞理据。

如果违反了词语应有的风格特点，就会违反得体性原则，造成交际障碍。有个故事说，一位秀才去买柴，他对农夫说："荷薪者留步！"　"其价几何？"　"外实而内虚，烟多而焰少，请损之！"结果农夫因听不懂，发怒挑担而去。鲁迅笔下的孔乙己不分场合，满口之乎者也，也被人当作笑料。

四、音 韵 和 谐

语言的物质外壳——语音，是交际活动得以顺利进行的必要条件，也是提高语言表达效果的重要手段之一。中国古代学者非常重视语音美。朱熹说："韩退之、苏明允作文，只是学古人声响，尽一生死力为之，必成而后止。""古人学诗，最要理会诗之声。"鲁迅先生常在自己的作品完稿之后，一个人在书房里大声地朗读。他说："我做完之后，总要看两遍，自己觉得拗口的，就增删几个字，一定要它读得顺口。"可见词语的声音对修辞效果影响很大。

（一）巧用双声、叠韵、叠音

双声、叠韵是实现言语韵律功能的重要手段之一。一个双音节词语的声母相同，称之为双声；韵腹韵尾相同，则是叠韵。如果运用恰当，可以使语音和谐、琅琅上口、增强美感。王国维在《人间词话》中说："余谓苟于词之荡漾处，多用叠韵，促节处用双声，则其铿锵可诵，必有过于前人者。"李渔在《贞一斋诗话》中说："叠韵如两玉相扣，取其铿锵；双声如贯珠相联，取其宛转。"汉语中有大量的双声词和叠韵词。如"伶俐""仿佛""慷慨"是双声词，"窈窕""逍遥""苍茫"是叠韵词。杜甫《至日遣兴》中的"无路从容陪语笑，有时颠倒着衣裳"，用了叠韵词"从容"和双声词"颠倒"，两者珠联璧合，形成舒缓交错的音乐美。

使用叠音词是我国历代诗文作家的优良传统。《诗经·黍离》："彼黍离离，彼稷之苗。行迈靡靡，中心摇摇。知我者谓我心忧，不知我者谓我何求。悠悠苍天，此何人哉！"其中"离离""靡靡""摇摇""悠悠"这些叠音词增加了诗歌绵长悠远的旋律。清代俞曲园所撰的杭州九溪十八涧路亭联："重重叠叠山曲曲环环路，丁丁冬冬泉高高下下树"，杭州西湖的楹联"绿绿红红处处莺莺燕燕，花花草草年年暮暮朝朝"都利用了叠音手法，令人耳目一新。现代诗文中也常用叠音手法。张名河的歌曲《美丽的心情》中用了"水蓝蓝""山青青""灯闪闪""鼓声声""天朗朗""地盈盈""星灿灿""雨纷纷"等叠音词，收到很强的音乐效果。

（二）韵脚和谐

诗歌和唱词中，常在句子的末尾有规则地使用韵母相同或相近的音节，就形成押韵。押韵的音节叫韵脚。韵脚的回环美，是韵文的基本特征，也是语音修辞的主要辞效。比如毛泽东的《十六字令》："山，快马加鞭未下鞍。惊回首，离天三尺三。""山，倒海翻江卷巨澜。奔腾急，万马战犹酣。"词中"山""鞍""三""澜""酣"等音节都含有相同的韵脚"an"，读起来语音和谐，琅琅上口。臧克家说："押韵却是加强节奏的一种手段，有如鼓点，它可以使诗的音强更加响亮，增加读者听觉上的美感。"谚语大都是押韵的。例如：嘴上没毛，做事不牢/救了落水狗，回头咬一口/春雨贵如油，夏水遍地流/舍得一身剐，敢把皇帝拉下马。押韵可以增强语言的节奏感和音乐美，渲染气氛，增强感染力。

声音从来不是单纯的形式，其中也有某种联想审美的意味。人们按其发音响度等特点将韵分为3类，即洪声韵、细声韵和柔和韵。洪声韵包括言前、江阳、人辰、中东、发花5个韵辙，声音都比较响亮；细声韵含有姑苏、一七、乜斜、灰堆 4 辙，声音较为细弱；柔和韵的声音介于洪声韵和细声韵之间，有遥条、坡梭、怀来、由求等辙。洪声韵适合表达豪迈雄壮，蓬勃向上，奔放热烈，慷慨激昂的情感；细声韵适宜于表现哀怨缠绵、幽婉细腻，悲伤愁苦，如泣如诉的情感。

　　君不见走马川，雪海边，平沙莽莽黄入天。

　　轮台九月风正吼，一川碎石大如斗，随风满地石乱走。

　　匈奴草黄马正肥，金山西见烟尘飞，汉家大将西出师。

　　将军金甲夜不脱，半夜行军戈相拨，风头如刀面如割。

　　马毛带雪汗气蒸，五花连钱旋作冰，幕中草檄砚水凝。

　　虏骑闻之应胆慑，料知短兵不敢接，车师西门伫献捷。

　　　　　　　　　　　（岑参《走马川行奉送出师西征》）

台湾学者黄永武在《中国诗学》中分析道：第一行"天、边"押韵，显示旷远的走马川路程。第二行"吼、斗、走"押韵，显示了曲折起伏，征途多石多风，崎岖艰险的感觉。第三行"肥、飞、师"押韵，有平铺延伸的感觉，传达出大军西行，逐渐行进的景象。第四行"脱、拨、割"押韵，有挫折不畅的感觉，显示塞外苦寒，举步维艰的景象。第五行，"蒸、冰、凝"押韵，有向上渐进的感觉，显示凝聚力量，突破困境的景象。第六行"慑、接、捷"入声押韵，有急促畏缩的感觉，显示了敌兵逃逸，我军奏捷的景象。但要注意，不能片面追求押韵，"以韵害意"殊不可取。例如有一首题为《思念》的短诗，结尾一节写道："亲爱的，每当想起了你，我便感到寞寂"，为了押韵，把"寂寞"硬改成"寞寂"，生造词语，以求押韵，这种做法应当否定。

（三）平仄搭配

汉语在声音方面的一个重要特点是具有抑扬顿挫的声调。从声调着眼来选用词语，是具有悠久历史传统的。传统的办法是把声调分为平仄两类，平声的特点是声音平而长，不升不降。上声是降升的，去声是下降的，入声是短促的。所以，上、去、入三声叫仄声。平声是一个长音，长音有宽畅、迂缓、沉静、闲逸等韵味与情趣，便于曼声歌唱。"仄"就是"侧"，就是不平，属于短音，有急促、顿挫、狭小的韵味和情趣。如果说话作文，平仄有规律地相间搭配，在音律上就形成高低起伏、抑扬顿挫、铿锵悦耳的效应。

例如白居易《琵琶行》："大弦嘈嘈如急雨，小弦切切如私语。嘈嘈切切错杂弹，大珠小珠落玉盘。"朱光潜分析说：第一句"嘈嘈"绝不可换仄声字，第二句"切切"也绝不可换平声字。第三句连用6个舌齿摩擦音"嘈嘈切切错杂"状声音短促迅速。第四句以"盘"字落韵，第三句如换平声"弹"字为去声"奏"字，意思虽略同，听起来不免拗口。第四句，"落"字也胜似"堕""坠"等字，因为入声比去声较斩截响亮。

凡是好诗文，平仄一定都摆在最适宜的位置，平声与仄声的效果绝不一样。现代汉语的"平"声指阴平、阳平，"仄"声指上声、去声。现代新诗虽然没有旧体诗那样对平仄的严格要求，但讲求韵律的诗人也很注意平仄相配。现代散文一般不管平仄，但是适当注意也是大有好处的。

　　在南方每年到了秋天（平平），总要想起陶然亭的芦花（平平），钓鱼台的柳影（仄仄），西山的虫唱（平仄），玉泉山的夜月（仄仄），潭柘寺的钟声（平平）。

　　　　　　　　　　　　　　　　　　（郁达夫《故都的秋》）

上例每句末尾平仄相间，高低变化，读来有一种抑扬顿挫的美感。

思考与练习

一、选用词语的要求是什么？

二、同义词或近义词有哪些修辞作用？

三、反义词在修辞方面有哪些功用？

四、谈谈你对方言词语修辞作用的认识。

五、从语音修辞着眼，锤炼词语应从哪些方面进行？

六、从词语修辞角度分析下列各例。

① 泉水解除了心田的干旱，凉风擦净了额角的汗珠，大地当床，绿草为垫……

② 到了夏季后，发青的酥油草把它们养得胖墩墩，圆滚滚。

③ 小草偷偷地从土里钻出来，嫩嫩的，绿绿的。……风轻悄悄的，草软绵绵的。

④ 你从雪山走来，春潮是你的丰采；你向东海奔去，惊涛是你的气概；你从远古走来，巨浪荡涤着尘埃；你向未来奔去，涛声回荡在天外。

七、试分析下列诗句的平仄搭配情况并说明修辞效果。

红雨随心翻作浪，青山着意化为桥。

天连五岭银锄落，地动山河铁臂摇。

八、分析下列词的韵脚，说说用韵与情感的关系。

寻寻觅觅，冷冷清清，凄凄惨惨戚戚。乍暖还寒时候，最难将息。三杯两盏淡酒，怎敌他晚来风急？雁过也，正伤心，却是旧时相识。满地黄花堆积，憔悴损，如今有谁堪摘？守着窗儿独自，怎生得黑！梧桐更兼细雨，到黄昏，点点滴滴，这次第，怎一个愁字了得！（李清照《声声慢》）

九、分析下列两则征婚启事，说说在选用词语方面有什么不同。

①　某男，39 岁，大学讲师，知识分子家庭，身高 1.80 米，身体健康，相貌端正，月收入 5800 元，离婚，有一子。欲寻品貌好，年龄在 34 岁以下的女性为伴，职业婚否不限。有意者请附近照，写信至……

②　南国真情男，翩翩美少年。30 岁，1.75 米，未婚，诚实善良有气质，有事业基础，诚征年龄相当，有爱心，高素质的有缘女性。我愿把我的智能、爱心、自信带给你及你的家人，愿为你撑起一片绿荫，给你一份呵护、一份柔情、一份温馨，牵着你的手走出感情沼泽地。

第三节　句式与修辞

学习要点　掌握同义句式选择的原则，明确各种句式的表达作用，根据表达的需要对句式作恰当的选择和正确的运用。

一、句式与表达

话要一句一句地说，文章要一句一句地写，如何组词成句，是语言运用的一项基本功。许多语言大师和优秀作家都非常重视通过造句艺术的创新，来追求理想的表达效果。例如杜甫诗中有"为人性僻耽佳句，语不惊人死不休"的表述；贾岛在《题诗后》中说："两句三年得，一吟双泪流"；苏联文学家法捷耶夫也说过："艺术家应该经常做一样特别的'体操'，练习构造各式各样的句子的艺术。"这些都表明了语言艺术家对句式修辞的高度重视。

一种句式孤立地看，很难说它是好是坏。俗话说"一句话，百样说"，是指同一个意思，可以用多种不同的句式表达；而不同句式的表达效果并不相同。所以，应充分注意句式的选择。句式修辞是指同义句式的选择。所谓同义句式，是指那些意思基本相同而结构方式和表达效果有差别的句子格式。它包括常式句与变式句、长句与短句、整句与散句、肯定句与否定句、主动句与被动句等。

　　① 大雁塔多么雄伟啊！

　　② 多么雄伟啊，大雁塔！

这两个句子表达的意思是一样的，但句式不同，表达的效果就有差别：前者是常式句，突出的重点是主语"大雁塔"，后者是变式句，突出的重点是谓语"多么雄伟啊"，表达的情感比前一句要强烈得多。

汉语的显著特点之一，是以词序为重要的造句手段，这就为灵活地组织句式提供了方便，也为选择最合适的句式提供了条件。同义句式的选择有以下原则：

（一）适应说写的目的

说话写作的目的不同，侧重不同，就需要选择不同的句式。

① 很多外国游客来西安游览，从东京，从纽约，从伦敦，从巴黎，从世界各地。

这个句子是变式句，把状语放在中心语之后，目的是为了突出"来西安游览"的外国游客来自世界各地。假如把状语放到前边，改为常式句，表达的侧重点就不那么突出了。

不同的写作目的往往决定句子的不同语气，决定着不同的句式选择。

② 原句：大王，可否容许我申诉？

　　改句：大王，请容许我申诉！　　（郭沫若《屈原》）

上面两句话的基本意思相同，但句子的语气不同。原句是疑问句，带商量的口气，比较舒缓；改句是祈使句，有请求的口气，比较坚决，对表达屈原深受冤屈，迫切要求申诉的心愿更合适。又如"这事情我是知道的"表示肯定的语气。如要加重肯定的语气，可用反问句"这事情我能不知道吗？"如果说得委婉一些，则可用双重否定句"这事情我不是不知道"。

（二）适应行文递接

在文章当中，任何一个句子都是受上下文制约的。因此，选择同义句式，还要考虑到上下文之间的递接关系。如果前头的句式定下来，接下来的句式就要与之相适应；要是后面的句式在结构上改变了，前面的句式也往往要随之调整。这样才能使前后语句衔接自然，文气贯通。比如起句是"这个村子有平地，也有山坡"，接下去说"地里种满庄稼，山上绿树成林"，这便很顺畅。如果起句是"这个村子农林并重，全面发展"，接下去用"地里种满庄稼，山上绿树成林"，便显得不协调了。因为前面提到"农林并重"，后面就要告诉人家农怎么样，林怎么样。如果后面说成"庄稼遍地，绿树满山"便自然了。

　　我们看看著名作家是怎样根据上下文的递接关系去调整句式的。

　　① 原句：空旷的原野，你们以为是野蛮人居住的地方。葱绿的树林里，你们说藏着老虎。

　　改句：空旷的原野，你们以为是野蛮人居住的地方。葱绿的树林，你们说里边藏着老虎。　　　　　　（叶圣陶《啼声》）
例①"葱绿的树林里，你们说藏着老虎"与"葱绿的树林，你们说里面藏着老虎"意思没有什么不同，定稿时如此调整句式，是为了顺接上文，与前一句组成整齐匀称的句法结构。

　　② 原句：苏东坡写过这样的诗句："日啖荔枝三百颗，不辞长作岭南人。"可见荔枝的妙处。偏偏我来得不是时候，满树刚开着浅黄色的小花，并不出众。新发的嫩叶，颜色淡红，比花倒中看些。从开花到果子熟，大约得 3 个月，看来我是等不及在这儿吃鲜荔枝了。

　　改句：……偏偏我来得不是时候，荔枝刚开花。满树浅黄色的小花，并不出众。　　　　　　（杨朔《荔枝蜜》）
例②说"偏偏我来得不是时候"，接下去读者很想知道为什么来得不是时候，可是下文却转到描写荔枝树的花叶去了。所以，修改时在句式上作了调整。在"偏偏我来得不是时候"之后，写

"荔枝刚开花"，接下去才写荔枝的花叶。这样调整句式，基本
意思未变，却使上下文递接得自然顺畅。

在选择句式的时候，假若不注意上下文之间的递接关系，不
仅文气不贯通，有时还会产生歧义。

　　③这首题名为"献给保卫列宁格勒英雄战士"的交响
曲，是作者在列宁格勒城区被希特勒法西斯军队围困，并疯
狂地叫嚣要在1942年8月9日这一天占领这座城市的时候
赶写的。

"列宁格勒城区被希特勒法西斯军队围困"是被动句式，与"并
疯狂地叫嚣……"的主动句式极不协调，还可能产生"作
者……叫嚣"的歧义。从上下文的联系来考虑，以用主动句式
为妥。全句可改成"……交响曲，是作者在希特勒法西斯军队
围困列宁格勒城区，并疯狂地叫嚣要在1942年8月9日这一天
占领这座城市的时候赶写的"。

（三）切合语体特点

各种不同的语体，在语言运用上都有其特点。句式的选用，
必须切合语体特点，才能收到好的修辞效果。

　　①现在是在战争时期，我们应该研究一下文章怎样写
得短些，写得精粹些。延安虽然还没有战争，但军队天天在
前方打仗，后方也唤工作忙，文章太长了，有谁来看呢？有
些同志在前方也喜欢写长报告。他们辛辛苦苦地写了，送来
了，其目的是要我们看的。可是怎么敢看呢？长而空不好，
短而空就好么？也不好。我们应当禁绝一切空话。

　　　　　　　　　　　　　　（毛泽东《反对党八股》）

　　②转基因作物同普通植物的区别只是多了能使它产生
额外特性的基因。早在1983年，生物学家就已经知道怎样

通过生物工程技术将外来基因移植到某种植物的脱氧核糖核酸中去，以便使它产生靠杂交方式根本无法获得的某种新的特性：抗除莠剂的特性、抗植物病毒的特性、抗某种害虫的特性等。用以移植的基因可来自任何生命体：细菌、病毒、昆虫等。

（高考语文试题）

例①是口语语体中的演讲体，多为短句。例②是科技语体，基本上都是长句。一般来说，讲课、报告、演说等口语表达应多用短句，书面表达多用长句。文艺语体多用短句，政论语体、科技语体多用长句。

在句子同义形式中，有些表现为语体色彩的不同，分别适用于不同的语体。比如"太阳出来了"，这是通常的说法，如果用于文学作品，则可以说成"一轮红日从东方冉冉升起"。当不愿回答对方提出的问题时，通常用"我不想回答你的问题"，而在外交语体中则习惯说"无可奉告"。

（四）讲求声韵协调

文艺语体，特别是诗歌、快板、唱词，讲求声韵的协调，以增强语言的音乐美。当选择同义词语还不能适应平仄和押韵的要求时，往往要在句式上予以调整，从表达同一意思的同义句式中进行恰当的选择。

　　早晨好，我的北京的街道！
　　街道上的行人、车辆，早晨好！

（何其芳《北京的早晨》）

上例没有选用整句"早晨好，我的北京的街道！早晨好，街道上的行人、车辆！"而选用散句，便是为了让句末的"道""好"押韵，增加音乐美。

二、常式句与变式句

汉语的句式从语序上看，可分为常式句和变式句两种。常式句的句法成分按常规排列，变式句的语序不按常规排列。一般说来，常式句自然平实，语势和缓，多用于一般的叙述、描写、议论，也可用于表达祈求和感叹的语气，适用于各类语体。变式句有突出、强调的作用，常给人以奇巧之感。文艺语体，特别是诗歌、唱词和抒情散文，经常采用变式句。而专门科技语体、公文语体都是排斥这种句式的。从表达效果上看，常式句和变式句各有所宜，只要运用恰当，都可以收到好的表达效果。变式句主要有 3 种情况：

（一）主谓语序的改变

主谓句一般是主语在前，谓语在后。主语、谓语次序的调整有时是为了强调谓语，有时是为了反映紧急的情况，表达说话人兴奋紧张的情绪，有时是为了其他的修辞目的。

① 多好啊，生活！多美啊，爱情！

（谌容《人到中年》）

② 灭了，风中的蜡；

僵了，井底的蛙；

倒了，泥塑的菩萨。 （《郭小川诗选》）

例①主谓倒置后，强调了谓语的内容，突出对美好生活的热爱，对甜蜜爱情的颂扬。例②的 3 个分句都先说谓语，既强调了谓语，又照顾到押韵，收到双重的修辞效果。

（二）偏正语序的改变

修饰语包含定语和状语，跟中心语相对。常式句是修饰语在中心语前面，侧重于中心语；变式句将修饰语移位于中心语之后，强调了修饰语。

定语常用于描绘事物的特点或性状，把定语移位于中心语之后，以突出定语的内容，加深读者的印象。

① 无数的眼睛——金黄的、碧蓝的、黝黑的，同时注视着那条受伤的手臂，各种语言发出同声的惊叹！

（理由《扬眉剑出鞘》）

例①采用先中心语后定语的变式语序，把"眼睛"的定语"金黄的、碧蓝的、黝黑的"后置，突出强调了注视着"受伤的手臂"的"眼睛"，不仅是"无数双"，而且还是不同种族的人们的眼睛，反映了人们虽然肤色不同，但心是相通的。定语的后置突出了它所表达的内容，同时，也使语句精练，节奏明快。

状语一般在谓语中心之前或句首，为了表达的需要，可将状语移于谓语中心之后。

② 老人背部的佝偻不是无因的，它载负着人生过重的苦痛，为灰茫茫的生活，为失踪的儿媳，为战死的儿子。

（碧野《灯笼哨》）

例②如果按常式句行文，便显得状语过长，给人以拖沓之感。将"为灰茫茫的生活，为失踪的儿媳，为战死的儿子"后置，语言显得简洁，也强调了载负着人生过重痛苦的原因。

（三）分句语序的改变

在转折类、因果类复句中，按常规是偏句在前，正句在后，语意的侧重点在正句。如果把偏句移位于正句之后，则强调了偏句对正句的说明作用。

① 他的性格，在我的眼里和心里是伟大的，虽然他的姓名并不为许多人所知道。　　（鲁迅《藤野先生》）

② 这不但是杀害，简直是虐杀，因为身体上还有棍棒

的伤痕。　　　　　　　　　　（鲁迅《记念刘和珍君》）

例①是变式转折复句，正句提前，突出强调了鲁迅对藤野先生无限敬重和深切怀念之情；偏句移在后边，也有明显的强调和补充作用。例②把表示原因的分句后置，起到了强调证据的作用。如果说成"因为身体上还有棍棒的伤痕，因此，这不但是杀害，简直是虐杀"，强调的内容就变了。

　　不论是用常式句，还是用变式句，都要根据不同的表达需要来选用，要做到表意清晰，避免语言混乱。下例是有毛病的。

　　　③ 由于工作忙，我们彩排时，田老没有来。

例③两个分句的次序摆得不对。究竟是谁工作忙呢？容易误认为是"我们"，其实是指"田老"，全句可改为："我们彩排时，田老由于工作忙没有来。"

三、长句与短句

　　汉语的句式，从形体上看，有长有短。长句内涵丰富，便于周密详尽地阐述事理，委婉细腻或气势磅礴地抒发感情，绘声绘色地描述事物。长句常用于政论语体和科技语体。有时也适用于文艺语体中的描绘景物和抒发细腻的感情。短句形体短，词的数目少，结构比较简单，因此，短句便于抒发激越的感情，表达急促的语气，描写紧张的场面。短句较多运用于日常谈话、辩论、广播、儿童文学、诗歌和小说中的人物对话。

　　（一）长句

　　长句一般有 4 种表现形式：一是修饰语较多，二是联合成分较多，三是某一成分结构复杂，四是分句中结构层次较多。

　　　① 作为一支蜡烛，在点燃自己照亮别人的时候；作为一只渡船，在将学生渡到知识彼岸的时候；作为一架人梯，

在学生踩在肩上去摘取科学顶端的珠宝的时候；作为一块铺路石，在别人从坦途上行走的时候，心中的欢愉是很难用语言表达出来的。　　　　　　　　（李广田《对话咀华》）

②当然，那时候，也有一部分学生和教师，把推翻反动派的统治，建立一个富强独立的新中国，以至于实现共产主义作为自己的理想的。　　　　　　（陶铸《崇高的理想》）

③拉车的人们，只要今天还不至于挨饿，就懒得去张罗买卖：有的把车放在有阴凉的地方，支起车棚，坐在车上打盹；有的钻进小茶馆去喝茶；有的根本没拉出车来，只到街上看看有没有出车的可能。　　　（老舍《骆驼祥子》）

以上 3 例都是长句。例①的状语是由几个介词短语构成的排比，气势磅礴又周密详尽地表达了自己作为一名教师的强烈感情。例②的状语"把……实现共产主义"结构比较复杂。例③是一个 4 重复句，前一个分句表示条件，后面的分句表示在这个条件下产生的结果，其中又有 7 个分句，从 3 个不同方面详尽地叙述了"拉车的人们"只要不挨饿就"懒得去张罗买卖"的事实。这样组织起来的长句可以把相互关联的事物连缀起来，一气说出，表达周密，语意连贯。

（二）短句

短句结构简单，短小精悍，生动活泼，明白易懂。短句常用于简单明了的叙述和景物描写，可以如实地记录口语，便于表示紧张激动的情绪和坚决肯定的语气。

①我用铺盖蒙住脸。我真想大叫两声。我快要给憋死了。"我到哪里去找她?!"我连声追问自己。于是我又回到了华东医院的病房。耳边仍是早已习惯的耳鸣。

　　　　　　　　　　　　　　　（巴金《再忆萧珊》）

②　鲁大海（拿过去读）　什么？他们又上工了。（放下电报）不会。　　　　　　　　　　　　（曹禺《雷雨》）

③　今天，这里有没有特务？你站出来！是好汉的站出来！你出来讲！凭什么要杀死李先生？杀死了人，又不敢承认，还要诬蔑人，说什么"桃色事件"，说什么共产党杀共产党，无耻啊！无耻啊！这是某集团的无耻，恰是李先生的光荣！李先生在昆明被暗杀，是李先生留给昆明的光荣，也是昆明人的光荣！　　　　　（闻一多《最后一次讲演》）

以上3例都是短句。例①是简单明了的叙述，例②是人物对话，例③是演讲词。全是明快而生动的短句。郭沫若曾指出用短句的好处："根据我自己的经验，大体上句子不宜太长，段节不宜太长。""要是句子短些，章段短些，文章就生动活泼。"（《关于文风问题答〈新观察〉记者问》）

（三）长短句连用

在一篇文章中，全用短句或全用长句的情形是不多的。一般是长短交错，富于变化。总的要求是长要长得清晰，短要短得自然。不过，就汉语的表达习惯来看，还是以短句为主，间或用点长句。即便是长句，也最好在句中多一些停顿，做到虽长而不觉其长。事实上，句子一长，各个成分之间的关系不容易弄清楚，整句话的意思也就不好把握了。

长短句并用的情况大体可分为4种：第一，长句短句交错运用；第二，先用一个长句叙述，后用短句加以小结；第三，先用短句简要说出，再用一个长句加以申述；第四，开头用短句简要地总提一下，接着用长句申说，最后再用短句总括。

①　还有苹果，那驰名中外的红香蕉苹果，也是那么红，那么鲜艳，那么逗人喜爱。大金帅苹果则金光闪闪，呈现出

一片黄橙橙的颜色。山楂树上缀满了一颗颗红玛瑙似的果
子。葡萄呢，就更加绚丽多彩，那种叫"水晶"的，长得
长长的，绿绿的，晶莹透明，真像是水晶和玉石雕刻出来似
的；而那种叫红玫瑰的，则紫中带亮，圆润可爱，活像一串
串紫色的珍珠。……

啊！好一派迷人的秋色！

我喜欢这绚丽灿烂的秋色，因为它表示着成熟和繁荣，
也意味着愉快和欢乐。　　　　　　　（峻青《秋色赋》）

例①先用4个长句工笔细描了一幅五彩缤纷的秋景图，把读者带
进一个令人陶醉的境界中，接着用两个短句"啊！"和"好一派
迷人的秋色！"抒发作者的赞美之情，然后用1个长句议论，点
明"秋色"之所以令人陶醉的原因。长短句交错使用，波澜起
伏，富于变化。

②　雨住了，太阳出来了，云彩在山间轻轻飘荡；风失
了雨前的野性，轻轻地抚摸草根；水珠在草尖上闪光，像粒
粒珍珠在闪耀；朵朵野花开得那么娇丽，红的似火，黄的似
金……啊！多美啊！这雨后的天空，这雨后的草原。

　　　　　　　　　　　　　　　（钱佩衡《雪莲》）

例②前面用并列分句描写雨后大自然的美好景色，发挥长句叙事
状物细微具体的优势，然后用短句抒发感情。这样，长短句并
用，浑然一体，既细微周密，又简洁明快。

③　他们思考着，判断着，探索着，寻找着自己的
路……雷锋出现了！他，有如一座光芒万丈的金塔，矗立在
共产主义的思想阵地；他，有如一支鲜红的路标，高高插在
我们生活的十字路口。　　　　　　　（魏巍《路标》）

例③有短句，有长句。短句如"雷锋出现了！"感情骤转，有如

异军突起；短句前后都有长句，但长句中停顿较多，读起来不觉其长，并使语言充满了力度，抒发了作者的赞颂之情。

（四）长句化短的方法

短句的句法成分简单而且关系明显，若有毛病容易发现并改正；长句往往有一连串复杂的成分，多层关系交织在一起，稍不留意就会出现顾此失彼、搭配不当或多余残缺的语病。

　　① 因此，她在 30 岁前就显露出来的歌唱才华，不是昙花一现，而是随着她实践经验的日益丰富，随着她各方面学识的日益增长，随着她对艺术的日益加深的理解，随着她歌唱技巧的日益完美，她的歌唱愈来愈迸发出旺盛的艺术生命力，愈来愈在听众中留下深刻的印象。

上例是一个并列关系的复句，其基本结构是"歌唱才华，不是……，而是……"，在"而是……"分句里，连用 4 个介词短语"随着……"，然后突然转用"她的歌唱"作主语，这样"而是……"分句就没有谓语中心。应该删去"她的歌唱"，这样主语就一致了。

长句对于初学写作的人来说，较难驾驭，读起来也很费力。为了取得好的修辞效果，有时需要将长句化为短句。下面介绍 3 种化长为短的方法。

1. 分散法

有些长句修饰语太长，太复杂，可以化整为零，把长句的修饰语抽出来，变为复句里的分句，或者使之单独成句，让中心词语与前边的相关成分直接搭配。下面例②是长句，例③是用分散法变短的句子。

　　② 在牧场上，经常可以看到一个骑着枣红马，穿着蓝色蒙古袍，腰间系一根绿腰带，肩上挂着红十字包

的青年。

　　③ 在牧场上经常可以看到一个青年，他骑着枣红马，穿着蓝色蒙古袍，腰间系着一根绿腰带，肩上挂着红十字包。

　2. 反复法

　有些长句包含着较长的联合短语或复杂的分句，层次显得不够清晰。对这种长句，可把联合短语拆开，或让充当句子成分的分句形式独立为多个句子，重复某些起连接作用的词语，构成排比句式。

　　④ 他指出：弱小的革命力量在变化着的主客观条件下能够最终战胜强大的反动力量，战略上要藐视敌人，战术上要重视敌人；要掌握斗争的主要方向，不要四面出击；对敌人要区别对待、分化瓦解，实行利用矛盾、争取多数、反对少数、各个击破的策略；在反动统治地区，把合法斗争和非法斗争结合起来，在组织上采取隐蔽精干的方针；对被打倒的反动阶级成员和反动分子，只要他们不造反、不捣乱，都给以生活出路，让他们在劳动中改造成为自食其力的劳动者；……　　　　　　　　　　　　　　　　　　　　　（报）

例④是复句形式作宾语的长句，宾语内部包括的内容很多，结构层次也比较复杂。如果将句中的分号改为句号，并在句号后面重复使用"他指出、他还指出、他又指出"等联结词语，就可以将这个长句变为几个短句。这种方法可以使原来结构层次复杂的长句变短，脉络层次清楚，收到突出强调的作用。

　3. 指称法

　有些长句，可以把较长的修饰语或宾语抽出来单列一句，而在原来的位置上用称代词语替换。这样既醒目又简洁。下面例⑤

是长句，例⑥是用指称法变短的句子：

⑤ 如果现在不抓紧提高整个中华民族的科学文化水平，造就大批科学技术专门人才，实现现代化的任务就不能完成。

⑥ 提高整个中华民族的科学文化水平，造就大批科学技术专门人才，这项工作如果现在不抓紧，实现现代化的任务就不能完成。

四、整句与散句

句子从句式结构上看，有整句与散句之分。所谓整句，就是一组句子有这样那样的相似点，在表意、形体、音响上，都呈现出整齐匀称的美。构造整句的方法主要是适当重复相同的要素，如语素、词语、句式等。所谓散句，就是一组句子结构方式不同，长短不一，灵活多样，具有变化美、自然美。构造散句，要注意词语、句式和上下文之间的逻辑关系，形散而神不散。

（一）整句

整句结构匀称，声韵和谐，富有气势，适宜表现强烈的语气和奔放的感情，多见于散文、诗歌和唱词之中。

① 于是——洗手的时候，日子从水盆里过去；吃饭的时候，日子从饭碗里过去；默默时，便从凝然的双眼前过去。　　　　　　　　　　　　　　　（朱自清《匆匆》）

② 从爆竹的脆响中，从礼花的纷飞中，从锣鼓的节奏中，从起伏似海洋的口号声中，从纵情欢笑而又热泪盈眶的人群中，从举国上下的一片欢腾中，宣告了中国革命的一个新纪元！　　　　　　　　　　　（何为《临江楼记》）

（二）散句

散句的句式错落不齐，灵活多变，适宜于表达行云流水般的叙述和急剧变化的情感，因而多用于小说、散文、公文之中。

　　① 只有您，幽静细致，一派斯文，温柔中透露着刚毅。

　　② 同时，你的眼睛也许有些倦怠，你对当前的"雄壮"或"伟大"闭了眼，而另一种味儿在你心头潜滋暗长了——"单调"！可不是？单调，有一点吧。

（茅盾《白杨礼赞》）

例①是对宋庆龄同志性格和情操的赞颂。这组散句，先短后长，基调徐缓。如果把最后一句改成"刚柔俱备"，变成整句，语气就显得急促，与徐缓的基调和所赞颂的宋庆龄的性格不大协调。例②的最后是4个语气不同的散句，既使节奏舒缓，又使文章涟漪起伏。

（三）整句与散句的交错运用

整句有整句的优点，散句有散句的长处。什么时候用整句，什么时候用散句，主要取决于内容和上下文的需要。宋人李涂说："文字须有数行齐整处，须有数行不齐整处。"（《文章精义》五十五）如果全篇都用整句，就会单调呆板，或者显得做作。如果全篇都用散句，就会影响语言的气势，甚至显得散乱。一般来说，整句和散句交错运用，整散结合，可以显出错综之美。

　　燕子去了，有再来的时候；杨柳枯了，有再青的时候，桃花谢了，有再开的时候；但是，聪明的，你告诉我，我们的日子为什么一去不复返呢？（朱自清《匆匆》）

上例前面3个并列的整句使节奏加快，语势渐急，后面用1个散句收尾，又使节奏减慢，语势平缓。整中有散，使语句显出变化来。

初学写作的人，往往片面追求语言的整齐美，喜欢用整句，而不愿意在散句上多下功夫，忽视了语言的变化美，这是应该注意的。整句和散句如何运用，大有讲究，绝不是任何语言环境、任何语体都可以用整句的。比如公文语体则很少用整句。我们应该根据表达的需要，该整则整，该散则散，防止生硬地聚散为整或化整为散的形式主义倾向。

五、主动句与被动句

同样一个意思可以用主动句来表述，也可以用被动句来表述。但是，表达的侧重点不同。一般说来，主动句侧重强调动作行为的发出者，被动句侧重强调动作行为的接受者。用主动句还是用被动句，要由说话人的意图来决定。

① 他看完了这本小说。

② 这本小说他看完了。

这两个句子所表达的意思基本相同，但句式不同，适用的场合不同，表达的效果也不完全相同。例①是主动句，着重强调动作行为的发出者，所以把施事放在主语的地位。例②是被动句，着重强调动作行为的接受者，所以把受事放在主语的地位，有时甚至不提施事。

平常说话写文章，用主动句式的时候比较多。但是在下列情况下，选用被动句，修辞效果会更好一些。

（一）突出动作行为的接受者，而动作行为的发出者不必说出，或不愿说出，或无从说出时，用被动句。

过了阴历八月十五日，正是秋收时候，县农会主席老杨同志，被分配到第六区来检查督促秋收工作。

（赵树理《李有才板话》）

上例为了强调动作行为的接受者"县农会主席老杨同志"，而分配老杨的单位不必说出，用被动句就省去了一些不必要的成分，显得比较简洁。

（二）在特定的上下文里，为了使前后分句的主语保持一致，语意连贯，语气流畅，用被动句。

> 他也躲在厨房里，哭着不肯出门，但终于被他父亲带走了。　　　　　　　　　　　　　　　（鲁迅《故乡》）

上例前两个分句主语是"他"，第三个分句用被动句，主语相同，语气连贯。如果改用主动句"父亲终于把他带走了"，就显得不连贯。

（三）叙述不如意、不愉快或消极的事情，可采用被动句。

> ……发给他用于棉花试验的化肥给别人挪用了，发给他的抽水机具还没运到就被别人半路劫走了。
> 　　　　（穆青、陆拂为、廖由滨《为了周总理的嘱托》）

上例两个分句都是被动句。如果改用一般的主动句，所表达的不满情绪就会淡化。

（四）为了使语言结构匀称，也可选用被动句式。

> 自己被人凌虐，但也可以凌虐别人；自己被人吃，但也可以吃别人。　　　　　　　　　　（鲁迅《灯下漫笔》）

上例各分句主语相同，主动句与被动句对举，给人整齐匀称、对比鲜明之感。

六、肯定句与否定句

对事物作出肯定判断的句子，叫肯定句；对事物作出否定判断的句子，叫否定句。同一个意思，可以用肯定句，也可以用否定句。

　　① 这个人好。

　　② 这个人不错。

两句话基本意思一样，例①是肯定句，语意重些；例②是否定句，语意轻一些，语气弱一些。

　　（一）肯定句

　　应该清楚，肯定句同肯定态度，否定句同否定态度，并不是完全一致的。因为，同样一个意思，可以用肯定句，也可以用否定句，但它们表达的侧重点不同，因而在语气上就有轻重强弱的差别。一般来说，肯定句直截了当，否定句委婉缓和。例如通过谈心帮助一个同志时，我们说"你这样做是不对的"，就比说成"你这样做是错误的"要缓和婉转一些，对方比较容易接受。再如："索明感叹魏局长工作的繁忙，对武警的一贯支持，待人的热情和办事的实在。"若把"繁忙、支持、热情、实在"说成"不清闲、不反对、不冷淡、不玩虚的"，语言就比较曲折委婉，但是在这里使用语气果断、感情强烈的肯定句更为合适。

　　（二）否定句

　　否定句有3种形式：

　　1. 单重否定句

　　单重否定句是句中只用一个否定词。

　　　　① 李方租住的地方，离他的单位不近。（荆歌《冰》）

上例是单重否定句，用了"不近"，语意轻一些，表达了缓和的语气和乐观的态度。

　　2. 双重否定句

　　双重否定句最常见的是连用两个否定词，如"没有……不""不……不""非……不""不可否认"等；也可用一个否定词再加上反问的语气，如"难道能不来吗？"等于"不能不来"。

要注意"双重否定"跟单纯肯定的语气和意思是有差异的。

　　　　② 老爹老妈在大山里苦苦劳作，日升日落，也未必能挣来一次打车的钱，这笔帐不能不算。

　　　　　　　　　　　　　　　（孙春平《怕羞的木头》）

　　　　③ 喻青青找那枚金币是为了什么？不就是找她的姐姐吗？　　　　（晓航《努力忘记的日落时分》）

例②"不能不"强调"必须如此""只能如此"，带有一种强制性。这比用一般肯定句的"只好""只能"语意要强烈得多。例③的反问语气加上"不"是双重否定，坚定有力地表达了作家的观点。

　　许多成语就是运用"双重否定"构成的，如"攻无不克、战无不胜、无微不至、无坚不摧、无奇不有、无所不用其极"等，双重否定使语意表达得十分强烈。

　　3. 三重否定句

　　3 个否定词先后套用，表达否定的意思。

　　　　④ ……有些常犯的毛病……可以多用选择和填充的方法，不一定非要采取改错的方式不可。

　　　　　　　　　　　　　　　（吕叔湘《语法三问》）

例④"非……不可"是双重否定，表示肯定的说法。前面加上"不一定"又转变成了否定的说法了，这是一种很委婉的说法。

　　（三）肯定句与否定句结合运用

　　肯定句与否定句结合运用，可以相互补充，使论证更周密，观点更鲜明，意思更显豁，行文有波澜。

　　　　① 我要做高山岩石之松，不作湖岸河旁之柳；我愿在暴风雨中，靠艰苦卓绝的斗争锻炼自己，不愿在平平静静的日子里度过自己的一生。　　　　　　（《雷锋日记》）

例①肯定句与否定句交替使用，鲜明地表达了雷锋高远的革命志向，语言活泼灵巧，富有波澜。

有时候肯定句与否定句交错递进，以加强语意。

　　② 冼星海同志指挥得那样有气派，姿势优美，大方；动作有节奏，有感情。随着指挥棒的移动，上百人，不，上千人，还不，仿佛全部到会的，上万人，都一齐歌唱。

　　　　　　　　　　　　　　　　　（吴伯箫《歌声》）

例②中的"上百人，不，上千人，还不……上万人"将肯定否定交错运用，使范围不断扩大，语意逐层加深。

运用否定句需要注意的是不要把话说反了。

　　③ 文章必须有新鲜的内容，但这也不能否认写过的题材和主题就一概不能写了。

　　④ 我们经验不足，工作难免不犯错误，难免有缺点。

例③"不能否认"有"应该承认"的意思。从整句话的意思看，显然不是作者的原意。应改为"并不是说"。例④用了否定副词，把话说反了，应删去"不"。

思考与练习

一、什么是句式选择？句式选择应遵循什么原则？

二、举例说明化长句为短句的方法。

三、举例说明在哪些情况下运用被动句比运用主动句能收到更佳的表达效果。

四、肯定句与否定句结合运用在表达效果方面有什么好处？

五、什么是整句和散句？二者在表达效果方面各有什么长处与短处？

六、按要求变换下列句式。

　　1. 我们的党，我们的人民，我们的革命，我们的建设事业都是伟

大的。（变换为短句）

2. 你用不着紧张，更不必那样气势汹汹的，如果你有理的话。（变换为常式句）

3. 有 100 万元存款，200 平方米住房，家庭条件优越，本人一表人才，兴趣广泛，曾声称非人才出众者不娶，非城市姑娘不娶的装璜公司总经理李锁，昨天突然向全公司员工宣布要同一个相貌平平、地地道道的农村姑娘结婚了。（变换为短句）

七、比较下面几组句子的表达效果。

1. a 不到长城非好汉，屈指行程二万。

　　b 能到长城为好汉，屈指行程二万。

2. a 度过了讨饭的童年生活，在财东柴房里睡觉的少年，青年时代又在秦岭荒山里混日子，他不知道世界上有什么可以叫做"困难"。

　　b 他童年时候讨过饭，少年时候在财东柴房里睡过觉，青年时候又在秦岭荒山里混过日子，简直不知道世界上有什么可以叫困难。

3. a 独有稻草人听得出来，因为她听惯了夜间的一切微声。

　　b 稻草人听惯了夜间的一切微声，所以独有她听得出来。

4. a 在天寒地冻、镐头刨下去当当直响，只见一个白点，几镐刨不下一块冻土的情况下，我们奋战了 3 天，终于完成了任务。

　　b 当时天寒地冻，镐头刨下去当当直响，地上只起个白点，几镐刨不下一块冰土。在这种情况下，他们奋战了 3 天，终于完成了任务。

八、从句式角度看下列主动句和被动句的使用有什么毛病，试加以修改，并说明理由。

1. 由于清政府的破坏，使馆被义和团围攻了 56 天，西什库教堂被围攻了 63 天都没能攻下。

2. 二诸葛老婆追出门来，二诸葛拉她回去，还骂个不休。

第四节 辞格与修辞

学习要点 掌握各种辞格的定义、类型、特点及其修辞作用，能比较熟练地运用这些辞格，并能对一些容易混淆的辞格加以辨析。

一、辞格及其特性

辞格，又叫辞式、语格、修辞格、修辞方式。**它是逐步固定下来的具有动人的表达效果的语辞优化模式。**辞格具有以下特性：

（一）动人的表达效果

辞格的运用可以增强语辞的表现力，使其在通顺、准确、简明的基础上，具有形象性和生动性，产生动人的魅力。

　　① 太阳终于滴下身上的最后一滴水，跳出海面，像一块烧化的铜饼，又像个软软的鹅蛋黄。

　　② 不拿群众一针一线。

例①运用了比喻、比拟，例②运用了借代，使语言陡然生辉，这种动人的魅力就是辞格的表达效果。上例若改成"太阳终于从海面上升起来了"，"不拿群众的一切财物"，虽然准确地表达了语意，但不生动形象。

（二）特定的结构模式

辞格的"格"，是人们在长期的语言审美活动中创造、总结出来的定型的语辞优化模式。辞格都有自己特定的模式。如比喻用"甲乙相似，以乙喻甲"的模式；借代用"甲乙相关，以乙代甲"的模式；夸张用"虚话实说，言过其实"的模式；双关用"表里相联，一语双关"的模式；顶真用"甲→乙，乙→丙，丙→丁"的模式；回环则用"甲→乙→丙，丙→乙→甲"的模式等等。如果没有特定的结构形式，就是有特定的表达功能，也不能算辞格。例如幽默和讽刺，虽有特定的表达功能，但没有特定的语言结构模式，不能算辞格。所以，有无特定的语言结构模式是辞格与非辞格的一个重要界限。

（三）稳固性和发展性

辞格源远流长，早在 3 千多年前的甲骨文中辞格就产生了。《诗经》中运用的辞格有比喻、设问等 20 多种。这些辞格一直沿用至今，表现了辞格的稳固性。

辞格也在逐步发展。一方面，原有的辞格在不断完善、丰富。如比喻，就远远不是宋人所归纳的 10 种类型所能囊括的了。另一方面，新的辞格还在继续产生，如换算、序换、同异、巧缀等都是辞格花园中绽开的新葩。

每一种辞格的产生都有一定的客观基础。如果没有本体和喻体之间的相似点，就不可能构成比喻；没有两个事物的相关性，就不能运用借代；没有并列事物的层次性，也难以形成层递。

根据辞格的表达效果，可以将一些常用辞格分为语言均衡类、突出联想类、语义对照类、语义突出类、委婉表达类、追求变化类、体现幽默类等不同类型。

二、语言均衡类辞格

（一）对偶

对偶是指形式上对称均衡、意义上相互关联的两个句子或短语排列在一起，表示相反、相关或相连意思的修辞方式。

1. 对偶的类型

对偶从意义上看，可以分为 3 种。

（1）正对：上下两句意义相近，互为补充。

①台榭漫芳塘，柳浪莲房，曲曲层层皆入画；

烟霞笼别墅，莺歌蛙鼓，晴晴雨雨总宜人。

（杭州西湖湖心亭对联）

（2）反对：上下两句意义相反，互相映衬。

②勤奋是点燃智慧的火花，懒惰是埋葬天才的坟墓。

（3）串对：又叫"流水对"，上下两句意义紧密相接，前后连贯。

③输入千言万语，打出一片真情。（四通打字机广告）

④进来乌头宰相，出去白面书生。　　（理发店广告）

根据对偶构成单位的不同，又可以把对偶分为句子成分对偶和句子对偶两种。前者如"然而我的坏处，是在论时事不留面子，砭锢弊常取类型，而后者尤与时宜不合"。后者如"落霞与孤鹜齐飞，秋水共长天一色"。

根据对语句结构的要求，又可以把对偶分为严式和宽式两种。严式对偶要求上下句的字数相等、结构相同、词性及平仄相对、不重复用字。宽式对偶对结构的要求不很严格，上下句字数相当，结构大致相同就可以了。

2. 对偶的修辞效果

对偶，从形式上看，协调匀称，整齐美观，节奏鲜明，铿锵有力，便于记诵；从内容上看，正对可以相互补充，相得益彰；反对可以互相映衬，意思显豁；串对前后衔接紧密，一气呵成。对偶是我国人民群众喜闻乐见的修辞方式，它的运用极其广泛。

（二）排比

排比是 3 个或 3 个以上结构相同或相似、语气一致的句子或词语成串排列，以增强语势的修辞方式。

1. 排比的类型

排比可以根据排列的单位分为两类：

（1）句子排比：排列的单位是分句、单句或复句。

　　① 他们的品质是那样的纯洁和高尚，他们的意志是那样的坚韧和刚强，他们的气质是那样的纯朴和谦逊，他们的胸怀是那样的美丽和宽广。（魏巍《谁是最可爱的人》）

　　② 啥花开来节节高？

　　　啥花开来像双刀？

　　　啥花开在青草里？

　　　啥花开在太湖稍？

　　　芝麻花开来节节高。

　　　扁豆花开来像双刀。

　　　菜花开在青草里。

　　　菱花开在太湖稍。（江苏民歌《啥花开来节节高》）

例①是分句的排比，由 4 个分句排列构成 1 个并列复句，抒发了作者对"最可爱的人"的一种强烈赞美之情。例②是单句的排比，用于民歌中，结构整齐，节奏和谐，增加了语言的旋律美。

（2）成分排比：排列的单位是各种句子成分。

　　③ 灯塔上的人虽然来自四面八方，但却都有着共同的特点：勤劳、纯朴、健康。　　　（高源《灯塔风雨》）

　　④ 延安的歌声……它是黑夜的火把，雪天的煤炭，大旱的甘霖。　　　　　　　　　（吴伯箫《歌声》）

2. 排比的修辞效果

（1）增强语言的节奏感、旋律美。

⑤ 增长知识　提高觉悟　陶冶情操　树立新风　全总号召全国职工开展读书活动　　　（《工人日报》标题）

（2）加强语势，给人以一气呵成的感觉。

⑥ 你看，这就是当初的北京人，那时候的人要爱就爱，要恨就恨，要哭就哭，要喊就喊，他们自由地活着，没有礼教来拘束，没有文明来捆绑，没有虚伪，没有欺诈，没有阴险，没有陷害……而他们是非常快活的。

（曹禺《北京人》）

（3）抒发强烈的感情。

⑦ 想你成歌，飞扬；想你成河，流淌；想你成云，飘荡；想你成吻，舒畅。想你不是一个定格，想你是永恒。

3. 排比和对偶的区别

（1）对偶只限于两项，排比则多于两项。

（2）排比对组成的各项结构要求宽，字数可以不一致，重字也常见；对偶对结构的要求严。

（三）顶真

顶真就是上文的词语、句子用来作为下文的开头，上递下接，首尾相连的修辞方式。这种辞格又称顶针、连珠、联珠、蝉联。

1. 顶真的类型

根据顶真的次数可以分为单次顶真和多次顶真。

（1）单次顶真　顶真次数只有 1 次。

① 江上一笼统，井上黑窟窿。

黄狗身上白，白狗身上肿。　（张打油《雪诗》）

（2）多次顶真　顶真的次数在两次或两次以上。

　　② 正月里来正月正，正月十五挂红灯。

　　　　红灯挂在大门外，单等我那五哥他上工来。

（民歌《五哥放羊》）

根据顶真的递接方式，可以分为直接顶真和间接顶真。

（1）直接顶真　顶真部分的相同词语直接递接。

　　③ 有翼的床头仿佛靠着个谷仓，谷仓前面有几口缸，缸上面有几口箱，箱上面有几只筐，其余的小东西便看不见了。　　　　　　　　　　　（赵树理《三里湾》）

（2）间接顶真　顶真部分的相同词语之间，间隔有其他词语。

　　④ 她脸上有一种很纯净的天真，这种天真使她的面部泛出一层非现实的、超凡脱俗的光辉。然而，再细细地看，这层超凡脱俗的光辉下面，似乎又掩盖着成天什么都不想的愚蠢。　　　　　　　（张贤亮《男人的一半是女人》）

2. 顶真的修辞效果

（1）叙事状物，层次清楚，能反映出事物间的有机联系。

　　⑤ 有个农村叫张家庄。张家庄有个张木匠。张木匠有个好老婆，外号叫个"小飞蛾"。小飞蛾生了个女儿叫"艾艾"，算到 1950 年阴历正月十五元宵节，虚岁 20，周岁 19。

（赵树理《登记》）

这段话用顶真的形式清楚地交代了故事发生的地点、人物及人物关系，层次清楚，简明扼要。

（2）议论说理，逻辑严密，结构谨严。

　　⑥ 我们一定要坚持下去，一定要不断地工作，我们也会感动上帝的。这个上帝不是别人，就是全中国的人民大

众。全国人民大众一齐起来和我们一道挖这两座山，有什么

挖不平呢？ （毛泽东《愚公移山》）

这段文字用顶真的形式把"上帝"跟全中国的"人民大众"联

系起来，逻辑严密，道理深刻，充分肯定了中国的"人民大众"

才是真正的主人。

　　（3）抒情写意，情深意浓，具有一唱三叹的效果。

　　⑦ 只恐怕这已是最后的盘桓，

　　　　冰天雪地中你才知人生行路难，

　　　　不要流泪，不要哀叹，不要泪涔涔，

　　　　前途崎岖愿你强加餐。

　　　　前途崎岖愿你强加餐，

　　　　谁知道天付给你的命运是平坦艰险，

　　　　辰光在脱去你血泪斑驳的旧衣衫，

　　　　挥剑斩断了这烦恼爱恋。

　　　　挥剑斩断了这烦恼爱恋，

　　　　你去吧，乘着这晨星寥落霜雪漫漫，

　　　　几次我从泪帘偷看你憔悴的病颜，

　　　　多少话要说千绪万端。

　　　　多少话要说千绪万端，

　　　　你如有叮咛千万告我勿再迟缓，

　　　　汽笛声中天南地北隔崇山，

　　　　这悠悠相思我与谁弹。

　　　　　　　　（石评梅《这悠悠相思我与谁弹》）

例⑧上递下接，头尾蝉联，将诗人的离情别绪表现得淋漓尽致。

（四）回环

回环是把前后语句组织成穿梭一样的循环往复形式，以表达不同事物间的有机联系。

1．回环的类型

（1）严式回环和宽式回环：

1）严式回环：前后语句用词相同，结构也一致，只是词语的顺序不同，如"你看看我，我看看你"；"你不让他，他不让你"；"开水不响，响水不开"。

2）宽式回环：前后语句用词大体相同，也有的结构不同。

　　　①远远的街灯明了，

　　　　好像闪着无数的明星。

　　　　天上的明星现了，

　　　　好像是点着无数的街灯。（郭沫若《天上的街市》）

（2）词语回环和句子回环

1）词语回环：句子内部两个相关的词语构成的回环。

　　　②新编中小学大纲今天出台

　　　　教育思想："学会"变为"会学"

　　　　　　　　　　　　　　　　　　　（标题　北京晚报）

2）句子回环：两个相关的句子构成的回环：

　　　③她躲在峡谷，

　　　　她站在山崖上。

　　　　你不理她，

　　　　她不理你。

　　　　你喊她，

　　　　她喊你。

　　你骂她，

　　她骂你。

　　千万不要和她吵嘴，

　　最后一声总是她的。　　　　　　（艾青《回声》）

2. 回环的修辞效果

（1）揭示事物的辩证关系，使语意精辟警策。用来说理，使人容易理解事物之间的相互依存或相互排斥的辩证关系；用来写景，可以表现出景物间的联系。

　　④ 天上一个月亮，

　　水里一个月亮，

　　天上的月亮在水里，

　　水里的月亮在天上。

　　低头看水里，

　　抬头看天上，

　　看月亮，思故乡，

　　一个在水里，

　　一个在天上。　　　　　　（歌曲《月之故乡》）

例④以回环的方式抒发浓郁的乡愁，在深沉的乡愁中透出一种无奈的怅惘。

（2）使语句整齐匀称。

　　⑤ 人民的总理人民爱，

　　人民的总理爱人民。

　　总理和人民同甘苦，

　　人民和总理心连心。

例⑤语句整齐匀称，具有节奏美，表现了人民群众和周恩来总理之间的深厚感情。

3. 回环和顶真、回文的联系与区别

回环和顶真在头尾顶接这一点上相似，但顶真是顺连而下，由甲到乙，由乙到丙；回环是回环往复的语言形式，由甲到乙，再由乙回到甲。回环与回文在回环往复这一点上是相似的，但没有回文严谨。回文如"秀山青雨青山秀""香柏古风古柏香"，从前向后读，或从后向前读都可以。

三、突出联想类辞格

（一）比喻

比喻，就是通常所说的打比方，即用某一事物来说明与其本质不同而又有相似之处的另一事物。比喻是通过联想，使人们从一种熟悉的事物或道理，去感受、认识另一种事物或道理，从而便于理解。

比喻包含被比喻的事物和用来作比喻的事物，前者称为本体，后者称为喻体。本体和喻体必须是互不相同的事物，但又有某些共同的属性或特征，这样才能构成比喻。

1. 比喻的类型

根据本体和喻体之间的关系，比喻可以分为明喻、暗喻和借喻 3 种基本类型。

（1）明喻：本体和喻体都在句中出现，二者常用"像、好像、比如……似的、犹如、恰似、仿佛……似的"等词语明确地显示出比喻关系。明喻在比喻中用得很广泛。

　　① 温暖像阳光，轻柔如浮云。　　　　（床上用品广告）

（2）暗喻：又称隐喻。主体和喻体也在句中出现，但不明确表示是在打比方，而是用"是（为）、就是、成、变成"等词语来显示两者的关系。如果说明喻的本体和喻体是相类关系，那

么暗喻则是相合关系，暗喻比明喻在形式上显得更紧凑，喻体与本体的语义也更密切。

②　理想是石，敲出了星星之火；理想是火，点燃熄灭的灯；理想是灯，照亮夜行的路；理想是路，引你走向黎明。

（流沙河《理想》）

③　建筑是凝固的音乐。

暗喻的本体和喻体之间的关系，有时也可以用破折号来显示。如："环境卫士——蚯蚓""沙漠之舟——骆驼""纤维皇后——丝绸"等。

（3）借喻：本体不出现，用喻体直接代替本体，不用"像、是"一类词语。比起明喻、暗喻来，借喻的本体和喻体关系最紧密，表意深厚而含蓄。

④　西宁 8 名金融蛀虫平均 32 岁　　　　　　　（报）

在以上 3 种基本类型的基础上，比喻还有不少变化形式，如博喻、回喻、较喻、互喻、反喻等，其构成特点各有不同。

（1）博喻：用多个喻体从不同角度反复设喻去说明同一个本体。

⑤　这《孩儿塔》的出世并非要和现在的一般的诗人争一日之长，是别有一种意义在。这是东方的微光，是林中的响箭，是冬末的萌芽，是进军的第一步，是对于前驱者的爱的大纛，也是对于摧残者的憎的丰碑。

（鲁迅《白莽作〈孩儿塔〉序》）

上例连用 6 个喻体对同一本体加以论述，深刻形象地说明了《孩儿塔》一书出版的重大意义。

（2）回喻：先提出喻体，紧接着又对喻体加以否定，最后引出本体，是一种迂回设喻的方法。

　　⑥ 在正对面的山腰中，有一大块白云，慢慢地浮动。仔细一看，那不是云，而是羊群。井冈山垦场的姑娘们已经开始了一天的工作。　　　　　　（杜宣《井冈山散记》）

上例先提出喻体"白云"，接着对喻体加以否定，然后引出本体"羊群"，强调了羊群与白云的相似点，形象地表现了羊群之白之大。

　　（3）较喻：用比较的方式打比方，说明在某一相似点上，本体超过了喻体或不及喻体。

　　⑦ 可是在中国，那时是确无写处的，禁锢得比罐头还严密。　　　　　　　　　　　　（鲁迅《为了忘却的记念》）

　　⑧ 我们四川人还有人用牛粪做燃料，至于那又臭又长的文章，恐怕连牛粪都不如。

　　　　　　（郭沫若《关于文风问题答〈新观察〉记者问》）

例⑦说本体（中国）禁锢的程度超过了喻体（罐头），强调了中国被国民党反动派严密禁锢的现实。例⑧说本体（文章）不如喻体（牛粪），说明那种文章的毫无价值。

　　（4）互喻：是本体和喻体互换作比的一种比喻。

　　⑨ 她是美丽的，眼睛像秋水那样明亮。她到池边去洗脸，池里的水被她的纤手划出几圈涟漪，像她闪动的眼睛。

　　　　　　　　　　　　　　　　　　　　（耘铧《桂美》）

例⑨先用秋水比喻眼睛，再用眼睛比喻秋水，使本体与喻体融为一体，给人以深刻的印象。互喻兼有回环辞格的特点，具有回环往复的结构美。

　　（5）反喻：用否定形式构成的比喻。

　　⑩ 我的耳朵又不是棉花做的，光听他们的？

　　　　　　　　　　　　　　　　　　　（周立波《山乡巨变》）

反喻说明本体不是喻体，或不具备喻体的某些特点，让人们从喻体的反面去理解本体的性质，使表达曲折有致。

2. 比喻的修辞效果

（1）运用比喻来说明事理，可以使复杂的问题变得简单浅显，使艰深的问题变得通俗易懂，使抽象的问题变得形象具体。

⑪ 讲到长征，请问有什么意义呢？我们说，长征是历史上的第一次，长征是宣言书，长征是宣传队，长征是播种机。　　　　　（毛泽东《论反对帝国主义的策略》）

例⑪用形象的比喻说明深刻的道理。长征向全世界宣告红军是英雄好汉，敌人必将灭亡，长征传播了革命的道理，向途经的11个省撒播革命的种子，并将发芽、成长、开花、结果。形象的比喻将复杂深刻的道理论述得明白易懂。

（2）运用比喻描述事物，可以使被描述的对象具体化、形象化，提高对事物的感知度。在景物描写中，比喻用得很多。

⑫ 汽车大转弯上雪山了，像雄鹰在苍空盘旋，越飞越高。眼看被我们超越过的一辆辆载重汽车，深远地落在后边，就像甲虫似的爬行在崖谷底下。雪山上冷气逼人，副师长和我都穿上了随身带的大衣。公路穿行在雪山的半山崖壁上，崖边竖立着成串的黑白相间的防护桩，像标兵似的屹立着，不许汽车往崖边越过一分一寸。随着汽车的哮喘声，高插在路边的警语牌越来越多了：连续转弯！鸣号！限制车速！路滑！车轮加铁链！　　　　（碧野《雪路云程》）

例⑫中用"雄鹰"比喻汽车在迂回曲折的高山公路上飞驰的景象，用"甲虫"比喻从高处俯视载重汽车行进的情状；"标兵"，把一个不起眼的防护桩写活了，并反衬出了峻岭之险。一系列的比喻描写，仿佛把我们带上了雪路云程。

3. 运用比喻的要求

（1）贴切。喻体和本体之间，必须有共同之处，要求比喻贴切，这是构成比喻的基础。

> ⑬ 像曹元郎那种人念念不忘是留学生，到处挂着牛津剑桥的幌子，就像甘心出天花变成麻子，还得意自己的脸像好文章加了密圈呢。　　　　（钱钟书《围城》）

此例把"以丑为美"比喻为"甘心出天花变成麻子，还得意自己的脸像好文章加了密圈"，既形象又准确。

（2）新颖。人云亦云的比喻会使人厌烦，而新颖的比喻则能引起人们的兴味。

> ⑭ 这一张文凭，仿佛有亚当、夏娃下身那片树叶的功用，可以遮羞包丑；小小一方纸，能把一个人的空疏、寡陋、愚笨都掩盖起来。自己没有文凭，好像精神上赤条条的，没有包裹。　　　　（钱钟书《围城》）

例⑭中把文凭比作"亚当、夏娃下身那片树叶"，比喻新颖而形象。

（3）注意感情色彩。喻体的选用往往体现了说话人对描写对象的褒贬态度，例如"春天像小姑娘，花枝招展的，笑着，走着"（朱自清《春》），用"小姑娘"比喻春天，表现了作者对春天的喜爱之情。"苍蝇不叮无缝的蛋"，用"苍蝇"比喻坏人坏事，感情色彩是准确贴切的。

（二）比拟

比拟是根据想象把物当作人描述或把人当作物描述，或把甲物当作乙物来描述。比拟重在根据想象来"拟"，因此，往往带有强烈的主观感情。如都是以梅花的形象来写人，毛泽东笔下的梅花是"待到山花烂漫时，她在丛中笑"，是一个积极向上的乐观者的形象；陆游笔下的梅花"零落成泥碾作尘，只有香如故"，透出一种孤芳自赏的情绪。

1. 比拟的类型

（1）拟人：把物当作人来描述叫拟人。拟人手法让物具有人的思想情感、动作神态。

　　① 米旗月饼恭祝全市人民中秋快乐。（米旗月饼广告）

　　② 一片寂静，万籁无声，生命之曲在沉默。在这寂静中，意志失去了生命，思想消失了踪影，欢乐如同野鸟逃开人们。　　　　　　　　　　（［阿富汗］乌尔法特《生命之曲》）

（2）拟物：把人当作物或者把甲物当作乙物来描写。它可以使描述具有新的寓意和色彩。

　　③ 张木匠生了气，撵到房子里跟她说："人说你是小飞蛾！怎么一见了我就把你那翅膀搭拉下来了？我是狼？"

　　　　　　　　　　　　　　　　　　　（赵树理《登记》）

　　④ 我把你的名字写在天空里，可是被风吹走了；我把你的名字写在沙滩上，可是被海浪冲走了。　　　　（短信息）

2. 比拟的修辞效果

（1）表现出鲜明的感情。比拟是根据"想像"把物当人描述、把人当作物描述或把甲物当作乙物来描述，字里行间渗透着鲜明的感情色彩。如"好雨知时节，当春乃发生。随风潜入夜，润物细无声"，诗中的"知时节""潜入夜"这两处拟人表现出诗人对春雨的喜爱之情。

（2）增加叙述的生动性和形象性。

　　⑤ 然而，两根纤细、闪亮的铁轨延伸过来了。它勇敢地盘旋在山腰，又悄悄地试探着前进，弯弯曲曲，曲曲弯

弯，终于绕到台儿沟脚下，然后钻进幽暗的隧道，冲向又一
道山梁，朝着神秘的远方奔去。　　　（铁凝《哦，香雪》）
例中的"勇敢""悄悄地""试探着""前进""绕""钻""冲"
"奔"等词，都是写人的词语，作者用来描写冰冷的、没有生命
的铁轨，使它似乎有了鲜活的生命，静止的铁路一下就活了起
来，生动可感。

（3）使抽象的道理具体化。

⑥ 对办特区，从一开始就有不同意见，担心是不是搞
资本主义。深圳的建设成就，明确回答了那些有这样那样担
心的人。特区姓"社"不姓"资"。

（邓小平《在武昌、深圳、珠海、上海等地的谈话要点》）
上例把社会主义和资本主义分别说成姓"社"和姓"资"，将抽
象的事物形象化了，简短有力而又形象幽默。

（三）借代

借代就是不直接把所要说的事物名称说出来，而用跟它有关
系的另一种事物名称来代替。被代替的事物称本体，用来代替的
事物称借体。借代重在事物的相关性，也就是利用事物间的种种
关系巧妙地进行艺术换名。

1. 借代的类型

（1）以具体代抽象。

①搞好菜园子　丰富菜篮子　　　　　　（《北京晚报》）
②中国人民的手，是全人类最出色的手。
例①用具体的"菜园子""菜篮子"代替比较抽象的"副食品生
产基地"和"各种副食品"。例②用具体的"手"代替抽象的
"能力和本领"。

（2）以抽象代具体。

　　　③ 正义是杀不完的，因为真理永远存在。

（闻一多《最后一次讲演》）

例中用抽象的"正义"代替具体可感的"正义的人"。

（3）以部分代整体。

　　　④ 当官不为民做主，不如回家卖红薯。

上例借"卖红薯"代指当官以外的其他小事。

（4）以整体代部分。

　　　⑤ 严奇候带着70多个还乡团，80多个保安队，煮晚饭时，从马庄出发。

以整体的"还乡团"和"保安队"借代还乡团和保安队的部分"匪兵"。

（5）以专名代泛称。

　　　⑥ 一对老八路　两个白求恩　任永志岳进夫妇离休后到山区义务行医

"老八路"，指八路军；"白求恩"，是抗战期间援助我国的著名加拿大医生。这里，"老八路""白求恩"分别代指革命战士和救死扶伤、乐于助人的医生。

（6）以特征代本体。

　　　⑦ 挖不下去，蜘蛛网似的草根连得很紧，干脆就用五齿耙子一块往外抠。

用"五齿耙子"借代"5个指头的手"。

（7）以工具名称代本体。

　　　⑧ 他家的媳妇真能干，上炕剪子下炕镰。

"剪子"代指"针线活"，"镰"代指"庄稼活儿"。

（8）以处所名称代本体。

⑨ 他是个老北京，你是个老南京。

因为借代是以事物间的相关性为基础的，而这种相关性非常广泛，只要两个事物之间存在某种关联，就有相互借代的可能了。所以借代的类型较多。

2. 借代的修辞作用

（1）形象突出，鲜明生动。

⑩ 子女争为父母做"红娘"，单位邻里为老人"搭鹊桥"，这是海淀区老年婚姻发生的可喜变化，老年人再婚人数，正逐年增长。

用"红娘"和"搭鹊桥"借代婚姻介绍者。《西厢记》中的丫环红娘及牛郎织女七夕"鹊桥相会"的故事家喻户晓，用以代指婚姻介绍者和为老年人的婚姻牵线搭桥，形象具体，并带有美满幸福的喜庆色彩。

（2）言简意赅，含义丰富。

⑪ "闰土"用上程控电话

这是报纸上的一则摄影标题，表现的是浙江绍兴农民生活中的新鲜事。"闰土"是鲁迅《故乡》中所描写的一个贫苦农民，因为闰土是绍兴人，用以代指绍兴农民，构思巧妙，言简意赅，含义丰富。

（3）新鲜风趣。

⑫ 拉萨街头出现英语热　年轻喇嘛也念 ABC

以字母代英语，避免了用词的重复，英语字母出于诵经人之口，使人觉得新鲜，富于趣味。

3. 借代和借喻的区别

借代和借喻在形式上都是本体不出现，只出现借体或喻体，要注意区别：

（1）借代和借喻构成的客观基础不同。借喻的基础是相似性，借代的基础是相关性。

⑬ 最可恨那些<u>毒蛇猛兽</u>，吃尽了我们的血肉。

（鲍狄埃《国际歌》）

⑭ "义哥真是一手好拳棒，这两下，一定够他受用了。"壁角的<u>驼背</u>忽然高兴起来。　　　　（鲁迅《药》）

例⑬的"毒蛇猛兽"和对工人进行残酷剥削的资本家有相似性，所以是借喻。例⑭的"驼背"是人的体形特征，与人有相关性，所以是借代。

（2）借喻可以转换为明喻，而借代不能。如⑬例可以说"资本家像毒蛇猛兽"，但例⑭不能说"五少爷像驼背"。借喻是喻中有代，借代是只代不喻。

（四）拈连

拈连是利用上下文的联系，将用于甲事物的词语顺势拈来用于乙事物。拈连词语与甲事物的组合是合乎常规的，而与乙事物的组合是非常规的。

① 桂芬慢慢地坐到炕沿上，"他活着！"这些天来，她第一次恍悟到他活着，他学的这些<u>技术也活着</u>，他那个倔强的<u>性格也活着</u>，这才是一个人最主要的东西。

（茹志娟《离不开你》）

② 天寒热泪冻成冰，<u>冻不住我心头的爱和憎</u>。

（阮章竞《送别》）

例①把"他活着"的"活"顺势拈来用于"技术也活着""性格也活着"，前一组合是合乎常规的，后两个组合则是非常规的。例②把"热泪冻成冰"的"冻"拈来用于"冻不住我心头的爱和憎"。通过词语的拈连很自然地将两种完全不同的事物连在了一起，表现了事物之间的联系，表达显得巧妙别致。

　　③ 我只是伫立凝望，觉得这一条紫藤萝瀑布不只在我眼前，也在我心上流过。　　　　（宗璞《紫藤萝瀑布》）

拈连辞格具有下列突出的修辞效果：

（1）利用上下文的巧妙联系，引起人们的联想，使语言蕴涵深刻的哲理性。

　　④ 金沙江水滚滚滔滔流了半个世纪，把一个 24 岁青年船夫流成了 74 岁的老人。

此例利用上下文的联系，通过拈连，巧妙构成一句很富有哲理的话："把一个 24 岁青年船夫流成了 74 岁的老人。"表现了岁月的流逝像滔滔江水那样永不停息，给人一种岁月的沧桑感。

（2）这种变异的组合使语言有新鲜感，引起人们的阅读兴趣。如《种树"种"到联合国》，是个颇具特色和情味的标题。难道真的是文中的主人公王果香到联合国"种"树去了吗？细读文章，才知道是王果香被邀请参加联合国在日内瓦举行的防治荒漠化公约第八次政府间谈判会议，在会上介绍治沙经验。标题运用拈连，给人耳目一新之感，引起读者阅读兴趣。

（3）造成幽默诙谐的情调。

　　⑤ 你爹摸了几十年的鸭屁股，还摸不出张书记那点道理，还发什么牢骚？　　　　（陈残云《鸭寮记事》）

　　⑥ 酒吧间的门开了，挤出两个人，同时又挤出一股酒气与烟气交织而成的欢乐来，融化在门前一片晕了似的灯光中。　　　　（孙席珍《没落》）

例⑤将"摸鸭屁股"的"摸"用于"还摸不出张书记那点道理"，两件事情的性质反差很大，用一个"摸"字连起来说，造成强烈的幽默效果，使人忍俊不禁。例⑥的"挤出两个人"是常规的说法，但说"挤出一股酒气与烟气交织而成的欢乐"则不合常规，这种既有反差又有联系的表达方式产生了诙谐幽默的情趣。

（五）引用

引用就是引述有关的语言材料以帮助观点的阐述和情感的表达。人们在写作、演讲、交谈中，往往引用名言警句、成语典故、格言谚语等，来印证自己的认识或感受，以增强可信度与说服力，引用也可使语言更具文采。引用可以从不同的角度加以归类。

（1）根据引用形式的不同，可以分为明引和暗引两种。

1）明引：注明引文出处，有的照引原文，并用引号标明；有的只引用原文大意，不加引号。

① 第一，旧诗都是押韵的，可是有许多诗现在念起来不押韵了。例如白居易的诗："离离原上草，一岁一枯荣（róng）。野火烧不尽，春风吹又生（shēng）。远芳侵古道，晴翠接荒城（chéng）。又送王孙去，萋萋满别情（qíng）。"这还是唐朝的诗，比这更早一千多年的《诗经》里的用韵跟现代的差别就更大了。 （吕叔湘《语言的演变》）

② 烧掉房子的事，据宋人的笔记说，是开始于蒙古人的。因为他们住着帐篷，不知道住房子，所以就一路的放火。然而，这是谎话。 （鲁迅《关于中国的两三件事》）

例①中明确表示是引用白居易的诗，并用引号标明。例②只引用宋人笔记相关内容的大意，但说明了出处。

2）暗引：暗引有的引用原文，有的引用大意，但一律不说明引文出处。暗引的引文大多是读者熟悉的内容。

③ 广厦千万间 寒士尽开颜

　　琼海村镇建设成绩斐然　　　　（人民日报·海外版）

　　④ 几多美女一路寻寻觅觅，不免冷冷清清，凄凄惨惨戚戚，能骑得白马归者，寥寥无几。　　　　（《华商报》）

例③的"广厦千万间 寒士尽开颜"引自杜甫的诗《茅屋为秋风所破歌》，并对原诗句做了改变。例④的"寻寻觅觅，冷冷清清，凄凄惨惨戚戚"引自李清照的《声声慢》，未加引号，并将引语融入行文之中。这两个例子都没有引号，也没有说明出处，因为人们很熟悉，能知道是引用。

　　（2）根据作者对引文内容的看法，引用可以分为正引和反引两种。

　　1）正引：引用的内容是作者肯定、赞同的。

　　⑤ 俗话说："到什么山上唱什么歌。"又说："看菜吃饭，量体裁衣。"我们无论做什么事都要看情形办理，文章和演说也是这样。　　　　（毛泽东《反对党八股》）

例⑤是正引，引用的俗语内容与作者的观点一致，用来说明文章的写法要根据对象和内容来决定。

　　2）反引：所引材料的内容是作者不赞同的，是要加以批判的错误认识，或需要驳斥的荒谬言论。

　　⑥ "闭塞眼睛捉麻雀"，"瞎子摸鱼"，粗枝大叶，夸夸其谈，满足于一知半解，这种极坏的作风，这种完全违反马克思列宁主义基本精神的作风，还在我党许多同志中继续存在着。　　　　（毛泽东《改造我们的学习》）

例⑥中的"闭塞眼睛捉麻雀""瞎子摸鱼"是人们熟悉的谚语，作者不赞同这种主观主义的做法，引用这两句话，对党内那些有主观主义思想的人进行讽刺和批评。

（六）移就

移就是把本来形容甲事物的修饰语用来修饰乙事物的修辞方式。

　　① 吴荪甫突然冷笑着高声大喊，一种铁青色的苦闷和失望，在他紫酱色的脸皮上泛出来。　　（茅盾《子夜》）

　　② 而此后几个所谓学者文人的阴险论调，尤使我觉得悲哀。　　（鲁迅《记念刘和珍君》）

例①将用于表示颜色的"铁青色"用于形容"苦闷和失望"，表现了主人公因苦闷和失望而脸色铁青的样子，十分形象深刻。例②"阴险"常用来形容人的品质不良，这里用来形容反动文人诬蔑爱国青年的无耻谰言，深刻地揭示出其手段的卑劣。

　　移就的修辞效果，主要是突出人或事物的情状特征，使语言生动别致。

　　③ 是在花园里，鲜花都还做她们的梦。那微雨偷偷洗去她们的尘垢，她们的甜软的光泽便自焕发了。在那被洗去的浮艳下，我能看到她们在日光下所深藏着的恬静的红，冷落的紫，和苦笑的白与绿。　　（朱自清《歌声》）

例③用"恬静""冷落""苦笑"等写人的词来描写鲜花，表现了日光下鲜花的多姿多彩，也反映出了作者情绪的变化。移就能够启发人们的联想，由此及彼，彼此交融，渲染气氛，使表达新颖、生动、简练。

　　移就与拟人的区别：将描写人的特性的词语移用于物这一点上，移就和拟人有相似之处，但二者有着明显的区别。拟人侧重比拟，把物人格化了，如"海睡熟了。大小的岛屿拥抱着，偎依着，也静静的恍惚入了梦乡"。将大海和岛屿像人一样描写，是拟人。移就只是把描写甲事物的词语移来修饰乙事物，"移"

而不"拟"，不把物人格化，如"黑色幽默、灰色收入"。再如，"杜甫川唱来柳林铺笑，红旗飘飘把手招"是拟人。"广场上又烧起欢乐的篝火"是移就。移就所移用的词语常作定语，拟人所选用的词语多作谓语。

（七）通感

通感就是通过联想，将听觉、视觉、嗅觉、味觉、触觉等在一定的条件下相互沟通起来的修辞手法。通感将不同的感觉互相沟通，能激起读者的感觉联想，强化人们的心理感受。使描述的事物更具可感性。

　　① 女子们朗朗的笑声，像水上的波纹，在工地的上空荡漾开去。　　　　　　　　　　　　（魏钢焰《绿叶赞》）

　　② 层层的叶子中间，零星地点缀着些白花，有袅娜地开着的，有羞涩地打着朵儿的；正如一粒粒的明珠，又如碧天里的星星。微风过处，送来缕缕清香，仿佛远处高楼上渺茫的歌声似的。　　　　　　　　　　（朱自清《荷塘月色》）

例①将听觉形象"笑声"与视觉形象"波纹"沟通起来，例②用"渺茫的歌声"表现"缕缕清香"，是把嗅觉与听觉沟通起来，从而使听觉形象与嗅觉感受变得更形象、更具体。人的不同感觉在有些情况下可以彼此沟通，如房子里的灯光是红色的，就会产生热的感觉。夏天房子里的窗帘是绿色的，会产生凉快的感觉。"红"与"绿"是视觉感受，却会生出"热"与"冷"的感觉来。正是利用这一点，人们在叙事状物时，将各种感觉互相转化，彼此沟通，丰富人的想象，强化人的感受，提高语言的表达效果。

通感经常借助于比喻的形式来表达，如例①②，但二者有明显区别。比喻重在"喻"，本体和喻体是同一感官感受到的本质不同的事物。例如"叶子出水很高，像亭亭的舞女的裙。"本体"叶子"与喻体"舞女的裙"都是视觉感受到的本质不同的事物。通感重在"通"，是一种感觉通向另一种感觉，例如"海水碧蓝碧蓝的，蓝得使人心醉"。"海水碧蓝"是视觉感受，"心醉"是内心感觉，使一种感官的感觉通到另一种感官上，使二者沟通起来。通感也可以不用比喻的形式，如"向日葵的花瓣荡漾着金黄的幸福"将视觉和感觉沟通起来，并未运用比喻。

四、语义对照类辞格

（一）对比

对比就是把两种不同的事物或者同一个事物的两个不同方面放在一起，互相比较，从而使事物的性质、状态、特征更加鲜明突出的一种辞格。

1. 对比的类型

（1）两体对比：把两种根本对立的事物放在一起比较，使好的显得更好，坏的显得更坏；大的显得更大，小的显得更小。

　　① 有缺点的战士终竟是战士，完美的苍蝇也终竟不过是苍蝇。　　　　　　　　　　（鲁迅《战士和苍蝇》）

　　② 中国夫妇，对于不圆满的婚姻，大半采用瓦全。理由是——为了孩子。欧美父母，处理不愉快的结合，常常宁愿玉碎。理由也是——为了孩子。　　（三毛《随想》）

例①将战士与苍蝇对比，尖锐地讽刺了诋毁革命的反动派，热情地赞扬了革命战士。例②将中外夫妇"为了孩子"而对婚姻所采取的两种相反的态度加以比较，使人们从相同理由的背后，品味出中西文化、观念的差异。

（2）一体两面对比：用同一事物的正反两面放在一起进行比较，从而把事理解说得更全面、更鲜明、更透彻。

　　③ 这些人，马克思主义是有的，自由主义也是有的，说的是马克思主义，行的是自由主义；对人是马克思主义，对己是自由主义。　　　　　（毛泽东《反对自由主义》）

例③把"这些人"说与做截然相反的表现，对人与对己不同的态度放在一起对照，充分揭露了这种人的特点。

2. 对比的修辞效果

（1）深刻地揭示出矛盾对立的两个方面，使真、善、美与假、丑、恶在比较中更加鲜明、突出。

　　④ 有的人骑在人民头上："呵，我多伟大！"
　　　有的人俯下身子给人民当牛马。

　　　　　　　　　　　　　　　　（臧克家《有的人》）

例④将两种人对人民完全对立的态度加以对照，鲜明地表现了两种不同的人生观和作者强烈的褒贬态度。

（2）反映事物内部既对立又统一的辩证关系，使人们对事物的认识更全面、更深刻。

　　⑤ 他们是羊，同时也是凶兽；但遇见比它更凶的凶兽时便现羊样，遇见比它更弱的羊时便现凶兽样……

　　　　　　　　　　　　　　（鲁迅《忽然想到（七）》）

　　⑥ 人有肉体，是人的骄傲，也是人的悲哀。健康的时候，但觉全身如新购机车，一打上火，尾部哒哒哒吐出青烟，两腿一夹，飞驰而去，何等机灵，何等豪情！一旦机车出了毛病，开不动还要推着走，那就尴尬透顶！人之肉体，一旦送上医院，可谓一堆废铁，随由人家去敲打蹂躏了。

　　　　　　　　　　　　　　　　（颜元叔《哀哉肉体》）

例⑤将"他们"在不同情形下截然相反的两种表现加以对比，揭露了其既怯懦又凶残的本质特点。例⑥用"新购机车"和"出了毛病的机车"作比喻对照，论述健康与生病的辩证关系，生动具体地说明了健康的重要性。

（二）映衬

映衬是为了突出主要事物而选用类似的事物或有差异的事物来做陪衬。映衬也叫"衬托""陪衬"。

1. 映衬的类型

映衬从它的表现形式和表达内容看，可以分为正衬和反衬两种。

（1）正衬：利用与主要事物相类似的事物做陪衬。

　　① 微风早已停息了；枯草支支直立，有如铜丝。一丝发抖的声音，在空气中愈颤愈细，细到没有，周围便都是死一般静。两人站在枯草丛里，仰面看那乌鸦；那乌鸦也在笔直的树梢间，缩着头，铁铸一般站着。　　（鲁迅《药》）

例①充分描写了坟地阴冷的气氛和景色，衬托两位为亲人上坟的女人悲凉凄惨的心境。

（2）反衬：利用与主要事物相反或相异的事物做陪衬。

　　② 爸爸变了棚中牛，

　　　　今日又变家中马。

　　　　笑跪床上四蹄爬，

　　　　乖乖儿，快来骑马马，

　　　　爸爸驮你打游击，

　　　　你说好耍不好耍？（流沙河《故园六咏·哄小儿》）

作者用孩子的天真嬉闹反衬父亲的不幸遭遇，更增添了人物的悲剧性。幼儿的无知无忧与成年人的饱经忧患形成鲜明反差，看似滑稽，实则寓意幽深。

2. 映衬的修辞效果

同是一盏灯，在太阳光下，感到光线微弱，在黑夜里，就显得特别明亮；同是一朵红花，在红花的海洋里，很不起眼，但在万绿丛中，就特别引人注目，这就是映衬的作用。通过烘托，使所阐述的思想、观点更深入，使所描绘的事物更鲜明突出。

3. 映衬和对比的区别

（1）映衬的主体和衬体有主次之分，衬体起铺垫陪衬作用。对比要显示对立的现象，用于对比的人和事，或一反一正，或并列等同，没有主次之分。

（2）映衬的目的是烘托和突出主要事物；对比的目的是采用比较对照的方法来揭示事物的本质，让好的显得更好，坏的则显得更坏，给人留下鲜明深刻的印象。

（三）衬跌

先用其他话语从反面作衬托，然后急速转折，说出正意，使前后造成强烈的反差，这种修辞方式叫做衬跌。衬跌的类型有两种。

（1）平行式衬跌：起衬托作用的句子或词语的关系是平行并列的。

①　想你是件快乐的事，见你是件开心的事，爱你是我永远要做的事，把你放在心上是我一直在做的事。不过，骗你，是刚发生的事！哈哈！　　　　　　　　（短信）

这条短信的衬句"想你……""见你……""爱你……""把你放在心上……"结构基本相同，内容平行并列。先给人一种"时刻想念你"的正面印象，使对方在心理上产生一种期待，接着急转直下，"骗你，是刚发生的事！"使对方恍然大悟，使短信的内容错落曲折。

（2）鱼贯式衬跌：起衬托作用的句子或词语的关系呈层递状态。

> ② 台风：12 级，大风：8 级，和风：4 级，轻风：2 级——耳边风：0 级。

用于衬托的词语按顺序排列自然界由大到小的风级，依次递降，给人造成一种心理上的惯性，然后迅速地说到"耳边风：0 级"。"耳边风"和自然界的风实质全异而又表面相连，有一种幽默的意味；同时读者可以根据常识联想：当不正之风盛行的时候，"耳旁风"因其轻柔隐秘，更容易风行肆虐，给社会生活带来危害。

衬跌的修辞效果主要是幽默，多用于相声、笑话、短信息等语体，用来制造笑料。其特点是欲擒故纵，跌宕起伏，使语言变得错落曲折，引人入胜；其内容往往出人意料，使人产生一种意外感、新奇感，从而发人深思，达到突出本意的目的。

（四）反语

故意使用与本意相反的词语或句子表达本意的辞格叫反语。也叫"说反话"。

> ① 我弟弟好调皮，每到外婆家，两只眼睛滴溜溜转，不一会儿就能找到东西吃。 （钟声《弟弟》）

例①是正话反说。"好调皮"表面上看是贬义词，但"我"心里是非常喜欢弟弟这机灵劲儿。对应当褒的人或物，故意说反话进行"贬"，大多是为了使语言委婉诙谐，幽默风趣。

> ②《谁说女子不如男》——中国女足打破男足输球纪录
> （《华商报》）

> ③ 在长期的奋斗中，我一向过着朴素的生活，从没有

奢侈过。经手的款项，总在四五百万元；但为革命筹集的金
钱，是一点一滴的用之于革命事业。这在国方的伟人们看
来，颇似奇迹，或认为夸张。　　　　（方志敏《清贫》）
例②是一篇文章的标题。在 2004 年雅典奥运会女子足球小组赛
中，中国女足以 0∶8 惨败于德国女足，作者借用豫剧《花木
兰》中的一句妇孺皆知的唱词，正话反说，表现了国人对比赛
结果的强烈不满和失望之情。例③是反话正说。"国方的伟人
们"指的是当时的反动统治者。这里明褒实贬，讽刺了他们贪
污盗窃，中饱私囊的丑恶行径，与作者的廉正清贫形成了鲜明的
对照。反话正说大多有揭露、批判、讽刺的作用。

五、语义突出类辞格

（一）夸张

夸张是出于表情达意的需要，对客观事物故意"言过其
实"，进行夸大或缩小的描述。

1. 夸张的类型

（1）扩大夸张：故意把事物的某种属性加以放大。

　　① 天无 3 日晴，地无 3 尺平。

　　② 我已经有 4 年没有吃过白面做的面食了——而我统
共才活了 25 年。它宛如外面飘落的雪花，一进我的嘴
就化了。

例①"天无 3 日晴，地无 3 尺平。"夸张地表现了晴天很少，地
面不平的气候和地理特点。例②的"它宛如外面飘落的雪花，
一进我的嘴就化了"突出地表现了对吃白面面食的向往。

（2）缩小夸张：故意把事物的某种属性加以缩小。

　　③ 袁天成说："不行！满喜你也请回去歇歇吧！活儿我

不做了！三颗粮食，收不收有什么关系？"

·　·　·　·

（赵树理《三里湾》）

例③的"三颗粮食"夸张地说粮食之少。

（3）超前夸张：在两件事中，故意把后出现的事说成是先出现的，或是同时出现的，从时间上进行夸张。

> ④人们啊，往往如此，有时在一起工作几十年，却依然形同陌路；有时，才碰头，就好像几辈子之前就相知了。

（黄宗英《大雁情》）

例④的"才碰头，就好像几辈子之前就相知了"，故意把后发生的"相知"说成是在"碰头"之前，而且是"几辈子之前"，充分表现了一见如故的感受。

从夸张的表现形式上分，可以分为直接夸张和间接夸张。不借助其他修辞格的夸张称为直接夸张，如例①；综合运用其他辞格进行夸张的称为间接夸张，如例②是将夸张和比喻结合运用的。

利用夸张刻画人物，描写景物，能增加语言的形象性、感染力，突出情感，启发联想，引人入胜。

2. 夸张的运用

（1）夸张要建立在客观现实的基础上，给人以真实感。鲁迅说过："'燕山雪花大如席'，是夸张，但燕山究竟有雪花，就含着一点诚实在里面，使我们立刻知道燕山原来有这么冷。如果说'广州雪花大如席'，那可就变成笑话了。"可见夸张不是无中生有，信口开河，也不是违背生活逻辑，漫无边际地夸大其词，否则，就会失去真实感。比如形容心情激动，说"我的心快跳出胸膛了"，效果很突出；但若说"我的心跳出了胸膛"便不可信。

（2）运用夸张要明确，不能又像夸张又像写实。李白的诗句"白发三千丈"，"黄河之水天上来"，夸张很显豁。若用夸张来形容力气大，说"他力气大，简直能挑得起三五百斤"，夸张不明显，便可能被误会为事实如此，因为真有人挑得起三五百斤重的东西。

（3）运用夸张要注意语体。夸张多用于文艺语体和政论语体，而在科学论文、新闻报道、调查报告、总结、汇报中一般不用。

（二）设问

无疑而问，自问自答，引导读者注意和思考，这种辞格叫设问。设问的一个重要特点就是"明知故问"，先给对方一个悬念，然后再作回答，从而引起对方注意，去思索体会。

设问可分为 3 种类型：

（1）单次设问：先提出一个问题，然后紧接着回答。答案可以是一问一答，也可以是一问数答。

　①我们大家辛辛苦苦为的是什么？就为的一个心愿：要把死的变成活的，把臭的变成香的，把丑的变成美的，把痛苦变成欢乐，把生活变成座大花园。　（杨朔《京城漫记》）

（2）连续设问：接二连三地提出问题，回答问题。可以是数问一答，也可以是数问数答。

　②我走着，一面想，几乎怕敢想到我自己。以前的事姑且搁起。这一大把铜元又是什么意思？奖他么？我还能裁判车夫么？我不能回答自己。　（鲁迅《一件小事》）

（3）不答式设问：提出的问题不需回答，设问的目的只是为了强调和提示，以引起注意和联想。

　③人类失去联想，世界将会怎样？　（联想电脑广告）

设问的修辞效果是提醒注意，引导思考，从而突出作者的思想或文章的主题；也可以使诗文波澜起伏，避免单调。

（三）反问

反问是一种用疑问形式表达确定的思想内容的修辞方式。反问也是无疑而问，明知故问，但无须回答，将确定的意思包含在问句里。

> ① 也有的时候，一加一只等于一。有句俗话：一个和尚挑水吃，两个和尚抬水吃。在这种情况下，和尚多了一个，事情却没有多做，不是还等于一吗？
>
> （郭宛《一加一的学问》）
>
> ② 所谓修心养道，成神成仙，都是骗人的鬼话，谁愿相信他？

例①巧妙地设置反问，"一加一只等于一"的结论与"不是还等于一吗"的反问，前后呼应，加强了论辩的严密性和深刻性。这种用否定的字面形式表示肯定内容的称为肯定式反问。例②是借反问形式表达"谁都不相信他"的意思。用肯定形式表示否定内容的为否定式反问。

为了增强表达效果，有时可以综合运用肯定式反问和否定式反问。

> ③ 郑茗冷冷地说："难道刘先生是受他人指挥的小卒子，不是公司堂堂的副总经理吗？"　（张冲《山城奇梦》）

例③中的否定式反问和肯定式反问一反一正驳斥了对刘先生的错误看法，义正辞严地说明了他的地位与身份。比单纯使用一种反问语气更强烈，语言铿锵有力，不容置疑。

反问的连用形式，表达的思想内容更深厚，语气更强烈。

> ④ 有人问过我，人生最重要的是什么？脱口而出的回

答是——智能。后来想了想，觉得不太周全，难道除了智能
之外，快乐不重要吗？真诚不重要吗？金钱不重要吗？自由
不重要吗？勇气呢？健康呢？家庭呢？友谊和了解呢？难道
这些都不重要？　　　　　　　　　　　（三毛《谈心》）

例④先用设问"人生最重要的是什么？"自问自答后，又以反问
形式提出多项答案，说明了生活的丰富，表达了热爱生活的思想
感情。

　　反问的运用，能够加重句子的语气，表达强烈的褒贬色彩，
传达热烈的感情，尤其能够加强语言的战斗力。

　　设问和反问都是无疑而问，但有明显的区别。设问一般不表
示肯定什么或者否定什么；反问则明确表示肯定什么或否定什
么。设问一般是为了引起读者的注意和思考，以便于叙述或论
证；反问一般是为了加重语气，并以理所当然、不容置疑的口气
来表达思想。

　　（四）层递

　　层递是为了表达事物间的层次关系，把 3 个或 3 个以上的
事物按照性状的大小、轻重、长短、难易等差别，或逐层递
升，或逐层递减地排列在一起。层递可以分为递升和递降两个
类型。

　　（1）递升：在内容上是按由轻到重，由浅到深，由小到大，
由少到多等次序排列的。例如：

　　　① 革命战士的一生，是用一分钟一分钟的革命生活积
　　成的。分积成时，积成日，积成月，积成年。时间就是生
　　命，时间就是知识和力量，时间就是胜利和成功。

　　　　　　　　　　　　　　　（王愿坚《珍爱每一分钟》）

例①中有两组递升式层递，前一组写时间积少成多的过程；后

一组写时间的价值，由轻到重，由抽象到具体，逐步深入，明晰而深刻地说明了珍爱时间的意义。

（2）递降：是按由重到轻，由深到浅，由大到小，由多到少等次序排列的。

　　② 我知道地球在宇宙中的位置，

　　　中国在地球上的位置，

　　　我在中国的位置。（邵燕祥《中国怎样面对挑战》）

此例是递降式层递，从宇宙直到"我"个人，表意的范围越来越小，但表达的内容越来越集中具体。

层递这种环环相扣，层层深入的修辞方式有利于突出语意，强化感情，增强语言的感染力。由于层递的语句往往结构相似，因此语气贯通，语势强劲，语言的节奏感强。

层递和排比不同。在内容上，排比的各项是平列关系，层递的各项是等级关系。在形式上，排比要求结构相同或相似，层递的结构可以是不同的。

（五）反复

为了强调某个意思，突出某种感情，有意识地使某些词语、句子甚至段落一再重复出现，这种辞格叫反复。

1. 反复的类型

（1）连续反复：连续出现相同的词语、句子甚至段落，中间没有其他词语、句子间隔。

　　① 盼望着，盼望着，东风来了，春天的脚步近了。一切都像刚睡醒的样子，欣欣然张开了眼。（朱自清《春》）

此例是词语的连续反复，"盼望着，盼望着"，表现了作者对春天的期盼之情，与后面拟人化的"春天的脚步"搭配得十分贴切。

（2）间隔反复：相同的词语、句子甚至段落间隔出现，中间插入其他词语、句子甚至段落。

②他皱紧眉头，然后微微地张开口加重语气地自语道："我是青年。"他又愤愤地说："我是青年!"过后他又怀疑似的慢声说："我是青年!"又领悟似地说："我是青年。"最后用坚决的声音说："我是青年，不错，我是青年!"他一把抓住觉民的右手，注视着哥哥的脸。

（巴金《家》）

文中"我是青年"5次出现，生动地描绘了主人公复杂的内心世界。当觉慧目睹了封建礼教造成的幕幕惨剧后，便逐步觉悟到自己应当奋身投入埋葬封建礼教的斗争中去。最后一句"我是青年"，表白他要毅然担负起青年责任的决心。

反复可以突出思想，强调感情；可以分清层次，贯通脉络；可以增强语句的节奏感和旋律美。

2. 反复与简练、重复的关系

我们强调反复的修辞作用，似乎和文章要简练有矛盾，其实，这二者相辅相成，是对立的统一。简练的目的是要清除芜杂，突出本质，使文章更加鲜明；反复的目的是为了强调紧要的内容，表达强烈的情感，渲染浓厚的气氛。所以从表达目的来说，二者是一致的。

反复和重复的形式相同，但作用不同。反复是为了提高语言的表达效果而采取的一种修辞方式，有积极的表达作用；重复是语言中多次出现多余的、不必要的成分。重复使人感到罗嗦累赘，是一种语病，应该避免。

六、委婉表达类辞格

（一）婉曲

故意不把本来的意思直截了当地说出来，而是运用婉转曲折、含蓄暗示的话语来表达，这种修辞方式叫婉曲。婉曲可分为两种类型：

（1）婉言：不直接说出本意，故意换一种委婉含蓄的说法。

① 邵燕祥的诗作的路子很开阔，他无疑是一位有才能的、积蓄着无限的心力的诗人。可惜，他并不情愿地停止了他的歌唱，一眨眼就是整整20年的迫不得已的沉默。中国诗人的命运多艰，这是令人感慨的。

（谢冕《和新中国一起歌唱》）

② 尤氏道："你冷眼瞧媳妇是怎么样？"凤姐儿低了半日头，说道："这实在没有法儿了。你也该将一应的后事用的东西给她料理料理，冲一冲也好。"尤氏道："我也叫人暗暗地预备了。就是那件东西不得好木头，暂且慢慢地办罢。"

（曹雪芹《红楼梦》）

例①中"他并不情愿地停止了他的歌唱""迫不得已的沉默"这些话暗示了邵燕祥曾被错划右派而受到不公正的待遇。对于这样敏感的问题以婉言来表达，可以避免许多不愉快的回忆和刺激。例②中用含蓄委婉的词语"后事""那件东西"表示不愿提及的"丧事"和"棺材"，从而避免了对交际者精神和情感的刺激，也使对方容易接受。这种修辞方式也称为"讳饰"。

（2）暗示：不直接说出本意，而是通过描述与本意相关或相类的事物来烘托、暗示本意。

③ 代表主任和她说的话，只有路旁的嫩草，渠里的流

水和稻地里复种的青稞知道，它们不会说话。

（柳青《创业史》）

④我们不怕死，我们有牺牲的精神！我们随时像李先生一样，前脚跨出大门，后脚就不准备再跨进大门！

（闻一多《最后一次讲演》）

例③中作者通过"只有路旁的嫩草，渠里的流水和稻地里复种的青稞知道，它们不会说话"等话语告诉读者，代表主任与她的谈话是多么的机密，这些话除了二人以外，无人知晓。例④用"前脚跨出大门，后脚就不准备再跨进大门"来暗示不怕牺牲、斗争到底的决心。这种曲折委婉的写法，使作品生动别致，蕴含丰富。

婉言平和委婉，避免刺激，使人乐于接受；暗示含蓄曲折，意味深长，引人联想和回味。

（二）双关

双关是在特定的语言环境中，借助语音或语义的联系，有意使语句同时具有双重意思，言在此而意在彼。双关中字面的意思是次要的，本意是隐藏在内里的那层意思。双关可分为两种类型：

（1）谐音双关：利用音同、音近的条件使词语具有两种不同的意思。

① 周恩来深谋远虑，费尽心思。在他的精心安排下，各民主党派的主要领袖或社会贤达、知名人士差不多都安排进了政务院及其下属机构……许多民主人士对此十分感动，称赞道："周总理不愧为'周'总理啊！"

（南山《周恩来筹建新中国首届内阁纪实》）

"'周'总理"，表面指周总理的姓，在这里实际指的是"周到"。

（2）语义双关：利用词语或句子的多义性构成的双关。例如：

　　② 周繁漪：好，你去吧！小心，现在，（望窗外，自语，暗示着恶劣征兆地）风暴就要起来了！　　（曹禺《雷雨》）

　　③ 谁能惩治腐败？　　　　　　　　　　（新飞冰箱广告）

例②表面上指的是自然界的风暴，实际上指的是即将面临激烈冲突和斗争。例③将"惩治腐败"这一政治术语用于商品宣传，正好与冰箱的基本功能联系起来，一语双关，给人以深刻的印象。

双关可以使语言表现得幽默风趣，含蓄婉转，增加语言的生动性和感染力。

（三）象征

象征是借助事物间的联系，用某种具体的事物暗示特定的事理，以表达真挚感情或深刻寓意。

　　① 那赤色，象征着热情的火焰，炽热暖人；那碧绿，象征着青春的芳草，生机勃勃；那湛蓝，象征着思想的大海，悠远深沉；那枯黄，象征着和平的玫瑰，幸福温馨。

　　　　　　　　　　　　　　　　　　　　（李刚《彩虹》）

例中赤色与炽热暖人、碧绿与生机勃勃、湛蓝与悠远深沉、枯黄与幸福温馨之间并没有必然的客观联系，但在长期的语言交际中，却几乎形成了一种约定俗成的凝固关系，人们根据这种关系理解客观物体的象征意义。这种象征寓意直白明晰。

有的象征是一种暗示式的联想描写，文中只出现有象征意义的事物，象征意义比较含蓄。

　　② ——暴风雨！暴风雨就要来啦！

这是勇敢的海燕，在闪电之间，在怒吼的大海上高傲地飞翔。

这是胜利的预言家在叫喊：

——让暴风雨来得更猛烈些吧！　　（高尔基《海燕》）

例②用"海燕"象征英勇无畏的无产阶级革命先驱者；"暴风雨"象征迅猛异常的革命形势；用"怒吼的大海"象征革命群众的力量。

象征事物所蕴含的象征意义与民族文化传统有密切的关系，同一事物在不同民族中会有不同的象征意义。如"龙"在汉语中象征着帝王、皇权，但在西方文化中就没有这样的象征义。松柏象征坚韧不屈的精神，梅花象征不畏强暴的品质，火炬象征光明，绿色象征生命，红色象征革命，这都是符合中华民族传统习惯的。

象征通过丰富的联想，用具体生动的形象表现抽象、深奥的事理，寓意深刻，耐人寻味，也使语言简练、形象，增强了语言的感染力。

象征和暗示有共同之处，都是借助事物间的联系，通过联想委婉曲折地表达本意。但暗示所指的范围比较宽，凡是以乙示甲的说法都可以称作暗示；象征所指的范围窄一些，一般只指用具体的东西表示的抽象意义，某种事物与特定意义的象征关系是比较固定的。

七、追求变化类辞格

（一）仿拟

依照现成的词语或格式，临时仿造出类似的词语或格式叫仿拟。

1. 仿拟的类型

（1）仿词：按照现成词的结构，更换其中的某个语素，临时仿造出新词。

　　① 作诗的人，叫"诗人"；说作诗的话，叫"诗话"。李有才作出来的歌，不是"诗"，明明叫做"快板"，因此，不能算"诗人"，只能算"板人"，这本小说既然是说作快板的话，所以叫做《李有才板话》。

　　② 我跟我爸爸非常像，又非常不像；非常像的是外貌，非常不像的是"内貌"。　　　　　（夏雨田《无限青春》）

例①依照现成的"诗人""诗话"临时仿造出"板人""板话"。例②依照"外貌"仿造出一个"内貌"。

（2）仿语：按照现成的短语临时仿造出一个新短语。

　　③ 挑战主持人——口力劳动的舞台

　　　　　　　（中央电视台"挑战主持人"栏目广告）

　　④ 龙树古的父母，是一对只赌金钱不斗志气"黑头到老"的夫妻。他们无限惭愧地躺在棺材里，不曾践履人们当他们结婚的时候所给的吉祥话——"白头偕老"。

　　　　　　　　　　　　　（老舍《老张的哲学》）

　　⑤ 骑乐无穷　　　　　　　（摩托车广告）

例③"口力劳动"是根据"脑力劳动""体力劳动"这样的短语仿造的，语言简洁而新颖。例④根据"白头偕老"仿造出"黑头到老"，语含讥讽，读来轻松风趣却又含着深意。例⑤"骑"与"其"同音，根据"其乐无穷"仿造出"骑乐无穷"，巧妙地宣传了商品。

（3）仿句：摹拟现成的句子格式仿造出新句子。

　　⑥ 结果是参加批斗的青年学生群情激昂，真话与假话

并举，吐沫与骂声齐飞，空气中溢满了火药味。

（季羡林《牛棚杂忆》）

此例根据唐代诗人王勃《滕王阁序》中的"落霞与孤鹜齐飞，秋水共长天一色"，仿造出"真话与假话并举，吐沫与骂声齐飞"，真切地描述了当时不明真相的青年学生对"老人"进行"批斗"的场面，讽刺了那个特殊年代的不正常现象。

（4）仿篇：摹拟前人成篇的诗文，赋予新的内容，仿拟出新的篇章。

> ⑦ 床前麦当劳，地下肯德基。举头望汉堡，低头看奶酪。 　　　　　　　　　　　　　　（短信息）

这是摹拟李白《静夜思》的结构仿拟的打油诗，描写一些年轻人对西餐的痴迷。

2. 仿拟的修辞效果

（1）语言新鲜活泼，风趣幽默。

> ⑧ 现在流行"小男人"，对爱情很投入，对爱人特别宠。

"小男人"是"小女人"的仿造。一般把温柔多情、小鸟依人型的女人称为"小女人"。这句话很巧妙地仿造出一个"小男人"，语言活泼风趣。

（2）推陈出新，相映成趣。仿拟是在现成的词语、句子或篇章的基础上进行仿造，形式上保持着与原有形式近似的特点，内容上又赋予新意，即旧瓶装新酒，但因为有原形式的参照，虽然是新内容，却没有陌生之感，新旧形式相映成趣。

（二）拆字

拆字也叫"析字"，是运用离合字形，增减字形，借用字形或者离合字义等方式，来表达思想感情的一种修辞方式。

1. 拆字的类型

（1）析形：对字的结构进行增损离合。

　　① 此木为柴山山出，因火成烟夕夕多。

这是一副对联，上联"此"和"木"合为"柴"；"山"和"山"重叠为"出"。下联"因"和"火"相并为"烟"；"夕"和"夕"相叠为"多"。运用离合字形的方法，先分后合，字形相连，意义相关，对仗工稳，很有趣味。

（2）析音：对构成汉字的音节进行分析。

　　② 多九公道："……才女才说学士大夫论及反切尚且目瞪无语，何况我们不过略知皮毛，岂敢乱谈，贻笑大方！"紫衣女子听了，望着红衣女子轻轻笑道："若以本题而论，岂非'吴郡大老倚闾满盈'么？"红衣女子点头笑了一笑。

　　　　　　　　　　　　　　　　（李汝珍《镜花缘》）

例②用反切法将"问道于盲"用"吴郡大老倚闾满盈"8个字曲折地表达出来，进行幽默的讽刺。

（3）析意：有的汉字析形后，偏旁独立成字，分析并解释其义，来表达特殊的思想感情。

　　③ 你一个人孤身奋斗，当然只会碰钉子。可是当你投身到集体的斗争中，当你把个人的命运和广大群众的命运联结在一起的时候，那么，你，你就再也不是小林，而是——而是巨大的森林啦。　　　　（杨沫《青春之歌》）

例③"小林"是林道静。利用"小林"的"林"和"森林"的"林"同形又同音的关系，把"小林"和"森林"联系起来，说明个人孤身奋斗不如集体力量大的道理。这是通过牵连的手段，演变字义的析字手法。

2. 拆字的修辞效果

（1）使语言形象，趣味性强。如台湾一则保护森林的公益广告由 4 幅画组成，第一幅画是个"森"字，第二幅画是个"林"字，第三幅画是个"木"字，第四幅画把"木"字的撇、捺去掉，成了"十"字架。这则广告用析字法，巧妙地把"森"字一路拆下去，形象地告诉人们，如果一天天地毁坏森林，最后只能落个自掘坟墓的下场。这则公益广告利用析字法，形象可感，趣味性强，具有强大的震撼力。

（2）使语言含蓄，寓意深刻。将表达的深刻含义隐藏在对汉字形体的拆分之中，将不便直说的意思通过拆字表达出来，含蓄深刻，耐人寻味。

（三）释词

对词语在具体语境中的含义，加以临时的引申、发挥或作形象化的说明，赋予词语特殊的含义，这种修辞方式叫释词。

① 爱情是什么？爱情是一种不能用公式去分析、不能用逻辑去推理、也不能用定义去解释的执着而忘我的情感。

（陈祖芬《当代青年》）

② 那些人们批评他的为人，是：浅。不错，半农确是浅。但他的浅，却如一条小溪，澄澈见底，纵有多少沉渣和腐草，也不掩其大体的清。倘使装的是烂泥，一时就看不出它的深浅来了。如果是烂泥的深渊呢，那就更不如浅一点的好。

（鲁迅《忆刘半农君》）

例①以下定义的方式对爱情作出了独特的理解，饱含着人生的哲理，洋溢着作者真挚的情感及其对人生的理解。例②抓住一个"浅"字，进行衍释，将人们认为"肤浅""浅陋"的"浅"，在特定的语境中解释为"深浅"的"浅"，赞美了刘半农真诚、坦率、质朴的品德。

　　③古代的雅士们对蟋蟀却另有一种看法，他们的脑袋想问题会转弯子，从蟋蟀的叫声中，另外取名为"促织"，这是在对乡村妇女讲话。意思说：勤一点织布吧，连昆虫也在"促织""促织"地叫了呢！这和把"布谷鸟"的叫声演绎为"布谷、布谷，春天不播，秋天不熟"，有异曲同工之妙。　　　　　　　　　　　　　　（夏炎冰《蟋蟀》）

　　④好哇！国家，国家，国即是家！你娶了苏小姐，这体面差使可不就是你的么？　　　　（钱钟书《围城》）
例③通过对蟋蟀名称的解释，赞美古代劳动人民勤劳耕织的生活观念。例④故意将"国家"解释为"国即是家"，深刻地讽刺了一批专发国难财的贪官污吏的可耻行径。

　　释词的修辞效果主要表现于以下方面：

　　（1）表现人的主观感情和理念，含义精警，情味盎然。

　　⑤什么是路？就是从没有路的地方践踏出来的，从只有荆棘的地方开辟出来的。　　　　（鲁迅《生命的路》）
鲁迅先生对"路"的解释表现出他对人生的态度。此处的"路"比喻人生的无形之路，体现了直面人生，披荆斩棘的精神。

　　（2）通过联想揭示人或事物之间的联系，突出强调其个性或特征。

　　⑥"芹菜——勤菜！"多么淳厚的乡情，多么深邃的寄意呀！　　　　　　　　　　　　　　（雨纯《情怀》）
"芹"与"勤"在意义上本无联系，但作者巧妙地利用谐音关系将它们联系在一起，由"芹菜"联想到"勤菜"，赋予"芹菜"以"勤劳、质朴"的美德，突出作者浓郁醇厚的乡情。

　　（3）故作牵强附会，使语言诙谐风趣。

⑦ 话说第一道菜是粉丝煮鸡汤，他喝了一口问我："咦，什么东西？中国细雨吗？"……我用筷子挑起一根粉丝，"这个啊，叫做'雨'……是春天的第一场雨，下在高山上，被一根一根冻住了，山胞扎好了背到山下来一束一束卖了换米酒喝，不容易买到哦！"（三毛《沙漠中的饭店》）

将"粉丝"解释为"春雨"，实属牵强附会，然而这种幽默诙谐的释词，却展示了三毛与众不同、浪漫不羁的个性，故而合情合理。风趣的释词，给语言增添了许多动人的情趣。

（四）镶嵌

把词拆开插进别的字词，或者把特定的词句有规则地暗嵌在别的语句中的修辞方法叫镶嵌。

① 他相信波拿伯只是一个平者常也的法国人。

（郭沫若译《战争与和平》）

② 苦旱唤《雷雨》，《日出》怜梦沉。寄情《蜕变》日，常忆《北京人》。　　　　（光未然《赠曹禺》）

③一副奴才相，两手往下垂，三角眼闪亮，四棱脸堆媚，五官不端正，六神透阴气，七寸长脖子，八两小脑袋，九根黄胡子，十分不像人。

——描写汉奸的十字诗（《华商报》）

例①在"平常"一词中镶入"者""也"两个虚词，使语气舒缓，引人注意。例②很巧妙地把曹禺的《雷雨》《日出》《蜕变》《北京人》镶嵌入诗，语意丰富，妙趣横生。例③巧妙地把数词从"一"到"十"嵌入诗中，形象地描写了汉奸的丑态。

镶嵌主要有如下修辞效果：

（1）表意曲折含蓄。通过镶嵌的方式将一些重要的词语暗含其中，含蓄曲折地表达语意。

　　④ 天高地厚千年业/源远流长万载基/酱佐盐海调鼎鼐/
园临长安胜蓬莱。　　　　　　　　　（北京天源酱园广告）

　　⑤ 悲哉秋之为气；惨矣瑾其可怀。

　　　　　　　　　　　　　　　（李国桢《古今对联集锦》）

例④广告诗嵌进每句的第一个字，合起来就是"天源酱园"4个
字，含蓄巧妙地宣传了自己的品牌。例⑤在挽联中镶嵌"悲惨
秋瑾"4字，将对秋瑾烈士的沉痛悼念之情深沉含蓄地表达
出来。

　　（2）使语言富于变化。一些普通的词语，经过镶嵌而重新
组合，使格式发生变化，产生一种新鲜别致的表达效果。

　　⑥ 刘医生说，当初这些"见不得人的事"都是双方在
你情我愿的情况下进行的，他担心即使他把当初的"红包"
退还给对方，对方还是会无休止地要挟、敲诈他。

　　　　　　　　　　　　　　　　　　（《华商报》）

上例将"你我情愿"交错拼合为"你情我愿"，新奇别致，使语
言富于变化。

　　（五）摹状

　　运用语言手段，把人或事物的声音、情状或形态、色彩摹写
出来的修辞方式叫摹状。

　　1. 摹状的类型

　　（1）摹形：就是用词语把人或事物所呈现的情态描摹出来。

　　　　① 落光了叶子的柳树上挂满了毛茸茸亮晶晶的银条儿；
而那些冬夏常青的松树和柏树上，则挂满了蓬松松沉甸甸的
雪球儿。　　　　　　　　　　　　　（峻青《第一场雪》）

"毛茸茸"和"蓬松松"分别描绘了银条儿和雪球儿的形状，准
确地描写出了其形的柔美多姿。

（2）摹色：就是用形容色彩的词语把人或事物所呈现的颜色描摹出来。

　　② 大家都注视着陈伊玲：嫩绿色的绒线上衣，咖啡色的西裤，宛如春天早晨一株亭亭玉立的小树。在众目睽睽下，这个本来从容自若的姑娘也不禁有点困惑了。

（何为《第二次考试》）

作者用"嫩绿色""咖啡色"描绘了陈伊玲的服装颜色，同时摹形"宛如春天早晨一株亭亭玉立的小树"，使人物栩栩如生。

（3）摹声：用象声词把物体或人、动物发出的声音形象地记录下来。

　　③ 起先曲调很简陋，很单调，除了"瞿——瞿——"还是"瞿——瞿——"，接下来就不一样了，有的"即格，即格"，有的"即即零，即即零"，有的"喳喳喳喳喳喳喳"，有的"格呖呖，格呖呖"。有的低吟浅唱，有的纵情高歌，有的，像唱着调皮的谐谑曲。真是旋律各异，流派纷呈。

（刘成章《虫声如潮》）

上例用象声词将秋虫的叫声形象地摹拟出来，给人如闻其声的感觉。

2. 摹状的修辞效果

摹状可以渲染气氛，刻画形象，使人如见其形，如观其色，如闻其声，如临其境。

　　④ 这孩子长得可真俊。圆鼓鼓红扑扑的脸儿，黑眉毛高鼻梁配上一个红嘴唇儿，一只双眼皮大眼睛滴溜溜水汪汪的。可惜，另一只眼却歪斜着。　（谌容《人到中年》）

这段话描摹了女孩子的俊俏可爱和那一只需要做手术的眼睛，暗示女主人公陆文婷大夫的责任感。通过摹状手法，把人物的形态描写与情感描写融为一体，使语言形象生动，收到了良好的表达效果。

八、体现幽默类辞格

（一）易色

易色是根据表达的需要，故意改变词语感情色彩的修辞方式。有褒词贬用和贬词褒用两种类型。

（1）褒词贬用：为了表达的需要，故意将褒义词当作贬义词运用，使所用的词带上贬责、嘲笑、讽刺、幽默的感情色彩。

① 郝药斗的吵架是出了名的，量多质优，小吵天天有，大吵三六九，一天不吵就难受。他吵起架来，态度认真，充满情感，手舞足蹈，声情并茂。

（沙叶新《前面是十字路口！》）

"态度认真""充满情感""手舞足蹈""声情并茂"是褒词贬用，以幽默的笔调描述了郝药斗吵架时的丑态，形神兼备，令人捧腹，包含讽刺、嘲笑的感情色彩。

（2）贬词褒用：把贬义词当作褒义词运用，使易色后的词语带上肯定、赞扬、幽默、风趣的感情色彩。

② 高建民的妻子不敢再像过去那样"放纵"丈夫了，她强迫他躺下休息，不准他乱跑。 （霍达《国殇》）

"放纵"本来是贬义词，这里用来表示妻子对丈夫的爱护，将贬义词褒用。

易色可以增强语言的表现力，使语言具有强烈的讽刺性，可以用来揭露批判落后、错误的东西，也可用于善意的嘲笑；可使行文生动活泼，幽默风趣。

易色和反语有联系又有区别。二者都是改变词语的褒贬色彩，但易色是词语活用，是故意把词语用在同它的色彩不协调的场合，它的意思不需要从反面理解；反语是说反话，是在特殊的语言环境里赋予词语相反的意义。如："我用儿童的狡猾的眼光察觉，她爱我们，并没有存心要打的意思"。"狡猾"本是贬义词，指"诡计多端，不可信任"，这里用来表现儿童天真可爱的童心，是指"调皮、机灵"的意思，所以是易色而不是反语。另外，易色仅限于词的色彩的变易，反语不受此限制。

（二）飞白

明知对方说错或写错，却故意将错就错，如实记录援用的修辞方式叫飞白。

1. 飞白的类型

（1）语音飞白：如实纪录各类不准确的语音，如声调不准、吐音含混、念白字、读方音等构成的飞白。

①"这是华达呢。"另一个人说。

"这叫哗啦呢，"老孙头说："穿着上山赶套子，碰到树杈，哗啦一声撕破了，不叫哗啦呢叫啥？"

（周立波《暴风骤雨》）

"华达呢"本来是音译词，不能照字面去理解，老孙头却以为是汉语中的拟声词。作者有意写出来，借以刻画老孙头不懂装懂、自以为是的个性。

（2）字形飞白：记录或援用说写者的错别字所构成的飞白。

②点完名，马中作了总结："名字起得都不错。"然后才开讲，在黑板上写下3个字："黔之驴。"这时"耗子"逞能，自恃文学功底好，想露一鼻子，大声念道："今之驴"。下边一阵哄笑。

（刘震云《塔铺》）

错将"黔"读为"今",结果弄巧成拙。飞白的运用既活灵活现地刻画了人物,也增加了语言的趣味性。

(3) 语义飞白:由语义的误解构成的飞白。如"秋波就是秋天的菠菜"(小品《昨天·今天·明天》)"猫步就是猫在散步"(小品《红高粱模特队》)等。

(4) 句子飞白:记录和援用说写者不符合语法规范的句子(其中还包括口吃与口头禅)构成的飞白。

> ③ 扁鼻子军官压着肚子里的火气,用手轻轻拍着雨来的肩膀,说:"死了死了的没有,我的不叫,我大大的喜欢小孩,你看见的没有?说呀!" (管桦《小英雄雨来》)

日本军官说的汉语,无论是语序还是词语的运用,都不符合汉语的语法规则,听起来很别扭。作者将这种半通不通的汉语照原样记录下来,刻画出了日本军官的丑态。

2. 飞白的修辞效果

(1) 能鲜明地刻画人物性格,增强语言的真实感。

> ④ 家长:王老师,您找我有事吗?
>
> 老师:是的,您的孩子上课时不用心听讲,结果考试时,连什么是"声母""韵母"都不知道。
>
> 家长:(对孩子)你呀,怎么搞的?妈妈就是你的"生母",爸爸管你姥姥叫"岳母"时,你耳朵聋啦!
>
> (《儿童笑话集锦》)

将"声母"误认为"生母",将"韵母"错解成"岳母",还理直气壮地训斥孩子,表现出家长没有文化又自以为是的特点,让人啼笑皆非。

(2) 能产生幽默风趣或讽刺戏谑的效果。例如赵本山的小品《昨天·今天·明天》,本来用的是词的引申义,即"过去、现在、将来”，但大叔说“昨天在家准备了一宿，今天来了，明天回去，谢谢!”，小品通过飞白真实地表现了人物的身份和特点，使小品产生幽默、诙谐的喜剧效果。

（三）歇后

歇后是一种运用歇后语使语言变得生动具体、幽默风趣的修辞方式。

1. 歇后的类型

（1）喻意歇后：是利用后面的释义去说明、强调前面的比喻或事物的修辞方式。

> ① 徐老蔫："完了，你让我玩鱼塘行，让我说语言好有一比……虾蟆蛉子去南极——根本找不着北；脑血栓练下岔——根本劈不开腿；大马猴穿旗袍——根本看不出美；你让潘长江去吻郑海霞——根本就够不着嘴。"

（小品《拜年》）

这个例子连用喻意歇后语，新颖、独特、风趣，表现出鲜明的喜剧色彩。多个歇后语结构整齐，韵脚和谐，说起来琅琅上口。

（2）谐音歇后：后面的释义部分利用与前面相关词语的同音关系，引申出另一个所需要的意义来。实际上是谐音双关在歇后语中的具体运用。

> ②"绱鞋不用锥子，针（真）好；狗赶鸭子，呱呱叫。比我强100倍。抗战胜利了，你可以当个教写字的先生。"
> 贾正开着玩笑地夸赞了一番。　　　　（冯志《敌后武工队》）

利用谐音关系，表面上说"针好"，实际上是说"真好"，表面说鸭子的叫声是"呱呱叫"，实际是说"非常好"。谐音歇后一语双关，通俗易懂，形象生动，具有浓郁的生活气息。

2. 歇后的修辞效果

（1）风趣幽默，增加语言的喜剧效果。歇后的形式像猜谜一样，能够引起人们的兴趣，因此，使用歇后辞格可以使语言饶有趣味，产生幽默滑稽的喜剧效果。

（2）形象生动，给人留下深刻的印象。歇后语往往用形象的比喻，寥寥数语就使事物形神兼备。

　　③ 丁洪海见娘来了，顿时像三月里扇扇子——满面春风；阮小丽见家里添了个"老佣人"，也像睡觉拾到个枕头，喜从天降。 （姚自豪《超级电视迷》）

两个歇后语，形象地揭示出夫妻二人见到老人时的不同心情，给人留下深刻的印象。

运用歇后语应注意其感情色彩和语体色彩，在庄重、严肃的场合不宜运用歇后语。

（四）降用

根据表达的需要，偶尔把一些分量重的词语"降级"作一般词语用，这种修辞方式叫降用。

　　① 拿洗脸作比方，我们每天都要洗脸，许多人并且不止洗一次，洗完之后还要拿镜子照一照，要调查研究一番，（大笑）生怕有什么不妥当的地方。

　　　　　　　　　　　　　　　　　（毛泽东《反对党八股》）

　　② 小伙子，专诚进餐，无暇他顾。你瞧！他一手提火烧，另手握油条，左右开弓，双管齐下，同时向嘴里输送给养。 （李英儒《女游击队长》）

　　③ 看样子还得我这个当妹妹的插手，出面干涉他们的"内政"了。 （关庚寅《"不称心"的姐夫》）

例①"调查研究"是书面用词，常用于工作、学习等，这里降级用于洗脸，用于说明作文、演说之前要多作调查研究的道理。例②用"输送""给养"两个用于军队的很有分量的词来形容往嘴里送食品的小事。例③"内政"原指"国家内部的政治事务"，这里指家庭中的事情。

降用具有风趣诙谐和讽刺嘲弄的修辞效果。

④ 甲：第一，是我有了孩子；第二，是我当了爸爸；第三，是我已经接受了爸爸这个官衔。

乙：好啊，那你就宣誓就职，赶快发表谈话吧！

（《侯宝林相声选·给你道喜》）

⑤ 这事也许是中国自有外交或订商约以来唯一的胜利。

（钱钟书《围城》）

例④的"接受官衔""宣誓就职"都是以大写小，化庄为谐的降用辞格，充满了幽默风趣。例⑤写方鸿渐从爱尔兰人那里拿到博士文凭后，非但没有付剩余的钱款，反而写信把对方痛斥了一番。作者将这件事夸张为中国外交上的一次胜利，将意义很重的词语用在区区琐事上，从而产生了讽刺嘲弄的艺术效果。

（五）转类

转类是根据表达的需要，凭借上下文的条件临时转变词性的修辞方式。

① 其实我平时没有这么绅士。 （池莉《绿水长流》）

② 在他内心的深处，他似乎很怕变成张大哥第二，——科员了一辈子，自己受了冤屈也不敢豪横。

（老舍《离婚》）

③ 我到此快要一个月了，懒在一所三层楼上，对于各处都不大写信。 （鲁迅《厦门通讯》）

④ 俄罗斯，苍白了昔日的荣光。

例①的"绅士"是名词,受"这么"的修饰,临时当形容词用。例②"科员"是名词,临时作动词用。例③"懒"是形容词,临时作动词用。例④"苍白"本来是形容词,但是在本句中带了宾语,临时用作动词。

转类的修辞效果:

(1)新颖别致、简洁含蓄。词的转类打破了词的习惯用法和固定搭配,增强了语言的新鲜感,同时又表达简练,如"很青春""很淑女""很运动""很唯物主义"等经常在口语中出现。

(2)生动活泼、幽默风趣。

⑤ 小赵心里更打了鼓,老李不但不傻,而且确实厉害。同时,他要是和所长有一腿的话,我不是收拾他,就得狗着他点,先狗他一下试试。 (老舍《离婚》)

本来可以说成像狗一样巴结他,这里将名词"狗"作动词用,说成"先狗他一下",既形象生动,又带上了幽默感。

转类和古汉语中的词类活用有相似之处,但也有一定的区别。活用是古汉语语法的特点之一,在古汉语中是比较普遍的现象,一般不具有特殊的修辞意义。但现代汉语的词性及其语法功能相对稳定,词类活用现象减少了,一旦活用,就具有明显的修辞效果,被当作"超常"用法,具有了辞格的特点。

(六)曲解

曲解是有意利用同音异字,或者是一词多义对语义做歪曲性解释的一种修辞方式。

① 酒后驾车出事死了叫"醉该万死"。

② 顾客:"同志,用旧报纸包食品不卫生!"

售货员："没关系，这是《健康报》。"

（王炜等编《中外幽默小品选》）

例①利用"醉"与"罪"同音来曲解"罪该万死"，使语言新颖别致，幽默风趣。例②售货员故意将《健康报》曲解为"健康的报纸"，勾勒出她的无理强辩的形象，其荒唐让人发笑。

曲解具有幽默风趣的修辞效果。

③ 1945 年，郭沫若有一次在重庆同画家廖冰兄（笔名）等同桌吃饭，当他得知廖因同妹妹（名冰）相依为命故自名"冰兄"时，故作豁然大悟地说："哦！这样我明白了，郁达夫的妻子一定名郁达，邵力子的父亲一定叫邵力。"

（袁本良《曲解生趣》）

例③写郭沫若利用"廖冰兄"一名的来历，故意对"郁达夫""邵力子"的姓名加以曲解，表现了郭沫若的机敏和风趣。

九、辞格的综合运用

在语言运用中，为了取得突出的修辞效果，1 个语言片段里往往同时使用两个或两个以上的辞格，就是辞格的综合运用。辞格的综合运用分为 3 种情况：连用、兼用、套用。

（一）辞格连用

辞格连用是指在一段话语中接连使用同类辞格或异类辞格。

1. 同类辞格连用

① 社会好比一个健康的肌体，高山是它的骨架，河流是它的血脉，家庭是它的细胞，科学是它的灵魂。

（《青海湖》1982 年第 3 期）

② 风说：忘记她吧！

我已用尘土，

把罪恶埋葬!

雨说:忘记她吧!

我已用泪水,

把耻辱洗光! （雷抒雁《小草在歌唱》）

例①连用 5 个比喻,对"社会、高山、河流、家庭、科学"作了生动形象的描写。例②连用 4 个比拟,将"风、雨"像人一样描写,将"罪恶、耻辱"当作可以埋葬、洗光的具体事物来描写,增强了诗歌的形象生动性。

2. 异类辞格连用

① 春分刚刚过去,清明即将到来。"日出江花红胜火,春来江水绿如蓝。"这是革命的春天,这是人民的春天,这是科学的春天!让我们张开双臂,热烈地拥抱这个春天吧!" （郭沫若《科学的春天》）

② 鲁迅思想的灵敏度与深刻性是无与伦比的。他能够宏观宇宙,洞察幽微,看得高,看得远,看得深,看得细。真与伪,虚与实,美与丑,善与恶;真中之伪,伪中之真,实中之虚,虚中之实,美中之丑,丑中之美,善中之恶,恶中之善,都逃不过他的慧眼。 （柯灵《我们多么需要鲁迅》）

例①连续使用了对偶、引用、排比、拟人 4 种辞格,使语句整齐匀称,语势强劲。例②"宏观宇宙,洞察幽微"是对偶,接着是排比、回环,这种具有不同修辞效果的辞格前后配合,珠联璧合,可以把思想内容表达得更加丰富多彩,更加鲜明有力。

(二) 辞格兼用

辞格兼用是指同一种表达形式中,几种辞格融为一体,从这个角度看是甲辞格,从那个角度看是乙辞格。

① 小溪不知自己浅,还在到处游乐。大海不知自己深,

还在凝神思索。　　（陈履伟《站在世纪的交汇点上》）

②　山中的老虎呀，美在背；

　　树上的百灵呀，美在嘴；

　　咱们林区的工人呀，美在内。　　（郭小川《祝酒歌》）

例①从形式上看是对偶，音节协调，句式整齐。从内容上看是对比，"小溪"与"大海"形成对比，赞美了大海的谦逊和深沉，指责小溪的自得和浅薄。例②从结构上看，是由 3 个结构相同的分句构成的排比；从内容来看，前两个分句"老虎"美丽斑斓的花纹和"百灵"婉转的歌声都是为了烘托"林区工人"的心灵美，属于映衬。

　　辞格的兼用将多种辞格融为一体，互补互衬，相得益彰，使语言表达呈现出多姿多彩的美。如对偶兼对比、排比兼映衬、设问兼排比等，既讲究形式上的整齐匀称，又兼顾内容的强调突出。又如比拟兼比喻，既讲究语言的生动活泼，又使表达通俗浅显。恰当地运用兼格，可以从多方面增添语言的文采和力量。

　　（三）辞格套用

　　辞格套用是指一种辞格里包含着其他辞格，不同辞格一层套一层，形成以大套小的包容关系。

　　　①　这里溪流缓慢，萦绕着每一个山脚，在轻轻荡漾着的溪流的两岸，满是高过马头的野花，红、黄、蓝、白、紫，五彩缤纷，像绵延的织锦那么华丽，像天边的彩霞那么耀眼，像高空的长虹那么绚烂。　　（碧野《天山景物记》）

　　　②　看吧，狂风紧紧抱起一层层巨浪，恶狠狠地将它们摔到悬崖上，把这些大块的翡翠摔成尘雾和碎末。

　　　　　　　　　　　　　　　　　　　　　　（高尔基《海燕》）

例①"像绵延的织锦那么华丽，像天边的彩霞那么耀眼，像高空的长虹那么绚烂。"这3个分句整体上是排比，其中又包含着3个比喻。例②是拟人中套用比喻，总的来说是拟人格，"大块的翡翠"是比喻。辞格的套用能够使大小几个辞格相互配合，大的修辞格有所借助，小的修辞格有所依托，充分发挥各个辞格的作用，最大限度地增强表达效果。

思考与练习

一、从意义上看，下列对偶分别属于哪一类？

　　1. 才饮长沙水，又食武昌鱼。

　　2. 铁肩担道义，妙手著文章。

　　3. 有关家国书常读，无益身心事莫为。

　　4. 我们是旭日东升，霞光万丈；他们是日落西山，气息奄奄。

　　5. 金猴奋起千钧棒，玉宇澄清万里埃。

　　6. 横眉冷对千夫指，俯首甘为孺子牛。

　　7. 满园春色关不住，一枝红杏出墙来。

二、分析下列两个句子各用了什么辞格，并说明这两种辞格的不同。

　　1. 风声、雨声、读书声，声声入耳；

　　　　国事、家事、天下事，事事关心。

　　2. 谦虚使人进步，骄傲使人落后。

三、举例说明排比的修辞效果。

四、顶真、回环、回文有何联系与区别？请举例说明。

五、互文可以分为那些类型？分类的标准是什么？

六、分析下列句子中的比喻各是哪种类型？它们的修辞效果怎样？

　　1. 你是早上的面包，夏天的雪糕，冬天的棉袄，黑夜里的灯泡，山东人的大葱，四川人的辣椒。

　　2. 让我陪伴你在海中漂泊吧，只为能做你手中的桨，不管风浪多大，你身边始终有我。

3. 书犹药也，善读之可以医愚。

4. 我们在创作中要多生产"压缩饼干"，少制造"大米花"；要让读者吃"荷包蛋"，别让读者喝见不到玩意儿的"片儿汤"。

七、拈连可根据不同的标准分出不同的类别，试说明拈连的分类标准及类别。

八、试就下列两例辨析拈连与移就的不同。

1. 别看他眼睛那么近视，可思想上一点也不近视，看问题敏锐得很，和他熟悉的人对他都很佩服。

2. 驴背上驮着沉重的货物，也驮着一片忧郁而清冷的月光。

九、辨析下列各句是对比还是映衬？

1. 依靠群众撼山易，脱离群众折木难。

2. 蓝蓝的木兰溪照样流，水柳长在高岸上，新竹生在山岗上；芳草芊芊，野花飘香。可是，我们美丽而善良的赵双环呢，她在哪里？她在哪里？

十、举例说明设问和反问有何异同？

十一、分析反复辞格在下面一首诗中的修辞效果。

大堰河，为了生活，/在她流尽了她的乳液之后，/她就开始用抱过我的两臂劳动了；/她含着笑洗着我们的衣服，/她含着笑，提着菜篮到村边的结冰的池塘去。/她含着笑，切着冰屑悉索的萝卜，/她含着笑，用手掏着猪吃的麦糟，/她含着笑，扇着炖肉炉子的火，/她含着笑，背了团箕到广场上去，/晒好那些大豆和小麦，/大堰河为了生活，/在她流尽了她的乳液之后，/她就用抱过我的两臂劳动了。

十二、举例说明婉曲与双关的区别。

十三、从短信息或报纸标题中搜集 10 个运用仿拟辞格的例子。

十四、拆字有哪些类型？举例说明。

十五、衬跌辞格大量的用于短信息中，如："谢谢你在我最失意的时候陪伴着我，在我最需要帮助的时候拉了我一把，千言万语诉不尽，只想告诉你：'自从认识你——没有一件好事发生。'"再搜集 3—5 条使用衬跌辞格的短信息，并分析其修辞效果。

十六、什么是辞格的综合运用？请举例说明。

十七、举例说明辞格套用的修辞效果。

十八、分析下列例子所用的辞格，并简述其修辞效果。

1. 此时闹哄哄的大饭厅，好像突然静下来，好像整个大饭厅，整个北大，整个中国，整个宇宙，只剩下了我 1 个人。

2. 春天的阳光让爱含苞初放，夏天的雨露让爱茁壮成长，秋天的白云让爱插上翅膀，冬天的冰雪让爱地老天荒。

3. 处处干燥，处处烫手，处处憋闷，整个老城像烧透了的砖窑，使人喘不过气来。狗趴在地上吐出红舌头，骡马的鼻孔张得特别大，小贩们不敢吆喝，柏油路晒化了，甚至于铺户门前的铜牌好像也要晒化。

4. 血雨腥风里，毛竹青了又黄，黄了又青，不向残暴低头，不向敌人弯腰。

5. 要问白洋淀有多少苇地？不知道。每年出多少苇子？不知道。只晓得，每年芦花飘飞苇叶黄的时候，全淀的芦苇收割，垛起垛来，在白洋淀周围的广场上，就成了一条苇子的长城。

6. 现在学生负担太重，孩子们的童年虽然不在"三味书屋念子曰诗云"，却也得不到"百草园"的乐趣。

7. 小草偷偷地从土里钻出来，嫩嫩的，绿绿的，园子里，田野里，瞧去，一大片一大片满是的，坐着，躺着，打两个滚，踢几脚球，赛几趟跑，捉几回迷藏，风轻悄悄的，草软绵绵的。

8. 竹叶烧了，还有竹枝；竹枝断了，还有竹鞭；竹鞭砍了，还有深埋在地下的竹根。"野火烧不尽，春风吹又生"，一到春天，漫山遍野，向大地显露无限生机的，依然是那一望无际的青青翠竹。

9. 黑夜使人孤单，孤单使人害怕，害怕了就不再自信，失去自信就轻信了别人。

10. 瀑布在襟袖之间，但我的心中已没有瀑布了。我的心随潭水的绿而摇荡。

11. 今天"久久"婚事多。

12. 语言美是精神文明的重要内容，可是有些人满嘴脏话，简直是"语言丑"，这和作为礼仪之邦的中国人身份极不相称。

13. 这孩子人小心不小，好好培养，将来是个人才。

14. 洗手的时候，日子从水盆里过去；吃饭的时候，日子从饭碗里过去；默默时，便从凝然的双眼前过去。

15. 时间是最公正的裁判员，真与伪，诚与诈，都要在它的面前露出本相。

16. 个个那么专心，教室那么安静！只听见钢笔在纸上沙沙地响。

17. 上帝看见你口渴，创造了水；上帝看见你饿，创造了米；上帝看见你没有可爱的朋友，创造了我；他也看见这世界上缺少头脑迟钝的人，便先创造了你。

18. 一株巨大的白丁香花开在了屋顶的灰色的瓦瓴上。如雪，如玉，如飞溅的浪花，摘下一片碧绿的柳叶，卷成一个小筒，仰望着蓝天白云，吹一声尖利的哨子。惊得两个小小的黄鹂飞起。挎上小篮，跟着大姐姐，去采撷灰灰菜。去掷石块，去追逐野兔，去拣鹌鹑的斑斓的彩蛋。连每一条小狗，每一只猫，每一头牛犊和驴狗都在嬉戏。连一根小草都在跳舞。

19. 贝者是人不是人，只为今贝起祸根；有朝一日分贝了，到头成为贝戎人。

20. 四海为家（四海大厦售房广告）

21. 我们的小朋友不会忘记张天翼和阮章竞，他们一个赶着《大灰狼》，一个擎起《金色的海螺》，他们也忘不了《唐小西在下一次开船港》（严文井），他们的哥哥姐姐们还要对着《宝葫芦的秘密》（张天翼）出神，把《三边一少年》（李季）作为自己学习的榜样。他们也从《篝火燃烧的时候》，想起《幸福的时刻》（皆袁鹰写的诗），在小小的心灵里已经知道《把一切献给党》（吴运铎）。

22. 终于过去了，中国人民的哭泣的日子，中国人民的低垂着头的日子！

23. 她让他谈一谈动机——当然要问动机，因为这关系着案情的定性问题。"动……机？"狗吣翻翻眼珠子，他一时没弄懂"动机"为何物，"我，没动过谁的鸡（机）呀！"

24. 柳树姑娘用湖水当镜子，轻轻地梳理着她的长发。

25. 不论大家怎么想，孟祥英的婆婆总觉得孟祥英越来越不顺眼，打不得骂不得，一肚子气没处发作，就想找牛差差老婆开个座谈会。

26. 傍晚，凉风从台湾海峡吹来。路旁的金合欢花散出甜丝丝的清香。

十九、自拟题目，写一篇内容连贯、语言流畅的 300 字左右的短文，要求文中运用 4 种辞格，并对所用辞格的修辞效果加以分析。

第五节　口语修辞

学习要点　了解口语交际的特点和要素，领会口语交际的合作原则与礼貌原则，熟悉口语交际中几种主要语体的修辞要求与语言特点。

一、口语交际的特点

语言是人类的交际工具。人类交际有不同的场合、目的、任务、对象和方式，对语言材料和修辞方式的选择有不同的要求，就会在语言表达上形成不同的格调特色，这就是语言风格。比如艺术散文的语言风格就显然不同于学术论文。**根据语言风格的差异划分出来的言辞功能上的体式和类别就叫语体。**"口语"和"书面语"不是以表达形式，而是以语言特征为标准划分出来的现代汉语的两大语体类型。

口语交际是适应面谈的需要而产生的，口说耳听，以语音为媒介，是人类交际方式中最根本最原始也是最直接最普遍的方式。生活在信息高度发达的时代，无论工作学习，择业就业，商场职场，口语交际对每一个人都是不可或缺的。口语交际的大众化、电信化和传媒化导致人们的言语伦理观念发生变化。中国传统文化在语体类型上是"重文轻语"，而现代社会的口语交际正越来越成为人际沟通最有效的方式和手段，正如美国演讲训练大师卡耐基所说："现代人的成功，15%靠实力，85%靠口才。"口语交际的重要性不言而喻，其特点表现在以下几个方面：

（一）广泛性

"话"是每个正常人都会说，而且每天必须说的。不受年龄、性别、身份、职业、文化程度的限制，人们随时随地可以通过"口耳相传"表情达意。谈话的内容涉及人的日常生活、工作学习、心理情绪等各个方面及社会的各行各业、各种现象，而且口语交际一般不可能进行预先的充分准备，带有极大的随意性和不确定性。许多情况下是随想随说，自由表达，说话时语句简短紧凑，语流不很连贯，话语结构也较松散，常常伴随有重复、脱落、省略等，表现出自然粗疏的特点。总之，参与者的不受限制，交谈内容的无所不包，交际方式的随意自由，构成了口语交际广泛性的特征。

（二）依赖性

口语交际是交际双方面对面的言语交流活动，对言语环境的依赖性很强。一方面，交际的时间、地点、场合、对象和特定氛围，都时刻影响甚至支配着交际者对话语的生成和理解；另一方面，口头交际是参与者都在场时进行的，通常情况下要求参与者比较熟悉，对交谈者的身份、职业、精神状态、知识背景等主观因素有一个基本的了解，这样交流时就会形成默契，确保交流的顺利进行；同时，出于口语交际的当面性，还要求交际双方注意自己的姿态、表情和举止等，因为人的内心情感、态度等往往会通过一些细微的动作、表情流露出来，直接影响言语交际的效果。

（三）灵活性

口语交际的灵活性与上述两个特点密切相关。口语交际是随意的、即兴的，一般句法结构简单，句式变化灵活。口语交谈的范围很广泛，使用的词语非常丰富，用词不事雕琢，浅显易懂，还可能使用某些专门术语和行业用语；要求交际效果迅速地得到反馈，思想情感的交流显性而直接，所以交际者会大量使用各种修辞方式进行形象的描绘、生动的叙述，以增强话语的感染力；面对面交流时，可以借助神情、手势等丰富的体态语，使交际更加完美、充实。口语交际拥有"语音"这个独特的物质媒介，可以利用语速的快慢、语态的动静、语调的高低、语气的强弱，表达出复杂微妙的语意、情感。总之，灵活多变的表达手段，使口语交际生动活泼，具有浓郁的生活气息。

二、口语交际的要素

（一）说话者

说话者是信息的发出者和言语行为的主体，是言语行为的中枢要素。首先，在通常情况下，总是说话人"有话要说"才实施言语行为。什么时候说话，说什么，速度和顿连，语调和节律，都由说话人主动实施并自主控制。其次，说话人的年龄、性别、职业、文化素养、性格特征、思想情绪等主观因素，都是对口语交际有重要影响的语境因素。还有，话语中指别成分的分析也以说话者为中心角色，以说话者所处的时间和空间为参照点。比如，话语交际中的"你""你们""他们""这里""那里"都是以说话人"我（我们）"为参照点定位的。所以说，说话者是言语行为的主体。

（二）听话者

听话者是信息的接受者或言语行为的客体。交际行为最一般的完成情况是：发话者讲出一个语句，如果该语句的字面意义与想借此表达的意思完全吻合，听话者只要直接理解语句的字面意义，就获得了全部的语义内容。但经常出现的情形是：语句本身的意义与发话者要表达的意义不完全吻合，除了语句的字面意义之外，还有若干隐含的意义，甚至这种隐含的意义才是话语的关键信息，是交际的真实意图。这就需要听话者敏锐地感受话语所提供的每一关键信息，通过分析思辨，发现所需填补的语义空白，确定对方话语的暗含信息，理解话语的交际意图。

　　　甲：你今年外语考试过关了吧？

　　　乙：今年考试太难了。

乙没有直接回答甲的问题，而是采取了委婉含蓄的说法把答案隐含在字面意义中，而甲也一定明白乙的言外之意是"我没有考过关"。因此，听话者在言语交际中不仅仅是被动的听话，而且要积极地参与话语的理解，所以听话者是话语交际成功与否的另一个关键因素。

　　（三）说话内容

　　没有具体内容的话语是不存在的，发话者用语言传递的信息实际上包括两个内容：一是句子本身所具有的理性意义，一是语境所赋予的意义。话语的理性意义由构成话语的语言单位自身所具有的静态的、抽象的意义组合而成，具有规约性、稳定性和习惯性。话语的语境意义是话语在动态使用过程中受语境影响而产生的意义，具有灵活性、情景性和临时性。由于语境的影响和制约，每一个话语实际上可以区分出 3 个层次的内容。

　　一是言内之意，泛指一切用语音表达的词语的常规意义；二是言外之意，指说话者所要达到的意图，如请求、申明、疑问、命令、描写、解释、致歉、感谢、祝贺等；三是言后之果，指话语对听话者所达到的效果，如使之高兴、振奋、发怒、恐惧、信赖、信服，或促使对方做某一件事，或放弃原来的打算等等。例如，儿子出门时对妈妈说"外面下雨了。"这是"言内之意"。他的实际意图是要带雨具，这是"言外之意"。妈妈听了他的话以后拿出雨具递给他，这是"言后之果"。在语言意义的基础上，由语言使用者及语境的作用而形成的交际义，才是言语交际要关注的内容。

三、口语交际的原则

语用学研究中把说话者和听话者在会话中应当共同遵守的原则归结为合作原则和礼貌原则两大系统。

1. 合作原则

合作原则是为了保证会话的顺利进行，以达到共同配合，互相理解，交际双方必须遵守的一些准则。它包含以下 4 个方面：

（1）数量准则：要求话语提供充足而恰当的信息，既要避免信息缺漏、空白，以确保会话顺利进行，又要符合话语交际简明经济的要求，不能提供冗杂、超过需要的信息，以免浪费听话人的精力和时间。

（2）质量准则：要求话语的内容是真实可靠的，不说虚假、谬误、缺乏足够证据或自相矛盾的话，以免欺骗误导听话人。

（3）关联准则：这一准则与说话内容有关，是"说什么"的问题，要求必须围绕交际目的来发话，不要说与题目无关的话。

（4）方式准则：这一准则与表达方式有关，是"怎么说"的问题，要求说话清楚明白，简洁而有条理，避免晦涩、含糊、零乱、有歧义的话语。

合作原则是会话中的一个积极而重要的原则，但不是一个普遍性的原则。

2. 礼貌原则

礼貌原则是对礼貌行为的规范标准，是指导人们言语交际行为的文明性准则。礼貌原则可分为对人与对己两个方面。对人的礼貌原则包含 3 个准则：

（1）尊重准则：对对方的意见要正确地理解，认真地对待，给予应有的重视，不要轻易地加以否定。

（2）慷慨准则：凡是值得肯定的地方都要加以肯定，不吝啬褒扬的词语和赞誉的感情。

（3）宽容准则：对他人的缺点、弱点和一般行为错误，采取宽容的态度。

对自己的礼貌原则也包含 3 个准则：

（1）自重准则：用应有的、社会公认的道德标准来约束自己的言谈话语。

（2）谦虚准则：对自己的长处、取得的成绩，不做超出实际的评价，多看自己的不足和缺点。

（3）退让准则：在言语行动及相关事件的处理上，不抢先，不争胜。

合作原则与礼貌原则相辅相成，可以更好地协调自我与他人之间的人际关系，并使人们在交际中有效地使用语言。

四、口语修辞的语体类型

根据交际环境和语言特点的不同，口语语体可分成 3 种类型：交谈体、演讲体、论辩体。

（一）交谈体

交谈体是适应日常谈话的需要而形成的语体。它包含许多下位语体，主要有拜访、采访、劝说、求职等交际体式。

1. 拜访体

拜访型交谈指到别人的工作地点或家庭、住处与人见面而进行的会话。要使拜访成功，从语言表达技巧的角度而言，要着重做好以下几点：

（1）说好寒暄语。寒暄是人际交往的起点，它是人们为创造良好交谈氛围而进行的必不可少的感情铺垫。寒暄语由称呼语和应酬语两部分组成。称呼语的选择要随情适景，区分场合、对象，得体而文雅。例如，以职务、职称相称"某局长""某教授"；以职业相称"护士小姐""某法官"；以代词敬称"您""诸位"；表示亲切的称呼"老关""小叶""师傅"；突出长辈的称呼"老伯""阿姨"。还有各种亲属称呼。

应酬话主要有以下 4 种形式。一是问候式，如"你好！""过年好！""最近忙吗？"表现主客见面时的互相尊重、关心，显示出一种亲近之情。二是夸赞式，一方赞美另一方，或互相赞美，如"小姑娘真漂亮！""你昨天的发言太精彩了！"使双方的心理得到满足，创设一种和谐愉悦的交际氛围。三是言他式，谈论彼此都感兴趣的其他事情，如谈论趣闻、天气情况等，这种轻松自然的方式是引入交谈正题的润滑剂。四是幽默式，在寒暄中加点幽默诙谐的成分，对活跃交际气氛，增进沟通和友谊很有效果。比如甲："哟，小张，今天怎么满脸放光呀？"乙："让您说对了，比赛得了一等奖，能不高兴吗？"

（2）话题要集中。主客寒暄后，客人要适时进言，以免耽误主人太多时间。交谈时间要尽量短些，话语要尽量浓缩，较少修饰雕琢，切忌夸夸其谈。言辞朴实简明，让人听起来亲切自然，明白易懂。话题不能太散，要尽量避免说些不该说的话，比如一般不要询问女士的年龄，主人的经济收入，生活隐私，或对某个问题穷追不舍等等。

（3）体态语不宜多。主人对客人的印象，来自听觉和视觉两个方面。举止不文雅，体态语过多，往往会引起主人的不悦，如高兴时洋洋得意，手舞足蹈，痛苦时捶胸顿足，或者指手画脚叙说某件事，或抱起主人家沙发上的靠垫来回玩弄，或听主人说话时东张西望，显得注意力不集中或不耐烦等等，都会成为实现拜访目的的障碍。

2. 采访体

采访是指为了搜集新闻素材，调查研究事实而进行的一种现场面谈、口头访问的言语形式。口头采访采取谈话形式进行，在语言运用方面也有相应的要求与技巧。

（1）营造良好的语言氛围。由于受访者有着不同的性格、思想、身份、经历、职业、文化教养等等，采访者要根据受访者的类型来调整自己的语言，选择恰如其分的语言形式，创设一个适合与受访者进行访谈的良好氛围，语速、语量要根据受访者的年龄和表情达意的需要而定，遣词用句因受访者的文化水平、理解程度而异，说话语气因访问的不同目的而变化，以期达到好的采访效果。如有些受访者内敛沉默，不太爱说话，采访者就不能光由自己说，而要用语言引导对方，消除对方的紧张局促感，使其较快地进入真诚沟通的状态，最终说出自己的想法和见解。如果面对口若悬河、滔滔不绝的受访者，采访者又要"截流"有术，适时控制，用巧妙礼貌的语言驾驭话题方向，使谈话按预先的设计流畅地进行。

（2）掌握提问技巧。"访问不难，发问实难"。采访艺术的集中体现是发问的技巧，提问具有重要的作用，可以引导谈话的方向，推进谈话的层次，发掘谈话的深度，激发谈话的新意等。

从提问的方式来看，通常有开门见山的"正面问"，旁敲侧击的"侧面击"，故意设计的"反面探"，巧妙带出的"随意提"等多种方式。

从提问的技巧看，第一，善于寓问于谈。大量的成功经验告诉我们，访问要尽量采取聊天、谈心、讨论的方式，用求教式、商量式、探讨式的口气同对方交谈，而不要用那种"答题""审问"的方式，特别是那些比较深入的采访，更应该像日常生活中的交谈那样自然，达到生活化。

第二，具体准确，简明易懂。采访最忌"大而无当"，问得空泛，让对方摸不着头脑，不知从何说起。也不能只要求回答"是""不是"这样的封闭式问题。如采访一个优秀学生的家长，开口问"你平时是怎么教育孩子的？"对方很难一下子概括出若干条理分明的答案。如果化整为零，把问题分解开，一步步耐心地问："孩子在家干活吧？""您给孩子报过课外学习班吗？""您这样做的好处是什么呢？"问题问得明确具体，对方有话说，谈起来实实在在，也容易谈得生动，这就更好地达到了采访的目的。

第三，分清层次，控制节奏。提问要有一定的逻辑顺序，不可"东一榔头，西一棒子"，要有相对的连贯性和层层推进的递进性，这样才有利于受访者的接受和信息的传递，使思考谈话逐步深入。采访者还要注意控制双方情绪的张弛，交流程度的深浅，节奏的松紧，时间的长短等，使其符合面谈的心理节律。

第四，角度新颖，不落俗套。采访中一味使用诸如"请谈谈您的感想""请您说两句"之类老生常谈的提问模式，无从激起访谈对象的谈话兴致，很可能流于表面的官话、套话。采访者的能力主要表现在对话题的开掘上，必须讲究发问的"切入点"与"落脚点"，用不落俗套、别开生面的提问，引发受访者的深入思考和肺腑之言。

（3）选择多样性的语言风格。言语主体表现出来的运用语言的独特面貌就是语言风格。语言风格的多样性对采访效果至关重要。从客观因素看，采访者要同受访者交流沟通，首先靠的是深厚的语言功底。言语主体的禀赋才能、个性特征、思维能力、感悟能力和语言的组织能力以及风度姿态会综合形成采访者"言如其人"的话语风格。比如庄重沉稳的语言风格适用于知识性、思想性较强的采访领域，而轻松活泼、幽默风趣的语言风格适用于娱乐性、趣味性较浓的采访领域。

3. 劝说体

劝说也叫说服，它是让别人放弃已有的观点而去接受其他观点的一种言语行为。一般说来，要使说服产生良好的效果，语言表达上要注意以下几个方面：

（1）语言要散发人情味。人们在生活中有一种普遍心态，"亲其人，则信其道"，说服的语言必须散发亲切、友善、理解、尊重的气息，才能消除人际的距离感和紧张感，淡化说服对象的抵触情绪、逆反心理和被改造心态。在态度上要认真、自信、客观、公正，要避免官腔官调，空洞说教，更忌不分场合，粗暴武断，激化矛盾。只有将心比心，设身处地，巧陈利害，才能起到劝导说服，激励斗志，抚慰创伤，导向引路的作用。

（2）语言要具备说理性。从说理内容上说，说服要讲道理，思想观点要明确，利害对比鲜明，说理实在全面，语言要准确、简练，深入浅出，切中要害。从说理方法上说，要掌握多种说服技巧，诸如现身说服、引导说服、归谬说服、引证说服、暗示说服、反向说服等。道理要入辙合拍，分析要透彻明白，理据要严密可信，让对方听后心悦诚服，产生认同感，达到使对方改变观点的目的。

（3）语言要富有色彩感。任何道理都是抽象的，要让说理避免平淡、呆板，不使听者厌烦，除了拥有"锦心"，还要磨练"绣口"。例如当一些学生抱怨学习太累、生活太苦而精神委靡、情绪低落时，一位班主任巧用对偶："苦不苦，想想爹娘背朝苍天面朝土；累不累，比比父母走南闯北怎遭罪。"韵律优美，表意深刻，使老话变得清新有味儿，让学生耳目一新，激发了他们的学习热情。还可以通过以喻论理，巧用夸张等，努力使语言生动形象，鲜活有趣，以增强劝说的感染力和说服力。

4. 求职体

随着市场经济体制的建立和发展，我国人才交流市场已全面开放，职场攻伐，角色的出线自有一套严格的遴选机制。调动工作，行业岗位招聘人才，大学生谋职，首先要通过"面试"这一关，而面试的关键因素自然是求职者的口语表达水平，是口才的较量。

（1）定好角色，语态不卑不亢。许多求职者在面试时对自身判断失误，出现种种不良心态，并导致不良的语言表现，如有的自卑拘谨，紧张怯场，不敢直面考官，说话声小气弱，语无伦次；有的又自我感觉良好，把自己当成精品俏货，出言不逊，居高临下；有的急于求成，角色错位，把考场当成课堂，把考官当成学生，滔滔不绝，哗众取宠；有的愤世嫉俗，语言偏激失当；有的散漫随意，语言干巴生硬；有的过分计较利益和享受，对用人单位的福利待遇特别关注，刨根问底，等等。这些都势必影响面试的效果。因此求职者要确立正确的择业观念，健康的心理状态，谦逊有礼，自尊尊人，审时度势，定好角色。当面对考官时，举止沉稳，态度自然，语态从容，不卑不亢，自身的能力和水平就能得到充分的发挥。

（2）准备充分，语言简洁平实。面试涉及的问题很多，有开场亮相时的自我简介，有对所求职位了解的个人陈述。更有许多考察的常规内容，包括个性魅力、求实精神、思维与表达能力、责任感与成就欲、组织协调能力、计划决策能力、应变能力与行业特殊素质等方面的问题。面试内容丰富，而时间又有限定，如果把握不好，泛泛而谈，就容易主次不明；想要面面俱到，又容易零乱罗嗦，或因超时而言不尽意。这就要求求职者回答问题时听清题意，有问必答，紧密切题，观点鲜明，重点突出。语言表达简洁平实，扼要紧凑，举例恰当；还须掌握时间，阐述完整，从而体现思维的严密性和做事的效率感，给面试主持人留下深刻而良好的印象。

（3）表现风度，语言精妙得体。面试中要沉稳思考，用准确精妙的语言来表达，用眼睛来交流，用动作来表现，这是求职者胆、识、才、情的集中表露。交谈时要注意语气语调的变化，抑扬顿挫、轻重缓急，适时而用，切忌平铺直叙，缺乏波澜；更要注意语言的得体，选词用句通俗规范，术语使用准确精熟。如能出言谨慎、字斟句酌以保持清醒；话锋明快、直率坦诚以展示机智；幽默诙谐、自信从容以表现性情；措辞得当、举止儒雅以显示涵养，那一定会突出亮点，使面试锦上添花。

（二）演讲体

演讲也称演说，是演讲者在特定的场合，采用口头形式对广大听众发表意见，并感召听众的一种信息交流活动。演讲往往围绕一个论题、一个观点来抒情说理。演讲是一种交流思想情感的高级口语表达形式。一位著名心理学家把演讲语言的表达效果总结出一个有趣的公式：情感表达 ＝7%的语言+38%的声音+55%的表情和动作，因此，对演讲来说，思想感情的表达有辞、声、态3种载体，演讲的语言特色也紧紧围绕这3点展开。

（1）简明性：演讲要让人一听就懂，用最经济的言语传递最丰富的信息。用词方面，干净利落，除去冗词赘语，没有无用的口头禅、过渡语、废话，不罗嗦，不重复。多用群众熟悉的口头词语，平易通俗。尽量不用文言词、方言词、行业词和外来词，避免使用生僻词语。用句方面，多用短句，句式简明，避免繁杂冗长、过于雕琢的句子。论述方面，立论鲜明，分析准确，表述清楚，层次分明，富有逻辑性。如此才能"意美以感心"。

（2）可听性：声音是演讲者说服感染听众的重要手段之一，声音比词语本身所具有的感情色彩要丰富、鲜明、生动得多，古语所谓"言之不足故嗟叹之"，说的就是这一点。为了使声音能准确地传达出内心的感情，除了注意正确的呼吸、良好的共鸣和规范的发音外，还必须在妙用声音方面下功夫。如根据不同的表达需求，语速的快慢、语词的顿连、语调的跌宕、语气的强弱，都可以起到烘托情境、渲染气氛、增强表达效果的作用。只有声音悦耳动听，音律优美和谐，才能以声传情，"音美以感耳"。

（3）生动性：演讲是一门语言艺术，讲究语言的魅力。演讲的魅力由"讲"的有声语言和"演"的体态语言共同体现。对于前者而言，演讲者总是苦心孤诣构建生动形象、新颖贴切的语言形式，力求完美地传达出演讲者正确的思想、丰富的学识、严密的逻辑和炽热的感情；对于后者而言，演讲者把伴随有声语言的表情、手势、体态作为"无声的语言"，展示演讲者的个性、气质和风度，以感染听众，让听众和自己一起感奋动情。在演讲中，如果体态语运用得自然和谐，优美潇洒，必定会让演讲者风采照人，作到以态托情，"形美以感目"。

（三）论辩体

所谓论辩，是指参与谈话的双方或多方，就同一问题站在对

立的立场上进行针锋相对的论争，以辩明是非，探求道理。语言
艺术是论辩中战胜对手、征服听众的最重要的武器，是辩者才华
和智慧的集中体现。掌握高超的语言艺术，就能在论辩中妙语连
连，雄辩滔滔。论辩经常用到的语言技巧有以下 3 个方面：

（1）准备充分——表述清晰流畅。论辩总是阐明己方的主
张，驳斥对方的观点，这就要求辩者提前做好充分准备，搜集和
掌握的事实材料和理论材料多多益善。运用正向反向思维，认真
分析辩题，找准论争焦点，做到知己知彼。进入论辩后，语言的
组织必须优选辩驳的角度，表述要口齿清楚，语意鲜明，干净利
落，语气贯通，说话切不可结结巴巴。如果语言模糊不清，颠三
倒四，或者罗罗嗦嗦，就会直接影响论辩的进行，甚至让己方陷
入混乱，一败涂地。

（2）讲求谋略——表达有理有节。论辩必须严谨。严谨的
要求包括两大方面：一是表述内容严谨。即论点要定义明确，概
括恰当，合乎事理；论据要真实可信，典型新颖，针对性强；论
证的过程要推理严密，逻辑性强。二是表述策略严谨。要瞄准对
手论辩中的要害问题进行剖析驳斥，控制好论辩情势，灵活运用
各种论辩技巧。语言表述张弛得体，徐疾有度。

（3）审美控制——体现论辩之美。论辩是一种精神性的应
用艺术，由此具有了审美意义。论辩美是由论述的内容美、论辩
的形式美、论证的逻辑美、论争的和谐美、辩者的仪态美等多方
面契合协调构成的整体美。使用语言修辞和逻辑力量去争辩是
非，探求真理，论辩双方对此充满了愉悦。语言作为论辩的媒
体，必须综合兼顾论辩美多层面的要求，努力让语言表述照应到
论辩各个要素的需要，才能获得一种有深度的、真正的美的享
受。例如，语言表达要准确，语意确切，才能体现思维的精妙，

逻辑的严谨和雄辩的力量；表达感情要准确，褒贬得宜，分寸恰当，才能旗帜鲜明，语锋遒劲，气势如虹。语言必须生动，用语生动优美，语调抑扬顿挫，才能体现论辩的形式美，把内容表述得具体形象，赏心悦耳，再加上从容大方的举止，定会使论辩体现出强烈的感染力和巨大的说服力。

思考与练习

一、结合口语交际的特点，谈谈如何在面谈交际时，做一个"理想的说话者"和"理想的听话者"？

二、口语交际的原则有哪些类型？除此之外，你还能概括出其他的原则吗？

三、请把一位你所熟悉的人（如父母、同学、老师、朋友）得体地介绍给大家。

四、请分别为"祝贺"和"告别"两种言语行为设计不同交际场合、不同交际对象的对话用语。

五、请以"态度决定一切"为题，进行一次命题演讲练习。

第六节　体态语修辞

学习要点　了解体态语在口语交际中的功能和修辞特点，掌握体态语尤其是表情、手势运用的要领和技巧，学会在不同语境中恰当、得体地运用体态语，使语言表达更富魅力和表现力。

一、体态语及其修辞特点

体态语，即情态姿势语言，它是通过人的体态、手势、表情等非语言因素传递信息的一种口语交际的辅助形式。如人们常说的"眉目传情，暗送秋波"，它是一种"伴随语言"，具有完全的可见性。体态语又叫"人体语""动作语""情态语""行为语""态势语""副语言"等。我们观察两个人的交谈情况，就会发现说话人不但在用口说，而且也用表情、身姿"说"，听话的人不但在用耳朵听，而且也在用眼睛看。例如人们在说话中，有时会"瞪大了眼睛"，有时会"挥挥手"，有时会"挺挺身子"，有时会"微微一笑"，用以补充或辅助他们的口语表达。所以体态语是人们进行口语交际活动、表达和交流思想情感时的一个重要的辅助手段。

《论语·乡党》中有这样一段记载："朝，与下大夫言，侃侃如也；与上大夫言，訚訚（yín）如也。君在，踧踖（cù jí）如也，与与如也。"意思是说，孔子上朝，当君主未到时，他同下大夫说话，温和而快乐的样子；同上大夫说话，正直而恭敬的样子。君主到来后，则是恭敬不安而仪态得体自如。这就是说，孔子非常讲究在各种场合中的仪容体态。周恩来总理给人的印象是温文尔雅，风度翩翩，这个印象不仅在他文雅、机智、幽默的语言中展现出来，更从他高雅、得体、大方的体态语中显示出来。下面是美国前总统尼克松在他的回忆录中对周恩来总理的一段描述：

> 他经常靠在椅背上，用富有表现力的手势加强谈话效果。当要扩大谈话范围，或是从中得出一般性结论时，他经常用手在前面一挥。当搁浅的争论有了结论时，他又会把两手放在一起，十指相对。在正式会议中，他对一些俏皮话暗自发笑；在闲聊时，他又变得轻松自如，有时对善意的玩笑还会发出朗朗的笑声。

从这段话中可以看出，周总理轻松自如的坐姿，得体有力的手势，不时发出的爽朗笑声，既友好又威严，既机智又大方，极大地增强了谈话的效果。中国文化的素养在他身上得到了充分的体现，以至多年以后，还给尼克松以清晰、深刻的印象。由此可以看出，体态语在传递信息、增强表达效果方面，起着非常重要的作用，是修辞的重要因素之一。现实生活中，体态语使用得当与否，会导致截然不同的情形与后果。所以，学习和掌握好体态语的运用，对成功的言语交际及自我形象的塑造具有很大的作用。人际交往，求职就业，婚姻恋爱，商业洽谈，无不如此。

布罗斯纳安的《中国和英语国家非语言交际对比》（北京语言学院出版社，1991）一书的绪论中说："人类交际一般分为书面、口头和身势3个部分。由于文化教育的偏见，绝大多数受过教育的人往往认为书面语最重要，口语次之。至于身势动作，是名列最后的。然而，无论是从不断进化的整个人类，还是从个人角度看，这些机能的习得次序，出现频率及其平常所提供的信息量，都表明三者之间的重要地位正好相反。"从表意角度观察，体态语的修辞特点可归纳如下：

（一）辅助性与局限性

体态语有着悠久的历史，可以说，自人类产生以来就伴随而生了。早期体态语在人类传递信息方面的重要作用是不言而喻的。随着社会的不断发展，在语言运用的任何一个层面上，体态语都是和有声语言交融在一起的。也就是说，体态语在很多情况下是伴随人们的言语出现的，是一种伴随语。例如人们说到高兴的事时，脸上会出现笑容；表示紧张、激动时，会握紧拳头。这些都加强了话语中思想和感情的表达。

体态语的局限性与辅助性是互为因果的，它的辅助性决定了局限性，局限性决定了辅助性。人的动作、表情等虽然有表情达意的作用，但它远不像有声语言那样丰富。这是因为人们在交际时所能产生的动作、表情等类别是有限的，而且多数表意是不确切的。例如连续眨眼，可以表示没听明白，希望对方重复一下；或者表示听明白了，但对对方为什么说这样的话表示困惑；还可以表示这个人正在思考，甚至还可表示暗示等意思。体态语不仅在表意上有局限，在使用场合上也有局限。与有声语言比较，体态语是"看"的，所以只有在看得见的情况下才能传递信息。

（二）直观性与真实性

语言交际中，口语传递信息主要是通过"听"和"说"来实现的。而体态语则以它的动作、姿势、表情等直接作用于对方的视觉神经来传递信息、交流思想，比如生气时竖眉瞪眼，高兴时手舞足蹈，或问及对一个人的印象时，对方伸出大拇指表示夸赞或摇摇头表示否定，再如耸肩、飞吻、打"OK"手势等等，都具有直观性的特点。

说话者有时会在有声语言中将所要表达的真实意思掩饰起来，表现为"言不尽意"或"言不由衷"，但与有声语言不同，体态语常常处于一种潜意识状态，基本上是一种未经大脑理性处理的深层思想情绪的直观表现，是动作者内心真实情感的显现，这就会形成体态语与有声语言的明显反差，造成"行"与"言"的不一致。所以，人们常常借助体态语言来验证对方言辞信息的真伪。比如对方赞扬你时，脸上却伴随着诡谲的笑；口里说着"时间这么晚了，吃了饭再走吧"，却起身做送客的姿势；嘴上说着"你真坏，我真恨死你了！"但双目含笑，语调温柔。

诸多事实表明，体态语所传递的信息有时与言辞信息相反，体态语发出的真实信号很自然地否定了口语中的虚假信息。正如心理学家弗洛伊德所说："凡人皆无法隐藏私情，他的嘴可以保持缄默，他的手却会'多嘴多舌'"。所以体态语是承载和传递情感、态度、意向的重要媒介，它不但有传递信息的功用，而且有帮助人把握真实信息的价值。

（三）民族性与时代性

与有声语言一样，人体用以表达各种意义的手势、表情、动作，也都有很强的民族差异性。体态语是在长期的交际活动中由一定的民族或社会成员约定俗成的，由于不同的民族有不同的文化背景，有各自不同的文化传统，所以体态语的类型不同，所表示的意义也不同。如西方人用伸出食指、中指的"V"形手势代表胜利、成功（Victory），我国汉族人则用伸出拇指、食指的手势代表数目"八"；伸出拇指的手势，在英美等国用于要求搭车，在日本表示"老爷子"，我国汉族表示"好极了"，在希腊则表示让对方"滚蛋"的意思。其次，体态语的民族性还表现为，同样的意义在不同民族中用不同的体态表示。例如招呼人过来的手势，英语国家的人是食指朝上向里勾动，我国汉族人却是手掌向下朝自己方向招动。

体态语的时代性是指体态语既有传承性，又不是一成不变的。这表现在 3 个方面：一是同样的意思，不同的时代用以表达的体态不同。例如我国汉族人见面时表示尊敬的体态，古代用"稽首"之礼，近代为男人拱手作揖、女人侧身道万福，现代人见面时则用握手。二是有些同样的体态在不同时代表示不同的意义。例如我国古代有"端茶送客"的习俗，主人端起茶杯，就是告诉客人"你该走了"，而现代人的这个动作只是敬茶，已经没有送客的意思了。三是随着社会的发展，有些体态语消失了，又会出现新的体态语。例如古代的叩首、道万福等，现在一般情况下已经不用，而新出现的一些体态语的使用频率却很高。如"数钱"的动作，大拇指与食指、中指接触，并快速捻动表示需要钱；宴会上代替"碰杯"的"上网"动作，用酒杯底部碰击餐桌转盘的边沿，以表示敬酒。再如流行于学生中的"转笔"，在精神集中或深入思考时，用拇指和食指轻巧地捏着圆珠笔或铅笔，中指不停地将笔拨动，使笔在 3 个指端飞快地转动。一些外来体态语如"飞吻""V"形手势等在年轻人中也十分流行。

二、体态语的修辞功能

（一）辅助传递信息

作为言语交际的辅助手段，体态语往往是一种伴随语言，通过身姿、表情的配合，对口语起弥补、暗示、丰富等作用。

　　① 幸而抱着的孩子眼光敏锐，他瞥见母亲疏疏的额发，便认识了，举起手来指点着："妈妈，那边。"

（叶圣陶《潘先生在难中》）

　　② 楼上电话铃响了。女佣人下来说："方少爷电话，姓苏，是个女人。"女佣说着，她和周太太、效成三人眼睛里

来往的消息，忙碌得能在空气里起春水的皱纹。

（钱钟书《围城》）

例①潘先生和夫人在逃难途中走失，小孩用手指示出母亲所在的方位。在这种混乱的情况下，要想用语言表达出潘夫人的具体位置的确是一件很困难的事情，只好借助于手势了。例②周家小姐还没嫁给方鸿渐就死了，所以听到有女人打电话给他，全家人就用眼睛来传递消息，误以为方鸿渐是在同苏小姐谈恋爱。

（二）单独传递信息

体态语不仅对言语交际有辅助功能，而且可以暂时离开口语，单独来传递信息，交流感情。在这方面，体态语有时是胜过口语的。正如匈牙利贝拉·巴拉兹在《电影美学》里讲的那样："具有高度'视觉文化'的人并不像又聋又哑的人那样用这些东西来代替对话……他打手势并不是为了表达那些可以用言语来表达的概念，而是为了表达那种即使千言万语也难以说清的内心体验和莫名的感情。这种感情潜藏在心灵最深处，决非仅能反映思想的言语所能传达的。"体态语的这种临时独立充当交际手段的功能，叫替代功能。它主要表现在传情和达意两个方面：

1. 传情

人的体态往往是内心情感的外现。体态语替代口语更多的是用于表达感情。它有时比有声语言更具有表现力，有更好的表达效果。

① 他听着，忽而摇头，忽而点头，忽而抬头，忽而低头，那心里大约是惊一番，喜一番，感一番，痛一番；只等他把话听完了才透过口气来，不由得一阵酸心，两行热泪。

（文康《儿女英雄传》）

② 这里小红刚走至蜂腰桥门前，只见那边坠儿引着贾

芸来了。那贾芸一面走，一面拿眼把小红一溜。那小红只装着和坠儿说话，也把眼去一溜贾芸，四目恰好相对，小红不觉把脸一红，一扭身往蘅芜苑去了。（曹雪芹《红楼梦》）

例①只是通过"摇头""点头""抬头""低头"等体态动作，没有用一句话，却传递出了与之相应的"惊奇""喜悦""感叹""心痛"的情感。例②"拿眼一溜""四目恰好相对""不觉把脸一红"，把眉目传情描绘得惟妙惟肖。

2. 达意

体态语有时也可以离开口语传递思想，表达信息。人际交往中的握手、点头、微笑、躬身等都可以有这种替代作用。例如，一次有位记者采访菲律宾前总统阿基诺夫人，当问到她体重增加的具体数量时，阿基诺夫人只用"淡淡一笑"予以回答，表示了拒绝回答的意思。又比如，有位老师上课总是拖堂，学生有意地看了看手表，是在提示老师"该下课了！"有的学生课堂上不专心听讲，老师采用目光、手势等体态语来示意，既不伤害学生的自尊心，又能起到提醒的作用。

（三）强化有声语言

体态语能对有声语言起到一种强化作用。严肃的表情、铁青着脸、怒目而视等，会给对方形成一种压力，使其产生畏惧心理。

旺儿先进去，回说"兴儿来了。"凤姐厉声道："叫他！"那兴儿听见这个声音儿，早已没了主意了，只得乍着胆子进来。凤姐一见便说："好小子啊！你和你爷办的好事啊！你只实说罢！"兴儿一闻此言，又看见凤姐儿气色及两边丫头们的光景，早唬软了，不觉跪下，只是磕头。……

凤姐又叫："旺儿呢？"旺儿连忙答应着过来，凤姐把眼直瞪瞪地瞅了两三句话的工夫，才说道："好旺儿，很好，去罢！外头人有提一个字儿，全在你身！"旺儿答应着也出去了。

　　　　　　　　　　　　　　　　　（曹雪芹《红楼梦》）

这里，凤姐通过严厉的语气，凶狠的目光，吓得兴儿、旺儿魂飞魄散，不仅乖乖地招出了贾琏在外又娶了尤二姐的实情，而且也不敢去向贾琏报信，以至凤姐能够达到害死尤二姐的目的。

三、体态语的运用

（一）表情的运用

　　表情，一般指发生在人的面部能反映内心变化的动作、状态和生理变化，它是人的心理活动或感情、情绪的外在表现。由于表情是内心世界的直接流露，文学作品在描写人物感情时，常常借助表情描写达此目的。如《诗经》里就有"美目盼兮，巧笑倩兮"等男女眉目传情的描写。法国作家罗曼·罗兰说："面部表情是多少世纪培养成功的语言，是比嘴里讲的更复杂到千百倍的语言。"口语交际中，表情同有声语言配合，能产生极佳的表达效果。

　　但在她兴冲冲地张开口的时候，忽然看到了一面冰冷的墙，对方的笑容不见了，只有冷冷的打量，只有疑惑不解的神情，只有敬而远之的躲闪，甚至对方扬起头、皱起了眉、撅起了嘴，是一种自卫的自尊，"你有什么了不起？你还不是蒙上的？你有什么可吹的？"她几乎听见了对方的潜台词。

　　　　　　　　　　　　　　　　　（王蒙《风息浪止》）

上例通过表情的描写，把人物的情感变化表现得活灵活现。人的面部表情是由脸色的变化和眉、目、鼻、嘴、肌肉的动作来体现的。如眉毛的动作，据说就有20多种意义：飞眉表示兴奋，低眉表示顺从,锁眉表示忧愁,竖眉表示愤怒,等等。又如嘴的开合,也可以显示出多种语义:努嘴表示示意,撇嘴表示不满,撅嘴表示不快,抿嘴表示害臊,舒嘴表示放松,咧嘴表示高兴,歪嘴表示不服,等等。表情可以传递许多复杂的情感,也是表达潜台词和言外之意的重要手段。

1. 目光的运用

目光是运用眼的动作和眼神来传递信息和感情的"语言"。眼睛素来被誉为"心灵的窗户"。目光的运用,也是很有讲究的。美国的亚兰·皮兹在《人类行为语言》中说:有些人在与我们谈话时会使我们感觉很舒服,有些人却令我们不自在,有些人甚至会看起来不值得信任。这主要是与对方注视我们时间的长短有关。若甲喜欢乙时,甲会一直看着乙,这引起乙意识到甲喜欢他,因此乙也就可能会喜欢甲。换言之,若想与别人建立良好的默契,交谈时应有 60% 到 70% 的时间注视对方,这会使对方也开始喜欢你。

因此,你就不难想象,紧张、羞怯的人由于目光注视不到三分之一的时间,也就不容易被人信任了。与人交谈,要敢于和善于同对方进行目光接触,这既是一种礼貌,又能帮助维持一种联系,更能让眼睛帮你说话。研究表明,与人交谈时,视线接触对方面部的时间应占全部谈话时间的 30%-60%。超过这一平均值者,可认为对对方本人比对谈话内容更感兴趣;低于这一平均值者,则表示对谈话本人及谈话内容都不怎么感兴趣。这二者在一般情况下都是失礼的行为,都会妨碍交谈。

2. 微笑的运用

微笑是通过略带笑容或不出声的笑来传递信息的体态语。在人与人的交往中,微笑能大大缩短双方的心理距离,能调整紧张的人际关系，是一种跨文化的通用的体态语言。微笑的功能是多方面的，首先，它能美化自我形象，赢得人们的喜爱。

　　① 她每跳完一个动作，从水中跃上池边，总是轻盈地转身向观众鞠躬，随之脸庞上浮起两朵甜甜的笑靥。优雅、妩媚的风度，使这位跳水名将，在比赛中增添了印象分。在赛后的记者招待会上，路透社记者就劈头劈脑地问："在紧张激烈的比赛中，你总是面带笑容，这是不是一种战术？"高敏用又一个微笑回答："笑一笑，能使我轻松一下呀！"……正是这种双重性格，使她在紧张激烈的大赛中，既能集中地完成高难动作，又不忘用微笑去赢得印象分。
"跳水皇后"高敏在比赛中的微笑，是她必胜信念和美好心灵的外现，也是她友好态度和高度涵养的表现。微笑帮助她走向事业成功的巅峰，也使她赢得了裁判及观众的喜爱。

　　其次，微笑能改善交际环境，委婉得体地表情达意。例如：

　　② 卡耐基要求几千位工作人员做这样一件事：对他们周围每天遇见的人都报以微笑，并将结果反馈回来。不久收到了纽约场外交易所斯坦哈特的来信说：现在，当我出门上班时，我微笑着向门卫招呼；在地铁票台要求换零钱时，我向出纳员微笑；当我来到场外交易所，我向同事们微笑。我发现人们很快就对我微笑。我以愉快的态度对待前来找我发牢骚、诉苦的人，我微笑着倾听他们的诉说。这样一来，我发现调整工作容易得多了。微笑给我带来美元，每天都有很多。　　　　　　（戴尔·卡耐基《处理人际关系的艺术》）
由此可见，微笑是友好的使者，成功的桥梁。很多人事业上的成功，不仅因为他们有出众的才华，也因为他们会运用充满魅力的微笑。

（二）手势的运用

手势指用来示意的手和臂的各种动作姿势，是一种表现力很强的体态语言。在日常交际活动中，手势语言运用范围很广，使用频率也相当高。如在街上"打的"时，用招手表示呼唤；应答时用摇手表示不需要或者谢绝。其他如搓手表示为难，叉手表示自信或优越感，摊手表示坦诚或无可奈何，拱手表示行礼或道谢等等。

1. 手指的运用

手指语是通过手指的各种动作传递信息的体态语言。

赵姨娘听说，鼻子里笑了一声，说道："罢，罢，再别说起。如今就是个样儿，我们娘儿们跟的上这屋里哪一个儿！也不是有了宝玉，竟是得了活龙。他还是个小孩子家，长的得人意儿，大人偏痛他些儿也还罢了；我只不服这个主儿。"一面说，一面伸出两个指头儿来。马道婆会意，便问道："可是琏二奶奶？"赵姨娘唬得忙摇手儿，走到门前，掀帘子向外看看无人，方进来向马道婆悄悄说道："了不得，了不得！提起这个主儿，这一分家私要不都叫她搬送到娘家去，我也不是个人。" （曹雪芹《红楼梦》）

以上例子说明，手指语的表意是很丰富的。赵姨娘一面说，一边伸了两个指头。"两个指头"在这里的语意表述要比有声语言更有效，更能说明她的卑微地位和怯懦性格。

手指语的运用要注意场合和语境，如在庄重和谐的场合氛围中，直伸食指指向对方，就是不够尊重对方。在怒火满腔的情况下，直指对方就非常有力，加强了有声语言的表达效果。

2. 握手的运用

握手是通过交际双方以手相握来传递信息的体态语。在欢迎、告别、鼓励、会晤等等场合都会使用握手行为。其作用很多，如表示问候、友情，祝愿、鼓励，诚意、合作，欢迎、感谢，结束、告别等等。

与其他体态语一样，握手的运用也是有讲究的，如在上级与下级之间，一般上级伸手后，下级才能伸手相握；在长辈与晚辈之间，一般长辈先伸手后，晚辈才能伸手相握；在男性与女性之间，一般女性伸手后，男性才能伸手相握。握手时，既不可太用力，也不能有气无力，好像敷衍塞责的样子。正确的握手方式是：垂直站立着，用右手稍稍用力握住对方的手，然后身体略微前倾，全神贯注地注视对方，以表示尊重。为表示更为友好的感情，还应以表情相配合。

1972 年尼克松访华，毛泽东与尼克松会晤时朝尼克松伸出了手，尼克松也朝他伸出了手。两个人的手紧紧地相握了。尼克松还将左手握住毛泽东的右手，毛泽东也将左手搭上去握着。俩人都笑了。4 只手相叠在一起握了好一会，大大超过了常规礼节的握手时间。

陈敦德（《毛泽东·尼克松在 1972》）

两个国家的领袖握手的每个细节无不传递着中美双方的真情诚意。

（三）姿态的运用

姿态指以躯干为主体的身体各部位做出的各种姿势以及呈现出的不同状态。姿态是通过静态和动态的身体姿势传递交际信息的一种手段，它由两部分内容构成，一是指各种不同的身体姿势，二是指交际双方的空间距离。

与表情、手势一样，姿态也能够传递各种信息，表达不同的感情。如人在得意时昂头挺胸，失意受挫时弯腰弓背等。又如同样是坐姿，男性张开两腿而坐，显得自信、洒脱、豁达，女性膝盖并拢而坐，显得庄重、矜持、有教养。姿态不同，传递的信息也不同。

　　①他站住了，脸上现出欢喜和凄凉的神情；动着嘴唇，却没有作声。他的态度终于恭敬起来了，分明的叫道："老爷！……"

　　我似乎打了一个寒噤；我就知道，我们之间已经隔了一层可悲的厚障壁了。我也说不出话。　　　　（鲁迅《故乡》）

例①详细地描写了闰土与"我"见面时的姿态动作及神情，立刻知道"我们之间已经隔了一层可悲的厚障壁了"。人物的姿态动作与语言都传递了明确的信息。在交际中，人们是十分注意对方的姿态动作的，甚至能从中"读"出比语言表达更为丰富的内涵。

　　②（父亲）蹒跚地走到铁道边，慢慢探下身去，尚不大难。可是他穿过铁道，要爬上那边月台，就不容易了。他用两手攀着上面，两脚再向上缩；他肥胖的身子向左微倾，显出努力的样子。这时我看见他的背影，我的眼泪很快地流下来了，我赶紧拭干了泪，怕他看见，也怕别人看见。我再向外看时，他已经抱了朱红的橘子往回走了。过铁道时，他先将橘子散放在地上，自己慢慢爬下，再抱着橘子走。到这边时，我赶紧去搀他。他和我走到车上，将橘子一股脑儿放在我的皮大衣上。于是扑扑衣上的泥土，心里很轻松似的，过一会说，"我走了；到那边来信！"我望着他走出去。他走了几步，回过头看见我，说："进去吧，里边没人。"等他的背影混入来来往往的人里，再找不着了，我便进来坐下，我的眼泪又来了。　　　　（朱自清《背影》）

例②中父亲的话虽不多，但那背影和动作中所蕴含的深厚的爱子之情，儿子是深深理解的，并深受感动，几次情不自禁地流下了眼泪。

空间位置也很重要。在日常交往和言语交际中，人们都在有意无意地保持着适当的空间位置，利用相对位置来表达一定的意思。因为人际关系，是人与人之间心理上的关系和距离，而人们在心理上的距离，往往会反映在空间距离上。一般而言，交际双方的空间位置能够表现出双方的关系、地位、态度和情绪等。关系亲密，距离相对近些；关系疏远，距离相对远些。

③ 宝玉见他摔了帕子，忙接住拭了泪，又挨近前些，伸手拉了他一只手，笑道："我的五脏都揉碎了，你还只是哭。——走罢，我和你到老太太那里去罢。"黛玉将手一摔道："谁和你拉拉扯扯的！一天大似一天，还这么涎皮赖脸的，连个礼也不知道——"。 　　　　　（曹雪芹《红楼梦》）

宝玉和黛玉原是青梅竹马，两小无猜。但是现在长大了，宝玉还想保持原来的关系，而黛玉却有所顾忌，表面上故意要疏远一些，拉开一定的空间距离。

美国人类学家爱德华·霍尔在《无声语言》中把人类的空间关系划分为 4 种区域或距离，即亲密距离（15~45 厘米）、个人距离（46~120 厘米）、社交距离（121~370 厘米）、公众距离（371~760 厘米）。人们在交往时，选择正确的人际空间距离是很重要的。当然，这种空间距离也不是固定不变的，它具有一定的伸缩性，不同国家、不同民族，不同的文化背景、情境及个人性格，都会对交往距离产生影响。

此外，空间位置也与情绪有很大关系。情绪高涨时，人们习惯于把自己的位置抬高，如跳跃、举手、登高、振臂一挥等等。

情绪低落时则习惯于将位置变低，如低头、弓腰、双肩下沉等。

　　④ 忽然，儿媳妇与廉仲都大哭起来，老先生猛不丁地爬起来，……他明白了——扶住门框，他吼了一声：

　　"廉仲，你嫂子!"他蹲在了地上，颤成一团。……

　　"爸，送信来了去收尸!"廉仲的胖脸浮肿着，黄蜡似的流着两条泪。

　　"好! 好!"老先生手把着门框想立起来，手一软，蹲得更低了些。"你去吧，用我的寿材好了，我还得大办丧事呢! 哈，哈!"他坐在地上狂号起来。

　　　　　　　　　　　　　　　　　　　（老舍《新时代的旧悲剧》）

老先生开始扶住门框，接着蹲在了地上，后来又蹲得更低了，最后坐在了地上，这一系列体态高度的变化，充分表现了老先生白发人送黑发人的悲恸与无助。

　　总之，要追求言语交际的高质量，不仅要注意言辞，还要注意言语交际中空间位置的把握，有意识地选择与他人交际的最佳位置。

　　体态语是一门学问，是一种技能，也是一门艺术。在探讨修辞的过程中，作为"无声语言"的体态语研究，有着非同寻常的认识价值和语用价值。正如爱德华·霍尔的《无声语言》中指出的："无声语言所显示的意义比有声语言要多得多，而且深刻得多。"言为心声，体态语则是无言的心声。人们用体态语补充、强化表达效果，也可以通过体态语来观察、分析别人说话的真正内涵，从而达到正确理解和有效沟通的目的。

思考与练习

一、什么是体态语? 体态语修辞的特点和功能是什么?

二、在交往中应如何运用表情来传情达意？

三、手势在交际中的作用是什么？

四、如何根据交际的不同目的和场合选择交际的空间距离？

五、以自己的亲身经历说明学习体态语修辞的重要性。

六、指出下面几段文字中体态语的描写，并分析其含义和作用。

1. 老栓慌忙摸出洋钱，抖抖的想交给他，却又不敢去接他的东西，那人便焦急起来，嚷道："怕什么？怎的不拿！"老栓还踌躇着；黑的人便抢过灯笼，一把扯下纸罩，裹了馒头，塞与老栓；一手抓过洋钱，捏一捏，转身去了。嘴里哼着说，"这老东西……。"

2. 他永远挟着他的公文皮包。并且永远带着他那根老粗老粗的黑油油的手杖。左手无名指上戴着他的结婚戒指。拿着雪茄的时候就叫这根无名指微微地弯着，而小指翘得高高的，构成一朵兰花的图样。

3. "回西藏吗？"我问。"回西藏。"她用力抿了抿嘴唇。"……没有什么反响吗？""……"她明白我指的是她的发言。她看了看我。那双眼睛比话语复杂。

4. 只听院中有笑语声，说"我来迟了，没得迎接远客！"……这熙凤携着黛玉的手，上下细细打量一回，便仍送至贾母身边坐下，因笑道："天下真有这样标致的人儿！我今天才算看见了！况且这通身的气派竟不像老祖宗的外孙女儿，竟是个嫡亲的孙女儿似的。怨不得老祖宗天天嘴里心里放不下。只可怜我这妹妹这么命苦。怎么姑妈偏就去世了呢！"说着，便用手帕拭泪。

第七节　书面语修辞

学习要点　了解书面语语体的知识，着重掌握公文语体、科技语体、政论语体、文艺语体的语言特点。

　　书面语体又叫书卷语体或文章语体，是适应书面交际的需要而产生的语体。它以文字为媒介，对非语言因素的依赖性较少，一般用于社会集体活动的领域和正式交际的场合。书面语体是在口语语体的基础上产生、发展起来的，但跟口语语体有着根本的区别。书面语体不是即兴的、漫无中心的交谈，也没有相互对话的语言环境以及交谈时情态、手势的补充，但是可以在动笔前作充分的准备，可以作反复细致的修改，所以书面语言对规范化和修辞运用有更高的要求，它是比口语语体更成熟、更高级的一种语言表达体式。根据交际环境和语言特点的不同，书面语体可分为公文语体、科技语体、政论语体、文艺语体4种。

一、公 文 语 体

　　公文语体是国家机关、社会团体以及社会成员之间处理公私事务而使用的一种语体。公文语体主要包括公文文件、规章制度和日常应用文3大类。公文文件如命令、决定、公告、通告、通知、通报、议案、报告、请示、批复、意见、函、会议纪要及各类财经文书、司法文书等；规章制度如法规、法令、制度、公约、守则、须知、注意事项等；日常应用文如书信、启事、请柬、悼词、条据、广告、倡议书、使用说明等等。公文语体是处理事务、解决实际问题、讲求实效的语文体式，所以具有很强的实用性和时间性，其修辞要求和语言特点主要表现在以下几个方面：

（一）程式性

为了便于撰写和审阅，归档和保管，公文语体形成了若干相对的程式，表现在：

1. 有相对固定的格式。例如公文一般由标题、发文字号、签发人、秘密等级、紧急程度、主送机关、正文、附件、印章、主题词、抄送机关、印发时间等部分组成，作者必须根据这些规定和要求来撰写，不得擅自改动，以保证其格式的规范化。

2. 有相对稳定的篇章结构。公文一般由标题、正文、发文机关、收文机关、成文日期、盖印与签署几部分组成。书信一般有抬头、祝词、落款，章程常分为总则、分则、附则等部分；篇章安排上注意分条、引据、撮要。分条，就是采用分条分项的叙述方式，并且常以数字标明段落和项目，使行文条理清楚；引据，就是引述行文的依据，这种依据可以是党和政府的方针、政策、规定，可以是调查汇总基层工作的实际情况。引据可以加强公文的权威性、说服力；撮要，指概括长篇话语的要点，并把它放在篇首或段首。

3. 有一套相对稳定的习惯用语。在长期写作实践中，公文语体形成了一套相对稳定的习惯用语，如"欣悉、谨代表、参照、妥否、请批示、此布、特此通告、值此……之际、恭祝"等等，用以表开端、经办、称谓、祈请、承启、批转、表态、征询、结束等，这些习惯用语能够反映内容及行文关系等方面的公文语体特点，引起人们视觉上的注意，便于阅读和处理。

（二）简要性

公文的语言必须十分简明，要求用词明晰、准确、简要。

明晰指公文内容所涉及的时间、范围、区域、对象、数量、过程、性质等概念的表达，都要用语明确，交代清楚，表达周全，便于人们理解知照。力戒含糊其词、隐晦曲折、表意疏漏歧义。例如，某医院诊室的门上贴了一张告示："非本科人员不得入内"，结果导致部分就医患者把"非本科"理解为"非大学本科毕业"而愤愤不平，令人啼笑皆非。其实只要加1个字写成"非本科室"，就不会引起误解。

准确指用词力求确切、妥贴，注意近义词的细微差别和语体语气的恰当得体。例如请示类文体宜用"希及早批复为盼"之类祈使语气；告诫性语体宜用"务于、不得、期限"之类命令语气。同时公文体式使用范围也要准确，例如把学校班级中制定的《卫生公约》写成《章程》《守则》，把社区告知停水停电的《通知》写成《布告》《公告》等等，显然是文不对题。这是不了解各类公文的职能而错用文体。

简要指用词简洁扼要，避免繁文缛节，以提高公文的效率和质量。公文常常大量采用通用的缩略语、简称词，例如"党政军、世贸组织、中科院、禽流感"等，既有利于语言的简洁凝炼，又显得语言典雅庄重。

公文在句式方面，要求做到句子"约而完备""简而不疏"，即语句既要简洁精炼，求省去冗，又要把意思表达得周全完备，明确严密。例如"造成不必要的浪费"，"亲自接见"，"来回徘徊"中的修饰语都是多余的。反过来，如果简而不当，影响表达，那就是苟简和疏漏。

（三）平易性

公文语体多用于处理公务和沟通信息，因此，它在语言表达上的另一个要求就是平易性。文贵纪实，不故弄玄虚，敷彩绘影，不过分渲染；少用艺术性描绘手段，不使用曲笔，不能有弦外之音；多用常用字词，少用生僻难懂的字词；多用简单句和完全句，少用或不用省略句或复杂的长句。力求信息传达得明白易懂，使读者理解得快，接受得快，处理得快，以利应用。例如"关于环境保护问题，现在提出几点意见，供你们参考。""坚持纪律面前人人平等，严格执行党的纪律"，用词朴实，一目了然。

二、科技语体

科技语体是为阐释和论述各种科技问题而形成的一种语体，根据交际对象、交际目的和语言特点的不同，又分为专门科技语体和通俗科技语体两大类。

（一）专门科技语体

专门科技语体的功用是面向专业人员准确而系统地阐述学科专业理论，为科学技术的研究和发展服务。学术著作、科学论文、科技教材、实验报告、技术标准以及科技情报文摘都属于专门科技语体，它在语言运用上有如下特点：

1. 大量运用科技术语。科技术语含义固定、单一，摒弃一切歧义，排除所有主观色彩，具有高度的客观性和精确性。只有准确运用科技术语，才能保证语言表达明晰缜密，精确无误，有效揭示科学内涵，否则，就会造成概念上的含混和论述上的偏差，影响内容的科学性；同时，专门科技语体还可以普遍使用国际通用的符号、公式以及各类数据、图表，来反映科学实际，提供准确证明。总之，精确性是专门科技语体最基本和最重要的特点。

2. 句式严谨，变化少。多用陈述句，少用或不用祈使句和感叹句。因为陈述句能直截了当地陈述事理，适宜用来客观地叙述科学现象的规律及其应用。一般选用完全句、长单句和多重复句,少用变式句、省略句。因为完全句有利于完整科学地下定义,阐述科学道理,说明科学现象;长单句便于利用多种限制性的修饰语,把相关事实和相应的结论表达得完整、详尽;多重复句不仅可以正确地反映科学现象及其相互间错综复杂的关系,而且可以借助关联词语使句子组织严密。

① 一流大学是在特定比较范围内,在同一评价指标体系中呈现为具有一流办学理念、一流科研成果、一流师资队伍、一流管理水平、一流教学质量、一流学校形象、一流办学设施、一流的学生(包括在校生和毕业生)的大学。

② 军队过桥时,整齐的步伐会对桥梁产生周期性的驱动力,如果驱动力的频率接近桥梁固有的频率,就可能使桥梁的振幅显著增大,致使桥梁断裂,因此,部队过桥要用便步,以免产生周期性的驱动力。

(3)修辞方式有很大的封闭性。专门科技语体运用语言的方式有严格的选择性,为了理性反映科学现象,语言表达要质朴平实,客观准确,抑制感性联想,一般只为逻辑论证及说明的需要,选用限制性修饰语,少用或不用带有强烈感情色彩和形象色彩的修辞方式,如比喻、夸张、比拟、借代、摹拟等,不追求语言的艺术美,与文艺语体差异较大。

(二)通俗科技语体

通俗科技语体主要用于向非专业人员普及科学知识,宣讲科学道理。科学小品、科普读物属于这类语体。通俗科技语体在语言运用上与专门科技语体有共同特点,都追求词语句式准确平实,阐述客观明晰;也有不同之处,通俗化是通俗科技语体最突出的特色,即用浅显具体、通俗易懂的语言表达抽象复杂的科学内容，适当地运用一些艺术修辞方式，如比喻、设问、引用、排比等来描述科学现象，使语言具有一定的生动性、趣味性。

　　煤气中毒也就是一氧化碳中毒，一氧化碳跟氧气争夺血液中运氧的小舟——血红蛋白中的铁离子。它与血红蛋白的亲和力比氧气大 200 倍，而已结合的一氧化碳血红蛋白离解速度极慢，比氧合血红蛋白要慢上 3 千倍以上。由于它能几乎不费吹灰之力就夺到血红蛋白并长期赖着不走，人们就会因为缺氧而造成煤气中毒。

三、政 论 语 体

　　政论语体是适应社会政治生活交际领域的需要而形成的一种语体。它包括社论、时事评论、政治论文、宣言、政治决议以及党和国家领导人的重要文章、报告、讲话等。政论语体在语言运用上有如下特点：

（一）鼓动性

　　政论语体的功用在于宣传真理，阐述主张，针砭时弊，批驳谬误，使读者听众接受自己的主张，在思想上引起共鸣。这就要求政论语体的语言必须旗帜鲜明，果断有力，尖锐泼辣，有明显的政治倾向性和说理倾向性，富有感染力和鼓动性。

　　人类是历史的创造者和推动者，历史洪流回旋跌宕，奔腾不息，人类社会走向进步的趋势不可阻挡。任何国家，自恃强大，迷信武力，谋求霸权，推行扩张政策，注定要失败。制造借口侵犯他国主权，干涉他国内政，终将自食其果。我们要创造安全可靠，长期稳定的国际和平环境；我们要恪守以主权平等、互不干涉内政为核心的国际关系准则；我们要建立互利互补、共同发展的新型国际经济关系；我们要造成自主选择、求同存异的国际和谐局面；我们要共同对付人类生存与发展面临的挑战。

　　　　　　（江泽民《让我们共同缔造一个更美好的世界》）
这段讲话以褒贬分明的词语表明是与非，取与舍，倡导与反对，追求与规避；立场坚定，态度鲜明，义正辞严，语势贯通，体现出中华民族是爱好和平、渴望发展的民族，给人们留下了极其强烈而美好的印象。

　　（二）严密性
　　政论语体要阐明观点，以理服人，语言必须周密、严整，富有逻辑性。严密性体现在语句组织上，要求用词审慎，表意周详，没有含混和歧义。政论语体经常使用长句和多重复句，借助较多附加成分或多种关联成分，准确周密地表达事理。如"我国是一个人口众多、资源相对不足、生态先天脆弱的发展中国家。"严密性表现在语段和篇章上，要求行文有条有理，结构严谨，语言注意过渡和照应，前言和后语，上段和下段，环环相扣，浑然一体。严密性表现在逻辑上，则要求概念明确，推理恰当，论证严密，以利于科学地阐明自己的立场和观点，用雄辩的逻辑力量使人信服。

　　（三）综合性
　　在选择语言材料和修辞方式方面，政论语体几乎不受什么限制，它不仅可以严格使用政治术语，如"民主、科教兴国、执政能力"等，也可以广泛使用各种科学术语、专业词语、熟语、古语词和口语词，如"企业、保险、物流、民工流、软着陆、菜篮子工程"，"靠山吃山，靠水吃水"，"审时度势，运筹帷幄"等。在语句方面，单复句、长短句、整散句、陈述句、疑问句、祈使句、感叹句，各种句型句式常常交错使用，句子的语气灵活多变。

同时，为了增强文章的说服力和感染力，还可适量穿插使用比喻、比拟、排比、对偶、层递等文艺性修辞手段，以期说理时寓抽象于具体，化艰深为平易，收到逻辑论证与形象描绘、情感抒发相交融的效果。例如"使明知故犯的人如'过街老鼠，人人喊打'"。"社会主义物质文明与精神文明建设一定要同步进行，协调发展，抓好'米袋子'的同时，也不能忽视人的'脑袋子'。"

四、文 艺 语 体

文艺语体是适应文艺作品反映现实的一种语体，包括小说、散文、诗歌、戏剧等各种文学作品类型。文艺语体的语言与其他语体相比，具有三个突出的特点：

（一）形象性

形象性是文艺语体最重要和最根本的修辞要求，文学作品是通过塑造艺术形象来反映社会生活，体现创作意图的。内容的形象性是通过形式的形象性来体现的，就是运用一系列的形象手段来进行具体、生动、形象的描绘与抒写，力求写人能惟妙惟肖，呼之欲出；写景能绘声绘色，如在眼前；抒情能淋漓尽致，真挚动人。这样才能使读者如临其境，如见其人，如闻其声，在一种真切的艺术体验中受到感染，引起共鸣。具体到语言形式上，作者必然要调动语音、词汇、语法、辞格等语言要素来刻画艺术形象，传达心声。

①我正躺在土坡上想事情。是否我想的事情——一个人脑中奇怪的想法让草觉得好笑，在微风中笑得前仰后合。有的哈哈大笑，有的半掩芳唇，忍俊不禁。靠近我身边的两

朵，一朵面朝我，张开薄薄的粉红花瓣，似有吟吟笑声入耳；另一朵则扭头掩面，仍不能遮住笑颜。我禁不住也笑了起来。先是微笑，继而哈哈大笑。这是我第一次在荒野中，一个人笑出声来。　　　　　　　　（刘亮程《对一朵花微笑》）

　　②女人陪小心似的媚笑，这笑扩充到肩背腰腹，使她全身丰腴的曲线添了波折，说的话仿佛被笑从心底下泛了上来，每个字都载沉载浮在笑声里。　　　　（钱钟书《围城》）

例①写荒野中的花草和人的笑，草笑得千姿百态："前仰后合""忍俊不禁""半掩芳唇""扭头掩面"；人先是"微笑"，继而"哈哈大笑"。用了拟人、摹声的修辞格，描摹得活灵活现，给人留下异常清新、独特的感觉。例②写女人的媚笑，不直接写笑是如何厉害，而是借因笑而引起的身体变化来衬托这个媚笑，可谓匠心独运。

　　（二）情感性

　　文学作品要借助形象传达作者种种复杂的思想、情感，或爱或憎，或喜或怒，或褒或贬，或平静或激烈，让作品作为作者主观感受的物化形式，从情感交流的角度打动、感染读者，这就是文学语体的情感性要求。表现在修辞手段的应用上也有多方面的体现，例如选用响亮程度不同的韵脚、叠音、拟声词表达不同的情绪氛围；选用褒贬程度不同的色彩词表达不同的感情色彩；选用各种修饰限定语来表达作者对人或物的喜恶；选择个性化的语言表现人物独特的内心感受；更可以选择不同的辞格来传达复杂微妙的感情。

　　①独行的好处，就是能将路的委婉、水的宁静、山的无声以及雾来雾去时所带来的景色变幻，一丝一毫地收入眼

中。那份喜悦，尽情独拥、独享。

（于梨华《无车道·独行·小语》）

②风在草棚和麦垛上发出恐怖的怪叫，类似女人不舒畅的哭喊。这些突兀地出现在荒野中的草棚麦垛，绊住了风的腿，扯住了风的衣裳，缠住了风的头发，让它追不上前面的风。她撕扯、哭喊。喊得满天地都是风声。

（刘亮程《风把人刮歪》）

上两例中对景色及风声的生动描写，形象真切地表现了作者独特的感受和情绪。

（三）美感性

文学作品在反映生活、传情达意的同时，也通过作品中形象的刻画，意境的创设，氛围的描绘，给人以强烈的艺术审美享受。文艺语体的美感性通过千姿百态的美的语言来体现。从声音上说，有音乐美、节奏美、韵律美等；从形式上说，有整齐美、均衡美、错综美等；从词语上说，有形象美、色彩美、古典美、现代美、朴实美、华丽美等。语言的风格美更是多姿多彩，如简约与繁丰、平实与藻丽、明快与含蓄、刚健与婉约、庄严与幽默、文雅与通俗，等等。语言形式的美与作品内容密切相关。任何一部成功的作品，其语言手段都具有多方面的美感性，给读者以美的享受，美的熏陶，美的启迪。

五、语体的交叉

各种语体都是在人们长期运用的过程中形成的，都具有相对的独立性。各个语体之间也在互相渗透，互相影响，互相融合，形成了许多语体交叉的现象。如诗广告、书信体小说、散文体启事等，杂文就是文艺语体和政论语体融合的结果，科学文艺语体就是科技语体与文艺语体融合的结果。语体的交叉是语体发展过程中出现的正常现象，这种现象并不影响语体本身的相对独立性，反而可以综合利用各种语体在语言表达上的特点，形成新的更富有表现力的语言体式，更完善、更理想地完成交际任务。

思考与练习

一、什么是书面语体，它与口语语体相比有何特点？

二、举例说明公文语体有何特点。

三、举例说明公文语体与政论语体的区别。

四、选取自然科学、社会科学领域中的一两个现象为论述对象（如：煤、海啸、纳米技术、通货膨胀等），分别采取专门科技语体（如科学说明文）和通俗科技语体（如科学小品文）两种表达形式，对其进行述写说明，然后比较一下这两种体式在语言运用方面的区别。

五、通过了解文艺语体的基本特征，具体归纳小说、诗歌、散文、戏剧四种下位语体的修辞特色。

第八节　修辞研究

学习要点　了解汉语修辞学研究的发展概况，能够理论联系实际，针对提供的论文题目进行深入思考，使学习更为深入扎实，能就某个问题写出小论文，培养初步的科学研究能力。学会检索和使用修辞学方面的参考文献，为修辞知识的掌握和修辞研究提供帮助。

一、汉语修辞学研究概述

汉语修辞学的研究有着悠久的传统。从先秦到清末的两千多年间，中国历代学者研究修辞已取得相当丰硕的成果。先秦两汉时期，关于修辞的论述多为分散的言论，为修辞思想的萌芽时期。汉代人对修辞的论述要比先秦时代进步得多，如贾谊《陈政事疏》对避讳的论述，刘向《说苑》主张饰辞和善说，司马迁、班固对语言表达华质的论述等。魏晋南北朝时期曹丕《典论·论文》、陆机《文赋》、刘勰《文心雕龙》、钟嵘《诗品》、颜之推《颜氏家训》等，隋唐时期刘知几《史通》、皎然《诗式》、司空图《二十四诗品》等等，都涉及到对修辞规律的探索。

南宋陈骙的《文则》，是第一部专门论述修辞的著作，该书对比喻、引用、仿拟、析字、重叠、节缩、省略、层递、错综、倒装等辞格都分别作了分析。元代王构《修辞鉴衡》是我国第一部以修辞命名的著作。明代胡震亨《唐音癸签》是我国第一本断代的修辞学资料汇编。清代王国维的诗歌评论在修辞学方面也多有贡献。但是，古代关于修辞的论述并未建立起完整科学的修辞学体系，修辞学并未从文艺学、文章学中分离出来，成为一门独立的学科。

现代修辞学，是 20 世纪初陈望道、唐钺等一批出国留学的学者在学习和借鉴欧美和日本现代修辞学理论方法的基础上创立起来的，至今已有 1 个世纪的发展历史了。"五四"以后重要著作有龙伯纯《文字发凡》、郑奠《中国修辞学研究法》、杨树达《中国修辞学》、唐钺《修辞格》、王易《修辞学》、胡怀琛《修辞学要略》、董鲁安《修辞学讲义》、张弓《中国修辞学》、薛绥祥《修辞学》、金兆梓《实用国文修辞学》等。

1932 年陈望道的《修辞学发凡》创立了中国第一个科学的修辞学体系，开拓了修辞研究的新境界，是汉语修辞学建立和走向成熟的标志。该书的突出特点是：建立了一个科学性强的修辞学体系；给修辞学下了比较科学、全面的定义，确定了修辞学的基本任务；提出了修辞必须适应题旨情境的重要标准和依据；提出了修辞手法的两大分野说；从材料、意境、词语、章句方面对38 个辞格作了详尽而深入的分析。不足之处是风格部分谈得不够深入，篇章结构这种修辞现象却因"格无定局"而没有涉及。

新中国成立后，汉语修辞学在已有的基础上有了较大发展。1951 年，吕叔湘、朱德熙在《人民日报》开始连载《语法修辞讲话》，修辞学进入了一个新的发展时期。这一时期修辞研究的内容与成就主要集中在普及修辞知识上，所取得的成果也是多方面的。

一是白话修辞学的最后形成与普及性读物的大量出版。以《语法修辞讲话》、张瓌一《修辞概要》（1954 年）为代表的一批修辞学普及读物先后问世，为普及修辞知识做出了巨大的贡献。

　　二是中学和大学的修辞教材建设取得了一定成就。张志公主编的《语文》（第六册）（1958）的出版，使全国第一次有了通用的汉语修辞的教学系统。张弓《现代汉语修辞学》（1963）作为大学教材，在修辞学理论、体系构拟等方面取得了突破性进展。该书建立了别开生面的修辞学体系，既注意继承我国古代修辞思想的优良传统，又注意吸收国外修辞研究的成果；提出了结合现实语境，注意交际效果的修辞原则；突出地提出了同义手段的选择问题；将辞格分为描绘式、布置式、表达式 3 类共 24 种；提出语体是修辞学的一个最新的最有实际意义的重要课题。该书尽管有不谈篇章结构和语言风格的缺陷，但仍不失为新中国成立后出版的有巨大影响的修辞学专著，成为大学文科修辞教学的重要参考书。

　　三是修辞实例的搜集与分析继续进行。钱钟书的通感研究、倪宝元的《修辞学习》很有价值与影响。

　　四是语体风格等研究在前苏联修辞学的影响下开始展开，其中以高名凯、张弓、周迟明等人的研究最为突出。

　　从 20 世纪 70 年代末开始，修辞学进入了思想活跃、队伍壮大、成果显著的历史时期，汉语修辞学的研究空前繁荣。特别是80 年代中期以后，无论是理论建设、体系构拟，还是队伍组建、社会普及等方面都出现了新的局面。这一时期，修辞学体系研究的代表作有宗廷虎等《修辞新论》、王希杰《修辞学通论》、倪宝元《修辞》、张炼强《修辞理据探索》。词句篇章研究以倪宝元《词语的锤炼》、林兴仁《句子的选择和运用》、郑文贞《段落的组织》、徐炳昌《篇章的修辞》为代表。语体风格研究以黎运汉主编的《现代汉语语体修辞学》、郑远汉《言语风格学》为代表。修辞学史研究以郑子瑜《中国修辞学史纲》、宗廷虎《中国现代修辞学史》为代表。修辞教学亦有很大发展，许多大学不但在现代汉语课中讲授修辞知识，而且还开设了修辞学的选修课程，各种专门的修辞学教材也很多。

这一时期，对一些重大修辞理论的探讨，加深了研究者对修辞的认识。例如关于修辞学对象的讨论，有观点认为，修辞学主要研究同义手段的选择，而另一些观点认为，修辞学主要研究话语组合的规律。有观点认为，修辞学只研究积极修辞，而另一些观点认为，积极修辞与消极修辞都应研究。再如，关于修辞学研究的范围，有人认为，修辞学只研究词句修辞，不探讨篇章；而另一些人认为，修辞学应该研究到篇章。有人认为，修辞学只研究表达，不研究理解；而另一些人认为，表达和理解都应该研究。关于修辞学的性质，有人认为，修辞学属于纯语言学；另一些人则认为，修辞学是边缘性学科。

另外，辞格的研究也取得了很大的突破，表现为新辞格的增建和辞格的综合研究。如谭永祥《修辞新格》提出了 30 个新辞格，并对其特点和作用作了系统深入的说明。吴士文《修辞格论析》对辞格的定义、性质、分类、结构等作了全面的分析，建立了一个科学完整的辞格系统。

20 世纪 90 年代中期以后，汉语修辞学的研究对象开始由辞格、语体风格、言语接受等方面的研究转向修辞行为和修辞过程的研究，以揭示修辞交际的社会心理机制、认知机制及运作规律。

台湾、香港、澳门等地的高校中文系课程中，多有"修辞学"的科目。上世纪 60 年代以后出现了一些研究成果，这些著作和论文各抒己见，各有特色，涉及到修辞学的各个领域。

21 世纪的汉语修辞学除了坚持民族化传统以外，有待进一步突出修辞实用性的研究，指导人们更好地理解和使用语言。例如修辞如何适应语境，如何从静态和动态两个方面进行深入的探讨，以指导和推动修辞实践。还有，对法律、外交、商贸、教育等多个领域，尤其是科技语体、政论语体、公文语体、文艺语体的修辞规律也有待深入研究，以解决社会各领域的实际问题。

其次，还应突出口语修辞的研究。传统修辞学局限于书面语，束缚了修辞学向真正科学的境界发展，因为人类最普遍最丰富的修辞活动是在口语方面，失去了口语修辞的研究，修辞学是不完善的，也不是真正科学的。另外，修辞学理论及分支学科也有待进一步建设，如修辞学史、修辞批评理论、演讲修辞理论、言语交际理论、修辞伦理理论、影视修辞理论、广告修辞理论、新闻修辞理论、传播修辞理论、话语修辞理论等，都有待在理论上有新突破、新建树，使修辞学体系不断完善和发展。

二、撰写修辞学小论文参考题目

1. 浅谈修辞与说写能力的关系
2. 浅谈文学作品及言语交际中方言词语运用的利与弊
3. 某某小说中动词的选择与运用艺术谈
4. 鲁迅小说中不同句式修辞效果浅析
5. 某新辞格的界定与表达效果分析
6. 网络语言中辞格运用浅谈
7. 球队命名拾趣
8. 广告语言的变化美
9. 现代流行语的仿词艺术
10. 浅谈短信息中的修辞（如衬跌、仿拟、比喻等）艺术
11. 略谈×××小品的语言表现艺术

12. 试谈网络词语的变异现象

13. 教学中师生互动的言语适切问题谈

14. 浅析幽默短信的修辞特征

15. 校园打油诗的语言特点分析

16. 说"酷"

17. 浅谈夸张中的虚与实

18. 朱自清与钱钟书比喻艺术之比较

19. 谈口语修辞在教师语言中的运用

20. 浅谈名片的语用特点

21. 浅谈体态语在中学语文教学中的运用

22. 试谈口语修辞的研究现状

23. 论辩体与演讲体的同与异

24. 贾平凹《丑石》的语言特点

25. 试谈体态语在交谈中的辅助功能

26. 试谈公文语体的发展演变

27. 科技语体与文艺语体比较谈

28. 影视歌曲的语言艺术

三、参 考 文 献

（一）专著

陈汝东《当代汉语修辞学》，北京大学出版社2004年。

陈望道《修辞学发凡》，上海大江书铺1932年。

程祥徽《语言风格初探》，三联书店香港分店1985年。

董季棠《修辞析论》，台湾益智书局1981年。

冯广艺《变异修辞学》，湖北教育出版社1992年。

胡范铸《幽默语言学》，上海社会科学院出版社1987年。

黄庆萱《修辞学》，台北三民书局 1975 年。

郭绍虞《汉语语法修辞初探》，商务印书馆 1979 年。

黎运汉（主编）《现代汉语语体修辞学》，广西教育出版社
　　1989 年。

黎运汉《汉语风格探索》，商务印书馆 1990 年。

刘凤玲　戴仲平《社会语用艺术》，暨南大学出版
　　社 2002 年。

刘焕辉《言语交际学》，江西教育出版社 1986 年。

刘焕辉《修辞学纲要》，百花洲文艺出版社 1993 年。

刘继超等《修辞知识和运用》，商务印书馆国际有限公司
　　2020 年。

刘艳春《语言交际概论》，北京大学出版社 2007 年。

吕叔湘　朱德熙《语法修辞讲话》，中国青年出版社 1952 年。

倪宝元《汉语修辞新篇章》，商务印书馆 1992 年。

濮侃《辞格比较》，安徽教育出版社 1983 年。

钱钟书《谈艺录》，开明书店 1947 年。

宋振华等（主编）《现代汉语修辞学》，吉林人民出版社
　　1984 年。

谭永祥《修辞新格》，福建教育出版社 1983 年。

谭永祥《汉语修辞美学》，北京语言学院出版社 1992 年。

谭学纯　朱玲《修辞研究：走出技巧论》，安徽大学出版社
　　2004 年。

吴士文《修辞格论析》，上海教育出版社 1986 年。

吴启主　童山东《汉语口语修辞研究》，香港文化教育出版
　　社 1993 年。

王德春《语体略论》，福建教育出版社 1987 年。

王勤《汉语修辞通论》，华中理工大学出版社 1995 年。

王希杰《汉语修辞学》（修订本），商务印书馆 2004 年。

王希杰《修辞学通论》，南京大学出版社 1996 年。

袁晖《二十世纪的汉语修辞学》，书海出版社 2000 年。

袁晖　李熙宗《汉语语体概论》，商务印书馆 2005 年。

张弓《现代汉语修辞学》，天津人民出版社 1963 年。

张炼强《修辞理据探索》，首都师范大学出版社 1994 年。

张志公《修辞概要》，上海教育出版社 1982 年。

郑奠　谭全基《古汉语修辞学资料汇编》，商务印书
　　馆 1980 年。

郑子瑜　宗廷虎《中国修辞学通史》，吉林教育出版
　　社 1998 年。

郑颐寿《比较修辞》，福建人民出版社 1982 年。

郑远汉《辞格辨异》，湖北人民出版社 1982 年。

郑远汉《修辞风格研究》，商务印书馆 2004 年。

周建民《广告修辞学》，武汉出版社 1998 年。

周振甫《中国修辞学史》，商务印书馆 1991 年。

宗廷虎等《修辞新论》，上海教育出版社 1988 年。

宗廷虎《中国现代修辞学史》，浙江教育出版社 1990 年。

（二）论文

曹德和《1949——1999：汉语修辞学回顾与思考》，《修辞
　　学习》1999 年第 5 期。

陈光磊《修辞研究的基本方法》，《修辞学习》1988 年第 1 期。

陈炯《二十世纪汉语修辞研究评述》，《毕节师范高等专科
　　学校学报》2003 年第 3 期。

陈汝东《中国修辞学：20 世纪回顾与 21 世纪展望》，《平顶

山师专学报》2002 年第 3 期。

程凯《中国修辞学今后应有的两个走向》，《修辞学习》
　　1997 年第 4 期。

东北修辞学会《修辞学论文集》（一），吉林大学学报编辑
　　部 1985 年。

迩遥《文体与风格》，《中国语文》1961 年 5 期。

郭焰坤《浅论汉语修辞史研究》，《学术月刊》1999
　　年第 10 期。

江南《中国传统思维方式与汉语修辞》，《徐州师范学院学
　　报》1995 年第 1 期。

史灿方《现代修辞学研究的几个特征》，《修辞学习》1996
　　年第 5 期。

疏志强《汉语修辞史研究综述》，《湛江师范学院学报》
　　2004 年第 5 期。

王德春《21 世纪修辞学发展趋势》，《修辞学习》2002
　　年第 2 期。

王力《略论语言形式美》，《光明日报》1962 年 10 月 9、
　　10、11 日。

张宗正《关于修辞格本质即修辞格统一性的思考》，《修辞
　　学习》2002 年第 3 期。

宗廷虎《修辞学研究的历史经验和 21 世纪发展前瞻》，《扬
　　州大学学报》1999 年第 1 期。

宗廷虎《五十年来的汉语修辞学》，《镇江师专学报》1999
　　年第 3 期。